Les fondements de la croissance et de la compétitivité 2026

OCDE

DES POLITIQUES MEILLEURES
POUR UNE VIE MEILLEURE

Cet ouvrage a été approuvé et déclassifié par le Comité de politique économique le 13 novembre 2025.

Merci de citer cet ouvrage comme suit :
OCDE (2026), *Les fondements de la croissance et de la compétitivité 2026*, Éditions OCDE, Paris, https://doi.org/10.1787/df51b240-fr.

ISBN 978-92-64-56703-0 (imprimé)
ISBN 978-92-64-83109-4 (PDF)
ISBN 978-92-64-35784-6 (HTML)

Crédits photo : Couverture © S.Phoophinyo/Shutterstock.com.

Les corrigenda des publications de l'OCDE sont disponibles sur : https://www.oecd.org/fr/publications/support/corrigenda.html.

Remerciements

Cette publication a été préparée par l'unité chargée des fondements de la croissance et de la compétitivité du Département des affaires économiques, à savoir Nicolas Ruiz, Joana Duran-Franch, Alvaro Leandro, Sébastien Turban, Agnès Cavaciuti et Marnix Dek, sous la direction de Dan Andrews, et sous la direction générale d'Asa Johansson et de Filiz Unsal.

L'élaboration du rapport *Les fondements de la croissance et de la compétitivité* repose dans une large mesure sur les contributions des bureaux géographiques de la Branche des études nationales du Département des affaires économiques, ainsi que sur sa collaboration avec d'autres directions de l'OCDE. Cette publication a également bénéficié des commentaires formulés par des délégués des pays. Alexandra Purtell Jordan a apporté son concours pour la mise en forme du document.

Des versions provisoires du rapport avaient été examinées par le Groupe de travail n° 1 du Comité de politique économique. Cet ouvrage est publié sous la responsabilité du Secrétaire général de l'OCDE.

Table des matières

GRAPHIQUES

TABLEAUX

ENCADRÉS

Éditorial

Dans la zone OCDE et au-delà, les fondements de la croissance économique sont mis à rude épreuve. Au cours des deux dernières décennies, la croissance de la productivité du travail a nettement ralenti dans la plupart des pays. Ce fléchissement s'explique par la conjonction de divers goulets d'étranglement structurels : atonie de l'investissement des entreprises, perte de dynamisme des entreprises, ralentissement de la diffusion des technologies et affaiblissement du rythme d'accumulation du capital humain. La croissance de l'emploi a bien résisté, mais de nombreux pays doivent faire face au grand défi du vieillissement démographique qui aura des effets sur la capacité de la main-d'œuvre à soutenir la croissance.

Dans le même temps, les progrès rapides de l'intelligence artificielle et des technologies numériques ouvrent la perspective d'une nouvelle vague de gains de productivité s'inscrivant dans la durée. La concrétisation des gains de productivité durables que laissent envisager les nouvelles technologies dépendra essentiellement des cadres de politique structurelle.

Cette première édition de la publication intitulée *Les fondements de la croissance et de la compétitivité* arrive à un moment charnière. La dynamique des réformes structurelles s'est essoufflée dans de nombreux pays de l'OCDE, mais il est de plus en plus nécessaire que les pays restent compétitifs et résilients dans un paysage mondial caractérisé par des transformations structurelles et des chocs géopolitiques et commerciaux sans précédent. Pour aider les pays à faire face à ces enjeux, sont présentés dans le rapport des outils pratiques à l'intention des responsables de l'action publique, notamment une plateforme en ligne complète de données, élaborée dans le cadre d'un dialogue itératif avec les autorités nationales, permettant d'identifier les goulets d'étranglement structurels et de dégager des priorités sur mesure en matière de réforme pour 48 pays.

La pérennité de la prospérité est conditionnée par la solidité de l'ancrage des conditions qui la favorisent : un capital humain de qualité, des institutions robustes, une gouvernance efficace, des infrastructures fiables, un approvisionnement énergétique abordable et sûr et la stabilité macroéconomique.

Dans tous les pays, le renforcement des systèmes de compétences et de l'apprentissage tout au long de la vie apparaît comme l'une des priorités de réforme les plus fréquemment citées dans ce rapport, priorité dont la finalité est aussi de promouvoir une adoption effective des outils numériques, et en particulier des outils d'IA. À l'heure où l'intelligence artificielle et la transformation numérique remodèlent la production et le fonctionnement des entreprises, l'adaptabilité de la main-d'œuvre devient un avantage concurrentiel décisif. Les pays qui œuvrent au développement de l'enseignement professionnel, à l'élargissement de l'accès à la formation tout au long de la vie et au resserrement des liens entre les universités et les marchés du travail seront mieux à même de s'adapter à l'évolution des besoins des entreprises.

La qualité des institutions et l'efficience des processus réglementaires sont tout aussi fondamentales. L'existence de cadres réglementaires prévisibles, transparents et bien conçus conforte la confiance et réduit l'incertitude. La solidité des institutions est un facteur d'amélioration de la répartition des ressources en même temps qu'un socle pour les incitations de marché. En période d'incertitude géopolitique et économique accrue, la stabilité macroéconomique et les cadres budgétaires, s'ils sont robustes, restent des points d'ancrage essentiels.

Ces conditions favorables ne sont toutefois pas suffisantes. Les marchés doivent également fonctionner efficacement pour promouvoir le dynamisme économique, la diffusion des technologies et l'investissement des entreprises. Lorsque ces dynamiques faiblissent, les politiques publiques visant à renforcer la concurrence et à réduire les obstacles réglementaires deviennent plus importantes. C'est pourquoi l'amélioration de la réglementation des marchés de produits et des régimes d'insolvabilité est une autre priorité cruciale en matière de réforme mise en évidence dans tous les pays. Des recommandations sont également ébauchées dans le domaine fiscal, sachant que des systèmes fiscaux mal conçus peuvent fausser les incitations et décourager l'investissement.

La mobilité et le taux d'activité de la main-d'œuvre restent également des facteurs déterminants pour la compétitivité et l'amélioration de l'accès des travailleurs à des emplois de qualité. Réduire les obstacles à la participation au marché du travail – en particulier des femmes, des travailleurs âgés et des groupes sous-représentés – tout en renforçant les incitations au travail, en améliorant l'employabilité et en élargissant l'accès à des services de garde d'enfants abordables, peut être un moyen de rehausser tant l'équité que l'efficience. Des politiques du logement qui facilitent la mobilité et des systèmes fiscaux qui élargissent la base d'imposition tout en limitant les distorsions peuvent encore accroître l'efficacité de la répartition des ressources.

S'ils peuvent s'appuyer sur des fondements solides et sur des incitations de marché efficaces, les pouvoirs publics sont en mesure de mieux orienter l'activité économique en fonction des priorités stratégiques. La politique d'innovation, la sécurité énergétique et la transition vers les énergies propres sont des domaines dans lesquels des actions ciblées et élaborées avec soin peuvent remédier aux défaillances du marché et soutenir la croissance à long terme. Les aides publiques à la recherche-développement peuvent, conjuguées à la présence d'un capital humain de qualité et de marchés concurrentiels, débloquer l'investissement privé. Des réformes du marché de l'énergie visant à abaisser les obstacles à l'entrée et à encourager l'investissement dans les énergies renouvelables peuvent permettre de progresser à la fois sur le plan de la résilience et de la compétitivité.

Un message essentiel délivré dans le présent rapport est que les réformes structurelles sont d'autant plus efficaces qu'elles sont cohérentes et complémentaires. Les réformes des marchés de produits ont pour effet d'amplifier l'impact des politiques destinée à augmenter le capital humain. La solidité des cadres budgétaires est un gage de renforcement de la confiance et une condition pour inscrire les réformes dans la durée. Les complémentarités entre les politiques sont particulièrement importantes dans un contexte de transformations technologiques et démographiques majeures.

Si les avantages à long terme qu'elles peuvent procurer sont dûment attestés, la faisabilité politique des réformes est souvent tributaire de leurs effets à court terme sur les politiques publiques. En présentant des exemples qui illustrent comment certaines réformes influent sur les résultats économiques à court terme, la présente publication nourrit la réflexion sur la conception et la mise en œuvre de trains de réformes qui soient efficaces sur le plan économique et suscitent en même temps un soutien large et sans réserve. Il peut être utile, pour entretenir la dynamique de réforme, de comprendre les effets transitoires, d'anticiper les effets redistributifs et de déployer des mesures complémentaires.

Les réformes structurelles jouent également un rôle décisif dans le renforcement de la viabilité des finances publiques. En période d'endettement public élevé et de montée des tensions sur les dépenses, les réformes propices à la croissance offrent une voie pour améliorer la dynamique de la dette sans s'appuyer exclusivement sur l'assainissement budgétaire. Si elles aboutissent à l'élargissement des bases d'imposition et à l'amélioration de l'efficience des administrations publiques et contribuent à stimuler le dynamisme économique, les réformes peuvent renforcer à la fois la résilience et la prospérité à long terme.

Enfin, la compétitivité n'est pas un jeu à somme nulle. Les économies qui consolident leurs fondations nationales participent au fonctionnement d'une économie mondiale plus dynamique et plus résiliente. L'objectif n'est pas simplement d'accélérer la croissance, mais d'assurer une croissance durable, tirée par l'innovation et compatible avec la durabilité environnementale et la cohésion sociale.

Les économies de l'OCDE voient s'ouvrir de nouvelles perspectives de croissance, mais surgir aussi des défis. Il sera primordial de tirer le meilleur parti de ces opportunités et de relever ces défis pour redynamiser la productivité et assurer un niveau de vie plus élevé aux générations futures.

Les fondements de la croissance doivent maintenant être rebâtis avec détermination et résolution.

Stefano Scarpetta

Chef économiste de l'OCDE et Représentant de l'OCDE au G20/G7 pour les affaires financières

Codes ISO

ARG	ARGENTINE
AUS	AUSTRALIE
AUT	AUTRICHE
BEL	BELGIQUE
BRA	BRÉSIL
BGR	BULGARIE
CAN	CANADA
CHL	CHILI
CHN	CHINE
COL	COLOMBIE
CRI	COSTA RICA
HRV	CROATIE
CZE	TCHÉQUIE
DNK	DANEMARK
EST	ESTONIE
FIN	FINLANDE
FRA	FRANCE
DEU	ALLEMAGNE
GRC	GRÈCE
HUN	HONGRIE
ISL	ISLANDE
IND	INDE
IDN	INDONÉSIE
IRL	IRLANDE
ISR	ISRAËL
ITA	ITALIE
JPN	JAPON
KOR	CORÉE
LVA	LETTONIE
LTU	LITUANIE
LUX	LUXEMBOURG
MEX	MEXIQUE
NLD	PAYS-BAS
NZL	NOUVELLE-ZÉLANDE
NOR	NORVÈGE
PER	PÉROU
POL	POLOGNE
PRT	PORTUGAL
ROU	ROUMANIE
SVK	RÉPUBLIQUE SLOVAQUE
SVN	SLOVÉNIE

ZAF	AFRIQUE DU SUD
ESP	ESPAGNE
SWE	SUÈDE
CHE	SUISSE
TUR	TÜRKIYE
GBR	ROYAUME-UNI
USA	ÉTATS-UNIS

Résumé

Il est aujourd'hui crucial de réexaminer les fondements de la croissance, compte tenu de la dégradation des perspectives économiques à moyen terme des pays de l'OCDE, liée à un ralentissement marqué de la croissance de la productivité du travail. Ce dernier tient à la faiblesse persistante de l'investissement des entreprises depuis la crise financière mondiale, ainsi qu'au ralentissement sur longue période de la dynamique des entreprises et de l'accumulation de capital humain. Bien que le renforcement de l'emploi constaté au cours des 15 dernières années ait compensé dans une certaine mesure cette évolution, cette progression pourrait cesser peu à peu sous l'effet du vieillissement démographique et des pénuries persistantes de main-d'œuvre et de compétences. Dans ce contexte, les pays doivent de toute urgence mettre en œuvre des réformes structurelles propices aux gains de productivité, sachant que la dynamique de réforme s'essouffle dans l'ensemble de la zone OCDE depuis plus de dix ans. Cela peut aider les pays à relancer leur économie en faisant face aux vents contraires susmentionnés qui soufflent sur la croissance, et en exploitant plus pleinement les possibilités offertes par les nouvelles technologies, comme l'intelligence artificielle (IA).

L'initiative relative aux fondements de la croissance et de la compétitivité (F4GC) vise à doter les responsables publics des outils nécessaires pour relever ces défis. Dans cette édition 2026 sont identifiées des priorités de réforme structurelle qui peuvent être ventilées entre trois grands domaines: *les catalyseurs*, notamment le capital humain, la gouvernance, les infrastructures et la politique macroéconomique ; *les incitations de marché et l'efficience allocative*, qui recouvrent la fiscalité, la réglementation des marchés de produits et du travail, les échanges et l'investissement direct étranger (IDE) ; ainsi que *les mesures ciblées et sectorielles*, notamment les aides relatives à l'innovation et à la sécurité énergétique.

Cadre d'analyse des fondements de la croissance et de la compétitivité

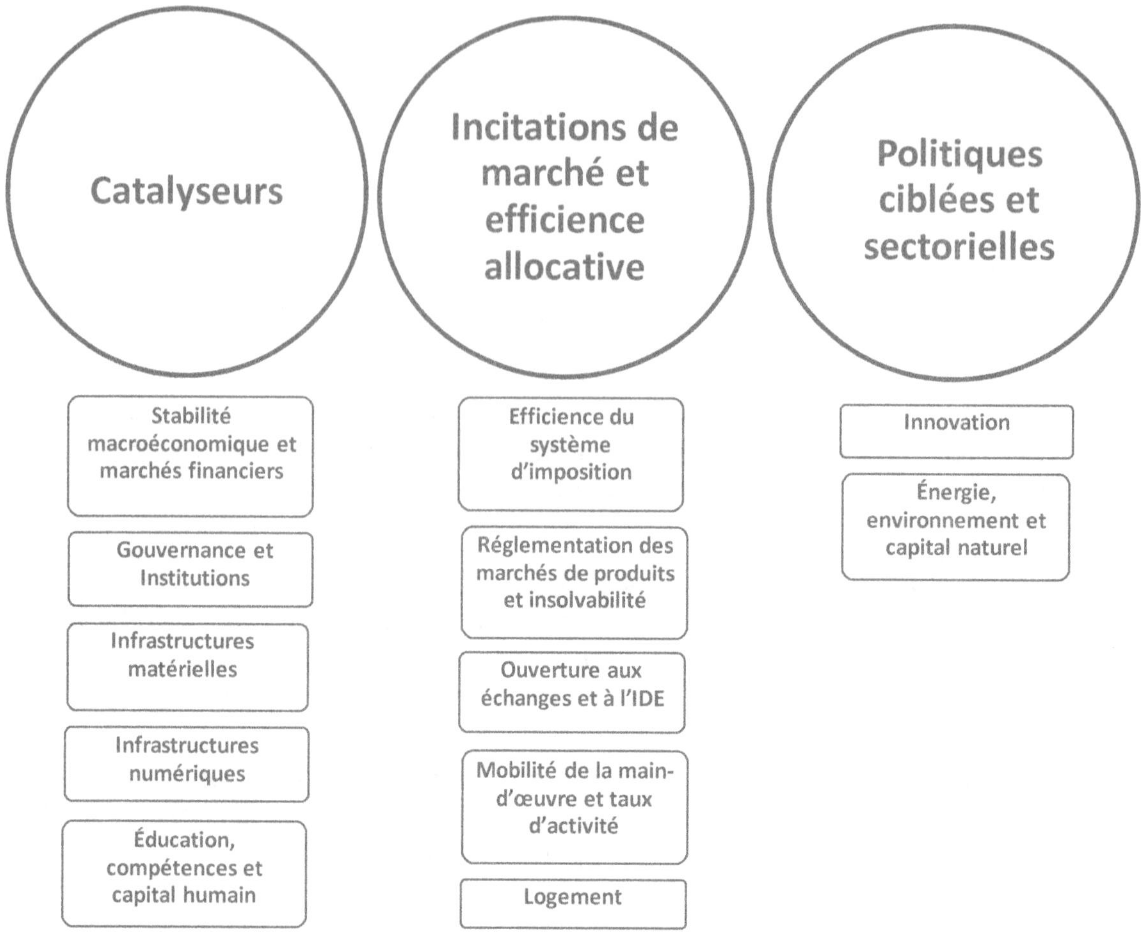

Les priorités de réforme sont identifiées à l'aide d'un modèle de hiérarchisation des priorités d'action élaboré récemment, qui est fondé sur une nouvelle base de données agrégeant la plupart des statistiques produites par l'OCDE sur les politiques structurelles. Chacun des indicateurs de cette base de données est ensuite appairé avec des indicateurs de performance pertinents, fondés sur l'état actuel des connaissances concernant les effets positifs que peuvent avoir de meilleures politiques publiques sur les déterminants structurels de la croissance. Pour un pays donné, une priorité d'action potentielle se dégage lorsque l'indicateur de résultat et l'indicateur de politique qui lui est associé se situent tous deux en deçà de la moyenne de l'OCDE, sachant que plus cet écart est important, plus la priorité d'action correspondante sera privilégiée. Cette procédure quantitative de sélection des priorités potentielles (couvrant l'ensemble des pays) est ensuite complétée par une évaluation qualitative reposant sur les compétences spécialisées du bureau géographique compétent, de manière à identifier les cinq priorités structurelles les plus importantes pour chacun des 48 pays couverts, parmi lesquels figurent l'ensemble des 38 pays membres de l'OCDE.

Chaque pays se trouve naturellement dans une situation qui lui est propre, mais plus d'un tiers des problèmes structurels mis en évidence concernent la réglementation des marchés de produits (RMP) et l'insolvabilité et l'éducation, les compétences et le capital humain, ce qui est significatif compte tenu du ralentissement de la dynamique des entreprises et de l'accumulation du capital humain. Un autre tiers des recommandations porte sur la mobilité de la main-d'œuvre et le taux d'activité, la gouvernance et la qualité des institutions et l'efficience du système d'imposition. Viennent ensuite les problèmes structurels liés aux infrastructures matérielles, à l'innovation ainsi qu'à l'ouverture aux échanges et à l'IDE, qui représentent collectivement plus d'un cinquième du total. Enfin, les difficultés associées aux infrastructures numériques, aux politiques énergétiques et environnementales, au logement ainsi qu'aux politiques macroéconomiques et aux marchés financiers représentent moins d'un dixième du total.

Pour relancer la croissance, il faudra remédier à un large éventail de problèmes structurels

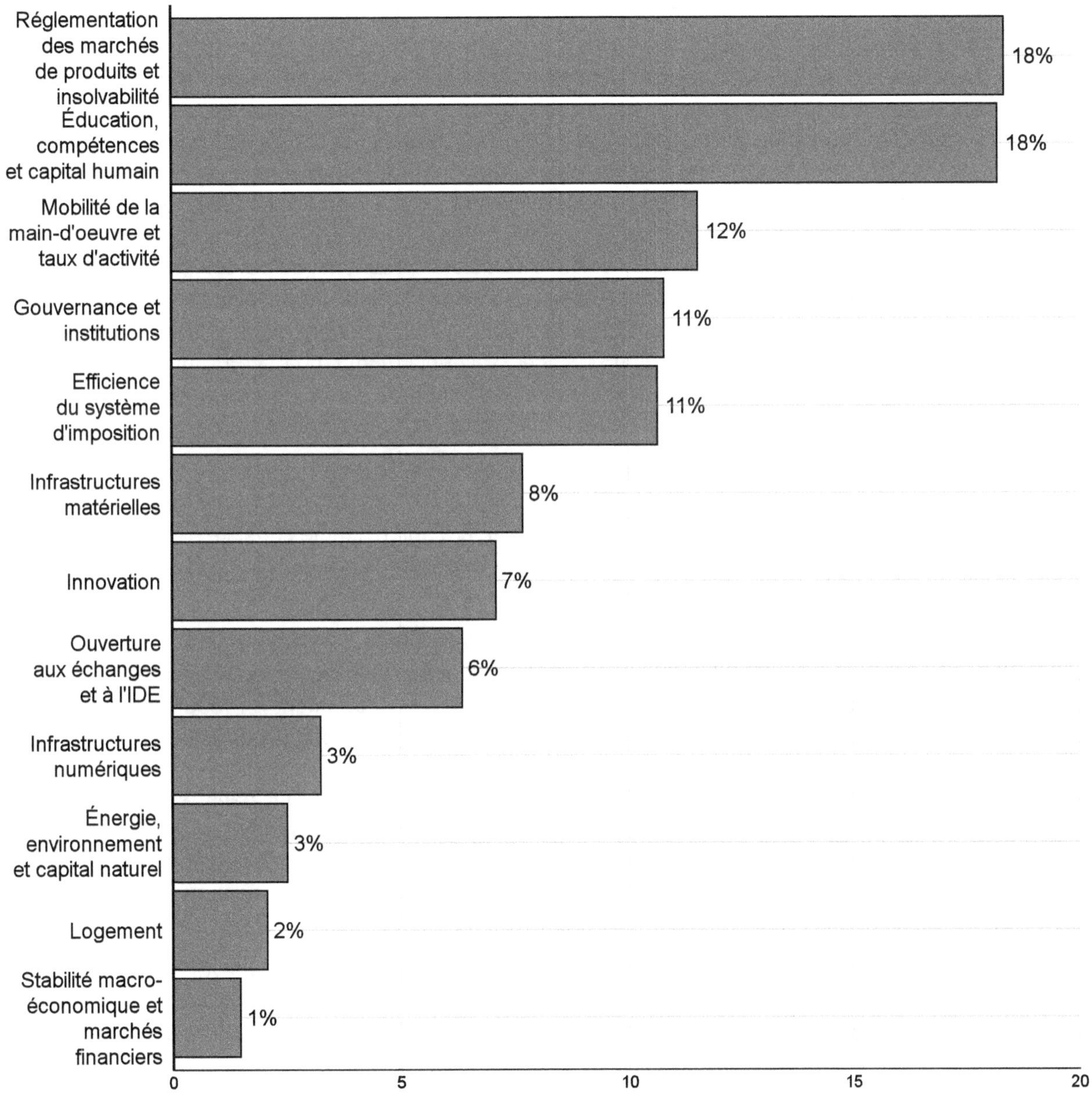

Source : Calculs de l'OCDE fondés sur les notes par pays du rapport sur les fondements de la croissance et de la compétitivité (F4GC).

StatLink https://stat.link/lpv1km

Renforcer les catalyseurs de croissance sous-jacents

Pour relancer la croissance et bâtir une économie solide, la première étape consiste à renforcer ses fondements. Pour ce faire, les pays doivent remédier aux problèmes structurels liés à leurs catalyseurs de croissance. Investir dans le capital humain en améliorant la qualité et la réactivité du système d'enseignement, en particulier de la formation professionnelle, en élargissant l'accès au système à tous les niveaux d'instruction, et en resserrant les liens entre les universités et le marché du travail peut rehausser la productivité de la main-d'œuvre et améliorer la capacité d'adaptation de la population active aux transformations structurelles.

En outre, renforcer la qualité de la réglementation et des institutions, par exemple en élargissant le champ des analyses d'impact de la réglementation et en associant plus activement les parties prenantes, jette les bases d'un cadre réglementaire efficace, qui est lui-même essentiel pour créer des incitations de marché adéquates et améliorer la répartition des ressources dans l'économie. Par ailleurs, investir davantage dans les infrastructures, en particulier dans les domaines des transports et du haut débit, peut renforcer la connectivité ainsi que la diffusion des connaissances et des technologies, contribuant ainsi à accélérer la croissance de la productivité. Il est crucial de veiller à l'efficience économique de ces investissements et à leur durabilité environnementale, ainsi que de mieux évaluer les projets, pour maximiser leur rendement. En outre, il est essentiel de renforcer la stabilité macroéconomique, notamment grâce à une saine gestion budgétaire, et d'améliorer l'accès des entreprises aux financements pour créer un environnement favorable à leurs activités.

Améliorer les incitations de marché et l'efficience allocative

Une fois que ces catalyseurs clés sont en place, la deuxième étape évidente consiste à instaurer pour les entreprises et les ménages des incitations de marché qui favorisent l'activité économique et orientent les ressources vers leurs usages les plus productifs.

L'environnement réglementaire peut favoriser la création d'entreprise, l'investissement et l'innovation, à condition que des catalyseurs essentiels tels que des infrastructures et des compétences adéquates soient en place. Renforcer la concurrence sur les marchés de produits, notamment en réduisant la présence capitalistique de l'État dans les entreprises, et préserver une ouverture aux échanges et à l'IDE fondée sur des règles internationales, incitent les entreprises à investir et à innover. Alléger les charges administratives, réduire les obstacles à l'entrée sur le marché – en particulier dans les secteurs ayant d'amples effets d'entraînement sur le reste de l'économie (comme les industries de réseau, les services professionnels et le commerce de détail) – et simplifier les régimes d'insolvabilité peuvent faciliter l'entrée de nouveaux acteurs sur le marché et la sortie d'autres, tout en renforçant la dynamique des entreprises et l'efficience allocative.

En outre, réduire les obstacles à la mobilité de la main d'œuvre et à l'activité peut favoriser une utilisation plus efficiente des ressources en main-d'œuvre. Renforcer les incitations au travail – au moyen de système de prélèvements et de prestations et de mesures d'activation judicieusement conçus – tout en élargissant l'accès à des services abordables d'accueil des jeunes enfants et en mettant en œuvre des politiques du logement propices à la mobilité, peut permettre d'améliorer l'utilisation de la main-d'œuvre et la répartition des compétences. Enfin, des réformes des impôts permettant de rationaliser les dépenses fiscales et d'élargir la base d'imposition, de réaliser un transfert de charge fiscale des revenus du travail et des bénéfices des entreprises vers les biens immobiliers et la consommation, ainsi que de dématérialiser la collecte des impôts, peuvent renforcer encore la croissance en réduisant les distorsions inhérentes à la fiscalité.

Orienter et soutenir l'activité économique

Une fois que des conditions propices à la croissance ont été instaurées et que des mesures créant des incitations de marché adéquates ont été adoptées, les pouvoirs publics peuvent orienter de manière stratégique l'activité économique vers des domaines prioritaires. Des réformes ciblées promouvant l'innovation, les investissements verts et la sécurité énergétique contribuent à remédier aux défaillances du marché, à accélérer les transitions technologiques et à mettre la croissance en adéquation avec des objectifs sociétaux à long terme, tout en renforçant la compétitivité et la résilience économique.

Les aides publiques à la R-D demeurent essentielles pour surmonter les problèmes de sous-investissement, et un renforcement de la collaboration entre les entreprises et les universités conjugué à une meilleure coordination des politiques d'innovation peut en amplifier les effets, en particulier lorsqu'il va de pair avec des réformes de l'enseignement.

Les réformes du marché de l'énergie sont de plus en plus cruciales pour la sécurité des approvisionnements énergétiques et pour faire avancer la transition vers les énergies propres. Dans cette optique, il peut être bénéfique pour les pays de lever les obstacles à l'entrée sur les marchés, de renforcer la réglementation, et de favoriser l'investissement dans les énergies renouvelables et l'efficacité énergétique.

Pour susciter l'adhésion aux réformes structurelles, il faut améliorer leur cohérence et la compréhension de leurs effets

La réussite d'un programme de réformes structurelles dépend de sa cohérence et de la maîtrise des enjeux d'économie politique pouvant faire obstacle à ces réformes. Ceci posé, nous mettons fortement l'accent dans ce rapport sur la compréhension des possibilités d'exploiter la complémentarité des politiques publiques, ainsi que sur la production de nouvelles données probantes sur le délai de matérialisation des gains de croissance résultant des réformes structurelles, compte tenu des coûts politiques éventuels des réformes.

Sachant que les priorités d'action les plus fréquentes concernent la RMP et les régimes d'insolvabilité ainsi que le capital humain et les compétences, des réformes mises en œuvre dans ces domaines pourraient faire jouer la complémentarité des politiques publiques en renforçant l'efficacité de l'action publique dans d'autres domaines (notamment celle des politiques ciblées). Ainsi, le rendement des subventions à l'innovation sera rehaussé par la disponibilité d'un capital humain de haute qualité, de même que par une RMP et des régimes d'insolvabilité renforçant le dynamisme économique, qui joue un rôle central dans le processus d'innovation.

En outre, en s'appuyant sur la base de données récemment créée, cette première édition fournit également de nouvelles données empiriques sur les effets économiques à court terme des réformes structurelles, qui peuvent être incertains et inégaux. Or, ces effets à court terme peuvent influer sur les réactions des électeurs et des groupes d'intérêt, et déterminer si les réformes sont politiquement faisables, pérennes ou remises en question a posteriori. La connaissance de ces effets permet aux responsables publics d'anticiper les résistances, de concevoir des mesures compensatoires, de former des coalitions et, globalement, d'élaborer une meilleure stratégie de réforme, susceptible d'accroître la probabilité que les réformes adoptées et mises en œuvre soient couronnées de réussite.

Ces nouvelles données empiriques visent à compléter de précédents travaux de l'OCDE, qui portaient essentiellement sur les effets à long terme. Cela dit, en s'appuyant sur ces éclairages à long terme, cette édition montre comment les réformes structurelles peuvent aussi étayer la viabilité des finances publiques sur fond de dette publique élevée et de montée des tensions sur les dépenses. Dans la mesure où elles élargissent la base d'imposition, renforcent le dynamisme économique ou améliorent l'efficience des administrations publiques, les réformes structurelles peuvent constituer un levier pour réduire le ratio dette/PIB sans recourir exclusivement à une politique d'austérité, renforçant du même coup la viabilité de la dette ainsi que la résilience et la croissance de l'économie. Mettre davantage en évidence ces effets peut aussi améliorer l'acceptabilité politique des réformes, en montrant qu'elles présentent des avantages tangibles sur le plan budgétaire

1 Vue d'ensemble

Dans ce chapitre sont recensés et examinés les nouveaux domaines d'action prioritaires dans lesquels des réformes structurelles sont nécessaires pour renforcer les fondements de la croissance dans les pays membres et partenaires de l'OCDE. Une distinction est établie entre trois ensembles différents de politiques – les catalyseurs, les incitations de marché et les mesures ciblées – pour lesquels des priorités sont identifiées à l'aide d'un nouveau modèle de hiérarchisation des priorités de l'action publique. De nouveaux travaux de recherche menés par l'OCDE sur les effets à court terme des réformes structurelles sont également présentés. Les informations spécifiques à chaque pays qui sous-tendent ce chapitre figurent dans les notes par pays (Chapitre 2).

1. Introduction

Pourquoi un examen approfondi des politiques de croissance et de compétitivité

La question de savoir pourquoi certains pays réussissent et d'autres non est l'une des plus persistantes et des plus fondamentales en économie (Barro, 1996[1]). Les écrits abondent qui définissent divers grands moteurs de croissance et de prospérité : un environnement macroéconomique stable (Barro, 1991[2]), (Bloom, 2009[3]), des régimes fiscaux efficaces (Porter, 1990[4]), une bonne gouvernance et des institutions solides (Acemoglu, Johnson et Robinson, 2005[5] ; de Soto, 2000[6]), des infrastructures de qualité (Aschauer, 1989[7]), un capital humain et une main-d'œuvre porteurs de gains de productivité ou encore des marchés ouverts et concurrentiels (OCDE, 2015[8]). Certains de ces fondements de la croissance ont été étudiés conjointement, mais aucune tentative de les regrouper dans un cadre de mesure exhaustif n'a encore vu le jour alors que les grands programmes de réforme pourraient être plus avantageux pour l'économie que des réformes isolées. *Les fondements de la croissance et de la compétitivité (F4GC)* se propose de munir les décideurs d'outils qui les aideront à cerner les priorités stratégiques, à mobiliser les complémentarités et à améliorer la cohérence des politiques publiques.

L'idée de revoir les fondements de la croissance n'a fait que gagner en intérêt ces vingt dernières années, face à la forte baisse de la croissance potentielle enregistrée dans bon nombre de pays (et dans l'ensemble de la zone OCDE) sous l'effet du ralentissement marqué de la croissance de la productivité du travail. Cette évolution a coïncidé avec un affaiblissement de la dynamique des réformes structurelles, donnant lieu à des appels répétés à des réformes de productivité pour relancer la croissance, mais aussi pour relever les niveaux de vie et le bien-être (OCDE, 2015[9] ; OCDE, 2017[10] ; OCDE, 2023[11]). Plus récemment, le rapport Draghi a attiré l'attention sur ces questions en mettant en exergue les difficultés endémiques auxquelles se heurtent les efforts de renforcement de la compétitivité de l'UE (Commission européenne, 2024[12]).

Le défi : les freins structurels à la croissance

Compte tenu de l'ampleur des chocs causés par le COVID-19 et l'inflation, il est facile de perdre de vue les vents contraires à la croissance et à la compétitivité qui se levaient avant la pandémie. La croissance annuelle de la production potentielle a perdu environ un point de pourcentage dans la zone OCDE depuis le début des années 1990 (1Graphique 1, partie A) ; un recul qui tient au ralentissement marqué de la croissance tendancielle de la productivité du travail sous l'effet de deux obstacles à la croissance et des conditions d'activité des entreprises. Premièrement, l'atonie persistante de l'investissement des entreprises dans la modernisation de leurs technologies, de leurs modes de production et de leurs pratiques au lendemain de la crise financière. Deuxièmement, le ralentissement à plus long terme de la croissance de la productivité multifactorielle (PMF), cause d'interrogations quant à un possible essoufflement des forces de l'innovation et du dynamisme économique (Graphique 1, partie B).

La contribution de l'emploi à la croissance potentielle a pour sa part augmenté depuis la pandémie, témoignant d'un faible taux de chômage et d'une hausse du taux d'activité dans la zone OCDE, en particulier du taux d'activité des seniors et des femmes (OCDE, 2025[13]). D'autres tendances structurelles, comme le vieillissement de la population et les pénuries de main-d'œuvre, continueront néanmoins probablement de peser sur les contributions de l'emploi dans les années à venir.

Graphique 1. La faible productivité du travail et la perte de dynamisme des entreprises sont à la base du recul de la production potentielle dans la zone OCDE

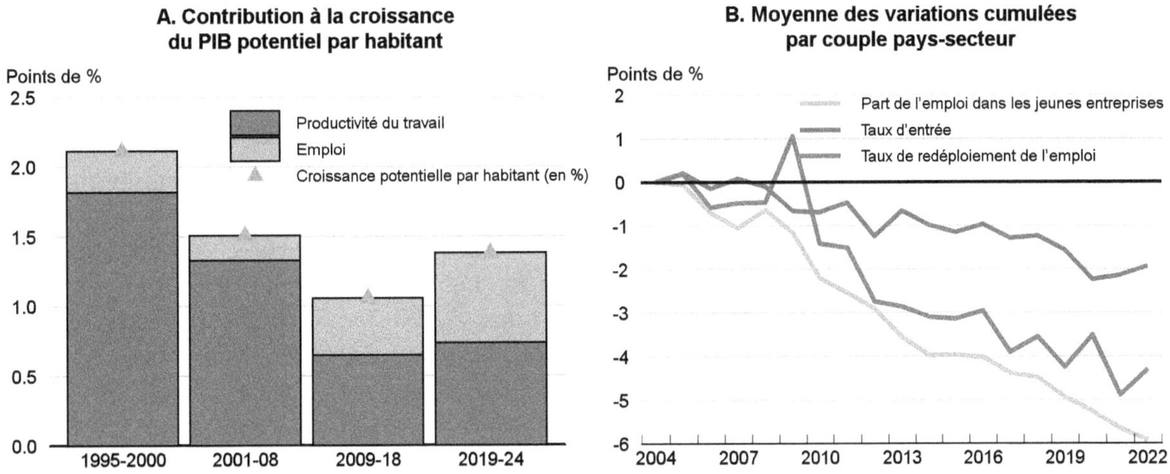

Note : Dans la partie B, les estimations sont calculées à partir des coefficients par année de régressions effectuées par couple pays-secteur pour 12 pays (AUT, BEL, DEU, ESP, FIN, FRA, GBR, HUN, ITA, PRT, SVN et TUR) sur la période 2004-22 (panel non cylindré). Chaque point représente la variation cumulée en points de pourcentage relativement à 2004. Les régressions sont pondérées par la part annuelle de l'emploi imputable à chaque secteur, ou son nombre d'unités, dans chaque pays. Le graphique concerne le secteur manufacturier et les services marchands non financiers (CITI rév. 4, sections C et G-N, sauf K).

Source : Partie A, OCDE, Base de données des Perspectives économiques de l'OCDE, n° 118 ; partie B, OCDE, Base de données sur la dynamique de l'emploi au niveau de l'entreprise (DynEmp) (octobre 2025), actualisée d'après D, Calvino, F., C. Criscuolo et R. Verlhac (2020), « Declining business dynamism: Structural and policy determinants », OECD Science, Technology and Industry Policy Papers, nº 94, Éditions OCDE, Paris,https://doi.org/10.1787/77b92072-en ; et Cho, W. et al. (2024), « Diagnosis and policy action for sustainable and inclusive productivity growth », OECD Science, Technology and Industry Working Papers, nº 2024/07, Éditions OCDE, Paris, https://doi.org/10.1787/1668f250-en.

StatLink https://stat.link/qvjzxd

Les données micro-économiques émergentes ont intensifié les craintes au sujet de la productivité et de la compétitivité dans l'ensemble des pays de l'OCDE (Andrews, Criscuolo et Gal, 2016[14]). Le postulat de départ est que la productivité est soutenue par l'expérimentation de nouvelles idées, la diffusion généralisée des technologies et des pratiques économiques avancées, et la réaffectation efficace des ressources à leurs usages les plus productifs. Ces données font ensuite apparaître que le ralentissement global de la productivité a été favorisé par un écart de productivité grandissant entre les entreprises à la frontière mondiale et les retardataires. Si de telles évolutions font penser au principe du tout au gagnant, elles sont aussi symptomatiques d'obstacles à la diffusion des connaissances et d'un recul de la destruction créatrice, le processus par lequel de nouvelles entreprises entrent sur le marché et remplacent les plus anciennes moins productives (Andrews, Criscuolo et Gal, 2016[14]). Elles ont coïncidé avec l'allongement de la survie des entreprises zombies, la hausse de la concentration des marchés et des taux de marge, le recul de la mobilité professionnelle et le redéploiement de la main-d'œuvre vers les entreprises plus productives.

Ces évolutions peuvent être interprétées comme la conséquence de la baisse de la concurrence des marchés et de la flexibilité économique, dues en partie à l'augmentation des frictions d'ajustement qui ont mis un frein au processus de destruction créatrice. Une telle hypothèse va dans le sens des données soulignant l'importance de réformes structurelles qui améliorent le fonctionnement des marchés de produits, du travail, du logement et du capital-risque, mais aussi de régimes d'insolvabilité qui ne pénalisent pas démesurément les faillites (OCDE, 2015[8]). Ces politiques-cadres déterminent surtout la vitesse à laquelle les connaissances se répandent à travers l'économie, l'efficacité de la réaffectation des ressources aux entreprises plus productives et celle des incitations à l'innovation proposées aux entreprises.

La dégradation des résultats scolaires dans les pays de l'OCDE s'est dégagée comme un deuxième obstacle à la productivité et à la compétitivité (Graphique 2, partie A). Les résultats des évaluations du Programme international pour le suivi des acquis des élèves (PISA) 2022 font apparaître une baisse sans précédent des résultats dans l'ensemble de la zone OCDE depuis 2018. Les résultats moyens sont en recul de dix points en compréhension de l'écrit et de près de 15 points en mathématiques, soit l'équivalent de trois quarts d'une année d'apprentissage (OCDE, 2023[15]). Cette dégradation ne peut être attribuée qu'en partie à la pandémie de COVID-19 étant donné que les scores avaient commencé à diminuer bien avant 2018. Il ressort en effet de données récentes que le recul à moyen terme des scores au PISA a entraîné une forte baisse du taux d'accumulation de capital humain et pourrait expliquer un sixième du ralentissement de la productivité observé dans les pays de l'OCDE ((Andrews, Égert et de la Maisonneuve, 2024[16]) et Graphique 2, partie B). Les résultats du Programme pour l'évaluation internationale des compétences des adultes (PIAAC) de 2023 révèlent eux aussi d'importantes disparités de niveaux de compétences entre les pays, les compétences en compréhension de l'écrit étant soit en recul, soit stables, dans la plupart des pays et économies participants (OCDE, 2024[17]).

Graphique 2. Les résultats en mathématiques, compréhension de l'écrit et science ont fortement reculé depuis le début du PISA

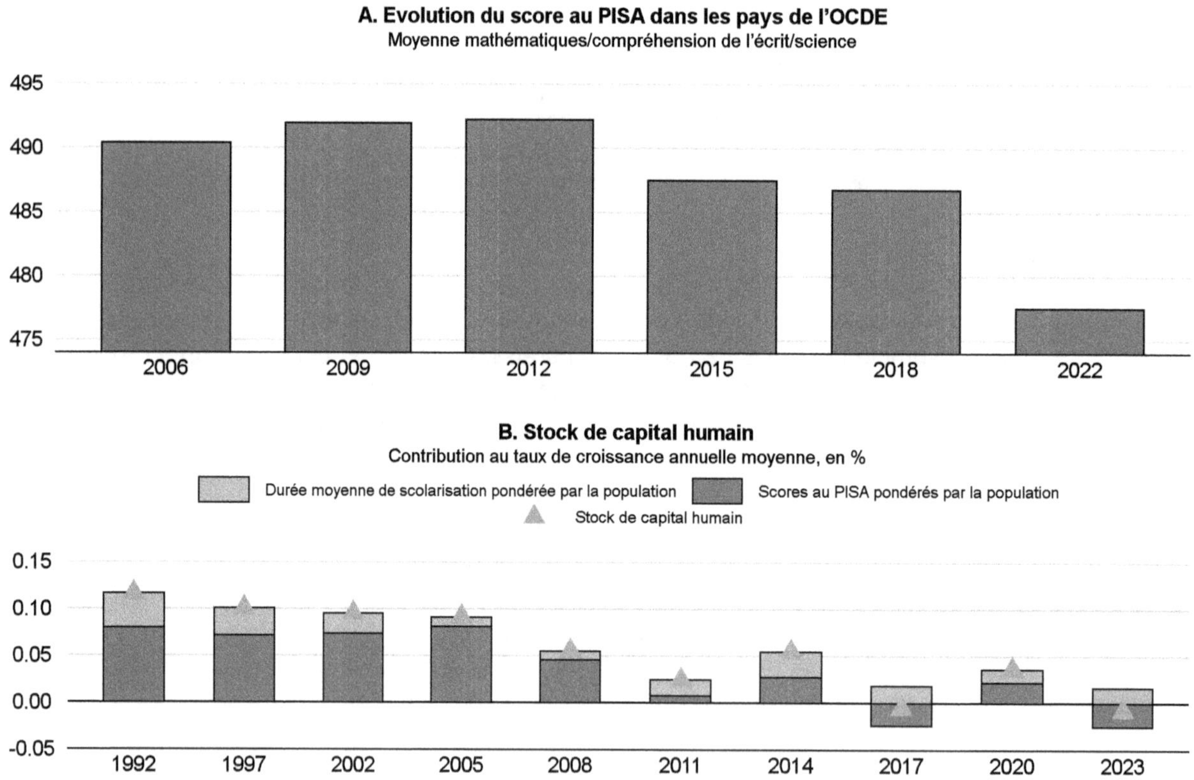

Note : Dans la partie A, les données de l'Autriche en 2009, du Costa Rica en 2006 et de l'Espagne en 2018 sont manquantes. Dans la partie B, les scores au PISA et la durée moyenne de la scolarité sont des moyennes pondérées par cohorte.
Source : OCDE, base de données du PISA et Andrews, D, B. et de la Maisonneuve, C. (2024), « Frome decline to revival: Policies to unlock human capital and productivity », Documents de travail du Département des affaires économiques de l'OCDE, n° 1827, Éditions OCDE, Paris, https://doi.org/10.1787/8d0d232c-en.

StatLink https://stat.link/m40olz

La perspective : une reprise de la productivité stimulée par l'IA ?

Si ces obstacles structurels ont bridé les perspectives de croissance globale dans bon nombre de pays de l'OCDE ces vingt dernières années, l'émergence rapide de l'intelligence artificielle (IA) a le potentiel de catalyser la croissance de la productivité dans les décennies à venir. Certes, une grande incertitude plane encore sur les conséquences économiques de l'IA. Il semble toutefois plausible que l'IA renforce la croissance de la productivité aux États-Unis d'au moins autant que l'explosion des technologies de l'information et de la communication au milieu des années 1990 (voir (Filippucci et al., 2025[18]) et Encadré 1), laquelle a contribué à une hausse estimée entre 1 et 1.5 point de pourcentage de la productivité totale des facteurs (PTF) aux États-Unis entre 1995 et 2004 (Byrne, Oliner et Sichel, 2013[19]). L'ampleur des gains de productivité dépendra non seulement de la vitesse et du degré d'adoption de l'IA, mais aussi des choix de politiques publiques, des attitudes de la société à l'égard de l'innovation, du degré de frictions dans les marchés de produits et du travail, et du niveau d'adaptabilité des capacités humaines (voir l'Encadré 1).

Encadré 1. Le potentiel de croissance de l'IA

L'intelligence artificielle (IA), de plus en plus considérée comme une technologie générique, renferme un fort potentiel de dynamisation de la productivité du travail et de la croissance économique à long terme. Son adoption pourrait augmenter l'intensité capitalistique en conduisant à investir dans des actifs complémentaires, comme l'infrastructure en nuage, les systèmes de données, le matériel spécialisé (ex. les unités de traitement graphique) et les logiciels avancés, élargissant ainsi le stock de capital productif. Il est attendu de l'IA qu'elle augmente directement la productivité multifactorielle en servant de méthode d'invention, ce qui pourrait renforcer la recherche et l'innovation (Filippucci et al., 2024[20] ; Cockburn, Henderson et Stern, 2018[21]) et mieux optimiser l'utilisation du capital et de la main-d'œuvre.

Or, il est également attendu de l'IA qu'elle accélère le redéploiement de la main-d'œuvre vers des tâches et des métiers complémentaires de la technologie tout en réduisant l'emploi dans les fonctions plus facilement automatisables, les effets sur la productivité globale étant incertains. Si un grand nombre de métiers s'avèrent remplaçables, le déploiement généralisé de l'IA, et plus particulièrement de l'IA générative, pourrait propager les risques d'automatisation au-delà des tâches répétitives et menacer des professions à forte intensité de connaissances, en particulier au bas de l'échelle. Le redéploiement de la main-d'œuvre vers des activités moins productives et moins automatisables pourrait ainsi être accéléré. La croissance de la PTF globale s'en trouverait ralentie par la loi de Baumol, selon laquelle les secteurs qui stagnent sur le plan technologique connaissent des hausses des coûts et des prix supérieures à la moyenne et accaparent une proportion croissante de la production nationale (Baumol et Bowen, 1965[22] ; Baumol, 1967[23] ; Baumol, Wolff et Batey Blackman, 1985[24] ; Nordhaus, 2008[25]).

Des gains de productivité généralisés sont attendus...

Les estimations de l'OCDE donnent à penser que l'incidence globale de l'IA sur la croissance annuelle de la productivité du travail sera de l'ordre de 0.5 à 1 point de pourcentage sur l'ensemble des économies du G7 dans les 10 prochaines années, pour un scénario central (vitesse d'adoption moyenne, ex. internet et ordinateurs, et élargissement des capacités d'IA à un large éventail de tâches ; voir le Graphique 3). À titre de référence, la croissance annuelle de la productivité du travail s'est établie en moyenne à 0.6 % dans les économies du G7 au cours des dix dernières années (2014-23), soit un dividende de croissance de l'IA proche du double du taux de croissance récente de la productivité. Dans le scénario le plus optimiste, avec adoption rapide (ex. téléphonie mobile) et élargissement des capacités d'IA, les estimations de gains de productivité du travail vont jusqu'à 1.3 point de pourcentage, tandis que dans le scénario le plus prudent d'adoption lente, ces gains restent importants, mais se situent entre 0.2 et 0.4 point.

Graphique 3. Les différences prévues de gains de productivité dus à l'IA entre les pays tiennent à la vitesse d'adoption et à la spécialisation sectorielle

Contribution annuelle prévue de l'IA à la croissance de la productivité du travail dans les 10 prochaines années, en points de pourcentage

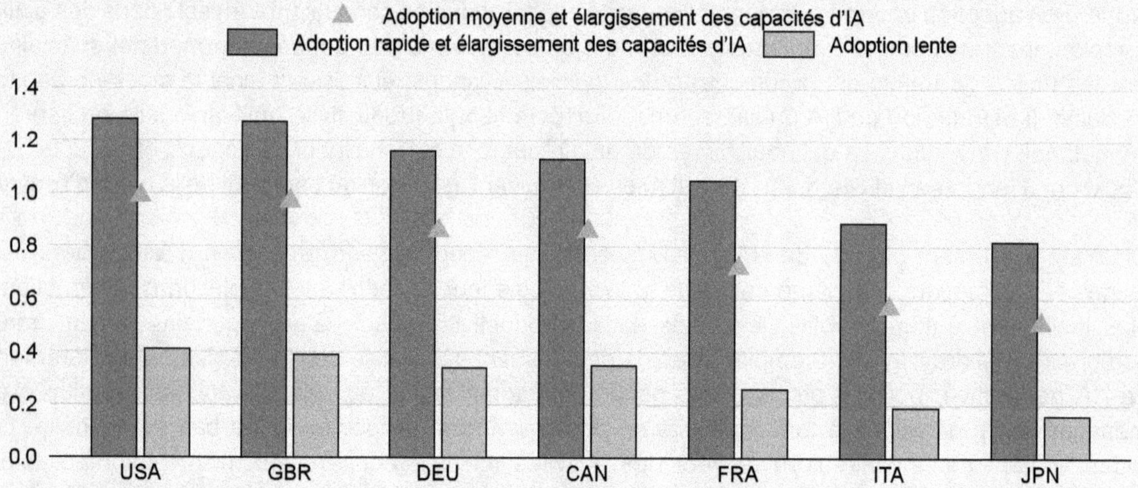

Note : Le scénario d'« adoption lente » suppose un rythme d'adoption équivalent à celui de la diffusion de l'électricité et une proportion constante de tâches exposées à l'IA. Les scénarios d'« adoption moyenne et élargissement des capacités d'IA » et d'« adoption rapide et élargissement des capacités d'IA » supposent des rythmes d'adoption équivalents à ceux d'Internet/des ordinateurs et des téléphones mobiles, respectivement, et une proportion croissante de tâches exposées à l'IA à mesure de son intégration croissante dans d'autres technologies numériques.
Source : Filippucci, F., Gal, P., Laengle, K. et Schief, M. (2025), « Macroeconomic productivity gains from Artificial Intelligence in G7 economies », *Documents de l'OCDE sur l'intelligence artificielle*, n° 41, Éditions OCDE, Paris, https://doi.org/10.1787/a5319ab5-en.

StatLink https://stat.link/v0lz6t

...mais il faudra concrétiser l'action des pouvoirs publics

Pour éviter que les avantages de l'IA ne soient l'apanage des grandes entreprises (Babina et al., 2024[26]), des investissements plus poussés dans les infrastructures matérielles et numériques ainsi que dans les compétences (TIC et numériques) seront nécessaires afin de favoriser la diffusion de l'IA à grande échelle, en particulier parmi les PME. D'autre part, les pays devront encourager une concurrence saine des plateformes d'IA et empêcher une concentration excessive, nationale comme internationale, notamment en réduisant les restrictions aux échanges de services. Cette mesure est particulièrement importante compte tenu de la hausse de la concentration sectorielle aux États-Unis entre 2007 et 2018. Il est également impératif de réduire les frictions liées au redéploiement des ressources pour que les gains de productivité ne soient pas limités à quelques secteurs tandis que d'autres restent à la traîne. Il faudra pour cela investir dans des programmes de formation et de renouvellement des compétences de manière à aider les travailleurs à s'adapter à l'évolution des emplois.

L'importance d'une économie dynamique et mobile

L'IA promet de renforcer la productivité, mais les pays ne doivent pas perdre de vue les réformes structurelles plus profondes nécessaires pour soutenir la croissance et la compétitivité à long terme. Dans ce contexte, l'initiative F4GC se propose d'équiper les décideurs d'outils pour cerner les mesures propices à la croissance et à la compétitivité et pour améliorer la cohérence globale des politiques. Elle s'appuie pour cela sur la vaste expertise de l'OCDE en matière d'économie et sur l'abondance de statistiques produites dans un grand nombre de domaines. La présente analyse s'intéresse au PIB par habitant, le reconnaissant comme un indicateur utile de la performance économique et des niveaux de vie, mais il n'est pas le seul indicateur du bien-être d'une société (voir l'Encadré 2). Néanmoins, la plupart des indicateurs de bien-être, comme les niveaux de revenu, les résultats de santé et les niveaux de vie, sont fortement corrélés avec le PIB par habitant, d'où son utilité en l'absence de données internationales offrant le même degré de complétude.

Une croissance robuste, riche en emplois et stimulée par la productivité n'est jamais garantie. Les économies peuvent être déviées de leur trajectoire par les récessions, les catastrophes naturelles, les pandémies et autres chocs imprévus. Dans la durée, les pouvoirs publics doivent aussi faire face à d'importantes évolutions structurelles, dont l'évolution démographique, la transition écologique, la transformation numérique et l'évolution des tendances de mondialisation, tout en faisant progresser les revenus réels de leurs citoyens. Si l'objectif est de maximiser les perspectives de croissance face à ce degré d'incertitude et de favoriser la résilience aux chocs, il faut alors s'attacher à bâtir des économies adaptables, dynamiques et capables de redéployer les ressources efficacement.

Encadré 2. Le PIB par habitant n'est pas un indicateur du bien-être, mais un point de référence utile

Le PIB par habitant est un indicateur imparfait, mais utile, du bien-être d'une société

Mesuré fréquemment et de manière cohérente dans l'ensemble des pays et dans le temps, le PIB est un indicateur utile pour comparer les performances économiques. Cependant, parce qu'il concerne la production (laissant de côté les activités non marchandes comme le travail non rémunéré), il peut moins bien rendre compte de la nature multidimensionnelle du bien-être que d'autres indicateurs.

Pour cette raison, diverses tentatives cherchent à fournir des indicateurs plus généraux de la performance économique et du bien-être de la société. Certaines s'appuient sur un éventail d'indicateurs pour évaluer plusieurs dimensions séparément : un tableau de bord qui permet plus de granularité, mais empêche les simples comparaisons entre pays à un moment donné, ou pour un pays dans le temps. C'est la méthode retenue dans les rapports *Comment va la vie ?* de l'OCDE (OCDE, 2024[27]). Cette multidimensionnalité se retrouve également au cœur des Objectifs de développement durable.

D'autres tentatives regroupent ces dimensions en un seul indicateur, ce qui nécessite de recourir à des hypothèses hardies quant à la façon dont ces dimensions sont mises en balance. C'est la méthode adoptée par l'OCDE par le passé, par exemple dans le calcul du niveau de vie multidimensionnel, pour combiner la santé, l'emploi, les inégalités et les revenus en un seul indicateur du bien-être, en estimant le consentement à payer pour réduire le chômage et accroître la longévité (Boarini et al., 2016[28]). Jones et Klenow (2016[29]) proposent de même un indicateur permettant de comparer l'évolution de la consommation nécessaire pour rendre les pays équivalents sur le plan du bien-être d'une personne dans un pays, en combinant le rôle de l'espérance de vie, des inégalités et du coût social des émissions de carbone (Jones et Klenow, 2016[29] ; Bannister et Mourmouras, 2017[30]).

Dans la pratique, le PIB par habitant est un indicateur simple et comparable de la performance économique étroitement lié à d'autres indicateurs du bien-être

Il est important de noter que tous ces indicateurs donnent à penser que le PIB par habitant est un important déterminant du bien-être étant donné qu'ils incluent généralement le PIB par habitant, ou des indicateurs proches davantage axés sur les revenus et la consommation, comme le revenu national brut ou la consommation finale par habitant. Sacks, Wolfers et Stevenson (2010[31]) trouvent une corrélation de plus de 70 % entre le PIB réel par habitant et la satisfaction à l'égard de l'existence selon la World Values Survey dans 70 pays. Le PIB par habitant est en effet fortement corrélé avec les indicateurs habituellement utilisés dans les indices multidimensionnels : niveau d'études, espérance de vie, pauvreté ou progrès environnementaux (bien que certes moins avec d'autres indicateurs d'inégalités). Cela conduit *in fine* à une forte corrélation avec les indicateurs de bien-être à valeur unique. En 2023, la corrélation entre l'Indice de développement humain (un indicateur composite combinant santé, éducation et niveaux de vie) et le PIB par habitant était de 80 % dans l'ensemble des pays du monde et 67 % dans les pays de l'OCDE. La corrélation entre l'indicateur de bien-être de Jones et Klenow et le PIB par habitant était de 95 % en 2014 (Bannister et Mourmouras, 2017[30]), tandis que la corrélation entre le niveau de vie multidimensionnel et la croissance du PIB entre 1995 et 2013 était de 88 % (Boarini et al., 2016[28]).

Le PIB par habitant, la consommation individuelle effective et les indicateurs multidimensionnels du bien-être sont tous fortement corrélés

Pour illustrer cette étroite corrélation, le présent encadré procède à une simple actualisation de l'indicateur synthétique du bien-être par Jones et Klenow (2016[29]) et Bannister et Mourmouras (2017[30]). À partir des données sur la consommation individuelle effective (CIE) par habitant, les inégalités, l'espérance de vie à la naissance, les heures travaillées par travailleur et les émissions par unité de consommation combinées avec un coût social du carbone (à 60 USD à PPA de 2023), il est possible d'estimer le bien-être dans l'ensemble des pays en termes relatifs. La corrélation de rang entre cet indicateur du bien-être et le PIB par habitant est de 79 % (90 % avec la CIE) dans les 29 pays pour lesquels on dispose de données en 2022-23 (Graphique 4). Le rapport *Comment va la vie ?* 2020 de l'OCDE (OCDE, 2020[32]) montrait lui aussi une corrélation positive entre la croissance du PIB et l'évolution de la plupart des indicateurs du bien-être entre 2012 et 2018, en particulier l'indicateur de satisfaction à l'égard de l'existence.

Graphique 4. Les indicateurs agrégés du bien-être sont étroitement corrélés avec la consommation et le PIB par habitant

Rang parmi les 29 pays de l'OCDE pour lesquels on dispose de données (1 = rang le plus élevé)

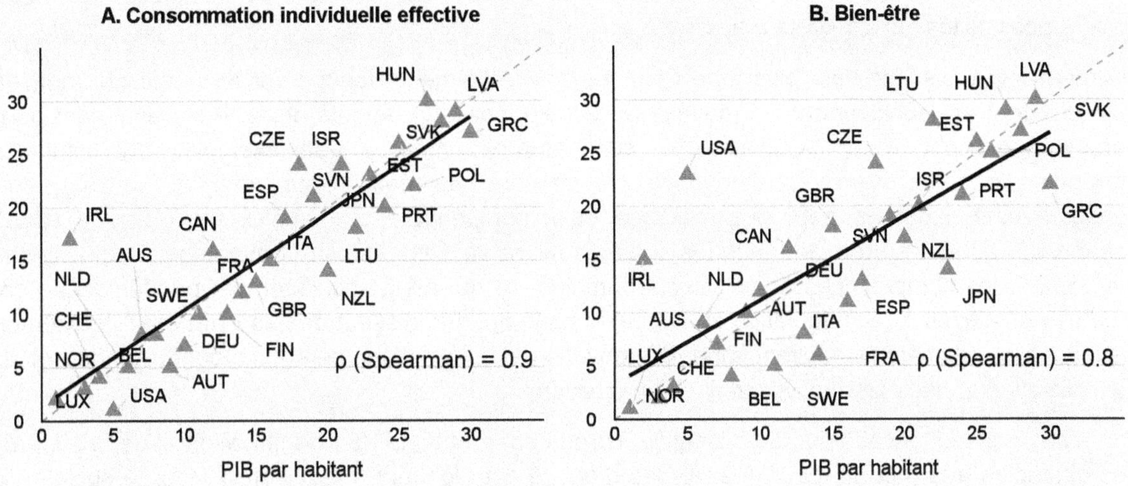

Note: La consommation individuelle effective et le PIB par habitant sont mesurés à PPA. La corrélation de rang est indiquée en haut en gauche de chaque diagramme.

Source: Calculs de l'OCDE à partir de données de l'OCDE : PPA, heures travaillées et ratio emploi/population, émissions, espérance de vie, coefficients de Gini, PIB par habitant (à PPA).

StatLink https://stat.link/3anu0z

L'un des grands principes de l'initiative F4GC veut que les cadres d'action des pouvoirs publics soient conçus de manière à faciliter le changement et à en tirer parti, en veillant à ce que les entreprises, les travailleurs et les institutions puissent rapidement réagir pour saisir les opportunités qui se présentent et gérer les risques de dégradation de la situation économique. La levée des obstacles à la mobilité et au dynamisme économique est alors impérative, face à la dégradation à plus long terme du dynamisme des entreprises et de la mobilité professionnelle dans bon nombre de pays de l'OCDE (OCDE, 2021[33]). Ces évolutions sont problématiques compte tenu du grand nombre de canaux par lesquels le dynamisme économique favorise une croissance riche en perspectives :

- L'entrée des entreprises sur le marché joue un rôle vital dans le renforcement de la productivité et de l'utilisation de la main-d'œuvre, les plus jeunes d'entre elles étant celles qui contribuent le plus à la création nette d'emplois (Haltiwanger, Jarmin et Miranda, 2013[34] ; Criscuolo, Gal et Menon, 2014[35]). Les nouvelles entreprises renforcent également le pouvoir de négociation en créant des options d'emploi à l'extérieur (Shambaugh, Nunn et Liu, 2018[36]). D'autre part, en raison de leur avantage comparatif lorsqu'il s'agit de mettre sur le marché des innovations radicales (Henderson, 1993[37]), les start-ups joueront probablement un rôle central dans les transitions numérique et verte. Il est donc essentiel d'assurer des règles du jeu équitables, afin que les plus jeunes entreprises puissent faire face à la concurrence en fonction de leurs capacités au lieu d'être freinées par les obstacles créés par les plus anciennes.
- Les taux plus élevés de transitions d'emploi à emploi soutiennent la productivité en facilitant le redéploiement de la main-d'œuvre vers des entreprises plus innovantes et plus dynamiques. Ils réduisent également le risque de chômage de longue durée et améliorent la qualité du

rapprochement entre l'offre et la demande d'emploi, surtout pour les jeunes travailleurs, ceux-ci risquant davantage de se heurter à des problèmes d'inadéquation des compétences (Davis et Haltiwanger, 2014[38]). Enfin, des marchés du travail plus flexibles renforcent le pouvoir de négociation des travailleurs en multipliant leurs options à l'extérieur (Karahan, 2017[39]) et peuvent contribuer à réduire les inégalités salariale (Criscuolo, 2021[40]). En dernière analyse, une plus grande mobilité permet aux individus de réaliser leur potentiel et d'exploiter les nouvelles possibilités qui s'ouvrent à eux.

De même, la croissance est plus forte dans les environnements fondés sur le mérite qui motivent les individus tout en leur donnant les moyens de développer leurs talents et de tirer pleinement parti des perspectives économiques. À l'inverse, les sociétés moins mobiles – par exemple, dans lesquelles les individus talentueux de milieux défavorisés ne peuvent pas réaliser leur potentiel – en subissent les conséquences négatives pour la croissance et la compétitivité d'au moins deux façons (Causa et Johansson, 2009[41]). Premièrement, les sociétés moins mobiles risquent davantage de gaspiller ou de mal répartir les compétences et les talents humains, ce qui est particulièrement problématique compte tenu des obstacles à l'accumulation de capital humain qui grandissent depuis vingt ans. Deuxièmement, les inégalités de chances peuvent saper la motivation et l'effort d'une personne, conduisant à une baisse de l'utilisation et de la productivité de la main-d'œuvre.

Outre ces conséquences pour la croissance, l'argument en faveur de l'identification et de la suppression des obstacles à la mobilité pour des raisons d'équité est éloquent. Favoriser la mobilité sociale signifie offrir aux individus les mêmes chances *ex ante*, même si les résultats ne seront pas forcément égaux *ex post.* Cela soulève plusieurs questions importantes, dont celle de l'influence du milieu parental sur le salaire, l'emploi et le développement des compétences des individus, et celle des moyens par lesquels les politiques publiques (de l'éducation et des marchés du travail aux systèmes d'imposition et de transfert) peuvent aider à améliorer la mobilité sociale intergénérationnelle.

Les nouvelles données d'observation recueillies par l'OCDE font apparaître une forte complémentarité entre les politiques de croissance et les efforts d'amélioration de la mobilité sociale intergénérationnelle (Causa, Tanaka et Nguyen, à paraître[42]). Par exemple, il semble y avoir une corrélation positive entre la mobilité intergénérationnelle et divers indicateurs de la dynamique des entreprises. De même, la suppression des obstacles à la mobilité géographique peut contribuer à améliorer les perspectives des individus tout en renforçant la performance économique globale. Aussi, placer la promotion des chances au centre des politiques publiques est non seulement compatible avec les objectifs de croissance, mais aussi essentiel pour libérer le potentiel de talent de tous les milieux socioéconomiques.

Par conséquent, l'initiative F4GC porte sur des politiques qui établissent les conditions nécessaires à la croissance économique au sens large, notamment en prenant en compte l'égalité des chances et l'appauvrissement des ressources environnementales dans la mesure où ces deux facteurs peuvent retentir sur la croissance. Il convient toutefois de noter que les priorités de l'action publique et les résultats au-delà de la croissance économique, dont ceux qui viennent d'être mentionnés, sont largement abordés dans diverses autres publications de l'OCDE. Il est également probable que si les pays n'ont pas accompli suffisamment de progrès relativement à ces conditions-cadres fondamentales – entre autres, les cadres de politique macroéconomique, la concurrence, les compétences, la mobilité de la main-d'œuvre et les infrastructures – les politiques qui ciblent d'autres objectifs seront moins efficaces. D'autre part, si les bonnes conditions sont réunies pour un large éventail de politiques liées à la croissance, les résultats de chacune de ces politiques seront probablement meilleurs. Par conséquent, bon nombre des priorités d'action exposées dans ce rapport peuvent être légitimement considérées comme complémentaires les unes des autres, mais aussi comme relevant d'une stratégie plus globale pour aborder des objectifs au-delà de la croissance.

Cadre et base de données

Pour relier les politiques publiques aux résultats de manière conceptuelle, le cadre repose sur une typologie de haut niveau qui opère une distinction entre trois ensembles distincts de politiques : les catalyseurs, les incitations de marché et les politiques ciblées. Les deux premiers sont de nature horizontale, dans la mesure où ils concernent généralement la création des conditions-cadres nécessaires pour que les entreprises et les travailleurs puissent s'épanouir dans une perspective macroéconomique. Les politiques ciblées, en revanche, sont conçues pour cibler et réagir à des défaillances et des externalités de marché particulières qui ne peuvent pas être corrigées avec d'autres politiques horizontales, notamment dans les domaines de l'innovation, de l'énergie et de l'environnement. Ces différents ensembles de politiques peuvent interagir et l'efficacité des politiques ciblées sera lourdement influencée par les politiques horizontales en place.

Les *catalyseurs* procurent les conditions fondamentales nécessaires à la croissance économique, en améliorant l'environnement global des affaires et le capital humain. Par exemple :

- Stabilité macroéconomique : des politiques budgétaires et monétaires saines créent un environnement stable pour l'investissement et la croissance à long terme.
- Institutions et gouvernance : des cadres juridiques solides, les droits de propriété et une administration publique efficace assurent la stabilité et la confiance dans l'économie.
- Infrastructures : les investissements dans le transport, l'énergie, la connectivité numérique et les services collectifs pour permettre, faciliter et améliorer l'activité économique.
- Éducation et développement des compétences : une main-d'œuvre bien formée renforce l'innovation, l'adaptabilité et la compétitivité économique.

Les *incitations de marché* influencent l'activité économique en incitant les entreprises à investir et les individus à fournir de la main-d'œuvre, avec des conséquences importantes pour l'allocation générale des ressources (l'efficience allocative). Par exemple :

- Systèmes d'imposition : des régimes fiscaux bien conçus influencent les décisions d'investissement, l'offre de main-d'œuvre et les schémas de consommation.
- Politiques de concurrence : les réglementations qui empêchent les acteurs dominants du marché d'exploiter leur position, interdisent les cartels, évaluent les fusions pour empêcher les concentrations excessives, et qui encouragent l'efficience du marché et la dynamique des entreprises pour renforcer l'innovation et la productivité.
- Réglementation des marchés de produits : les réglementations qui veillent à ce que les marchés de produits fonctionnent efficacement sans créer d'obstacles inutiles à l'entrée et au développement des entreprises.
- Politiques en matière d'échanges et d'investissement : les réglementations des marchés ouverts et de l'investissement direct étranger (IDE) déterminent la compétitivité internationale.
- Réglementation du marché du travail : les politiques qui régissent les contrats de travail, les salaires et la protection des travailleurs pour parvenir à un bon équilibre entre création d'emploi et mobilité des travailleurs d'une part, et protection sociale adéquate de l'autre. Il s'agit également des politiques d'activation et des filets de sécurité (prestations de chômage, aides au revenu) pour atténuer les chocs économiques tout en maintenant les incitations à travailler.
- Politiques liées au logement : les mesures qui retentissent directement sur l'offre de logements abordables, notamment en matière d'utilisation des terres et d'aménagement du territoire, de réglementation des loyers et d'offre de logement social.

Les *politiques ciblées* sont des politiques qui peuvent guider activement les activités économiques en apportant un soutien ciblé à des secteurs, des entreprises ou des individus particuliers. Par exemple :

- Subventions et incitations : une aide financière destinée aux secteurs clés (ex. énergies renouvelables, R-D) pour favoriser l'innovation et remédier aux défaillances du marché.
- Politique industrielle : l'intervention stratégique des pouvoirs publics pour développer les secteurs à fort potentiel et renforcer les capacités technologiques.

En tenant compte de ces moteurs de croissance et de compétitivité, le cadre F4GC est constitué de domaines de politique publique structurés autour de la typologie à trois groupes, dont chacun est décomposé en sous-domaines (Graphique 5). Chaque indicateur inclus dans le cadre a été organisé selon plusieurs critères, dont : i) la cohérence avec la littérature sur les moteurs de la croissance et de la compétitivité ; ii) l'existence de leviers d'action mesurables ; iii) la comparabilité entre les pays ; iv) la disponibilité de données et leur actualité ; et v) la cohérence des mesures. D'autre part, la priorité est donnée à l'inclusion d'indicateurs en rapport avec des leviers d'action concrets, c'est-à-dire qui peuvent être exploités par les décideurs (ex. les indicateurs de réglementation des marchés de produits qui mesurent directement les réglementations). En l'absence de données ou lorsque la couverture géographique est insuffisante, l'inclusion d'un indicateur davantage en rapport avec les résultats de l'action publique est soigneusement considérée (ex. les indicateurs sur la proportion de population ayant accès au haut débit). L'Annexe 1.C contient la liste des indicateurs inclus dans la base de données.

Ces indicateurs sont regroupés dans une base de données exhaustive, comprenant près de 250 indicateurs et constituant un point d'accès unique aux données de l'OCDE sur les moteurs de la croissance à long terme pour les analystes des politiques et les chercheurs. L'Annexe 1.C contient la liste complète des indicateurs. La version actuelle de la base de données couvre 48 pays, à savoir les 38 pays Membres de l'OCDE auxquels s'ajoutent l'Afrique du Sud, l'Argentine, le Brésil, la Bulgarie, la Chine, la Croatie, l'Inde, l'Indonésie, le Pérou et la Roumanie. Elle est accessible via un nouveau portail de données, lequel fournit un point d'accès unique à toutes les données de l'OCDE sur la croissance et la compétitivité. Les utilisateurs peuvent visualiser les données en toute facilité, comprendre les diverses dimensions analytiques de la croissance et de la compétitivité, comparer les cadres d'action des divers pays et télécharger les données en appui de travaux empiriques dans ces domaines. Le portail de données est accessible via le code QR et les liens intégrés dans chaque note par pays (chapitre 2).

Graphique 5. Le cadre des Fondements de la croissance et de la compétitivité

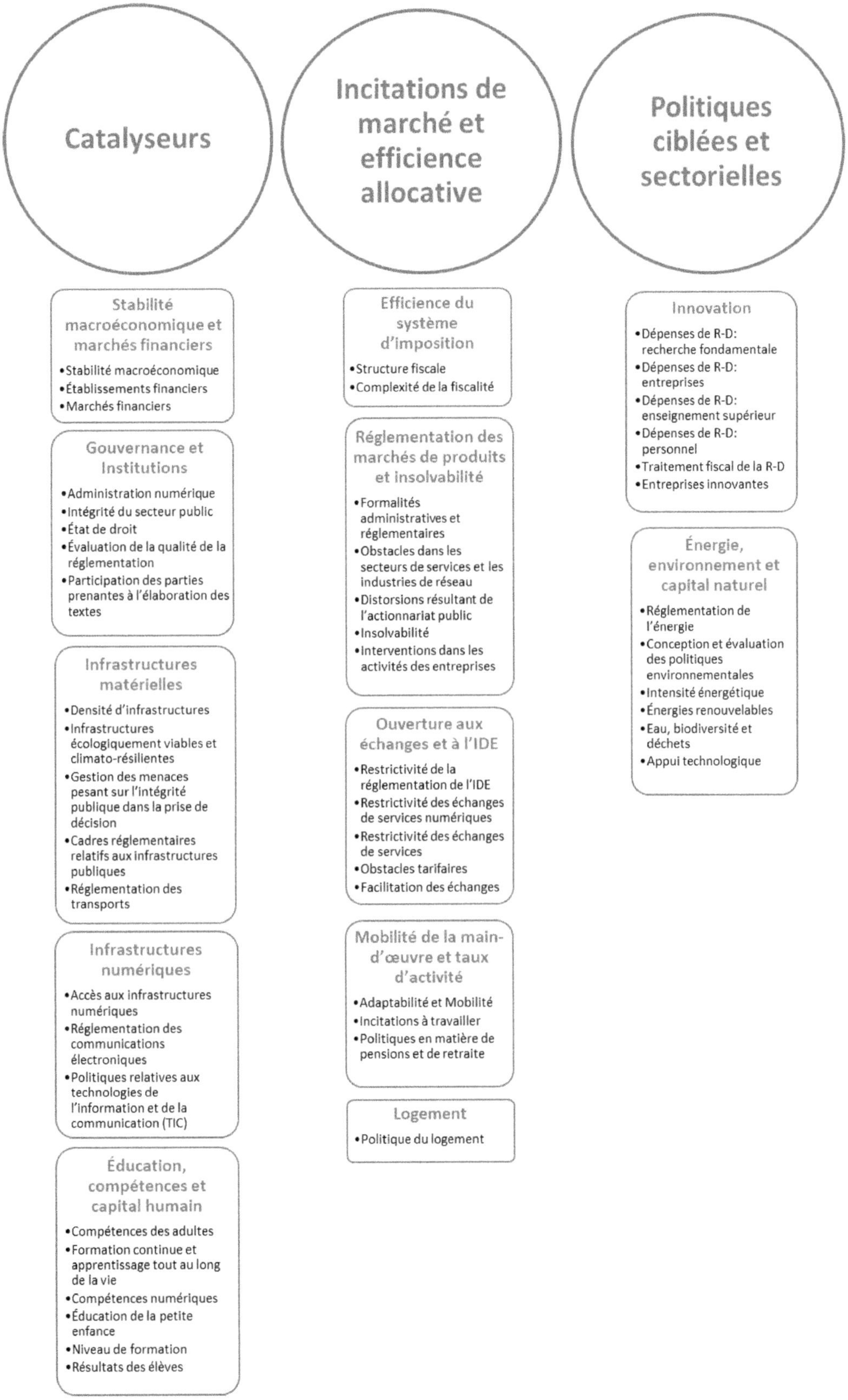

Source : Secrétariat de l'OCDE.

Modèle de hiérarchisation des priorités d'action

Le cadre F4GC dresse un tableau raisonnable de l'état actuel de la réflexion sur les forces qui influencent la croissance et la compétitivité au niveau des pays, ainsi que de l'architecture d'organisation de la base de données. Il exploite également pleinement les statistiques produites par l'OCDE dans les domaines d'action concernés. Les indicateurs de politique ne sont toutefois pas suffisants à eux seuls pour aider à cerner des priorités d'action par pays cohérentes. Il est essentiel, en effet, d'évaluer un indicateur de politique en conjonction avec l'indicateur de croissance correspondant, en particulier compte tenu de la nature *de jure* de nombreux indicateurs de politique existants.

Par conséquent, le cadre F4GC est complété par un modèle de hiérarchisation des priorités d'action, dans lequel chaque indicateur est mis en correspondance avec un ou plusieurs indicateurs de performance en rapport avec les trois éléments constitutifs de la croissance économique : PMF (et indicateurs connexes, dont les mesures du capital humain, de la destruction créatrice, de l'investissement des entreprises en R-D, des financements d'amorçage), l'accroissement de l'intensité capitalistique (ex. l'investissement des entreprises dans les TIC, l'investissement direct étranger) et l'utilisation de la main-d'œuvre (ex. les taux de chômage et d'emploi par âge et genre, le chômage de longue durée et les jeunes sans emploi et sortis du système éducatif). Sachant que chaque indicateur de politique peut être mis en correspondance avec plus d'un indicateur de performance, ce modèle comprend plus de 800 de ces correspondances. Pour un pays donné, une priorité d'action potentielle se dégage lorsqu'à la fois le résultat et les mesures de politique publique qui lui sont associées se situent au-dessous de la moyenne OCDE. Un plus haut degré de priorité est attribué aux couples politique-résultat pour lesquels l'écart est plus prononcé. Ce point de départ quantitatif est ensuite complété par l'expertise qualitative des économistes du bureau local de l'OCDE afin de cerner les cinq principales recommandations de réforme structurelle pour stimuler la croissance économique (Graphique 6). Cette méthode hybride est appliquée à 48 économies, dont l'ensemble des 38 pays de l'OCDE.

Graphique 6. Le modèle de hiérarchisation des priorités d'action du cadre F4GC

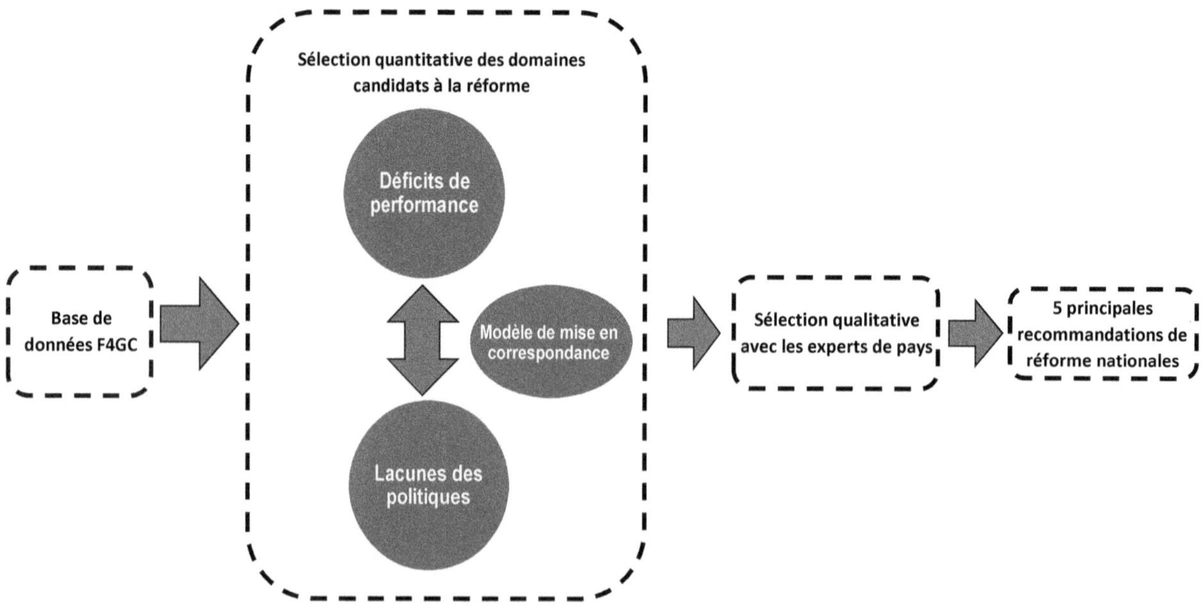

Source : Secrétariat de l'OCDE.

Les politiques propices à la croissance présentent souvent des complémentarités et la mise en œuvre de réformes multiples peut déboucher sur des avantages complémentaires les uns des autres et sur des résultats supérieurs. Le corollaire est que les politiques fonctionnent rarement de manière isolée et les gains économiques dus à la force de certaines politiques peuvent être dilués par la faiblesse de certaines autres. Par conséquent, ce modèle intègre le concept de complémentarité des politiques dans la hiérarchisation de l'action par pays, en donnant un plus grand poids aux couples de politiques dont on sait qu'elles sont complémentaires d'après des données empiriques robustes. On obtient alors, au stade quantitatif, un classement final des recommandations de politique générale potentielles. Par exemple, l'algorithme de hiérarchisation des priorités d'action fera davantage peser les recommandations de politique d'innovation et d'éducation lorsqu'un pays affiche des écarts importants entre les meilleures pratiques et les résultats dans ces deux domaines. Les programmes de réforme recommandés dans F4GC pourront ainsi être plus avantageux en exploitant les complémentarités entre ces deux politiques. De même, la répercussion du capital humain sur la productivité est amplifiée par des politiques favorables à l'adaptabilité et au redéploiement dans les marchés du travail, notamment des réglementations des marchés de produits, des régimes d'insolvabilité et des politiques du marché du travail bien conçus. L'Annexe 1.A contient de plus amples informations sur le fonctionnement du modèle.

Recherches empiriques conduites avec la nouvelle base de données

Cette nouvelle publication est fortement ancrée dans les travaux de l'OCDE et les recherches universitaires empiriques sur les politiques publiques et la croissance. D'autre part, l'abondante base de données F4GC constitue une plateforme pour la production de nouvelles données empiriques sur les réformes structurelles propices à la croissance. Si les avantages à long terme des réformes structurelles sont attestés – voir, par exemple, Égert et Gal (2017[43]) – les données sur leurs effets à court terme sont moins riches, bien que le sujet soit particulièrement important du point de vue de l'économie budgétaire. En effet, les réformes structurelles sont porteuses de gains à long terme pour l'économie, mais leur impact économique à court terme est plus incertain et plus inégal. Elles peuvent même être restrictives à court terme, par exemple si elles font augmenter l'insécurité de revenu perçue et l'épargne de précaution. Des effets expansionnistes à court terme des réformes structurelles sont pourtant possibles par l'amélioration de la confiance et des anticipations de gains de revenu futurs, ou si les marchés de capitaux tournés vers l'avenir intègrent les perspectives économiques à long terme, et partant les effets des réformes, dans le prix des actifs, stimulant ainsi l'activité à court terme. Les effets à court terme peuvent donc influencer les réactions de l'électorat et des groupes d'intérêt, et dicter si les réformes sont politiquement faisables, maintenues ou inversées.

En connaissant et en analysant ces effets à court terme, les décideurs peuvent anticiper les résistances, concevoir des mesures compensatoires, former des coalitions et, globalement, développer une meilleure stratégie de réforme susceptible d'accroître les chances d'adoption et de mise en œuvre des réformes. Aussi, cette première édition de F4GC comporte de nouvelles recherches de l'OCDE qui appliquent la méthode des projections locales en conjonction avec celle des doubles différences afin d'estimer les effets à court terme des réformes structurelles sur les principaux indicateurs de croissance (taux de chômage, accroissement de l'intensité capitalistique, productivité du travail). Ces nouveaux résultats sont présentés dans des encadrés tout au long du rapport et la méthode économétrique est expliquée à l'Annexe 1.B.

Principales recommandations pour l'action publique

En s'appuyant sur ce cadre inédit, les priorités à aborder dans les pays considérés sont traitées plus en détail dans les sections suivantes de ce chapitre et dans les notes par pays individuelles (chapitre 2). Globalement, plus d'un tiers des recommandations formulées concernent deux domaines (Graphique 7) : 1) la réglementation des marchés de produits et l'insolvabilité, et 2) le capital humain.

Dans le premier, les principales recommandations pour harmoniser les règles du jeu sont notamment de réduire les charges administratives à l'échelle de l'économie et de renforcer les lois, les autorités et les organismes de réglementation de la concurrence. La réduction des obstacles à l'entrée et à la concurrence dans les secteurs de réseau (énergie, télécommunications et transports), des services professionnels (en particulier dans les économies avancées) et du commerce de détail fait aussi partie des priorités.

Les recommandations dans le domaine de l'éducation et du capital humain comprennent généralement des mesures d'amélioration de la qualité de l'éducation et de sa réactivité à la demande actuelle et future de compétences, notamment dans l'enseignement professionnel. L'accès à l'enseignement primaire et supérieur est un autre sujet courant parmi les priorités pour améliorer le stock de capital humain, ce qui témoigne d'une difficulté commune à améliorer la réactivité des universités aux besoins du marché du travail. Dans certains cas, les recommandations pour améliorer le capital humain auront plus d'impact sur la productivité si elles sont conjuguées avec celles visant à stimuler l'innovation, notamment l'aide publique à la R-D, le renforcement de la collaboration entre les entreprises et les universités, et une meilleure coordination des politiques publiques.

Graphique 7. Proportions des priorités F4GC dans les principaux domaines d'action publique

Proportion de recommandations de politique (%)

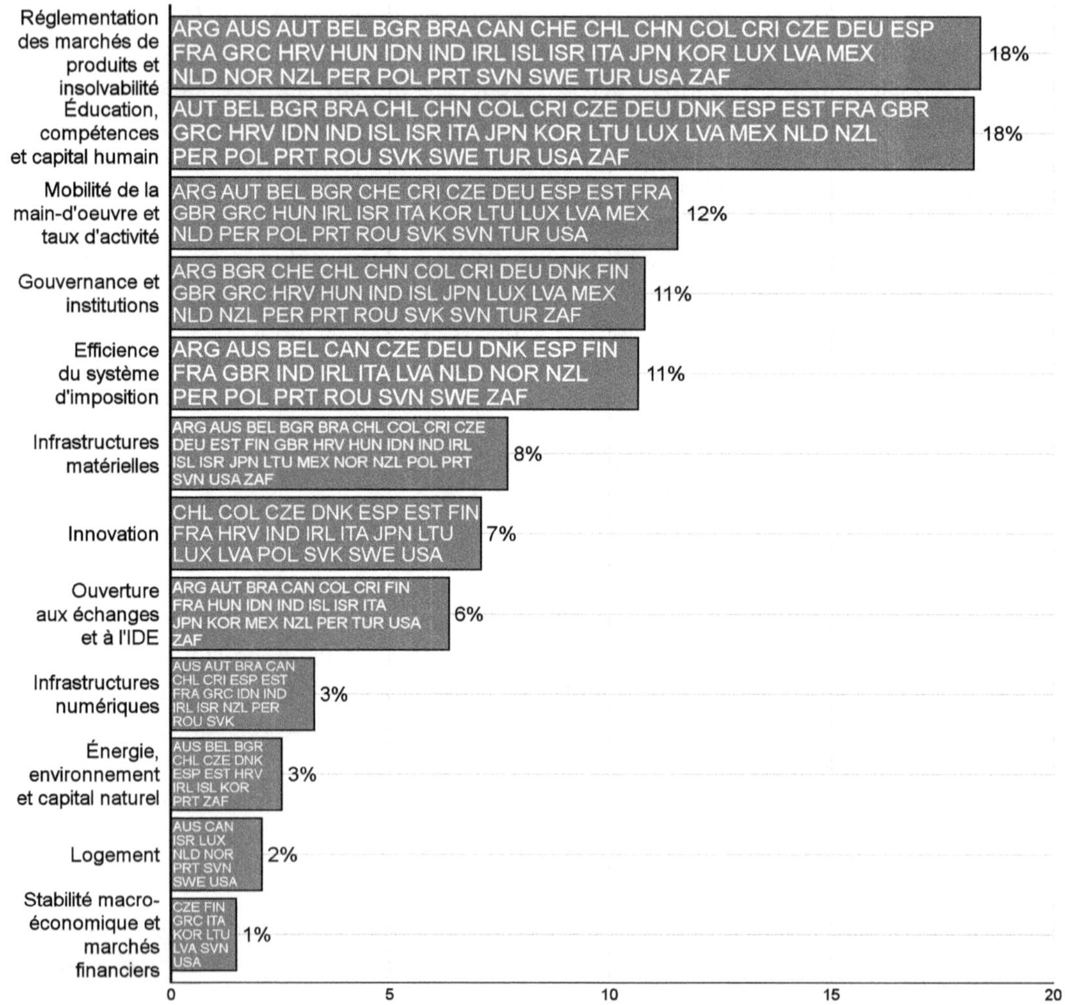

Note : Chaque bande affiche les codes ISO3 correspondant aux pays ayant fait l'objet d'une recommandation dans ce domaine. Le domaine « stabilité macroéconomique et financiers » inclut les recommandations pour CZE, FIN, GRC, ITA, KOR, LTU, LVA, SVN et USA.
Source: Calculs de l'OCDE à partir des notes par pays du rapport *Les fondements de la croissance et de la compétitivité* (F4GC).

StatLink https://stat.link/bfgv64

De même, pour veiller plus encore à optimiser l'utilisation du capital humain, il est nécessaire d'inciter les travailleurs à trouver un emploi de qualité dans un marché du travail dynamique et de leur en donner la possibilité. S'imposent alors des réformes des systèmes de prélèvements et de prestations pour renforcer les incitations à travailler, mais aussi des politiques d'activation bien ciblées pour améliorer l'employabilité. Plusieurs obstacles doivent en outre être levés pour rendre les marchés du travail plus inclusifs, en particulier pour les femmes. Les contre-incitations fiscales au travail pour les seconds apporteurs de revenu, à savoir les abattements fiscaux pour les conjoints inactifs et l'imposition commune des conjoints, devraient être supprimées. En même temps, le coût élevé et le manque d'accessibilité des services d'accueil des jeunes enfants empêchent les femmes d'être actives ou de quitter des emplois à temps partiel subi.

Le besoin de régimes fiscaux plus propices à la croissance et de cadres de gouvernance et institutionnels bien conçus est un autre thème récurrent. Le transfert de la charge fiscale des revenus vers les sources de recettes, comme la propriété et la consommation, est un moyen de rehausser la croissance économique. Une transition vers l'imposition de la propriété et de la consommation peut aussi avoir l'avantage d'exploiter des assiettes fiscales moins mobiles, produisant ainsi moins de distorsions, dans le contexte d'économies mondialement intégrées. Les recommandations pour améliorer l'efficacité du régime fiscal comprennent également l'élimination progressive des dépenses fiscales inefficientes et l'amélioration de la collecte des recettes, notamment en utilisant les technologies numériques. Parallèlement, il est recommandé à plusieurs pays de réduire l'actionnariat public dans le secteur des affaires et d'améliorer la qualité générale des réglementations, de la gouvernance et des institutions, notamment en élargissant l'analyse d'impact de la réglementation et en intensifiant le dialogue avec les parties prenantes.

Enfin, pour remédier aux défaillances du marché, les gouvernements doivent intervenir et catalyser l'investissement privé, le secteur privé étant naturellement enclin à sous-investir dans certaines activités essentielles à la croissance, comme l'infrastructure et l'innovation, par rapport au niveau socialement optimal. L'aide publique à la R-D des entreprises est donc généralement justifiée comme un moyen de surmonter ces défaillances du marché, et diverses recommandations de politique générale font leur apparition dans ce domaine. De même, l'amélioration de la quantité et de la qualité des infrastructures de manière efficace par rapport au coût est un enjeu majeur pour renforcer la croissance et élargir l'accès aux marchés, à l'éducation et aux services publics. Les importants déficits d'infrastructures de transport et numériques se dégagent parmi les principaux sujets de préoccupation. L'élargissement de l'investissement public dans l'accès Internet haut débit est particulièrement recommandé pour favoriser la diffusion du numérique et notamment pour permettre aux entreprises d'accélérer l'adoption de l'IA. Parallèlement, il est essentiel de veiller à la qualité des projets d'infrastructure pour assurer l'utilisation optimale des ressources publiques, la bonne exécution des services sociaux et la réduction au minimum des effets néfastes sur l'environnement. Développer et améliorer l'utilisation des analyses coûts/avantages dans la sélection de projets d'infrastructure, mieux tirer parti des partenariats public-privé (PPP), faire intervenir le secteur privé, et recourir aux modèles de financement innovants pour l'investissement infrastructurel, sont autant de recommandations fréquentes aux pays présentant des déficits infrastructurels.

Les sections suivantes de ce chapitre donnent une vue d'ensemble détaillée des priorités cernées dans les 48 pays considérés, en suivant la typologie décrite plus haut. La première édition de F4GC se propose de livrer un panorama complet des réformes qui devraient faire partie des priorités structurelles des pouvoirs publics pour stimuler durablement la croissance. Cependant, dans le contexte économique actuel, caractérisé par des niveaux de dette publique déjà élevés dans bon nombre d'économies de marché avancées et émergentes, des coûts du service de la dette en hausse et des tensions sur les dépenses qui s'intensifient dans des domaines comme la défense, les réformes structurelles peuvent aussi être un outil de choix à la disposition des décideurs pour atténuer ces tensions. En stimulant la croissance, elles peuvent accroître l'assiette fiscale et faire baisser le ratio dette/PIB, ce qui réduit le besoin de resserrement budgétaire discrétionnaire. En rendant les économies plus dynamiques et les gouvernements plus efficaces, ces réformes contribuent aux efforts de consolidation budgétaire sans recourir uniquement à l'austérité, ce qui, *in fine*, renforce la durabilité de la dette et la résilience à long terme. Ces questions sont abordées dans la dernière section de ce chapitre, à la lumière de nouvelles données empiriques sur les effets à court terme des réformes structurelles produites pour cette première édition.

2. Priorités au regard des conditions fondamentales de la croissance : catalyseurs

Une croissance durable repose sur l'existence de conditions propices bien ancrées permettant aux entreprises, aux individus et aux institutions de se développer pleinement. Ces conditions – notamment la stabilité macroéconomique, une gouvernance et des institutions solides, des infrastructures matérielles et numériques de qualité et un niveau élevé de capital humain – façonnent l'environnement dans lequel s'inscrit l'ensemble de l'activité économique. Faute de progrès dans ces domaines fondamentaux, les retombées d'autres réformes, telles que celles visant à mettre en place des incitations de marché adéquates ou à soutenir des secteurs spécifiques, risquent de demeurer limitées.

Cette section présente les principales priorités d'action telles que mises en évidence dans le rapport *Foundations for Growth and Competitiveness* (F4GC ; Les fondements de la croissance et de la compétitivité) pour renforcer ces conditions fondamentales de la croissance. Bien que les défis spécifiques varient selon les pays, plusieurs thèmes communs se dégagent (Graphique 8). Les réformes visant à renforcer le capital humain – en améliorant l'accès à l'éducation et à la formation ainsi que la qualité de ces dispositifs –, figurent parmi les leviers les plus fréquemment recommandés. La mise en place d'une gouvernance plus efficace et transparente, de même que le renforcement des capacités institutionnelles et de la prestation des services publics, constitue un autre domaine d'action majeur. Il demeure tout aussi essentiel de poursuivre les investissements dans les infrastructures matérielles, en particulier à l'appui de systèmes de transport et d'énergie durables. Enfin, les pays doivent également accélérer l'adoption du numérique et garantir un accès universel à des infrastructures et des compétences numériques de qualité.

Graphique 8. Répartition des recommandations sur les catalyseurs

Part des recommandations sur les catalyseurs par domaine (%)

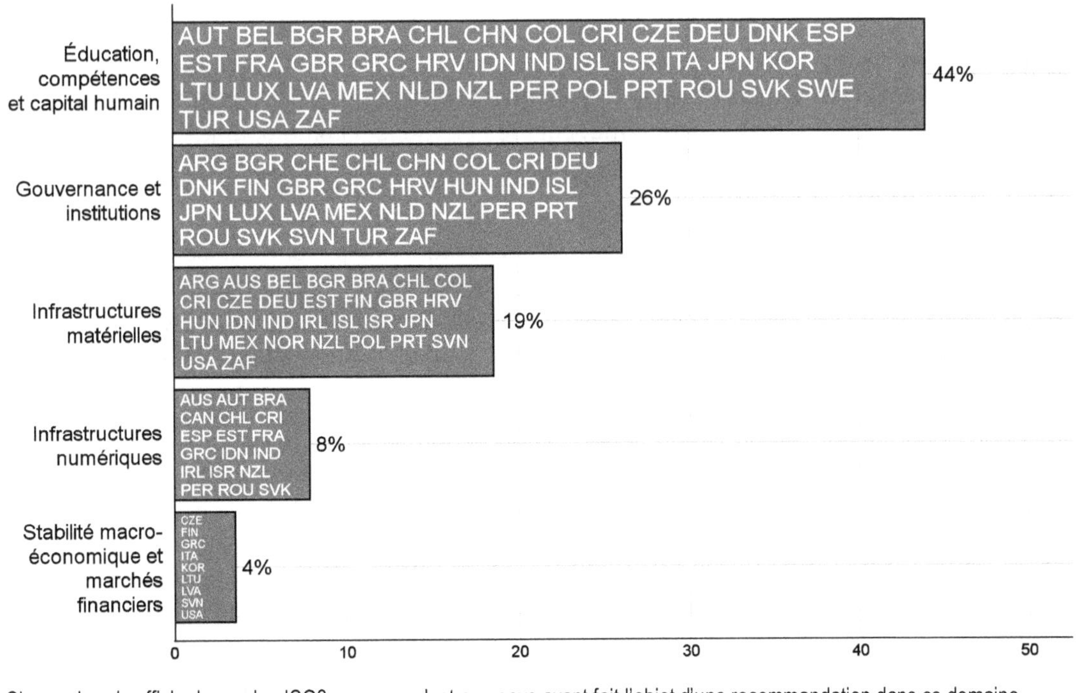

Note : Chaque bande affiche les codes ISO3 correspondant aux pays ayant fait l'objet d'une recommandation dans ce domaine.
Source: Calculs de l'OCDE à partir des notes par pays du rapport *Les fondements de la croissance et de la compétitivité* (F4GC).

StatLink https://stat.link/9pw71h

Renforcer le capital humain

Le capital humain est un facteur déterminant dans la performance économique. Ce fait largement établi souligne le rôle central tenu par l'éducation non seulement en dotant les individus des compétences et des connaissances nécessaires, mais aussi en favorisant l'innovation et la créativité (Becker, 1993[44]). Un système d'enseignement robuste améliore le taux d'activité, la capacité d'adaptation et la flexibilité de la population active, autant de qualités essentielles pour rester compétitif dans un environnement économique en mutation rapide (OCDE, 2023[45]). Il est important de noter que l'éducation joue en outre un rôle clé dans la réduction de la pauvreté. D'après les estimations établies par une étude récente, elle a représenté environ 45 % de la croissance économique mondiale enregistrée entre 1980 et 2019 parmi les 20 % les plus pauvres de la population mondiale (Gethin, 2025[46]). Toutefois, comme indiqué dans l'Encadré 3, d'importantes disparités subsistent entre les pays de l'OCDE au regard du niveau et de la répartition des compétences des adultes, avec de profondes répercussions sur la productivité et la croissance (Andrews, Egert et de la Maisonneuve, 2025[47]).

Le taux d'inscription dans les services d'éducation et d'accueil des jeunes enfants forme un socle essentiel du développement des capacités productives d'un pays grâce à son stock de capital humain. Les enfants qui bénéficient de programmes d'éducation préscolaire de qualité ont davantage de chances d'obtenir de bons résultats scolaires et d'atteindre des niveaux d'instruction plus élevés, ainsi que de développer des aptitudes en matière de réflexion innovante et de résolution de problèmes qui sont très recherchées sur le marché économique mondial (Égert, de la Maisonneuve et Turner, 2023[48] ; Heckman, 2008[49] ; Elango et al., 2015[50] ; OCDE, 2018[51]). L'accès à des services de garde d'enfants abordables et de qualité facilite également le taux d'activité, notamment des femmes, comme évoqué dans la section « Supprimer les obstacles à l'utilisation de la main-d'œuvre ».

Dans le prolongement des acquis de la petite enfance, l'enseignement primaire et l'enseignement secondaire constituent des étapes essentielles pour doter les élèves de compétences de base telles que la maîtrise de la langue, le calcul et les compétences numériques. Des systèmes scolaires performants aident à réduire les inégalités sociales, à améliorer les chances de réussite dans la vie et à poser les bases de l'apprentissage tout au long de la vie et de la réussite professionnelle (OCDE, 2023[45]). Les investissements à l'appui de la qualité des établissements scolaires et de l'efficacité des enseignants sont synonymes de retombées positives à long terme, pour les individus comme pour les économies.

L'enseignement supérieur renforce encore la formation du capital humain en dotant les individus des connaissances et des compétences spécialisées, adaptées à un marché du travail en mutation rapide. Les politiques publiques qui encouragent la poursuite d'études supérieures et relèvent les niveaux de formation atteints aident les individus à se préparer à entrer dans la vie active et à renforcer la compétitivité nationale. En outre, le développement des compétences numériques dans l'enseignement supérieur revêt une importance croissante pour favoriser une économie plus adaptable et plus productive, et offre de fortes complémentarités avec les politiques visant à promouvoir l'innovation, examinées dans la section « Accélérer l'innovation » (Sorbe et al., 2019[52]).

Il est également essentiel de proposer des possibilités de développement des compétences tout au long de la vie adulte, en particulier dans les sociétés vieillissantes. L'accès à la formation des adultes contribue à préserver, voire à renforcer, le stock de capital humain d'un pays dans un environnement économique en mutation. En effet, il permet aux individus de renouveler leurs compétences, d'adopter de nouvelles technologies et de maintenir leur compétitivité sur le marché du travail. Si les réformes de l'éducation mettent généralement du temps à produire des effets économiques observables, le renforcement des systèmes de formation des adultes peut, dans l'intervalle, contribuer à élever le niveau de compétences de la population en âge de travailler (Égert, de la Maisonneuve et Turner, 2022[53] ; OCDE, 2021[54]).

Enfin, les politiques publiques peuvent également cibler de manière plus spécifique les ménages modestes ou peu instruits, afin de garantir leur accès aux possibilités d'apprentissage et de formation. Les enfants issus de familles à bas revenus ont, en moyenne, une probabilité inférieure de 18 points de pourcentage de fréquenter des structures d'éducation et d'accueil des jeunes enfants (OCDE, 2024[55]). Dans les pays de l'OCDE, en moyenne, 15 % de l'écart de résultats aux épreuves PISA de mathématiques peut s'expliquer par le milieu socio-économique des élèves. Les élèves dont les parents n'ont pas atteint le deuxième cycle de l'enseignement secondaire ont une probabilité inférieure de 17 points de pourcentage d'achever avec succès leur scolarité, par rapport à ceux dont les parents sont diplômés de l'enseignement supérieur (OCDE, 2024[55] ; OCDE, 2025[56]).

Les pouvoirs publics peuvent intervenir de manière ciblée pour favoriser l'égalité des chances et stimuler la croissance économique, sans pour autant exercer une pression excessive sur les finances publiques. C'est par exemple le cas des initiatives visant à élargir l'accès aux services de garde d'enfants, pour lesquelles la valeur marginale des fonds publics est particulièrement élevée (Hendren et Sprung-Keyser, 2020[57]). Dans l'enseignement primaire et secondaire, les pays peuvent également envisager, par exemple, d'adopter des mesures de « financement en fonction des besoins » – qui permettent d'allouer des ressources supplémentaires aux établissements peu performants, dont les besoins sont plus importants selon certaines caractéristiques socio-économiques – et des mesures visant à attirer les enseignants les plus qualifiés dans les établissements défavorisés, ainsi qu'à réduire la part des élèves dont l'orientation est décidée de manière précoce.

Encadré 3. Compétences des adultes et productivité : données du PIAAC

Une étude récente de l'OCDE met en évidence, dans les pays de l'OCDE, le lien entre, d'une part, la productivité et, d'autre part, le niveau et la répartition des compétences entre les secteurs d'activité, à partir des données de l'enquête 2023 du Programme pour l'évaluation internationale des compétences des adultes (PIAAC) (OCDE, 2024[58]). Cette enquête apporte un éclairage unique sur les compétences des adultes en âge de travailler dans les pays membres. L'enquête évalue les compétences en littératie, en numératie et en résolution de problèmes d'adultes âgés de 16 à 65 ans, dans 29 pays membres et 2 pays non membres de l'OCDE, au moyen de tests adaptatifs sur tablette et de tâches réalistes, adaptées aux contextes culturels. En termes de niveaux de compétences, les résultats de 2023 révèlent de fortes disparités : des pays comme la Finlande, le Japon et la Suède affichent des résultats supérieurs d'environ 10 % à la moyenne de l'OCDE et de 25 % à ceux des pays les moins performants (voir Graphique 9).

Graphique 9. Résultats au PIAAC 2023 dans les pays de l'OCDE

Scores moyens au PIAAC par pays, en points

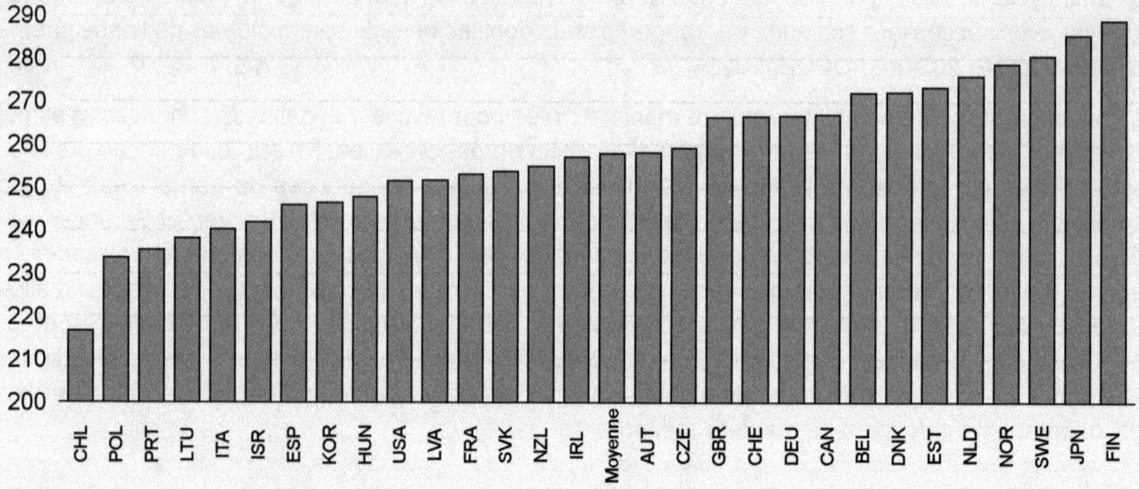

Note : Les scores moyens au PIAAC correspondent à la moyenne simple des scores en littératie, en numératie et en résolution de problèmes. La Belgique (BEL) correspond à la Région flamande et le Royaume-Uni (GBR) à l'Angleterre.

Source : Andrews, D., Égert, B. et de la Maisonneuve, C. (2025), *Adult skills and productivity: New evidence from PIAAC 2023*, Documents de travail du Département des affaires économiques de l'OCDE, nº 1834, Éditions OCDE, Paris, https://doi.org/10.1787/12ac6e8c-en.

StatLink https://stat.link/gowvsx

De même, le PIAAC met en évidence des écarts marqués selon les secteurs en ce qui concerne le niveau de compétences des adultes : celles-ci sont les plus solides dans les secteurs caractérisés par un niveau élevé de capital incorporel comme les TIC, les services financiers et les services professionnels, tandis qu'elles sont généralement plus faibles dans les secteurs de la construction et de l'hôtellerie.

Pourquoi les compétences sont plus que jamais déterminantes

Ces écarts de compétences ont des implications directes pour la productivité. Au sein d'un même secteur, une proportion plus élevée de travailleurs hautement qualifiés, par rapport aux travailleurs moins qualifiés, non seulement favorise une diffusion plus large des technologies existantes, mais stimule également la création d'idées nouvelles grâce à des investissements accrus à l'appui de la R-D.

De fait, il existe une corrélation positive solide entre le niveau de productivité du travail et le niveau moyen des compétences des adultes dans le secteur des entreprises non agricoles. Cela s'explique en partie par une association positive entre l'intensité de R-D et les compétences des adultes, ce canal d'innovation pouvant être à la source de plus d'un tiers de l'impact des compétences des adultes sur la productivité du travail. L'ampleur économique de cet effet est également significative : si le pays moyen de l'OCDE atteignait les niveaux de compétences des trois pays les plus performants, la productivité moyenne globale de l'OCDE pourrait augmenter de 17 % (voir Graphique 10). En outre, l'effet du niveau de compétences peut potentiellement expliquer à lui seul au moins un quart des écarts de productivité du travail observés au niveau sectoriel d'un pays à l'autre.

Graphique 10. Gains de productivité du travail par pays résultant de la résorption des écarts en matière de compétences

Pourcentage

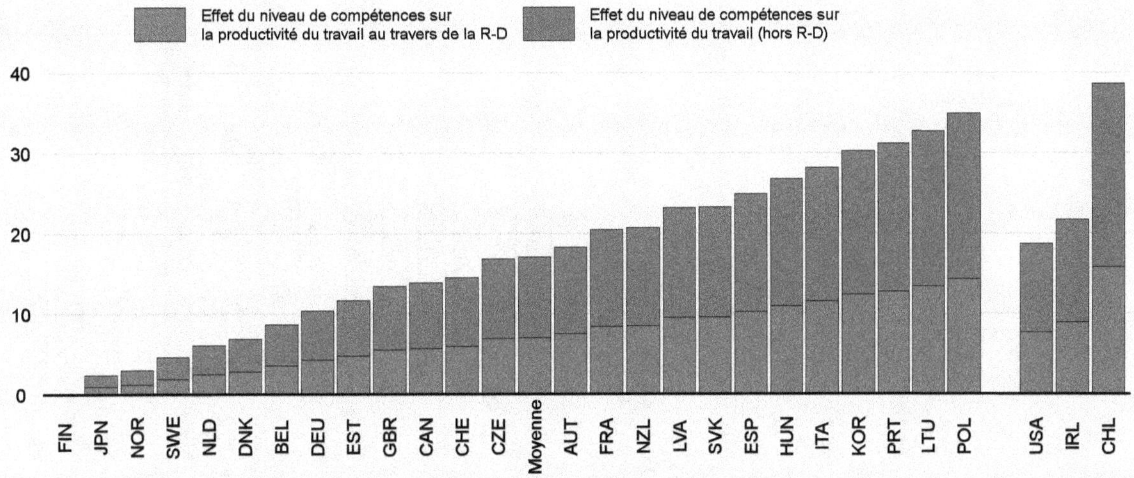

Note : Les États-Unis, l'Irlande et le Chili ne disposent pas de données sectorielles sur la productivité. Pour ces pays, les gains de productivité au niveau sectoriel sont estimés en multipliant l'écart sectoriel mesuré au PIAAC par le coefficient liant la productivité du travail sectorielle aux résultats au PIAAC dans les pays de l'échantillon

Source : Andrews, D., Égert, B. et de la Maisonneuve, C. (2025), *Adult skills and productivity: New evidence from PIAAC 2023*, Documents de travail du Département des affaires économiques de l'OCDE, nº 1834, Éditions OCDE, Paris, https://doi.org/10.1787/12ac6e8c-en.

StatLink https://stat.link/ywubk7

Au-delà des niveaux de compétences : une allocation plus intelligente comme levier de productivité

Les compétences, à elles seules, ne suffisent toutefois pas. Les modalités de déploiement des compétences rares selon les emplois et les entreprises influent également sur la productivité. L'inadéquation entre l'offre et la demande sur le marché du travail survient lorsque le niveau de qualification d'un travailleur ne correspond pas aux exigences de son emploi, ou lorsque son domaine d'études n'est pas en adéquation avec le type de poste occupé. D'après les données du PIAAC de 2023, selon cet indicateur, plus de 10 % des travailleurs en moyenne ont un profil inadéquat pour leur poste dans les pays de l'OCDE. Cette incidence est généralement plus élevée dans des secteurs comme les transports, l'hôtellerie et les services administratifs, et inférieure à la moyenne dans les TIC, la finance et les services professionnels.

La productivité est plus élevée dans les secteurs où l'inadéquation entre l'offre et la demande sur le marché du travail est moindre. Les entreprises jouent également un rôle certain : par exemple, la productivité est plus élevée lorsque des travailleurs hautement qualifiés sont employés dans des entreprises en croissance, alors qu'elle tend à être plus faible lorsqu'ils restent cantonnés dans des entreprises en déclin. Dans l'ensemble, les résultats de l'étude donnent à penser qu'une plus forte adéquation entre compétences et emplois peut générer des gains de productivité substantiels. Par exemple, la résorption des inadéquations serait associée à une hausse de la productivité de près de 5 % en moyenne dans les pays de l'OCDE, chiffre dépassant les 8 % au Canada et au Japon, où les inadéquations sont prononcées (Graphique 11).

Graphique 11. Gains de productivité du travail par pays résultant de la résorption des inadéquations sectorielles sur le marché du travail

Pourcentage

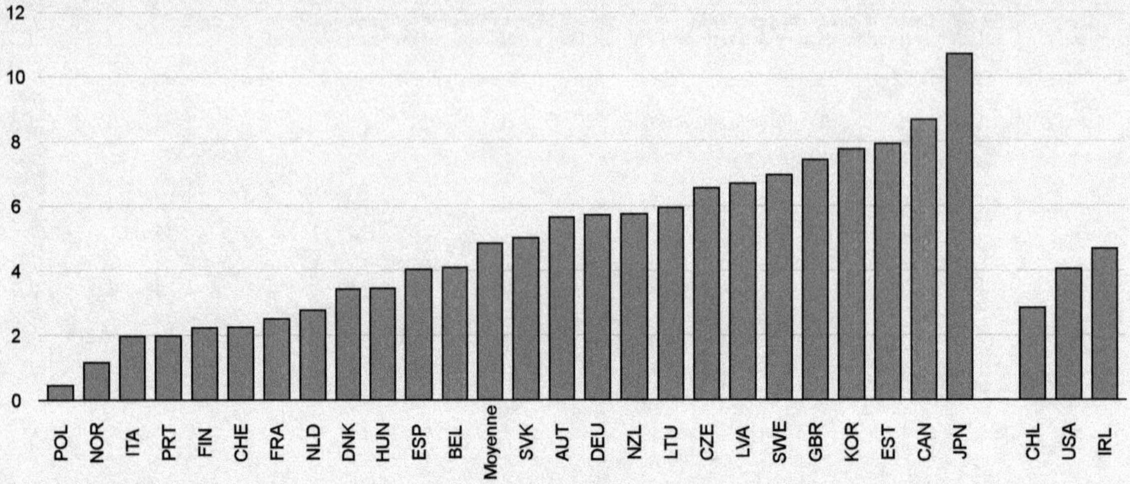

Note : Les inadéquations sur le marché du travail sont calculées à partir à la fois des inadéquations de qualification et des inadéquations entre le domaine d'études et l'emploi occupé. Voir Andrews et al. (2025) pour de plus amples précisions.
Source : Andrews, D., Égert, B. et de la Maisonneuve, C. (2025), *Adult skills and productivity: New evidence from PIAAC 2023*, Documents de travail du Département des affaires économiques de l'OCDE, nº 1834, Éditions OCDE, Paris, https://doi.org/10.1787/12ac6e8c-en.

StatLink https://stat.link/5l6872

En outre, abaisser le degré d'inadéquation du pays moyen de l'OCDE au niveau observé dans les pays les plus performants pourrait expliquer plus d'un dixième des écarts de productivité sectorielle par rapport aux pays les plus performants.

Le Graphique 12 présente la répartition des priorités d'action dans les domaines de l'éducation, des compétences et du capital humain, qui couvrent l'ensemble du cycle de vie, de l'éducation et de l'accueil de la petite enfance à la formation des adultes. Une grande partie des recommandations vise à élargir les possibilités de formation tout au long de la vie et à apporter un soutien supplémentaire aux établissements défavorisés et aux élèves vulnérables. De même, les priorités relatives à l'enseignement et à la formation professionnelles (EFP), ainsi qu'à une plus forte adéquation entre l'offre de compétences et les besoins du marché du travail, occupent une place de premier plan. Ces initiatives stratégiques sont d'autant plus cruciales que les taux élevés d'inadéquation entre l'offre et la demande sur le marché du travail observés dans certains pays de l'OCDE constituent un obstacle majeur à une productivité élevée (voir Encadré 3)

Graphique 12. Des politiques visant à améliorer l'accumulation de capital humain tout au long du cycle de vie sont nécessaires pour stimuler la croissance économique

Part des recommandations visant à renforcer le capital humain (%)

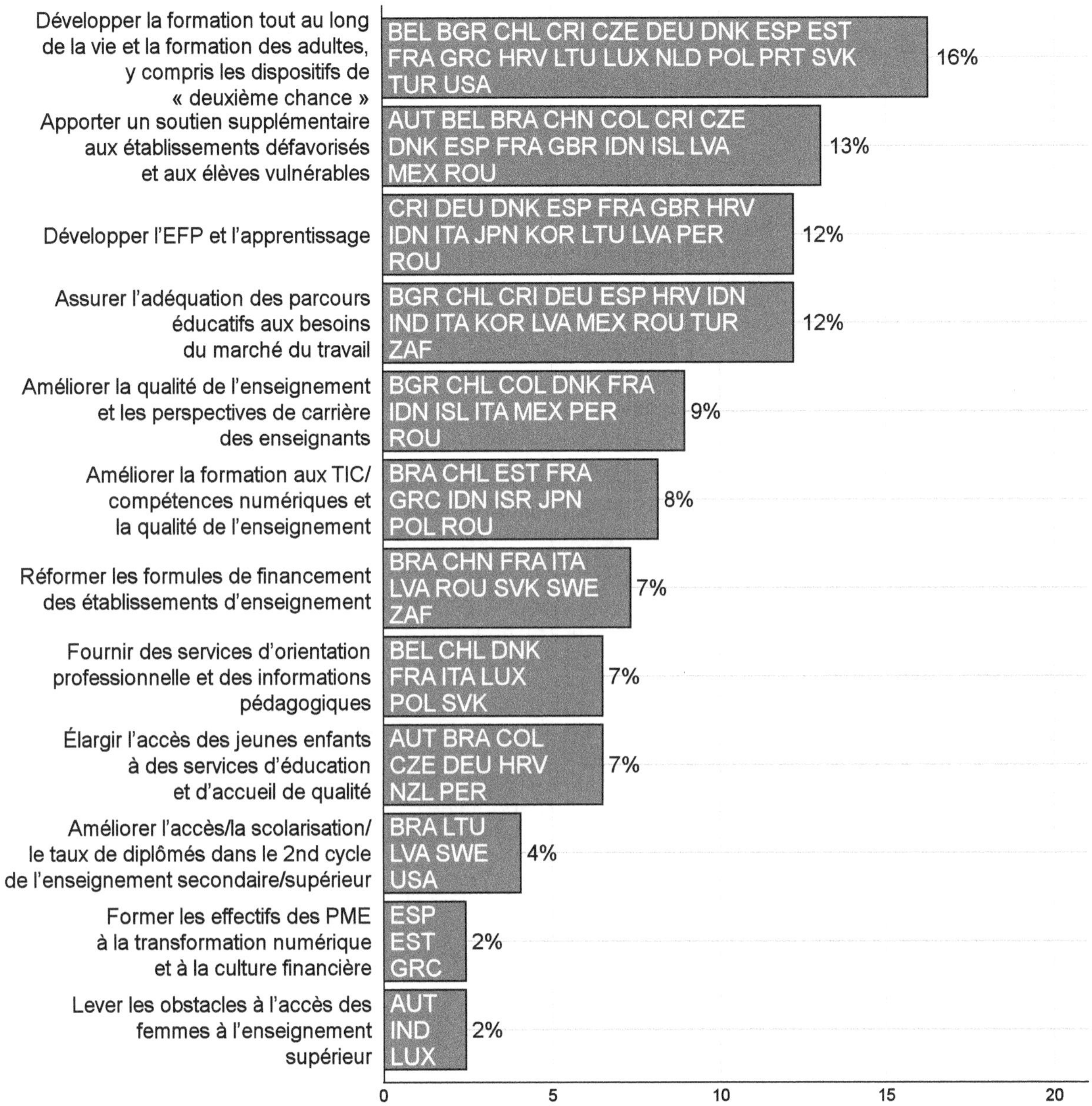

Note : Chaque bande affiche les codes ISO3 correspondant aux pays ayant fait l'objet d'une recommandation dans ce domaine.
Source: Calculs de l'OCDE effectués à partir des notes par pays du rapport *Les fondements de la croissance et de la compétitivité* (F4GC).

StatLink https://stat.link/6kdne1

Le renforcement des politiques de formation tout au long de la vie et un recours accru à des formations de qualité pour adultes sont des recommandations communes à l'ensemble des pays. Par exemple, la République slovaque gagnerait à mettre en place un portail unique fournissant des informations sur les compétences recherchées sur le marché du travail et sur les possibilités de formation. Au Luxembourg, l'amélioration de l'efficacité et de l'utilisation du programme de congé individuel de formation, en particulier parmi les femmes et les travailleurs peu qualifiés, demeure une priorité. En Belgique, il pourrait également s'avérer bénéfique d'élargir l'offre de formation en ligne et de soutenir l'apprentissage en cours d'emploi, en aidant les petites entreprises à mettre au point des stratégies de formation et en facilitant le remplacement temporaire des salariés pendant les périodes de formation. Parallèlement, le renforcement des normes de qualité applicables aux organismes de formation et la mise en place d'un système national d'accréditation, afin de créer un sentiment de confiance et d'améliorer les résultats, figurent parmi les priorités de réforme en Allemagne, en Grèce et aux Pays-Bas. En outre, au Danemark et aux États-Unis, il serait judicieux d'améliorer l'accès à des dispositifs de « deuxième chance » pour ramener vers l'enseignement supérieur les étudiants ayant décroché depuis peu.

Pour nombre d'entre elles, les priorités d'action visent à améliorer les résultats obtenus dans les établissements défavorisés et à apporter un soutien supplémentaire aux élèves vulnérables. Les mesures conçues pour favoriser l'intégration des groupes vulnérables dans les services d'éducation visent, entre autres, à mettre en œuvre des programmes de soutien ciblés, réformer les modalités d'affectation des ressources, faciliter l'accès aux programmes de l'enseignement supérieur et ajuster les incitations et les dispositifs de formation des enseignants. De manière générale, un soutien ciblé aux élèves défavorisés pourrait être proposé ou renforcé en Colombie, en France et au Mexique, tandis que l'Islande pourrait accorder une attention particulière aux élèves issus de l'immigration par le biais de formations linguistiques ; le Danemark pourrait également apporter un soutien ciblé supplémentaire aux établissements accueillant une forte proportion d'élèves défavorisés. Dans certains pays, la répartition des ressources entre les établissements scolaires pourrait également tenir compte des besoins spécifiques : l'Autriche pourrait envisager un financement fondé sur les besoins, la France devrait instaurer une répartition plus progressive des ressources, et la Roumanie pourrait accroître les financements publics destinés aux établissements situés dans des zones défavorisées. L'accès à l'enseignement supérieur est particulièrement préoccupant en Afrique du Sud, au Brésil et en Tchéquie. Dans ces pays, des mesures visant, par exemple, à octroyer aux étudiants défavorisés des bourses ou des prêts remboursables en fonction des revenus futurs, ou à modifier la structure du financement des universités, pourraient améliorer l'accès à l'enseignement supérieur. La Belgique, le Brésil, le Pérou et le Royaume-Uni pourraient mettre en place des incitations, ou renforcer les dispositifs existants, visant à encourager les enseignants à travailler dans les zones mal dotées et dans les établissements défavorisés.

La réforme et le développement des systèmes d'enseignement et de formation professionnels (EFP), ainsi que des dispositifs d'apprentissage constituent un autre domaine d'action majeur. Le Costa Rica gagnerait à proposer des programmes d'EFP dans des domaines où la demande de main-d'œuvre est forte, comme l'industrie manufacturière de pointe, les TIC et le secteur des semi-conducteurs. En Allemagne, élargir les possibilités pour les chômeurs d'obtenir des diplômes officiels de filières d'EFP et renforcer la coordination entre les services publics de l'emploi et les employeurs locaux pourraient contribuer à améliorer l'employabilité et à remédier aux pénuries de compétences. En Lettonie, la simplification des procédures d'agrément des prestataires d'EFP pourrait contribuer à élargir l'offre de formation, et il serait utile d'accroître l'autonomie accordée aux établissements d'EFP pour adapter le contenu des cours aux conditions économiques locales. Le Danemark et la France auraient pour leur part intérêt à renforcer leurs programmes d'apprentissage.

Faire davantage correspondre les systèmes d'enseignement et les besoins du marché du travail et renforcer la collaboration avec le secteur privé constituent des priorités communes en matière de réforme. La Lettonie gagnerait à renforcer la coopération entre les entreprises et les prestataires de formation pour la conception et la mise en œuvre des programmes, tandis que la Chine pourrait établir un lien plus direct entre les programmes d'enseignement professionnel et les besoins de l'industrie par le biais de chèques-formation cofinancés destinés aux salariés des PME. Améliorer la concordance entre les programmes d'enseignement professionnel et universitaire et les besoins nouveaux de compétences dans les secteurs des TIC et de la transition écologique, comme au Costa Rica, ou encore élargir les possibilités de formation en milieu professionnel figurent parmi les mesures complémentaires recensées. Des recommandations similaires ont été formulées à l'intention d'autres pays, soulignant l'importance que revêtent un dialogue structuré avec les employeurs, le recours stratégique aux partenariats public-privé et des systèmes d'enseignement et de formation plus souples et axés sur la demande.

Enfin, améliorer la qualité de l'enseignement, par exemple en Bulgarie, et prendre en compte les besoins de formation des enseignants, au Mexique ou en Roumanie, comptent parmi les autres priorités de réforme. Réviser la formule de financement de l'éducation, en prévoyant notamment de renforcer le lien entre financement et performances des universités publiques, pourrait contribuer à améliorer la qualité et l'efficience de l'enseignement en Italie. L'Autriche gagnerait à élargir l'accès aux services d'accueil et d'éducation de la petite enfance, tandis qu'une hausse du taux d'inscription dans l'enseignement post-secondaire pourrait améliorer les résultats scolaires et l'insertion sur le marché du travail aux États-Unis et au Brésil.

Assurer l'efficacité de la gouvernance et des institutions

Un secteur public performant et un système judiciaire indépendant peuvent contribuer à la croissance en favorisant la bonne mise en œuvre des politiques, en assurant une concurrence loyale et en protégeant les droits de propriété (Barro, 1996[1] ; Acemoglu et Robinson, 2010[59]). **Le maintien de l'état de droit** est un facteur particulièrement crucial pour attirer l'investissement et encourager l'innovation. Cela permet d'assurer l'exécution des contrats, de protéger les droits de propriété et de garantir le règlement efficace des litiges – autant d'éléments indispensables à la création d'un environnement favorable pour les entreprises (Gupta et Abed, 2002[60] ; Wei, 2000[61] ; Tanzi et Davoodi, 1997[62]). De même, promouvoir l'intégrité dans le secteur public concourt à lutter contre la corruption et à mettre l'action publique au service de l'intérêt général plutôt que des intérêts privés. Renforcer la confiance du public par l'adoption de mesures en faveur de l'intégrité peut améliorer l'efficience économique et la performance des institutions. Des niveaux élevés de confiance à l'égard des pouvoirs publics peuvent également accroître le respect volontaire des réglementations, réduire les coûts de mise en application et contribuer à un système économique plus sain (North, 1990[63] ; Putnam, Leonardi et Nonetti, 1994[64]).

Les initiatives en matière d'administration numérique menées dans le secteur public forment un levier d'efficacité et d'innovation, dont l'importance ne cesse de croître. S'ils adoptent des outils et des processus numériques, les pouvoirs publics peuvent rationaliser la prestation des services, accroître la productivité du secteur public et améliorer l'accès aux services pour les citoyens et les entreprises. Les stratégies en matière d'administration numérique permettent de réduire les charges administratives et les coûts opérationnels grâce à l'automatisation des procédures, tout en améliorant la communication et la coordination entre les organismes publics. En outre, la transformation numérique améliore la transparence et la redevabilité, car les plateformes numériques affichent des taux moindres en matière d'erreurs humaines et d'actes de corruption, ce qui renforce la confiance du public à l'égard des institutions publiques. Elle favorise également l'innovation dans l'ensemble de l'économie en créant un environnement plus favorable aux entreprises, en réduisant les retards d'origine réglementaire et en facilitant les interactions entre les secteurs public et privé (OCDE, 2019[65]).

Enfin, la réglementation peut tantôt favoriser, tantôt freiner la croissance économique, en fonction de sa conception et des modalités de sa mise en œuvre. Les cadres réglementaires doivent donc être élaborés avec soin. Les évaluations *ex ante*, généralement réalisées au moyen d'analyses d'impact de la réglementation (AIR), jouent un rôle déterminant dans l'évaluation des effets potentiels des *lois et réglementations* avant leur mise en œuvre. Ces évaluations garantissent non seulement la nécessité des réglementations envisagées, mais aussi leur conformité avec les objectifs visés et une conception assurant de limiter les éventuels effets non intentionnels (Sunstein, 2018[66] ; OCDE, 2020[67]). En évaluant de manière systématique les incidences potentielles de la réglementation sur la productivité et la compétitivité, les AIR peuvent jouer un rôle déterminant dans la promotion d'un environnement réglementaire propice à la croissance économique et à l'innovation (Davidson, Kauffmann et de Liedekerke, 2021[68]). La réalisation d'AIR pour les *textes législatifs* et *réglementaires* permet aux pouvoirs publics de créer des cadres réglementaires mieux adaptés à leurs défis spécifiques et moins susceptibles de nécessiter, à terme, des révisions coûteuses.

À l'inverse, les évaluations *ex post* visent à apprécier l'efficacité des réglementations après leur mise en œuvre. Elles reposent sur un examen systématique des lois et réglementations, conçu pour déterminer si elles ont produit les résultats escomptés. En apportant un retour d'information sur la performance réelle des réglementations, ces évaluations aident à affiner, modifier ou abroger les réglementations inefficaces. De la sorte, il demeure possible d'adapter les cadres réglementaires à l'évolution des conditions économiques. Ce processus de réexamen concourt à une amélioration continue, contribuant à maintenir un environnement réglementaire propice à la stabilité économique à long terme et à l'amélioration des performances économiques globales. Enfin, la mobilisation des parties prenantes, par le biais de mécanismes de consultation transparents et structurés, est un élément essentiel pour la qualité de la réglementation. Elle aide notamment à éviter des formes de lobbying non encadrées susceptibles de fausser l'élaboration des politiques publiques et de freiner l'innovation (Comin et Hobijn, 2005[69]).

Les priorités d'action dans le domaine de la gouvernance et des institutions englobent les réformes visant à renforcer l'efficience du secteur public, à améliorer la transparence et la redevabilité, et à assurer l'efficacité du fonctionnement des systèmes réglementaires et judiciaires (Graphique 13). Une attention particulière a été accordée à la modernisation du secteur public au moyen de la transformation numérique, de l'amélioration des systèmes de passation des marchés publics, et du renforcement du contrôle de la réglementation et des mécanismes de mobilisation des parties prenantes. L'une des recommandations les plus courantes appelle à moderniser l'administration publique et à accroître son recours aux technologies numériques, dans le but d'améliorer la prestation des services et d'alléger les charges pesant sur les citoyens et les entreprises. Au Japon, par exemple, la simplification de la réglementation grâce au passage au numérique des services publics a été reconnue comme une étape essentielle pour réduire les obstacles administratifs, notamment pour les jeunes pousses et les créateurs d'entreprises.

Graphique 13. Les politiques visant à améliorer la gouvernance et le fonctionnement des institutions publiques peuvent favoriser l'investissement et la croissance

Part des recommandations visant à renforcer la gouvernance et les institutions (%)

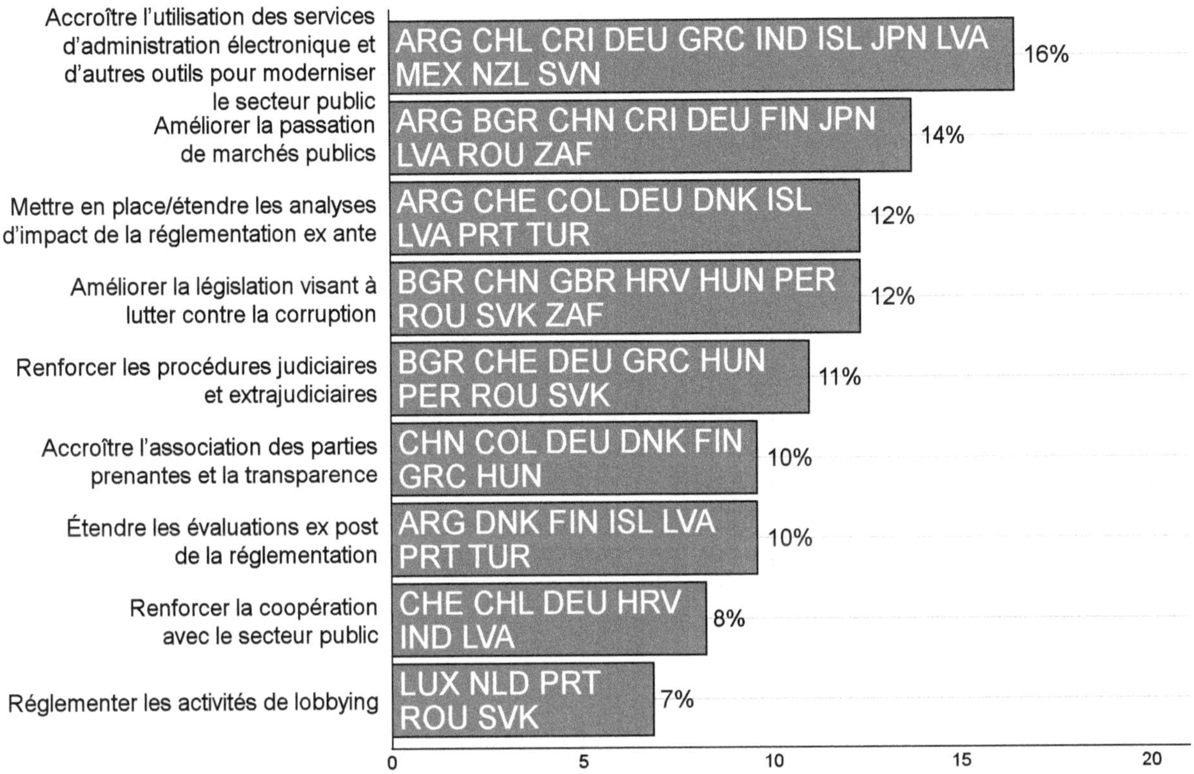

Note : Chaque bande affiche les codes ISO3 correspondant aux pays ayant fait l'objet d'une recommandation dans ce domaine.
Source: Calculs de l'OCDE effectués à partir des notes par pays du rapport *Les fondements de la croissance et de la compétitivité* (F4GC).

StatLink https://stat.link/i46pyf

L'amélioration de l'efficience et de l'intégrité des systèmes de passation des marchés publics constitue un autre axe de réforme fréquemment mis en avant. En Allemagne, les recommandations portent notamment sur la simplification des procédures de planification, l'harmonisation des procédures de passation des marchés et une meilleure utilisation des outils numériques. De même, il est important de renforcer les capacités au niveau local, en cherchant tout particulièrement à accroître les effectifs et l'expertise technique grâce à la coopération intercommunale et à des actions de formation ciblées. L'indépendance et les capacités des systèmes judiciaires constituent d'autres leviers essentiels en vue d'améliorer la qualité des institutions et de faire respecter l'état de droit. En Roumanie, par exemple, le renforcement de la lutte contre la corruption passe notamment par la révision du système des audiences préliminaires dans les affaires de corruption et par la résorption de la pénurie de magistrats, ainsi que par la mise en œuvre de réformes visant à prévenir les conflits d'intérêts au sein de la fonction publique. En République slovaque, promouvoir des mécanismes alternatifs de règlement des litiges concourrait à améliorer l'efficacité de la justice.

Veiller à ce que les cadres réglementaires reposent sur des données probantes et soient assortis de mécanismes de redevabilité constitue une autre priorité récurrente. En Finlande, il a ainsi été recommandé de mettre en place un système complet d'évaluation *ex post* afin d'améliorer l'efficacité de la réglementation. Il s'agissait notamment de mettre en place des mécanismes de contrôle, de mettre régulièrement à jour les pratiques d'évaluation et de promouvoir une culture de l'amélioration continue fondée sur les retours d'information des parties prenantes. En Grèce, les recommandations portent notamment sur l'amélioration de la qualité et de la rapidité des consultations sur les projets de loi, ainsi que sur la limitation du recours aux procédures législatives d'urgence. La mise en place de mécanismes formels d'examen des réglementations en vigueur applicables aux entreprises, en collaboration avec les organisations patronales et syndicales, a également été encouragée.

Enfin, un ensemble plus restreint, néanmoins essentiel, de recommandations vise à améliorer la réglementation des activités de lobbying et à renforcer l'intégrité de l'élaboration des politiques publiques. Aux Pays-Bas, par exemple, les autorités sont encouragées à mettre en place un registre des activités de lobbying détaillé et accessible au public, couvrant tous les niveaux de l'administration, ainsi qu'à adopter les normes de l'OCDE relatives à une conduite adaptée en matière d'emploi d'après-mandat.

Renforcer les infrastructures matérielles

Les infrastructures matérielles – notamment des routes, des ports, des aéroports, des réseaux d'adduction d'eau et d'égout fiables et bien entretenus, et un réseau électrique performant – constituent l'épine dorsale d'une économie productive. Des travaux de recherche ont d'ailleurs mis en évidence l'importance du stock public de capital matériel pour la productivité et la croissance économique (Aschauer, 1989[7] ; Égert, Koźluk et Sutherland, 2009[70]). Des réseaux de transport efficients permettent par exemple de réduire les délais et les coûts liés au transport, favorisant ainsi, à plus long terme, la concurrence et une allocation plus efficace des ressources. À court terme, de nouveaux travaux menés à l'aide de la base de données F4GC donnent à penser qu'une hausse de l'investissement dans les infrastructures ferroviaires – équivalente à la variation moyenne observée par le passé – peut stimuler la productivité du travail de 0.6 % et l'emploi de 0.3 point de pourcentage dès cinq ans après la mise en œuvre de la réforme (Encadré 4).

Encadré 4. Impact à court terme des investissements dans les infrastructures ferroviaires sur la croissance économique

Les investissements dans les infrastructures de transport peuvent accroître la productivité du travail, même à court terme

Si l'on considère généralement que les investissements dans les infrastructures ont un effet à long terme sur la croissance, leur impact à court terme peut également faire l'objet d'estimations. À cette fin, les données relatives aux investissements ferroviaires sont tirées de l'enquête « Dépenses d'investissements et entretien pour les infrastructures de transport », menée par le Forum international des transports (FIT, 2025[71]). Les dépenses d'investissement dans les infrastructures ferroviaires sont mesurées en pourcentage du PIB. L'impact sur le PIB par travailleur et le taux d'emploi est évalué à l'aide de méthodes de projection locales (voir l'Annexe 1.B). Les résultats suggèrent qu'une augmentation des investissements ferroviaires, d'une ampleur moyenne observée sur l'échantillon, a un impact positif et progressif sur la productivité du travail et les taux d'emploi (Graphique 14).

Graphique 14. Impact d'une hausse des investissements dans les infrastructures ferroviaires sur la productivité du travail et les taux d'emploi

Impact de la hausse moyenne observée du ratio investissement ferroviaire/PIB, choc moyen de 0.06 point de %

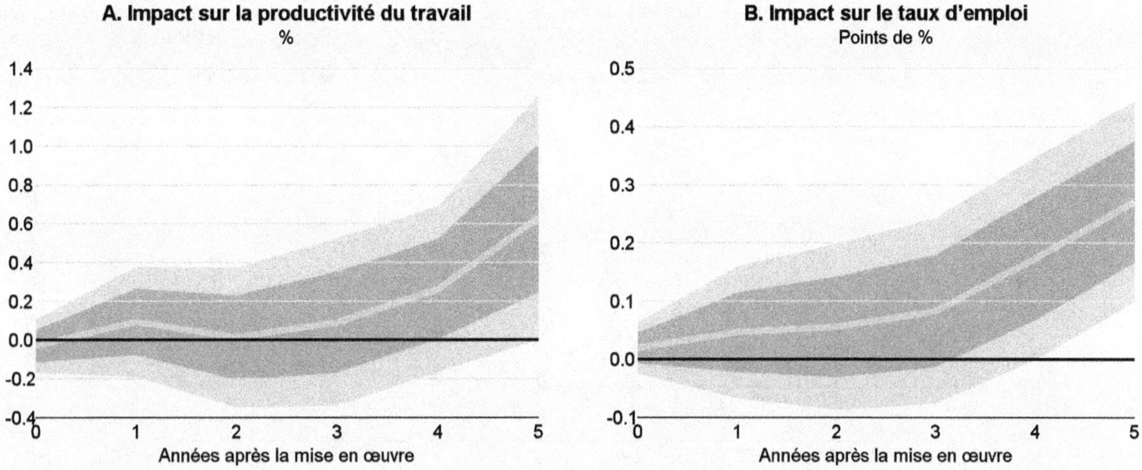

Note : La productivité du travail est définie comme le PIB par travailleur. Le taux d'emploi porte sur les personnes âgées de 15 à 64 ans. La zone ombrée foncée représente l'intervalle de confiance de 68 %, tandis que la zone ombrée claire correspond à l'intervalle de confiance de 90 %. L'estimation porte sur la période 1995-2019 pour les pays de l'OCDE. La méthodologie utilisée pour l'estimation est présentée à l'Annexe 1.B.
Source : Forum international des transports de l'OCDE et calculs de l'OCDE.

StatLink https://stat.link/2f0l3v

Dans certains pays, les investissements ferroviaires pourraient générer des gains significatifs de productivité du travail et de création d'emploi à un horizon de cinq ans

Les résultats ci-dessus permettent d'estimer l'impact potentiel d'une hausse des investissements dans les infrastructures ferroviaires sur la productivité et l'emploi, dans les pays où, à la fois, le niveau d'investissement est inférieur à la médiane de l'OCDE et la densité du réseau ferroviaire relativement faible. Les gains de productivité du travail et les progressions du taux d'emploi se matérialiseraient au bout de cinq ans. En fonction de l'écart constaté, la progression du niveau du PIB par travailleur pourrait atteindre jusqu'à 2.5 % à cet horizon, tandis que le taux d'emploi afficher une hausse susceptible d'atteindre jusqu'à 1 point de pourcentage (Graphique 15). Certains des effets prononcés observés s'expliquent par de fortes disparités entre les pays de l'OCDE dans le ratio investissement/PIB, tandis que la densité du réseau de transport dépend aussi fortement des caractéristiques des pays, telles que leur taille et leur topologie.

Graphique 15. Une hausse des investissements dans les infrastructures ferroviaires pourrait générer des gains économiques

Impact potentiel d'une hausse des investissements ferroviaires jusqu'à la médiane de l'OCDE

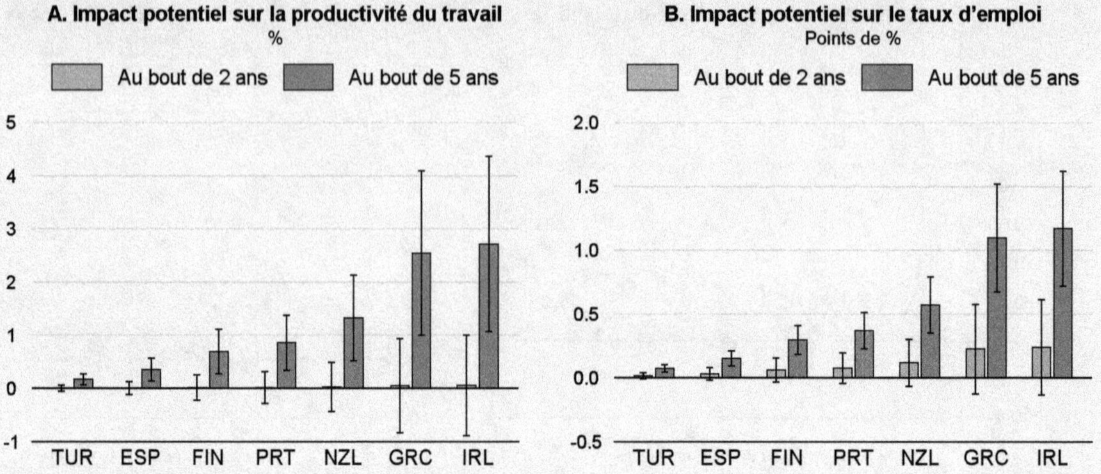

Note : 23 pays disposent de données relatives aux investissements ferroviaires en 2023. Les effets simulés à deux et cinq ans s'appuient sur un scénario dans lequel les pays situés en dessous de la médiane de l'OCDE à la fois en termes de ratio investissement/PIB et de densité ferroviaire en 2023 convergent vers la médiane de l'OCDE. À titre d'illustration, dans le cas de la Grèce, cela nécessiterait une augmentation du ratio investissements ferroviaires/PIB de 0.13 point de pourcentage. L'intervalle de confiance de 68 % est rapporté pour chaque effet simulé, conformément aux conventions utilisées dans les travaux publiés sur les méthodes de projection locales.
Source : Calculs de l'OCDE.

Source : Mitteldorf, E., Smiderle, I., Duran-Franch, J., Leandro, A., Turban, S. et Ruiz, N., « The short-term effects of structural reforms: a reassessment », *Documents de travail du Département des affaires économiques de l'OCDE*, à paraître.

StatLink https://stat.link/89nmh4

Les projets d'infrastructures matérielles impliquent souvent d'importants engagements financiers et s'inscrivent dans des horizons à long terme. Une coordination solide et une planification minutieuse sont dès lors nécessaires, ce qui explique le rôle central des pouvoirs publics dans la planification, la mise en œuvre et le financement de ces projets. Il incombe également aux autorités d'évaluer ces projets avec rigueur, en veillant à ce que les investissements dans les infrastructures soient rentables et conformes aux priorités stratégiques à long terme. Une meilleure conception des cadres réglementaires applicables aux infrastructures publiques peut encourager l'investissement, améliorer la qualité des projets et optimiser les retombées économiques (OCDE, 2023[72]). Les procédures d'autorisation devraient être transparentes, efficientes et prévisibles. Enfin, la gouvernance des autorités de régulation est un autre aspect crucial : responsabilité, transparence et indépendance doivent être des maîtres-mots, et la participation des parties prenantes garantie.

Par ailleurs, il convient de mettre en place des mécanismes visant à examiner les réglementations relatives aux infrastructures et à assurer une coordination efficace entre les organismes de réglementation, ainsi qu'entre les différents échelons de l'administration, afin de limiter les doublons et les incitations inadaptées. En outre, les partenariats public-privé forment l'un des leviers permettant de tirer parti des complémentarités entre les investissements consentis par chacun de ces deux secteurs, les engagements des pouvoirs publics contribuant à réduire les risques et à mobiliser des capitaux privés additionnels. Ainsi, l'investissement public peut servir de catalyseur à des projets à grande échelle, favorisant une participation plus large du secteur privé et garantissant une allocation plus efficace des ressources.

Enfin, il est essentiel de bien gérer les menaces qui pèsent sur l'intégrité publique de façon à renforcer la confiance à l'égard les pouvoirs publics, avec des retombées positives plus vastes pour l'économie. Les grands projets d'infrastructures présentent un risque élevé de manquement à l'intégrité en raison de l'ampleur et de la complexité des transactions, ainsi que du nombre de parties prenantes impliquées, en particulier dans le cadre des partenariats public-privé, des concessions, ou encore des processus de passation de marchés complexes. À chaque étape du cycle de vie des infrastructures, des risques pour l'intégrité peuvent survenir et donner lieu à des pertes d'efficacité ou à des comportements inadaptés. Des mécanismes garantissant des processus solides en matière de surveillance externe, de contrôle interne et d'audit, ainsi qu'une gestion rigoureuse des conflits d'intérêts, sont essentiels pour que les infrastructures publiques aient des effets positifs sur la productivité. Des outils tels que les adjudications ouvertes, les plateformes de passation électronique des marchés publics et la diffusion publique d'informations sur la performance des projets peuvent renforcer encore la transparence et la redevabilité.

Le Graphique 16 présente la ventilation des priorités dans le domaine des infrastructures matérielles. Les recommandations portent sur un large éventail de problématiques, en mettant un accent particulier sur les infrastructures énergétiques, le renforcement des cadres réglementaires et de la planification stratégique, et l'amélioration de la connectivité et de l'accès dans le secteur des transports. De nombreux pays sont également encouragés à revoir les formules de financement et à renforcer les capacités administratives et institutionnelles, afin de veiller à ce que les projets d'infrastructures soient conçus, exécutés et évalués de manière efficiente.

Graphique 16. Des investissements dans les infrastructures matérielles et un renforcement des politiques d'aménagement du territoire sont nécessaires pour stimuler la croissance

Part des recommandations visant à renforcer les infrastructures matérielles (%)

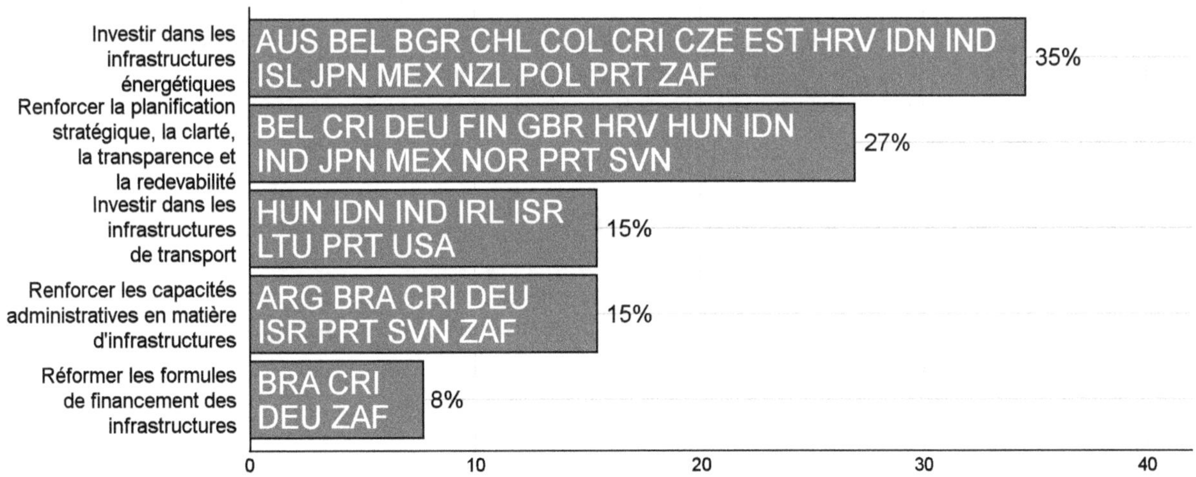

Note : Chaque bande affiche les codes ISO3 correspondant aux pays ayant fait l'objet d'une recommandation dans ce domaine.
Source: Calculs de l'OCDE effectués à partir des notes par pays du rapport *Les fondements de la croissance et de la compétitivité* (F4GC).

StatLink https://stat.link/7e8mnv

Dans les pays où le stock de capital est vieillissant ou l'urbanisation rapide, il est particulièrement important d'accroître les investissements dans les infrastructures, notamment dans les secteurs de l'énergie et des transports. Dans le secteur de l'énergie, il est conseillé à de nombreux pays – Australie, Japon ou Mexique, par exemple – d'accélérer les investissements dans les infrastructures afin de soutenir la sécurité énergétique et de favoriser la transition vers les énergies propres. En Colombie, cela passe notamment par la simplification des procédures de délivrance des permis environnementaux et par une concertation précoce avec les communautés touchées pour faciliter l'expansion du réseau électrique. Le secteur des transports pose des défis communs, dont le fait de garantir une utilisation efficiente et un financement durable des infrastructures. Comme évoqué dans l'Encadré 4, le Portugal et l'Irlande pourraient enregistrer des gains à court terme dans les domaines de la productivité du travail et de l'emploi, respectivement en investissant dans les infrastructures ferroviaires le long des corridors à forte demande et en mettant pleinement en œuvre les améliorations prévues du système de transport public. Par ailleurs, des pays comme Israël pourraient tirer parti de mesures axées sur la demande, telles que l'instauration de péages routiers et de redevances d'utilisation, pour améliorer l'utilisation des routes – en complément des investissements axés sur l'offre –, et pour contribuer à traiter les externalités liées aux embouteillages et aux émissions.

Il est essentiel de veiller à ce que les systèmes de planification et de réglementation soient bien conçus et coordonnés de façon à transformer les efforts d'investissement en résultats rapides, efficients et durables. Le renforcement de la planification des infrastructures et des cadres réglementaires – afin d'améliorer la transparence et de réduire les retards de mise en œuvre, les dépassements de coûts et les risques d'atteinte à l'intégrité – constitue une priorité commune à l'ensemble des pays. En Belgique, par exemple, les autorités sont encouragées à améliorer la gouvernance des projets d'infrastructures en développant une plateforme numérique unique et accessible au public, qui fournit des informations complètes sur les projets, et en intégrant aux cadres de gestion des infrastructures des évaluations des risques liés à l'intégrité. Ces mesures sont déterminantes pour accroître les investissements dans les domaines critiques.

En outre, dans certains pays, le renforcement des capacités aux différents échelons de l'administration peut s'avérer déterminant puisque cela aiderait les pouvoirs publics à transformer les politiques en matière d'infrastructures en projets bien exécutés. Au Brésil, par exemple, la Banque nationale de développement (BNDES) peut jouer un rôle de catalyseur en étendant son assistance technique aux administrations infranationales pour les projets d'infrastructures. Au Costa Rica, les recommandations formulées invitent notamment les pouvoirs publics à transférer les responsabilités relatives à l'évaluation et à la gestion des projets à un organisme public indépendant, à améliorer l'exécution du budget et à renforcer le Conseil national des concessions afin de mieux superviser les projets d'infrastructures complexes et coordonner l'action des parties prenantes concernées. Ces réformes visent à renforcer les capacités techniques, à améliorer la sélection et l'exécution des projets et à favoriser une coopération accrue entre les secteurs public et privé.

Enfin, la réforme des formules de financement des infrastructures peut être bénéfique dans certains pays, dont l'Afrique du Sud, l'Allemagne, le Costa Rica et le Brésil. Au Brésil, par exemple, la priorité devrait être donnée à l'investissement public dans les infrastructures, tandis que l'investissement privé devrait être mobilisé en recourant davantage aux instruments financiers structurés, aux mécanismes de financement de projets et aux garanties ciblées.

Accélérer l'adoption du numérique

L'accès à des infrastructures numériques de qualité, comme les réseaux fixes à très haut débit et les réseaux mobiles à haut débit, favorise la diffusion des technologies numériques et la croissance de la productivité (Nicoletti, von Rueden et Andrews, 2020[73] ; Gal et al., 2019[74]). Les infrastructures numériques facilitent également la présence des entreprises sur les marchés mondiaux en soutenant les échanges de services, en renforçant l'intégration dans les chaînes de valeur mondiales et en favorisant la diffusion transfrontalière de l'innovation (André et Gal, 2024[75]). Un accès élargi peut également générer des retombées positives grâce aux effets de réseau, à une concurrence accrue et aux économies d'échelle (Égert, Koźluk et Sutherland, 2009[70]). Si l'accès à l'internet est quasiment universel dans les pays de l'OCDE, la couverture en très haut débit demeure insuffisante dans nombre d'entre eux, en particulier dans les zones rurales et isolées. Dans les pays dotés d'une infrastructure fixe limitée, les réseaux mobiles à haut débit contribuent de plus en plus à réduire la fracture numérique. En outre, la robustesse et la fiabilité des infrastructures numériques sont des paramètres essentiels pour tirer parti des avantages de l'intelligence artificielle, dont le développement, le déploiement et l'utilisation reposent sur l'accès à de vastes ensembles de données, à l'informatique en nuage et à une connectivité à faible latence.

Au-delà de l'accès aux infrastructures, les initiatives en matière d'administration numérique peuvent renforcer les compétences numériques de l'ensemble de la population et encourager les entreprises à évoluer vers l'usage de ces technologies et solutions pour leurs interactions avec les autorités publiques (Sorbe et al., 2019[52]). Les politiques en matière de cybersécurité ont elles aussi leur importance : en contribuant à la gestion des risques, elles réduisent les obstacles à l'adoption du numérique. Les pouvoirs publics peuvent soutenir cette dynamique en élaborant des cadres non contraignants et des orientations pratiques pour aider les entreprises à gérer les risques de sécurité numérique liés aux infrastructures de communication (OCDE, 2023[76]). Enfin, les avancées récentes en matière d'intelligence artificielle mettent en évidence son potentiel transformateur pour la productivité et l'organisation économique, même si, en ce qui concerne l'action publique, les bonnes pratiques dans ce domaine ne sont pas encore pleinement stabilisées (Encadré 1).

Dans le domaine des infrastructures numériques, les recommandations s'articulent principalement autour de deux grands axes : favoriser l'adoption d'outils numériques dans l'ensemble de l'économie et accroître les investissements publics ou privés dans les infrastructures numériques (Graphique 17). L'un des enjeux prioritaires consiste à encourager l'adoption des outils numériques par les entreprises, les ménages et les institutions publiques. En Australie, par exemple, il est conseillé aux autorités d'étendre le régime du droit relatif aux données des consommateurs (Consumer Data Right) à d'autres secteurs, ce qui permettra aux consommateurs de partager en toute sécurité les données détenues par les entreprises et stimulera l'innovation dans les services numériques. En Nouvelle-Zélande, il est jugé essentiel de veiller à ce que la législation soit adaptée aux marchés numériques – notamment en adaptant les règles relatives au droit d'auteur pour éviter d'entraver indûment l'utilisation de l'IA –, dans le but de favoriser la prochaine vague de transformation numérique.

Graphique 17. Politiques visant à accroître l'investissement dans les infrastructures numériques et à favoriser l'adoption des technologies numériques

Part des recommandations visant à accélérer l'adoption du numérique (%)

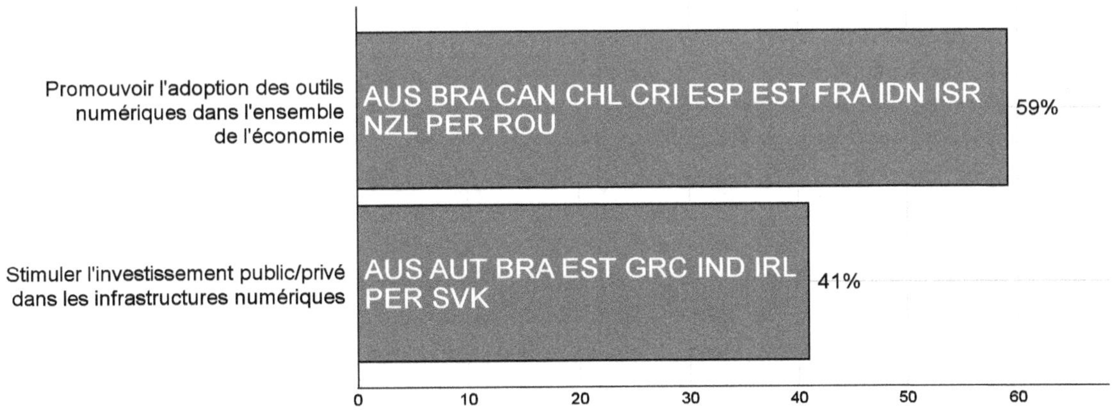

Note : Chaque bande affiche les codes ISO3 correspondant aux pays ayant fait l'objet d'une recommandation dans ce domaine.
Source: Calculs de l'OCDE effectués à partir des notes par pays du rapport *Les fondements de la croissance et de la compétitivité* (F4GC).

StatLink https://stat.link/h0mfa1

Parallèlement à ces efforts, l'élargissement de l'accès à des infrastructures numériques de qualité demeure un objectif central. En Irlande, les recommandations évoquent la fin du déploiement du haut débit d'ici à 2026, dans le cadre du Plan national pour le haut débit. L'Estonie est, quant à elle, invitée à accroître ses investissements publics pour étendre la couverture du très haut débit, notamment en subventionnant la connectivité « du dernier kilomètre » dans les zones mal desservies et pour les petites entreprises.

Jeter les bases macroéconomiques de la croissance

La stabilité macroéconomique et financière est une condition préalable à la croissance économique. L'instabilité macroéconomique accentue l'incertitude économique, incitant les entreprises à différer des décisions cruciales en matière d'investissement et d'embauche, ce qui peut déclencher des fuites de capitaux (Loayza et Hnatkovska, 2003[77] ; Ramey et Ramey, 1995[78] ; Fischer, 1993[79] ; Bloom, 2009[3]) et fausser le bon fonctionnement du mécanisme de fixation des prix et l'affectation des ressources (Lucas, 1973[80]). Une inflation élevée ou des déficits publics importants compromettent sérieusement la stabilité de l'environnement macroéconomique et érodent la confiance. Remédier à une situation budgétaire insoutenable peut nécessiter de procéder à divers ajustements – coupes de grande ampleur dans les dépenses et hausses d'impôts, répression financière, voire défaut de paiement ou restructuration de la dette publique dans certains cas –, avec potentiellement de profondes conséquences à long terme sur la croissance (Reinhart et Sbrancia, 2015[81] ; Reinhart, Rogoff et Savastano, 2003[82]). De même, la maîtrise d'une inflation élevée pourrait nécessiter un resserrement marqué des politiques budgétaire et monétaire, et ce, avec des conséquences similaires sur la croissance économique.

Les systèmes financiers sujets à des phases d'expansion excessive du crédit peuvent déclencher des crises financières, elles-mêmes susceptibles d'entraîner de profondes récessions et des phases de reprise prolongées (Minsky, 1975[83] ; Reinhart et Rogoff, 2009[84] ; Claessens et Kose, 2014[85]). Cela souligne la nécessité d'adopter des politiques qui favorisent la stabilité financière, notamment des réglementations bancaires et des outils prudentiels conçus pour limiter les risques systémiques. Ces outils englobent, entre autres, des plafonds réglementaires sur les quotités de financement, des exigences de fonds propres pour les banques, des limites à l'effet de levier bancaire et des exigences de provision pour pertes sur prêts. Ces instruments sont souvent associés à une croissance plus durable du crédit, en particulier du crédit aux ménages (Cerutti, Claessens et Laeven, 2015[86] ; Alam et al., 2024[87]). De manière plus générale, un secteur financier efficient concourt à la croissance en orientant les capitaux vers leurs usages les plus productifs, en assurant une bonne gestion des risques, en facilitant les transactions et en favorisant l'innovation (King et Levine, 1993[88]), tandis que des marchés de capital-risque bien développés peuvent contribuer à financer les entreprises en phase de démarrage, ce qui stimule l'innovation.

Dans ce domaine, les priorités d'action pertinentes recouvrent tout un éventail de mesures visant à élargir l'accès des entreprises au financement, à renforcer la surveillance prudentielle, à améliorer la concurrence dans le secteur financier et à allonger la viabilité des finances publiques (Graphique 18). L'une des principales recommandations suggère d'alléger les contraintes de financement qui pèsent sur les entreprises innovantes et à forte croissance, en développant l'écosystème du capital-risque, en particulier dans des secteurs comme les TIC, les technologies vertes et les services numériques. En Finlande, par exemple, il serait possible d'accroître les investissements en capital-risque et en capital-investissement en recourant à des modèles de cofinancement public-privé et en étoffant les garanties publiques, soit des mesures qui peuvent attirer des investisseurs privés dans des secteurs à fort potentiel, mais présentant des risques perçus plus élevés. De même, l'Italie est encouragée à approfondir son marché du capital-risque afin de contribuer au développement des entreprises de taille moyenne.

Graphique 18. Élargir l'accès des entreprises au financement, assurer la viabilité budgétaire et renforcer la surveillance prudentielle : des mesures essentielles pour assurer la stabilité macroéconomique et financière

Part des recommandations concernant la stabilité financière et macroéconomique (%)

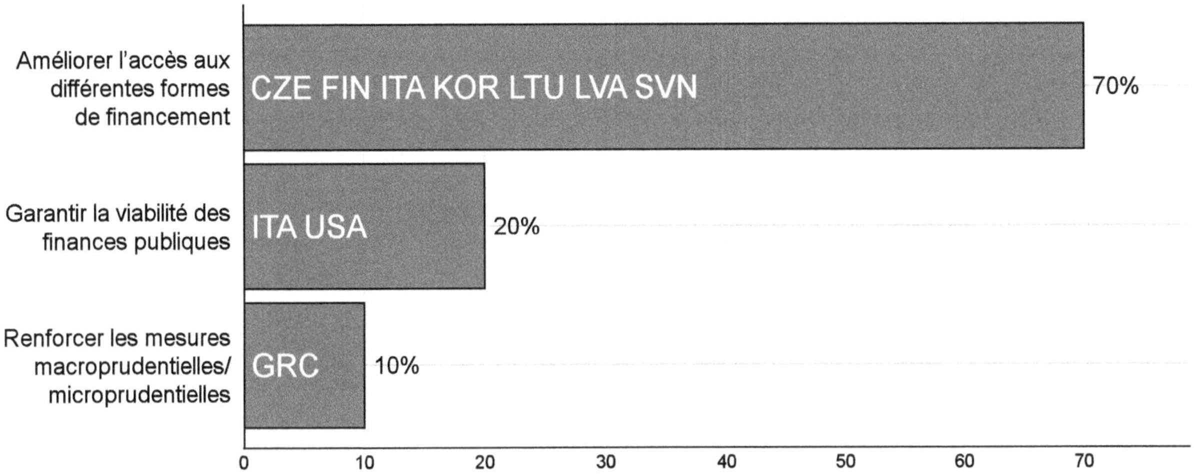

Note : Chaque bande affiche les codes ISO3 correspondant aux pays ayant fait l'objet d'une recommandation dans ce domaine.
Source: Calculs de l'OCDE effectués à partir des notes par pays du rapport *Les fondements de la croissance et de la compétitivité* (F4GC).

StatLink https://stat.link/lx9p43

Certains pays sont également invités à renforcer le rôle des investisseurs institutionnels afin de mobiliser l'épargne à long terme au service d'investissements productifs. En Tchéquie, les pouvoirs publics pourraient encourager une transition des fonds de pension à capital garanti vers des stratégies d'investissement fondées sur le cycle de vie, tout en améliorant les conditions permettant aux investisseurs institutionnels d'intervenir davantage sur le marché du capital-risque. De même, la Lituanie dispose d'une certaine marge de manœuvre pour développer davantage les fonds de pension et assouplir les règles relatives à l'investissement, dans l'optique de faciliter le financement des entreprises non cotées. Par ailleurs, promouvoir les technologies financières (fintech) par le biais d'une réglementation adaptée, d'infrastructures de paiement numérique et de dispositifs d'éducation financière pourrait également contribuer à élargir les possibilités de financement des PME et des jeunes pousses. De même, l'intensification de la concurrence dans le secteur financier constitue un objectif clé. En Slovénie, l'évaluation de la charge réglementaire et une harmonisation plus poussée des réglementations relatives aux technologies financières avec celles d'autres pays européens pourraient contribuer à promouvoir la transformation numérique du secteur financier.

3. Créer des incitations destinées aux entreprises et aux personnes physiques

La mise en place d'incitations de marché propices pour les entreprises et les ménages est fondamentale afin d'assurer une croissance économique durable. Un cadre réglementaire qui encourage la concurrence et la dynamique des entreprises, tout en limitant les obstacles à l'entrée et la sortie des entreprises ainsi qu'à l'utilisation et à la mobilité du capital et de la main-d'œuvre, permet aux entreprises et aux ménages de réagir avec souplesse aux opportunités et de gérer les risques orientés à la baisse. D'après les travaux empiriques existants, les économies qui s'adaptent plus facilement à la réaffectation subissent moins les effets néfastes des épisodes de récession (Ollivaud et Turner, 2014[89] ; Andrews et al., 2020[90]). À l'inverse, les obstacles à la redistribution peuvent nuire à l'efficacité d'autres politiques, par exemple celles qui ciblent le capital humain et l'innovation, comme indiqué aux sections 2 et 4.

La présente section expose les principaux éléments des domaines prioritaires d'action visant à consolider les fondements de la croissance économique par l'optimisation du fonctionnement des marchés et des mécanismes d'incitation. Face au recul sur le long terme de la dynamique entrepreneuriale et de la mobilité professionnelle, ainsi qu'à la persistance d'obstacles au développement des entreprises dans de nombreux pays de l'OCDE, il apparaît essentiel de promouvoir une économie plus dynamique. Pour y parvenir, il convient d'abandonner les politiques adoptées pendant la pandémie, lesquelles privilégient la préservation de l'économie au détriment de la réaffectation (OCDE, 2021[33]). Par ailleurs, les mégatendances telles que l'évolution démographique, les mutations des schémas de mondialisation ainsi que les transitions numérique et écologique imposeront une économie plus flexible et mobile pour renforcer la résilience face aux chocs futurs et à l'incertitude. Bien que les défis exacts varient selon les pays, plusieurs impératifs communs se dégagent en matière de politiques structurelles (Graphique 19).

Les réformes réglementaires visant à renforcer la concurrence sur les marchés intérieurs ainsi que celles destinées à remanier les régimes d'insolvabilité constituent les principales priorités identifiées. S'ajoutent à ces axes les interventions pour amplifier le taux d'activité et la mobilité de la main-d'œuvre, pour améliorer l'efficience du système d'imposition, pour renforcer l'ouverture aux échanges et à l'investissement direct étranger (IDE), et pour réformer la réglementation du secteur du logement.

Graphique 19. Répartition des recommandations pratiques pour promouvoir les incitations de marché et l'efficience allocative

Part des recommandations pratiques sur les incitations de marché par domaine (%)

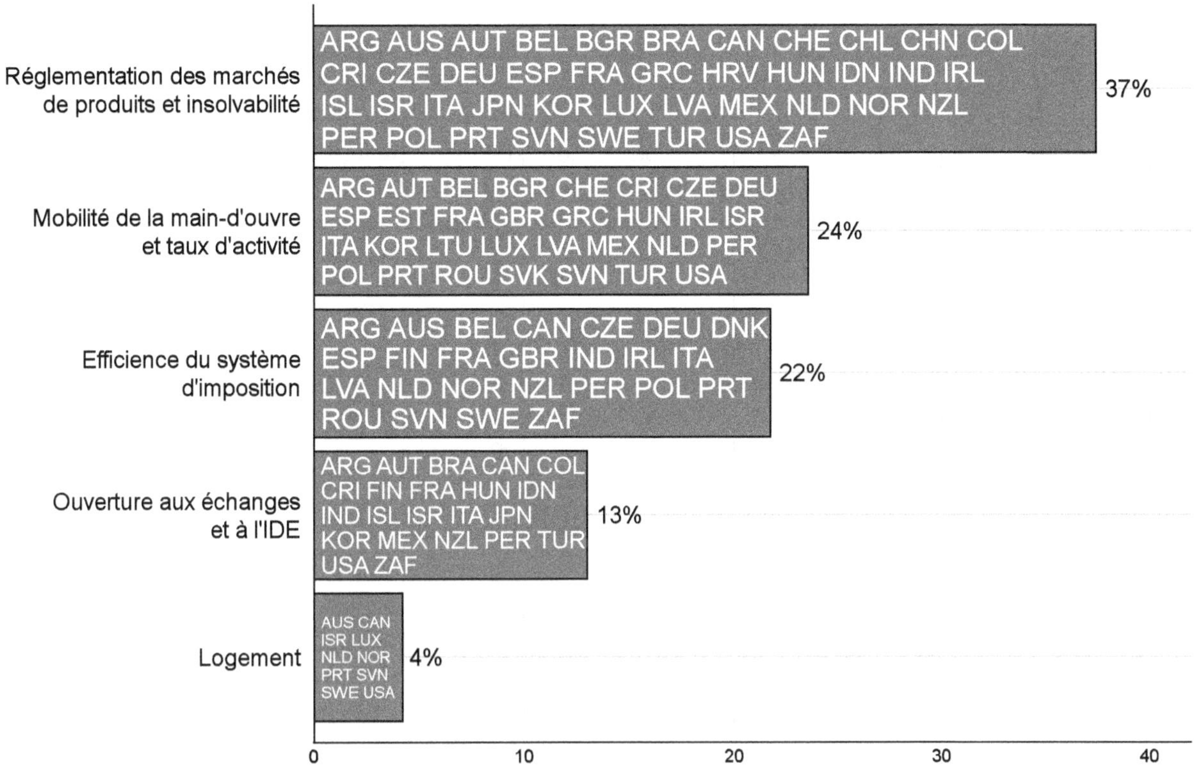

Note : Chaque bande affiche les codes ISO3 correspondant aux pays ayant fait l'objet d'une recommandation dans ce domaine.
Source: Calculs de l'OCDE effectués à partir des notes par pays du rapport *Les fondements de la croissance et de la compétitivité* (F4GC).

StatLink https://stat.link/cl04g8

Stimuler l'efficience du marché et la dynamique des entreprises

Un environnement économique propice à l'efficience du marché et à la dynamique des entreprises constitue un moteur essentiel de la croissance économique à long terme (Porter, 1990[4]). En agissant sur l'entrée et la sortie des entreprises ainsi que le degré de concurrence sur les marchés intérieurs, des réglementations des marchés de produits allégées et des régimes d'insolvabilité efficaces encouragent l'accroissement de l'intensité capitalistique et optimisent l'utilisation de la main-d'œuvre. D'après plusieurs travaux empiriques, les réformes favorables à la concurrence sur les marchés de produits ont un effet positif sur l'investissement (Gal et Hijzen, 2016[91] ; Nicoletti et Scarpetta, 2005[92] ; Andrews et al., 2025[93]). Toutefois, l'ampleur de cet impact dépend du niveau de difficulté rencontré par les entreprises pour accéder au crédit, ainsi que de la présence de politiques destinées à faciliter leur accès au financement (Gal et Hijzen, 2016[91]). En outre, ces réformes favorisent l'emploi global (Gal et Hijzen, 2016[91] ; Gal et Theising, 2015[94]), notamment en facilitant l'expansion des jeunes entreprises, qui contribuent beaucoup plus que les autres à la création nette d'emplois (Criscuolo, Gal et Menon, 2014[35] ; Haltiwanger, Jarmin et Miranda, 2013[34]). Des régimes d'insolvabilité efficaces qui permettent de résoudre rapidement et de manière prévisible les difficultés financières des entreprises, en diminuant le plus possible les pertes et en préservant les activités viables, soutiennent davantage les investissements et l'utilisation de la main-d'œuvre en réduisant les coûts individuels liés aux défaillances d'entreprises et en encourageant ainsi la prise de risque entrepreneuriale (Fossen, 2013[95] ; Melcarne et Ramello, 2018[96]).

Une réglementation des marchés de produits favorables à la concurrence et des régimes d'insolvabilité efficaces peuvent accroître la productivité multifactorielle (Cette, Lopez et Mairesse, 2016[97] ; Nicoletti et Scarpetta, 2005[92]) grâce à plusieurs moyens. Premièrement, en facilitant l'entrée et la sortie sans heurts des entreprises, ils offrent aux travailleurs des possibilités d'embauche à l'extérieur qui leur permettent de changer d'emploi (Shambaugh, Nunn et Liu, 2018[36]) et ouvrent la voie à la réorientation des ressources vers des industries (Messina, 2006[98]) et des entreprises plus dynamiques et productives (Adalet McGowan et Andrews, 2016[99]). Cette approche contribue à renforcer l'efficience de l'allocation de la main-d'œuvre, en particulier dans les industries innovantes (Andrews et Cingano, 2014[100]). Deuxièmement, ils favorisent l'innovation (Futia, 1980[101]) tant au sein des entreprises situées à la frontière (Aghion et al., 2005[102]) que chez les nouveaux entrants, qui bénéficient souvent d'avantages comparatifs pour mettre au point et commercialiser des innovations radicales (Henderson, 1993[103]). Troisièmement, sous l'effet des pressions concurrentielles, les entreprises sont incitées à adopter des pratiques de gestion optimisées (Bloom et Van Reenen, 2010[104]).

Des progrès restent à accomplir pour renforcer l'efficience du marché et la dynamique des entreprises. Ainsi, les principaux domaines prioritaires d'action incluent la rationalisation des permis, l'octroi de licences et la réduction de la bureaucratie, la facilitation de l'entrée et de la sortie des entreprises, l'assouplissement des contraintes réglementaires dans les secteurs des services professionnels et des secteurs de réseaux, le renforcement des dispositifs de concurrence, la réduction du champ d'intervention des entreprises publiques ainsi que l'amélioration de leur gouvernance (Graphique 20).

Graphique 20. Recommandations pratiques pour stimuler l'efficience du marché et la dynamique des entreprises

Part des recommandations pratiques pour stimuler l'efficience du marché et la dynamique des entreprises (%)

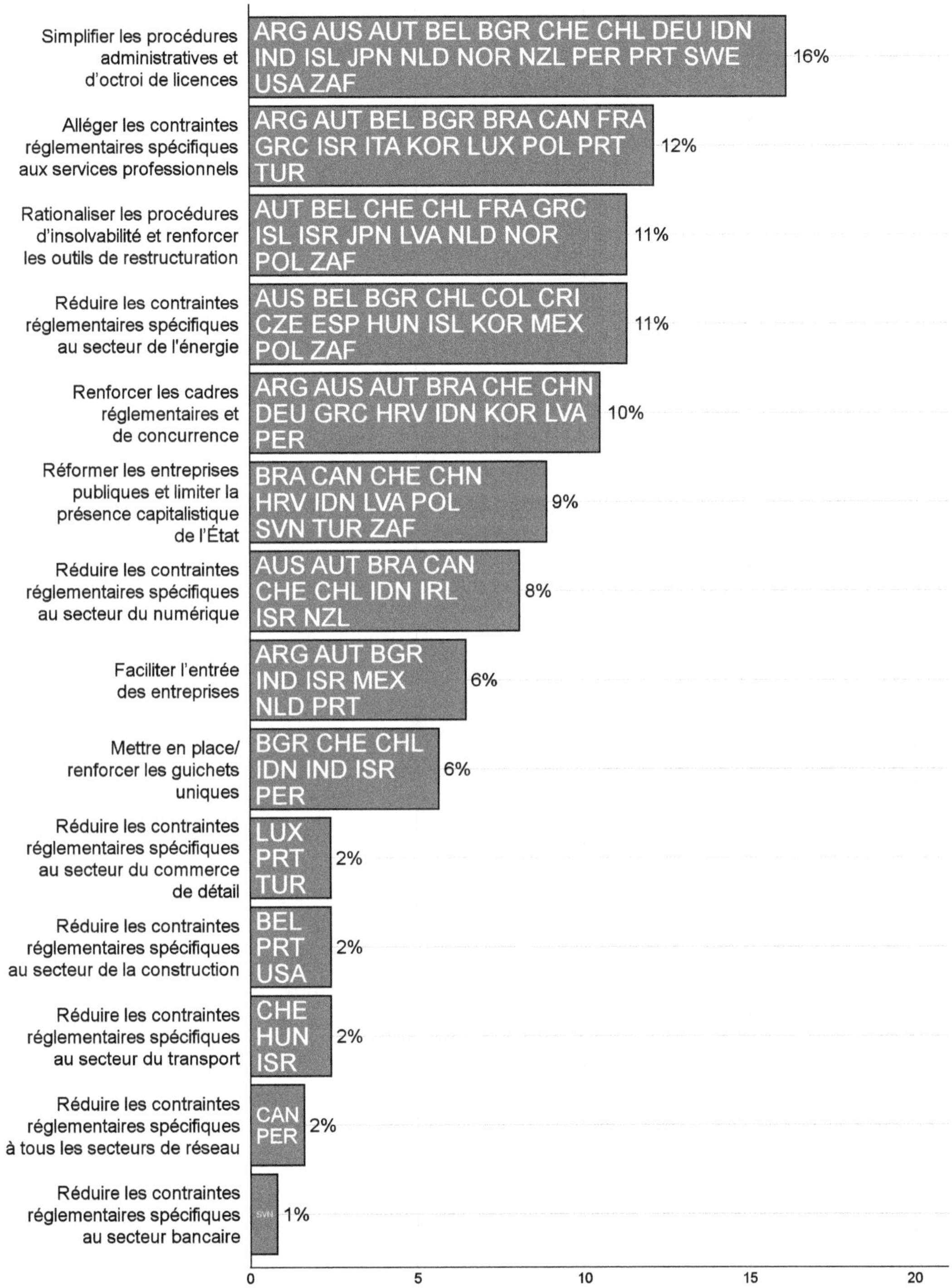

Note : Chaque bande affiche les codes ISO3 correspondant aux pays ayant fait l'objet d'une recommandation dans ce domaine. Le domaine « Réduire les contraintes réglementaires spécifiques au secteur bancaire » inclut les recommandations pour SVN.
Source: Calculs de l'OCDE effectués à partir des notes par pays du rapport *Les fondements de la croissance et de la compétitivité* (F4GC).

StatLink https://stat.link/k91eq5

Il est indispensable d'alléger les contraintes administratives et réglementaires afin d'activer la concurrence et la dynamique des entreprises. Un niveau élevé de charges réglementaires peut dissuader l'entrée d'entreprises productives, freiner l'innovation et dissuader les opérateurs en place d'améliorer leur efficacité (OCDE, 2015[8]). Il serait donc bénéfique de réduire la bureaucratie dans de nombreux pays. Par exemple, la rationalisation des exigences imposées aux entreprises, notamment par une numérisation accrue, pourrait favoriser la création de jeunes pousses au Japon, tandis que la réduction du chevauchement et de l'incohérence dans les réglementations entre États pourrait diminuer les coûts administratifs en Australie. L'adoption, lorsque cela est pertinent, de règles selon lesquelles « le silence vaut consentement » permettrait de réduire les retards et les frais administratifs dans des pays comme le Chili et l'Afrique du Sud. La mise en place de guichets uniques, notamment via des plateformes numériques, permettrait d'alléger davantage la charge administrative dans des pays tels qu'Israël, la Suisse ou le Pérou.

Bien qu'une simplification générale de la réglementation soit essentielle, il demeure tout aussi important d'alléger les contraintes réglementaires spécifiques à certains secteurs, en particulier dans les industries fournissant des biens et services intermédiaires au reste de l'économie. La déréglementation des marchés de produits dans ces industries peut avoir des retombées positives pour les entreprises en aval qui comptent largement sur leurs intrants, tant sur le plan national qu'international (Gal et Hijzen, 2016[91]). À long terme, la déréglementation des secteurs de réseaux entre 1980 et 2023 dans les domaines de l'électricité, du gaz, des télécommunications, des transports postaux et aériens, ferroviaires et routiers a contribué à accroître la productivité du travail à l'échelle de l'économie, avec une hausse cumulative moyenne d'environ 5 % dans l'OCDE, à la suite d'effets positifs importants sur la valeur ajoutée (6 %), l'emploi (2 %) et le stock de capital (4 %) (Andrews et al., 2025[93]), avec des avantages plus importants dans les industries fortement tributaires des intrants provenant des secteurs dérèglementés en amont comme l'industrie manufacturière (Andrews et al., 2025[93] ; Benz et al., 2023[105]).

La réduction des contraintes réglementaires dans les secteurs de réseaux serait bénéfique pour plusieurs pays. Au Canada, l'assouplissement des restrictions à l'entrée d'opérateurs étrangers pourrait accroître la concurrence, tandis qu'au Pérou, la réduction des barrières à l'entrée et la promotion de la régularisation de la situation des entreprises informelles, notamment en supprimant progressivement les avantages indus dont bénéficient les opérateurs en place et en ouvrant l'accès aux infrastructures essentielles (par exemple, les réseaux énergétiques et les réseaux de télécommunications), favoriseraient la dynamique du marché. Dans le secteur de l'énergie, les réformes réglementaires peuvent aider à mobiliser les investissements dans les infrastructures et à renforcer la sécurité énergétique. Par exemple, la rationalisation des processus d'octroi de permis favoriserait la modernisation des réseaux électriques, des systèmes de stockage et des interconnexions en Espagne, tandis que l'accélération des procédures d'approbation faciliterait la mise en œuvre de projets d'infrastructures résilientes au Chili. Des réformes supplémentaires visant à alléger les contraintes réglementaires dans le secteur de l'énergie seraient bénéfiques en Afrique du Sud, en Australie, en Belgique, en Bulgarie, en Colombie, en Corée, au Costa Rica, en Hongrie, en Islande, au Mexique, en Pologne et en République tchèque (Tchéquie).

L'assouplissement des conditions d'accès rigoureuses et des autres restrictions réglementaires applicables aux professions libérales telles que comptable, avocat et agent immobilier, combiné à l'adaptation de la réglementation aux risques inhérents à l'exercice de ces activités afin d'en assurer la qualité, renforceraient la concurrence et la qualité des services. Il s'agit là de recommandations primordiales pour l'Argentine, l'Autriche, la Belgique, le Brésil, la Bulgarie, le Canada, la Corée, la France, la Grèce, Israël, l'Italie, le Luxembourg, la Pologne, le Portugal et la Türkiye. La Türkiye pourrait notamment tirer profit d'une réduction des restrictions en matière de publicité et de commercialisation des services professionnels afin de promouvoir une concurrence effective entre les prestataires de services.

Assurer la contestabilité et une concurrence équitable sur les marchés numériques est de plus en plus essentielle pour favoriser la croissance, compte tenu du rôle accru des plateformes et services numériques dans les économies contemporaines (Nicoletti, Vitale et Abate, 2023[106]). Faciliter l'accès aux marchés numériques, notamment pour les petites et moyennes entreprises (PME), peut favoriser l'innovation et, par le renforcement de la concurrence, améliorer la qualité des services numériques tout en maintenant des prix compétitifs. Pour cela, il convient de mettre en place des cadres réglementaires favorables à la concurrence dans le secteur des technologies de l'information et des communications (TIC), de déployer des infrastructures efficientes, d'allouer efficacement les fonds publics pour combler les disparités de connectivité et de garantir la disponibilité des moyens techniques (spectre, protocole et points d'échange internet par exemple) (OCDE, 2021[107] ; Sorbe et al., 2019[52]). Par exemple, l'Australie aurait intérêt à évaluer les obstacles à la concurrence numérique et à améliorer les règles relatives à l'accès aux données et à leur utilisation ; le Canada, à faciliter l'accès des petites entreprises aux grands réseaux de télécommunications ; et Israël, à continuer de promouvoir la concurrence dans la fourniture de services haut débit par fibre optique. Des réformes similaires seraient bénéfiques pour l'Autriche, le Brésil, le Chili, l'Indonésie, l'Irlande, la Nouvelle-Zélande et la Suisse.

En outre, la mise en place de régimes d'insolvabilité efficaces, de systèmes d'alerte précoce et d'outils de restructuration performants permet une récupération rapide des actifs dans le cadre de la sortie d'une entreprise, favorisant ainsi une réaffectation économique et créant un environnement de marché dynamique et ouvert à la concurrence. Par exemple, la Belgique aurait tout intérêt à accélérer le lancement des procédures et à promouvoir le recours aux alternatives amiables disponibles, tandis que la Grèce devrait suivre de près l'évolution des prêts non performants et des créances en difficulté. Des mesures similaires destinées à rationaliser les procédures d'insolvabilité, à renforcer les systèmes d'alerte précoce et à améliorer les outils de restructuration seraient bénéfiques en Afrique du Sud, en Autriche, au Chili, en France, en Islande, en Israël, au Japon, en Lettonie, en Norvège, aux Pays-Bas, en Pologne et en Suisse.

Dans l'ensemble, il est essentiel, pour soutenir la croissance économique, de garantir l'application de conditions de concurrence équitables pour toutes les entreprises, afin que les plus jeunes et les plus petites puissent affronter la concurrence sur la base de leurs mérites, sans être exclues par les entreprises en place. Le renforcement des cadres et des autorités de la concurrence demeure une priorité dans de nombreux pays. Par exemple, l'Allemagne pourrait envisager de renforcer le mandat de son autorité de la concurrence pour permettre la contestation des décisions émises par les organismes publics de réglementation qui entravent la concurrence, tandis que le Pérou pourrait améliorer son cadre en matière de concurrence afin de favoriser la régularisation de la situation des entreprises informelles.

Par ailleurs, le renforcement des cadres de la concurrence nécessite de limiter et de réglementer l'intervention directe des pouvoirs publics, car la présence capitalistique de l'État et l'encadrement des prix peuvent fausser la dynamique du marché, restreindre la concurrence et affaiblir la productivité (OCDE, 2015[108]). Un degré élevé de participation publique est associé à un faible niveau d'emploi et de productivité, en raison de l'accès limité au marché et d'une allocation des ressources non efficiente (Nicoletti et Scarpetta, 2005[92]). La diminution de la présence capitalistique de l'État dans les secteurs intrinsèquement concurrentiels, tels que le tourisme en Slovénie ou les secteurs de réseaux en Afrique du Sud, au Brésil et en Suisse, permettrait d'améliorer leur efficience. L'alignement du régime réglementaire des entreprises publiques sur celui des entreprises privées serait bénéfique au Canada et en Suisse pour assurer des conditions de concurrence équitables.

De même, le renforcement de la gouvernance des entreprises publiques, grâce à une transparence accrue, la clarification des mandats et la séparation des objectifs commerciaux et de politique publique, peut permettre d'améliorer les performances et de réduire la mauvaise utilisation des ressources dans des pays comme la Chine, la Pologne et la Türkiye. Par exemple, la Türkiye aurait tout intérêt à exiger que les membres des conseils d'administration des entreprises publiques soient indépendants, à fixer des objectifs formels en matière de taux de rendement pour ses entreprises publiques et à limiter l'accès préférentiel au financement public. En outre, une réduction du recours aux dispositifs d'encadrement des prix contribuerait à créer un environnement économique plus dynamique et concurrentiel en Türkiye, compte tenu des conséquences néfastes potentielles de cet outil, qui vise à protéger les consommateurs, sur les incitations de marché et la productivité.

Supprimer les barrières à l'emploi de la main-d'œuvre et promouvoir une allocation efficiente du travail

La stimulation du taux d'activité et la garantie d'une allocation efficiente des compétences aux emplois demeurent des facteurs clés permettant de soutenir la croissance économique sur le long terme. Un marché du travail qui fonctionne bien constitue un pilier fondamental de l'économie, garantissant une participation importante de la population à des activités productives et une répartition performante du capital humain. Lorsque l'accès au marché du travail est fluide et que les individus peuvent aisément changer de profession, cela favorise un environnement dynamique dans lequel les compétences et les talents sont alignés sur les besoins des employeurs (Davis et Haltiwanger, 2014[38]). En outre, une forte concurrence sur le marché du travail peut stimuler l'augmentation des salaires, en renforçant le pouvoir de négociation des travailleurs grâce à l'élargissement de leurs possibilités d'embauche à l'extérieur (Karahan, 2017[39]).

Il est particulièrement important de garantir le bon fonctionnement du marché du travail dans le contexte du vieillissement de la population (André, Gal et Schief, 2024[109]). Avec les changements démographiques, la population en âge de travailler devrait diminuer de 8 % d'ici 2060 dans les pays de l'OCDE, plus d'un quart d'entre eux connaissant des baisses de plus de 30 %. La baisse de l'offre de main-d'œuvre devrait réduire la croissance du PIB par habitant d'environ 40 %, passant de 1.0 % par an dans les années 2010 à 0.6 % par an en moyenne sur la période 2024-60 (OCDE, 2025[110]).

Le Graphique 21 montre la répartition des priorités destinées à favoriser un taux d'activité élevé et à garantir l'utilisation efficace des compétences au sein de la main-d'œuvre. Parmi les recommandations pratiques visant à promouvoir le taux d'activité, on peut citer la réduction du coin fiscal et la suppression des mesures tendant à décourager l'emploi, l'élargissement de l'accès aux services de garde d'enfants, la réforme du congé parental ou la promotion des modalités de travail flexibles, l'allongement de la vie active et le soutien à l'intégration sur le marché du travail des travailleurs déplacés, notamment grâce à une utilisation plus efficace des politiques actives du marché du travail (PAMT). Par ailleurs, celles visant à promouvoir la mobilité de la main-d'œuvre comprennent la réforme de la législation en matière de protection de l'emploi et du système de négociation salariale, ainsi que les actions des pouvoirs publics destinées à réduire le champ des clauses de non-concurrence.

Graphique 21. Recommandations pratiques pour supprimer les obstacles à l'utilisation et à la mobilité de la main-d'œuvre

Part des recommandations pratiques pour supprimer les obstacles à l'utilisation de la main-d'œuvre (%)

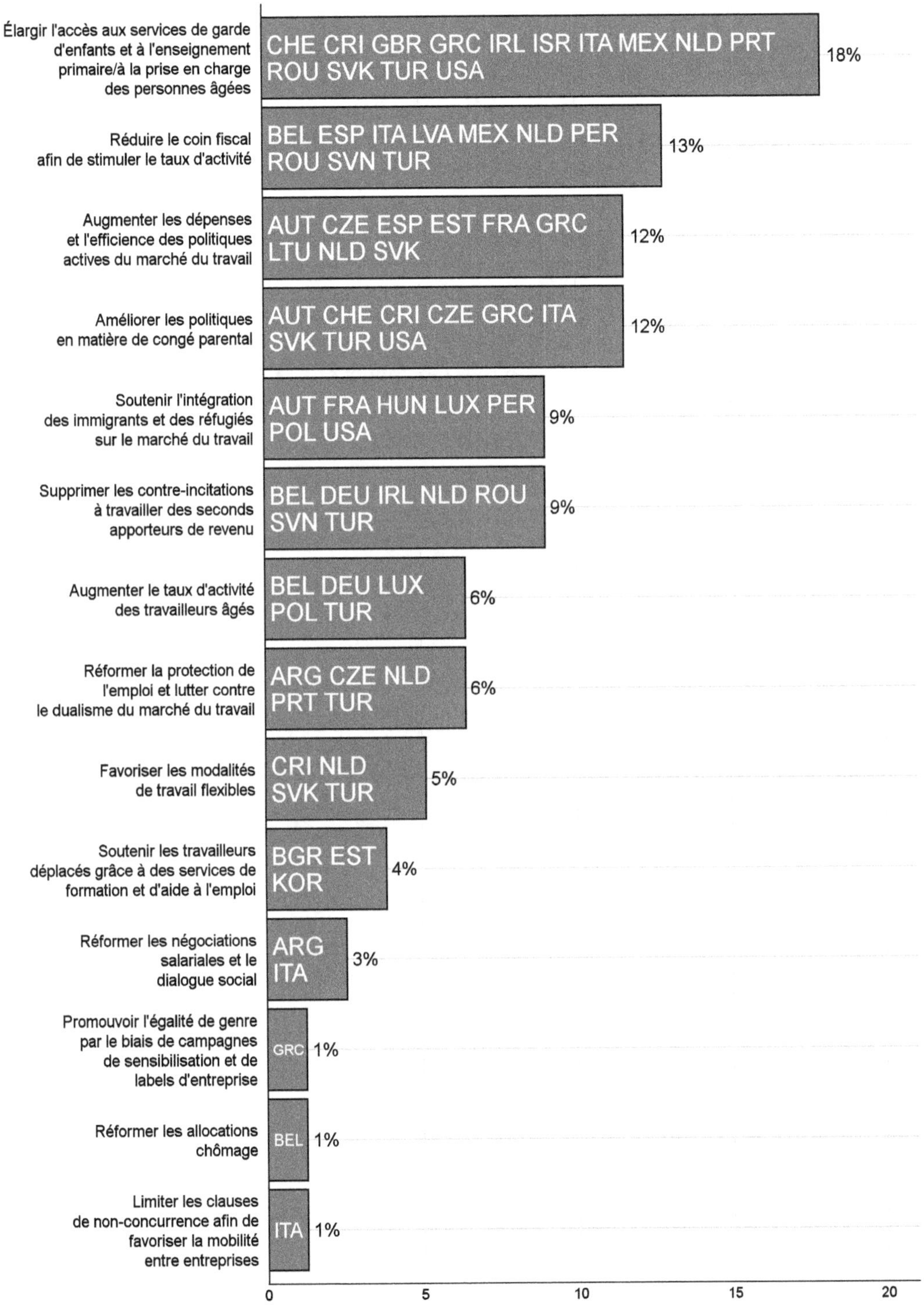

Note : Chaque bande affiche les codes ISO3 correspondant aux pays ayant fait l'objet d'une recommandation dans ce domaine.
Source: Calculs de l'OCDE effectués à partir des notes par pays du rapport *Les fondements de la croissance et de la compétitivité* (F4GC).

StatLink https://stat.link/r9gljt

Réduire le coin fiscal sur le travail

Les systèmes fiscaux et sociaux ont un impact direct sur les incitations au travail. Les mesures passives du marché du travail, notamment les dispositifs de protection sociale tels que les allocations chômage et les aides au revenu, protègent les ménages contre les chocs économiques et contribuent à prévenir la pauvreté. Dans le même temps, elles ont une incidence sur les incitations à travailler : des prestations trop généreuses ou versées sur une période prolongée peuvent diminuer l'urgence ressentie à retrouver un emploi, alors que des réductions plus substantielles des prestations sont susceptibles de favoriser une reprise plus rapide de l'activité professionnelle (OCDE, 2023[111] ; Kolsrud et al., 2018[112]). De même, un coin fiscal importante peut freiner à la fois l'embauche et la volonté de travailler, avec des effets particulièrement marqués pour les groupes à faibles revenus (L'Horty, Martin et Mayer, 2019[113]). Ces effets sont souvent exacerbés lorsqu'ils sont associés à des retraits d'allocations, qui diminuent l'avantage financier associé à un accroissement du temps de travail. Pour ces groupes, le principal ajustement consiste souvent à décider s'il faut ou non travailler plutôt que de déterminer le nombre d'heures à travailler, comme l'illustre, par exemple, le cas des mères célibataires (Eissa, Kleven et Kreiner, 2008[114]).

D'après de nouvelles données factuelles de l'OCDE, la réduction du coin fiscal peut avoir un effet positif sur l'emploi, y compris à court terme (Encadré 5). Une réduction du coin fiscal d'environ 1.7 point de pourcentage pourrait accroître les taux d'emploi de près de 0.3 point de pourcentage au bout de deux ans et de plus d'un demi-point de pourcentage au bout de cinq ans.

Encadré 5. La réduction du coin fiscal peut contribuer à stimuler l'emploi à court terme

Des coins fiscaux élevés peuvent affaiblir les incitations au travail en réduisant les avantages financiers liés à l'emploi et dissuader les entreprises d'embaucher en augmentant les coûts de main-d'œuvre. Le présent encadré présente des estimations de l'effet à court terme de la réduction des coins fiscaux marginaux sur les taux d'emploi de différents types de ménages percevant un revenu moyen. L'estimation utilise des méthodes de projection locale et examine séparément les effets pour (i) les célibataires sans enfant gagnant un salaire moyen et (ii) les couples mariés à double revenu avec deux enfants, les deux conjoints percevant un revenu moyen. Pour ces deux groupes, le coin fiscal marginal est défini comme la part de l'augmentation des coûts salariaux bruts (à partir d'un revenu moyen) qui est versée au titre de l'impôt sur le revenu des personnes physiques et des cotisations sociales, nette des prestations en espèces. À titre d'exemple, pour un ménage à revenu unique, le coin fiscal marginal à partir d'un revenu moyen s'élevait en moyenne de 35.8 % en 2024 dans les pays de l'OCDE (OCDE, 2025[115]).

Il ressort des fonctions de réponse impulsionnelle estimées que la réduction des coins fiscaux marginaux a un effet positif et statistiquement significatif sur le taux d'emploi à moyen terme, soulignant ainsi l'importance de systèmes d'imposition du travail bien conçus qui minimisent les contre-incitations à l'emploi et à l'embauche. Une réduction de 1.8 point du coin fiscal marginal pour les célibataires (une variation représentative de cette variable) accroît le taux d'emploi d'environ 0.6 point de pourcentage au bout de cinq ans (Graphique 22, diagramme de gauche). Un effet comparable est observé pour les ménages à deux revenus avec enfants (Graphique 22, diagramme de droite).

Graphique 22. Impact sur l'emploi d'une réduction du coin fiscal marginal

Impact (en points de %) sur le taux d'emploi de la réduction moyenne observée du coin fiscal marginal

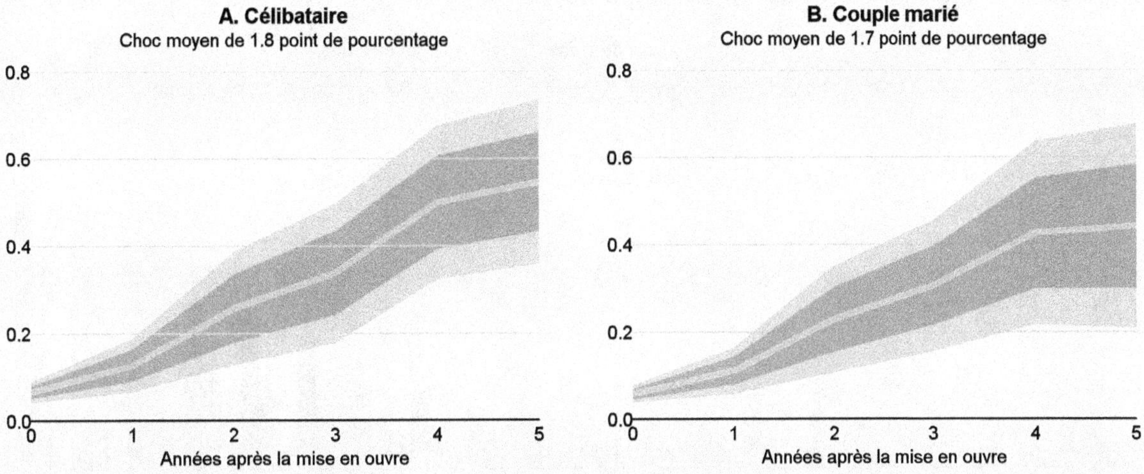

Note : le taux d'emploi porte sur les personnes âgées de 15 à 64 ans. Le diagramme A montre l'impact d'une réduction du coin fiscal marginal pour une personne célibataire sans enfant et percevant un revenu moyen, tandis que le diagramme B fait apparaître l'impact d'une réduction du coin fiscal marginal pour un couple marié (percevant tous deux un revenu moyen) avec deux enfants. La zone ombrée foncée représente l'intervalle de confiance de 68 %, tandis que la zone ombrée claire correspond à l'intervalle de confiance de 90 %. L'estimation couvre la période 2000-18 pour les pays de l'OCDE. La méthodologie utilisée pour l'estimation est présentée à l'Annexe 1.B.
Source : Calculs de l'OCDE.

StatLink https://stat.link/permxt

À partir de ces effets estimés, des simulations sur les politiques publiques illustrent les gains d'emploi potentiels qui pourraient être obtenus en réduisant les coins fiscaux marginaux dans les pays où ils sont actuellement supérieurs à la médiane de l'OCDE. Comme le montre le Graphique 23, des pays tels que l'Italie et la Belgique pourraient enregistrer un accroissement de l'emploi compris entre 4 et 6 points de pourcentage sur cinq ans en alignant leurs coins fiscaux marginaux appliqués aux célibataires sur la médiane de l'OCDE. Toutefois, ces résultats seraient le fruit de réductions de plus de 10 points de pourcentage du coin fiscal marginal, soit un ordre de grandeur supérieur à la moyenne des changements de politiques publiques observés entre 2000 et 2018 dans l'ensemble de l'OCDE.

Graphique 23. La réduction du coin fiscal marginal pourrait favoriser l'emploi

Impact potentiel (en points de %) sur le taux d'emploi d'une réduction du coin fiscal marginal appliqué aux ménages composés d'une seule personne pour le ramener à la médiane de l'OCDE

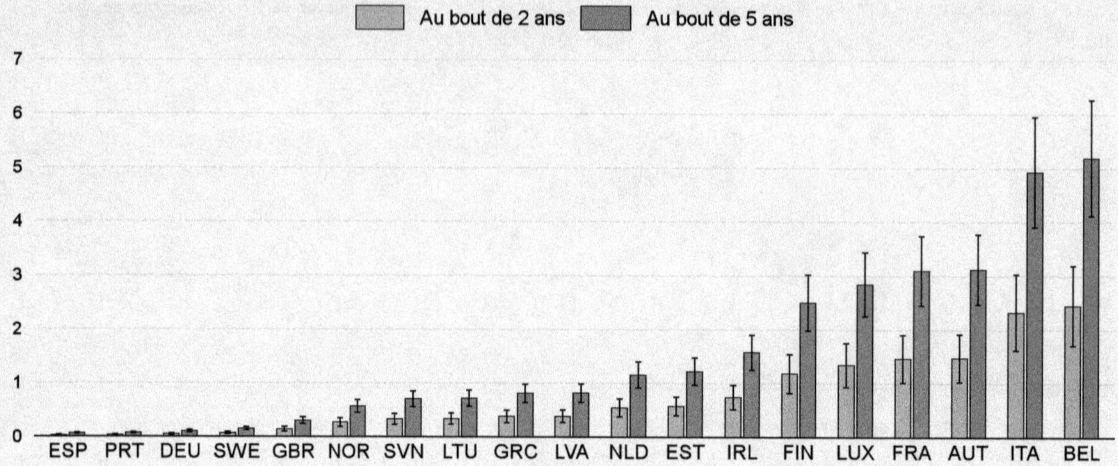

Note : les effets simulés à deux et cinq ans s'appuient sur un scénario dans lequel les pays dont le coin fiscal marginal est supérieur à la médiane de l'OCDE en 2024 convergent vers cette médiane. À titre d'illustration, dans le cas de l'Autriche, cela représente une réduction du coin fiscal marginal de 10.2 points de pourcentage (OCDE, 2025[115]). L'intervalle de confiance de 68 % est rapporté pour chaque effet simulé, conformément aux conventions utilisées dans les travaux publiés sur les méthodes de projection locale.
Source : Calculs de l'OCDE.

Source : Mitteldorf, E., Smiderle, I., Duran-Franch, J., Leandro, A., Turban, S. et Ruiz, N., « The short-term effects of structural reforms: a reassessment », *Documents de travail du Département des affaires économiques de l'OCDE*, à paraître.

StatLink https://stat.link/gpm3uo

Plusieurs recommandations pratiques visant certains pays mettent l'accent sur l'ajustement des impôts afin de promouvoir le taux d'activité. En Espagne, par exemple, les incitations au travail pourraient être améliorées en réduisant le coin fiscal grâce à une diminution des cotisations sociales appliquées aux bas salaires. Par ailleurs, un retrait plus progressif des prestations au fur et à mesure de l'augmentation des revenus, en lissant les seuils du coin fiscal sur le travail, pourrait renforcer les incitations à l'activité en Belgique, en Espagne et en Italie. Plus précisément, en complément de la récente réforme des prestations d'assurance chômage, la Belgique pourrait tirer profit d'une baisse des versements pendant la période de chômage en prévoyant des étapes moins nombreuses et plus longues. D'après les estimations, la Belgique et l'Italie pourraient enregistrer les gains d'emploi les plus importants en alignant leur coin fiscal sur la médiane de l'OCDE (Encadré 5), même si cela nécessiterait des baisses importantes du coin fiscal. En Espagne, l'impact sur l'emploi serait également positif, bien que plus modeste.

Stimuler le taux d'activité des seconds apporteurs de revenu grâce à des incitations fiscales et à des politiques favorables à la famille

La diminution du coin fiscal est aussi susceptible d'atténuer les contre-incitations au travail des seconds apporteurs de revenu, qui, souvent, sont des femmes (OCDE, 2024[116]). L'augmentation du taux d'emploi des femmes peut potentiellement accroître le taux d'activité global et soutenir la croissance future. Selon des estimations de l'OCDE, la hausse du taux d'emploi des femmes a contribué à hauteur de près de

0.4 point de pourcentage à la croissance annuelle du PIB par habitant dans l'ensemble des pays de l'OCDE entre 2000 et 2022, contre seulement 0.1 point de pourcentage pour l'accroissement du taux d'emploi des hommes. Par la suite, la suppression des écarts qui subsistent en matière de taux d'activité des femmes et d'heures travaillées pourrait encore accroître le PIB par habitant d'environ 4 % en moyenne dans les pays de l'OCDE (Fluchtmann, Keese et Adema, 2024[117]).

Les politiques favorables à la famille et les possibilités d'aménagement des conditions de travail qui favorisent l'équilibre entre vie professionnelle et vie familiale peuvent également contribuer à augmenter le taux d'emploi des femmes sans imposer de coûts excessifs aux entreprises (Fernández-Kranz et Rodríguez-Planas, 2025[118] ; Bover et al., 2025[119] ; Asai, 2019[120]). Les investissements dans l'éducation et l'accueil des jeunes enfants, par exemple, sont associés à de forts gains de productivité et d'offre de main-d'œuvre. La mise en place de services de garde d'enfants est un moyen d'accroître du même coup la productivité et la compétitivité, car ils facilitent le retour des femmes dans l'emploi après la naissance d'un enfant et favorisent le développement de la petite enfance, jetant ainsi les bases des compétences futures de la main-d'œuvre, comme indiqué à la section 2 (Égert, de la Maisonneuve et Turner, 2023[48] ; Card, Kluve et Weber, 2010[121]).

L'élargissement de l'accès à des services de garde d'enfants à un coût abordable demeure donc un levier d'action essentiel et représente la priorité la plus fréquemment mentionnée dans le rapport F4GC pour favoriser une hausse du taux d'activité. Cette mesure pourrait s'avérer bénéfique pour des pays tels que la Grèce, Israël ou l'Italie. En outre, l'extension de l'accès à l'enseignement primaire à temps plein pourrait favoriser le taux d'activité dans des pays comme le Costa Rica, où les écoles ne fonctionnent généralement que quatre heures par jour, et le Mexique, où les horaires à temps plein ne sont pas encore généralisés. Par ailleurs, le Mexique pourrait tirer profit d'un élargissement de l'accès à la prise en charge professionnelle des personnes âgées, car les soins informels continuent de reposer davantage sur les femmes sous l'effet de normes sociales persistantes.

Il est capital d'intégrer les considérations fiscales, les prestations sociales ainsi que les frais de garde d'enfants afin de comprendre et de façonner les incitations au travail, en particulier celles visant les seconds apporteurs de revenu. La décision de reprendre le travail après avoir eu un enfant, par exemple, peut être fortement influencée par l'effet concomitant sur le taux d'imposition du revenu, la perte potentielle de prestations sociales et les coûts supplémentaires liés à la garde d'enfants. À ce stade, il serait avantageux pour l'Allemagne de réduire le taux marginal d'imposition applicable aux seconds apporteurs de revenus en réformant le système actuel d'imposition commune des couples, tandis que la République slovaque ou la Türkiye auraient intérêt à introduire des possibilités d'aménagement des conditions de travail. Ensuite, il serait bénéfique pour l'Irlande d'atténuer les facteurs de dissuasion résultant de l'effet combiné des frais de garde d'enfants, de la fiscalité et du retrait des prestations.

D'autre part, les politiques en matière de congé parental constituent un autre levier d'action important pour promouvoir la croissance à long terme grâce à leurs effets sur le taux d'activité. D'après les travaux publiés, la durée du congé parental rémunéré a un effet non linéaire sur le taux d'activité des femmes, suivant une courbe en U inversé avec un seuil compris entre 30 semaines et un an, au-delà duquel ce taux d'activité diminue (Del Rey, Kyriacou et Silva, 2020[122] ; Olivetti et Petrongolo, 2017[123]). Les États-Unis auraient tout intérêt à instaurer un droit fédéral au congé parental rémunéré, tandis que la République slovaque et la Tchéquie gagneraient à réduire la durée excessive des congés parentaux qui pèse sur l'emploi des femmes. Plusieurs pays, tels que la Corée, la France, le Japon et la Suède, ont déjà introduit un allongement du congé réservé aux pères ou des systèmes de primes afin d'encourager un partage plus équitable du congé parental (Gonne et Trincão, 2024[124]). Mais des mesures visant à promouvoir une répartition plus équilibrée du congé entre les parents et à renforcer les incitations des pères à prendre un congé de paternité pourraient également être bénéfiques en Autriche, en Grèce, en Italie, en République slovaque, en Suisse, en Tchéquie et en Türkiye, où les disparités de genre dans les responsabilités parentales restent prononcées.

Faciliter l'intégration des migrants sur le marché du travail

Les migrations représentent également un levier permettant de répondre aux enjeux démographiques susceptibles d'affecter la croissance économique. Soutenir l'intégration des immigrants et des réfugiés sur le marché du travail peut contribuer à stimuler le taux d'activité global, à réduire les pénuries de compétences et à promouvoir une allocation plus efficiente des compétences aux emplois. Toutefois, les barrières linguistiques restent le principal obstacle à l'accès des migrants au marché du travail (European Migration Network, 2023[125]). En conséquence, environ un tiers des immigrants hautement qualifiés dans l'OCDE et l'UE occupent des emplois pour lesquels ils sont surqualifiés, soit un taux supérieur de 12 points de pourcentage à celui des ressortissants de l'UE (OCDE/Commission européenne, 2023[126]).

La mise en place de guichets uniques destinés aux employeurs et aux autorités locales afin de faciliter la reconnaissance des qualifications professionnelles acquises à l'étranger, l'extension des programmes de formation relais pour les migrants (OCDE, 2017[127]) et l'élargissement de l'accès à la formation linguistique qui favorise l'intégration sur le marché du travail tout en répondant aux défis particuliers de l'apprentissage des langues par les adultes (OCDE, 2021[128]) peuvent contribuer à mieux exploiter les compétences des migrants. Plus précisément, la France pourrait tirer profit d'une rationalisation de la reconnaissance des qualifications professionnelles obtenues à l'étranger, tandis qu'au Canada, cette reconnaissance devrait être harmonisée d'une province à l'autre, au même titre que les qualifications nationales. La Pologne aurait tout intérêt à mettre en œuvre la stratégie migratoire adoptée récemment en vue de remédier à la pénurie de compétences. En outre, les mesures administratives et réglementaires relatives à l'emploi des étrangers hautement qualifiés pourraient être assouplies en France, ainsi que celles relatives au personnel clé en Israël, et aux conditions de résidence en Hongrie et au Pérou. De même, le traitement des visas et des permis de travail pourrait être simplifié au Luxembourg grâce à la numérisation, tandis qu'une refonte des visas professionnels aux États-Unis permettrait de mieux les adapter aux compétences requises sur le marché du travail du pays.

Encourager l'emploi des travailleurs plus âgés

Un autre élément fondamental du programme de réforme à appliquer dans les sociétés vieillissantes consiste à supprimer les obstacles à l'offre de main-d'œuvre des travailleurs âgés et à encourager l'allongement de la vie active. D'après des simulations de l'OCDE, le relèvement de l'âge effectif de départ à la retraite à hauteur de deux tiers de l'augmentation prévue de l'espérance de vie pour les hommes et les femmes permettrait d'augmenter le PIB réel par habitant de 3 % dans le pays médian de l'OCDE en 2060 (Guillemette et Turner, 2021[129]).

Les réformes des retraites visant à lier l'âge légal de départ à la retraite à l'espérance de vie ou à supprimer progressivement les départs anticipés apparaissent comme des priorités dans des pays tels que l'Allemagne, la Belgique, le Luxembourg, la Pologne et la Türkiye. Parallèlement, des mesures complémentaires aux réformes des retraites sont nécessaires pour soutenir l'allongement de la vie active dans des pays comme la Belgique, qui aurait tout intérêt à s'attaquer aux obstacles qui empêchent les actifs seniors de rester sur le marché du travail. Les questions liées à la santé sont un facteur majeur de départ anticipé à la retraite, les travailleurs âgés étant plus susceptibles de prendre des congés maladie. Promouvoir un vieillissement en bonne santé, par exemple en incitant les employeurs à investir dans la santé et le bien-être au travail, peut générer des gains de croissance importants (OCDE, 2023[130]), potentiellement supérieurs à ceux résultant du relèvement de l'âge effectif de départ à la retraite dans de nombreux pays (FMI, 2025[131]). En outre, la formation continue est primordiale, notamment au regard de la baisse constatée récemment du niveau moyen de compétences chez les adultes âgés (OCDE, 2024[17]). Par ailleurs, la prévention de la discrimination fondée sur l'âge, notamment par la mise en œuvre de programmes de formation à destination des supérieurs hiérarchiques visant à les sensibiliser aux bénéfices d'équipes intergénérationnelles, peut favoriser le maintien dans l'emploi et à améliorer le taux d'activité des travailleurs âgés (OCDE, 2023[130]).

Des politiques actives du marché du travail (PAMT), notamment des programmes de formation, des services de placement et des subventions salariales, peuvent aussi contribuer à réduire le chômage et à améliorer l'adéquation entre l'offre et la demande d'emploi en favorisant la mobilité et l'adaptabilité des travailleurs (Card, Kluve et Weber, 2017[132]). D'après une nouvelle étude de l'OCDE, les politiques actives du marché du travail peuvent soutenir de manière significative une hausse du PIB par habitant, même à court terme, les réformes moyennes pouvant potentiellement accroître les taux d'emploi de près de 0.6 point de pourcentage au bout de cinq ans (Encadré 6).

Encadré 6. Impact à court terme sur l'emploi du renforcement des politiques actives du marché du travail

Une augmentation des dépenses consacrées aux politiques actives du marché du travail peut considérablement accroître l'emploi

Les politiques actives du marché du travail (PAMT) jouent un rôle clé dans le soutien à la performance du marché du travail en facilitant la recherche d'emploi, en renforçant les compétences et en améliorant l'adéquation entre travailleurs et entreprises. Si leurs avantages à long terme sont bien documentés, le Graphique 24 montre que les effets positifs sur l'emploi d'une hausse des dépenses consacrées aux PAMT peuvent également se concrétiser dans un délai relativement court. Ce graphique présente les résultats d'une analyse de projection locale estimant l'impact d'une augmentation de 1.9 point de pourcentage des dépenses consacrées aux PAMT par chômeur (en pourcentage du PIB par habitant), soit une variation équivalente à la réforme moyenne observée dans les pays de l'OCDE entre 1999 et 2018. Les résultats semblent indiquer un impact progressivement croissant sur le taux d'emploi, atteignant environ 0.6 point de pourcentage au bout de cinq ans.

Graphique 24. Impact sur l'emploi d'une augmentation des dépenses consacrées aux PAMT

Impact (en points %) sur le taux d'emploi de l'augmentation moyenne observée des dépenses consacrées aux PAMT par chômeur en % du PIB par habitant, choc moyen de 1.94 unité

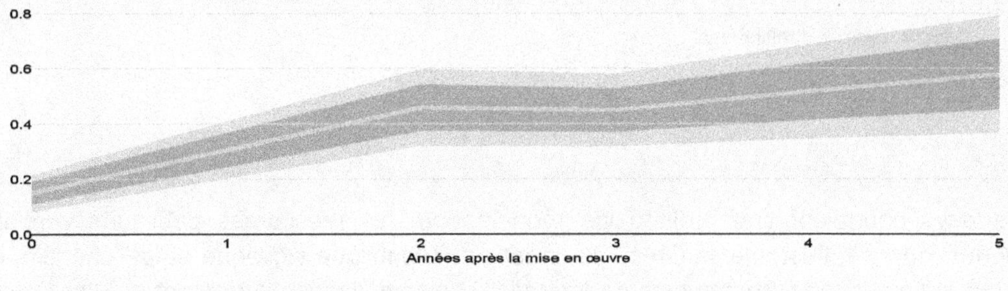

Note : le taux d'emploi porte sur les personnes âgées de 15 à 64 ans. L'estimation couvre la période 1999-2018 pour les pays de l'OCDE. La zone ombrée foncée représente l'intervalle de confiance de 68 %, tandis que la zone ombrée claire correspond à l'intervalle de confiance de 90 %. La méthodologie utilisée pour l'estimation est présentée à l'Annexe 1.B.
Source : Calculs de l'OCDE.

StatLink https://stat.link/9is274

Ces estimations permettent d'effectuer des simulations pour chaque pays. Le Graphique 25 illustre les gains potentiels en matière d'emploi pour les pays où les dépenses consacrées aux PAMT sont actuellement inférieures à la médiane de l'OCDE, soulignant l'intérêt d'investissements plus ambitieux consacrés aux politiques d'activation, en particulier dans les pays où le sous-investissement peut contribuer à la persistance d'un affaissement du marché du travail. Dans des pays tels que le Chili, le Costa Rica, les États-Unis, la Grèce, la Lettonie, le Mexique et la République slovaque, l'augmentation des dépenses consacrées aux PAMT pour atteindre la médiane de l'OCDE pourrait faire progresser le taux d'emploi de plus de 3 points de pourcentage en cinq ans. Toutefois, cela nécessiterait des changements de politiques publiques importants, avec une augmentation de plus de 10 points de pourcentage des dépenses consacrées aux PAMT par chômeur par rapport au PIB par habitant, soit un ordre de grandeur supérieur à la variation moyenne observée dans l'OCDE entre 1999 et 2018.

Graphique 25. Une augmentation des dépenses consacrées aux PAMT pourrait stimuler l'emploi

Impact potentiel (en points de %) sur le taux d'emploi d'une augmentation des dépenses consacrées aux PAMT à hauteur de la médiane de l'OCDE

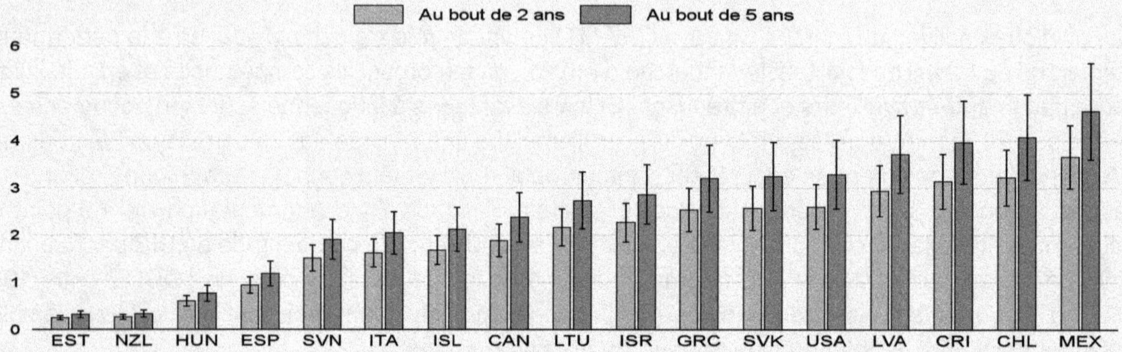

Note : les effets simulés à deux et cinq ans s'appuient sur un scénario dans lequel les pays dont les dépenses consacrées aux PAMT en 2022 sont inférieures à la médiane de l'OCDE convergent vers cette dernière. À titre d'illustration, dans le cas du Costa Rica, cela représente une augmentation des dépenses consacrées aux PAMT de 13.3 points de pourcentage. L'intervalle de confiance de 68 % est rapporté pour chaque effet simulé, conformément aux conventions utilisées dans les travaux publiés sur les méthodes de projection locale. Source : Calculs de l'OCDE.

Source : Mitteldorf, E., Smiderle, I., Duran-Franch, J., Leandro, A., Turban, S. et Ruiz, N., « The short-term effects of structural reforms: a reassessment », *Documents de travail du Département des affaires économiques de l'OCDE*, à paraître.

StatLink https://stat.link/h6x1eq

Plusieurs pays pourraient tirer profit d'une réorientation des ressources publiques vers les PAMT, notamment l'Espagne, l'Estonie, la Grèce, le Japon, la République slovaque et la Tchéquie, en mettant l'accent sur le soutien aux programmes de formation. Les simulations suggèrent que les gains d'emploi potentiels les plus importants résultant de l'alignement des niveaux de dépenses consacrées aux PAMT sur la médiane de l'OCDE seraient observés en Grèce et en République slovaque (Encadré 6). Pour certains pays, il est possible de renforcer les PAMT en améliorant les services publics de l'emploi (SPE) : c'est le cas en Allemagne et en Espagne, où une meilleure coordination avec le secteur privé serait bénéfique, et en Tchéquie, où il serait utile d'allouer davantage de ressources à l'établissement du profil des demandeurs d'emploi.

Les PAMT présentent des avantages particuliers pour les groupes vulnérables, notamment les travailleurs déplacés sous l'effet des transformations économiques structurelles et les personnes en situation de chômage longue durée (Card, Kluve et Weber, 2017[132]). Ces populations ont généralement une probabilité réduite d'être rappelées par des employeurs (Kroft, Lange et Notowidigdo, 2013[133]) et ont souvent des besoins spécifiques liés par exemple à des responsabilités familiales ou à des questions de santé (Dromundo, Lüske et Tuccio, 2023[134]). L'orientation ciblée des PAMT vers ces groupes peut améliorer l'efficience de ces programmes. Par exemple, les PAMT peuvent faciliter la réaffectation des travailleurs déplacés du fait de la suppression progressive du charbon en Bulgarie et de la production de schiste bitumineux en Estonie, ainsi que des travailleurs touchés par la destruction créatrice générée par la croissance des entreprises innovantes en Corée. De façon plus générale, le ciblage des PAMT vers les groupes les plus vulnérables pourrait également être optimisé en Autriche et en Lituanie, ainsi que vers les travailleurs peu qualifiés au Japon et vers les jeunes les plus éloignés du marché du travail en France.

L'efficience des PAMT peut être accrue par le biais d'évaluations de qualité, d'un rééquilibrage des programmes et d'une meilleure répartition des objectifs en fonction des besoins du marché du travail. Par exemple, en Grèce et en Tchéquie, les PAMT peuvent s'orienter davantage vers des programmes de formation, de reconversion et d'orientation. En outre, il est essentiel d'assurer un suivi rigoureux de la qualité des actions de formation, comme en témoignent, par exemple, les initiatives menées en Grèce et aux Pays-Bas où des évaluations régulières sont conduites. Le renforcement des compétences numériques et écologiques est une priorité en Estonie, en France et aux Pays-Bas afin de répondre aux besoins du marché du travail.

Veiller à ce que la réglementation du travail assure un équilibre adéquat entre protection et flexibilité

La législation en matière de protection de l'emploi, élément central de la réglementation du marché du travail qui fixe les lois d'embauche et de licenciement, a des répercussions importantes sur la croissance. Par exemple, une protection de l'emploi bien conçue peut soutenir la productivité en favorisant des relations de travail à long terme et en encourageant l'accumulation de capital humain spécifique à l'entreprise, car elle protège les travailleurs contre les licenciements abusifs ou injustifiés et assure la stabilité de l'emploi (Belot, Boone et Van Ours, 2007[135] ; Nickell et Layard, 1999[136]). Toutefois, une législation excessivement rigoureuse en matière de protection de l'emploi peut peser sur la productivité en entravant la réaffectation de la population active (Andrews et Cingano, 2014[100] ; Gamberoni, Giordano et Lopez-Garcia, 2016[137] ; Petrin et Sivadasan, 2013[138] ; Bassanini et Garnero, 2013[139]) et en augmentant le coût de la restructuration interne de la main-d'œuvre, ce qui peut diminuer l'incitation à expérimenter des innovations de rupture et à adopter des technologies de pointe (André et Gal, 2024[75] ; Coste et Coatanlem, 2025[140]).

Par conséquent, des réformes soigneusement conçues de la législation en matière de protection de l'emploi, qui concilient protection des travailleurs et flexibilité, peuvent soutenir la croissance économique, y compris à court terme. D'après une nouvelle étude menée pour cette édition du rapport F4GC, un assouplissement de la législation sur la protection de l'emploi des travailleurs réguliers, équivalent à la variation moyenne observée sur la période 2008-19, a été associé à une hausse du taux d'emploi pouvant atteindre 1.5 point de pourcentage au cours des cinq années suivantes (Encadré 7). De même, une réforme mise en œuvre en Suède en 2001, qui a permis aux petites entreprises de conserver les travailleurs les plus productifs au lieu de suivre strictement les règles d'ancienneté, a stimulé la productivité en favorisant la mobilité de la main-d'œuvre et en augmentant l'accumulation de capital (Bjuggren, 2018[141]). S'appuyant sur ces enseignements, le Portugal pourrait tirer profit de la promotion d'une indemnisation proportionnelle en cas de licenciement abusif et de la réduction du recours à la réintégration, tandis que la Türkiye pourrait accroître la flexibilité des contrats à durée indéterminée et étendre l'utilisation des contrats à durée déterminée.

Toutefois, introduire principalement la flexibilité par un recours excessif aux contrats temporaires peut peser sur la croissance (OCDE, 2025[110]). Si une utilisation modérée des contrats temporaires est susceptible de favoriser la création d'emplois en facilitant l'adéquation entre travailleurs et entreprises, un recours excessif à ce type de contrats, en particulier sur les marchés du travail dualistes où les travailleurs permanents bénéficient d'une forte protection et les travailleurs temporaires d'une protection faible, peut entraîner un taux de rotation élevé et inefficace, avec des conséquences négatives sur la productivité (Hijzen, Mondauto et Scarpetta, 2017[142] ; Bentolila, Dolado et Jimeno, 2019[143] ; Bassanini et Garnero, 2013[139]). Le recours excessif aux contrats temporaires réduit également les taux de conversion des emplois temporaires en emplois permanents (Bentolila, Dolado et Jimeno, 2019[143]), ce qui se traduit par un affaiblissement des efforts fournis par les travailleurs et un nouveau freinage de la productivité (Dolado, Ortigueira et Stucchi, 2016[144]). Il est donc recommandé aux Pays-Bas et à la Tchéquie de s'attaquer au dualisme afin de réduire l'écart entre travailleurs temporaires et permanents, parallèlement à des réformes visant à assouplir la législation en matière de protection de l'emploi dans son ensemble.

Encadré 7. Impact à court terme de l'assouplissement de la législation relative à la protection de l'emploi

Des marchés du travail plus flexibles peuvent accroître considérablement l'emploi sur le court terme

Si les réformes structurelles sont généralement considérées comme bénéfiques sur le long terme, leurs effets à court terme peuvent également être estimés. Le Graphique 26 présente les résultats d'une analyse de projection locale évaluant l'impact moyen sur le taux d'emploi d'une modification de la législation relative à la protection de l'emploi (15-64 ans). Le choc de 0.15 point pris en compte équivaut à une réforme moyenne sur la période d'échantillonnage de référence. Les résultats font apparaître une hausse statistiquement et économiquement significative du taux d'emploi à la suite d'un assouplissement de la législation relative à la protection de l'emploi. Cet effet s'amplifie avec le temps, le taux d'emploi augmentant d'environ 1.5 point de pourcentage au bout de cinq ans.

Graphique 26. Impact sur la protection de l'emploi d'un assouplissement de la législation relative à l'emploi

Impact (en points de %) sur le taux d'emploi de l'assouplissement moyen observé de la législation relative à la protection de l'emploi, choc moyen de 0.15 unité

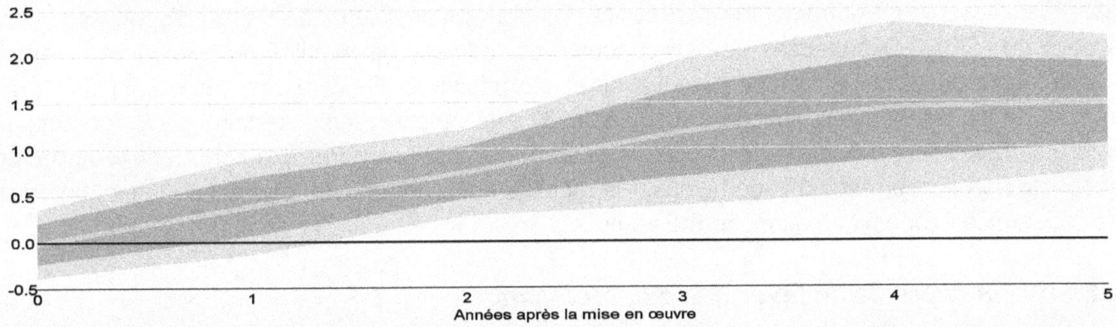

Note : les données concernant la législation relative à la protection de l'emploi utilisées proviennent de l'indicateur de l'OCDE sur la législation en matière de protection de l'emploi (EPRC), version 3, intégré à l'édition 2020 de la base de données de l'OCDE sur la législation en matière de protection de l'emploi. L'indicateur varie entre 0 et 6, les valeurs les plus élevées indiquant des réglementations plus restrictives en matière de licenciements individuels et collectifs des travailleurs réguliers. Le taux d'emploi porte sur les personnes âgées de 15 à 64 ans. L'estimation couvre la période 2008-19 pour les pays de l'OCDE. La zone ombrée foncée représente l'intervalle de confiance de 68 %, tandis que la zone ombrée claire correspond à l'intervalle de confiance de 90 %. La méthodologie utilisée pour l'estimation est présentée à l'Annexe 1.B.
Source : Calculs de l'OCDE.

Source : Mitteldorf, E., Smiderle, I., Duran-Franch, J., Leandro, A., Turban, S. et Ruiz, N., « The short-term effects of structural reforms: a reassessment », *Documents de travail du Département des affaires économiques de l'OCDE*, à paraître.

StatLink https://stat.link/mpn93c

Les modalités institutionnelles de fixation des salaires, telles que les négociations collectives, peuvent par ailleurs, lorsqu'elles sont bien conçues, encourager la croissance notamment grâce à une coordination efficace entre les différents niveaux de négociation et à la participation de partenaires sociaux représentatifs. Une coordination efficace entre les différents niveaux de négociation permet d'harmoniser les négociations salariales à l'échelle des entreprises, des secteurs et du pays, garantissant ainsi des salaires cohérents et réduisant les conflits. En outre, des partenaires sociaux représentatifs, tels que les syndicats et les associations patronales bénéficiant d'une large adhésion et d'une grande légitimité, permettent la conclusion d'accords couvrant une grande partie des travailleurs et des entreprises et renforcent l'efficacité des négociations collectives (Bhuller et al., 2022[145]). En France, par exemple, où les négociations se déroulent à plusieurs niveaux et où les accords sectoriels couvrent la plupart des travailleurs, les négociations collectives semblent soutenir la croissance en contribuant à contrebalancer le pouvoir de marché des employeurs (Azkarate-Askasua et Zerecero, 2025[146]). De plus, les systèmes de négociation collective devraient concilier inclusivité et flexibilité (OCDE, 2019[147]), en tenant compte de l'importance particulière, dans les systèmes fondés sur des négociations à l'échelle sectorielle, d'offrir une flexibilité suffisante pour ajuster les salaires et les conditions de travail afin de faire face aux chocs rencontrés par les entreprises (OCDE, 2019[148]). En Argentine, par exemple, l'introduction d'un degré de flexibilité dans le système de négociation salariale, telle que des clauses de dérogation temporaire permettant aux entreprises en difficulté économique de suspendre les conventions sectorielles, pourrait améliorer les résultats en matière d'emploi.

Enfin, les clauses de non-concurrence, qui empêchent les travailleurs de rejoindre ou de créer une entreprise concurrente, de divulguer des informations confidentielles ou de solliciter d'anciens clients ou collègues, ont de longue date été utilisées pour protéger des intérêts commerciaux légitimes tels que les secrets d'affaires, les relations avec la clientèle et les investissements dans la formation. Cependant, des inquiétudes croissantes font état du risque d'utilisation abusive de ces clauses afin de restreindre la mobilité professionnelle et freiner la concurrence. D'après les premières données disponibles concernant les pays de l'OCDE, les clauses de non-concurrence réduisent la mobilité professionnelle, l'entrée de nouvelles entreprises sur le marché, l'innovation et la productivité. Ce type de clause sont plus répandues qu'on ne le pense souvent, touchant jusqu'à 25 % des salariés dans certains pays, notamment de nombreux travailleurs à bas salaire (Andrews et Garnero, 2025[149]). Par exemple, réduire la portée des clauses de non-concurrence afin de favoriser la mobilité entre entreprises pourrait soutenir la productivité et la croissance économique à long terme en Italie.

Instaurer un cadre fiscal favorable à la croissance

Si les systèmes d'imposition visent principalement à financer les dépenses publiques, ils servent aussi à promouvoir des objectifs économiques et sociaux (Johansson et al., 2008[150]). Cette diversité d'objectifs a conduit les pays à adopter différentes structures de la fiscalité, avec des systèmes d'impsition qui se distinguent par la conception et la combinaison d'instruments, tels que les impôts sur le revenu des personnes physiques et sur les sociétés (Graphique 27), ainsi que les taxes sur la consommation et l'impôt sur la propriété.

Graphique 27. Les structures de la fiscalité varient d'un pays à l'autre

Recettes provenant de différentes sources fiscales en pourcentage du PIB, 2023

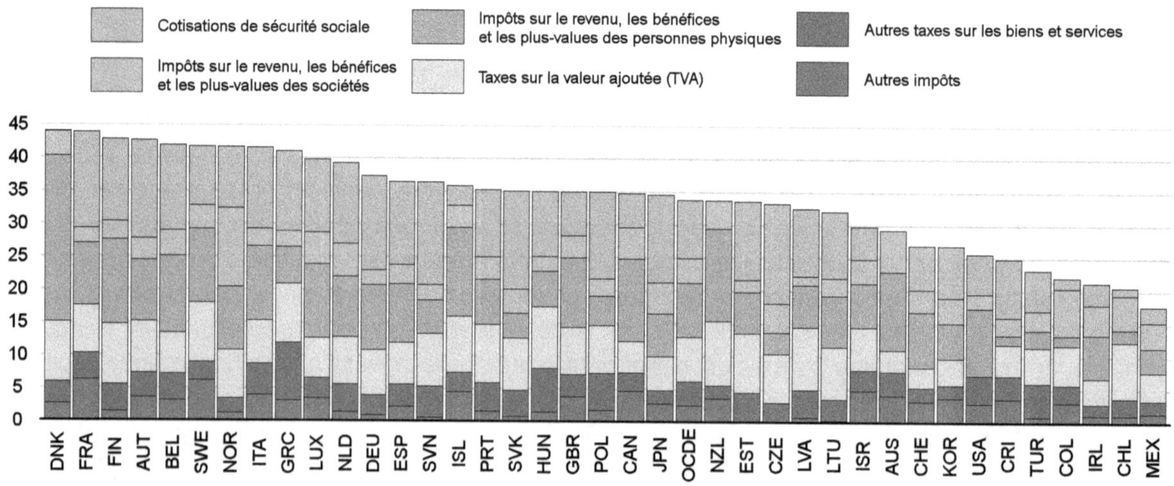

Source : OCDE, Base de données mondiale des statistiques des recettes publiques.

StatLink https://stat.link/ao942x

La structure de la fiscalité d'un pays peut avoir des effets importants et hétérogènes sur son potentiel de croissance, dans la mesure où différents instruments fiscaux peuvent modifier les incitations des entreprises et des ménages à travailler, épargner, investir et innover. La sensibilité de la croissance aux variations de la fiscalité est également tributaire d'autres fondamentaux économiques, tels que le poids du capital et de la main-d'œuvre dans la production, le taux de dépréciation du capital ou l'adaptabilité des ménages dans leurs choix relatifs à l'offre de travail, à la consommation et à l'épargne (Ortigueira, 1998[151] ; Stokey et Rebelo, 1995[152]). Par exemple, dans les économies où le capital représente une part relativement importante de la production, une augmentation de l'impôt sur les sociétés peut entraîner un ralentissement plus marqué de la croissance. Une augmentation de l'impôt sur le revenu des personnes physiques peut également avoir des effets plus importants sur l'emploi et le nombre d'heures travaillées dans les pays dotés de filets de protection sociale plus étendus.

Des impôts élevés sur le revenu des personnes physiques et sur les sociétés faussent l'utilisation de la main-d'œuvre, l'accumulation de capital et la productivité totale des facteurs (PTF), ce qui a des conséquences négatives sur la croissance (Romer et Romer, 2010[153] ; Cloyne, Dimsdale et Postel-Vinay, 2023[154] ; Johansson et al., 2008[150] ; Akgun, Cournède et Fournier, 2017[155] ; Hagemann, 2018[156]). Plus précisément, l'impôt sur le revenu des personnes physiques et les charges sociales réduisent les salaires après impôt et ont une incidence sur l'arbitrage entre loisirs et travail, modifiant les choix relatifs à l'offre de travail des hommes et des femmes (Keane, 2011[157]) ainsi que leurs investissements en capital humain (Heckman, 1976[158]). Les impôts sur les sociétés augmentent le coût d'usage du capital, réduisant ainsi les investissements et le stock de capital, et sont souvent considérés comme un levier d'action essentiel permettant aux gouvernements d'influencer la croissance à long terme (Rebelo, 1991[159]). Toutefois, des études récentes soulignent le rôle positif des provisions pour amortissement et d'une définition appropriée de l'assiette fiscale lors de la conception de l'impôt sur les sociétés (Hanappi, Millot et Turban, 2023[160]). En outre, il a été constaté que l'impôt sur le revenu des personnes physiques et sur les sociétés influence l'implantation des personnes physiques et des entreprises innovantes (Moretti et Wilson, 2017[161]) ainsi que les décisions en matière d'investissements directs étrangers (IDE) (Devereux et Griffith, 2003[162]).

La fiscalité indirecte, notamment les taxes sur la consommation et l'impôt sur la propriété, est génère moins de distorsions que l'imposition des revenus des personnes physiques ou des revenus du capital. Les taxes sur la consommation, bien que potentiellement régressives par rapport au revenu annuel, sont considérées comme ayant une influence moins négative sur les choix des ménages et des entreprises que les impôts sur le revenu (Akgun, Cournède et Fournier, 2017[155] ; Hagemann, 2018[156] ; Johansson et al., 2008[150]), avec des réactions comportementales encore plus limitées aux variations des taxes sur les ventes lorsqu'elles sont modérées (Chetty, Looney et Kroft, 2009[163]). En outre, les impôts périodiques sur la propriété sont généralement considérés comme moins préjudiciables à la croissance économique (Brys et al., 2016[164] ; Johansson et al., 2008[150]), car l'assiette fiscale est très immobile et, par conséquent, les réactions comportementales à l'impôt sont limitées. L'imposition de la propriété est examinée de façon détaillée à la section 3 dans le contexte des politiques du logement ciblées.

D'autres formes d'imposition indirecte, telles que celles qui visent à lutter contre les externalités négatives, comme les taxes environnementales ou sur le carbone, peuvent améliorer l'efficience du système fiscal dans son ensemble, d'autant plus lorsque leurs recettes sont utilisées pour réduire les impôts ayant des effets de distorsion. D'après les simulations réalisées pour les pays de l'OCDE, en moyenne, le recyclage d'une taxe carbone générant un point de pourcentage du PIB supplémentaire en recettes fiscales afin de réduire le coin fiscal sur le travail pourrait augmenter le taux d'emploi d'environ 1.5 point de pourcentage d'ici 2035, compensant ainsi entièrement les coûts de production liés à la transition énergétique et entraînant une amélioration du niveau de vie d'ici 2035 par rapport à un scénario sans virage fiscal (Guillemette et Château, 2023[165]). Les gains d'efficience potentiels associés au système d'imposition constituent un argument économique supplémentaire en faveur de la taxation environnementale, au-delà de ses bénéfices sur le plan environnemental.

Les pays diffèrent non seulement par la structure de leurs systèmes d'imposition, mais aussi par l'efficacité et l'efficience de leur administration fiscale. Les modifications de la structure de la fiscalité peuvent interagir de manière persistante avec les comportements fondés sur le respect du droit (Londoño-Vélez et Ávila-Mahecha, 2024[166]). Par exemple, réduire la complexité, élargir l'assiette fiscale ou s'orienter vers des instruments fiscaux moins propices à la fraude, tels que les impôts sur la propriété ou les taxes sur la consommation, peut permettre de renforcer les incitations au respect de la législation. Encourager une attitude favorable envers le respect des obligations fiscales, en assurant la simplicité et la transparence de leurs démarches, est un élément au cœur de la mission de l'administration fiscale dont l'objectif est de collecter des fonds publics indispensables (OCDE, 2023[167]). Les solutions numériques peuvent aider à prévenir le non-respect des obligations fiscales et à accroître l'efficacité du recouvrement des impôts. La mise au point de déclarations fiscales pré-remplies au cours des deux dernières décennies a permis de réduire les erreurs et la charge des contribuables, tout en encourageant le dépôt des déclarations dans les délais impartis.

Les recommandations pratiques dans le domaine fiscal comprennent l'élargissement de l'assiette fiscale, la réduction de la charge fiscale provenant des impôts ayant des effets de distorsion tout en transférant la charge fiscale vers la fiscalité indirecte, la simplification de la fiscalité et l'amélioration de la discipline fiscale (Graphique 28). Ce dernier objectif peut être atteint en facilitant l'accès des autorités fiscales aux informations bancaires ou en encourageant le recours aux paiements numériques.

Graphique 28. Principales recommandations pratiques pour instaurer un cadre fiscal favorable à la croissance

Part des recommandations pratiques pour instaurer un cadre fiscal favorable à la croissance (%)

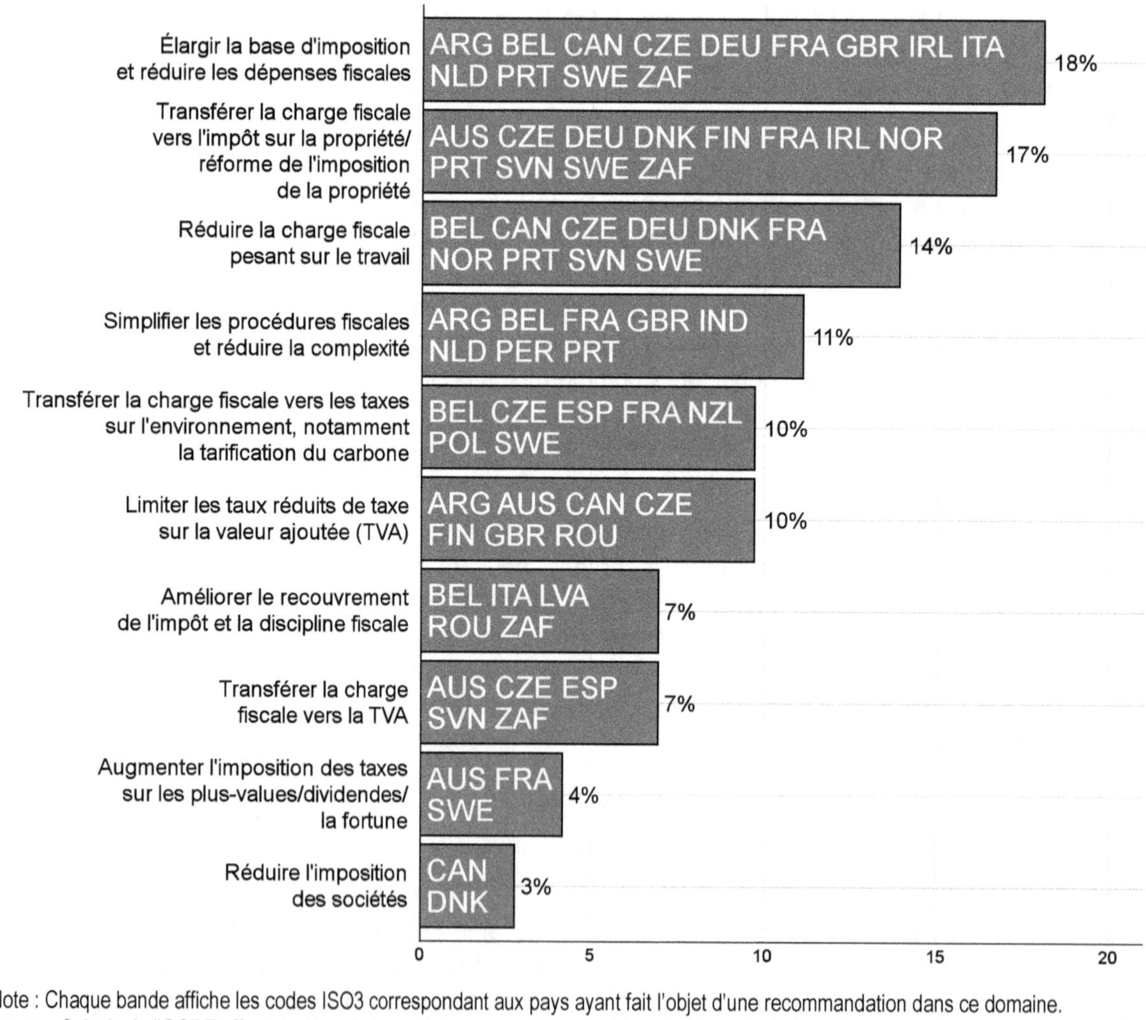

Note : Chaque bande affiche les codes ISO3 correspondant aux pays ayant fait l'objet d'une recommandation dans ce domaine.
Source: Calculs de l'OCDE effectués à partir des notes par pays du rapport *Les fondements de la croissance et de la compétitivité* (F4GC).

StatLink https://stat.link/fper79

Les recommandations visant à modifier la structure de la fiscalité sont nombreuses. Tout d'abord, l'Afrique du Sud, l'Allemagne, l'Argentine, la Belgique, le Canada, la France, l'Irlande, l'Italie, les Pays-Bas, le Portugal, le Royaume-Uni, la Suède et la Tchéquie auraient intérêt à élargir leur assiette fiscale, notamment en réduisant les dépenses fiscales. Par exemple, élargir l'assiette de l'impôt sur la consommation et supprimer le taux préférentiel d'imposition des sociétés applicable aux PME serait bénéfique au Canada, tandis que l'Irlande devrait élargir l'assiette de l'impôt sur le revenu des personnes physiques et des taxes sur la consommation.

Deuxièmement, plusieurs pays tireraient avantage de la réorientation de leur système d'imposition vers des formes d'imposition indirectes, telles que l'imposition du patrimoine immobilier (Afrique du Sud, Allemagne, Australie, Danemark, Finlande, France, Irlande, Norvège, Portugal, Slovénie, Suède et Tchéquie) ou de la consommation, en augmentant la TVA ou en réduisant le champ d'application des taux réduits et des exonérations de TVA (Afrique du Sud, Argentine, Australie, Canada, Espagne, Finlande, Tchéquie, Roumanie, Royaume-Uni et Slovénie) ou les taxes sur l'environnement, notamment en augmentant les taxes sur le carbone ou en élargissant leur champ d'application (Belgique, Espagne, France, Nouvelle-Zélande, Pologne, Portugal, Suède et Tchéquie).

Troisièmement, l'Allemagne, la Belgique, le Canada, le Danemark, la France, la Norvège, le Portugal, la Slovénie, la Suède et la Tchéquie auraient intérêt à réduire la charge fiscale pesant sur les revenus du travail, tandis que le Canada et le Danemark pourraient aussi tirer profit de modifications de l'impôt sur les sociétés. Outre ses avantages économiques à long terme bien documentés (Cournède, Fournier et Hoeller, 2018[168]), de nouvelles données de l'OCDE montrent que des réductions efficaces de l'impôt sur les sociétés peuvent également stimuler l'accroissement de l'intensité capitalistique (Encadré 8) et la croissance économique à court terme, sans toutefois avoir d'effets à court terme sur l'emploi (Mertens et Ravn, 2013[169]). Plus précisément, les simulations réalisées pour cette édition du rapport F4GC montrent qu'une augmentation des abattements fiscaux sur le capital, qui réduirait de facto le taux d'imposition des sociétés, pourrait augmenter le stock de capital en Nouvelle-Zélande et aux Pays-Bas au bout de deux ans (Encadré 8). De même, une réduction du taux moyen de l'impôt sur le revenu des personnes physiques a été associée à une hausse des investissements et de l'emploi à court terme (Mertens et Ravn, 2013[169]).

Encadré 8. Impact à court terme des taux effectifs d'imposition des sociétés

Une baisse du taux effectif d'imposition des sociétés favoriserait l'accroissement de l'intensité capitalistique

Le présent encadré évalue l'impact à court terme sur la croissance économique de modifications de l'impôt sur les sociétés. À cette fin, nous utilisons les taux effectifs d'imposition (TEI) prospectifs applicables aux sociétés calculés par le Centre de politique et d'administration fiscales (CTP) et inclus dans la base de données F4GC. Pour les besoins de l'estimation, l'encadré recourt aux taux effectifs d'imposition des sociétés calculés sur une échéance plus lointaine (Hanappi, Millot et Turban, 2023[160]), conformément à la méthodologie mise au point par le CTP (Hanappi, 2018[170]).

Deux mesures du taux effectif d'imposition des sociétés sont utilisées. Le taux effectif moyen d'imposition correspond à une estimation de l'incidence de la fiscalité sur l'investissement moyen dans un pays et sert fréquemment à évaluer les choix d'implantation, tels que l'établissement d'une filiale par une multinationale. Quant au taux effectif marginal d'imposition, il mesure l'influence de la fiscalité sur le taux de rendement nécessaire pour atteindre le seuil de rentabilité d'un investissement ; il reflète ainsi l'impact de la fiscalité sur l'investissement marginal, qui conditionne les décisions d'expansion éventuelles des entreprises.

L'impact sur la contribution de l'accroissement de l'intensité capitalistique à la croissance de la productivité du travail est estimé à l'aide de méthodes de projection locales (voir l'Annexe 1.B). Les résultats semblent indiquer qu'une réduction des taux effectifs moyens d'imposition des sociétés de -1.9 point de pourcentage, soit la variation moyenne observée sur la période 1998-2019, a eu un impact positif significatif et progressif sur l'accroissement de l'intensité capitalistique (Graphique 29).

Graphique 29. Impact sur l'accroissement de l'intensité capitalistique d'une réduction du taux effectif d'imposition des sociétés

Impact (en points de %) sur la contribution de l'accroissement de l'intensité capitalistique à la croissance de la productivité du travail de la réduction moyenne observée du taux effectif d'imposition des sociétés

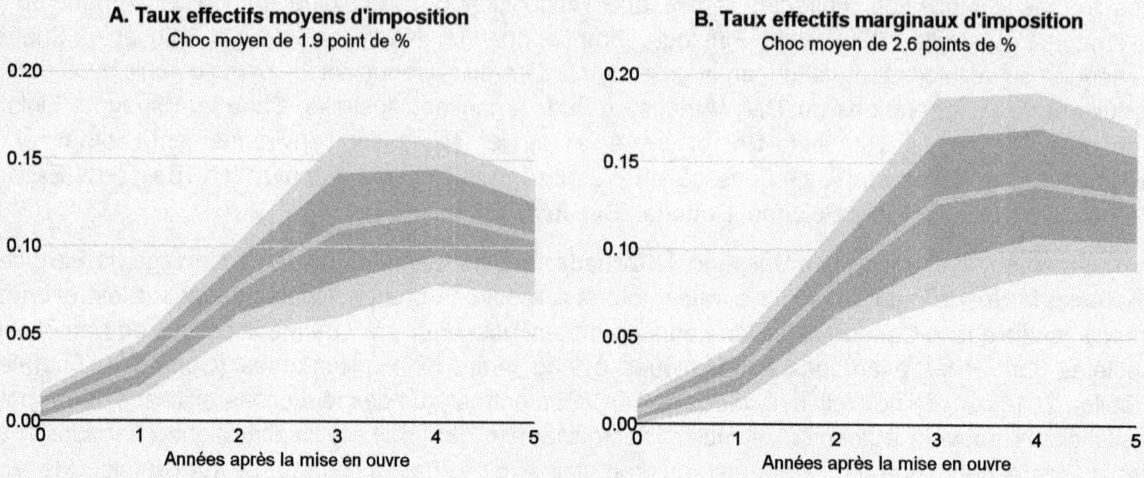

Note : le diagramme A montre l'impact d'une réduction du taux effectif moyen d'imposition des sociétés, tandis que le diagramme B montre l'impact d'une réduction du taux effectif marginal d'imposition des sociétés. La zone ombrée foncée représente l'intervalle de confiance de 68 %, tandis que la zone ombrée claire correspond à l'intervalle de confiance de 90 %. L'estimation couvre la période 1998-2019 pour les pays de l'OCDE. La méthodologie utilisée pour l'estimation est présentée à l'Annexe 1.B.
Source : Calculs de l'OCDE.

StatLink https://stat.link/e9nrq5

Certains pays pourraient voir leur productivité du travail augmenter considérablement grâce à des réductions de l'impôt sur les sociétés

Les résultats ci-après permettent d'estimer l'impact potentiel d'une réduction des taux effectifs d'imposition des sociétés dans les pays de l'OCDE où ils sont aujourd'hui supérieurs à la médiane de l'OCDE. Les gains en matière d'investissement et, partant, de productivité du travail se feraient sentir progressivement. En fonction de l'écart actuel, l'augmentation de l'accroissement de l'intensité capitalistique résultant d'une réduction du taux effectif moyen d'imposition des sociétés pourrait soutenir la croissance de la productivité de 0.05 à 0.3 point de pourcentage au bout de deux ans, et jusqu'à 0.4 point de pourcentage au bout de cinq ans (Graphique 30). En raison des variations plus importantes des taux effectifs marginaux d'imposition des sociétés, la réduction de ces taux pourraient entraîner des avantages supérieurs à 0.5 point de pourcentage dans certains pays.

Graphique 30. L'allègement de la fiscalité des sociétés pourrait entraîner des gains économiques

Impact potentiel sur la contribution de l'accroissement de l'intensité capitalistique à la croissance de la productivité du travail

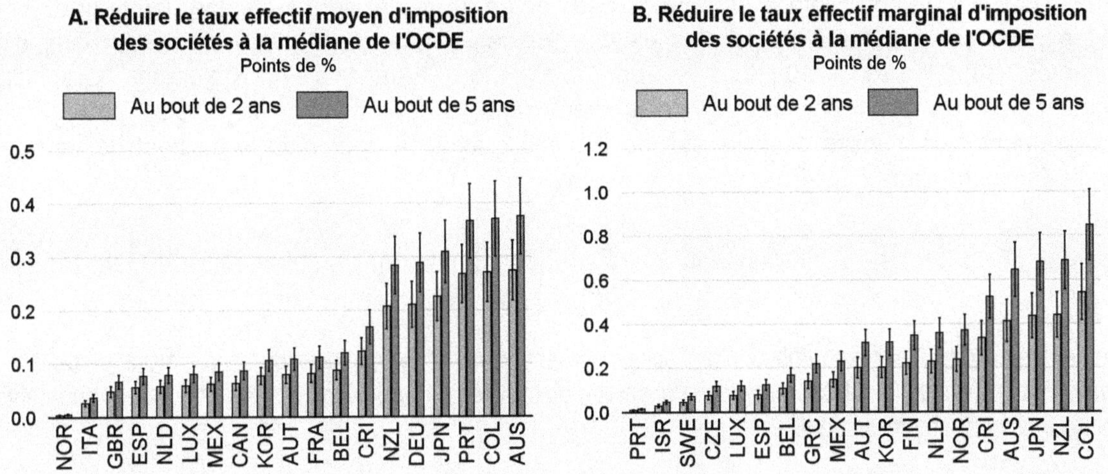

Note : Les effets simulés à deux et cinq ans s'appuient sur un scénario dans lequel les pays dont le taux effectif moyen d'imposition des sociétés et le taux effectif marginal d'imposition des sociétés sont supérieurs à la médiane de l'OCDE en 2023 convergent vers la médiane de l'OCDE. L'intervalle de confiance de 68 % est rapporté pour chaque effet simulé, conformément aux conventions utilisées dans les travaux publiés sur les méthodes de projection locale. À titre d'illustration, dans le cas de l'Australie, cela représente une réduction du taux effectif moyen d'imposition des sociétés et du taux effectif marginal d'imposition des sociétés de 6.8 et de 12.9 points de pourcentage, respectivement.
Source : Calculs de l'OCDE.

StatLink https://stat.link/3eslo0

Les pays pourraient réduire les taux légaux d'imposition des sociétés ou accroître les provisions pour amortissement afin d'augmenter leur stock de capital

Les données compilées dans les travaux de Hanappi, Millot et Turban (2023[160]) permettent également de distinguer l'impact des variations des taux légaux d'imposition des sociétés et la valeur actuelle des provisions pour amortissement (en pourcentage de l'investissement initial)[1]. En théorie, ces deux dimensions du code des impôts sur les sociétés visent des investissements différents. Les taux légaux d'imposition des sociétés devraient avoir un impact limité sur les investissements marginaux des entreprises, car, par définition, ces investissements ont une faible rentabilité. Toutefois, ils auront une incidence sur les recettes fiscales provenant des rentes économiques, qui jouent également un rôle dans les choix d'investissement. Comme les taux légaux d'imposition des sociétés ont une incidence sur le rendement de tous les investissements, elles jouent un rôle particulièrement important dans les choix d'implantation des entreprises (Barro et Furman, 2018[171]). Par conséquent, les taux légaux d'imposition des sociétés influent sur le niveau global et l'implantation des investissements des entreprises. D'autre part, les provisions pour amortissement sont mieux ciblées pour réduire le coût du capital et les taux effectifs marginaux d'imposition, augmentant ainsi l'ampleur potentielle des investissements, en particulier lorsqu'elles s'accompagnent d'une réduction des charges d'intérêts. Dans la pratique, une analyse récente de la loi américaine sur les réductions d'impôts et l'emploi (*Tax Cuts and Jobs Act*) semble indiquer que les dispositions relatives aux provisions pour amortissement contenues dans cette loi ont généré un rendement plus élevé que la réduction du taux légal d'imposition des sociétés par rapport à leurs coûts budgétaires respectifs (Chodorow-Reich, Zidar et Zwick, 2024[172]).

D'après les résultats des projections locales, les réductions d'impôts prévues par la loi et les augmentations des provisions pour amortissement ont toutes deux un impact significatif sur les investissements productifs en capital, l'impact des réformes moyennes observées étant du même ordre de grandeur (Graphique 31). Les gains en matière d'investissement et, par conséquent, de productivité du travail résulteraient progressivement des réductions d'impôts prévues par la loi et plus rapidement des augmentations des provisions pour amortissement. La réduction du taux légal d'imposition des sociétés dans le pays médian de l'OCDE pourrait avoir un impact potentiellement important sur la croissance de la productivité, pouvant atteindre 0.4 point de pourcentage au bout de deux ans et 0.7 point de pourcentage au bout de cinq ans pour les pays où la fiscalité est la plus élevée, même si cela nécessiterait des réductions d'impôts importantes, supérieures à 10 points de pourcentage, en France et en Colombie (Graphique 32). L'augmentation des provisions pour amortissement dans le pays médian de l'OCDE pourrait stimuler l'accroissement de l'intensité capitalistique de 0.2 à 0.3 point de pourcentage au bout de deux ans en Nouvelle-Zélande et aux Pays-Bas.

Graphique 31. Impact sur l'accroissement de l'intensité capitalistique d'une réduction du taux légal d'imposition des sociétés et d'une augmentation des déductions pour amortissement

Impact (en points de %) sur la contribution de l'accroissement de l'intensité capitalistique à la croissance de la productivité du travail de la réduction moyenne observée du taux légal d'imposition des sociétés et de l'augmentation des provisions pour amortissement

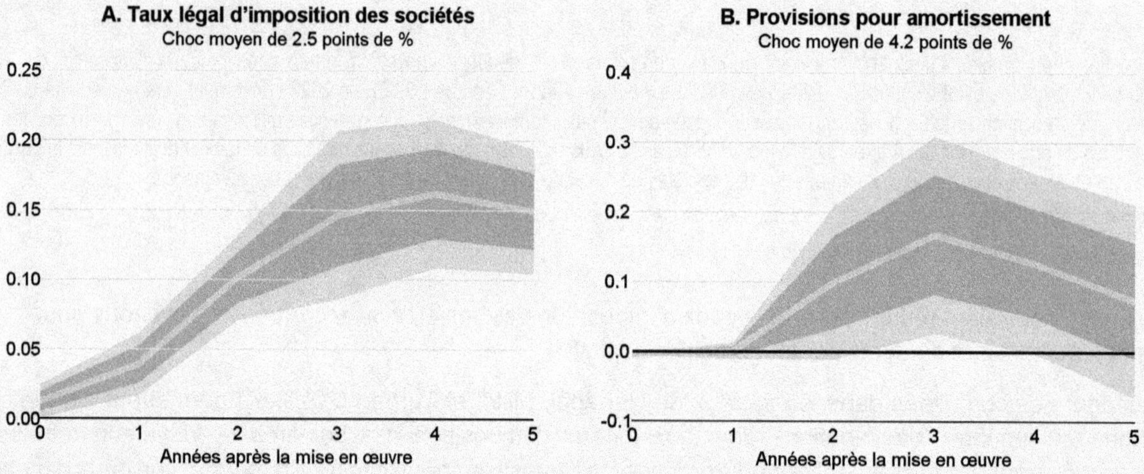

Note : le diagramme A montre l'impact d'une réduction du taux légal d'imposition, tandis que le diagramme B fait apparaître l'impact d'une réduction des provisions pour amortissement. La zone ombrée foncée représente l'intervalle de confiance de 68 %, tandis que la zone ombrée claire correspond à l'intervalle de confiance de 90 %. L'estimation couvre la période 1998-2019 pour les pays de l'OCDE. La méthodologie utilisée pour l'estimation est présentée à l'Annexe 1.B.
Source : Calculs de l'OCDE.

StatLink https://stat.link/35qw01

Graphique 32. L'allègement de la fiscalité des entreprises pourrait favoriser l'accroissement de l'intensité capitalistique

Impact potentiel sur la contribution de l'accroissement de l'intensité capitalistique à la croissance de la productivité du travail

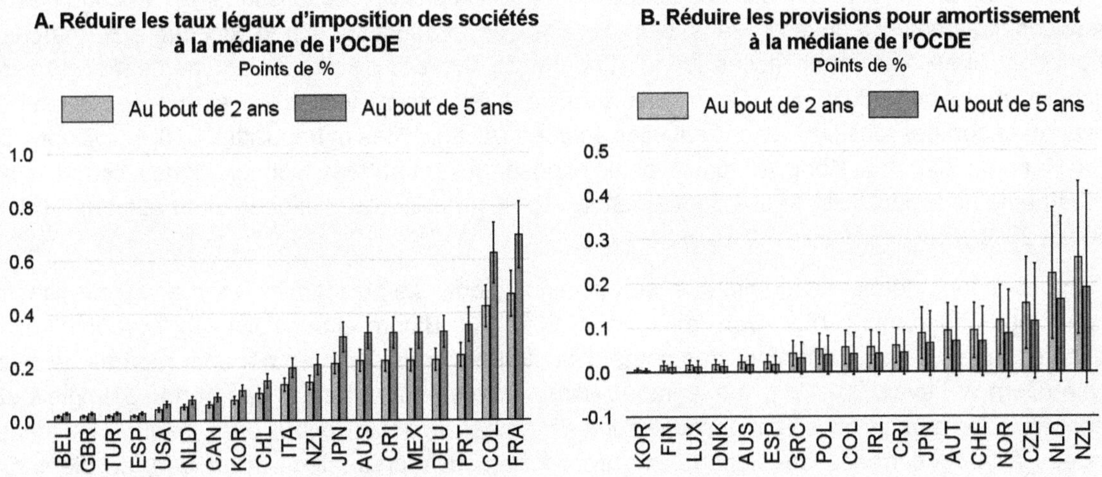

Note : Pour cet exercice, le niveau des provisions pour amortissement est considéré comme la valeur actuelle nette moyenne des provisions pour amortissement des bâtiments, des logiciels acquis et des actifs corporels. Les effets simulés à deux et cinq ans s'appuient sur un scénario dans lequel les pays dont le taux légal d'imposition est supérieur à la médiane de l'OCDE en 2025 et dont les provisions pour amortissement sont inférieures à la médiane de l'OCDE en 2023 convergent vers la médiane de l'OCDE. À titre d'illustration, cela impliquerait une réduction du taux légal d'imposition de 10.5 points de pourcentage dans le cas de la Colombie et une augmentation des provisions pour amortissement de 10.8 points de pourcentage pour la Nouvelle-Zélande. L'intervalle de confiance de 68 % est rapporté pour chaque effet simulé, conformément aux conventions utilisées dans les travaux publiés sur les méthodes de projection locale. La Lettonie et l'Estonie sont exclues du diagramme de droite, car leur niveau d'abattement est nul, leur système ne taxant que les bénéfices distribués, les bénéfices non distribués n'étant pas imposés.

Source : Mitteldorf, E., Smiderle, I., Duran-Franch, J., Leandro, A., Turban, S. et Ruiz, N., « The short-term effects of structural reforms: a reassessment », *Documents de travail du Département des affaires économiques de l'OCDE*, à paraître.

StatLink https://stat.link/h9j7um

Quatrièmement, quelques pays auraient intérêt à réformer leurs impôts sur les plus-values, les dividendes et la fortune. L'Australie gagnerait à réduire les avantages fiscaux sur les retraites privées et les plus-values réalisées sur la vente de logements, et la France à réduire davantage le traitement préférentiel accordé aux plus-values et à la fortune. En Suède, l'alignement de la fiscalité des comptes d'épargne-placement sur celle d'autres formes de revenus du capital et l'augmentation de l'imposition des dividendes pourraient contribuer à réduire les possibilités de transfert de revenus et à accroître l'efficience de la structure de la fiscalité.

Bien qu'elles ne jouent qu'un rôle limité dans la collecte des recettes, la mise en œuvre de ces réformes offre la possibilité d'améliorer l'efficience du système d'imposition et peut avoir des effets positifs sur la croissance dans des circonstances déterminées. Par exemple, le recours à des prélèvements modérés et généralisés qui minimisent les distorsions peut compléter l'imposition du travail et financer des investissements publics favorisant la productivité (Hagemann, 2018[156]).

Maintenir des marchés ouverts fondés sur des règles internationales et les investissements directs étrangers

La réduction des obstacles entravant les échanges et les investissements directs étrangers (IDE) se traduit par des gains indéniables en termes de performances économiques (André et Gal, 2024[75]). L'ouverture aux échanges et à l'IDE stimule l'accroissement de l'intensité capitalistique en encourageant les entreprises nationales à investir dans leur capacité de production afin d'accéder aux marchés de l'exportation, et en améliorant l'accès à une plus grande diversité de biens d'équipement et de services (Goldberg et Pavcnik, 2016[173]). Cette ouverture peut également inciter les entreprises nationales à innover en raison des tensions concurrentielles accrues (Akcigit, Ates et Impullitti, 2018[174] ; Bloom, Draca et Van Reenen, 2015[175] ; Kang, 2025[176]), et les exposer aux retombées technologiques, ce qui se traduit par des gains de productivité et une convergence vers les meilleures pratiques internationales (Melitz et Redding, 2014[177]).

Si l'impact à long terme du commerce sur l'emploi global semble limité, même en cas de chocs commerciaux importants (Autor, Dorn et Hanson, 2025[178] ; Bloom et al., 2024[179]), la redistribution de l'activité économique peut entraîner des coûts d'ajustement considérables qui sont répartis de manière inégale (Dorn et Levell, 2024[180]). L'intégration commerciale peut entraîner des pertes d'emplois et une détérioration des perspectives économiques sur les marchés du travail locaux dans lesquels les industries exposées à la concurrence des importations sont fortement représentées. Pour que les bienfaits des échanges soient largement partagés, il faut mettre en place des mesures complémentaires, notamment des filets de protection sociale destinés aux travailleurs déplacés, des politiques actives du marché du travail (PAMT) visant à favoriser la mobilité par la reconversion et le renforcement des compétences, et éventuellement des politiques publiques locales visant à promouvoir la diversification économique et la résilience dans les zones touchées.

L'ouverture aux échanges et à l'IDE peut également soutenir la croissance à long terme en favorisant une plus grande diversification des relations commerciales et d'investissement, renforçant ainsi la résilience face aux chocs. Les récentes crises ont révélé les faiblesses inhérentes aux chaînes de valeur mondiales, dans un contexte marqué par une augmentation de la concentration des échanges sur le plan international (OCDE, 2025[181]). Cette situation met en lumière la nécessité d'adopter des politiques visant à accroître la diversification et la résilience des relations commerciales (Encadré 9) ainsi que des IDE.

Encadré 9. Stratégies d'investissement dans la résilience des échanges

Bien que l'intégration poussée des chaînes d'approvisionnement contribue à consolider les gains d'efficience, elle expose également les acteurs économiques à une augmentation des risques liés aux chocs externes, suscitant ainsi des interrogations en matière de sécurité économique. Une marge de manœuvre ou une diversification insuffisantes implique que des perturbations localisées, telles qu'un retard de fournisseur ou une fermeture d'usine, puissent avoir des répercussions rapides sur l'ensemble du réseau des échanges, entraînant ainsi une augmentation des risques pour la production et la stabilité.

D'après des travaux de l'OCDE, les vulnérabilités liées aux échanges, en particulier celles qui découlent d'une intégration profonde dans les chaînes de valeur mondiales (CVM), augmentent avec l'importance des intrants étrangers utilisés et la longueur des chaînes de valeur étrangères (Schwellnus et al., 2023[182]). Les vulnérabilités revêtent une dimension stratégique dès lors qu'une forte concentration des échanges affecte des produits essentiels à la défense nationale, à la santé publique ou à des secteurs industriels majeurs. Une importation bilatérale est considérée comme fortement concentrée lorsqu'un pays s'approvisionne pour une part importante (10 % ou plus) d'un produit auprès d'un partenaire spécifique et que les importations nationales globales de ce produit proviennent d'un nombre relativement restreint de fournisseurs, comme l'indique un indice Herfindahl-Hirschman (IHH) de 0.2 ou plus. Les risques sont particulièrement prononcés dans les secteurs de l'automobile et des TIC, où une forte intégration dans les chaînes de valeur mondiales coïncide souvent avec une forte concentration géographique des fournisseurs ou acheteurs essentiels, ce qui aggrave le risque de perturbation (Arriola et al., 2024[183]).

Diversifier les approvisionnements, transférer les activités de production sur le sol national ou sur des territoires plus proches géographiquement /ou plus amicaux (ce que l'on appelle le « rapatriement » et la « délocalisation de voisinage/délocalisation dans un pays ami ») et l'optimisation des stocks sont les trois stratégies les plus courantes pour réduire les risques liés aux chaînes de valeur mondiales sans nuire aux gains d'efficience (Crowe et Rawdanowicz, 2023[184]). La diversification est en règle générale la stratégie la plus efficace pour réduire l'exposition aux chocs et maintenir la continuité de la production, en particulier lorsqu'il s'agit de biens standardisés, reposant sur des technologies simples et ne bénéficiant pas d'économies d'échelle importantes. Par ailleurs, les stratégies de délocalisation de voisinage et de délocalisation dans un pays ami peuvent contribuer à réduire les risques en raccourcissant les chaînes d'approvisionnement et en favorisant l'harmonisation réglementaire, respectivement. Toutefois, ces approches présentent certaines limites, notamment des coûts plus élevés en matière de délocalisation et une incertitude géopolitique quant à la définition des partenaires de confiance. Si le rapatriement offre la promesse d'un plus grand contrôle national, elle est souvent économiquement non viable, par exemple dans les secteurs où les coûts fixes sont élevés ou qui sont tributaires des ressources naturelles. L'augmentation des niveaux des stocks peut servir de tampon contre les chocs et contribuer à la robustesse, mais ce n'est pas une solution universelle, compte tenu des coûts élevés et de l'applicabilité limitée à certains produits et entreprises.

Les pouvoirs publics ont récemment concentré leurs efforts sur le rapatriement, la délocalisation de voisinage et la délocalisation vers un pays ami, avec moins de mesures visant la diversification et la gestion des stocks, malgré des résultats mitigés quant à l'efficacité de ces mesures publiques sur le plan de l'amélioration de la résilience (Crowe et Rawdanowicz, 2023[184]). Par exemple, les simulations de l'OCDE semblent indiquer que les politiques de rapatriement, c'est-à-dire une combinaison de droits de douane généraux de 25 % sur les importations, de subventions à la valeur ajoutée équivalentes à 1 % du PIB destinées à la main-d'œuvre et au capital dans les secteurs nationaux non liés aux services, et de restrictions complémentaires sur l'approvisionnement international par le biais d'une réduction de l'élasticité des échanges, pourraient réduire le PIB mondial de plus de 5 % en renonçant aux avantages de la spécialisation internationale. De plus, de telles mesures n'améliorent pas significativement la résilience et pourraient au contraire accroître la volatilité économique, avec des pertes de PIB estimées entre 1 % et 12 % pour chaque pays, en fonction de son intégration dans les chaînes de valeur mondiales (OCDE, 2025[181] ; Arriola et al., 2020[185]).

Dans le contexte actuel marqué par l'intensification des tensions commerciales et d'incertitude entourant les politiques publiques relatives aux échanges, il est conseillé aux pays, de manière générale, de privilégier la coopération au sein du système commercial mondial tout en tenant compte des enjeux liés à la sécurité économique. Parmi les recommandations pratiques spécifiques on peut citer la réduction des barrières aux échanges de marchandises, c'est-à-dire les barrières tarifaires et non tarifaires, la réduction des barrières à l'IDE et la réduction des barrières aux échanges de services (Graphique 33).

Graphique 33. Recommandations pratiques pour promouvoir des marchés ouverts fondés sur des règles et l'IDE

Part des recommandations pratiques pour maintenir l'ouverture aux échanges et à l'IDE (%)

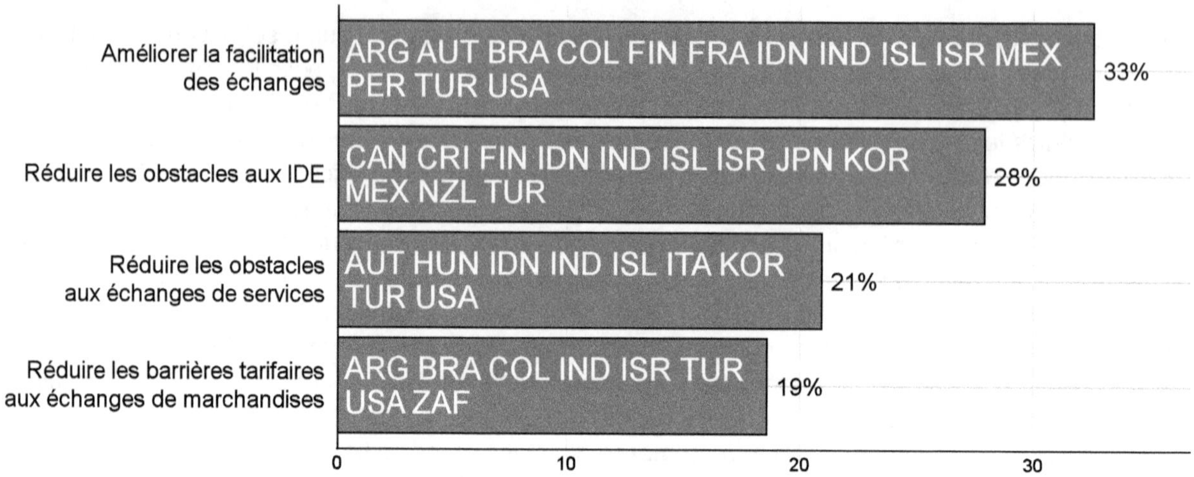

Note : Chaque bande affiche les codes ISO3 correspondant aux pays ayant fait l'objet d'une recommandation dans ce domaine.
Source: Calculs de l'OCDE effectués à partir des notes par pays du rapport *Les fondements de la croissance et de la compétitivité* (F4GC).

StatLink https://stat.link/aie06n

En agissant comme des taxes qui augmentent effectivement le prix des biens concernés, les barrières tarifaires réduisent les flux commerciaux et entravent l'impact positif de l'ouverture sur la croissance économique décrit ci-avant, ce qui entraîne des pertes tant au niveau national qu'international. Les droits de douane réduisent le nombre de gammes commercialisées (Amiti, Redding et Weinstein, 2019[186]) et protègent les producteurs nationaux de la concurrence étrangère, augmentant ainsi leurs parts de marché et leur pouvoir de marché (Amiti, Redding et Weinstein, 2019[186]), ce qui a des conséquences négatives sur l'innovation dans le pays (Coelli, Moxnes et Ulltveit-Moe, 2022[187]). Lorsque les droits de douane sont confrontés à des mesures de rétorsion tarifaire, la demande étrangère visant les exportateurs nationaux diminue, annulant les effets positifs sur la part de marché des industries nationales protégées (Handley, Kamal et Monarch, 2025[188]).

L'impact global des droits de douane sur la croissance à long terme dépend du type de biens visés et de leur incidence sur les chaînes d'approvisionnement. Alors que les droits de douane visant les biens de consommation ont généralement des effets plus limités sur la croissance économique à long terme, ceux qui s'appliquent aux intrants intermédiaires et aux biens d'équipement se révèlent plus préjudiciables, car ils perturbent les processus de production nationaux et nuisent aux investissements dans les industries en aval (Baqaee et Malmberg, 2025[189] ; Meleshchuk et Timmer, 2020[190] ; Goldberg et Pavcnik, 2016[173]).

De plus, d'autres données issues de deux affaires tarifaires distinctes semblent indiquer que les droits de douane sur les biens intermédiaires entraînent une baisse persistante de la productivité globale et de l'emploi dans les industries en aval (Cox, 2025[191]) et ont des effets limités sur l'emploi dans les industries protégées par les droits de douane (Lake et Liu, forthcoming[192] ; Flaaen et Pierce, 2024[193]). Certains pays pourraient tirer profit d'une réduction des barrières tarifaires appliquées aux biens intermédiaires et d'équipement, notamment l'Argentine, le Brésil, la Colombie, les États-Unis et l'Inde.

Les barrières non tarifaires (c'est-à-dire les politiques commerciales autres que les droits de douane et les contingents tarifaires) peuvent aussi avoir une incidence sur les flux des échanges en exerçant un effet similaire à celui des droits de douane sur les coûts et les flux commerciaux. Les mesures non tarifaires peuvent être justifiées par des restrictions sanitaires et phytosanitaires et d'autres réglementations ou normes techniques ayant des objectifs légitimes reflétant les préférences des pays, par exemple la protection de la santé publique ou la garantie de normes de qualité déterminées. Cependant, d'autres mesures peuvent être excessivement contraignantes à l'égard des entreprises étrangères, notamment les restrictions en matière de marchés publics et les charges administratives pesant sur les échanges (Disdier et Fugazza, 2019[194]).

L'OCDE estime que les coûts liés aux barrières non tarifaires sont deux à dix fois supérieurs à ceux des droits de douane et suggère de réduire les coûts inutiles (OCDE, 2019[195]). Les mesures de facilitation des échanges garantissant des procédures frontalières transparentes, prévisibles et simples peuvent réduire considérablement les coûts des échanges et permettre aux entreprises de mieux répondre à l'évolution des préférences des consommateurs, de participer à des chaînes de valeur mondiales où le facteur temps est essentiel et de réduire les distorsions dans les choix de consommation et de production (OCDE, 2018[196]). Parmi ces mesures figurent la simplification des procédures, de la documentation et des formalités administratives qui alourdissent les coûts des marchandises lorsqu'elles franchissent les frontières. D'après des travaux empiriques récents de l'OCDE, la poursuite de l'amélioration de l'efficacité des procédures frontalières afin de se rapprocher des meilleures pratiques pourrait réduire les coûts des échanges d'environ 8 % dans les pays de l'OCDE (OCDE, 2025[197]). L'Argentine, l'Autriche, le Brésil, la Colombie, les États-Unis, la Finlande, la France, l'Inde, l'Indonésie, l'Islande, Israël, le Mexique, la Türkiye et le Pérou tireraient profit d'une réduction des mesures non tarifaires et d'une amélioration de la facilitation des échanges.

La réduction de la restrictivité des échanges de services peut également avoir des effets très bénéfiques sur la croissance économique (OCDE, 2025[13]). Par exemple, les services représentent une part croissante de la valeur totale des produits manufacturés (FMI, 2018[198]) et, en moyenne, plus de 30 % de la valeur ajoutée des produits manufacturés exportés provient des services (tant nationaux qu'étrangers) (OCDE, 2021[199] ; Miroudot et Cadestin, 2017[200]). En conséquence, la réduction des obstacles aux échanges de services – tels que l'assouplissement des restrictions à la circulation des personnes, y compris les quotas de visas, les exigences en matière de nationalité ou les limitations de la durée du séjour –, l'amélioration de la transparence réglementaire afin d'éliminer les procédures d'octroi de licences opaques et l'assouplissement des exigences administratives peuvent soutenir les performances des exportations dans le secteur manufacturier (Liu et al., 2020[201]).

D'autre part, les échanges commerciaux qui s'effectuent entièrement par des moyens numériques (par exemple, les services infonuagiques fournis par voie numérique) peuvent entraîner des effets positifs sur la productivité en renforçant la spécialisation et la concurrence, et en fournissant aux entreprises des intrants moins chers et de meilleure qualité (Sorbe et al., 2019[52]). L'assouplissement de la restrictivité des échanges de services numériques, par exemple en établissant des réglementations fondées sur les meilleures pratiques en matière d'interconnexion entre les opérateurs de réseaux ou en supprimant les obstacles aux paiements en ligne, peut favoriser l'adoption du numérique et la productivité des entreprises.

L'Autriche, les États-Unis, la Hongrie, l'Inde, l'Indonésie, l'Islande, l'Italie et la Türkiye pourraient tous tirer profit d'un assouplissement de la restrictivité des échanges de services. Cependant, les restrictions sur les échanges transfrontaliers de services, y compris les services numériques, sont en augmentation. Les restrictions sur les échanges de services ont toujours été plus élevées que les droits de douane sur les marchandises (Benz et Jaax, 2022[202]) et ont augmenté au cours de l'année 2024 dans tous les secteurs des services, à mesure que les efforts mondiaux visant à réduire les obstacles réglementaires s'estompaient (OCDE, 2025[203]). De même, la restrictivité de l'environnement réglementaire mondial dans le domaine des services fondés sur le numérique s'est accrue dans plus de 100 pays à travers le monde (OCDE, 2025[203]).

Enfin, une plus grande libéralisation de l'IDE serait bénéfique pour plusieurs pays. Il a été démontré que l'assouplissement de la restrictivité de la réglementation augmentait les flux entrants d'IDE (Mistura et Roulet, 2019[204]), élargissait l'échelle et la diversité des capitaux disponibles pour les investissements productifs dans les pays bénéficiaires et améliorait l'efficience allocative (Andrews et Cingano, 2014[100]). La rationalisation des procédures de contrôle et d'approbation favoriserait l'IDE en Corée, en Islande et en Nouvelle-Zélande, tandis que l'assouplissement des restrictions en matière d'IDE serait bénéfique en Inde et en Indonésie. La réduction des obstacles à la nomination de personnel clé étranger en Israël et dans les secteurs de réseaux au Canada pourrait renforcer la concurrence et la productivité, à condition que les questions de sécurité nationale soient gérées de manière appropriée. Des avantages similaires pourraient être obtenus en assouplissant les restrictions applicables à l'IDE dans les secteurs des services en Finlande, au Japon et au Mexique.

Mettre en œuvre des politiques du logement favorables à la croissance

L'accès à un logements abordable est devenu un problème de plus en plus important dans les pays de l'OCDE, les contraintes imposées par l'offre faisant grimper les coûts et limitant l'accès. D'après la base de données de l'OCDE sur le logement abordable, les dépenses liées au logement représentent en moyenne plus d'un cinquième des dépenses des ménages. La corrélation négative entre la hausse des prix du logement et l'évolution de l'offre de logements depuis 2011 semble indiquer que les pressions sur l'accessibilité financière sont particulièrement fortes dans les zones où la construction de logements est à la traîne, ce qui correspond à la présence de contraintes affectant l'offre (Graphique 34) – un phénomène également observé dans plusieurs États américains (Glaeser et Gyourko, 2025[205]).

Graphique 34. Les contraintes affectant l'offre ont contribué à la baisse de l'accessibilité financière du logement

Croissance annualisée

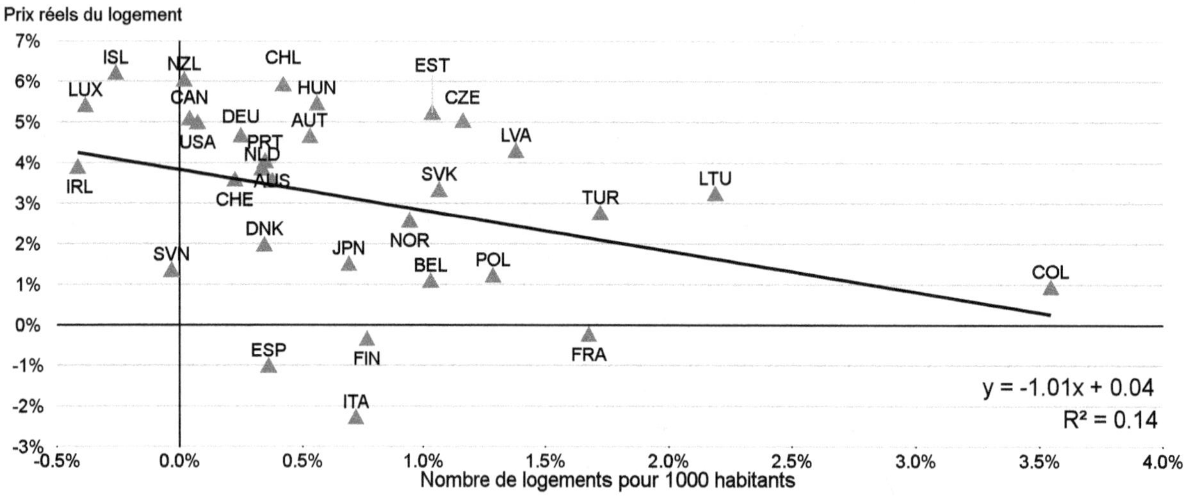

Note : 2021 ou dernière année connue. La croissance annualisée est calculée à partir des dernières données disponibles.
Source : Base de données sur le logement abordable, calculs de l'OCDE.

StatLink https://stat.link/7cyip5

Une offre de logements capable de s'adapter avec souplesse à l'évolution de la demande permet aux travailleurs de s'installer dans des régions offrant de meilleures perspectives d'emploi et renforce les économies d'agglomération, c'est-à-dire les gains de productivité résultant de la proximité géographique des entreprises et des personnes (Glaeser, 2010[206]). À l'inverse, les contraintes pesant sur l'offre de logements exacerbent les problèmes d'accessibilité financière et entraînent des coûts économiques importants (Caldera Sánchez et Andrews, 2011[207] ; Causa et Pichelmann, 2020[208] ; Schleicher, 2017[209]). Une préoccupation majeure est que la réglementation réduisant la flexibilité de l'offre de logements fausse les incitations et freine la mobilité géographique, ce qui limite l'accès des travailleurs à des postes correspondant mieux à leurs compétences (Causa et Pichelmann, 2020[208] ; Oswald, 2009[210]). Les conséquences économiques peuvent être considérables (Gyourko et Molloy, 2015[211] ; Kane et Lopez, 2023[212]), comme le montrent les données provenant des grandes villes américaines, qui indiquent que la mauvaise répartition de la main-d'œuvre sous l'effet de politiques restrictives en matière de logement a réduit la croissance globale des États-Unis d'environ un tiers entre 1964 et 2009 (Hsieh et Moretti, 2019[213]). Les recommandations du rapport F4GC portent sur l'augmentation de l'offre de logements à un coût abordable, l'amélioration de l'accès grâce à des réglementations plus intelligentes et l'accroissement du financement consacré au logement social (Graphique 35).

Graphique 35. Recommandations pratiques pour réformer les politiques du logement

Part des recommandations pratiques pour réformer les politiques du logement (%)

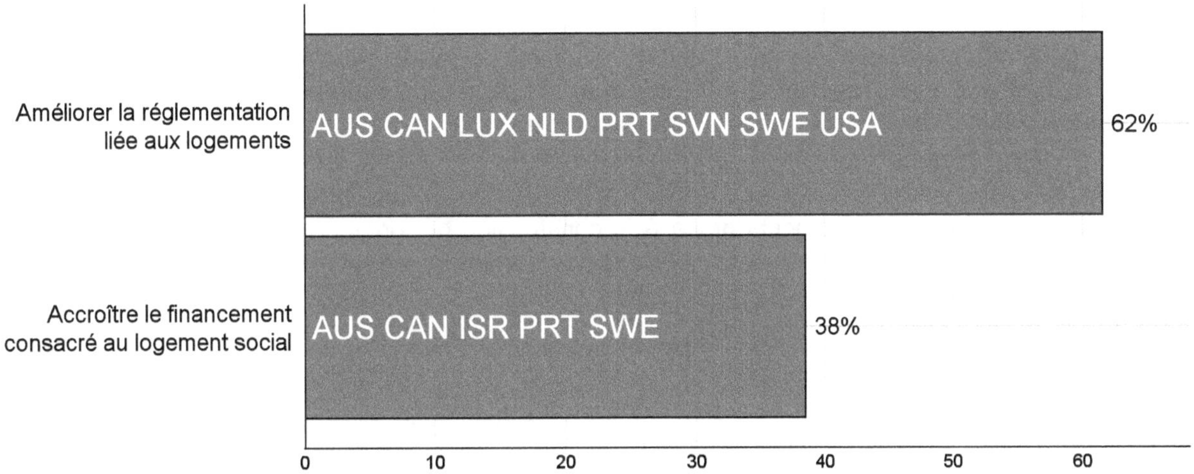

Note : Chaque bande affiche les codes ISO3 correspondant aux pays ayant fait l'objet d'une recommandation dans ce domaine.
Source: Calculs de l'OCDE effectués à partir des notes par pays du rapport *Les fondements de la croissance et de la compétitivité* (F4GC).

StatLink https://stat.link/r3pjzk

Des politiques d'aménagement du territoire et d'utilisation des sols plus rationnelles et plus souples pourraient réduire les contraintes pesant sur l'offre de logements et soutenir la croissance dans des pays tels que l'Australie, le Canada, les États-Unis, le Luxembourg, les Pays-Bas, le Portugal et la Slovénie. En Australie, par exemple, les réglementations restrictives en matière de zonage et d'aménagement du territoire, combinées à la hausse des coûts de construction, ont limité l'offre de logements dans un contexte de croissance démographique rapide. Dans ce cadre, le gouvernement fédéral aurait tout intérêt à inciter les autorités locales à rationaliser les réglementations en matière de zonage. Aux États-Unis, la construction de logements a également été limitée par des réglementations excessives en matière de zonage, qui pourraient être réformées afin de permettre un aménagement à plus forte densité dans les zones urbaines, en particulier à proximité des voies réservées aux transports publics.

Par ailleurs, améliorer la coordination et réduire le chevauchement des responsabilités entre les différents niveaux d'administration, ainsi que remédier à la décentralisation excessive, pourrait permettre de réduire la rigidité de l'offre de logements (Cavalleri, Cournède et Özsöğüt, 2019[214] ; Bétin et Ziemann, 2019[215] ; Andrews, Caldera Sánchez et Johansson, 2011[216]). À cette fin, le Portugal aurait tout intérêt à harmoniser la réglementation entre les différentes communes. L'exemple du comité israélien chargé du logement, qui supervise toutes les autorités compétentes en matière de logement et facilite la coopération horizontale entre elles, pourrait être utile (OCDE, 2017[217]).

En outre, l'augmentation de la disponibilité des logements sociaux peut accroître l'offre de logements à un prix abordable, en particulier pour les ménages à faibles revenus (Favilukis, Mabille et Van Nieuwerburgh, 2022[218]). Les logements sociaux peuvent présenter des avantages tout en limitant les distorsions entravant la mobilité et les opérations immobilières privées lorsqu'ils sont associés à des mesures qui favorisent la mobilité résidentielle et atténuent les contraintes affectant l'offre plus générales. Par exemple, les règles d'éligibilité – telles que le « Right to Move » (droit de déménager) adopté au Royaume-Uni en 2015, qui a supprimé les conditions de résidence locale appliquées aux demandeurs de logements sociaux déménageant pour trouver un emploi ou suivre une formation en apprentissage – peuvent faciliter la mobilité (OCDE, 2021[219] ; OCDE, 2020[220]). En outre, un parc de logements sociaux plus important peut réduire davantage les coûts de mobilité pour les ménages éligibles qui déménagent afin de saisir des opportunités économiques (OCDE, 2020[220] ; Causa et Pichelmann, 2020[208] ; OCDE, 2020[221]).

La construction de logements sociaux supplémentaires est une priorité pour plusieurs pays de l'OCDE, notamment l'Australie, le Canada, Israël, le Portugal et la Suède. En Suède, un système de logements sociaux, s'il était mis en place, pourrait faciliter la transition vers la suppression des mesures d'encadrement des loyers évoquée ci-avant, en fournissant des logements abordables aux ménages à faibles revenus. Un tel système pourrait également contribuer à réduire la ségrégation socio-économique spatiale, qui est plus prononcée en Suède que dans les autres pays nordiques (Tunström et Wang, 2019[222]). En Australie, au Canada et au Portugal, le parc de logements sociaux est relativement modeste par rapport à d'autres pays pour lesquels des données sont disponibles (OCDE, 2020[223]), ce qui nécessite des investissements plus importants pour augmenter l'offre de logements abordables. En Israël, l'augmentation de l'offre de logements grâce à la construction de logements sociaux dans les zones économiquement dynamiques permettrait également de remédier à la hausse rapide du prix des logements, qui a récemment entravé le taux d'activité des nouveaux arrivants.

Par ailleurs, l'assouplissement des réglementations trop strictes en matière de location pourrait permettre d'atténuer les contraintes de logement et de soutenir le dynamisme du marché du travail. La réglementation des loyers vise à remédier aux imperfections du marché telles que l'asymétrie d'information et l'inégalité du pouvoir de négociation entre propriétaires et locataires. Toutefois, un encadrement trop rigoureux des loyers et une réglementation trop stricte des relations entre propriétaires et locataires peuvent réduire la qualité des logements et l'offre de logements, en diminuant la capacité d'ajustement de la construction résidentielle aux tensions liées à la demande (Cavalleri, Cournède et Özsöğüt, 2019[214] ; Diamond, McQuade et Qian, 2019[224]). En fin de compte, ces réglementations peuvent donc entraîner une hausse des loyers et des prix de l'immobilier, ce qui entrave la mobilité de la main-d'œuvre (Kholodilin, 2024[225] ; Mineshima et al., 2021[226] ; Diamond, 2018[227] ; Sims, 2007[228]). Ces coûts connexes à long terme compensent généralement les avantages à court terme liés à la protection des locataires contre les fortes variations de loyer (López-Rodríguez et de los Llanos Matea, 2020[229] ; Favilukis, Mabille et Van Nieuwerburgh, 2022[218]). D'après les données disponibles pour les pays de l'OCDE, l'assouplissement de l'encadrement rigoureux des loyers pourrait augmenter les taux de mobilité résidentielle d'un tiers (Andrews, Caldera Sánchez et Johansson, 2011[216] ; OCDE, 2021[219]). L'assouplissement des restrictions strictes en matière de réglementation des loyers pourrait générer des gains économiques, même à court terme, ces gains augmentant progressivement au fil du temps, comme semblent l'indiquer de nouveaux travaux empiriques de l'OCDE (Encadré 10).

Encadré 10. L'assouplissement de la réglementation du marché locatif peut améliorer progressivement la productivité et l'emploi

Le présent encadré évalue l'impact à court terme sur la croissance économique des changements apportés à la réglementation du marché locatif. Les estimations ci-après exploitent les données relatives à la réglementation du marché locatif exploitées par Kholodilin (2020[230]), qui fournissent des informations sur trois types de politiques publiques (encadrement des loyers, protection des locataires et rationnement du logement) pour 150 pays depuis 1910. Plusieurs variables binaires sont établies en moyenne pour chacun de ces trois types, puis agrégées dans un indice de réglementation du marché locatif.

L'impact sur la productivité du travail, l'accroissement de l'intensité capitalistique et le taux d'emploi est évalué à l'aide de méthodes de projection locales (voir l'Annexe 1.B). Les résultats semblent indiquer qu'une diminution de la réglementation du marché locatif, pour un choc calibré comme la variation moyenne observée sur l'échantillon, a un impact positif significatif sur l'emploi et un impact positif faible sur la productivité du travail (Graphique 36). Ainsi, en assouplissant la réglementation du marché locatif, les pays où celle-ci est stricte pourraient stimuler la croissance (Graphique 37) : les taux d'emploi pourraient augmenter jusqu'à 2 points au bout de 2 ans et 4 points au bout de 5 ans, si les pays où la réglementation est la plus stricte la ramenaient à la médiane de l'OCDE. Toutefois, cela impliquerait des changements considérables : en 2024, la médiane de l'OCDE était de 0.33 contre 0.66 en France et aux Pays-Bas, tandis que le choc annuel moyen observé était d'environ 0.09 sur la période d'estimation.

Graphique 36. Impact sur la croissance de l'assouplissement de la réglementation du marché locatif

Impact de la réduction moyenne observée de l'indice agrégé de réglementation du marché locatif, choc moyen de 0.09 unité

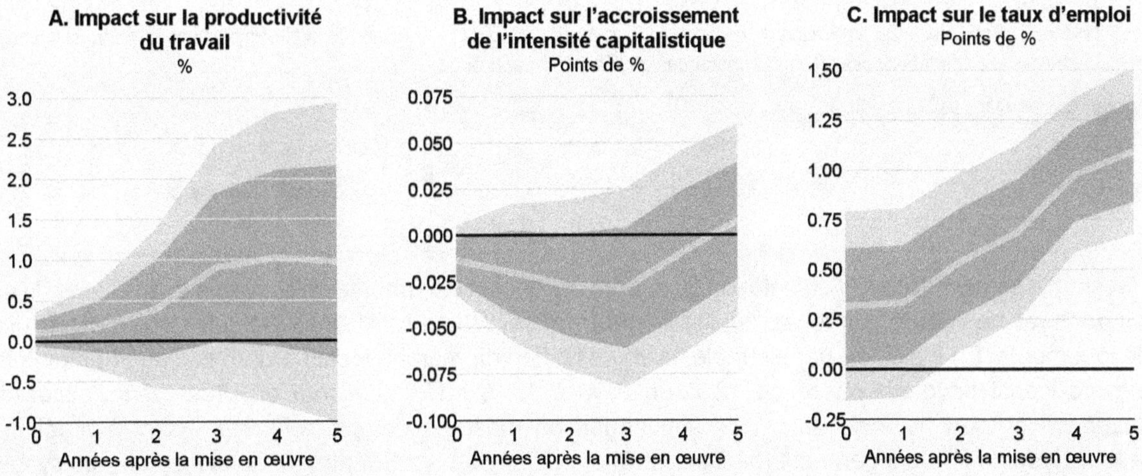

Note : l'indice agrégé de réglementation du marché locatif varie entre 0 et 1. La productivité du travail est mesurée en termes de PIB par travailleur. L'accroissement de l'intensité capitalistique est mesuré en termes de contribution du capital par travailleur à la croissance du PIB par habitant. Le taux d'emploi porte sur les personnes âgées de 15 à 64 ans. Le choc correspond à une variation annuelle de l'indice de réglementation du marché locatif tiré de (Kholodilin, 2020[231]). L'estimation couvre la période 1995-2019 pour les pays de l'OCDE. La zone ombrée foncée représente l'intervalle de confiance de 68 %, tandis que la zone ombrée claire correspond à l'intervalle de confiance de 90 %. La méthodologie utilisée pour l'estimation est présentée à l'Annexe 1.B.
Source: Calculs de l'OCDE établis à partir de Kholodilin, K. (2025), *Longitudinal database of rental housing market regulations: 100+ countries over 100+ years*, https://rpubs.com/Konstantin_Xo/RHMR.

StatLink https://stat.link/k8ob3e

Graphique 37. L'assouplissement de la réglementation du marché locatif pourrait stimuler l'utilisation de la main-d'œuvre

Impact potentiel (en points de %) sur le taux d'emploi d'une réduction de l'indice de réglementation du marché locatif à la médiane de l'OCDE

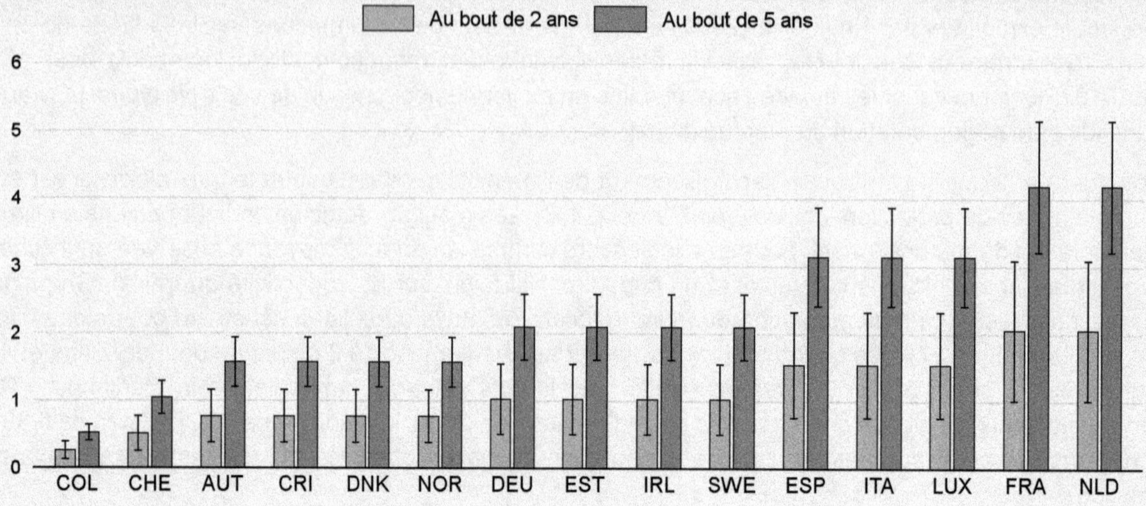

Note : les effets simulés à deux et cinq ans s'appuient sur un scénario dans lequel les pays dont la réglementation du marché locatif est supérieure à la médiane de l'OCDE en 2023 convergent vers cette médiane. À titre d'illustration, dans le cas de la France, cela représente une réduction de l'indice de réglementation du marché locatif de 0.34 unité, ce qui correspondrait à un cadre réglementaire similaire à celui de la Corée. L'intervalle de confiance de 68 % est rapporté pour chaque effet simulé, conformément aux conventions utilisées dans les travaux publiés sur les méthodes de projection locale.
Source : Calculs de l'OCDE.

Source : Mitteldorf, E., Smiderle, I., Duran-Franch, J., Leandro, A., Turban, S. et Ruiz, N., « The short-term effects of structural reforms: a reassessment », *Documents de travail du Département des affaires économiques de l'OCDE*, à paraître.

StatLink https://stat.link/4t8cuk

L'assouplissement de la réglementation du marché locatif est une priorité en Slovénie et en Suède. D'après les données de l'OCDE, un tel assouplissement favoriserait une croissance inclusive en soutenant l'offre de logements. En Finlande, par exemple, la libéralisation du marché locatif a permis d'augmenter l'offre – le parc locatif privé est passé de 12 % en 1990 à 17 % en 2012 – tout en préservant l'accessibilité financière grâce à la mise en œuvre simultanée de mesures complémentaires visant à améliorer la réactivité de l'offre de logements (de Boer et Bitetti, 2014[232]). La Suède, qui applique l'un des systèmes d'encadrement des loyers les plus rigoureux de l'OCDE, pourrait également tirer profit de la suppression de cet encadrement dans le cas des logements neufs et existants. Les simulations réalisées pour cette édition du rapport F4GC semblent indiquer que ces réformes pourraient générer certains des effets positifs potentiels les plus importants en matière de productivité du travail et d'emploi dans les pays de l'OCDE (Encadré 10), conformément aux estimations selon lesquelles la mauvaise affectation du marché du logement dans le centre de Stockholm à lui seul entraîne une perte annuelle de bien-être d'environ 0.5 % du PIB (Andersson et Söderberg, 2012[233]). En Slovénie, les réglementations strictes en matière de location sont souvent contournées, et le pays aurait tout intérêt à introduire des contrats de location standard garantissant le respect de la législation du pays et la protection tant des locataires que des propriétaires.

Enfin, la fiscalité applicable au logement peut aussi permettre de réduire les contraintes affectant l'offre de logements. Par exemple, l'imposition des terrains ou des biens immobiliers vacants peut augmenter l'offre de logements (Segú, 2020[234]). Pour stimuler l'offre de logements, la Slovénie pourrait accroître les taux d'imposition foncière sur les résidences secondaires et les locations à court terme, tandis qu'au Luxembourg, l'augmentation des taxes sur les terrains inutilisés pourrait encourager davantage l'offre de logements, en plus de l'assouplissement des réglementations en matière de construction également recommandé.

Le passage d'une taxe foncière fondée sur les transactions à une taxe foncière périodique réduirait les obstacles à la mobilité, favoriserait l'ajustement du marché du travail et stimulerait la croissance économique (OCDE, 2021[219] ; OCDE, 2022[235]). Comme indiqué dans la discussion sur les recommandations relatives au cadre fiscal favorable à la croissance, les taxes sur les transactions génèrent de fortes distorsions, décourageant les transactions immobilières et limitant ainsi la mobilité de la main-d'œuvre (Causa et Pichelmann, 2020[208] ; O'Sullivan, Sexton et Sheffrin, 1995[236]), tandis que les impôts périodiques sur la propriété ont un impact négatif faible sur la mobilité et la croissance par rapport à d'autres sources de recettes importantes (Arnold et al., 2011[237] ; Akgun, Cournède et Fournier, 2017[155]). Le Portugal fait partie des pays qui pourraient tirer profit d'un passage progressif des taxes sur les transactions à une fiscalité périodique. En outre, la mise à jour périodique de la valeur des biens immobiliers – par exemple à l'aide d'outils d'évaluation de masse assistée par ordinateur, qui font encore défaut dans de nombreux pays de l'OCDE (OCDE, 2022[235]) – générerait des avantages supplémentaires au pays.

D'autre part, le plafonnement de l'exonération fiscale sur les plus-values, ainsi que la suppression progressive de l'allègement fiscal sur les intérêts hypothécaires constituent des leviers susceptibles de soutenir la croissance. Ces mesures peuvent augmenter l'offre de logements et favoriser la mobilité de la main-d'œuvre en réduisant les incitations qui poussent les ménages à rester dans des logements trop grands dont ils sont propriétaires. Cette approche facilite les déplacements des ménages pour des raisons professionnelles ou autres, et peut atténuer la pression à la hausse sur les prix de l'immobilier, notamment dans un contexte où l'offre est restreinte. La plupart des pays de l'OCDE exonèrent les logements occupés par leur propriétaire de l'impôt sur les plus-values, soutenant ainsi l'accession à la propriété et l'épargne de manière indirecte, inefficace et régressive. De même, l'allègement fiscal appliqué aux intérêts hypothécaires sur les logements occupés par leur propriétaire est une mesure courante dans les pays de l'OCDE. Toutefois, en raison de la faible élasticité de l'offre de logements, cet avantage est généralement répercuté dans les prix. Ce dispositif présente aussi un caractère régressif et encourage l'endettement ainsi que la surconsommation de services liés au logement (par exemple, l'acquisition de maisons de plus grande taille). En Australie, les avantages fiscaux associés aux plus-values immobilières des résidences principales sont particulièrement importants et pourraient être réduits afin de limiter les risques pour la stabilité financière. Par ailleurs, une diminution de la généreuse déductibilité des intérêts hypothécaires contribuerait à renforcer l'efficience et la progressivité du système d'imposition aux Pays-Bas et en Suède.

4. Des politiques ciblées et sectorielles pour orienter et soutenir les activités

Des politiques ciblées servent à orienter et à soutenir l'activité économique et à corriger les dysfonctionnements du marché, notamment l'internalisation des externalités, qui implique de récompenser les entreprises qui génèrent des externalités positives et de taxer celles qui produisent des externalités négatives. Par exemple, les entreprises ont tendance à innover moins que les niveaux socialement optimaux, tandis que de nombreuses structures n'internalisent pas les coûts environnementaux que les émissions de carbone font peser sur la société. La décarbonation des bâtiments est quant à elle freinée par des coûts fixes élevés (liés à l'adoption de pompes à chaleur par exemple) et par des problèmes de coordination (entre les propriétaires et les locataires par exemple) ; la décarbonation du secteur des transports impose en parallèle de développer le parc de véhicules électriques et un réseau de stations de recharge ; et le verdissement des procédés industriels passe par l'innovation, qui présente de fortes externalités positives au-delà de la réduction de la pollution. Les politiques ciblées couvertes par les fondements de la croissance et de la compétitivité (F4GC) comprennent :

- des subventions et incitations, par exemple des aides financières à la R-D ou des politiques industrielles, dont l'intervention stratégique des pouvoirs publics pour développer les secteurs à fort potentiel et renforcer les capacités technologiques afin d'encourager les activités innovantes et, par la suite, d'accroître la productivité multifactorielle ;
- des politiques qui réduisent les distorsions des prix de l'énergie, mettent en place une conception et une évaluation satisfaisantes des politiques environnementales, et réduisent les obstacles à la diversification énergétique et aux investissements en ressources naturelles afin de rehausser la productivité en garantissant un approvisionnement énergétique fiable et économiquement abordable.

Des politiques ciblées complètent les politiques qui préparent le terrain et celles qui façonnent les incitations inhérentes au marché décrites ci-dessus, et des interactions décisives se nouent entre elles. Par exemple, il est clairement établi que l'efficacité de politiques d'innovation ciblées sera renforcée par des politiques structurelles qui favorisent la concurrence, le dynamisme des entreprises et la réaffectation de ressources rares aux entreprises innovantes (Acemoglu et al., 2018[238]). Par ailleurs, les politiques qui augmentent le capital humain peuvent aussi être plus propices à la croissance lorsqu'elles vont de pair avec des politiques d'innovation ciblées qui s'attaquent aux dysfonctionnements du marché et contribuent à la diffusion de l'innovation.

Les recommandations portant sur des politiques ciblées mentionnées dans les F4GC sont prédominantes puisqu'elles représentent 10 % du total des recommandations. Trois politiques ciblées recommandées sur quatre portent sur les aides à l'innovation, et une sur quatre sur l'énergie et l'environnement (Graphique 38).

Graphique 38. Des politiques ciblées sont de mise dans divers domaines

Part des recommandations portant sur des politiques ciblées par domaine (en %)

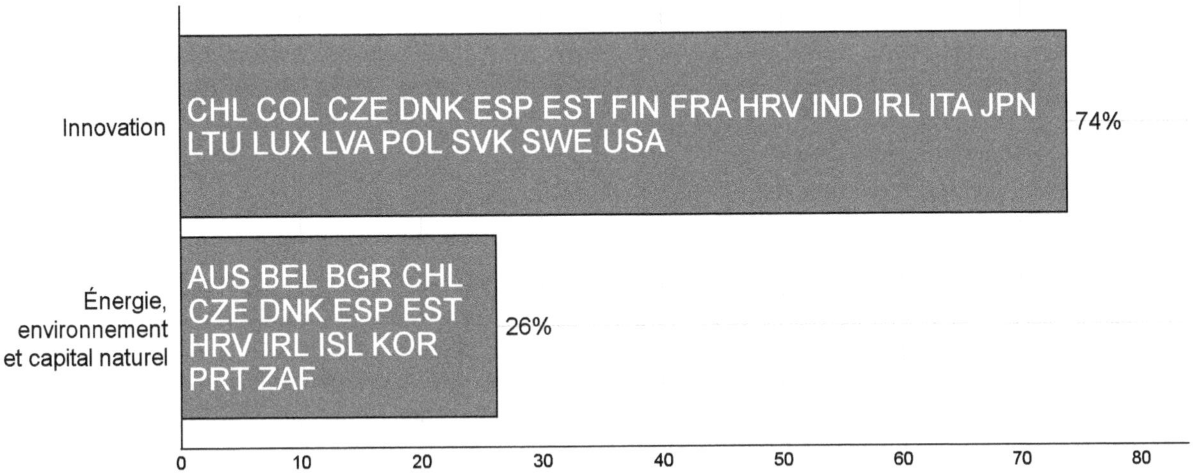

Note : Chaque bande affiche les codes ISO3 correspondant aux pays ayant fait l'objet d'une recommandation dans ce domaine.
Source: Calculs de l'OCDE effectués à partir des notes par pays du rapport *Les fondements de la croissance et de la compétitivité* (F4GC).

StatLink https://stat.link/z5xlk0

Accélérer l'innovation

Le progrès technologique et l'innovation sont les principaux catalyseurs de la croissance économique à long terme (Swan, 1956[239] ; Solow, 1956[240] ; Romer, 1990[241]). À mesure que les pays se rapprochent de la frontière technologique, la croissance de la productivité devient de plus en plus dépendante de l'élaboration de nouvelles idées, technologies et méthodes de production et de prestation de services. Cependant, compte tenu des spécificités des connaissances, qui sont non rivales et seulement en partie exclusives, l'investissement du secteur privé dans l'innovation peut rester en deçà des niveaux optimaux pour la société, ce qui justifie une intervention de l'État pour corriger les imperfections sur le marché des idées (Andrews et Criscuolo, 2013[242]). Par conséquent, les politiques d'innovation prises en compte dans le cadre sur les fondements de la croissance et de la compétitivité (F4GC) reposent sur des indicateurs quantitatifs qui illustrent les diverses méthodes de financement du processus d'innovation par les pouvoirs publics (voir l'Annexe 1.C).

Le traitement fiscal préférentiel de la R-D, sous la forme de crédits et de déductions d'impôt, peut générer de l'additionnalité : il peut encourager les entreprises à engager davantage de dépenses de R-D qu'elles ne l'auraient fait en l'absence d'une intervention des pouvoirs publics. Un éventail de facteurs détermine l'efficacité des incitations fiscales à la R-D. Premièrement, l'additionnalité a tendance à être plus marquée pour les mesures gouvernementales qui ciblent les entreprises de taille modeste : des travaux de recherche de l'OCDE montrent qu'une unité supplémentaire d'aides fiscales à la R-D se traduit par 1.4 unité supplémentaire de R-D, mais avec un impact plus prononcé pour les petites et moyennes entreprises que pour les grandes structures (OCDE, 2023[243]). Deuxièmement, la stabilité de l'action publique peut être tout aussi essentielle que l'ampleur des aides publiques pour stimuler l'innovation : de fortes fluctuations des mesures fiscales en matière de R-D (qu'elles tendent à accroître ou à réduire les aides à la R-D) peuvent se révéler préjudiciables, sachant que la prévisibilité des coûts est particulièrement importante pour les projets d'investissements immatériels qui ont des horizons temporels beaucoup plus éloignés et pour lesquels il est difficile de revenir sur la décision d'investir une fois qu'un projet a démarré (Westmore, 2013[244]).

Si les incitations fiscales à la R-D peuvent éventuellement augmenter la productivité en repoussant la frontière technologique et en encourageant les externalités de connaissances, leur conception est capitale pour garantir l'additionnalité et faire en sorte que les entreprises en place ne soient pas favorisées au détriment des jeunes entreprises qui possèdent en général un avantage comparatif dans les innovations de rupture (OCDE, 2024[245]). Cela peut prendre la forme d'un crédit d'impôt en faveur de la R-D remboursable pour les entités déficitaires ou d'un allégement d'impôt applicable aux prélèvements sur les salaires dont elles sont redevables. En réalité, il ressort des travaux de recherche de l'OCDE que les entreprises réagissent de manière plus énergique aux incitations fiscales lorsque des remboursements sont proposés pour les entités déficitaires, et avec encore plus de force quand des allégements d'impôts sont applicables aux prélèvements sur les salaires (OCDE, 2023[243]).

Le traitement fiscal préférentiel peut concrètement promouvoir la R-D, en dépit de certaines limites qui imposent d'engager des dépenses complémentaires de R-D. Il est à redouter que le recours exclusif à des instruments fiscaux pour stimuler la R-D oriente les efforts vers des projets qui sont plus proches du marché, ce qui pourrait aboutir à une mauvaise répartition entre la recherche fondamentale et la recherche appliquée. Cela est primordial puisque la recherche fondamentale est davantage de nature non rivale, d'où de plus fortes externalités de connaissances que pour la recherche appliquée. Cela a tendance à rendre la R-D appliquée plus productive (Akcigit, Hanley et Serrano-Velarde, 2020[246]), même si ses effets positifs notables se font sentir de manière très différée (Clancy, 2021[247]).

Cependant, d'après les nouveaux travaux de recherche effectués pour la présente édition des F4GC, les gains de productivité tirés de la hausse des dépenses de recherche fondamentale se concrétisent dans un délai de quatre ans (Encadré 11). Plus précisément, une augmentation des dépenses de recherche fondamentale à hauteur de la variation historique moyenne durant la période 1995-2019 pourrait accroître la productivité du travail de 0.3 % en moyenne en quatre ans. La recherche fondamentale est insuffisamment financée ; toutefois, d'autres dépenses publiques directes et incitations indirectes en faveur de la recherche fondamentale pourraient rehausser la productivité et être amorties en dix ans (Barrett et al., 2021[248]). Plus généralement, les dépenses publiques consacrées à la R-D peuvent attirer l'investissement privé et l'innovation et améliorer la productivité et les niveaux de vie à long terme (Antolin-Diaz et Surico, à paraître[249] ; Moretti, Steinwender et Van Reenen, 2025[250]).

Encadré 11. La recherche fondamentale peut accroître la productivité du travail à court terme

Cet encadré évalue l'impact à court terme des dépenses de recherche fondamentale sur la productivité du travail, en s'appuyant sur des données extraites de la base de données F4GC sur les dépenses de recherche fondamentale en pourcentage du PIB et des indicateurs de performance économique dans les différents pays de l'OCDE. Les estimations sont réalisées à l'aide de méthodes de projection locales (voir l'Annexe 1.B).

Il ressort des résultats qu'une augmentation de 0.02 point de pourcentage de la part du PIB consacrée à la recherche fondamentale peut générer un gain de productivité du travail de 0.3 %, à partir de quatre années après la hausse des dépenses (Graphique 39). Les gains de productivité du travail ont tendance à se matérialiser plus lentement que ceux d'autres réformes structurelles. Cela s'explique par l'incertitude foncièrement grande qui entoure la recherche fondamentale ainsi que par ses résultats souvent indirects et imprévisibles. Si ces résultats n'ont peut-être pas de retombées immédiates, ils jettent souvent les bases de futures innovations et de progrès en matière de connaissances fondamentales. En outre, des investissements plus massifs dans la recherche fondamentale peuvent créer des conditions qui permettent aux entreprises éloignées de la frontière d'adopter les technologies et le savoir-faire élaborés par les entreprises situées à la frontière via la recherche appliquée. Cela peut contribuer à atténuer le recul de la diffusion des connaissances entre les entreprises situées à la frontière et celles qui sont à la traîne, qui a été identifié comme une cause majeure de l'érosion du dynamisme des entreprises ces dernières années (Akcigit et Ates, 2021[251]).

Graphique 39. Impact d'une hausse des dépenses de recherche fondamentale sur la productivité du travail

Impact (en %) sur la productivité du travail d'une hausse historique moyenne du ratio dépenses de recherche fondamentale/PIB, choc moyen de 0.02 point de %

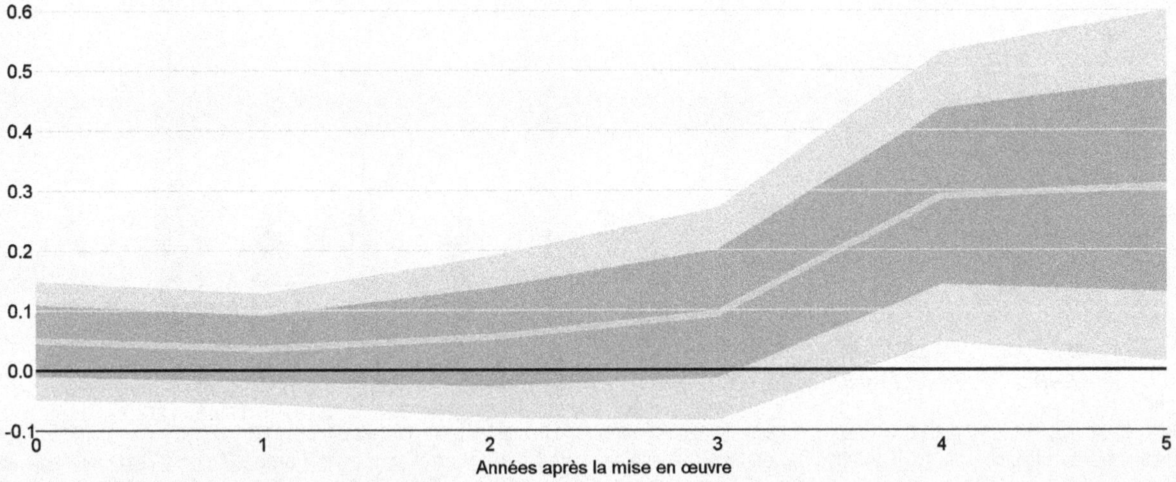

Note : La productivité du travail est définie comme le PIB par travailleur. L'estimation porte sur la période 1995-2019 pour les pays de l'OCDE. La zone ombrée foncée représente l'intervalle de confiance de 68 %, tandis que la zone ombrée claire correspond à l'intervalle de confiance de 90 %. Pour la méthodologie utilisée dans l'estimation, voir l'Annexe 1.B.
Source : Calculs de l'OCDE.

StatLink https://stat.link/4hqyfg

Certains pays pourraient voir leur productivité du travail augmenter sensiblement sous l'effet de la hausse des dépenses de recherche fondamentale

Le comblement de l'écart de dépenses de recherche fondamentale avec la médiane de l'OCDE pourrait dégager des gains de productivité du travail dans l'ensemble des pays à un horizon de cinq ans, compris entre 0.01 % en Slovénie, où les dépenses de recherche fondamentale sont proches de la médiane de l'OCDE, et 1.3 % en Lituanie, où les dépenses sont encore inférieures à la médiane de l'OCDE (Graphique 40). Dans ce contexte, utiliser une partie de la hausse des budgets de la défense pour la consacrer à la recherche fondamentale liée à la défense pourrait contribuer à financer les investissements nécessaires. En effet, des organismes de défense comme l'Agence américaine pour les projets de recherche avancée en défense (DARPA) financent souvent des projets à haut risque et à haut rendement ancrés dans la science fondamentale, dont les retombées vont bien au-delà des applications militaires, comme les premiers protocoles Internet (ARPANET).

Graphique 40. Porter les dépenses de recherche fondamentale à la médiane de l'OCDE pourrait accroître la productivité du travail

Impact potentiel (en %) sur la productivité du travail d'une hausse des dépenses de recherche fondamentale à la médiane de l'OCDE

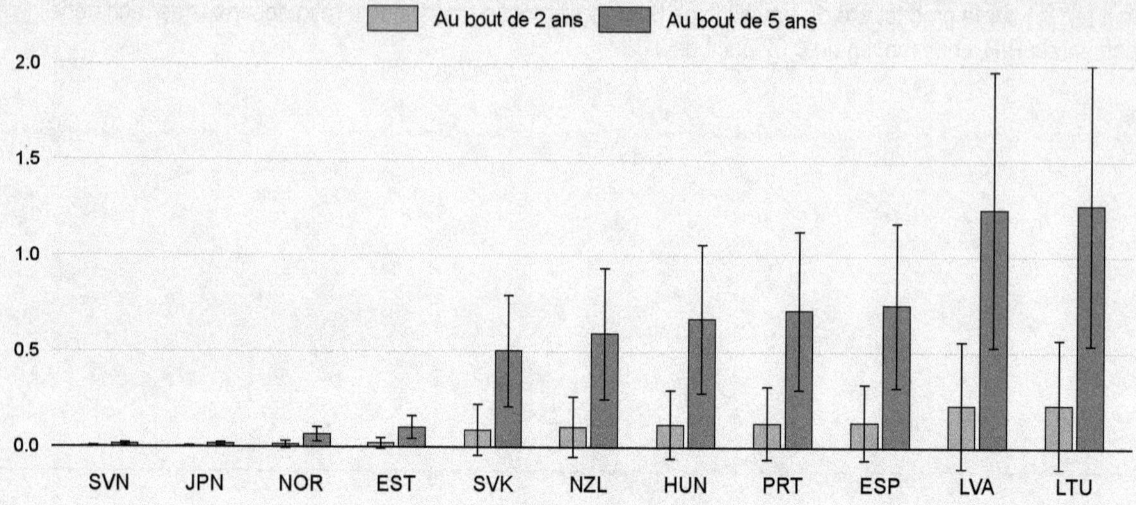

Note : Les effets simulés à deux et cinq ans s'appuient sur un scénario dans lequel les pays dont les dépenses de recherche fondamentale sont inférieures à la médiane de l'OCDE en 2019 convergent vers cette dernière. À titre d'illustration, dans le cas de l'Espagne, cela représente une hausse des dépenses de recherche fondamentale rapportée au PIB de 0.13 point de pourcentage. L'intervalle de confiance de 68 % est rapporté pour chaque effet simulé, conformément aux conventions utilisées dans les travaux publiés sur les méthodes de projection locales.
Source : Calculs de l'OCDE.

Source : Mitteldorf, E., Smiderle, I., Duran-Franch, J., Leandro, A., Turban, S. et Ruiz, N., « The short-term effects of structural reforms: a reassessment », *Documents de travail du Département des affaires économiques de l'OCDE*, à paraître.

StatLink https://stat.link/mlsy35

C'est pourquoi les mesures fiscales devraient être complétées par d'autres mesures d'aide pour intensifier les efforts de R-D. Les pouvoirs publics peuvent financer directement la R-D privée en accordant des subventions, des prêts ou des garanties d'emprunt. À vrai dire, les progrès dans la conception des dispositifs qui octroient des aides publiques directes à la R-D peuvent expliquer pourquoi, contrairement aux études empiriques antérieures, on observe des signes plus manifestes d'une corrélation positive avec l'innovation (Westmore, 2013[244]). Par exemple, la structure des aides publiques est devenue plus axée sur des subventions pour les activités commerciales de R-D, et les subventions de contrepartie (pour les investissements privés) sont devenues plus fréquentes (Andrews et Criscuolo, 2013[242]). Une étude récente de l'OCDE met aussi en évidence un degré d'additionnalité similaire pour les financements directs par rapport aux aides fiscales ainsi que des complémentarités entre les deux instruments d'action (OCDE, 2023[243]).

Les pouvoirs publics peuvent aussi soutenir la recherche à travers les universités ou les laboratoires publics, en constatant que plus de la moitié de la recherche fondamentale s'effectue dans des établissements d'enseignement supérieur (dans le pays médian de l'OCDE), celle-ci étant principalement financée par l'État (OCDE, 2025[252] ; OCDE, 2025[253]). Au-delà, la collaboration entre le monde universitaire et l'industrie joue aussi un rôle déterminant : selon des données récentes de l'OCDE, l'essentiel de l'activité d'invention dans l'industrie se déroule à proximité d'universités, et les jeunes pousses issues de la recherche universitaire représentent une part importante de l'activité globale des nouvelles entreprises (OCDE, 2019[254]). Par conséquent, les pouvoirs publics peuvent encourager les transferts de connaissances entre les milieux universitaires et l'industrie afin de favoriser la commercialisation d'inventions et la diffusion plus générale de technologies étrangères de pointe. En réalité, l'écart de productivité entre les entreprises situées à la frontière nationale et mondiale a tendance à être plus faible dans les pays où la collaboration en matière de R-D est plus intense (Andrews, Criscuolo et Gal, 2015[255]), ce qui met en évidence les possibilités de coopération dans ce domaine pour faciliter la diffusion de nouvelles idées.

Les réformes visant à favoriser l'innovation représentent près de deux cinquièmes des recommandations liées à des politiques ciblées. En général, les pays disposent d'une marge pour accroître les dépenses consacrées à la R-D, en particulier à la recherche fondamentale, tout en veillant à ce que les aides soient accordées de manière efficiente (Graphique 41). À titre d'exemple, élargir l'ampleur des aides publiques est une priorité pour des pays comme la Croatie, l'Inde ou la République slovaque, tandis que l'investissement public dans la R-D des entreprises devrait progresser en Irlande. Le Chili et la Colombie pourraient aussi relever le niveau de leurs crédits d'impôt en faveur de la R-D. Concernant la recherche fondamentale, la stimuler serait bénéfique pour le Japon (notamment en renforçant le rôle du fonds de dotation universitaire) ou la Suède.

Graphique 41. Pour doper la croissance, il sera important d'augmenter et d'améliorer les aides à la R-D tout en encourageant les collaborations en matière de recherche

Part des recommandations pratiques d'accélérer l'innovation (en %)

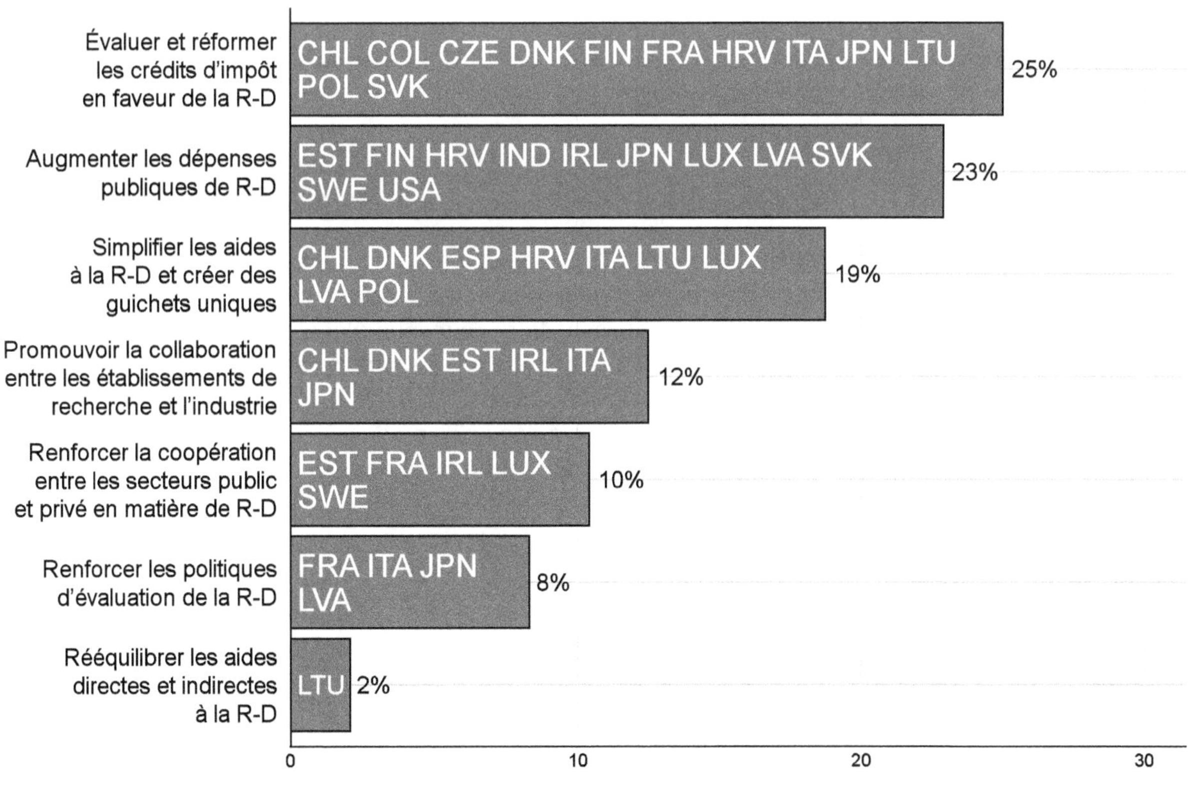

Note : Chaque bande affiche les codes ISO3 correspondant aux pays ayant fait l'objet d'une recommandation dans ce domaine.
Source: Calculs de l'OCDE effectués à partir des notes par pays du rapport *Les fondements de la croissance et de la compétitivité* (F4GC).

StatLink https://stat.link/mk5yjc

Les aides à la R-D pourraient aussi devenir plus efficientes. Ainsi, le Danemark, la France, la Finlande, la Lettonie et l'Italie pourraient évaluer et contrôler leurs crédits d'impôt (et autres incitations) et repenser leurs politiques en conséquence. Le ciblage des mesures d'aide à la R-D pourrait aussi être amélioré. Par exemple, le crédit d'impôt remboursable au Chili pourrait donner un accès prioritaire aux PME du numérique, tandis que les crédits d'impôt existants pour les petites et jeunes entreprises pourraient devenir remboursables en Tchéquie, en Croatie, au Japon et en République slovaque. Des dispositions de report en avant de pertes, notamment pour les petites et jeunes entreprises qui sont moins susceptibles d'être rentables au départ, pourraient être mises en place ou renforcées en Tchéquie, en Croatie, au Japon et en Pologne.

Plus généralement, ces entreprises seraient susceptibles de bénéficier davantage d'une réduction des obstacles à l'accès aux aides. Le Luxembourg, la Pologne et l'Espagne pourraient simplifier les procédures de demande de programmes d'innovation, alors que l'Italie, la Lituanie et l'Espagne pourraient communiquer des informations de meilleure qualité afin d'améliorer l'accès à ces programmes. Une meilleure information dans ces pays pourrait contribuer à combler l'écart de dépenses de recherche fondamentale avec la médiane de l'OCDE et à profiter des importants gains de productivité du travail potentiels que laissent entrevoir les simulations (Encadré 11). Certains programmes de R-D peuvent aussi être superflus : à titre d'exemple, le Chili, la Croatie et le Danemark pourraient éventuellement mieux coordonner les dispositifs actuels pour faire en sorte qu'ils ne se chevauchent pas.

Par ailleurs, le lien entre les établissements d'enseignement supérieur ou les établissements publics de recherche et les entreprises de taille modeste pourrait être renforcé en Irlande et en Italie. Dans l'optique d'améliorer la diffusion de nouvelles idées, les liens entre les entreprises et les universités (et les établissements publics de recherche plus généralement) pourraient être renforcés au Chili, au Danemark, en Estonie, en France, en Irlande, en Italie, au Japon, au Luxembourg et en Suède. Pour ce faire, il serait par exemple possible d'encourager la mobilité des agents en les nommant à des postes multiples et en assurant une cogouvernance des centres de recherche et une conception minutieuse du système de droits de propriété intellectuelle. Un cofinancement des mécanismes public-privé pourrait aussi être mis en place au Luxembourg et en Finlande, afin de financer la recherche dans des secteurs à haut potentiel mais risqués.

Réduire les obstacles aux investissements dans l'énergie et les ressources naturelles

Les variations à long terme des conditions météorologiques et des températures font peser des risques majeurs sur les économies. La hausse des températures mondiales et l'augmentation de la fréquence des catastrophes naturelles menacent de réduire la croissance économique globale, en détériorant les actifs productifs et en diminuant la productivité du travail, notamment en raison du stress thermique (Costa et al., 2024[256]). Ces variations risquent aussi d'aggraver la mauvaise répartition du capital, sachant que les dépenses d'adaptation évincent les investissements dans des actifs productifs. Les coûts d'ajustement qui concernent les apports de capital, de travail et de matières premières peuvent induire d'importants coûts économiques supplémentaires (Caggese et al., 2025[257] ; Parker, 2023[258]). D'après des estimations récentes, qui reposent en grande partie sur des données rétrospectives, un scénario sans atténuation du changement climatique (à savoir une hausse de plus de 4 °C) pourrait réduire le PIB mondial par habitant de 10-20 % à long terme (FMI, 2017[259] ; Kahn et al., 2021[260] ; Burke, Hsiang et Miguel, 2015[261] ; Burke, Davis et Diffenbaugh, 2018[262] ; Neal, Newell et Pitman, 2025[263] ; Swiss Re Institute, 2021[264]).

Toutefois, une transition efficace peut aussi ouvrir de vastes possibilités. Le coût de production de l'électricité d'origine renouvelable a reculé sensiblement et devrait continuer à le faire à l'avenir (BloombergNEF, 2025[265]), et le coût moyen actualisé de l'énergie (CMAE) est le plus souvent déjà plus bas pour les énergies renouvelables que pour les combustibles fossiles. Le CMAE moyen a diminué de 90 % depuis 2010 pour les projets de solaire photovoltaïque de grande puissance et de plus de 50 % pour ceux d'éolien terrestre (IRENA, 2024[266]). Au cours de la transition, les gains d'efficacité énergétique pourraient stimuler l'investissement et l'innovation, et donc la productivité (André et al., 2023[267]). L'impact positif sur la pollution atmosphérique qui en résulte devrait améliorer la productivité du travail (et agricole).

Par conséquent, des politiques environnementales bien pensées (OCDE, 2024[268]) peuvent doper la croissance économique en particulier grâce aux investissements verts et aux gains d'efficacité énergétique (OCDE/PNUD, 2025[269] ; AIE, 2025[270]) ainsi qu'aux retombées en matière d'innovation. Garantir un approvisionnement en énergie abordable et diversifié peut aussi favoriser la croissance et la résilience économique en réduisant l'exposition à la volatilité des prix des combustibles et à des perturbations temporaires ou localisées de l'approvisionnement énergétique. Le cadre F4GC comprend des indicateurs qui visent à évaluer le bouquet énergétique des pays dans l'optique de dynamiser aussi la croissance, dont l'importance des énergies renouvelables dans l'approvisionnement en énergie, les aides à l'innovation et les progrès accomplis par le pays pour réduire l'intensité énergétique et renforcer la sécurité énergétique.

L'atténuation des émissions de carbone passe par un éventail complet de mesures qui comprend la tarification des émissions ainsi que des réglementations et normes (D'Arcangelo et al., 2022[271] ; Blanchard, Gollier et Tirole, 2023[272]), dont l'élaboration et l'application sont des facteurs essentiels pour faire en sorte qu'elles ne nuisent pas à la productivité en imposant des contraintes inutiles aux entreprises (par exemple en relevant les obstacles à l'entrée, en faussant la concurrence ou en imposant des coûts de transaction liés à la délivrance d'autorisations et de permis) (Berestycki et Dechezleprêtre, 2020[273] ; Koźluk, 2014[274]). La capacité de la réglementation environnementale à doper la croissance économique figure dans le cadre F4GC en tenant compte des réglementations des marchés de produits dans les secteurs de l'électricité et du gaz et de l'indicateur de conception et d'évaluation des politiques environnementales, qui évaluent les coûts pour le marché induits par les politiques environnementales. Plus récemment, l'OCDE a mis au point un outil de diagnostic pour que les dirigeants puissent réduire les obstacles réglementaires au déploiement d'infrastructures liées aux énergies renouvelables (Encadré 12).

Encadré 12. Les obstacles réglementaires au déploiement du solaire, de l'éolien et du stockage par pompage-turbinage dans l'OCDE

À l'échelle mondiale, la demande d'électricité devrait augmenter sensiblement dans l'ensemble des pays de l'OCDE d'ici à 2040, sous l'effet de l'électrification accrue dans des secteurs comme le transport, le chauffage et l'industrie. Selon les projections, une part croissante de cette électricité devrait provenir de sources renouvelables. Cependant, contrairement à la production thermique centralisée, les systèmes électriques alimentés par des sources renouvelables exigent une plus grande flexibilité. Cela concerne notamment le stockage, la réponse du côté de la demande, les mécanismes d'équilibrage du côté de l'offre ainsi que le renforcement des interconnexions entre régions et pays.

Les cadres réglementaires hérités du passé, pensés pour des systèmes conventionnels et centralisés, sont souvent peu adaptés à la nature décentralisée, variable et diversifiée des systèmes énergétiques modernes qui reposent sur des sources renouvelables. Souvent, ils peinent à accompagner les investissements dans les réseaux, les mesures en matière de flexibilité et les modèles économiques indispensables à une exploitation efficace de ces systèmes, ce qui crée ainsi des obstacles réglementaires à l'entrée et au déploiement.

Dans une étude récente, l'OCDE a recensé cinq principaux obstacles fréquents aux énergies renouvelables dans les pays de l'UE.

Typologie des principaux obstacles réglementaires aux énergies renouvelables dans l'UE

Premièrement, le manque de clarté et d'exhaustivité de certaines définitions juridiques et obligations et de certains droits crée de l'incertitude et décourage l'entrée de nouveaux acteurs sur le marché, en particulier dans le cas de nouvelles solutions. Par exemple, dans la plupart des pays de l'UE, les restrictions à la double utilisation des terres agricoles limitent fortement le développement de l'agrivoltaïsme (intégration de la production d'énergie solaire sur des terres agricoles). En France et en Italie, où cette double utilisation a été explicitement reconnue dans les récentes évolutions législatives, les projets agrivoltaïques se sont fortement développés

Deuxièmement, l'incertitude entourant les modalités de rémunération et le traitement des coûts peut aussi affaiblir les incitations à entrer sur le marché. Par exemple, dans la majorité des pays de l'UE, les cadres réglementaires ne prévoient pas – ou n'autorisent pas – la rémunération de nouveaux services (tels que les services d'inertie), ce qui limite très fortement leur déploiement sous forme d'offre distincte. Face à cette situation, certains pays comme l'Irlande ont récemment adopté de nouvelles règles de marché afin de créer des signaux de prix pour ces technologies et services d'inertie émergents.

Troisièmement, des procédures d'aménagement du territoire et de délivrance des permis, souvent régies à l'échelon infranational voire local, sont fréquemment obsolètes et complexes et font intervenir plusieurs autorités agissant de manière séquentielle. Cela ouvre une large latitude d'appréciation, qui mobilise beaucoup de ressources, et entraîne des délais excessifs pour la délivrance des permis (généralement plus de cinq ans au sein de l'UE, et jusqu'à neuf ans dans certains cas). Ces délais pèsent lourdement sur l'investissement et sur l'efficacité des décisions d'implantation. En revanche, la simplification des règles s'est révélée très efficace : pendant la crise énergétique, les réglementations d'urgence ont entraîné des hausses à deux chiffres du nombre de permis délivrés dans plusieurs États membres de l'UE. En Flandre (Belgique), par exemple, 300 MW d'éolien ont été approuvés dans les huit mois qui ont suivi les réformes, soit davantage que sur l'ensemble de l'année précédente. De même, en Allemagne, la loi de 2023 sur l'accélération de l'expansion du réseau a multiplié par quatre le nombre de lignes électriques autorisées entre 2024 et 2025.

Quatrièmement, les règles de raccordement au réseau, qui dans de nombreux pays reposent encore sur le principe du « premier arrivé, premier servi », créent des goulets d'étranglement. Cette situation permet à des projets spéculatifs de mobiliser des capacités tout en retardant ou en décourageant des investissements viables. La Suède a adopté une approche différente, avec un modèle fondé sur la maturité des projets, étayé par une norme sectorielle élaborée avec le gestionnaire national du réseau de transport. Cette approche alloue les capacités de raccordement selon l'état d'avancement des projets, garantissant ainsi que la capacité disponible bénéficie en priorité à ceux ayant les plus fortes chances d'aboutir.

Cinquièmement, des obstacles structurels au développement des réseaux subsistent. Les cadres réglementaires actuels favorisent généralement les dépenses traditionnelles à forte intensité de capital, mais n'offrent que peu d'incitations aux investissements à caractère anticipatif ou à l'adoption de technologies innovantes ou de solutions numériques permettant d'améliorer les réseaux. Par exemple, dans de nombreux États membres, aux termes de la réglementation en vigueur, les gestionnaires de réseau n'ont pas la possibilité de se procurer des services de flexibilité ou de récupérer les coûts liés à des solutions sans fil, tels que les investissements dans la transformation numérique, même lorsque ces solutions sont plus efficaces que l'extension d'un réseau conventionnel.

Source : OCDE, *Diagnostic Toolkit for reducing regulatory barriers to solar, wind and pumped hydro storage in EU – Empowering Policymakers at National, Regional and Local Levels* (2025, à paraître).

Sur la base de ces éléments, les recommandations portant sur l'énergie et les ressources naturelles soulignent pour la plupart l'importance d'un programme d'action cohérent pour la transition écologique, qui associe une augmentation de la fiscalité du carbone à des aides à l'investissement dans les énergies vertes, les infrastructures de transport et de construction, et la résilience face au changement climatique. Si un relèvement de la fiscalité du carbone peut dynamiser la croissance dans le cadre d'un ensemble d'incitations inhérentes au marché visant à améliorer l'efficience des finances publiques (voir la section 3) et si les infrastructures de réseau peuvent offrir de meilleures conditions fondamentales de la croissance (voir la section 2), des politiques ciblées, notamment des réglementations et normes bien pensées ainsi que la suppression des distorsions des prix qui favorisent les énergies polluantes, sont aussi recommandées pour stimuler la croissance à long terme (Graphique 42).

Graphique 42. Une hausse de la tarification du carbone, de nouveaux investissements verts et des réglementations intelligentes peuvent à eux tous favoriser une transition écologique propice à la croissance

Part des recommandations pratiques d'accroître les investissements dans l'énergie et les ressources naturelles (en %)

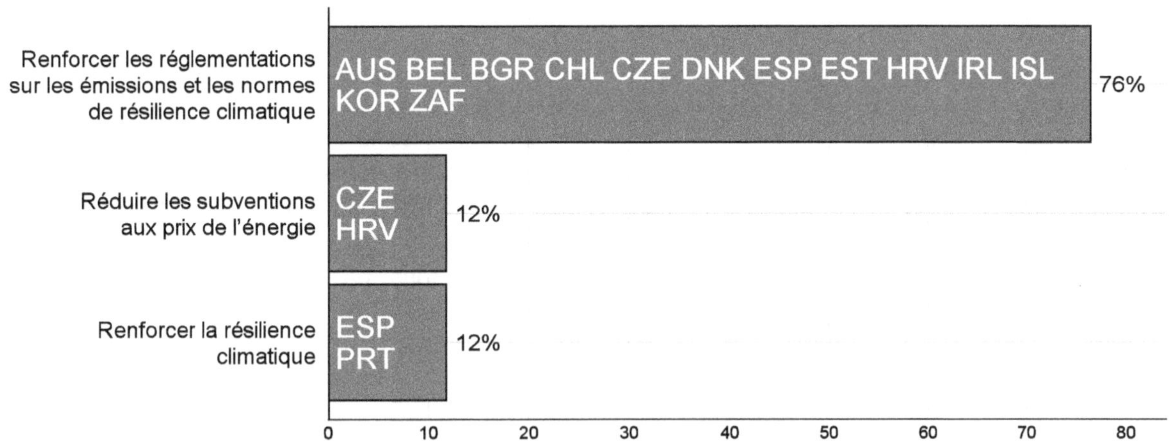

Note : Chaque bande affiche les codes ISO3 correspondant aux pays ayant fait l'objet d'une recommandation dans ce domaine.
Source: Calculs de l'OCDE effectués à partir des notes par pays du rapport *Les fondements de la croissance et de la compétitivité* (F4GC).

StatLink https://stat.link/9yhdxa

Le principal domaine d'action ciblé pour promouvoir l'investissement dans l'énergie et les ressources naturelles est un examen de la délivrance d'autorisations et du cadre réglementaire. En Belgique, en Bulgarie, au Chili, en Corée, en Croatie, en Islande et en Tchéquie, les projets d'énergie et d'électricité renouvelables pourraient être accélérés en simplifiant les procédures de délivrance d'autorisations. Les recommandations pour accompagner cette simplification sont notamment d'augmenter les moyens administratifs (Croatie), de mettre en place un guichet unique (Croatie, Tchéquie, Bulgarie), de répertorier des sites adaptés pour les zones d'accélération des énergies renouvelables, de prendre des dispositions pour approuver des projets relevant de l'intérêt public supérieur (Belgique, Tchéquie), et de partager les avantages avec les populations locales (Corée, Islande). En outre, les distorsions des prix imputables aux subventions aux prix de l'énergie sont assez marquées et devraient être supprimées progressivement en Croatie (en particulier pour le gaz naturel), en Tchéquie et en France, ce qui présenterait de surcroît l'avantage de relever le prix effectif du carbone tout en dopant la croissance et en augmentant les recettes. Enfin, des pays comme le Portugal et l'Espagne pourraient tirer parti des investissements dans des instruments pour renforcer la résilience face au changement climatique, par exemple des mécanismes de mutualisation des risques public-privé.

5. Mener des réformes structurelles dans un contexte de contraintes budgétaires et politiques

Après avoir passé en revue les principales priorités de l'action publique pour soutenir la croissance à long terme, cette dernière section s'intéresse aux réalités pratiques pour réussir la réforme. Un programme de réformes ambitieux ne peut aboutir qu'à condition d'être mis en œuvre en tenant compte des arbitrages à court terme et des contraintes du monde réel. Les pouvoirs publics disposent d'une marge de manœuvre budgétaire limitée en raison du niveau élevé de la dette et de la hausse des tensions sur les dépenses, et doivent en parallèle relever des défis liés à l'économie politique afin d'obtenir un soutien en faveur de réformes dont les avantages ne se matérialisent que progressivement. En outre, différentes réformes ont différents effets à court terme sur la croissance et sur l'emploi : certaines stimulent rapidement l'activité, tandis que d'autres engendrent des coûts transitoires avant que les gains ne se concrétisent. Il est essentiel de prendre acte de ces réalités budgétaires, politiques et concernant la croissance à court terme afin de concevoir et de hiérarchiser des réformes qui soient non seulement bien ciblées, mais aussi crédibles, réalisables et politiquement acceptables.

Le niveau de la dette publique est élevé dans de nombreuses économies avancées et économies de marché émergentes, et les tensions sur les dépenses s'accentuent dans des domaines comme la défense, la transition écologique et les coûts sociaux liés au vieillissement (voir le Graphique 43). Le coût du service de la dette s'alourdit aussi, parallèlement à la hausse des taux d'intérêt, ce qui renforce encore les tensions exercées sur les finances publiques (OCDE, 2025[13]). Les niveaux d'endettement élevés et le durcissement des conditions financières constituent en particulier une source de risques pour les pays en développement, qui vont être nombreux à devoir satisfaire d'amples besoins de refinancement à brève échéance. Aussi, la mise en œuvre de réformes structurelles dans un contexte de contraintes budgétaires est à la fois urgente et difficile, et exige de prêter une attention toute particulière aux aspects liés à la conception, au séquençage et au financement.

Graphique 43. Les niveaux de la dette publique sont élevés

En pourcentage du PIB

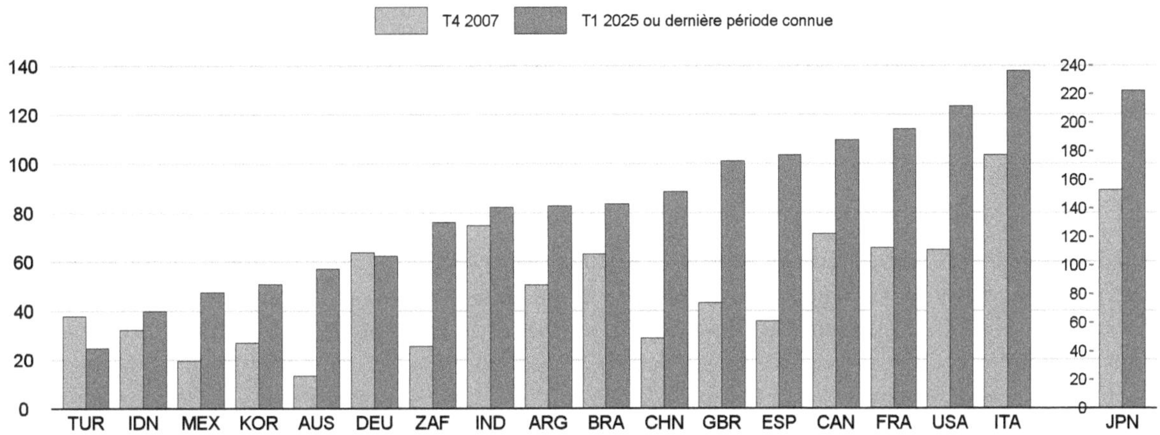

Note : Ce graphique représente les engagements financiers des administrations publiques en pourcentage du PIB pour AUS, CAN, JPN, KOR et USA ; la dette brute des administrations publiques en pourcentage du PIB (au sens de Maastricht) pour les États membres de la zone euro et GBR ; et la dette brute des administrations publiques en pourcentage du PIB pour les autres pays. Les dernières données se rapportent à T4 2024 pour ARG, AUS, BRA, CHN, IDN, IND, KOR, JPN, MEX, TUR et ZAF. S'agissant des pays de la zone euro, le chiffre de T1 2025 est provisoire. Pour KOR, les données les plus anciennes disponibles se rapportent à T4 2008.
Source : Eurostat ; Fonds monétaire international (FMI), base de données relative aux investisseurs en dette souveraine ; base de données des *Perspectives économiques de l'OCDE*, n° 117 ; Office des statistiques nationales (ONS, *Office for National Statistics*) du Royaume-Uni ; et calculs de l'OCDE.

StatLink https://stat.link/ec8bwi

Les réformes structurelles demeurent un outil efficace de soutien à la productivité, à l'emploi et à la viabilité des finances publiques à long terme (Bettarelli et al., 2025[275]). Pourtant, les réformes entraînent souvent des coûts économiques et budgétaires à court terme et exigent des pouvoirs publics confrontés à une croissance économique faible et à des budgets serrés qu'ils procèdent à des arbitrages (Bouis et al., 2012[276]). En premier lieu, certaines réformes peuvent réduire temporairement la demande et l'emploi, faisant baisser les recettes tirées des impôts et cotisations sociales. Les États aux prises avec des contraintes budgétaires peuvent être moins à même de faire face à ces effets négatifs à court terme. En outre, alors que les taux directeurs de banques centrales sont actuellement bien supérieurs à la limite inférieure effective dans la plupart des pays, la capacité des acteurs de la politique monétaire à absorber les effets à court terme sur la demande induits par les réformes structurelles pourrait être limitée par le risque perçu d'anticipations inflationnistes non ancrées, l'abandon des politiques monétaires non conventionnelles récentes ou le retour potentiel à un environnement de taux d'intérêt plus faibles à la faveur de la réémergence des tendances structurelles d'avant la pandémie (évolutions démographiques ou taux d'épargne élevés au niveau mondial, par exemple) (Cho, Mertens et Williams, 2025[277] ; Benigno et al., 2024[278]). En second lieu, certaines réformes, y compris l'investissement dans les compétences et la transition numérique, même si elles soutiennent l'activité à court terme, impliquent des coûts budgétaires immédiats tandis que les retombées positives se concrétiseront sur un horizon plus lointain. En troisième lieu, certaines réformes peuvent entraîner des coûts initiaux liés à la recherche d'un soutien politique suffisant, tout en aidant les catégories de la population impactées négativement à s'adapter.

Malgré ces difficultés, il est possible de concevoir des stratégies de réforme visant à minimiser les coûts à court terme et à accroître l'acceptabilité politique. Pour aider les responsables publics à négocier ces arbitrages, le Graphique 44 et le Tableau 1 rassemblent des données probantes sur les effets à court terme sur la croissance et les conséquences budgétaires immédiates des réformes structurelles. Le

Graphique 44 résume les résultats des estimations effectuées au moyen de projections locales dans l'ensemble de ce rapport, qui fournissent des éléments factuels sur les répercussions à court terme des réformes sur l'emploi et la productivité dans un large éventail de domaines d'action, y compris les politiques du marché du travail (LPE, PAMT), l'investissement public (infrastructures ferroviaires, recherche fondamentale) et les réformes fiscales. Certaines réformes s'avèrent avoir un effet immédiat de soutien à la croissance économique. Par exemple, un allègement des prélèvements fiscaux sur les entreprises peut accroître sensiblement l'investissement. De même, les réformes du marché du travail, comprenant le renforcement des politiques actives du marché du travail, l'allégement de la législation de protection de l'emploi et la réduction des coins fiscaux marginaux, peuvent rehausser le taux d'emploi après deux ans. En général, les effets de ces réformes sur la croissance économique augmentent progressivement à moyenne échéance.

Le Tableau 1 donne un aperçu stylisé des répercussions attendues sur le budget et la croissance des réformes non couvertes par l'analyse empirique menée dans ce rapport. Il montre que de nombreuses mesures qui renforcent les marchés, telles que la libéralisation des marchés de produits ou les réformes visant à accroître l'ouverture aux échanges et à l'IDI, peuvent générer d'importants gains de productivité pour un coût budgétaire limité à court terme (OCDE, 2025[279]). À l'inverse, certaines réformes, notamment celles liées à l'éducation, à la formation tout au long de la vie ou aux infrastructures, mobilisent souvent des ressources budgétaires au départ et ne produisent parfois des retombées que dans la durée. Ces situations contrastées soulignent l'importance de bien échelonner les réformes : donner la priorité à celles ayant un faible coût budgétaire et produisant des retombées rapides peut permettre de dégager un espace politique et économique pour des mesures plus exigeantes, et adosser les réformes coûteuses à des stratégies de financement crédibles peut préserver la viabilité budgétaire et la confiance du public. Coupler les réformes avec une compensation ciblée, un soutien transitoire en faveur des travailleurs touchés ou des investissements complémentaires visibles peut aussi augmenter leur viabilité politique.

Graphique 44. Impacts à court terme des réformes couvertes dans l'analyse fondée sur des projections locales

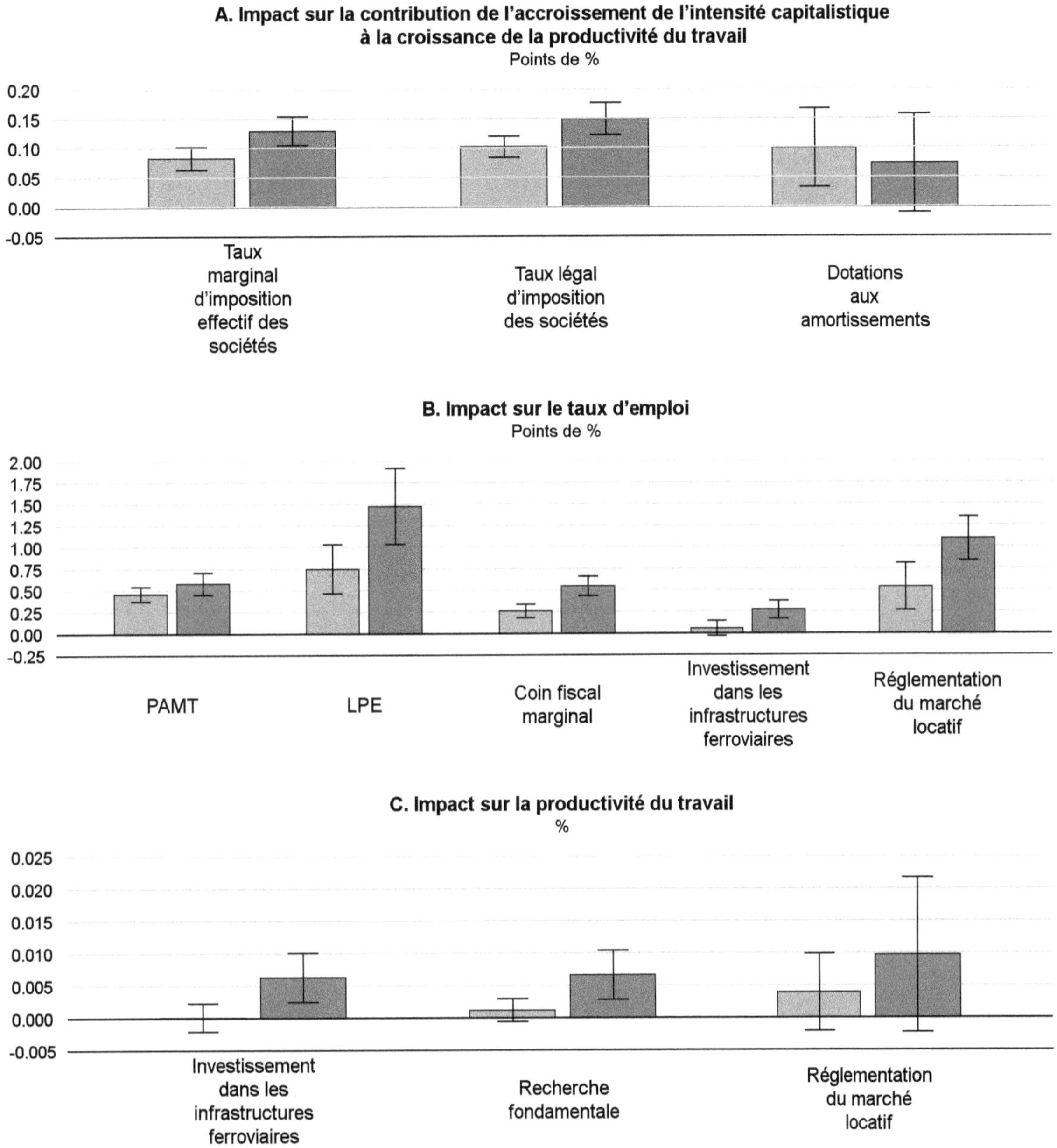

Note : Ces graphiques font la synthèse des résultats de l'analyse fondée sur des projections locales présentée dans ce rapport. Ils illustrent les impacts à deux ans et à cinq ans d'une sélection de mesures selon trois variables de résultat. La taille des chocs est calibrée de manière à correspondre à une réforme moyenne spécifique ; voir les encadrés dans ce rapport pour plus de précisions. Les intervalles de confiance de 68 % sont signalés entre crochets. Le coin fiscal marginal désigne celui supporté par un célibataire rémunéré à 100 % du salaire moyen. L'Annexe 1.B décrit plus amplement ces estimations.

Source: Calculs de l'OCDE fondés sur Mitteldorf, E., Smiderle, I., Duran-Franch, J., Leandro, A., Turban, S. et Ruiz, N., « The short-term effects of structural reforms: a reassessment », *Documents de travail du Département des affaires économiques de l'OCDE*, à paraître.

StatLink https://stat.link/m18nwt

Tableau 1. Résumé des impacts à court terme des réformes structurelles non couvertes dans l'analyse fondée sur des projections locales

Mesure	Impact immédiat sur la croissance	Impact budgétaire immédiat
Réformes structurelles propices aux gains de productivité		
Améliorer la réglementation des marchés de produits et la concurrence	+	+
Faciliter l'ouverture aux échanges et à l'IDI	+	+
Accroître les dépenses de R-D et le soutien à l'innovation	+	–
Faciliter la transition numérique (ex. administration numérique, déréglementation, adoption accrue)	+	–
Soutenir l'adoption de l'IA, les compétences et l'innovation (ex. politiques favorables à la concurrence, IA qui renforce la main-d'œuvre, traitement des biais et redistribution)	+	–
Réformes structurelles des marchés du travail		
Réformer les retraites et allonger la vie active	-/+	-/+
Promouvoir le vieillissement en bonne santé et économiquement actif	+	-/+
Lever les obstacles à l'activité féminine	+	-/+
Renforcer le soutien en faveur des groupes de population vulnérables (ex. étendre la couverture de la protection sociale, améliorer le ciblage, augmenter les incitations au travail)	+	–
Réformes structurelles de l'éducation		
Améliorer l'éducation de base (ex. soutenir les élèves défavorisés, améliorer la qualité des enseignants, améliorer la formation professionnelle, encourager la collaboration entre les universités et les entreprises)	+	–
Développer la formation tout au long de la vie (ex. accroître les investissements dans la formation, aider les entreprises et leurs dirigeants)	+	–

Source : André et al. (2025).

Face aux contraintes budgétaires, il est essentiel de trouver des mécanismes de financement durable pour faire progresser les réformes structurelles sans compromettre la crédibilité budgétaire. Pour y parvenir, il faut souvent « payer pour les réformes », ce qui passe par la réaffectation de ressources existantes, la suppression de subventions inefficientes ou l'introduction de nouveaux prélèvements visant à minimiser les effets de distorsion de la croissance. Aussi, les recommandations par pays formulées dans ce rapport comportent, le cas échéant, des stratégies de financement ciblées visant à appuyer la mise en œuvre des réformes tout en préservant la viabilité budgétaire. Au Danemark et en Slovénie, par exemple, les réformes destinées à alléger l'imposition des revenus du travail et du capital pourraient être compensées par des hausses des taxes foncières ou environnementales. En Espagne et au Royaume-Uni, l'élargissement de la base d'imposition à la TVA en supprimant des exemptions permettrait de mobiliser des recettes qui serviraient à financer des transferts monétaires ciblés en faveur des ménages modestes. En Israël, la mise en place de péages routiers et de redevances d'utilisation dans les zones fortement encombrées contribuerait à financer les infrastructures de transport tout en améliorant l'efficacité.

Enfin, les cadres institutionnels peuvent aussi jouer un rôle essentiel de renforcement de la crédibilité et de l'efficacité des stratégies de réforme structurelle. Les règles budgétaires et les cadres à moyen terme contribuent à encadrer les dépenses et à ancrer les anticipations budgétaires (Rawdanowicz et al., 2021[280]). Ces cadres sont particulièrement importants lorsque les réformes s'accompagnent de coûts immédiats, tandis que leurs retombées ne se manifestent qu'au fil du temps. Des institutions budgétaires solides, comprenant des conseils budgétaires indépendants, peuvent évaluer l'impact budgétaire à long terme des réformes et favoriser la transparence dans la communication publique, ce qui améliore l'acceptation des réformes et leur viabilité budgétaire. Aussi, l'intégration de considérations relatives aux réformes structurelles dans la planification budgétaire peut renforcer à la fois la résilience budgétaire et les perspectives de croissance à long terme (voir l'Encadré 13).

En résumé, pour faire progresser les réformes structurelles, il faut combler l'écart entre les priorités à long terme et les contraintes à court terme. Une saine planification budgétaire doit être combinée à des stratégies propres à surmonter les obstacles liés à l'économie politique tout en gérant les répercussions transitoires. Des réformes bien échelonnées, bénéficiant d'un financement crédible et socialement équilibrées peuvent renforcer la productivité, favoriser l'emploi et améliorer la résilience budgétaire. Les éclairages tirés des résultats empiriques et les effets stylisés sur le budget et la croissance des arbitrages possibles résumés dans le Tableau 1 procurent aux responsables publics des outils pratiques pour anticiper les impacts à court terme, élaborer des stratégies de réforme qui soient à la fois efficaces économiquement et durables politiquement, et en définitive atteindre les objectifs de croissance à long terme exposés dans ce rapport.

Encadré 13. Des cadres budgétaires suffisamment souples pour permettre les réformes structurelles

Certains cadres budgétaires offrent aux pouvoirs publics une marge de manœuvre budgétaire supplémentaire pour mettre en œuvre des réformes structurelles. Le Pacte de stabilité et de croissance (PSC) de l'Union européenne (UE) en est l'illustration. Il comportait une « clause de réforme structurelle » qui permettrait de s'écarter temporairement des trajectoires d'ajustement budgétaire à certaines conditions étroitement définies - à savoir, que les réformes soient ambitieuses, pleinement mises en œuvre et aient un impact positif vérifiable sur la viabilité des finances publiques ou sur la croissance potentielle à long terme (Sajedi et Steinbach, 2019[281]). Les réformes des retraites qui instauraient des systèmes de capitalisation intégrale ont bénéficié d'une disposition spéciale en vertu de cette clause.

À la suite de la réforme des règles budgétaires de l'Union européenne en 2024, cette clause a été supprimée et remplacée par un nouveau système fondé sur des plans budgétaires et structurels nationaux à moyen terme. Ces plans associent des objectifs budgétaires avec des engagements en matière de réformes et d'investissement. Les États membres peuvent désormais bénéficier de trajectoires d'ajustement budgétaire plus progressives (périodes d'ajustement plus longues) s'ils s'engagent à mener des réformes crédibles et limitées dans le temps et à procéder à des investissements qui renforcent la croissance, soutiennent la viabilité budgétaire et cadrent avec les priorités de l'UE. Les incitations en faveur de réformes structurelles sont désormais intégrées dans le cadre budgétaire fondamental, tout en renforçant le suivi et la responsabilité tout au long du processus du Semestre européen.

D'autres pays ont introduit des mécanismes analogues ou envisagent de le faire. Au Royaume-Uni, l'*Office for Budget Responsability*, une institution budgétaire indépendante, établit un chiffrage et procède à une évaluation budgétaire à long terme des mesures des pouvoirs publics, contribuant à éclairer le débat sur les arbitrages entre déficits à court terme et viabilité à long terme. Au Japon, des lignes directrices sur la politique budgétaire telles que les *règles de base de la gestion et de la réforme économiques et budgétaires* intègrent régulièrement les anticipations de réforme dans les projections budgétaires à moyen terme, surtout dans des domaines tels que la sécurité sociale, les marchés du travail et la productivité.

Dans l'ensemble, des arguments plaident en faveur de l'intégration des considérations relatives aux réformes structurelles dans la planification budgétaire. Premièrement, elle permettrait de concilier flexibilité à court terme et discipline à long terme : les écarts temporaires sont uniquement autorisés lorsque les réformes ont toutes les chances d'améliorer la viabilité. Deuxièmement, elle imprime à la planification fiscale une dimension axée sur la croissance, permettant aux pouvoirs publics d'investir dans des réformes qui augmentent la production potentielle. Toutefois, cette approche comporte des risques. Par définition, l'évaluation des effets des réformes sur la situation budgétaire et la croissance est un exercice incertain, et la flexibilité offerte d'emblée risque d'être utilisée à mauvais escient en l'absence de solides mécanismes de gouvernance et de contrôle indépendant.

Par conséquent, pour que ces mécanismes soient efficaces, trois conditions doivent être réunies : (1) les réformes sont clairement définies, crédibles et mesurables ; (2) les institutions budgétaires ont la capacité d'évaluer l'impact des réformes ; et (3) la flexibilité est uniquement temporaire et conditionnée à une mise en œuvre effective. En ce sens, les règles budgétaires qui autorisent une certaine flexibilité liée aux réformes pourraient améliorer tout à la fois la crédibilité et l'efficience, à condition de reposer sur une analyse économique solide et des garde-fous institutionnels robustes.

Références

Acemoglu, D. et al. (2018), « Innovation, Reallocation, and Growth », *American Economic Review*, vol. 108/11, pp. 3450-3491, https://doi.org/10.1257/aer.20130470. [238]

Acemoglu, D., S. Johnson et J. Robinson (2005), « Chapter 6 Institutions as a Fundamental Cause of Long-Run Growth », dans *Handbook of Economic Growth*, Elsevier, https://doi.org/10.1016/s1574-0684(05)01006-3. [5]

Acemoglu, D. et J. Robinson (2010), « The Role of Institutions in Growth and Development », *Review of Economics and Institutions*, vol. 1/2, https://doi.org/10.5202/rei.v1i2.14. [59]

Adalet McGowan, M. et D. Andrews (2016), « Régimes d'insolvabilité et croissance de la productivité : Un cadre d'analyse », *Documents de travail du Département des affaires économiques de l'OCDE*, n° 1309, Éditions OCDE, Paris, https://doi.org/10.1787/5jlv2jqhxgq6-en. [99]

Adam, S., I. Delestre et V. Nair (2022), *Corporation tax and investment Green Budget 2022 - Chapter 6*, Institute for Fiscal Studies, https://ifs.org.uk/publications/corporation-tax-and-investment. [288]

Aghion, P. et al. (2005), « Competition and Innovation: an Inverted-U Relationship », *The Quarterly Journal of Economics*, vol. 120/2, pp. 701-728, https://doi.org/10.1093/qje/120.2.701. [102]

AIE (2025), « Multiple Benefits of Energy Efficiency », https://www.iea.org/reports/multiple-benefits-of-energy-efficiency. [270]

Akcigit, U. et S. Ates (2021), « Ten Facts on Declining Business Dynamism and Lessons from Endogenous Growth Theory », *American Economic Journal: Macroeconomics*, vol. 13/1, pp. 257-298, https://doi.org/10.1257/mac.20180449. [251]

Akcigit, U., S. Ates et G. Impullitti (2018), *Innovation and Trade Policy in a Globalized World*, National Bureau of Economic Research, Cambridge, MA, https://doi.org/10.3386/w24543. [174]

Akcigit, U., D. Hanley et N. Serrano-Velarde (2020), « Back to Basics: Basic Research Spillovers, Innovation Policy, and Growth », *The Review of Economic Studies*, vol. 88/1, pp. 1-43, https://doi.org/10.1093/restud/rdaa061. [246]

Akgun, O., B. Cournède et J. Fournier (2017), « The effects of the tax mix on inequality and growth », *Documents de travail du Département des affaires économiques de l'OCDE*, n° 1447, Éditions OCDE, Paris, https://doi.org/10.1787/c57eaa14-en. [155]

Alam, Z. et al. (2024), « Digging Deeper—Evidence on the Effects of Macroprudential Policies from a New Database », *Journal of Money, Credit and Banking*, https://doi.org/10.1111/jmcb.13130. [87]

Amiti, M., S. Redding et D. Weinstein (2019), « The Impact of the 2018 Tariffs on Prices and Welfare », *Journal of Economic Perspectives*, vol. 33/4, pp. 187-210, https://doi.org/10.1257/jep.33.4.187. [186]

Andersson, R. et B. Söderberg (2012), « Elimination of Rent Control in the Swedish Rental Housing Market: Why and How? », *Journal of Housing Research*, vol. 21/2, pp. 159-181, https://doi.org/10.1080/10835547.2012.12092062. [233]

André, C. et al. (2023), « Rising energy prices and productivity: short-run pain, long-term gain? », *Documents de travail du Département des affaires économiques de l'OCDE*, n° 1755, Éditions OCDE, Paris, https://doi.org/10.1787/2ce493f0-en. [267]

André, C. et P. Gal (2024), « Reviving productivity growth: A review of policies », *Documents de travail du Département des affaires économiques de l'OCDE*, n° 1822, Éditions OCDE, Paris, https://doi.org/10.1787/61244acd-en. [75]

André, C., P. Gal et M. Schief (2024), « Enhancing productivity and growth in an ageing society: Key mechanisms and policy options », *Documents de travail du Département des affaires économiques de l'OCDE*, n° 1807, Éditions OCDE, Paris, https://doi.org/10.1787/605b0787-en. [109]

Andrews, D., A. Caldera Sánchez et Å. Johansson (2011), « Les marchés du logement et les politiques structurelles dans les pays de l'OCDE », *Documents de travail du Département des affaires économiques de l'OCDE*, n° 836, Éditions OCDE, Paris, https://doi.org/10.1787/5kgk8t2k9vf3-en. [216]

Andrews, D. et F. Cingano (2014), « Public policy and resource allocation: evidence from firms in OECD countries », *Economic Policy*, vol. 29/78, pp. 253-296, https://doi.org/10.1111/1468-0327.12028. [100]

Andrews, D. et C. Criscuolo (2013), « Actifs intellectuels, innovation et mobilité des ressources », *Documents de travail du Département des affaires économiques de l'OCDE*, n° 1046, Éditions OCDE, Paris, https://doi.org/10.1787/5k46bj546kzs-en. [242]

Andrews, D., C. Criscuolo et P. Gal (2016), « The Best versus the Rest : The Global Productivity Slowdown, Divergence across Firms and the Role of Public Policy », *OECD Productivity Working Papers*, n° 5, Éditions OCDE, Paris, https://doi.org/10.1787/63629cc9-en. [14]

Andrews, D., C. Criscuolo et P. Gal (2015), « Entreprises en pointe, diffusion des technologies et politiques publiques : Microdonnées des pays de l'OCDE », n° 2, Éditions OCDE, Paris, https://doi.org/10.1787/5jrql2q2jj7b-en. [255]

Andrews, D. et al. (2020), « The career effects of labour market conditions at entry », *OECD Productivity Working Papers*, n° 20, Éditions OCDE, Paris, https://doi.org/10.1787/29c11c75-en. [90]

Andrews, D. et al. (2025), « Regulation and Growth: Lessons from nearly 50 years of product market reforms », *Documents de travail du Département des affaires économiques de l'OCDE*, n° 1835, Éditions OCDE, Paris, https://doi.org/10.1787/3b3285df-en. [93]

Andrews, D., B. Egert et C. de la Maisonneuve (2025), « Adult skills and productivity: New evidence from PIAAC 2023 », *Documents de travail du Département des affaires économiques de l'OCDE*, vol. 1834, https://www.oecd.org/content/dam/oecd/en/publications/reports/2025/06/adult-skills-and-productivity_5e9a03df/12ac6e8c-en.pdf. [47]

Andrews, D., B. Égert et C. de la Maisonneuve (2024), « From decline to revival: Policies to unlock human capital and productivity », *Documents de travail du Département des affaires économiques de l'OCDE*, n° 1827, Éditions OCDE, Paris, https://doi.org/10.1787/8d0d232c-en. [16]

Andrews, D. et A. Garnero (2025), « Five facts on non-compete and related clauses in OECD countries », *Documents de travail du Département des affaires économiques de l'OCDE*, n° 1833, Éditions OCDE, Paris, https://doi.org/10.1787/727da13e-en. [149]

Antolin-Diaz, J. et P. Surico (à paraître), « The Long-Run Effects of Government Spending », *American Economic Review*, https://doi.org/10.1257/aer.20231278. [249]

Arnold, J. et al. (2011), « Tax Policy for Economic Recovery and Growth », *The Economic Journal*, vol. 121/550, pp. F59-F80, https://doi.org/10.1111/j.1468-0297.2010.02415.x. [237]

Arriola, C. et al. (2024), « Towards demystifying trade dependencies: At what point do trade linkages become a concern? », *Documents de travail de l'OCDE sur la politique commerciale*, n° 280, Éditions OCDE, Paris, https://doi.org/10.1787/2a1a2bb9-en. [183]

Arriola, C. et al. (2020), « Efficiency and risks in global value chains in the context of COVID-19 », *Documents de travail du Département des affaires économiques de l'OCDE*, n° 1637, Éditions OCDE, Paris, https://doi.org/10.1787/3e4b7ecf-en. [185]

Asai, Y. (2019), « Costs of Employment and Flexible Labor Demand: Evidence from Maternity and Parental Leave Reforms », *SSRN Electronic Journal*, https://doi.org/10.2139/SSRN.3362488. [120]

Aschauer, D. (1989), « Is public expenditure productive? », *Journal of Monetary Economics*, vol. 23/2, pp. 177-200, https://doi.org/10.1016/0304-3932(89)90047-0. [7]

Autor, D., D. Dorn et G. Hanson (2025), *How the China trade shock impacted U.S. manufacturing workers and labor markets, and the consequences for U.S. politics*, Washington Center for Equitable Growth, https://equitablegrowth.org/wp-content/uploads/2025/05/China-trade-shock.pdf (consulté le 23 juin 2025). [178]

Azkarate-Askasua, M. et M. Zerecero (2025), « Union and Firm Labor Market », https://mzerecero.netlify.app/working_papers/union_firm_2nd.pdf (consulté le 27 août 2025). [146]

Babina, T. et al. (2024), « Artificial intelligence, firm growth, and product innovation », *Journal of Financial Economics*, vol. 151, p. 103745, https://doi.org/10.1016/j.jfineco.2023.103745. [26]

Bannister, G. et A. Mourmouras (2017), « Welfare vs. Income Convergence and Environmental Externalities », *Documents de travail du FMI*, https://www.imf.org/en/Publications/WP/Issues/2017/12/07/Welfare-vs-45452. [30]

Baqaee, D. et H. Malmberg (2025), *Long-Run Effects of Trade Wars*, National Bureau of Economic Research, Cambridge, MA, https://doi.org/10.3386/w33702. [189]

Barrett, P. et al. (2021), « Research and Innovation: Fighting the Pandemic and Boosting Long-Term Growth », *World Economic Outlook* octobre, https://www.imf.org/en/Publications/WEO/Issues/2021/10/12/world-economic-outlook-october-2021/#Chapters. [248]

Barro, R. (1996), *Determinants of Economic Growth: A Cross-Country Empirical Study*, National Bureau of Economic Research, Cambridge, MA, https://doi.org/10.3386/w5698. [1]

Barro, R. (1991), « Economic Growth in a Cross Section of Countries », *The Quarterly Journal of Economics*, vol. 106/2, p. 407, https://doi.org/10.2307/2937943. [2]

Barro, R. et J. Furman (2018), « The macroeconomic effects of the 2017 tax reform », *Brookings Papers on Economic Activity*, https://www.brookings.edu/bpea-articles/macroeconomic-effects-of-the-2017-tax-reform/. [171]

Bassanini, A. et A. Garnero (2013), « Dismissal protection and worker flows in OECD countries: Evidence from cross-country/cross-industry data », *Labour Economics*, vol. 21, pp. 25-41, https://doi.org/10.1016/j.labeco.2012.12.003. [139]

Baumol, W. (1967), « Macroeconomics of Unbalanced Growth: The Anatomy of Urban Crisis », *The American Economic Review*, vol. 57/3, pp. 415-426, https://www.jstor.org/stable/1812111?seq=1 (consulté le 23 juillet 2025). [23]

Baumol, W. et W. Bowen (1965), « On the Performing Arts: The Anatomy of Their Economic Problems », *The American Economic Review*, vol. 55/1/2, pp. 495-502, https://www.jstor.org/stable/1816292?seq=1 (consulté le 23 juillet 2025). [22]

Baumol, W., E. Wolff et S. Batey Blackman (1985), « Unbalanced Growth Revisited: Asymptotic Stagnancy and New Evidence », *The American Economic Review*, vol. 75/4, pp. 806-817, https://www.jstor.org/stable/1821357?searchText=&searchUri=&ab_segments=&searchKey=&refreqid=fastly-default%3A66fc58c9106d42cfd6d6c9e61db3d274&initiator=recommender&seq=1 (consulté le 23 juillet 2025). [24]

Becker, G. (1993), *Human Capital*, University of Chicago Press, https://doi.org/10.7208/chicago/9780226041223.001.0001. [44]

Belot, M., J. Boone et J. Van Ours (2007), « Welfare-Improving Employment Protection », *Economica*, vol. 74/295, pp. 381-396, https://doi.org/10.1111/j.1468-0335.2006.00576.x. [135]

Benigno, G. et al. (2024), « Quo vadis, r*? The natural rate of interest after the pandemic », *BIS Quarterly Review* 03, https://www.bis.org/publ/qtrpdf/r_qt2403b.htm. [278]

Bentolila, S., J. Dolado et J. Jimeno (2019), « Dual Labour Markets Revisited », *SSRN Electronic Journal*, https://doi.org/10.2139/ssrn.3338834. [143]

Benz, S. et A. Jaax (2022), « The costs of regulatory barriers to trade in services: New estimates of ad valorem tariff equivalents », *Economics Letters*, vol. 212, p. 110057, https://doi.org/10.1016/j.econlet.2021.110057. [202]

Benz, S. et al. (2023), « Right here, right now? New evidence on the economic effects of services trade reform », *Documents de travail de l'OCDE sur la politique commerciale*, n° 271, Éditions OCDE, Paris, https://doi.org/10.1787/1159657f-en. [105]

Berestycki, C. et A. Dechezleprêtre (2020), « Assessing the efficiency of environmental policy design and evaluation: Results from a 2018 cross-country survey », *Documents de travail du Département des affaires économiques de l'OCDE*, n° 1611, Éditions OCDE, Paris, https://doi.org/10.1787/482f8fbe-en. [273]

Bétin, M. et V. Ziemann (2019), « How responsive are housing markets in the OECD? Regional level estimates », *Documents de travail du Département des affaires économiques de l'OCDE*, n° 1590, Éditions OCDE, Paris, https://doi.org/10.1787/1342258c-en. [215]

Bettarelli, L. et al. (2025), « Structural reforms and fiscal sustainability: evidence from emerging market and developing economies* », *Applied Economics Letters*, pp. 1-10, https://doi.org/10.1080/13504851.2025.2498065. [275]

Bhuller, M. et al. (2022), « Facts and Fantasies about Wage Setting and Collective Bargaining », *Journal of Economic Perspectives*, vol. 36/4, pp. 29-52, https://doi.org/10.1257/jep.36.4.29. [145]

Bjuggren, C. (2018), « Employment protection and labor productivity », *Journal of Public Economics*, vol. 157, pp. 138-157, https://doi.org/10.1016/j.jpubeco.2017.11.007. [141]

Blanchard, O., C. Gollier et J. Tirole (2023), « The Portfolio of Economic Policies Needed to Fight Climate Change », *Annual Review of Economics*, vol. 15/1, pp. 689-722, https://doi.org/10.1146/annurev-economics-051520-015113. [272]

BloombergNEF (2025), « Global Cost of Renewables to Continue Falling in 2025 as China Extends Manufacturing Lead », https://about.bnef.com/insights/clean-energy/global-cost-of-renewables-to-continue-falling-in-2025-as-china-extends-manufacturing-lead-bloombergnef/. [265]

Bloom, N. (2009), « The Impact of Uncertainty Shocks », *Econometrica*, vol. 77/3, pp. 623-685, https://doi.org/10.3982/ecta6248. [3]

Bloom, N., M. Draca et J. Van Reenen (2015), « Trade Induced Technical Change? The Impact of Chinese Imports on Innovation, IT and Productivity », *The Review of Economic Studies*, vol. 83/1, pp. 87-117, https://doi.org/10.1093/restud/rdv039. [175]

Bloom, N. et al. (2024), *The China Shock Revisited: Job Reallocation and Industry Switching in U.S. Labor Markets*, National Bureau of Economic Research, Cambridge, MA, https://doi.org/10.3386/w33098. [179]

Bloom, N. et J. Van Reenen (2010), « Why Do Management Practices Differ across Firms and Countries? », *Journal of Economic Perspectives*, vol. 24/1, pp. 203-224, https://doi.org/10.1257/jep.24.1.203. [104]

Boarini, R. et al. (2016), « Multi-dimensional Living Standards: A Welfare Measure Based on Preferences », *OECD Statistics Working Papers*, n° 2016/5, Éditions OCDE, Paris, https://doi.org/10.1787/5jlpq7qvxc6f-en. [28]

Bouis, R. et al. (2012), « L'impact à court terme des réformes structurelles : une analyse empirique », *Documents de travail du Département des affaires économiques de l'OCDE*, n° 949, Éditions OCDE, Paris, https://doi.org/10.1787/5k9csvk4d56d-en. [276]

Bover, O. et al. (2025), « Family-Friendly Policies and Fertility: What Firms Have to Do With It? », https://cepr.org/publications/dp20411 (consulté le 28 juillet 2025). [119]

Brys, B. et al. (2016), « Fiscalité et croissance économique inclusive », *Documents de travail de l'OCDE sur la fiscalité*, n° 26, Éditions OCDE, Paris, https://doi.org/10.1787/5jlv74ggk0g7-en. [164]

Burke, M., W. Davis et N. Diffenbaugh (2018), « Large potential reduction in economic damages under UN mitigation targets », *Nature*, vol. 557/7706, pp. 549-553, https://doi.org/10.1038/s41586-018-0071-9. [262]

Burke, M., S. Hsiang et E. Miguel (2015), « Global non-linear effect of temperature on economic production », *Nature*, vol. 527/7577, pp. 235-239, https://doi.org/10.1038/nature15725. [261]

Byrne, D., S. Oliner et D. Sichel (2013), « Is the Information Technology Revolution Over? », *SSRN Electronic Journal*, https://doi.org/10.2139/ssrn.2303780. [19]

Caggese, A. et al. (2025), « Climate change, firms and aggregate productivity », *ECB Research Bulletin* 132, https://www.ecb.europa.eu/press/research-publications/resbull/2025/html/ecb.rb250624~a3ba3cb524.en.html?s=03. [257]

Caldera Sánchez, A. et D. Andrews (2011), « Déménager ou ne pas déménager : quels sont les déterminants des taux de mobilité résidentielle dans l'OCDE ? », *Documents de travail du Département des affaires économiques de l'OCDE*, n° 846, Éditions OCDE, Paris, https://doi.org/10.1787/5kghtc7kzx21-en. [207]

Card, D., J. Kluve et A. Weber (2017), « What Works? A Meta Analysis of Recent Active Labor Market Program Evaluations », *Journal of the European Economic Association*, vol. 16/3, pp. 894-931, https://doi.org/10.1093/jeea/jvx028. [132]

Card, D., J. Kluve et A. Weber (2010), « Active Labour Market Policy Evaluations: A Meta-Analysis », *The Economic Journal*, vol. 120/548, pp. F452-F477, https://doi.org/10.1111/j.1468-0297.2010.02387.x. [121]

Causa, O. et Å. Johansson (2009), « Mobilité sociale intergénérationnelle », *Documents de travail du Département des affaires économiques de l'OCDE*, n° 707, Éditions OCDE, Paris, https://doi.org/10.1787/223106258208. [41]

Causa, O. et J. Pichelmann (2020), « Should I stay or should I go? Housing and residential mobility across OECD countries », *Documents de travail du Département des affaires économiques de l'OCDE*, n° 1626, Éditions OCDE, Paris, https://doi.org/10.1787/d91329c2-en. [208]

Causa, O., T. Tanaka et M. Nguyen (à paraître), « Intergenerational social mobility across OECD countries: new evidence from PIAAC data », *Document de travail de l'OCDE*. [42]

Cavalleri, M., B. Cournède et E. Özsöğüt (2019), « How responsive are housing markets in the OECD? National level estimates », *Documents de travail du Département des affaires économiques de l'OCDE*, n° 1589, Éditions OCDE, Paris, https://doi.org/10.1787/4777e29a-en. [214]

Cerutti, E., S. Claessens et L. Laeven (2015), « The Use and Effectiveness of Macroprudential Policies: New Evidence », *Documents de travail du FMI*, vol. 15/61. [86]

Cette, G., J. Lopez et J. Mairesse (2016), « Market Regulations, Prices, and Productivity », *American Economic Review*, vol. 106/5, pp. 104-108, https://doi.org/10.1257/aer.p20161025. [97]

Chetty, R., A. Looney et K. Kroft (2009), « Salience and Taxation: Theory and Evidence », *American Economic Review*, vol. 99/4, pp. 1145-1177, https://doi.org/10.1257/aer.99.4.1145. [163]

Chodorow-Reich, G., O. Zidar et E. Zwick (2024), *Lessons from the Biggest Business Tax Cut in US History*, National Bureau of Economic Research, Cambridge, MA, https://doi.org/10.3386/w32672. [172]

Cho, S., T. Mertens et J. Williams (2025), « The Zero Lower Bound Remains a Medium-Term Risk », *FRBSF Economic Letter* 16, https://www.frbsf.org/research-and-insights/publications/economic-letter/2025/07/zero-lower-bound-remains-medium-term-risk/. [277]

Claessens, M. et al. (dir. pub.) (2014), *Financial crises explanations, types, and implications*, Fonds monétaire international. [85]

Clancy, M. (2021), « How long does it take to go from science to technology? », *New Things Under the Sun*, https://www.newthingsunderthesun.com/pub/6nunnxqx/release/11 (consulté le 23 June 2025). [247]

Cloyne, J., N. Dimsdale et N. Postel-Vinay (2023), « Taxes and Growth: New Narrative Evidence from Interwar Britain », *Review of Economic Studies*, vol. 91/4, pp. 2168-2200, https://doi.org/10.1093/restud/rdad081. [154]

Cockburn, I., R. Henderson et S. Stern (2018), *The Impact of Artificial Intelligence on Innovation*, National Bureau of Economic Research, Cambridge, MA, https://doi.org/10.3386/w24449. [21]

Coelli, F., A. Moxnes et K. Ulltveit-Moe (2022), « Better, Faster, Stronger: Global Innovation and Trade Liberalization », *The Review of Economics and Statistics*, vol. 104/2, pp. 205-216, https://doi.org/10.1162/rest_a_00951. [187]

Comin, D. et B. Hobijn (2005), *Lobbies and Technology Diffusion*, National Bureau of Economic Research, Cambridge, MA, https://doi.org/10.3386/w11022. [69]

Commission européenne (2024), *The Future of European Competitiveness*. [12]

Costa, H. et al. (2024), « The heat is on: Heat stress, productivity and adaptation among firms », *Documents de travail du Département des affaires économiques de l'OCDE*, n° 1828, Éditions OCDE, Paris, https://doi.org/10.1787/19d94638-en. [256]

Coste, O. et Y. Coatanlem (2025), *Cost of Failure and Competitiveness in Disruptive Innovation*, Institute for European Policy Making Policy Brief Boconni University, https://iep.unibocconi.eu/publications/policy-briefs/policy-brief-n25-cost-failure-and-competitiveness-disruptive-innovation. [140]

Cournède, B., J. Fournier et P. Hoeller (2018), « Structure des finances publiques et croissance inclusive », n° 25, Éditions OCDE, Paris, https://doi.org/10.1787/42b878d8-fr. [168]

Cox, L. (2025), « The Long-Term Impact of Steel Tariffs on U.S. Manufacturing », https://coxlydia.com/papers/cox_steel_tariffs.pdf. [191]

Criscuolo, C. (2021), « The firm-level link between productivity dispersion and wage inequality: A symptom of low job mobility? », *Documents de travail du Département des affaires économiques de l'OCDE*. [40]

Criscuolo, C., P. Gal et C. Menon (2014), « The Dynamics of Employment Growth: New Evidence from 18 Countries », *OECD Science, Technology and Industry Policy Papers*, n° 14, Éditions OCDE, Paris, https://doi.org/10.1787/5jz417hj6hg6-en. [35]

Crowe, D. et Ł. Rawdanowicz (2023), « Risks and opportunities of reshaping global value chains », *Documents de travail du Département des affaires économiques de l'OCDE*, n° 1762, Éditions OCDE, Paris, https://doi.org/10.1787/f758afe8-en. [184]

D'Arcangelo, F. et al. (2022), « A framework to decarbonise the economy », *OECD Economic Policy Papers*, n° 31, Éditions OCDE, Paris, https://doi.org/10.1787/4e4d973d-en. [271]

Davidson, P., C. Kauffmann et M. de Liedekerke (2021), « How do laws and regulations affect competitiveness : The role for regulatory impact assessment », *OECD Regulatory Policy Working Papers*, n° 15, Éditions OCDE, Paris, https://doi.org/10.1787/7c11f5d5-en. [68]

Davis, S. et J. Haltiwanger (2014), *Labor Market Fluidity and Economic Performance*, National Bureau of Economic Research, Cambridge, MA, https://doi.org/10.3386/w20479. [38]

de Boer, R. et R. Bitetti (2014), « Relancer le secteur locatif privé du marché du logement ? : Leçons tirées des expériences allemande, finlandaise, tchèque et néerlandaise », *Documents de travail du Département des affaires économiques de l'OCDE*, n° 1170, Éditions OCDE, Paris, https://doi.org/10.1787/5jxv9f32j0zp-en. [232]

de Soto, H. (2000), *The mystery of capital: Why capitalism triumphs in the West and fails everywhere else.*, Basic Books, New York. [6]

Del Rey, E., A. Kyriacou et J. Silva (2020), « Maternity leave and female labor force participation: evidence from 159 countries », *Journal of Population Economics*, vol. 34/3, pp. 803-824, https://doi.org/10.1007/s00148-020-00806-1. [122]

Devereux, M. et R. Griffith (2003), « Evaluating Tax Policy for Location Decisions », *International Tax and Public Finance*, vol. 10/2, pp. 107-126, https://doi.org/10.1023/a:1023364421914. [162]

Diamond, R. (2018), « What does economic evidence tell us about the effects of rent control? », *Brookings Institution Research*, https://www.brookings.edu/articles/what-does-economic-evidence-tell-us-about-the-effects-of-rent-control/. [227]

Diamond, R., T. McQuade et F. Qian (2019), « The Effects of Rent Control Expansion on Tenants, Landlords, and Inequality: Evidence from San Francisco », *American Economic Review*, vol. 109/9, pp. 3365-3394, https://doi.org/10.1257/aer.20181289. [224]

Dias da Silva, A., A. Givone et D. Sondermann (2018), *When Do Countries Implement Structural Reforms?*, Oxford University Press, https://doi.org/10.1093/oso/9780198821878.003.0002. [286]

Disdier, A. et M. Fugazza (2019), *A Practical Guide to the Economic Analysis of Non-Tariff Measures*, Nations Unies - Organisation mondiale du commerce, https://www.wto.org/english/res_e/booksp_e/non_tariff_measures_e.pdf (consulté le 26 juin 2025). [194]

Dolado, J., S. Ortigueira et R. Stucchi (2016), « Does dual employment protection affect TFP? Evidence from Spanish manufacturing firms », *SERIEs*, vol. 7/4, pp. 421-459, https://doi.org/10.1007/s13209-016-0150-9. [144]

Dorn, D. et P. Levell (2024), « Labour market impacts of the China shock: Why the tide of Globalisation did not lift all boats », *Labour Economics*, vol. 91, p. 102629, https://doi.org/10.1016/j.labeco.2024.102629. [180]

Dromundo, S., M. Lüske et M. Tuccio (2023), « Innovative approaches to tackle long-term unemployment », *Documents de travail de l'OCDE sur les questions sociales, l'emploi et les migrations*, n° 300, Éditions OCDE, Paris, https://doi.org/10.1787/e1f7e16e-en. [134]

Dube, A. et al. (2025), *A Local Projections Approach to Difference-in-Differences*, Journal of Applied Econometrics, https://doi.org/10.1002/jae.70000. [283]

Égert, B., C. de la Maisonneuve et D. Turner (2023), « Quantifying the effect of policies to promote educational performance on macroeconomic productivity », *Documents de travail du Département des affaires économiques de l'OCDE*, n° 1781, Éditions OCDE, Paris, https://doi.org/10.1787/b00051cc-en. [48]

Égert, B., C. de la Maisonneuve et D. Turner (2022), « A new macroeconomic measure of human capital exploiting PISA and PIAAC: Linking education policies to productivity », *Documents de travail du Département des affaires économiques de l'OCDE*, n° 1709, Éditions OCDE, Paris, https://doi.org/10.1787/a1046e2e-en. [53]

Égert, B. et P. Gal (2017), « La quantification des réformes structurelles dans les pays de l'OCDE : Un nouveau cadre analytique », *Documents de travail du Département des affaires économiques de l'OCDE*, n° 1354, Éditions OCDE, Paris, https://doi.org/10.1787/2d887027-en. [43]

Égert, B., T. Kożluk et D. Sutherland (2009), « Infrastructure et croissance : Évidence empirique », *Documents de travail du Département des affaires économiques de l'OCDE*, n° 685, Éditions OCDE, Paris, https://doi.org/10.1787/225682848268. [70]

Eissa, N., H. Kleven et C. Kreiner (2008), « Evaluation of four tax reforms in the United States: Labor supply and welfare effects for single mothers », *Journal of Public Economics*, vol. 92/3-4, pp. 795-816, https://doi.org/10.1016/j.jpubeco.2007.08.005. [114]

Elango, S. et al. (2015), *Early Childhood Education*, National Bureau of Economic Research, Cambridge, MA, https://doi.org/10.3386/w21766. [50]

European Migration Network (2023), « Integration of applicants for international protection in the labour market », *EMN Study*, https://home-affairs.ec.europa.eu/news/integration-applicants-international-protection-labour-market-2023-10-05_en. [125]

Favilukis, J., P. Mabille et S. Van Nieuwerburgh (2022), « Affordable Housing and City Welfare », *The Review of Economic Studies*, vol. 90/1, pp. 293-330, https://doi.org/10.1093/restud/rdac024. [218]

Fernández-Kranz, D. et N. Rodríguez-Planas (2025), « Too Family Friendly? The Consequences of Parent Part-Time Working Rights », https://papers.ssrn.com/abstract=3892576 (consulté le 28 juillet 2025). [118]

Filippucci, F. et al. (2024), « The impact of Artificial Intelligence on productivity, distribution and growth: Key mechanisms, initial evidence and policy challenges », *OECD Artificial Intelligence Papers*, n° 15, Éditions OCDE, Paris, https://doi.org/10.1787/8d900037-en. [20]

Filippucci, F. et al. (2025), « Macroeconomic productivity gains from Artificial Intelligence in G7 economies », *OECD Artificial Intelligence Papers*, n° 41, Éditions OCDE, Paris, https://doi.org/10.1787/a5319ab5-en. [18]

Fischer, S. (1993), « The role of macroeconomic factors in growth », *Journal of Monetary Economics*, vol. 32/3, pp. 485-512, https://doi.org/10.1016/0304-3932(93)90027-d. [79]

FIT (2025), *Dépenses d'investissements et entretien pour les infrastructures de transport*, https://data-explorer.oecd.org/vis?lc=fr&df[ds]=dsDisseminateFinalDMZ&df[id]=DSD_INFRINV%40DF_INFRINV&df[ag]=OECD.ITF&df[vs]=1.0&pg=0&bp=true&snb=14&dq=.A.INV.EUR..V&lom=LASTNPERIODS&lo=5&to[TIME_PERIOD]=false (consulté le 21 juillet 2025). [71]

Flaaen, A. et J. Pierce (2024), « Disentangling the Effects of the 2018-2019 Tariffs on a Globally Connected U.S. Manufacturing Sector », *Finance and Economics Discussion Series*, https://doi.org/10.17016/feds.2019.086. [193]

Fluchtmann, J., M. Keese et W. Adema (2024), « Gender equality and economic growth: Past progress and future potential », *Documents de travail de l'OCDE sur les questions sociales, l'emploi et les migrations*, n° 304, Éditions OCDE, Paris, https://doi.org/10.1787/fb0a0a93-en. [117]

FMI (2025), *Perspectives de l'économie mondiale, avril 2025 Un moment crucial dans un contexte de réorientations des politiques publiques*, https://www.imf.org/fr/publications/weo/issues/2025/04/22/world-economic-outlook-april-2025 (consulté le 17 juillet 2025). [131]

FMI (2018), *Perspectives de l'économie mondiale, avril 2018*, Fonds monétaire international, https://doi.org/10.5089/9781484338278.081. [198]

FMI (2017), « The Effects of Weather Shocks on Economic Activity: How Can Low-Income Countries Cope? », *World Economic Outlook, October 2017*, n° Chapter 3, Fonds monétaire international, https://www.imf.org/en/Publications/WEO/Issues/2017/09/19/world-economic-outlook-october-2017 (consulté le 8 décembre 2021). [259]

Fossen, F. (2013), « Personal Bankruptcy Law, Wealth, and Entrepreneurship--Evidence from the Introduction of a « Fresh Start » Policy », *American Law and Economics Review*, vol. 16/1, pp. 269-312, https://doi.org/10.1093/aler/aht015. [95]

Futia, C. (1980), « Schumpeterian Competition », *The Quarterly Journal of Economics*, vol. 94/4, p. 675, https://doi.org/10.2307/1885663. [101]

Gal, P. et A. Hijzen (2016), « L'incidence à court terme des réformes des marchés de produits : Une analyse au niveau des entreprises de plusieurs pays », *Documents de travail du Département des affaires économiques de l'OCDE*, n° 1311, Éditions OCDE, Paris, https://doi.org/10.1787/5jlv2jm07djl-en. [91]

Gal, P. et al. (2019), « Digitalisation and productivity: In search of the holy grail – Firm-level empirical evidence from EU countries », *Documents de travail du Département des affaires économiques de l'OCDE*, n° 1533, Éditions OCDE, Paris, https://doi.org/10.1787/5080f4b6-en. [74]

Gal, P. et A. Theising (2015), « L'impact macroéconomique des politiques structurelles sur le marché du travail dans les pays de l'OCDE : Une mise à jour », *Documents de travail du Département des affaires économiques de l'OCDE*, n° 1271, Éditions OCDE, Paris, https://doi.org/10.1787/5jrqc6t8ktjf-en. [94]

Gamberoni, E., C. Giordano et P. Lopez-Garcia (2016), « Capital and labour (mis)allocation in the euro area: some stylized facts and determinants », *European Central Bank Working Paper Series*. [137]

Gethin, A. (2025), « Distributional Growth Accounting: Education and the Reduction of Global Poverty, 1980-2019 », *The Quarterly Journal of Economics*, https://doi.org/10.1093/qje/qjaf033. [46]

Glaeser, E. (2010), *Agglomeration economics*, University of Chicago Press. [206]

Glaeser, E. et J. Gyourko (2025), « America's Housing Supply Problem: The Closing of the Suburban Frontier? », *NBER Working Papers*, https://doi.org/10.3386/w33876. [205]

Goldberg, P. et N. Pavcnik (2016), *The Effects of Trade Policy*, National Bureau of Economic Research, Cambridge, MA, https://doi.org/10.3386/w21957. [173]

Gonne, N. et M. Trincão (2024), « Gender mainstreaming in OECD Economic Surveys », *Documents de travail du Département des affaires économiques de l'OCDE*, n° 1831, Éditions OCDE, Paris, https://doi.org/10.1787/4d7041d7-en. [124]

Guillemette, Y. et J. Château (2023), « Long-term scenarios: incorporating the energy transition », *OECD Economic Policy Papers*, n° 33, Éditions OCDE, Paris, https://doi.org/10.1787/153ab87c-en. [165]

Guillemette, Y. et D. Turner (2021), « The long game: Fiscal outlooks to 2060 underline need for structural reform », *OECD Economic Policy Papers*, n° 29, Éditions OCDE, Paris, https://doi.org/10.1787/a112307e-en. [129]

Gupta, S. et G. Abed (2002), *Governance, Corruption, and Economic Performance*, FMI, https://doi.org/10.5089/9781589061163.071. [60]

Gyourko, J. et R. Molloy (2015), « Regulation and Housing Supply », dans *Handbook of Regional and Urban Economics*, Elsevier, https://doi.org/10.1016/b978-0-444-59531-7.00019-3. [211]

Hagemann, R. (2018), « Tax policies for inclusive growth: Prescription versus practice », OCDE, https://www.oecd.org/content/dam/oecd/en/publications/reports/2018/12/tax-policies-for-inclusive-growth_4df639c9/09ba747a-en.pdf (consulté le 9 juillet 2025). [156]

Haltiwanger, J., R. Jarmin et J. Miranda (2013), « Who Creates Jobs? Small versus Large versus Young », *Review of Economics and Statistics*, vol. 95/2, pp. 347-361, https://doi.org/10.1162/rest_a_00288. [34]

Hanappi, T. (2018), « Corporate Effective Tax Rates: Model Description and Results from 36 OECD and Non-OECD Countries », *Documents de travail de l'OCDE sur la fiscalité*, n° 38, Éditions OCDE, Paris, https://doi.org/10.1787/a07f9958-en. [170]

Hanappi, T., V. Millot et S. Turban (2023), « How does corporate taxation affect business investment? : Evidence from aggregate and firm-level data », *Documents de travail du Département des affaires économiques de l'OCDE*, n° 1765, Éditions OCDE, Paris, https://doi.org/10.1787/04e682d7-en. [160]

Handley, K., F. Kamal et R. Monarch (2025), « Rising Import Tariffs, Falling Exports: When Modern Supply Chains Meet Old-Style Protectionism », *American Economic Journal: Applied Economics*, vol. 17/1, pp. 208-238, https://doi.org/10.1257/app.20210051. [188]

Heckman, J. (2008), *Schools, Skills, and Synapses*, National Bureau of Economic Research, Cambridge, MA, https://doi.org/10.3386/w14064. [49]

Heckman, J. (1976), « A Life-Cycle Model of Earnings, Learning, and Consumption », *Journal of Political Economy*, vol. 84/4, Part 2, pp. S9-S44, https://doi.org/10.1086/260531. [158]

Henderson, R. (1993), « Underinvestment and Incompetence as Responses to Radical Innovation: Evidence from the Photolithographic Alignment Equipment Industry », *The RAND Journal of Economics*, vol. 24/2, p. 248, https://doi.org/10.2307/2555761. [103]

Henderson, R. (1993), « Underinvestment and Incompetence as Responses to Radical Innovation: Evidence from the Photolithographic Alignment Equipment Industry », *RAND Journal of Economics*, vol. 24/2, pp. 248-70. [37]

Hendren, N. et B. Sprung-Keyser (2020), « A Unified Welfare Analysis of Government Policies* », *The Quarterly Journal of Economics*, vol. 135/3, pp. 1209-1318, https://doi.org/10.1093/qje/qjaa006. [57]

Hijzen, A., L. Mondauto et S. Scarpetta (2017), « The impact of employment protection on temporary employment: Evidence from a regression discontinuity design », *Labour Economics*, vol. 46, pp. 64-76, https://doi.org/10.1016/j.labeco.2017.01.002. [142]

Hsieh, C. et E. Moretti (2019), « Housing Constraints and Spatial Misallocation », *American Economic Journal: Macroeconomics*, vol. 11/2, pp. 1-39, https://doi.org/10.1257/mac.20170388. [213]

IRENA (2024), « Renewable power generation costs in 2023 », https://www.irena.org/-/media/Files/IRENA/Agency/Publication/2024/Sep/IRENA_Renewable_power_generation_costs_in_2023.pdf. [266]

Johansson, Å. et al. (2008), « Fiscalité et croissance économique », *Documents de travail du Département des affaires économiques de l'OCDE*, n° 620, Éditions OCDE, Paris, https://doi.org/10.1787/241216205486. [150]

Jones, C. et P. Klenow (2016), « Beyond GDP? Welfare across Countries and Time », *American Economic Review*, vol. 106/9, pp. 2426-2457, https://doi.org/10.1257/aer.20110236. [29]

Jordà, Ò. et A. Taylor (2025), « Local Projections », *Journal of Economic Literature*, vol. 63/1, pp. 59-110, https://doi.org/10.1257/jel.20241521. [282]

Kahn, M. et al. (2021), « Long-term macroeconomic effects of climate change: A cross-country analysis », *Energy Economics*, vol. 104, p. 105624, https://doi.org/10.1016/j.eneco.2021.105624. [260]

Kane, A. et J. Lopez (2023), « Productivity and regulation in the construction sector: evidence for OECD countries », *Applied Economics*, vol. 56/32, pp. 3805-3821, https://doi.org/10.1080/00036846.2023.2208845. [212]

Kang, M. (2025), « Export competition and innovation », *European Economic Review*, vol. 178, p. 105059, https://doi.org/10.1016/j.euroecorev.2025.105059. [176]

Karahan, F. (2017), « Do Job-to-Job Transitions Drive Wage Fluctuations over the Business Cycle? », *American Economic Review*, vol. 107/5, pp. 353-57, https://doi.org/10.1257/aer.p20171076. [39]

Keane, M. (2011), « Labor Supply and Taxes: A Survey », *Journal of Economic Literature*, vol. 49/4, pp. 961-1075, https://doi.org/10.1257/jel.49.4.961. [157]

Kholodilin, K. (2024), « Rent control effects through the lens of empirical research: An almost complete review of the literature », *Journal of Housing Economics*, vol. 63, p. 101983, https://doi.org/10.1016/j.jhe.2024.101983. [225]

Kholodilin, K. (2020), « Long-Term, Multicountry Perspective on Rental Market Regulations », *Housing Policy Debate*, vol. 30/6, pp. 994-1015, https://doi.org/10.1080/10511482.2020.1789889. [230]

Kholodilin, K. (2020), « Long-Term, Multicountry Perspective on Rental Market Regulations », *Housing Policy Debate*, vol. 30/6, pp. 994-1015, https://doi.org/10.1080/10511482.2020.1789889. [231]

King, R. et R. Levine (1993), « Finance and Growth: Schumpeter Might Be Right », *Quarterly Journal of Economics*, vol. 108/3, pp. 717-737. [88]

Kolsrud, J. et al. (2018), « The Optimal Timing of Unemployment Benefits: Theory and Evidence from Sweden », *American Economic Review*, vol. 108/4-5, pp. 985-1033, https://doi.org/10.1257/aer.20160816. [112]

Koźluk, T. (2014), « Les indicateurs des charges économiques inhérentes à la conception des politiques environnementales : Résultats du questionnaire de l'OCDE », *Documents de travail du Département des affaires économiques de l'OCDE*, n° 1178, Éditions OCDE, Paris, https://doi.org/10.1787/5jxrjnbnbm8v-en. [274]

Kroft, K., F. Lange et M. Notowidigdo (2013), « Duration Dependence and Labor Market Conditions: Evidence from a Field Experiment* », *The Quarterly Journal of Economics*, vol. 128/3, pp. 1123-1167, https://doi.org/10.1093/qje/qjt015. [133]

L'Horty, Y., P. Martin et T. Mayer (2019), « The French Policy of Payroll Tax Reductions », *Les notes du conseil d'analyse économique*, https://www.cae-eco.fr/Baisses-de-charges-stop-ou-encore. [113]

Lake, J. et D. Liu (forthcoming), « Local Labor Market Effects of the 2002 Bush Steel Tariffs », *American Economic Journal: Economic Policy*. [192]

Liu, X. et al. (2020), « Services development and comparative advantage in manufacturing », *Journal of Development Economics*, vol. 144, p. 102438, https://doi.org/10.1016/j.jdeveco.2019.102438. [201]

Loayza, N. et V. Hnatkovska (2003), « Volatility and Growth », *World Bank Policy Research Working Papers*, https://openknowledge.worldbank.org/entities/publication/bbd29e4a-960b-553b-9f3c-9ef13bb0bc2e. [77]

Londoño-Vélez, J. et J. Ávila-Mahecha (2024), « Behavioural Responses to Wealth Taxation: Evidence from Colombia », *Review of Economic Studies*, https://doi.org/10.1093/restud/rdae076. [166]

López-Rodríguez, D. et M. de los Llanos Matea (2020), « La intervención pública en el mercado del alquiler de vivienda: una revisión de la experiencia internacional », *Documentos Ocasionales - Banco de España* 2002, https://www.bde.es/f/webbde/SES/Secciones/Publicaciones/PublicacionesSeriadas/DocumentosOcasionales/20/Fich/do2002.pdf. [229]

Lucas, R. (1973), « Some international evidence of output-inflation tradeoffs », *American Economic*, vol. 63, pp. 326-334, https://www.aeaweb.org/aer/top20/63.3.326-334.pdf. [80]

Melcarne, A. et G. Ramello (2018), « Bankruptcy delay and firms' dynamics », *Small Business Economics*, vol. 54/2, pp. 405-419, https://doi.org/10.1007/s11187-018-0041-5. [96]

Meleshchuk, S. et Y. Timmer (2020), « Are capital goods tariffs different? », FMI, https://www.imf.org/-/media/Files/Publications/WP/2020/English/wpiea2020061-print-pdf.ashx (consulté le 10 juin 2025). [190]

Melitz, M. et S. Redding (2014), « Missing Gains from Trade? », *American Economic Review*, vol. 104/5, pp. 317-321, https://doi.org/10.1257/aer.104.5.317. [177]

Mertens, K. et M. Ravn (2013), « The Dynamic Effects of Personal and Corporate Income Tax Changes in the United States », *American Economic Review*, vol. 103/4, pp. 1212-1247, https://doi.org/10.1257/aer.103.4.1212. [169]

Messina, J. (2006), « The role of product market regulations in the process of structural change », *European Economic Review*, vol. 50/7, pp. 1863-1890, https://doi.org/10.1016/j.euroecorev.2005.06.007. [98]

Mineshima, A. et al. (2021), « Affordable Rental Housing: Making It Part of Europe's Recovery », *Departmental Papers*, vol. 2021/013, p. 1, https://doi.org/10.5089/9781513570204.087. [226]

Minsky, H. (1975), « John Maynard Keynes », *Columbia University Press.* [83]

Miroudot, S. et C. Cadestin (2017), « Services In Global Value Chains: From Inputs to Value-Creating Activities », *Documents de travail de l'OCDE sur la politique commerciale*, n° 197, Éditions OCDE, Paris, https://doi.org/10.1787/465f0d8b-en. [200]

Mistura, F. et C. Roulet (2019), « The determinants of Foreign Direct Investment: Do statutory restrictions matter? », *OECD Working Papers on International Investment*, n° 2019/01, Éditions OCDE, Paris, https://doi.org/10.1787/641507ce-en. [204]

Montiel Olea, J. et al. (2025), « Local Projections or VARs? A Primer for Macroeconomists », *NBER Working Papers*, https://doi.org/10.3386/w33871. [285]

Moretti, E., C. Steinwender et J. Van Reenen (2025), « The Intellectual Spoils of War? Defense R&D, Productivity, and International Spillovers », *Review of Economics and Statistics*, vol. 107/1, pp. 14-27, https://doi.org/10.1162/rest_a_01293. [250]

Moretti, E. et D. Wilson (2017), « The Effect of State Taxes on the Geographical Location of Top Earners: Evidence from Star Scientists », *American Economic Review*, vol. 107/7, pp. 1858-1903, https://doi.org/10.1257/aer.20150508. [161]

Neal, T., B. Newell et A. Pitman (2025), « Reconsidering the macroeconomic damage of severe warming », *Environmental Research Letters*, vol. 20/4, p. 044029, https://doi.org/10.1088/1748-9326/adbd58. [263]

Nickell, S. et R. Layard (1999), « Chapter 46 Labor market institutions and economic performance », dans *Handbook of Labor Economics*, Elsevier, https://doi.org/10.1016/s1573-4463(99)30037-7. [136]

Nicoletti, G. et S. Scarpetta (2005), « Regulation and Economic Performance: Product Market Reforms and Productivity in the OECD », *Documents de travail du Département des affaires économiques de l'OCDE*, n° 460, Éditions OCDE, Paris, https://doi.org/10.1787/726517007575. [92]

Nicoletti, G., C. Vitale et C. Abate (2023), « Competition, regulation and growth in a digitized world: Dealing with emerging competition issues in digital markets », *Documents de travail du Département des affaires économiques de l'OCDE*, n° 1752, Éditions OCDE, Paris, https://doi.org/10.1787/1b143a37-en. [106]

Nicoletti, G., C. von Rueden et D. Andrews (2020), « Digital technology diffusion: A matter of capabilities, incentives or both? », *European Economic Review*, vol. 128, p. 103513, https://doi.org/10.1016/j.euroecorev.2020.103513. [73]

Nordhaus, W. (2008), « Baumol's Diseases: A Macroeconomic Perspective », *The B.E. Journal of Macroeconomics*, vol. 8/1, https://doi.org/10.2202/1935-1690.1382. [25]

North, D. (1990), *Institutions, Institutional Change and Economic Performance*, Cambridge University Press, https://doi.org/10.1017/cbo9780511808678. [63]

O'Sullivan, A., T. Sexton et S. Sheffrin (1995), « Property Taxes, Mobility, and Home Ownership », *Journal of Urban Economics*, vol. 37/1, pp. 107-129, https://doi.org/10.1006/juec.1995.1007. [236]

OCDE (2025), *Examen de l'OCDE sur la résilience des chaînes d'approvisionnement : Naviguer face aux risques*, Éditions OCDE, Paris, https://doi.org/10.1787/efc0e1c0-fr. [181]

OCDE (2025), *Gross domestic expenditure on R&D by sector of performance and source of funds*, https://data-viewer.oecd.org/?chartId=317fa2d0-8bb8-4aac-bc1b-934e70de4fa9 (consulté le 16 juillet 2025). [252]

OCDE (2025), *Gross domestic expenditure on R&D by sector of performance and type of R&D*, https://data-viewer.oecd.org/?chartId=74a6d9b4-f677-430b-8f86-6d3b2df4eed3 (consulté le 16 juillet 2025). [253]

OCDE (2025), *Les impôts sur les salaires 2025 (version abrégée) : Décomposition de l'impôt sur le revenu des personnes physiques et rôle des allégements fiscaux*, Éditions OCDE, Paris, https://doi.org/10.1787/e1665579-fr. [115]

OCDE (2025), *OECD Services Trade Restrictiveness Index : Policy Trends up to 2025*, Éditions OCDE, Paris, https://doi.org/10.1787/9953845b-en. [203]

OCDE (2025), *OECD Trade Facilitation Indicators : Monitoring Policies up to 2025*, Éditions OCDE, Paris, https://doi.org/10.1787/fd6f27dc-en. [197]

OCDE (2025), *Perspectives de l'emploi de l'OCDE 2025 : Pouvons-nous surmonter la crise démographique ?*, Éditions OCDE, Paris, https://doi.org/10.1787/79445578-fr. [110]

OCDE (2025), *Perspectives économiques de l'OCDE, Volume 2025 Numéro 1 : S'attaquer à l'incertitude, relancer la croissance*, Éditions OCDE, Paris, https://doi.org/10.1787/15a25f4a-fr. [13]

OCDE (2025), *Résultats du PISA 2022 (Volume I) : Apprentissage et équité dans l'éducation*, PISA, Éditions OCDE, Paris, https://doi.org/10.1787/165f1d07-fr. [56]

OCDE (2025), « Structural Reforms under Fiscal Constraints, OECD Report Prepared for the 2025 Canada Presidency of the G7 ». [279]

OCDE (2024), « Accelerating climate adaptation: A framework for assessing and addressing adaptation needs and priorities », *OECD Economic Policy Papers*, n° 35, Éditions OCDE, Paris, https://doi.org/10.1787/8afaaeb8-en. [268]

OCDE (2024), *Adult skills and productivity: New evidence from PIAAC 2023*, Éditions OCDE, Paris, https://doi.org/10.1787/8bc2c556-en. [58]

OCDE (2024), *Comment va la vie ? 2024 (version abrégée) : Bien-être et résilience en temps de crise*, Éditions OCDE, Paris, https://doi.org/10.1787/bc0cfa41-fr. [27]

OCDE (2024), *Les adultes possèdent-ils les compétences nécessaires pour s'épanouir dans un monde en mutation ? : Évaluation des compétences des adultes 2023*, Études de l'OCDE sur les compétences, Éditions OCDE, Paris, https://doi.org/10.1787/e8d52c02-fr. [17]

OCDE (2024), *Les impôts sur les salaires 2024 (version abrégée) : La fiscalité et le genre sous l'angle du deuxième apporteur de revenu*, Éditions OCDE, Paris, https://doi.org/10.1787/bb9d7ef8-fr. [116]

OCDE (2024), *Perspectives de l'OCDE sur les compétences 2023 : Les compétences au service d'une transition écologique et numérique résiliente*, Éditions OCDE, Paris, https://doi.org/10.1787/fe76e556-fr. [245]

OCDE (2024), *Regards sur l'éducation 2024 : Les indicateurs de l'OCDE*, Éditions OCDE, Paris, https://doi.org/10.1787/1aabb39d-fr. [55]

OCDE (2023), *Administration fiscale 2023 : Informations comparatives sur les pays de l'OCDE et autres économies avancées et émergentes*, Éditions OCDE, Paris, https://doi.org/10.1787/678bbe59-fr. [167]

OCDE (2023), *Agir ensemble pour l'égalité des genres (version abrégée) : Quelles priorités ?*, Éditions OCDE, Paris, https://doi.org/10.1787/6a24b253-fr. [111]

OCDE (2023), « Enhancing the security of communication infrastructure », *Documents de travail de l'OCDE sur l'économie numérique*, n° 358, Éditions OCDE, Paris, https://doi.org/10.1787/bb608fe5-en. [76]

OCDE (2023), *Panorama des administrations publiques 2023*, Éditions OCDE, Paris, https://doi.org/10.1787/b4d0a9ed-fr. [72]

OCDE (2023), *PISA 2022 Assessment and Analytical Framework*, PISA, Éditions OCDE, Paris, https://doi.org/10.1787/dfe0bf9c-en. [15]

OCDE (2023), *Réformes économiques 2023 : Objectif croissance*, Éditions OCDE, Paris, https://doi.org/10.1787/bc1f3af8-fr. [11]

OCDE (2023), *Regards sur l'éducation 2023 : Les indicateurs de l'OCDE*, Éditions OCDE, Paris, https://doi.org/10.1787/ffc3e63b-fr. [45]

OCDE (2023), *Retaining Talent at All Ages*, Vieillissement et politiques de l'emploi, Éditions OCDE, Paris, https://doi.org/10.1787/00dbdd06-en. [130]

OCDE (2023), « The Impact of R&D tax incentives: Results from the OECD microBeRD+ project », *OECD Science, Technology and Industry Policy Papers*, n° 159, Éditions OCDE, Paris, https://doi.org/10.1787/1937ac6b-en. [243]

OCDE (2022), *La fiscalité immobilière dans les pays de l'OCDE*, Études de politique fiscale de l'OCDE, n° 29, Éditions OCDE, Paris, https://doi.org/10.1787/242b9308-fr. [235]

OCDE (2021), *Economic Policy Reforms 2021: Going for Growth: Shaping a Vibrant Recovery*, Éditions OCDE, Paris, https://doi.org/10.1787/3c796721-en. [33]

OCDE (2021), *Language Training for Adult Migrants*, Making Integration Work, Éditions OCDE, Paris, https://doi.org/10.1787/02199d7f-en. [128]

OCDE (2021), *OECD Services Trade Restrictiveness Index: Policy trends up to 2021*, Éditions OCDE, Paris, https://doi.org/10.1787/611d2988-en. [199]

OCDE (2021), *Perspectives de l'OCDE sur les compétences 2021 : Se former pour la vie*, Éditions OCDE, Paris, https://doi.org/10.1787/fc97e6d3-fr. [54]

OCDE (2021), *Pierre par pierre : Bâtir de meilleures politiques du logement*, Éditions OCDE, Paris, https://doi.org/10.1787/78520651-fr. [219]

OCDE (2021), *Promoting high-quality broadband networks in G20 countries*, Éditions OCDE, Paris, https://doi.org/10.1787/cf0093dc-en. [107]

OCDE (2020), *Comment va la vie ? 2020 : Mesurer le bien-être*, Éditions OCDE, Paris, https://doi.org/10.1787/ab72c502-fr. [32]

OCDE (2020), *Housing and Inclusive Growth*, Éditions OCDE, Paris, https://doi.org/10.1787/6ef36f4b-en. [221]

OCDE (2020), *Le logement social : Un élément essentiel des politiques de logement d'hier et de demain*, Éditions OCDE, Paris, https://doi.org/10.1787/94037dcc-fr. [220]

OCDE (2020), *Le logement social : Un élément essentiel des politiques de logement d'hier et de demain*, Éditions OCDE, Paris, https://doi.org/10.1787/94037dcc-fr. [223]

OCDE (2020), *Manuel de l'OCDE sur l'intégrité publique*, Éditions OCDE, Paris, https://doi.org/10.1787/84581cb5-fr. [67]

OCDE (2019), *Des emplois de qualité pour tous dans un monde du travail en mutation : La stratégie de l'OCDE pour l'emploi*, Éditions OCDE, Paris, https://doi.org/10.1787/4e6a92fa-fr. [148]

OCDE (2019), *Negotiating Our Way Up: Collective Bargaining in a Changing World of Work*, Éditions OCDE, Paris, https://doi.org/10.1787/1fd2da34-en. [147]

OCDE (2019), *Trade Policy and the Global Economy. Scenario 3: Reducing Unnecessary Costs of Non-Tariff Measures*, https://www.oecd.org/content/dam/oecd/en/publications/reports/2019/01/trade-policy-and-the-global-economy-reducing-unnecessary-costs-of-non-tariff-measures_1191dcef/f088e76b-en.pdf (consulté le 25 juin 2025). [195]

OCDE (2019), « Transformation numérique et productivité : une histoire de complémentarités », Éditions OCDE, Paris, https://doi.org/10.1787/a70d94ba-fr. [65]

OCDE (2019), *University-Industry Collaboration: New Evidence and Policy Options*, Éditions OCDE, Paris, https://doi.org/10.1787/e9c1e648-en. [254]

OCDE (2018), *Engaging Young Children: Lessons from Research about Quality in Early Childhood Education and Care*, Starting Strong, Éditions OCDE, Paris, https://doi.org/10.1787/9789264085145-en. [51]

OCDE (2018), *Trade Facilitation and the Global Economy*, Éditions OCDE, Paris, https://doi.org/10.1787/9789264277571-en. [196]

OCDE (2017), « Éditorial : Un programme d'action pour une croissance qui profite à tous », dans *Réformes économiques 2017 : Objectif croissance*, Éditions OCDE, Paris, https://doi.org/10.1787/growth-2017-1-fr. [10]

OCDE (2017), *Making Integration Work: Assessment and Recognition of Foreign Qualifications*, Making Integration Work, Éditions OCDE, Paris, https://doi.org/10.1787/9789264278271-en. [127]

OCDE (2017), *Spatial Planning and Policy in Israel: The Cases of Netanya and Umm al-Fahm*, OECD Regional Development Studies, Éditions OCDE, Paris, https://doi.org/10.1787/9789264277366-en. [217]

OCDE (2015), *Lignes directrices de l'OCDE sur la gouvernance des entreprises publiques, Édition 2015*, Éditions OCDE, Paris, https://doi.org/10.1787/9789264244221-fr. [108]

OCDE (2015), *Perspectives économiques de l'OCDE, Volume 2015 Issue 1*, Éditions OCDE, Paris, https://doi.org/10.1787/eco_outlook-v2015-1-fr. [9]

OCDE (2015), *The Future of Productivity*, Éditions OCDE, Paris, https://doi.org/10.1787/9789264248533-en. [8]

OCDE/Commission européenne (2023), *Les indicateurs de l'intégration des immigrés 2023 : Trouver ses marques*, Éditions OCDE, Paris, https://doi.org/10.1787/d5253a21-fr. [126]

OCDE/PNUD (2025), *Investir dans le climat pour la croissance et le développement (version abrégée) : Renforcer les contributions déterminées au niveau national*, Éditions OCDE, Paris, https://doi.org/10.1787/1a5fe203-fr. [269]

Olivetti, C. et B. Petrongolo (2017), « The Economic Consequences of Family Policies: Lessons from a Century of Legislation in High-Income Countries », *Journal of Economic Perspectives*, vol. 31/1, pp. 205-230, https://doi.org/10.1257/jep.31.1.205. [123]

Ollivaud, P. et D. Turner (2014), « Les conséquences de la crise financière mondiale sur la production potentielle de l'OCDE », *Documents de travail du Département des affaires économiques de l'OCDE*, n° 1166, Éditions OCDE, Paris, https://doi.org/10.1787/5jxwtl8h75bw-en. [89]

Ortigueira, S. (1998), « Fiscal policy in an endogenous growth model with human capital accumulation », *Journal of Monetary Economics*, vol. 42/2, pp. 323-355, https://doi.org/10.1016/s0304-3932(98)00025-7. [151]

Oswald, A. (2009), « The Housing Market and Europe's Unemployment: A Non-technical Paper* », dans *Homeownership and the Labour Market in Europe*, Oxford University Press, https://doi.org/10.1093/acprof:oso/9780199543946.003.0003. [210]

Parker, M. (2023), « How climate change affects potential output », *ECB Economic Bulletin* 6, https://www.ecb.europa.eu/press/economic-bulletin/articles/2023/html/ecb.ebart202306_02~0535282388.en.html. [258]

Petrin, A. et J. Sivadasan (2013), « Estimating Lost Output from Allocative Inefficiency, with an Application to Chile and Firing Costs », *Review of Economics and Statistics*, vol. 95/1, pp. 286-301, https://doi.org/10.1162/rest_a_00238. [138]

Porter, M. (1990), *The Competitive Advantage of Nations*, Palgrave Macmillan UK, London, https://doi.org/10.1007/978-1-349-11336-1. [4]

Putnam, R., R. Leonardi et R. Nonetti (1994), *Making Democracy Work*, Princeton University Press, https://doi.org/10.2307/j.ctt7s8r7. [64]

Ramey, G. et V. Ramey (1995), « Cross-Country Evidence on the Link Between Volatility and Growth », *The American Economic Review*, vol. 85/5, pp. 1138-1151. [78]

Rawdanowicz, Ł. et al. (2021), « Constraints and demands on public finances: Considerations of resilient fiscal policy », *Documents de travail du Département des affaires économiques de l'OCDE*, n° 1694, Éditions OCDE, Paris, https://doi.org/10.1787/602500be-en. [280]

Rebelo, S. (1991), « Long-Run Policy Analysis and Long-Run Growth », *Journal of Political Economy*, vol. 99/3, pp. 500-521, https://doi.org/10.1086/261764. [159]

Reinhart, C. et K. Rogoff (2009), *This Time is Different: Eight Centuries of Financial Folly*, Princeton University Press. [84]

Reinhart, C., K. Rogoff et M. Savastano (2003), *Debt Intolerance*, National Bureau of Economic Research, Cambridge, MA, https://doi.org/10.3386/w9908. [82]

Reinhart, C. et M. Sbrancia (2015), « The liquidation of government debt », *Economic Policy*, vol. 30/82, pp. 291-333, https://doi.org/10.1093/epolic/eiv003. [81]

Romer, C. et D. Romer (2010), « The Macroeconomic Effects of Tax Changes: Estimates Based on a New Measure of Fiscal Shocks », *American Economic Review*, vol. 100/3, pp. 763-801, https://doi.org/10.1257/aer.100.3.763. [153]

Romer, P. (1990), « Endogenous Technological Change », *Journal of Political Economy*, vol. 98/5, Part 2, pp. S71-S102, https://doi.org/10.1086/261725. [241]

Roth, J. et al. (2023), « What's trending in difference-in-differences? A synthesis of the recent econometrics literature », *Journal of Econometrics*, vol. 235/2, pp. 2218-2244, https://doi.org/10.1016/j.jeconom.2023.03.008. [284]

Sacks, D., B. Stevenson et J. Wolfers (2010), *Subjective Well-Being, Income, Economic Development and Growth*, National Bureau of Economic Research, Cambridge, MA, https://doi.org/10.3386/w16441. [31]

Sajedi, R. et A. Steinbach (2019), « Fiscal rules and structural reforms », *International Review of Law and Economics*, vol. 58, pp. 34-42, https://doi.org/10.1016/j.irle.2018.12.008. [281]

Schleicher, D. (2017), « Stuck! The Law and Economics of Residential Stability », *SSRN Electronic Journal*, https://doi.org/10.2139/ssrn.2896309. [209]

Schwellnus, C. et al. (2023), « Global value chain dependencies under the magnifying glass », *OECD Science, Technology and Industry Policy Papers*, n° 142, Éditions OCDE, Paris, https://doi.org/10.1787/b2489065-en. [182]

Segú, M. (2020), « The impact of taxing vacancy on housing markets: Evidence from France », *Journal of Public Economics*, vol. 185, p. 104079, https://doi.org/10.1016/j.jpubeco.2019.104079. [234]

Shambaugh, J., R. Nunn et P. Liu (2018), *How Declining Dynamism Affects Wages*, https://www.brookings.edu/wp-content/uploads/2018/02/es_2272018_how_declining_dynamism_affects_wages.pdf. [36]

Sims, C. et T. Zha (1999), « Error Bands for Impulse Responses », *Econometrica*, vol. 67/5, pp. 1113-1155, https://doi.org/10.1111/1468-0262.00071. [287]

Sims, D. (2007), « Out of control: What can we learn from the end of Massachusetts rent control? », *Journal of Urban Economics*, vol. 61/1, pp. 129-151, https://doi.org/10.1016/j.jue.2006.06.004. [228]

Solow, R. (1956), « A Contribution to the Theory of Economic Growth », *The Quarterly Journal of Economics*, vol. 70/1, p. 65, https://doi.org/10.2307/1884513. [240]

Sorbe, S. et al. (2019), « Digital Dividend: Policies to Harness the Productivity Potential of Digital Technologies », *OECD Economic Policy Papers*, n° 26, Éditions OCDE, Paris, https://doi.org/10.1787/273176bc-en. [52]

Stokey, N. et S. Rebelo (1995), « Growth Effects of Flat-Rate Taxes », *Journal of Political Economy*, vol. 103/3, pp. 519-550, https://doi.org/10.1086/261993. [152]

Sunstein, C. (2018), *The Cost-Benefit Revolution*, The MIT Press, https://doi.org/10.7551/mitpress/11571.001.0001. [66]

Swan, T. (1956), « ECONOMIC GROWTH and CAPITAL ACCUMULATION », *Economic Record*, vol. 32/2, pp. 334-361, https://doi.org/10.1111/j.1475-4932.1956.tb00434.x. [239]

Swiss Re Institute (2021), « The economics of climate change: no action not an option », https://www.swissre.com/dam/jcr:e73ee7c3-7f83-4c17-a2b8-8ef23a8d3312/swiss-re-institute-expertise-publication-economics-of-climate-change.pdf. [264]

Tanzi, V. et H. Davoodi (1997), *Corruption, Public Investment, and Growth*, FMI. [62]

Tunström, M. et S. Wang (2019), *The segregated city*, Nordic Council of Ministers, https://doi.org/10.6027/nord2019-007. [222]

Wei, S. (2000), « How Taxing is Corruption on International Investors? », *Review of Economics and Statistics*, vol. 82/1, pp. 1-11, https://doi.org/10.1162/003465300558533. [61]

Westmore, B. (2013), « R&D, brevets et croissance : le rôle des politiques publiques », *Documents de travail du Département des affaires économiques de l'OCDE*, n° 1047, Éditions OCDE, Paris, https://doi.org/10.1787/5k46h2rfb4f3-en. [244]

Annexe 1.A. Description du modèle de hiérarchisation des priorités d'action F4GC

Le modèle de hiérarchisation des priorités d'action F4GC utilise une approche mixte combinant des évaluations quantitatives et des évaluations qualitatives réalisées par les spécialistes des bureaux géographiques de l'OCDE pour identifier des recommandations de réformes structurelles destinées à stimuler la croissance économique (Graphique d'annexe 1.A.1). Ce modèle recouvre 48 économies, dont l'ensemble des 38 pays de l'OCDE.

Graphique d'annexe 1.A.1. Modèle de hiérarchisation des priorités d'action F4GC

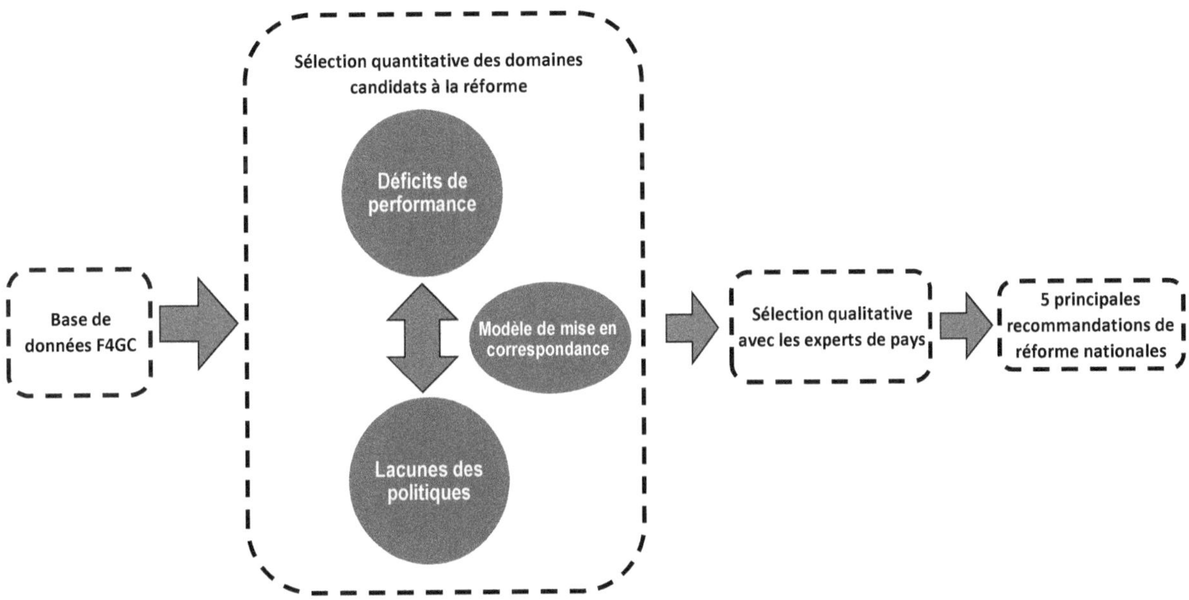

Source : Secrétariat de l'OCDE.

Étape quantitative

L'approche quantitative repose sur un algorithme d'analyse comparative des performances de l'action publique, qui établit un lien entre les moteurs structurels de la croissance et de la compétitivité et les indicateurs de l'action publique contenus dans la base de données F4GC. En pratique, chacun des indicateurs de l'action publique de la base F4GC est mis en correspondance avec un ou plusieurs indicateurs de performance pertinents, et ces liens sont étayés par des travaux de recherche académique et de recherche appliquée de l'OCDE et d'autres institutions. Les indicateurs de performance sont associés aux trois éléments constitutifs de la croissance économique : PMF (et indicateurs connexes, dont les mesures du capital humain, de la destruction créatrice, de l'investissement des entreprises en R-D, des financements d'amorçage), l'accroissement de l'intensité capitalistique (par exemple, l'investissement des entreprises dans les TIC, l'investissement direct étranger) et l'utilisation de la main-d'œuvre (par exemple, les taux de chômage et d'emploi par âge et par genre, le chômage de longue durée et le nombre de jeunes sans emploi et sortis du système éducatif). Par exemple, l'indicateur du taux effectif d'imposition des sociétés est mis en correspondance avec les indicateurs de performance qui mesurent la productivité du travail et l'accroissement de l'intensité capitalistique, tandis que le coin fiscal sur le travail est mis en correspondance avec le taux d'emploi. Étant donné que chaque indicateur de l'action publique peut être mis en relation avec plus d'un indicateur de performance, l'algorithme d'analyse comparative des performances de l'action publique comprend plus de 800 de ces correspondances.

Pour chaque couple « résultat-politique », on compare les pays à la moyenne de l'OCDE. Tous les indicateurs de performance (« résultat ») et de l'action publique (« politique ») sont normalisés de manière à ce que la moyenne sur l'ensemble des économies soit égale à 0 et l'écart-type à 1. Dans ces conditions, un couple « résultat-politique » devient candidat à une recommandation d'action dans un pays dès lors que le résultat et le score de politique publique qui lui est associé se classent tous les deux en deçà de la moyenne de l'OCDE, c'est-à-dire dans le quadrant inférieur gauche du Graphique d'annexe 1.A.2.

Graphique d'annexe 1.A.2 Analyse comparative des performances des politiques

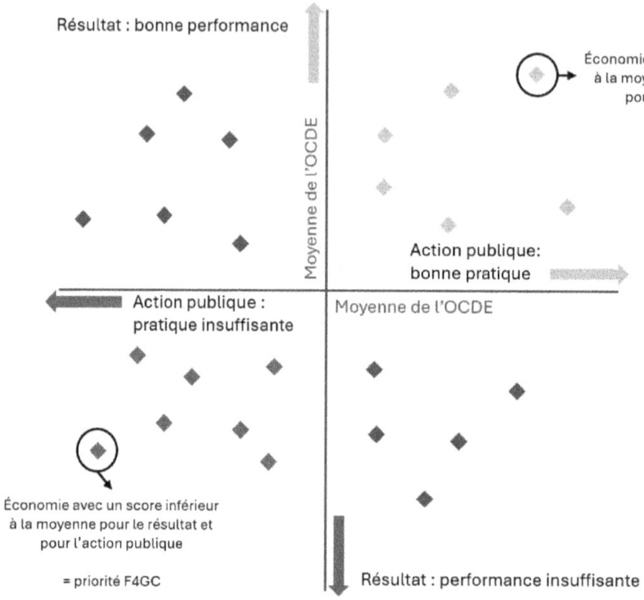

Source : Secrétariat de l'OCDE.

De plus, les politiques propices à la croissance présentent souvent des complémentarités, ce qui veut dire que la mise en œuvre de plusieurs réformes concomitantes peut déboucher sur des avantages qui se renforcent les uns les autres et sur des résultats plus élevés. Le corollaire est que les politiques fonctionnent rarement de manière isolée et les gains économiques dus à la force de certaines politiques peuvent être dilués par la faiblesse de certaines autres. De ce fait, le cadre de hiérarchisation des priorités d'action est une première tentative de l'OCDE d'intégrer le concept de complémentarité des politiques dans la hiérarchisation des priorités d'action par pays. Dans la pratique, pour intégrer ce concept de manière traçable à l'algorithme de hiérarchisation des priorités d'action F4GC, on met l'accent sur un ensemble limité de panoplies d'instruments d'action concernant lesquelles on dispose de données empiriques solides.

Le Graphique d'annexe 1.A.3 illustre de façon simplifiée l'idée générale que l'on a de la façon dont ces complémentarités de l'action publique opèrent pour façonner la croissance, les effets directs étant mis de côté à des fins des simplicité. Les principales conclusions sont les suivantes.

- L'impact des subventions à l'innovation sur la productivité est amplifié par :

- un capital humain de meilleure qualité : l'élaboration et la mise en œuvre effective de nouvelles idées nécessitent une main-d'œuvre hautement qualifiée et une gestion de haut niveau ;
- des RMP et des régimes d'insolvabilité moins stricts : des environnements plus concurrentiels poussent les entreprises en place à innover, la réduction des obstacles à l'entrée permet l'émergence de nouvelles entreprises innovantes, et l'abaissement des obstacles à la sortie stimule le redéploiement de la main-d'œuvre qualifiée vers les entreprises innovantes ;
- un taux d'activité et une mobilité de la main d'œuvre plus élevés : il s'agit en effet de répondre à l'accroissement de la demande de main-d'œuvre qualifiée (induite par les politiques d'innovation) grâce à un redéploiement efficace de la main-d'œuvre.

- La répercussion du capital humain sur la productivité est amplifiée par des politiques favorables à l'adaptabilité et au redéploiement sur les marchés du travail, notamment des RMP, des régimes d'insolvabilité, des législations sur la protection de l'emploi (LPE) et des politiques actives du marché du travail (voir (André et Gal, 2024[75])) bien conçus.
- Les RMP et les politiques du marché du travail ont des effets sur la croissance qui se renforcent mutuellement (comme indiqué par les flèches circulaires). Par exemple :
  - des RMP moins strictes peuvent être propices à l'entrée de nouvelles entreprises, mais il faut alors des marchés du travail flexibles pour accompagner la montée en puissance de ces entreprises ;
  - les politiques actives du marché du travail sont plus efficaces pour réintégrer les travailleurs licenciés dans des environnements où les obstacles à l'entrée sont faibles, étant donné que les nouvelles entreprises sont à l'origine d'une part proportionnellement plus importante de la création nette d'emplois.

Graphique d'annexe 1.A.3 Illustration des interactions entre les politiques

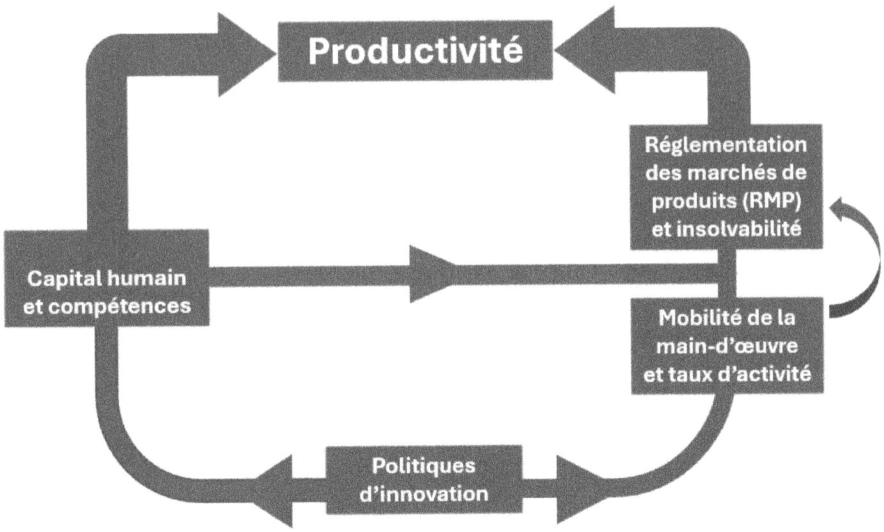

Note : Ce graphique illustre l'interaction entre différentes politiques et leur effet sur la productivité, l'effet direct de chaque politique sur la croissance étant mis de côté à des fins des simplicité. L'épaisseur des flèches représente la force des effets. Par exemple, la flèche qui part des politiques d'innovation pour aller vers la productivité est plus épaisse après le capital humain car l'impact des politiques d'innovation sur la productivité est amplifié par la qualité du stock de capital humain.

Pour prendre en compte ces complémentarités entre politiques, on actualise le critère de sélection des priorités d'action, tiré de l'algorithme d'analyse comparative des performances de l'action publique décrit ci-dessus, conformément à un *module de complémentarité des politiques*, et on procède alors au recensement de programmes de réforme. Concrètement, on accorde un poids plus grand aux couples de politiques connues pour être complémentaires d'après des données empiriques robustes, ce qui permet d'obtenir un classement quantitatif final des recommandations d'action possibles. Par exemple, l'algorithme de hiérarchisation des priorités d'action fera davantage peser les recommandations d'action qui concernent l'innovation et l'éducation lorsqu'on observe, pour un pays, des écarts importants avec les meilleures pratiques et les résultats dans ces deux domaines, de sorte que les programmes de réforme recommandés dans F4GC pourront être plus avantageux en exploitant les complémentarités entre ces deux domaines d'action. De même, pour un pays où l'on observe des écarts importants s'agissant de l'emploi et des RMP, une probabilité plus élevée sera affectée aux recommandations d'action destinées à remédier à ces questions.

Étape qualitative

À l'étape suivante, on se fie au jugement de spécialistes de l'OCDE concernant les couples « résultat-politique » identifiés pour sélectionner les recommandations les plus pertinentes pour chaque pays. Celles-ci sont regroupées en cinq programmes de mesures dans les notes par pays, en fonction du choix des bureaux géographiques de l'OCDE. Sont aussi prises en considération à cette étape des recommandations potentielles qui n'ont pas pu être incluses dans le processus d'appariement, faute d'avoir pu être mesurées ou parce que la comparabilité était limitée. Le recours aux spécialistes permet de pallier les lacunes dans la qualité et la couverture des données et de garantir l'exhaustivité du cadre. Par exemple, la base de données F4GC met l'accent sur une couverture géographique plus large, qui peut passer à côté de politiques spécifiques pertinentes pour un sous-ensemble de pays. L'expertise des bureaux géographiques de l'OCDE donne lieu à la formulation de recommandations de réforme détaillées pour chacune des priorités retenues et et permet de rendre compte des mesures qui ont été prises. Enfin, la dernière étape est un examen par les pairs, avec un processus de dialogue et de consultation des autorités nationales avant la publication finale.

Annexe 1.B. Estimer l'impact à court terme des réformes structurelles au moyen de projections locales et de la méthode des doubles différences

La présente annexe expose la méthodologie commune utilisée pour évaluer l'impact à court terme de diverses réformes structurelles sur les composantes de la croissance du PIB par habitant. Une réforme structurelle est définie comme un changement d'une variable de la base de données F4GC, ou d'une variable équivalente ayant une couverture géographique plus étroite mais une couverture temporelle plus longue. L'impact à court terme des réformes est évalué à l'aide d'estimations fondées sur des projections locales. Les projections locales sont une technique économétrique qui permet de suivre la réaction dynamique d'une variable y à une réforme $\Delta Policy_{\square}$, en estimant une séquence de régressions pour un horizon spécifique. Dans le contexte des données de panel, cette estimation prend la forme suivante :

$$y_{c,t+h} = \alpha_h + \beta_h \cdot \Delta Policy_{c,t} + \gamma_h \cdot X_{c,t} + \eta_c + \delta_t + \epsilon_{c,t+h}$$

Où $h \geq 0$ est l'horizon, $X_{c,t}$ sont les variables de contrôle (y compris éventuellement les décalages du résultat et du choc), η_c, δ_t sont les effets fixes par pays et dans le temps, $\epsilon_{c,t+h}$ et est un terme d'erreur (Jordà et Taylor, 2025[282]). Cette équation est estimée à différents horizons temporels pour obtenir une fonction de réponse impulsionnelle. β_h est alors le coefficient d'intérêt qui résume la façon dont le choc à l'instant *t* modifie le résultat *h* périodes plus tard.

Plusieurs ajustements sont apportés à cette équation de base par projections locales afin d'associer la méthode des doubles différences aux projections locales (Dube et al., 2025[283]). La spécification retenue dans ce chapitre, basée sur des différences longues, est la suivante :

$$y_{c,t+h} - y_{c,t-1} = \beta_h \Delta Policy_{c,t} + \sum_{j=-h, j\neq 0}^{3} \theta_{j,h} \cdot \Delta Policy_{c,t-j} + \chi_h (y_{c,t-1} - y_{c,t-2}) + \pi_h \cdot \Delta OutputGap_{c,t-1} + \delta_t + \epsilon'_{c,t,h} \qquad (1)$$

où $\theta_{j,h}$ rend compte de l'effet des chocs passés et à venir, χ_h de l'effet des tendances passées sur le résultat, π_h du cycle économique, δ_t représente des effets fixes temporels et $\epsilon'_{c,t,h}$ est un terme d'erreur. Quand on estime l'équation, on calcule la variance en appliquant l'estimateur de matrice de covariance de Driscoll-Kraay qui vise à produire des erreurs types robustes en cas de corrélations transversales et temporelles.

Les raisons de cette spécification sont les suivantes. Premièrement, une estimation en différences longues tend à être beaucoup moins sujette aux biais lorsque le résultat est auto-corrélé. Jorda et Taylor (2025[282]) plaident également en faveur de l'estimation du modèle en différences longues, en régressant $y_{t+h} - y_{t-1}$ sur $y_{t-1} - y_{t-2}$. Ils montrent en effet que la spécification en différences longues est plus robuste aux biais de petit échantillon lorsque le résultat est auto-corrélé. L'estimation en différences longues suppose que les effets fixes par pays disparaissent (Dube et al., 2025[283]).

Cependant, si l'on utilise les projections locales pour une estimation fondée sur la méthode des doubles différences avec des données de panel, on peut obtenir des résultats trompeurs dans le cas de ce qu'on appelle des « traitements échelonnés », c'est-à-dire des traitements déployés à des moments différents pour différentes unités. Dans la base de données F4GC, c'est généralement le cas puisque les réformes ne sont pas menées en même temps dans tous les pays. La littérature récente consacrée à la méthode des doubles différences montre que, dans une telle situation, l'estimation de l'effet du traitement par des régressions à effets fixes bidirectionnels peut entraîner des biais importants (qui peuvent aller jusqu'à l'inversion du signe de l'estimation) quand le traitement est échelonné et que l'effet du traitement est dynamique (Roth et al., 2023[284]). Pour résoudre ce problème, on peut prévoir un choc avec une structure comportant de longues périodes d'avance et de retard.

De fait, en théorie, ajouter une structure avec des avances et des retards sur un temps suffisamment long réduit ce risque quand l'impact du choc est homogène, c'est-à-dire quand il ne dépend pas du moment auquel il est se produit (Dube et al., 2025[283]). En particulier, l'équation (1) donnerait une estimation non biaisée de l'impact dynamique du choc si elle incluait un nombre infini de retards et *h* avances dans ce contexte, en supposant, comme c'est l'habitude pour une estimation selon la méthode des doubles différences, l'absence d'anticipation et des tendances parallèles. L'intuition qui sous-tend ce résultat est que le fait d'inclure les effets retardés du choc permet de tenir compte de l'effet des pays qui ont déjà subi des chocs par le passé – et qui introduiraient un biais dans les estimations lorsque l'effet est dynamique (puisque ces pays ne seraient pas des variables de contrôle appropriées). De même, intégrer les effets anticipés du choc prend en compte les pays qui subissent un choc entre t et $t+h$ (ces pays seraient des variables de contrôle inappropriées pour estimer l'impact d'un choc survenu dans un pays spécifique à $t-1$ sur un résultat à $t+h$). De plus, et dans le cas où les traitements sont susceptibles d'être anticipés, ajouter des avances permet de neutraliser les effets anticipatifs (prise en compte des cas où le choc est attendu et déjà reflété dans les résultats, comme dans le cas de réformes fiscales).

Dans la pratique, l'un des inconvénients possibles est que l'inclusion d'avances et de retards réduit rapidement le nombre d'observations disponibles dans l'estimation. Les estimations réalisées dans ce chapitre ont été testées avec un décalage temporel plus important : les résultats qualitatifs (y compris la significativité) sont similaires. Ceci est cohérent avec la conclusion selon laquelle le choix de la structure de décalage est relativement arbitraire en théorie ; en pratique, faire varier le nombre de retards a peu de conséquences dans les projections locales (Montiel Olea et al., 2025[285]).

La spécification retenue tient également compte du cycle via l'écart de production pour faire en sorte que les chocs et le résultat ne soient pas tous les deux déterminés par des considérations conjoncturelles. Ce serait le cas, par exemple, si la propension des États à mettre en œuvre des réformes structurelles dépendait du cycle. De fait, de récents éléments probants donnent à penser que les réformes structurelles ont été plus probables pendant les périodes de creux de l'activité et lorsque le pays était plus éloigné des meilleures pratiques (Dias da Silva, Givone et Sondermann, 2018[286]).

Comme il est d'usage dans la littérature sur les projections locales, les fonctions de réponse impulsionnelle sont présentées avec des plages de confiance correspondant à des intervalles de confiance de 68 % et 90 % pour chaque estimation et pour chaque horizon. Plusieurs travaux ont souligné que, pour les fonctions de réponse impulsionnelle, un intervalle de confiance de 68 % est en réalité plus utile qu'un intervalle de 90 % ou 95 %. Cette motivation provient de Sims et Zha (1999[287]), qui montrent que l'objectif de ces estimations est de donner une idée de la distribution *a posteriori* de la fonction. Ainsi, il ne s'agit pas d'une région de confiance classique, dont la probabilité de couverture mélange généralement des informations concernant la localisation des paramètres avec des informations sur l'ajustement global du modèle. De fait, il existe une différence plutôt intuitive entre la représentation de la région de confiance pour une courbe et celle qui concerne un seul paramètre. Dans le premier cas, les intervalles qui rendent compte du noyau à haute densité de la distribution postérieure, définis dans l'analyse bayésienne comme une erreur type ±1, autrement dit environ 68 % de la distribution de probabilité postérieure, peuvent donner plus d'informations qu'une bande large de 90 % ou 95 %. Cette approche est retenue dans ce chapitre.

Enfin, l'échantillon comprend tous les pays Membres de l'OCDE pour lesquels on dispose de données avant 2019 (inclus), aux fins de l'exclusion des variations de la période du COVID-19. Quand les pays quittent l'échantillon puis y reviennent, seule la période la plus longue (et la plus récente en cas de liaison) est conservée.

Annexe 1.C. Liste d'indicateurs de la base de données F4GC

Cette annexe présente la liste complète des indicateurs de la base de données F4GC. Leur curation a été réalisée sur la base des critères suivants :

- Cohérence avec la littérature sur les moteurs de la croissance et de la compétitivité : ce que l'indicateur vise à mesurer doit être cohérent avec ce que l'on sait des politiques pertinentes pour la croissance et la compétitivité.
- Facilité d'action : l'indicateur doit être un levier d'action clairement défini.
- Comparabilité et cohérence : l'indicateur doit permettre les comparaisons entre pays. À ce titre, la plupart des indicateurs retenus sont des sources de l'OCDE, ce qui signifie qu'ils ont déjà été validés par des comités de l'OCDE chargés de vérifier leur cohérence.
- Disponibilité et actualité des données : l'indicateur doit être disponible pour un nombre suffisamment grand de pays et produit à intervalles réguliers.

Ces cinq critères définissent l'ensemble « idéal » d'indicateurs de suivi de la compétitivité dans les pays et au fil du temps. Il est absolument fondamental d'inclure des indicateurs en rapport avec des leviers d'action concrets, c'est-à-dire qui peuvent être exploités par les décideurs (par exemple, indicateurs de réglementation des marchés de produits qui mesurent directement les réglementations). Cependant, dans les cas où ces données sont indisponibles ou lorsque la couverture géographique est trop étroite, on doit envisager avec attention d'inclure à la place un indicateur davantage en rapport avec les résultats de l'action publique (par exemple, indicateurs sur la proportion de population ayant accès au haut débit ou les scores PISA). Enfin, conformément à ces critères, la base de données F4GC sera régulièrement actualisée à mesure que de nouvelles données deviendront disponibles dans certains domaines.

Tableau d’annexe 1.C.1. Catalyseurs

Sous domaine de l’action publique	Dénomination	Nombre de pays pour lesquels l’indicateur est disponible	Année la plus récente pour laquelle l’indicateur est disponible	Source
Stabilité macroéconomique	Inflation annuelle, moyenne sur 10 ans	48	2024	Base de données analytique de l’OCDE
	Indice composite de notations souveraines	48	2024	Notations Moody’s et S&P des émetteurs à long terme depuis Refinitiv, calculs de l’OCDE
	Volatilité du taux de croissance du PIB réel (5 dernières années)	48	2023	Base de données analytique de l’OCDE
Établissements financiers	Ratio dette/fonds propres des sociétés financières	38	2024	Statistiques financières de SDD de l’OCDE
	Prêts bancaires non performants/total des prêts bruts	46	2024	Indicateurs de solidité financière du FMI
	Ratio fonds propres/actifs des banques	46	2024	Indicateurs de solidité financière du FMI
	Ratio de fonds propres	46	2024	Indicateurs de solidité financière du FMI
	Ratio prêts/dépôts	36	2024	Statistiques financières de SDD de l’OCDE
	Écarts de taux d’intérêt entre les prêts aux PME et les prêts aux grandes entreprises	32	2022	Tableau de bord de l’OCDE sur le financement des PME et des entrepreneurs 2024
	Indicateur d’accès aux institutions financières	48	2021	Indicateurs de développement financier du FMI
	Indicateur de profondeur des institutions financières	48	2021	Indicateurs de développement financier du FMI
	Indicateur d’efficience des institutions financières	48	2021	Indicateurs de développement financier du FMI
Marchés financiers	Indicateur d’accès aux marchés financiers	48	2021	Indicateurs de développement financier du FMI
	Indicateur de profondeur des marchés financiers	48	2021	Indicateurs de développement financier du FMI
	Indicateur d’efficience des marchés financiers	48	2021	Indicateurs de développement financier du FMI
État de droit	Indice de l’État de droit	45	2024	Indice de l’État de droit du World Justice Project
	Stabilité politique et absence de violence/terrorisme	48	2023	The Worldwide Governance Indicators: Methodology and Analytical Issues, *World Bank Policy Research Working Paper n° 5430*
	Indice de perception de la corruption	48	2023	Indice de perception de la corruption, Transparency International
Intégrité du secteur public	Parts des différents niveaux de confiance dans l’administration nationale, en % de la population	30	2023	Enquête de l’OCDE sur la confiance
	Répartition des réponses à la question relative à la probabilité que le parlement demande au gouvernement national de rendre des comptes	30	2023	Enquête de l’OCDE sur la confiance

	Indicateurs d'intégrité publique – Examen de la procédure législative	34	2024	Indicateurs d'intégrité publique de l'OCDE
	Indicateurs d'intégrité publique – Confiance dans le parlement	18	2022	Indicateurs d'intégrité publique de l'OCDE
	Indicateurs d'intégrité publique – Utilisation de mécanismes de surveillance et de prévention pour le financement des partis politiques et des campagnes électorales	38	2024	Indicateurs d'intégrité publique de l'OCDE
	Indicateurs d'intégrité publique – Analyses fondées sur des données factuelles et utilisation d'outils de diagnostic	37	2023	Indicateurs d'intégrité publique de l'OCDE
	Indicateurs d'intégrité publique – Viabilité financière	37	2023	Indicateurs d'intégrité publique de l'OCDE
	Indicateurs d'intégrité publique – Stabilité législative	32	2024	Indicateurs d'intégrité publique de l'OCDE
	Indicateurs d'intégrité publique – Transparence des processus décisionnels publics	39	2024	Indicateurs d'intégrité publique de l'OCDE
	Indicateurs d'intégrité publique – Utilisation de mécanismes de prévention des conflits d'intérêts à l'égard des hauts fonctionnaires	38	2024	Indicateurs d'intégrité publique de l'OCDE
	Indicateurs d'intégrité publique – Transparence des pratiques en matière d'évaluation et utilisation des évaluations pour la prise de décisions	37	2023	Indicateurs d'intégrité publique de l'OCDE
	Indicateurs d'intégrité publique – Intégrité postérieure à l'emploi dans la pratique (hauts fonctionnaires)	11	2024	Indicateurs d'intégrité publique de l'OCDE
	Indicateurs d'intégrité publique – Confiance dans l'administration publique	18	2022	Indicateurs d'intégrité publique de l'OCDE
	Indicateurs relatifs à l'intégrité publique – Divulgation volontariste de séries de données	39	2024	Indicateurs d'intégrité publique de l'OCDE
Administration numérique	Indice de l'administration numérique (DGI) – Conception numérique	36	2023	Panorama des administrations publiques de l'OCDE
	Indice de l'administration numérique (DGI) – Secteur public fondé sur les données	36	2023	Panorama des administrations publiques de l'OCDE
	Indice de l'administration numérique (DGI) – Gouvernement en tant que plateforme	36	2023	Panorama des administrations publiques de l'OCDE
	Indice de l'administration numérique (DGI) – Proactivité	36	2023	Panorama des administrations publiques de l'OCDE
Évaluation de la qualité de la réglementation	Qualité de la réglementation	48	2023	The Worldwide Governance Indicators: Methodology and Analytical Issues, *World Bank Policy Research Working*

				Paper nº 5430
	Analyse d'impact de la réglementation des textes législatifs	40	2021	Panorama des administrations publiques de l'OCDE
	Analyse d'impact des textes réglementaires	41	2021	Panorama des administrations publiques de l'OCDE
	Évaluation *ex post* des textes législatifs	41	2021	Panorama des administrations publiques de l'OCDE
	Évaluation *ex post* des textes réglementaires	41	2021	Panorama des administrations publiques de l'OCDE
Participation des parties prenantes à l'élaboration des textes législatifs et réglementaires	Association des parties prenantes à l'élaboration des textes législatifs	40	2021	Panorama des administrations publiques de l'OCDE
	Association des parties prenantes à l'élaboration des textes réglementaires	41	2021	Panorama des administrations publiques de l'OCDE
Cadres réglementaires relatifs aux infrastructures publiques	Cadres réglementaires relatifs aux infrastructures publiques – Cadres réglementaires	31	2022	Panorama des administrations publiques de l'OCDE
	Cadres réglementaires relatifs aux infrastructures publiques – Autorisations et permis	31	2022	Panorama des administrations publiques de l'OCDE
	Cadres réglementaires relatifs aux infrastructures publiques – Gouvernance des régulateurs économiques	34	2022	Panorama des administrations publiques de l'OCDE
	Planification à long terme pour les infrastructures	30	2021	Boîte à outils de l'OCDE pour les infrastructures
	Infrastructures : Équilibre budgétaire, faisabilité financière et optimisation de la dépense publique	31	2020	Boîte à outils de l'OCDE pour les infrastructures
	Marchés publics d'infrastructures	30	2020	Boîte à outils de l'OCDE pour les infrastructures
Gestion des menaces pesant sur l'intégrité publique dans la prise de décision	Gestion des risques qui menacent l'intégrité de la prise de décisions en matière d'infrastructures – Approche fondée sur les risques	27	2022	Panorama des administrations publiques de l'OCDE
	Gestion des risques qui menacent l'intégrité de la prise de décisions en matière d'infrastructures – Gestion de conflits d'intérêt	27	2022	Panorama des administrations publiques de l'OCDE
	Gestion des risques qui menacent l'intégrité de la prise de décisions en matière d'infrastructures – Contrôle externe et supervision	28	2022	Panorama des administrations publiques de l'OCDE
	Gestion des risques qui menacent l'intégrité de la prise de décisions en matière d'infrastructures – Mécanismes d'application efficaces	28	2022	Panorama des administrations publiques de l'OCDE
	Gestion des risques qui menacent l'intégrité de la prise de décisions en matière d'infrastructures – Contrôle interne et audit	25	2022	Panorama des administrations publiques de l'OCDE

Densité d'infrastructures	Proportion de la population urbaine ayant aisément accès aux transports publics (%)	48	2023	Base de données des indicateurs urbains, ONU-Habitat
	Nombre d'aéroports pour 100 000 km²	42	2016	Forum international des transports de l'OCDE
	Pourcentage de lignes ferroviaires électrifiées dans l'ensemble du réseau ferroviaire	34	2023	Forum international des transports de l'OCDE
	Pourcentage de lignes à grande vitesse dans l'ensemble du réseau ferroviaire	10	2023	Forum international des transports de l'OCDE
	Densité de lignes ferroviaires (km pour 100 km²)	37	2023	Forum international des transports de l'OCDE
	Densité de routes (km pour 100 km²)	38	2023	Forum international des transports de l'OCDE
	Transport par conduite, en tonnes-km pour 1 000 unités de PIB en USD courants	25	2023	Forum international des transports de l'OCDE
	Transport de marchandises par chemin de fer, en tonnes-km pour 1 000 unités de PIB en USD courants	41	2023	Forum international des transports de l'OCDE
	Transport de personnes par voie ferrée, en passager-km pour 1 000 unités de PIB en USD courants	40	2023	Forum international des transports de l'OCDE
	Proportion de la population ayant accès à l'électricité	48	2021	Indicateurs du développement dans le monde, Banque mondiale
Réglementation des transports	Réglementation des marchés de produits (RMP) – Transport aérien	45	2023	Indicateurs de réglementation des marchés de produits de l'OCDE
	Réglementation des marchés de produits (RMP) – Transport ferroviaire	44	2023	Indicateurs de réglementation des marchés de produits de l'OCDE
	Réglementation des marchés de produits (RMP) – Transport routier	45	2023	Indicateurs de réglementation des marchés de produits de l'OCDE
Infrastructures écologiquement viables et climato-résilientes	Réseau d'assainissement public total (% de la population résidente raccordée à un réseau de collecte des eaux usées)	46	2022	Indicateur du traitement des eaux usées, OCDE (2024)
	Infrastructures écologiquement viables et climato-résilientes	26	2022	Boîte à outils de l'OCDE pour les infrastructures
Accès aux infrastructures numériques	Prix du panier du haut débit fixe, en % du RNB	48	2023	*Policy brief: The affordability of ICT services 2023*, Union internationale des télécommunications
	Abonnements au haut débit fixe pour 100 habitants, débit supérieur ou égal à 30 Mbit/s	34	2023	Portail sur le haut débit, OCDE
	Abonnements au haut débit fixe pour 100 habitants, supérieur ou égal à 100 Mbit/s	34	2023	Portail sur le haut débit, OCDE
	Abonnements au haut débit fixe pour 100 habitants,	34	2023	Portail sur le haut débit, OCDE

	supérieur ou égal à 1 Gbit/s			
	Total des abonnements au haut débit fixe pour 100 habitants	38	2023	Portail sur le haut débit, OCDE
	Pourcentage de connexions fibre dans le total du haut débit fixe	38	2023	Portail sur le haut débit, OCDE
	Proportion de la population couverte par au moins un réseau mobile 4G	43	2021	Portail sur le haut débit, OCDE
	Entreprises disposant d'une connexion haut débit, fixe ou mobile (% de l'ensemble des entreprises)	38	2024	Accès et utilisation des TIC par les entreprises, OCDE
	Entreprises disposant d'un débit descendant d'au moins 1 Gbit/s (% de l'ensemble des entreprises)	28	2024	Accès et utilisation des TIC par les entreprises, OCDE
Politiques relatives aux technologies de l'information et de la communication (TIC)	Entreprises utilisant l'intelligence artificielle (% de l'ensemble des entreprises)	38	2024	Accès et utilisation des TIC par les entreprises, OCDE
	Pourcentage d'entreprises faisant appel à des services infonuagiques	37	2022	Boîte à outils de l'OCDE sur la transformation numérique
Réglementation applicable aux communications électroniques	Réglementation des marchés de produits (RMP) – Communications fixes	45	2023	Indicateurs de réglementation des marchés de produits de l'OCDE
	Réglementation des marchés de produits (RMP) – Communications mobiles	45	2023	Indicateurs de réglementation des marchés de produits de l'OCDE
Niveau de formation	Dépenses publiques d'éducation, en USD constants à PPA par habitant	44	2021	Calculs de l'OCDE, fondés sur la base de données de l'OCDE sur l'éducation. Les données démographiques proviennent des Indicateurs du développement dans le monde de la Banque mondiale
	Dépenses publiques d'éducation, en USD constants à PPA, par personne de moins de 18 ans	43	2021	Calculs réalisés par l'OCDE d'après ses bases de données Éducation et Population
	Niveau de formation dans le deuxième cycle de l'enseignement secondaire	48	2023	Regards sur l'éducation de l'OCDE
	Niveau de formation dans l'enseignement supérieur	48	2023	Regards sur l'éducation de l'OCDE
	Niveau de formation des femmes dans le deuxième cycle de l'enseignement secondaire	48	2023	Regards sur l'éducation de l'OCDE
	Niveau de formation des femmes dans l'enseignement supérieur	48	2023	Regards sur l'éducation de l'OCDE
	Pourcentage d'élèves dans l'enseignement professionnel et dans le deuxième cycle de l'enseignement secondaire	39	2022	Regards sur l'éducation de l'OCDE
	Écart de niveau de formation entre les hommes et	47	2023	Regards sur l'éducation de l'OCDE

	les femmes dans le premier cycle de l'enseignement secondaire			
	Écart de niveau de formation entre les hommes et les femmes dans le deuxième cycle de l'enseignement secondaire	48	2023	Regards sur l'éducation de l'OCDE
	Écart de niveau de formation entre les hommes et les femmes dans l'enseignement supérieur	48	2023	Regards sur l'éducation de l'OCDE
Résultats des élèves	Nombre d'élèves par enseignant, enseignement primaire	43	2022	Base de données de l'OCDE sur le nombre d'élèves/étudiants par enseignant selon le type d'établissement
	Programme international pour le suivi des acquis des élèves (PISA) – Résultats en mathématiques	44	2022	Programme international de l'OCDE pour le suivi des acquis des élèves
	Programme international pour le suivi des acquis des élèves (PISA) – Résultats en compréhension de l'écrit	44	2022	Programme international de l'OCDE pour le suivi des acquis des élèves
	Programme international pour le suivi des acquis des élèves (PISA) – Résultats en sciences	44	2022	Programme international de l'OCDE pour le suivi des acquis des élèves
	Impact du milieu socioéconomique sur le score au PISA en compréhension de l'écrit	46	2022	Programme international de l'OCDE pour le suivi des acquis des élèves
Compétences des adultes	Programme pour l'évaluation internationale des compétences des adultes (PIAAC) – Score en littératie	36	2023	Programme de l'OCDE pour l'évaluation internationale des compétences des adultes (PIAAC)
	Programme pour l'évaluation internationale des compétences des adultes (PIAAC) – Score en numératie	36	2023	Programme de l'OCDE pour l'évaluation internationale des compétences des adultes (PIAAC)
	Programme pour l'évaluation internationale des compétences des adultes (PIAAC) – Score en résolution de problèmes	30	2023	Programme de l'OCDE pour l'évaluation internationale des compétences des adultes (PIAAC)
	Pourcentage d'adultes compétents en résolution de problèmes dans des environnements à forte composante technologique	24	2015	Programme de l'OCDE pour l'évaluation internationale des compétences des adultes (PIAAC)
Compétences numériques	Indice de l'utilisation des compétences en technologies de l'information et de la communication (TIC) à la maison	29	2022	Programme de l'OCDE pour l'évaluation internationale des compétences des adultes (PIAAC)
	Indice de l'utilisation des compétences en technologies de l'information et de la communication (TIC) dans le cadre professionnel	29	2022	Programme de l'OCDE pour l'évaluation internationale des compétences des adultes (PIAAC)
	Proportion d'adultes ayant peu de compétences en	32	2018	Programme de l'OCDE pour l'évaluation internationale des

	technologies de l'information et de la communication (TIC)			compétences des adultes (PIAAC)
Formation continue et apprentissage tout au long de la vie	Indice de l'apprentissage dans le cadre professionnel	29	2022	Programme de l'OCDE pour l'évaluation internationale des compétences des adultes (PIAAC)
	Indice d'utilisation des compétences en numératie dans le cadre professionnel	29	2022	Programme de l'OCDE pour l'évaluation internationale des compétences des adultes (PIAAC)
	Indice d'utilisation des compétences en compréhension de l'écrit à la maison	29	2022	Programme de l'OCDE pour l'évaluation internationale des compétences des adultes (PIAAC)
	Proportion d'adultes ayant suivi un enseignement supérieur (25-64 ans) prenant part à une formation non formelle liée à l'emploi	30	2022	Regards sur l'éducation de l'OCDE
Éducation de la petite enfance	Taux de scolarisation dans des structures d'éducation de la petite enfance et d'enseignement préprimaire	40	2021	Regards sur l'éducation de l'OCDE
	Coût net de la garde d'enfants (couple)	37	2022	Indicateurs impôts-prestations de l'OCDE
	Taux d'encadrement dans l'éducation de la petite enfance	39	2022	Regards sur l'éducation de l'OCDE

Tableau d'annexe 1.C.2. Incitations de marché et efficience allocative

Sous-domaine de l'action publique	Dénomination	Nombre de pays pour lesquels l'indicateur est disponible	Année la plus récente pour laquelle l'indicateur est disponible	Source
Structure fiscale	Impôts indirects en % du total des recettes (impôts périodiques sur la propriété immobilière + impôts sur les biens et services)	47	2022	Base de données mondiale des statistiques des recettes publiques de l'OCDE
	Taux marginal d'imposition effectif (TMIE) composite – Taux d'intérêt et d'inflation propres à chaque pays	48	2023	Base de données fiscales de l'OCDE
	Taux marginal d'imposition effectif (TMIE) composite – Taux d'intérêt et d'inflation bas	48	2023	Base de données fiscales de l'OCDE
	Ratio TVA/recettes	37	2022	Tendances des impôts sur la consommation de l'OCDE
	Indice global de complexité de la fiscalité	47	2022	Projet mondial sur la complexité de la fiscalité pour les entreprises multinationales
	Taux effectif d'imposition moyen composite (AETR)	48	2023	Base de données fiscales de l'OCDE

Formalités administratives et réglementaires	Réglementation des marchés de produits (RMP) – Communication et simplification des formalités administratives et réglementaires	45	2023	Indicateurs de réglementation des marchés de produits de l'OCDE
	Réglementation des marchés de produits – Exigences administratives pour les sociétés à responsabilité limitée et les entreprises individuelles	45	2023	Indicateurs de réglementation des marchés de produits de l'OCDE
Obstacles dans les secteurs de services et les industries de réseau	Réglementation des marchés de produits (RMP) – Obstacles à l'entrée dans les secteurs de services	45	2023	Indicateurs de réglementation des marchés de produits de l'OCDE
	Réglementation des marchés de produits (RMP) – Marchés numériques	45	2023	Indicateurs de réglementation des marchés de produits de l'OCDE
Distorsions résultant de la présence capitalistique de l'État	Réglementation des marchés de produits (RMP) – Qualité et étendue des participations publiques	45	2023	Indicateurs de réglementation des marchés de produits de l'OCDE
	Réglementation des marchés de produits (RMP) – Gouvernance des entreprises publiques à caractère commercial	45	2023	Indicateurs de réglementation des marchés de produits de l'OCDE
	Réglementation des marchés de produits (RMP) – Marchés publics	45	2023	Indicateurs de réglementation des marchés de produits de l'OCDE
Interventions dans les activités des entreprises	Réglementation des marchés de produits (RMP) – Contrôle et réglementation des prix de détail	45	2023	Indicateurs de réglementation des marchés de produits de l'OCDE
	Réglementation des marchés de produits (RMP) – Implication de l'État dans les industries de réseaux	45	2023	Indicateurs de réglementation des marchés de produits de l'OCDE
	Réglementation des marchés de produits (RMP) – Implication de l'État dans les secteurs de services	45	2023	Indicateurs de réglementation des marchés de produits de l'OCDE
Insolvabilité	Indicateur d'insolvabilité de l'OCDE – Traitement des entrepreneurs ayant fait en faillite (version révisée)	43	2022	Indicateur d'insolvabilité de l'OCDE
	Indicateur d'insolvabilité de l'OCDE – Prévention et rationalisation	44	2022	Indicateur d'insolvabilité de l'OCDE
	Indicateur d'insolvabilité de l'OCDE – Outils de restructuration	44	2022	Indicateur d'insolvabilité de l'OCDE
Obstacles tarifaires	Réglementation des marchés de produits (RMP) – Obstacles tarifaires	45	2023	Indicateurs de réglementation des marchés de produits de l'OCDE
Facilitation des échanges	Indicateurs de facilitation des échanges (IFE) – Disponibilité des renseignements	48	2022	Indicateurs de facilitation des échanges de l'OCDE
	Indicateurs de facilitation des échanges (IFE) – Implication des négociants (consultations)	48	2022	Indicateurs de facilitation des échanges de l'OCDE
	Indicateurs de facilitation des échanges (IFE) – Décisions	48	2022	Indicateurs de facilitation des échanges de l'OCDE

	anticipées			
	Indicateurs de facilitation des échanges (IFE) – Procédures de recours	48	2022	Indicateurs de facilitation des échanges de l'OCDE
	Indicateurs de facilitation des échanges (IFE) – Redevances et impositions	48	2022	Indicateurs de facilitation des échanges de l'OCDE
	Indicateurs de facilitation des échanges (IFE) – Formalités : documents	48	2022	Indicateurs de facilitation des échanges de l'OCDE
	Indicateurs de facilitation des échanges (IFE) – Formalités : automatisation	48	2022	Indicateurs de facilitation des échanges de l'OCDE
	Indicateurs de facilitation des échanges (IFE) – Formalités : procédures	48	2022	Indicateurs de facilitation des échanges de l'OCDE
	Indicateurs de facilitation des échanges (IFE) – Coopération interne	48	2022	Indicateurs de facilitation des échanges de l'OCDE
	Indicateurs de facilitation des échanges (IFE) – Coopération externe	48	2022	Indicateurs de facilitation des échanges de l'OCDE
	Indicateurs de facilitation des échanges (IFE) – Gouvernance et impartialité	48	2022	Indicateurs de facilitation des échanges de l'OCDE
Restrictivité des échanges de services	Indice de restrictivité des échanges de services (IRES) – Restrictions à la circulation des personnes	44	2022	Base de données de l'Indice de restrictivité des échanges de services de l'OCDE
	Indice de restrictivité des échanges de services (IRES) – Restrictions à la participation étrangère et autres conditions d'entrée sur le marché	44	2022	Base de données de l'Indice de restrictivité des échanges de services de l'OCDE
	Indice de restrictivité des échanges de services (IRES) – Autres mesures discriminatoires et normes internationales	44	2022	Base de données de l'Indice de restrictivité des échanges de services de l'OCDE
	Indice de restrictivité des échanges de services (IRES) – Obstacles à la concurrence et à la présence capitalistique de l'État	44	2022	Base de données de l'Indice de restrictivité des échanges de services de l'OCDE
	Indice de restrictivité des échanges de services (IRES) – Transparence de la réglementation et exigences administratives	44	2022	Base de données de l'Indice de restrictivité des échanges de services de l'OCDE
Restrictivité des échanges de services numériques	Indice de restrictivité des échanges de services numériques (IRES numérique) – Infrastructures et connectivité	45	2024	Indice de restrictivité des échanges de services numériques de l'OCDE
	Indice de restrictivité des échanges de services numériques (IRES numérique) – Transactions électroniques	45	2024	Indice de restrictivité des échanges de services numériques de l'OCDE
	Indice de restrictivité des échanges de services numériques (IRES numérique) – Systèmes de paiement	45	2024	Indice de restrictivité des échanges de services numériques de l'OCDE
	Indice de restrictivité des échanges de services numériques	45	2024	Indice de restrictivité des échanges de services

	(IRES numérique) – Droits de propriété intellectuelle			numériques de l'OCDE
	Indice de restrictivité des échanges de services numériques (IRES numérique) – Autres obstacles aux échanges de services numériques	45	2024	Indice de restrictivité des échanges de services numériques de l'OCDE
Restrictivité de la réglementation de l'IDE	Indice de restrictivité de la réglementation de l'IDE – Limitations des prises de participation étrangères	47	2020	Indice de restrictivité de la réglementation de l'investissement direct étranger de l'OCDE
	Indice de restrictivité de la réglementation de l'IDE – Mécanismes de filtrage ou d'approbation	47	2020	Indice de restrictivité de la réglementation de l'investissement direct étranger de l'OCDE
	Indice de restrictivité de la réglementation de l'IDE – Restrictions à l'emploi d'étrangers à des postes clés	47	2020	Indice de restrictivité de la réglementation de l'investissement direct étranger de l'OCDE
	Indice de restrictivité de la réglementation de l'IDE – Restrictions opérationnelles, par exemple restrictions à l'établissement de succursales et au rapatriement de capitaux ou à la propriété foncière	47	2020	Indice de restrictivité de la réglementation de l'investissement direct étranger de l'OCDE
Incitations à travailler	Coin fiscal moyen (% des coûts de main-d'œuvre) : moyenne pour différentes situations familiales	38	2023	Fiscalité du travail – Indicateurs comparatifs de l'OCDE
	Différence de transferts nets à l'État entre un couple à revenu unique et un couple à deux revenus égaux	38	2024	Modèles impôts-prestations de l'OCDE
	Durée du congé de maternité, du congé parental et du congé de garde à domicile rémunérés dont peuvent bénéficier les mères, en semaines	38	2024	Base de données de l'OCDE sur la famille
	Durée du congé paternité et parental rémunérés réservés aux pères, en semaines	38	2024	Base de données de l'OCDE sur la famille
	Part des femmes capables de programmer dans la tranche 16-24 ans	33	2023	Boîte à outils de l'OCDE sur la transformation numérique
	Dégressivité des prestations de chômage	38	2024	Indicateurs impôts-prestations de l'OCDE
	Impôt implicite sur la reprise d'une activité professionnelle pour les deuxièmes apporteurs de revenu, en % des revenus bruts du nouvel emploi	37	2022	Indicateurs impôts-prestations de l'OCDE
	Impôt implicite sur la reprise d'une activité professionnelle pour les parents isolés, en % des revenus bruts du nouvel emploi	37	2022	Indicateurs impôts-prestations de l'OCDE
Adaptabilité et mobilité	Indice de couverture des négociations salariales collectives	38	2020	Base de données sur les caractéristiques institutionnelles des syndicats, la fixation des salaires, l'intervention de l'État et les pactes sociaux (ICTWSS) de l'OCDE/AIAS
	Proportion des logements sociaux dans le nombre total de logements	32	2023	Base de données de l'OCDE sur le logement abordable

	Politiques actives du marché du travail (PAMT) par chômeur, en % du PIB par habitant	39	2022	Base de données de l'OCDE sur l'emploi
	Législation sur la protection de l'emploi (LPE) – Licenciements individuels et collectifs de travailleurs réguliers	46	2019	Base de données de l'OCDE sur la législation sur la protection de l'emploi
	Dualité de la législation sur la protection de l'emploi (LPE) – Différence entre les licenciements individuels et collectifs de travailleurs réguliers et de travailleurs intérimaires	37	2019	Base de données de l'OCDE sur la législation sur la protection de l'emploi
	Indicateur de l'encadrement des loyers	37	2021	Calculs de l'OCDE effectués par le Département des affaires économiques à partir d'un questionnaire administré par le Département de l'emploi, du travail et des affaires sociales
	Indicateur de la relation locataire-propriétaire	34	2021	Calculs de l'OCDE effectués par le Département des affaires économiques à partir d'un questionnaire administré par le Département de l'emploi, du travail et des affaires sociales
Politiques en matière de pensions et de retraite	Variation du patrimoine retraite net des hommes, 55 ans, 100 % du salaire brut individuel	44	2022	Panorama des pensions de l'OCDE
	Variation du patrimoine retraite net des hommes, 55 ans, 200 % du salaire brut individuel	44	2022	Panorama des pensions de l'OCDE
	Variation du patrimoine retraite net des hommes, 55 ans, 50 % du salaire brut individuel	44	2022	Panorama des pensions de l'OCDE
	Variation du patrimoine retraite net des hommes, 60 ans, 100 % du salaire brut individuel	44	2022	Panorama des pensions de l'OCDE
	Variation du patrimoine retraite net des hommes, 60 ans, 200 % du salaire brut individuel	44	2022	Panorama des pensions de l'OCDE
	Variation du patrimoine retraite net des hommes, 60 ans, 50 % du salaire brut individuel	44	2022	Panorama des pensions de l'OCDE
	Variation du patrimoine retraite net des femmes, 55 ans, 100 % du salaire brut individuel	44	2022	Panorama des pensions de l'OCDE
	Variation du patrimoine retraite net des femmes, 55 ans, 200 % du salaire brut individuel	44	2022	Panorama des pensions de l'OCDE
	Variation du patrimoine retraite net des femmes, 55 ans, 50 % du salaire brut individuel	44	2022	Panorama des pensions de l'OCDE
	Variation du patrimoine retraite net des femmes, 60 ans, 100 % du salaire brut individuel	44	2022	Panorama des pensions de l'OCDE
	Variation du patrimoine retraite net des femmes, 60 ans, 200 % du salaire brut individuel	44	2022	Panorama des pensions de l'OCDE

	Variation du patrimoine retraite net des femmes, 60 ans, 50 % du salaire brut individuel	44	2022	Panorama des pensions de l'OCDE
	Âge actuel de départ à la retraite	47	2022	Panorama des pensions de l'OCDE

Tableau d'annexe 1.C.3. Politiques ciblées et sectorielles

Sous-domaine de l'action publique	Dénomination	Nombre de pays pour lesquels l'indicateur est disponible	Année la plus récente pour laquelle l'indicateur est disponible	Source
Entreprises innovantes	Entreprises innovantes actives dans la R-D concernant les processus d'affaires et/ou les produits, en % des entreprises innovantes	31	2021	Principaux indicateurs de la science et de la technologie de l'OCDE
	Entreprises innovantes sur le plan des processus d'affaires, en % du total des entreprises	39	2021	Base de données sur les indicateurs de l'innovation de l'OCDE
	Entreprises innovantes sur le plan des processus d'affaires avec des innovations dans la production de biens ou de services, en % du total des entreprises	39	2021	Base de données sur les indicateurs de l'innovation de l'OCDE
	Entreprises innovantes sur le plan des processus d'affaires avec des innovations dans la distribution et la logistique, en % du total des entreprises	38	2021	Base de données sur les indicateurs de l'innovation de l'OCDE
	Entreprises innovantes sur le plan des processus d'affaires avec des innovations dans le marketing et la vente, en % du total des entreprises	39	2021	Base de données sur les indicateurs de l'innovation de l'OCDE
	Entreprises innovantes sur le plan des processus d'affaires avec des innovations dans les systèmes d'information et de communication, en % du total des entreprises	37	2021	Base de données sur les indicateurs de l'innovation de l'OCDE
	Entreprises innovantes sur le plan des processus d'affaires avec des innovations dans l'administration et la gestion, en % du total des entreprises	31	2021	Base de données sur les indicateurs de l'innovation de l'OCDE
	Entreprises ayant déposé des demandes de brevets, en % du total des entreprises	29	2021	Base de données sur les indicateurs de l'innovation de l'OCDE
	Entreprises innovantes (produit/processus), en % du total des entreprises	32	2021	Base de données sur les indicateurs de l'innovation de l'OCDE
	Part des personnes employées dans des entreprises innovantes dans l'emploi total	31	2021	Base de données sur les indicateurs de l'innovation de l'OCDE
	Entreprises coopérant avec des instituts publics de R-D pour des activités d'innovation, en % des entreprises actives dans l'innovation	36	2021	Base de données sur les indicateurs de l'innovation de l'OCDE
	Entreprises coopérant avec des universités ou d'autres établissements d'enseignement supérieur pour des activités d'innovation, en % des entreprises actives dans l'innovation	37	2021	Base de données sur les indicateurs de l'innovation de l'OCDE

Traitement fiscal de la R-D	Taux implicites de subvention fiscale associés aux incitations fiscales en faveur de la R-D : grandes entreprises déficitaires	45	2023	Base de données sur les incitations fiscales à la R-D de l'OCDE
	Taux implicites de subvention fiscale associés aux incitations fiscales en faveur de la R-D : grandes entreprises déficitaires, évolution sur 5 ans	45	2023	Base de données sur les incitations fiscales à la R-D de l'OCDE
	Taux implicites de subvention fiscale associés aux incitations fiscales en faveur de la R-D : PME déficitaires	45	2023	Base de données sur les incitations fiscales à la R-D de l'OCDE
	Taux implicites de subvention fiscale associés aux incitations fiscales en faveur de la R-D : PME déficitaires, évolution sur 5 ans	45	2023	Base de données sur les incitations fiscales à la R-D de l'OCDE
	Taux implicites de subvention fiscale associés aux incitations fiscales en faveur de la R-D : grandes entreprises bénéficiaires	45	2023	Base de données sur les incitations fiscales à la R-D de l'OCDE
	Taux implicites de subvention fiscale associés aux incitations fiscales en faveur de la R-D : grandes entreprises bénéficiaires, évolution sur 5 ans	45	2023	Base de données sur les incitations fiscales à la R-D de l'OCDE
	Taux implicites de subvention fiscale associés aux incitations fiscales en faveur de la R-D : PME bénéficiaires	45	2023	Base de données sur les incitations fiscales à la R-D de l'OCDE
	Taux implicites de subvention fiscale associés aux incitations fiscales en faveur de la R-D : PME bénéficiaires, évolution sur 5 ans	45	2023	Base de données sur les incitations fiscales à la R-D de l'OCDE
Dépenses de R-D : entreprises	Dépenses intérieures de R-D des entreprises (DIRDE) financées par les pouvoirs publics, en % du PIB	44	2023	Statistiques de la recherche et développement de l'OCDE
	Investissements en capital-risque dans le secteur des TIC, en % du PIB	27	2023	Boîte à outils de l'OCDE sur la transformation numérique
Dépenses de R-D : enseignement supérieur	Pourcentage des dépenses intérieures de R-D de l'enseignement supérieur (DIRDES) financées par le secteur des entreprises	44	2023	Principaux indicateurs de la science et de la technologie de l'OCDE
	Dépenses intérieures de R-D de l'enseignement supérieur (DIRDES), en % du PIB	44	2023	Principaux indicateurs de la science et de la technologie de l'OCDE
	DIRD financées par le secteur de l'enseignement supérieur et le secteur privé à but non lucratif, en % du PIB	43	2023	Principaux indicateurs de la science et de la technologie de l'OCDE
Dépenses de R-D : personnel	Effectifs totaux de R-D, pour 1 000 emplois	41	2022	Principaux indicateurs de la science et de la technologie de l'OCDE
Dépenses de R-D : recherche fondamentale	Dépenses de recherche fondamentale, en % du PIB	39	2022	Principaux indicateurs de la science et de la technologie de l'OCDE
Appui technologique	Indice de rigueur environnementale – Dépenses de R-D axées sur le bas carbone	39	2020	Indice de la rigueur des politiques environnementales, OCDE
Réglementation de l'énergie	Réglementation des marchés de produits (RMP) – Secteur de l'électricité	45	2023	Indicateurs de réglementation des marchés de produits de l'OCDE

	Réglementation des marchés de produits (RMP) – Secteur du gaz	43	2023	Indicateurs de réglementation des marchés de produits de l'OCDE
Énergies renouvelables	Part des énergies renouvelables, en % de l'approvisionnement en énergie	48	2021	Base de données de l'OCDE sur la croissance verte
	Part des renouvelables dans la production d'électricité	48	2023	Base de données de l'OCDE sur la croissance verte
	Part des énergies renouvelables dans le mix énergétique, évolution au cours des 20 dernières années	48	2021	Base de données de l'OCDE sur la croissance verte
Intensité énergétique	Productivité énergétique, PIB par unité d'approvisionnement (total) en énergie	48	2023	Base de données de l'OCDE sur la croissance verte
	Intensité énergétique par habitant, en tonnes d'équivalent pétrole par personne	48	2023	Base de données de l'OCDE sur la croissance verte
Eau, biodiversité et déchets	Changements dans la couverture des sols, en % des terres naturelles et semi-naturelles	48	2022	Base de données de l'OCDE sur la couverture des sols et les changements dans la couverture des sols
	Zones terrestres protégées, en % de la superficie terrestre totale	48	2022	Base de données de l'OCDE sur les zones protégées
	Déchets produits par habitant : total des déchets (kg par personne)	44	2022	Base de données de l'OCDE sur les déchets – Déchets municipaux : production et traitement
	Taux de recyclage (% du recyclage dans le total du traitement des déchets municipaux)	42	2022	Base de données de l'OCDE sur les déchets – Déchets municipaux : production et traitement
Conception et évaluation des politiques environnementales	Indicateur relatif à la conception et à l'évaluation des politiques environnementales	29	2018	Indicateur relatif à la conception et à l'évaluation des politiques environnementales de l'OCDE

2 Notes par pays

Ce chapitre contient les notes par pays détaillées du rapport *Les fondements de la croissance et de la compétitivité 2026* concernant les pays de l'OCDE et certaines économies non membres. Les notes par pays recensent les priorités de politiques structurelles de chaque pays nécessaires pour rehausser la croissance dans la zone OCDE et les pays partenaires. Les grands défis structurels à relever sont mis en évidence par les experts des bureaux géographiques de l'OCDE dans le modèle de hiérarchisation des priorités d'action du rapport *Les Fondements de la croissance et de la compétitivité* (chapitre 1, annexe 1.A).

Afrique du Sud

L'Afrique du Sud dispose d'une grande latitude pour améliorer ses résultats économiques, après la baisse de son PIB par habitant au cours des dix dernières années. Les résultats scolaires sont faibles et la productivité du travail peu élevée. Les larges écarts des taux d'emploi par rapport à la moyenne de l'OCDE se sont encore creusés depuis la pandémie. L'investissement en pourcentage du PIB est passé d'environ 29 % dans les années 2000 à 9.5 % ces dernières années, ce qui a causé des goulets d'étranglement du côté de l'offre et limité le potentiel de croissance.

L'allègement des contraintes réglementaires pour les entreprises, la mise en place de règles du jeu équitables et l'augmentation de l'efficience des entreprises publiques favoriseraient la création d'emplois, l'investissement et la productivité, amélioreraient l'affectation des ressources et réduiraient les risques liés à l'assainissement budgétaire. Le fait d'améliorer l'accès à l'éducation et à la formation ainsi que leur qualité permettrait de réduire les pénuries de compétences et d'accroître la productivité du travail. La mise en œuvre sans délai des politiques relatives au climat et à l'électricité favoriserait la réalisation des objectifs climatiques et de sécurité énergétique tout en réduisant la pollution atmosphérique.

Résultats économiques

Écarts par rapport à la moyenne de la moitié supérieure des pays de l'OCDE

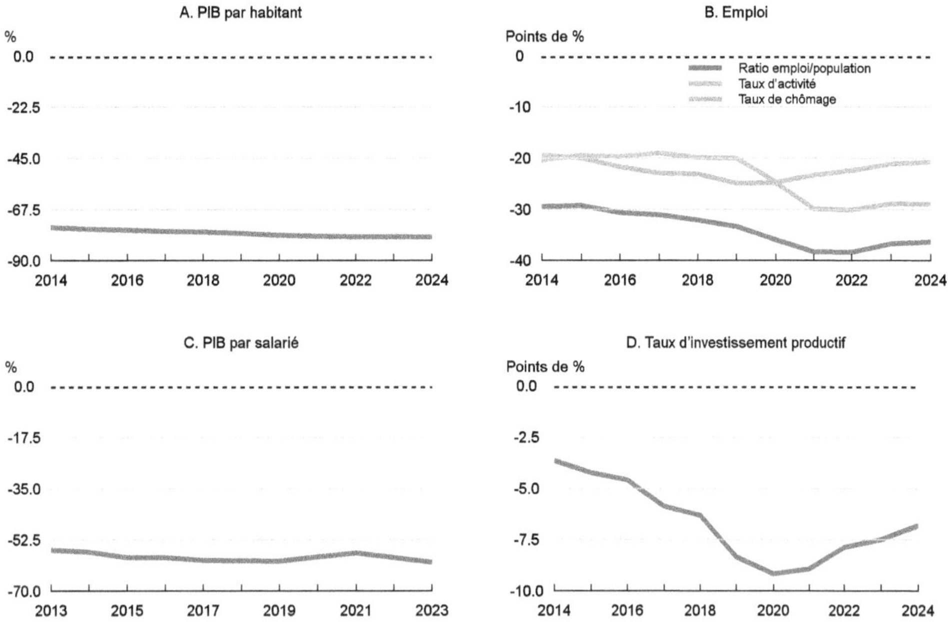

Source : Partie A : OCDE, base de données des *Perspectives économiques de l'OCDE* ; Partie B : OCDE, base de données sur les statistiques de la population active ; Partie C : OCDE, bases de données des *Perspectives économiques de l'OCDE* et sur la productivité ; Partie D : OCDE, bases de données des *Perspectives économiques de l'OCDE* et sur les comptes nationaux annuels et la formation brute de capital fixe (FBCF) par actif.

Sélection d'écarts d'indicateur de politique

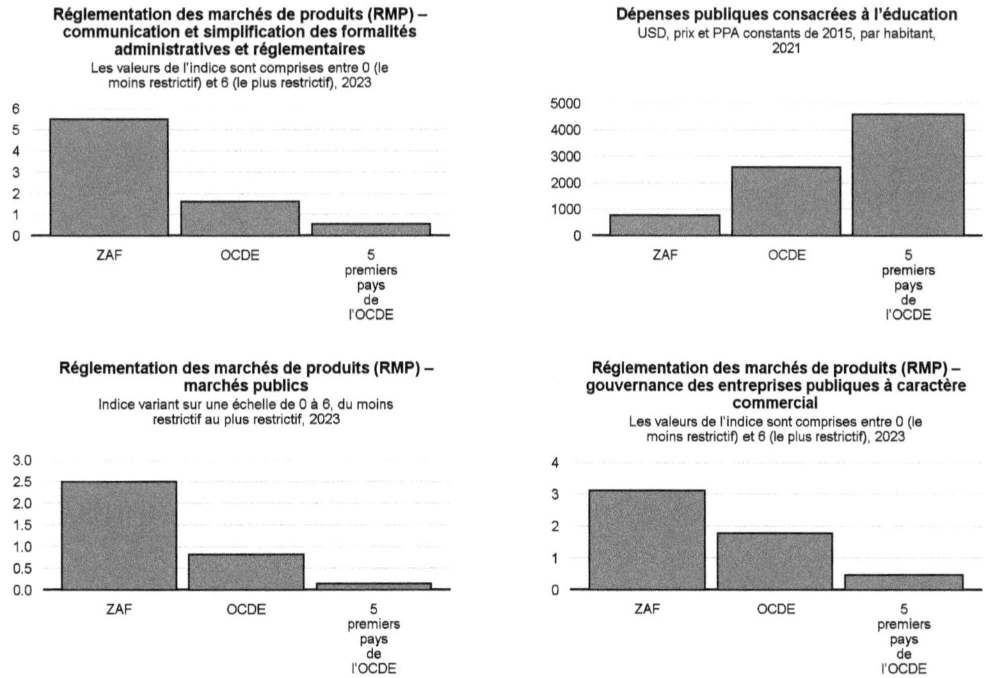

Source : Calculs de l'OCDE effectués à partir de la base de données du rapport *Les fondements de la croissance et de la compétitivité*.

Infrastructure : transformer les secteurs de l'électricité, du transport ferroviaire et de l'eau

L'insuffisance des investissements freine la croissance. La baisse de la production d'électricité a entraîné des coupures récurrentes, notamment pendant la période 2019-2023, et l'accès à l'électricité n'est pas encore généralisé. L'infrastructure ferroviaire dégradée est à l'origine d'une diminution des services de transport, rendant les longs trajets domicile-travail plus difficiles et les activités économiques plus coûteuses, et générant des émissions supplémentaires. Le système d'approvisionnement en eau est sous tension. Le modèle financier non durable des communes, qui s'appuie sur les recettes de l'électricité, a donné lieu à une situation de sous-investissement de leur part, notamment dans les secteurs de l'électricité et de l'eau.

Recommandations

- ✓ Accroître la marge de manœuvre budgétaire nécessaire à l'investissement public en augmentant le taux de TVA et en améliorant le recouvrement des impôts périodiques sur la propriété, en réduisant les dépenses fiscales et en rendant l'administration fiscale plus efficiente.
- ✓ Accroître l'investissement des autorités locales en révisant le modèle de financement et de gestion des communes, notamment en réservant les recettes de l'électricité à l'investissement, en étudiant la possibilité d'octroyer des concessions et en renforçant les capacités techniques.
- ✓ Attirer l'investissement privé en continuant à réformer les industries de réseau, notamment en introduisant plus de concurrence, en instaurant des règles du jeu équitables et en améliorant la gestion des entreprises publiques.

Réglementation : favoriser l'entrée, la croissance et la sortie des entreprises, ainsi que la création d'emplois

L'indicateur de réglementation des marchés de produits appliqué à l'ensemble de l'économie indique que la réglementation sud-africaine est la plus restrictive comparativement à celle des Membres de l'OCDE et de cinq autres économies de marché émergentes du G20. Les entreprises se heurtent à des obstacles importants pour se développer et créer des emplois, en particulier les PME, qui sont relativement moins bien armées pour faire face à la complexité. Les règles régissant les marchés publics créent des contraintes inutiles qui entravent la participation des petites entreprises. Le régime d'insolvabilité est relativement inefficace, limitant la réaffectation du capital et de la main-d'œuvre.

Recommandations

- ✓ Rédiger les lois et les règlements en utilisant un langage simple, dresser l'inventaire de tous les permis et autorisations dont les entreprises ont besoin et adopter le cas échéant une règle de « consentement tacite ».
- ✓ Demander aux autorités chargées de la passation des marchés de diviser les contrats de marchés publics en lots et de s'assurer que le délai de réponse accordé aux soumissionnaires et les conditions d'accès qui leur sont demandées sont proportionnels à la valeur ou à la complexité de l'appel d'offres.
- ✓ Réduire les obstacles à la restructuration des entreprises, notamment en supprimant l'obligation de licenciement du personnel de direction lors de la restructuration et la priorité donnée aux apporteurs de financements nouveaux par rapport aux créanciers nantis.

Gouvernance : améliorer l'efficience des entreprises publiques

L'étendue des participations publiques est plus vaste en Afrique du Sud que dans la plupart des Membres de l'OCDE et des économies émergentes, avec un grand nombre d'entreprises publiques intervenant dans des industries de réseau très réglementées. D'importants manques d'efficience ont entraîné une baisse de la fourniture d'électricité et des services de transport, et compromis les réductions d'émissions. La mauvaise gouvernance des entreprises publiques a souvent donné lieu à des transferts budgétaires, qui ont pourtant été insuffisants pour entretenir les infrastructures. La Commission chargée d'enquêter sur les faits de captation de l'État a mis au jour une corruption généralisée dans le secteur public, mais les poursuites ont été lentes.

Recommandations

- ✓ Restructurer les entreprises publiques pour assurer leur viabilité financière, améliorer leur gestion et créer une société holding répondant aux normes internationales en matière de gouvernance.
- ✓ Accélérer le dégroupage et la restructuration de certaines entreprises publiques, notamment le fournisseur d'électricité Eskom et la compagnie ferroviaire Transnet.
- ✓ Renforcer les procédures judiciaires et mieux appliquer les sanctions en cas d'infraction de corruption.

Enseignement et formation : améliorer l'infrastructure, la formation professionnelle et le financement de l'enseignement supérieur

Malgré les grandes avancées de ces dernières décennies, les résultats scolaires sont faibles et inégaux. Certains établissements scolaires ont des salles de classe surchargées et manquent d'infrastructures de base, de supports pédagogiques et de matériel de TIC. Le nombre d'élèves dans l'enseignement supérieur et le pourcentage de diplômés sont faibles, l'insuffisance des infrastructures universitaires et les coûts élevés par étudiant représentant de gros obstacles. L'enseignement et la formation techniques et professionnels ne permettent pas de répondre aux besoins de compétences.

Recommandations

- ✓ Continuer à répondre aux besoins d'infrastructures de base des établissements scolaires et assurer l'accès à des supports pédagogiques suffisants.
- ✓ Modifier le financement de l'enseignement supérieur en tenant mieux compte du nombre d'étudiants, de leur milieu socioéconomique et de leurs résultats.
- ✓ Améliorer la collaboration entre les prestataires de formation professionnelle, les parties prenantes du secteur privé et les organismes de développement régional.

Sécurité énergétique : étendre l'approvisionnement en électricité

Les pénuries d'électricité ont, ces dernières années, pesé sur la croissance économique. Bien qu'elles se soient atténuées, l'offre reste bien inférieure aux moyennes passées, ce qui constitue un obstacle à la croissance potentielle et un frein à l'investissement. La part d'électricité d'origine renouvelable a augmenté – ce qui permet d'atténuer les tensions – mais elle reste faible, en partie à cause des obstacles à l'entrée du côté de la production et de la segmentation de la distribution. La capacité de transport d'électricité insuffisante risque de limiter les progrès en matière de sécurité énergétique.

Recommandations

- ✓ Réduire l'écart entre les enchères d'électricité renouvelable, simplifier les critères de sélection des soumissionnaires et envisager la suppression progressive des récentes hausses de droits de douane sur les technologies solaires.
- ✓ Étendre le réseau de transport d'électricité en concentrant la majorité des investissements publics réalisés dans le secteur sur cet objectif et en réservant les investissements privés pour des projets de transport d'électricité indépendants.
- ✓ Mettre en place un marché de gros de l'électricité concurrentiel pour faciliter l'entrée des producteurs d'énergie renouvelable en menant à terme la réforme visant à garantir l'intégrité du marché et des règles du jeu équitables.

Progrès récents en matière de réformes structurelles

Dans le cadre de l'opération Vulindlela, le gouvernement a accéléré la mise en œuvre d'une sélection de réformes à fort impact afin de favoriser la croissance économique et la création d'emplois. La première phase a privilégié l'amélioration de l'offre d'électricité, la mise en place d'un système de transport de fret efficient et compétitif, un approvisionnement stable en eau de qualité, l'abaissement des coûts et l'amélioration de la qualité des communications numériques, ainsi qu'un régime de visas facilitant le tourisme et l'immigration de personnes qualifiées. La seconde phase, qui est en cours, porte sur les administrations locales, l'inégalité spatiale et la transformation numérique.

Allemagne

Après une décennie de croissance dynamique tirée par les exportations, la pandémie de COVID-19, la guerre d'agression menée par la Russie contre l'Ukraine et la montée des tensions commerciales ont nui à l'économie allemande et souligné la nécessité d'accélérer ses réformes structurelles. La croissance de la productivité avait déjà ralenti avant la pandémie en raison de la faiblesse de l'investissement public et privé, de la perte de dynamique des entreprises et des pénuries grandissantes de main-d'œuvre qualifiée, aggravées par le vieillissement rapide de la population.

La récente réforme des règles budgétaires devrait être complétée par des réformes structurelles visant à redynamiser la croissance économique. Il est essentiel de simplifier les procédures de planification et d'approbation des projets d'infrastructure et d'améliorer les capacités financières et administratives des communes pour permettre la mise en œuvre rapide et efficace des plans d'investissement. L'Allemagne doit réduire les charges administratives et les obstacles réglementaires pour relancer la dynamique des entreprises, l'investissement et la croissance de la productivité. Agir sur le système de prélèvements et de prestations pour encourager les femmes, les seniors et les travailleurs à faible revenu à travailler et renforcer les politiques d'éducation et de formation contribuerait à remédier aux pénuries de main-d'œuvre qualifiée.

Résultats économiques

Écarts par rapport à la moyenne de la moitié supérieure des pays de l'OCDE

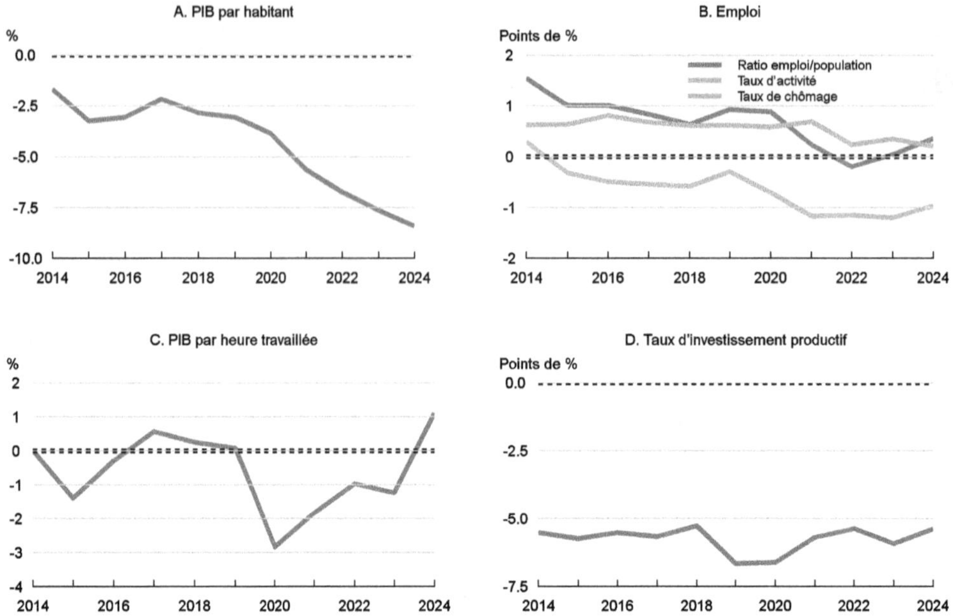

Source : Partie A : OCDE, base de données des Perspectives économiques ; Partie B : OCDE, base de données sur les Statistiques de la population active ; Partie C : OCDE, bases de données des Perspectives économiques de l'OCDE et sur la Productivité ; Partie D : OCDE, bases de données des Perspectives économiques de l'OCDE, des Comptes nationaux annuels et sur la formation brute de capital fixe (FBCF) par actif.

Sélection d'écarts d'indicateur de politique

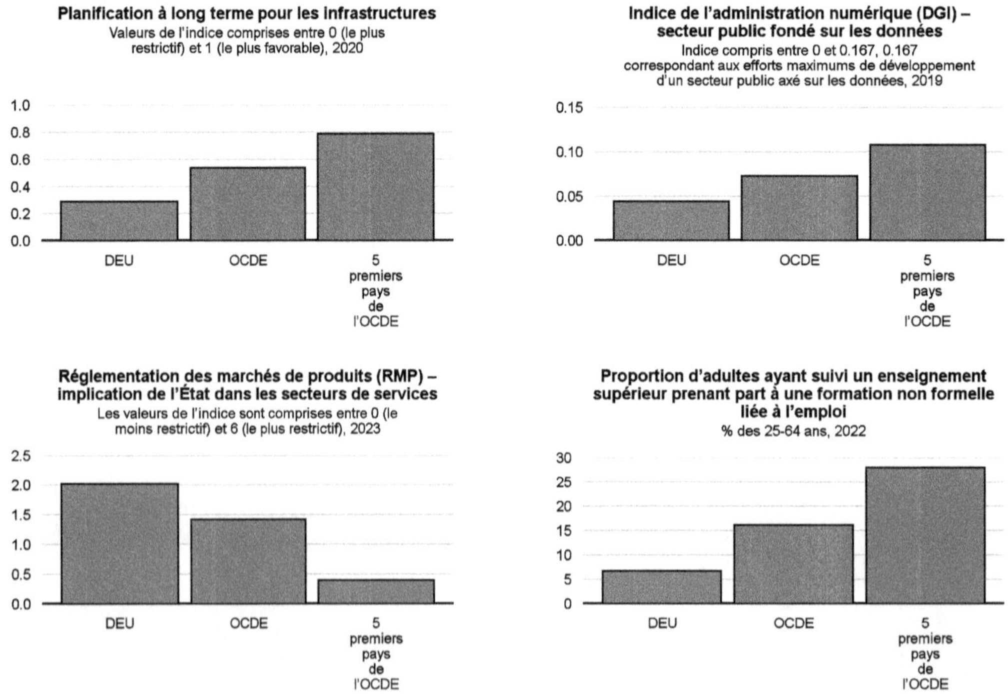

Source : Calculs de l'OCDE effectués à partir de la base de données du rapport *Les fondements de la croissance et de la compétitivité.*

Infrastructures : simplifier les procédures de planification et d'approbation et renforcer les capacités administratives des communes

Des procédures de planification et d'approbation des projets d'infrastructures longues et complexes sont l'une des principales causes de l'important retard en matière d'infrastructures énergétiques, numériques, de transport et d'éducation. Les communes sont responsables d'une grande partie des investissements dans les infrastructures publiques, mais des difficultés financières et les faibles capacités de planification des infrastructures ont entraîné un investissement net négatif au niveau municipal depuis le début des années 2000. Les dépenses non discrétionnaires prévues par la loi engagées par d'autres administrations, telles que les prestations sociales, réduisent les fonds disponibles pour des investissements dans les infrastructures municipales. En outre, en raison du grand nombre de petites communes, les coûts unitaires de la prestation des services publics sont élevés, tandis que les pénuries de main-d'œuvre sont importantes et la transformation numérique des services publics est lente, avec pour conséquence des capacités administratives limitées dans de nombreuses communes. La réforme des règles budgétaires de 2025 devrait aller de pair avec une amélioration de la planification et de la mise en œuvre des projets d'infrastructures.

Recommandations

- ✓ Rationaliser les procédures de planification et améliorer la passation de marchés publics en harmonisant les règles et en faisant un meilleur usage des outils numériques, tout en renforçant les capacités de planification locales grâce à une plus grande collaboration entre les municipalités, à des formations et à l'augmentation du personnel occupant des postes techniques clés.
- ✓ Indemniser les communes en cas de modification future de la législation fédérale ayant un impact négatif sur les budgets municipaux en augmentant la part du produit des impôts communs qui leur est attribuée, tout en veillant à ce que les subventions des Länder prévues par le système de péréquation ne soient pas réduites en contrepartie.
- ✓ Favoriser une plus grande coopération entre les communes pour la prestation des services publics, y compris au moyen d'incitations financières et d'initiatives de renforcement des capacités, et envisager de transférer certaines tâches à d'autres échelons de l'administration afin de libérer des ressources en personnel.

Gouvernance : alléger la charge administrative et accélérer la transformation numérique de l'administration publique

Des règles et des procédures administratives complexes qui diffèrent d'une administration infranationale et d'une commune à l'autre entraînent une charge administrative élevée, qui freine l'entrée et la croissance des entreprises sur de nombreux marchés, par exemple dans le secteur de la construction. Bien que l'analyse d'impact de la réglementation soit obligatoire pour tout projet de loi et qu'il existe une règle consistant à compenser toute nouvelle réglementation en supprimant ou allégeant des règles existantes (« one-in-one-out ») afin de limiter les contraintes administratives qui pèsent sur les entreprises, la mise en application et les capacités d'évaluation d'impact des politiques publiques restent faibles. En outre, il n'existe pas de guichet unique pour créer une entreprise, étant donné qu'un grand nombre de procédures administratives et de registres décentralisés ne sont toujours pas dématérialisés ni liés les uns aux autres, en raison de l'existence d'obstacles juridiques et de l'absence de normes informatiques communes à tous les échelons de l'administration.

Recommandations

- ✓ Consentir davantage d'efforts pour harmoniser les règles et les procédures administratives en vigueur entre les différents niveaux d'administration.
- ✓ Étoffer les pouvoirs du conseil de contrôle des normes (Normenkontrollrat) de vérifier les analyses d'impact de la réglementation effectuées par les ministères, d'améliorer les capacités d'analyse coûts-avantages au sein des ministères et de renforcer l'implication des parties prenantes.
- ✓ Fixer des normes communes obligatoires sur la conception et la mise en relation des données et des outils informatiques, tout en remédiant aux problèmes juridiques qui font obstacle à l'interconnexion des registres décentralisés.

Concurrence : réduire les obstacles réglementaires à la concurrence pour relancer la dynamique des entreprises et l'innovation

Les critères d'accès à certaines professions et les obligations à satisfaire pour créer une entreprise sont stricts, ce qui restreint la concurrence et l'entrée de nouvelles entreprises, par exemple dans le secteur de la construction. Le champ du secteur des entreprises publiques est plus vaste et leur gouvernance moins satisfaisante que la moyenne de l'OCDE, et le principe de neutralité concurrentielle pourrait être mieux appliqué. Il est essentiel de poursuivre la lutte contre la corruption et le blanchiment de capitaux pour harmoniser les règles du jeu entre toutes les entreprises. Les contraintes de capacités, les doublons et le manque de coopération entre les autorités répressives et celles chargées d'appliquer la législation fiscale des Länder et de l'échelon fédéral compliquent la lutte contre le blanchiment de capitaux et la délinquance fiscale.

Recommandations

- ✓ Réduire les restrictions d'accès à certains métiers, en particulier aux professions artisanales et commerciales.
- ✓ Renforcer le pouvoir de l'autorité de la concurrence de contester les décisions prises par des organismes publics et des autorités de régulation qui entravent la concurrence.
- ✓ Mettre en œuvre les plans visant à établir la Police financière fédérale et à renforcer ses capacités d'enquête, ainsi qu'à améliorer l'accès aux données et la coopération avec les autorités chargées d'appliquer la législation au niveau des Länder.

Marché du travail : renforcer les incitations au travail dans le système de prélèvements et de prestations

Les impôts sur le travail comptent parmi les plus élevés de la zone OCDE, ce qui réduit les incitations au travail, alors que la part des recettes tirées des impôts sur le patrimoine, de l'imposition des plus-values et de la fiscalité indirecte est inférieure à la moyenne des pays de l'OCDE. Plus d'un sixième de la main-d'œuvre exerce un emploi à temps partiel exonéré de cotisations salariales de sécurité sociale (*Minijob*), majoritairement des femmes. Cette situation s'explique aussi par l'imposition commune des revenus des couples mariés qui entraîne des taux d'imposition marginaux particulièrement élevés pour les seconds apporteurs de revenu. L'âge effectif moyen de sortie du marché du travail est bien inférieur à l'âge légal de départ à la retraite, du fait de dispositifs de retraite anticipée généreux, principalement utilisés par des travailleurs hautement qualifiés, bien rémunérés et dont l'état de santé est meilleur que la moyenne.

Recommandations

- ✓ Réduire l'imposition des revenus des personnes physiques, tout en accroissant les recettes d'impôts sur le patrimoine et de droits d'accise prélevés sur l'alcool et le tabac et en réduisant les dépenses fiscales liées à l'imposition des revenus du capital, aux droits de succession, à la taxe sur la valeur ajoutée (TVA) et aux taxes environnementales.
- ✓ Réserver aux élèves et aux étudiants l'accès aux emplois marginaux (minijobs), et abaisser le taux marginal d'imposition des seconds apporteurs de revenu en réformant l'actuel régime d'imposition commune des revenus des couples.
- ✓ Supprimer progressivement les incitations financières à la retraite anticipée, de manière que les décotes appliquées aux pensions en cas de départ précoce à la retraite soient aux moins actuariellement neutres, et lier l'âge légal de la retraite à l'espérance de vie.

Capital humain : renforcer les politiques d'éducation et de formation, y compris des adultes, pour remédier aux pénuries de main-d'œuvre qualifiée

Environ 3 millions de jeunes adultes n'ont pas de diplôme professionnel du fait de l'insuffisance de leurs compétences de base, et de nombreuses places dans l'éducation et la formation professionnelles sont vacantes. D'après les données de l'enquête PISA de l'OCDE, les inégalités devant l'enseignement demeurent fortes et les résultats scolaires moyens se sont dégradés depuis 2018. Les transformations structurelles induites par la transition écologique et numérique exigeront un renforcement des initiatives de développement des compétences et de recyclage professionnel des travailleurs, mais la participation aux formations pour adultes est faible. Cela s'explique par le manque de certifications et de normes de qualité communes dans le cadre du système d'apprentissage des adultes qui est fragmenté, ce qui génère des asymétries de l'information et nuit à la qualité des formations.

Recommandations

- ✓ Instaurer une année de préscolarisation obligatoire de haute qualité et allonger la durée de la journée scolaire à l'école primaire, tout en augmentant le nombre d'heures consacrées à l'enseignement des compétences de base.
- ✓ Établir un système standardisé de certification de la qualité des formations définissant des critères clairs en matière de contenu, de qualité de l'enseignement et d'acquis d'apprentissage pour les formations des adultes.
- ✓ Élargir l'éventail des possibilités offertes aux chômeurs d'obtenir des diplômes officiels d'EFP, et améliorer encore la coordination entre les services publics de l'emploi et les employeurs locaux.

Progrès récents en matière de réformes structurelles

La réforme des règles budgétaires de 2025 autorisera l'augmentation des dépenses de défense et d'investissement public. Les procédures de planification et d'approbation ont été simplifiées et accélérées pour les projets liés aux énergies renouvelables et à l'extension du réseau. Pour remédier aux pénuries de main-d'œuvre, l'immigration qualifiée a été facilitée avec la mise en place d'un visa de recherche d'emploi et de procédures administratives simplifiées pour l'octroi de permis de travail et de visas accordés aux immigrés disposant d'une offre d'emploi. La réforme de 2023 de l'aide au revenu de base a supprimé la priorité accordée à la prise d'un emploi plutôt qu'à la formation afin de soutenir les initiatives d'actualisation poussée des compétences et de reconversion des chômeurs. Une réforme du registre fédéral des lobbyistes a permis d'accroître la transparence des activités de lobbying visant à influer sur la réglementation. L'application du droit de la concurrence a été renforcée avec l'adoption d'un outil d'enquêtes de marché.

Argentine

Malgré son abondance de ressources naturelles et un niveau de formation de la main-d'œuvre élevé, les résultats économiques de l'Argentine sont inférieurs à ceux des économies comparables. L'instabilité du climat macroécomique, caractérisée par une succession de phases d'essor suivies de récessions, a sapé la confiance, ce dont témoigne un taux d'investissement parmi les plus faibles de la région. L'emploi informel demeure élevé en termes de comparaison internationale, ce qui entrave la répartition optimale des ressources sur l'ensemble de l'économie. La productivité du travail a reculé ces dix dernières années, creusant encore l'écart entre l'Argentine et la moyenne de l'OCDE.

Dans ce contexte difficile, le pays a engagé un ambitieux processus de réformes qui a commencé à porter ses fruits. Des efforts constants seront nécessaires pour supprimer progressivement les impôts générateurs de distorsions qui freinent l'investissement et pour accroître l'efficience des travaux publics. Un assouplissement accru de la réglementation du marché du travail et une réduction des coûts de main-d'œuvre non salariaux contribueraient à remédier au niveau élevé de l'emploi informel. Continuer de réduire les obstacles à la concurrence intérieure et internationale favoriserait la croissance de la productivité.

Résultats économiques

Écarts par rapport à la moyenne de la moitié supérieure des pays de l'OCDE

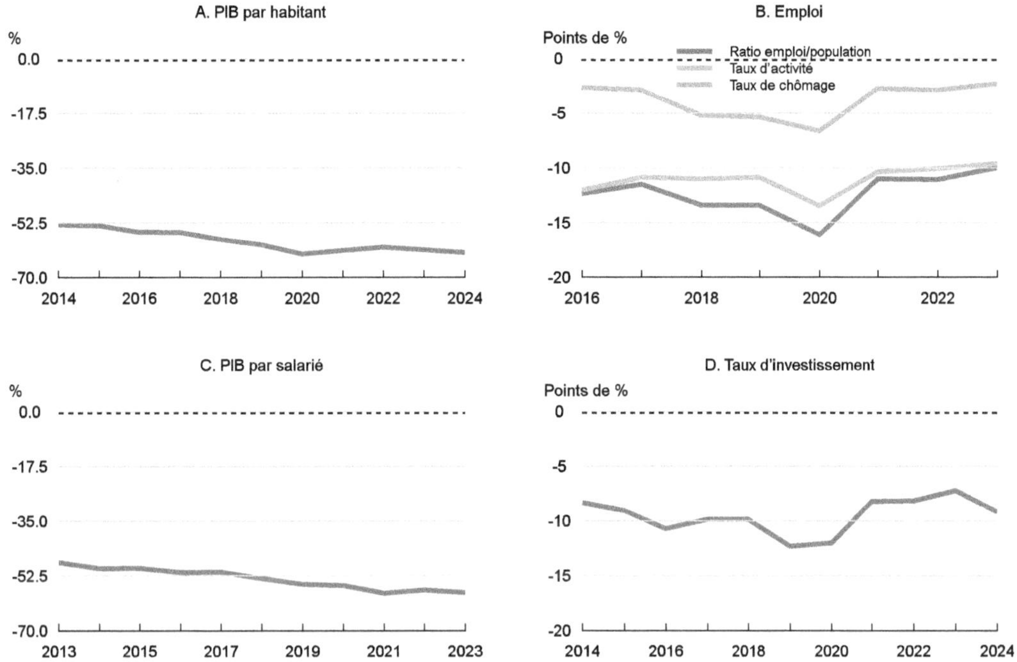

Source : Partie A : OCDE, Perspectives économiques de l'OCDE (base de données) ; partie B : OCDE, Statistiques de la population active (base de données) ; partie C : OCDE, Perspectives économiques et Productivité (bases de données) ; partie D : OCDE, Perspectives économiques, Comptes nationaux annuels et FBCF par actif (bases de données).

Sélection d'écarts d'indicateur de politique

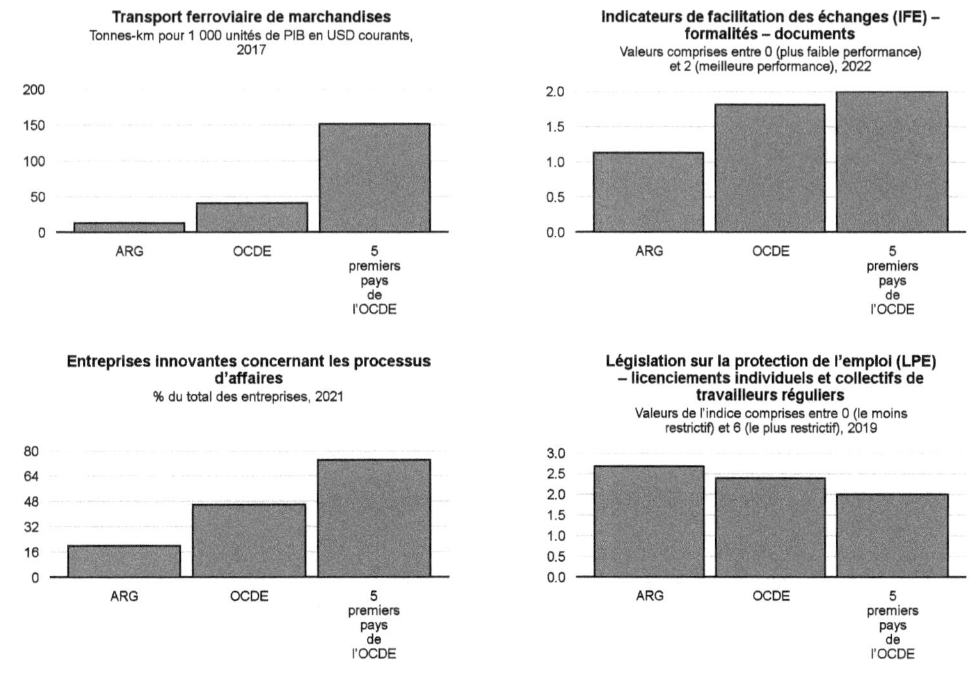

Source : Calculs de l'OCDE effectués à partir des notes par pays du rapport *Les fondements de la croissance et de la compétitivité*.

Fiscalité : rendre le système fiscal plus propice à la croissance

L'augmentation des dépenses publiques et les besoins de financement urgents au fil des ans ont été souvent financés par de nouveaux impôts générateurs de distorsions. Ces impôts ont retenti sur les décisions d'investissement et de consommation, mais aussi sur la répartition des ressources sur l'ensemble de l'économie. La taxe sur les transactions financières qui incite à régler les paiements en espèces est l'un des impôts induisant le plus de distorsions. La taxe sur le chiffre d'affaires des entreprises au niveau des provinces qui favorise l'intégration verticale de manière artificielle est un autre exemple d'impôt générateur de distorsions importantes. En revanche, l'assiette de l'impôt sur le revenu et de la TVA est étroite et ces deux impôts représentent une part moins importante des recettes fiscales que dans les pays de l'OCDE.

Recommandations

- ✓ Attendre que la taxe sur les transactions financières arrive à expiration en 2027 et supprimer les autres taxes sur les transactions induisant des distorsions, telles que les droits de timbre.
- ✓ Regrouper les taxes sur le chiffre d'affaires des entreprises au niveau des provinces avec la TVA pour mettre en place une taxe sur la valeur ajoutée (TVA) mixte assortie de règles harmonisées.
- ✓ Abaisser l'abattement forfaitaire au titre de l'impôt sur le revenu des personnes physiques et limiter les taux réduits et les exonérations de taxe sur la valeur ajoutée.

Infrastructures matérielles : renforcer l'intégrité des processus de passation des marchés publics

La qualité des infrastructures est médiocre en termes de comparaison internationale. Dans le secteur des transports, seuls 32 % des infrastructures routières sont en bon état. Les déraillements sont fréquents compte tenu du mauvais état des transports ferroviaires de marchandises. Le port de Buenos Aires affiche un temps de rotation moyen proche de deux jours et les navires doivent généralement attendre avant d'entrer dans le port. Une participation accrue du secteur privé à la construction et à l'exploitation des infrastructures permettrait de mettre en place des infrastructures de qualité tout en améliorant l'efficience des dépenses publiques. Cela exigera toutefois des capacités institutionnelles importantes.

Recommandations

- ✓ Sur la base de la Recommandation du Conseil de l'OCDE sur la gouvernance des infrastructures, élaborer une loi générale sur la passation des marchés publics et promouvoir leur dématérialisation.
- ✓ Veiller à ce que les bureaux des achats disposent de ressources humaines suffisantes pour mener leurs activités.
- ✓ Améliorer la coordination entre les organes compétents et entre les communes pour l'octroi des permis, autorisations et droits de passage.

Marché du travail : assouplir davantage la réglementation du marché du travail

Une part notable de l'activité économique et de l'emploi du pays se situe en marge de l'économie formelle. Les travailleurs informels ont des revenus moins stables et moins élevés, même s'ils ont accès à une protection sociale via le régime de sécurité sociale. L'emploi informel représente également une concurrence déloyale pour les entreprises formelles, ce qui limite leurs perspectives de croissance et induit une distorsion dans l'affectation des ressources sur l'ensemble de l'économie. La réglementation du marché du travail est plus restrictive que dans la moyenne des pays de l'OCDE et de l'Amérique latine, ce qui augmente le coût de l'emploi formel et limite les chances des travailleurs moins productifs.

Recommandations

- ✓ Simplifier les procédures administratives de licenciement collectif et abaisser le montant des indemnités de licenciement imposées par la loi.
- ✓ Élaborer des critères objectifs et prévisibles d'ajustement du salaire minimum fondés sur l'évolution de la productivité.
- ✓ Adopter des clauses de non-participation temporaire permettant la suspension des accords sectoriels en cas de difficultés économiques.

Concurrence : renforcer la compétitivité des marchés intérieurs

Malgré les réformes importantes engagées récemment, la réglementation des marchés de produits demeure très restrictive en Argentine comme l'attestent les indicateurs de réglementation des marchés de produits de l'OCDE. Les entreprises sont encore soumises à des procédures longues et coûteuses lorsqu'elles démarrent leurs activités. Des barrières à l'entrée persistent dans divers services professionnels. L'Agence nationale de défense de la concurrence indépendante ainsi que ses organes auxiliaires prévus par la loi sur la concurrence n'ont toujours pas été instaurés et les ressources de l'autorité actuelle sont limitées. Par ailleurs, le régime d'examen préalable aux fusions prévu par la loi sur la concurrence n'a pas encore été adopté. Les réglementations ne sont pas systématiquement évaluées.

Recommandations

- ✓ Continuer de simplifier la réglementation applicable aux entreprises pour réduire les barrières à l'entrée dans les secteurs des services et alléger les charges administratives qui pèsent sur les nouvelles entreprises.
- ✓ Créer une Agence nationale de la concurrence indépendante, dotée des financements qui lui sont nécessaires.
- ✓ Mettre en place l'utilisation systématique des analyses d'impact de la réglementation.

Échanges internationaux : s'ouvrir davantage aux échanges internationaux

L'économie argentine est moins intégrée dans les marchés mondiaux que les économies émergentes comparables, sur le plan des importations, des exportations et de la participation aux chaînes de valeur mondiales. Malgré de récentes améliorations, les barrières à l'importation et les taxes à l'exportation demeurent élevées en comparaison internationale. La croissance des exportations n'a pas été à la hauteur de l'expansion des marchés de l'exportation et les entreprises exportatrices ainsi que les produits exportés ont été moins nombreux. L'Argentine a beaucoup à gagner de l'ouverture aux échanges internationaux. Les entreprises nationales pourraient acquérir des biens intermédiaires de meilleure qualité et des équipements plus perfectionnés. Par ailleurs, le renforcement des exportations contribuerait à diminuer la vulnérabilité macroéconomique en renforçant la confiance des investisseurs.

Recommandations

- ✓ Continuer d'abaisser les droits de douane, en particulier sur les intrants intermédiaires et les biens d'équipement.

- ✓ Continuer d'alléger les obstacles non tarifaires aux échanges, notamment les règlements techniques lourds ou ceux qui ne sont pas conformes aux normes internationales.
- ✓ Supprimer progressivement les taxes à l'exportation.

Progrès récents en matière de réformes structurelles

L'Argentine a accompli des progrès notables sur la voie de la stabilisation de sa situation macroéconomique et de l'amélioration de l'environnement des affaires. Le pays a enregistré des excédents budgétaires primaires sur presque toute l'année 2024, situation qu'elle n'avait pas connue depuis 2010 et qui a contribué à rétablir progressivement la confiance des investisseurs. La majorité des contrôles des changes et des mouvements de capitaux ont été supprimés en avril 2025 et un nouveau régime d'incitations destiné à favoriser les investissements majeurs a été mis en place. La réglementation des marchés de produits a été rationalisée et modernisée, les procédures d'importation ayant été simplifiées et les délais d'attente avant approbation réduits. Il sera essentiel de conserver la dynamique des réformes pour rétablir des niveaux de croissance élevés au cours des prochaines années.

Australie

Les résultats économiques de l'Australie ont été mitigés par rapport à ceux des pays comparables de l'OCDE. Le marché du travail est parvenu à résister à l'envolée de la croissance démographique induite par l'immigration, la solide croissance de l'emploi permettant de maintenir de faibles taux de chômage. Par ailleurs, le niveau de la productivité du travail a baissé ces dernières années, creusant ainsi légèrement l'écart par rapport à la moitié supérieure des pays de l'OCDE en termes de production par heure travaillée.

La perte d'importance relative de l'extraction des combustibles fossiles, le vieillissement de la population et la transition vers la neutralité carbone obligent l'économie à s'adapter et à dynamiser le secteur des affaires, ce qui représente pour l'Australie un défi de taille à relever compte tenu de son éloignement géographique. La diminution des obstacles réglementaires à la concurrence et l'amélioration de l'accès au très haut débit faciliteraient l'entrée sur le marché et la croissance des jeunes entreprises innovantes.

Résultats économiques

Écarts par rapport à la moyenne de la moitié supérieure des pays de l'OCDE

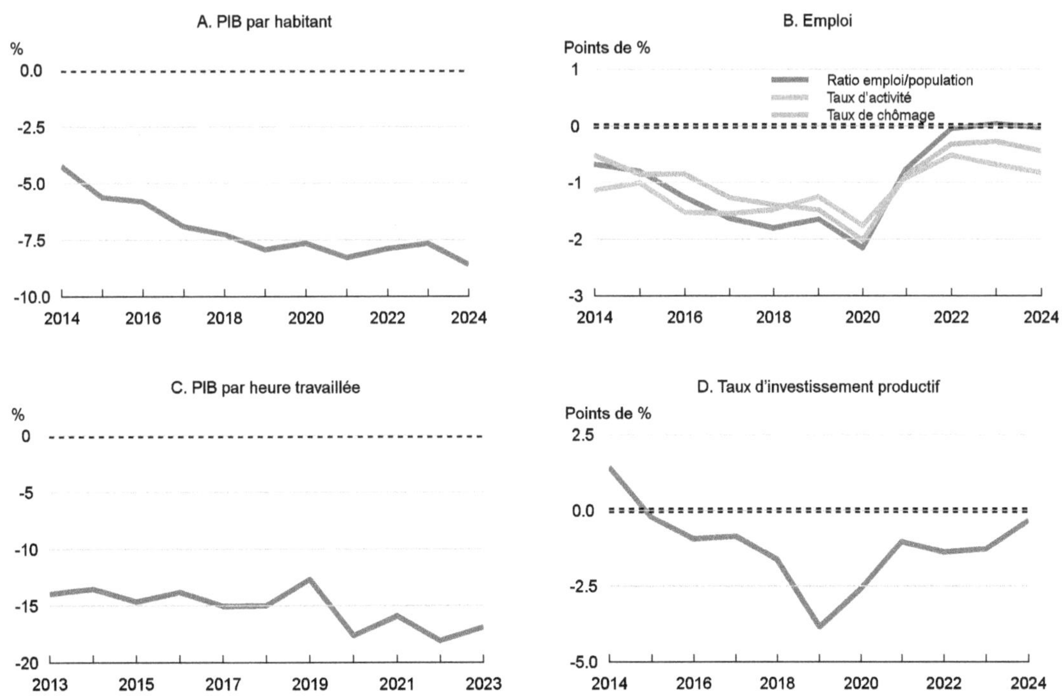

Source : Partie A : OCDE, Perspectives économiques de l'OCDE (base de données) ; partie B : OCDE, Statistiques de la population active (base de données) ; partie C : OCDE, Perspectives économiques et Productivité (bases de données) ; partie D : OCDE, Perspectives économiques, Comptes nationaux annuels et FBCF par actif (bases de données).

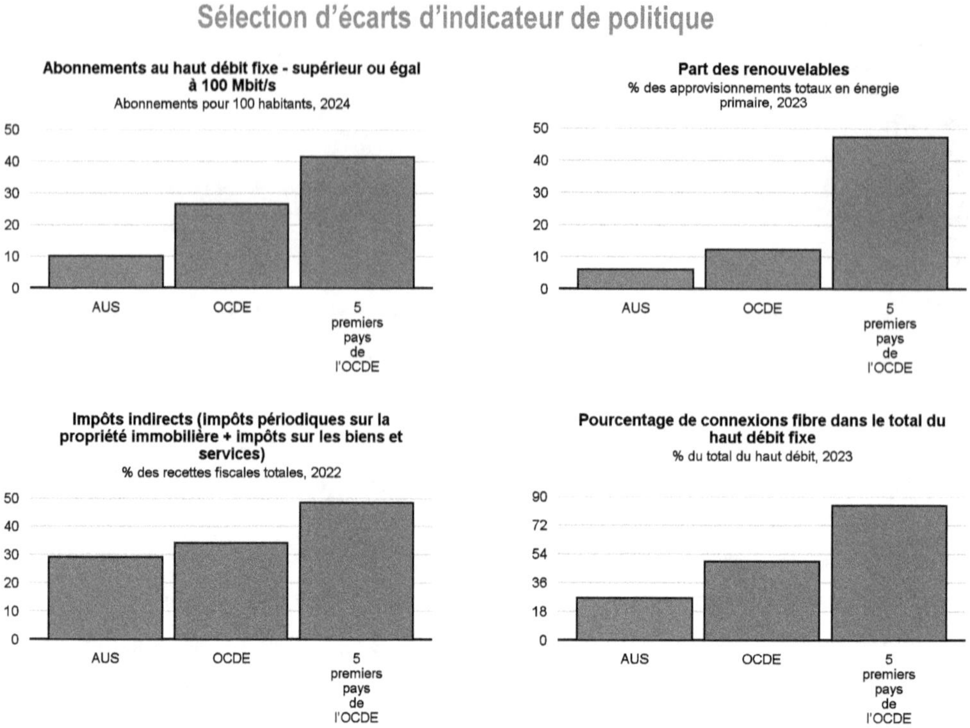

Source : Calculs de l'OCDE effectués à partir des notes par pays du rapport *Les fondements de la croissance et de la compétitivité*

Concurrence : examiner les régimes de licences et réduire les obstacles réglementaires

La politique de concurrence a été renforcée, notamment par l'adoption d'un régime de notification obligatoire des fusions à effet suspensif qui entrera en vigueur en 2026, mais dans une économie relativement petite et isolée, exposée à la concentration des marchés, de nouvelles mesures sont nécessaires pour favoriser la concurrence et garantir une réglementation appropriée des monopoles. La dynamique des entreprises est freinée par des chevauchements de réglementations entre les différents niveaux d'administration. Les indicateurs de réglementation des marchés de produits à l'échelle nationale montrent que l'Australie se situait parmi les pays de l'OCDE les moins restrictifs à la fin des années 1990 et au début des années 2000 alors qu'elle est désormais proche de la moyenne. Le système d'autorisations de l'Australie est relativement lourd sur le plan administratif, puisque près d'un travailleur sur cinq doit faire une demande d'autorisation ou d'enregistrement professionnel.

Recommandations

- ✓ Renforcer la législation concernant l'abus de position dominante, les dispositions d'exclusivité et les régimes d'accès.
- ✓ Réduire les chevauchements et les différences de réglementation entre les États et les territoires et promouvoir des pratiques exemplaires en matière d'élaboration et d'examen de la réglementation entre les États.
- ✓ Simplifier le processus de reconnaissance des normes étrangères fiables en matière de réglementation.

Transformation numérique : améliorer l'accès au très haut débit et développer les marchés numériques

L'accès au très haut débit est faible comparé à d'autres pays développés, les régions rurales et éloignées étant encore confrontées à de graves difficultés de connectivité. Cette fracture numérique entre les villes et les régions rurales peut aggraver les disparités économiques et éducatives et freiner la croissance de l'économie numérique de l'Australie. Par rapport aux autres pays de l'OCDE, l'indicateur de réglementation des marchés de produits sur les marchés numériques montre que des obstacles réglementaires élevés entravent la concurrence dans ce secteur.

Recommandations

- ✓ Continuer d'améliorer l'accès au très haut débit, notamment en poursuivant les investissements dans le Réseau national à haut débit.
- ✓ Élargir le régime CDR (droits des consommateurs en matière de données) qui permet aux consommateurs dans certains secteurs (banque et énergie jusqu'à présent) de partager en toute sécurité les données les concernant détenues par les entreprises avec d'autres secteurs et de garantir qu'il ne limite pas indûment la façon dont les données partagées peuvent être utilisées.
- ✓ Évaluer les obstacles à la concurrence sur les marchés numériques, notamment en ce qui concerne les réglementations visant à garantir aux entreprises utilisatrices des pratiques commerciales loyales sur les grandes plates-formes, à favoriser la contestabilité du marché et les règles sur l'accès aux données et leur utilisation.

Fiscalité : améliorer la structure du système fiscal

L'impôt sur les sociétés et l'impôt sur le revenu des personnes physiques occupent une place plus importante en Australie que dans la plupart des autres pays de l'OCDE, tandis que la taxe sur les biens et les services et les taxes environnementales y ont un poids plus négligeable. Le taux de la taxe sur les biens et les services s'élève à 10 %, soit à peine plus de la moitié de la moyenne de l'OCDE et le ratio des recettes de TVA (rapport entre les recettes collectées et celles qui auraient théoriquement été obtenues par l'application uniforme du taux normal à l'ensemble de l'assiette potentielle, en posant l'hypothèse que toutes les sommes dues seraient collectées) s'établit à environ 50 %, pourcentage également inférieur à la moyenne de l'OCDE. Dans un contexte de vieillissement de la population, un recours accru à la taxe sur les biens et services et une assiette fiscale plus propice à la croissance et résiliente permettraient de rééquilibrer la répartition de la charge fiscale entre la population ayant un emploi et les retraités. Il est en outre difficile de se soustraire à ce type d'impôt, dont les effets dissuasifs à l'égard du travail sont moins importants que l'impôt sur le revenu.

Recommandations

- ✓ Élargir l'assiette de la taxe sur les biens et services en réduisant les exonérations correspondantes et envisager d'en relever le taux.
- ✓ Réduire les avantages fiscaux sur les retraites privées et les plus-values réalisées sur la vente de logements.
- ✓ Remplacer les taxes sur les transactions immobilières (appliquées par les États) par des impôts périodiques sur la propriété immobilière.

Logement : améliorer l'accessibilité financière et favoriser la mobilité, en particulier dans les centres urbains

L'accès au logement, en particulier dans les grandes villes, est devenu de plus en plus coûteux par rapport aux revenus des ménages en raison de divers facteurs, notamment la hausse des coûts de construction, les taux élevés des emprunts hypothécaires (ainsi que la forte proportion de prêts hypothécaires à taux variable) et les réglementations restrictives en matière de zonage et d'aménagement du territoire dans un contexte de croissance démographique rapide. Le prix élevé des logements fait obstacle à la mobilité de la main-d'œuvre et entraîne un allongement des temps de trajet et des gains de productivité perdus dans les agglomérations, notamment en raison d'un accès limité aux infrastructures.

Recommandations

- ✓ Renforcer les incitations financières accordées aux États afin qu'ils respectent les objectifs fédéraux en matière de construction de logements.
- ✓ Inciter les autorités locales à modifier l'occupation des sols et à simplifier les réglementations, notamment l'approbation automatique des codes de la construction, concernant par exemple les habitations préfabriquées.
- ✓ Accroître le financement consacré au logement social.

Environnement : exploiter le potentiel d'énergies renouvelables de l'Australie

L'Australie s'est engagée à ramener à zéro ses émissions nettes de gaz à effet de serre d'ici à 2050 et renonce à une utilisation importante du charbon pour se réorienter vers des sources d'énergies renouvelables et à faibles émissions. Il ne sera cependant pas aisé d'atteindre ces objectifs avec efficience tout en maintenant la sécurité énergétique. Les émissions de l'Australie par habitant sont élevées et sa part d'énergies renouvelables dans la production d'électricité est relativement modeste. Pour autant, elle fait un usage très restreint de la tarification du carbone et consacre une part relativement restreinte de ses dépenses à la recherche et au développement dans l'énergie. L'Australie est également très exposée à la hausse des températures qui a notamment un impact sur sa production agricole.

Recommandations

- ✓ Garantir la suppression ordonnée de la puissance installée alimentée au charbon en encourageant une coopération accrue entre les États, l'opérateur australien du marché de l'énergie et les exploitants de centrales électriques.
- ✓ Revoir à la hausse et recentrer les financements publics sur le développement de technologies propres et économes en énergie.
- ✓ Assouplir les contraintes réglementaires et financières entravant les raccordements au réseau, qui ont actuellement pour conséquence des prix de gros de l'électricité devenant régulièrement négatifs et compromettent la sécurité énergétique dans certaines régions du pays.

Progrès récents en matière de réformes structurelles

En 2023, un examen des politiques de la concurrence a été lancé en Australie et, en novembre 2024, l'administration fédérale et les autorités des États sont parvenues à un accord sur une réforme de 10 ans de la politique de la concurrence nationale (NCP). La première tranche de réformes prévue par la NCP est axée sur la simplification de la réglementation relative aux méthodes modernes de construction, l'adoption accélérée des normes internationales et l'amélioration du zonage et de l'aménagement du territoire à usage commercial.

Autriche

Le ralentissement de la croissance économique s'explique par la faiblesse de l'investissement, la diminution de la population en âge de travailler et la croissance atone de la productivité multifactorielle. La croissance tendancielle de la productivité du travail s'inscrit à la baisse malgré une récente reprise. L'intensité capitalistique est restée faible et n'a que peu contribué aux gains de productivité. Parallèlement, l'emploi a progressé, ce qui s'explique notamment par la hausse du travail à temps partiel chez les femmes.

La réduction des obstacles réglementaires à la concurrence et l'assouplissement des restrictions sur les échanges de services stimuleraient l'investissement et renforceraient la productivité en favorisant une répartition plus efficiente des ressources. L'accélération du déploiement de l'infrastructure numérique soutiendrait davantage la croissance de la productivité. Rendre le système éducatif et le marché du travail plus inclusifs — en consacrant les ressources à ceux qui en ont le plus besoin et en améliorant les services d'éducation et d'accueil des jeunes enfants — contribuerait à améliorer le taux d'activité et les revenus, en particulier pour les femmes et les personnes migrantes.

Résultats économiques

Écarts par rapport à la moyenne de la moitié supérieure des pays de l'OCDE

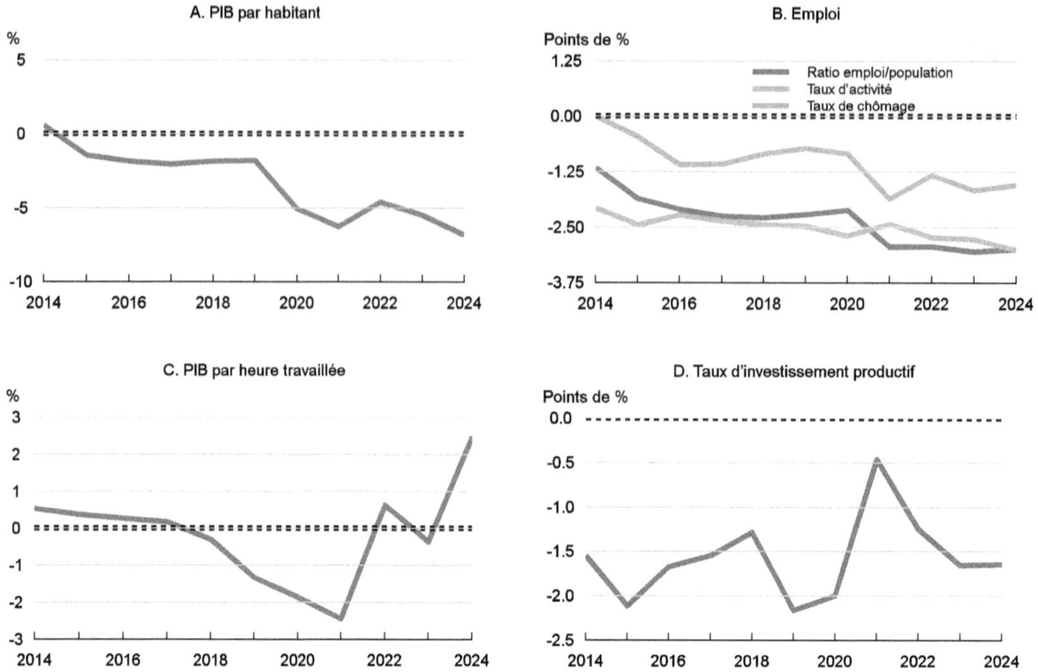

Source : Partie A : OCDE, Perspectives économiques de l'OCDE (base de données) ; partie B : OCDE, Statistiques de la population active (base de données) ; partie C : OCDE, Perspectives économiques et Productivité (bases de données) ; partie D : OCDE, Perspectives économiques, Comptes nationaux annuels et FBCF par actif (bases de données).

Sélection d'écarts d'indicateur de politique

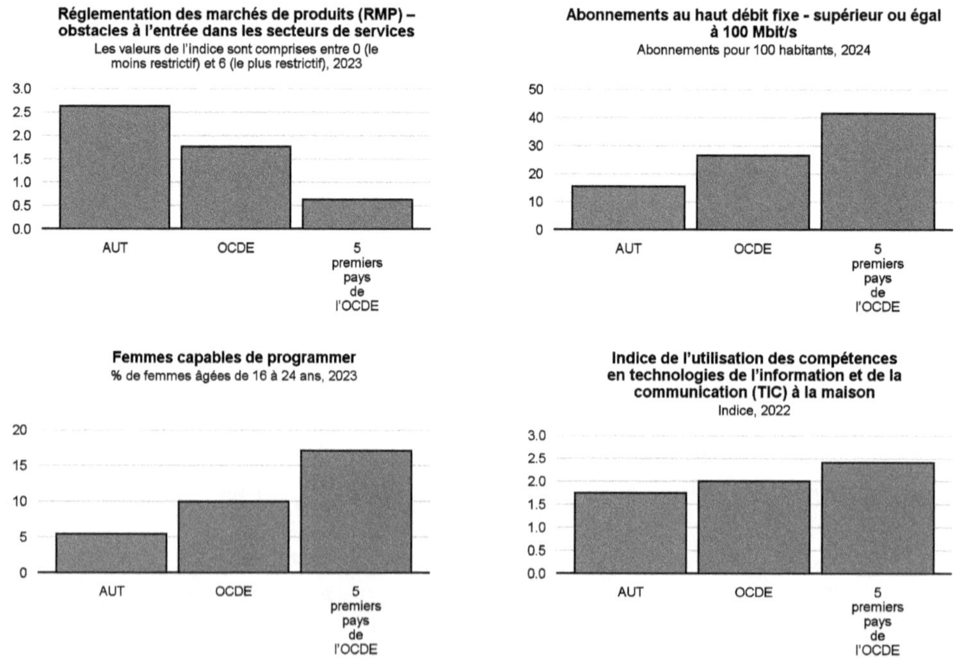

Source : Calculs de l'OCDE effectués à partir des notes par pays du rapport *Les fondements de la croissance et de la compétitivité*.

Concurrence : réduire les obstacles à l'entrée et à la sortie ainsi que les contraintes administratives

La faiblesse de la concurrence entrave le redéploiement efficient des ressources, la dynamique des entreprises et l'innovation. La réglementation des marchés de produits est un peu plus stricte en Autriche que dans d'autres pays de l'OCDE, ce qui indique qu'il serait possible d'engager des réformes de nature à favoriser le jeu de la concurrence. Les obstacles à l'entrée sur le marché intérieur et étranger demeurent relativement difficiles à franchir en comparaison de nombreux autres pays de l'OCDE, en particulier dans les secteurs des services et les industries de réseau où ils sont plus élevés que la moyenne de l'OCDE. La faiblesse de la concurrence risque d'avoir une incidence sur la formation des prix et la dynamique des entreprises.

Recommandations

- ✓ Assouplir la réglementation des services, notamment les conditions strictes d'entrée sur le marché de certains services professionnels.
- ✓ Simplifier encore le régime de faillite en vue d'accélérer les procédures.
- ✓ Simplifier les contraintes réglementaires et administratives des entreprises en examinant et en supprimant les obligations déclaratives inutiles.

Réglementations sur les échanges de services : réduire les restrictions entravant les échanges de services

Les obstacles aux échanges de services sont plus élevés en Autriche que dans la moyenne des pays de l'OCDE. Les règles nationales et sectorielles pèsent sur les échanges de services. Par ailleurs, l'Autriche devrait appliquer des critères d'appréciation de la situation de l'emploi concernant les prestataires de services à titre temporaire, tels que les personnes transférées au sein de leur entreprise et les professionnels indépendants. Certaines mesures applicables au marché du travail et réglementations de services d'ingénierie, par exemple, limitent l'entrée de prestataires de services temporaires et la concurrence.

Recommandations

- ✓ Lever les restrictions à l'accès au marché du travail des travailleurs souhaitant offrir leurs services dans le pays de manière temporaire, tels que les personnes transférées au sein de leur entreprise, les travailleurs détachés d'entreprises de services ou les fournisseurs de services indépendants.
- ✓ Réduire encore les barrières à l'entrée de fournisseurs en provenance de l'Espace économique européen ou selon le principe de la nation la plus favorisée.
- ✓ Limiter les restrictions portant sur la nationalité ou le territoire en matière d'accès aux marchés et de subventions dans certains services (audiovisuel, ingénierie ou transport aérien).

Transformation numérique : favoriser l'accès aux technologies numériques et leur déploiement

L'Autriche reste à la traîne des pays les mieux classés en matière de transformation numérique. La couverture des services d'accès au très haut débit pourrait être considérablement améliorée. Moins de 40 % des ménages autrichiens ont souscrit un contrat de fourniture d'accès à internet qui prévoit un débit minimum de 100 mégaoctets par seconde, soit une des proportions les plus faibles de la zone OCDE.

D'après l'Indice de restrictivité des échanges de services, les restrictions liées aux infrastructures et à la connectivité sont plus contraignantes en Autriche que dans les autres pays de l'OCDE.

Recommandations

- ✓ Réduire les obstacles au déploiement du haut débit et simplifier l'octroi des permis afin de faciliter l'investissement par des opérateurs de télécommunications privés et le rendre moins coûteux.
- ✓ Envisager des partenariats public-privé afin de financer le déploiement d'un service internet de haute qualité dans les régions rurales et faiblement peuplées.
- ✓ Supprimer les obstacles entravant encore les transactions électroniques transfrontalières.

Education : mobiliser le capital humain en réduisant les inégalités du système éducatif

Les résultats du système scolaire autrichien sont globalement satisfaisants, mais il est possible d'en améliorer l'inclusivité. L'écart de résultats mesuré entre les élèves favorisés et défavorisés correspond à plus de cinq années de scolarité. On observe entre les établissements des disparités considérables liées au milieu socioéconomique d'origine des élèves ou au fait qu'ils sont issus de l'immigration. Le taux de femmes diplômées de l'enseignement supérieur est inférieur à la moyenne de l'OCDE. L'amélioration des résultats scolaires peut offrir de meilleures perspectives économiques, développer le capital humain et soutenir la croissance économique.

Recommandations

- ✓ Améliorer encore l'accès à des services d'éducation et d'accueil des jeunes enfants de qualité, en donnant la priorité aux enfants issus de familles défavorisées.
- ✓ Accorder davantage de ressources aux établissements scolaires peu performants ayant de plus grands besoins et une plus forte proportion d'élèves issus de milieux défavorisés en appliquant, par exemple, le « financement en fonction des besoins ».
- ✓ Recenser et réduire les obstacles empêchant les femmes d'accéder à l'enseignement supérieur, notamment par la diffusion d'informations et d'orientations.

Marché du travail : favoriser l'activité des femmes et des personnes migrantes

Le vieillissement de la population réduit la population d'âge actif. Rehausser le taux d'activité de certains groupes contribuerait à atténuer l'incidence négative du vieillissement sur la croissance globale. Les femmes en âge de travailler, les personnes migrantes et les personnes peu qualifiées ont un faible taux d'activité qui se répercute sur leur niveau de revenus. Le travail à temps partiel est également plus répandu chez les femmes La barrière de la langue entrave de manière considérable l'accès des personnes migrantes au marché du travail.

Recommandations

- ✓ Renforcer encore les procédures actuelles de reconnaissance et de validation des qualifications acquises à l'étranger et développer l'accès à la formation linguistique.
- ✓ Renforcer davantage les mesures en vue d'une répartition plus équilibrée du congé parental entre la mère et le père.
- ✓ Déployer dans les États fédéraux le nouveau processus de conseil permettant une activation et un accompagnement mieux ciblés des chômeurs.

Progrès récents en matière de réformes structurelles

Pour relever ces grands défis de longue date, l'administration a déjà lancé un train de réformes structurelles dans le cadre du plan autrichien pour la reprise et la résilience (PRR). Une réforme fiscale écosociale a été mise en place, conjuguant un élargissement de la tarification carbone avec des réductions d'impôts et d'autres avantages accordés aux ménages et aux entreprises. Plus récemment, des mesures d'assainissement budgétaire se sont accompagnées d'une hausse des impôts sur la propriété immobilière, le tabac et les jeux d'argent. Les obstacles réglementaires ont diminué grâce à l'initiative instaurant le principe « une fois pour toutes » qui simplifie la communication des données en permettant aux entreprises de ne transmettre certaines informations qu'une seule fois, et non plusieurs fois à différentes autorités. En 2022, le programme « Tremplin » destiné aux chômeurs de longue durée a été élargi pour inclure des incitations à l'embauche ainsi que des prestations liées à l'exercice d'un emploi pour les travailleurs âgés et les personnes en situation de handicap (« Kombilohn ») et pour soutenir l'emploi dans les entreprises sociales.

Belgique

Le PIB par habitant reste inférieur à celui de la moitié supérieure des pays de l'OCDE, en raison d'un important écart de taux d'emploi. Bien que la productivité du travail compte toujours parmi les plus élevées de la zone OCDE, elle a beaucoup ralenti au cours des dix dernières années. Toutefois, cette tendance négative s'est inversée en 2021, à la faveur de l'augmentation des investissements.

Le relèvement des taux d'emploi contribuerait à améliorer le niveau de vie, le bien-être et l'inclusion sociale, tout en aidant à relever les défis induits par les transformations démographiques. Il s'agit pour cela d'alléger la charge fiscale sur les revenus du travail, notamment pour les personnes peu qualifiées, et de renforcer la formation des adultes. Réduire les pénuries de main-d'œuvre et alléger les frais administratifs pourrait permettre de stimuler le dynamisme des entreprises et aiderait les entreprises belges à réaliser leur plein potentiel.

Résultats économiques

Écarts par rapport à la moyenne de la moitié supérieure des pays de l'OCDE

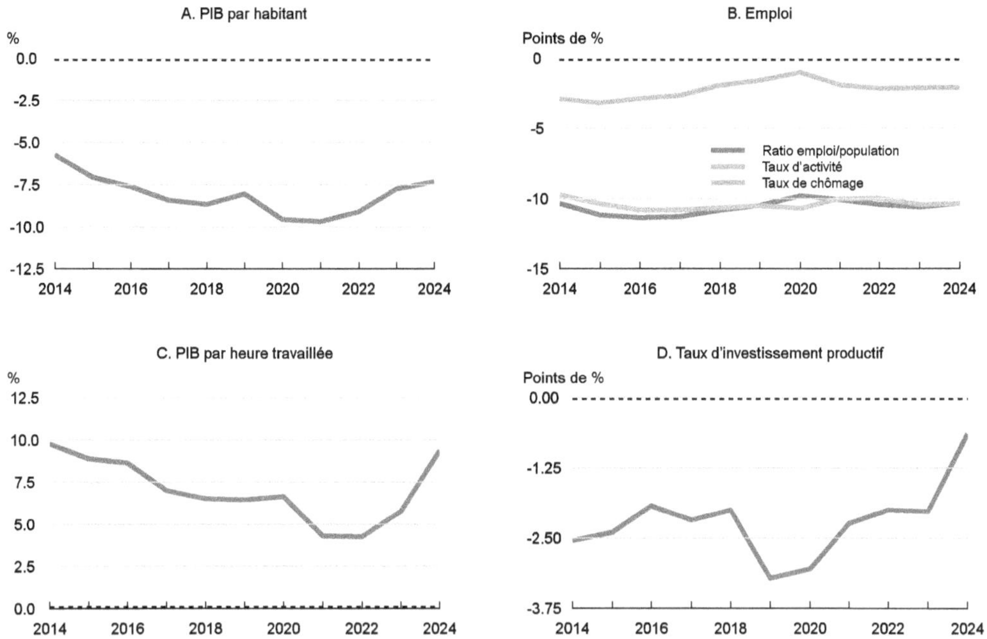

Source : Partie A : OCDE, base de données des Perspectives économiques ; Partie B : OCDE, base de données sur les Statistiques de la population active ; Partie C : OCDE, bases de données des Perspectives économiques de l'OCDE et sur la Productivité ; Partie D : OCDE, bases de données des Perspectives économiques de l'OCDE, des Comptes nationaux annuels et sur la formation brute de capital fixe (FBCF) par actif.

Sélection d'écarts d'indicateur de politique

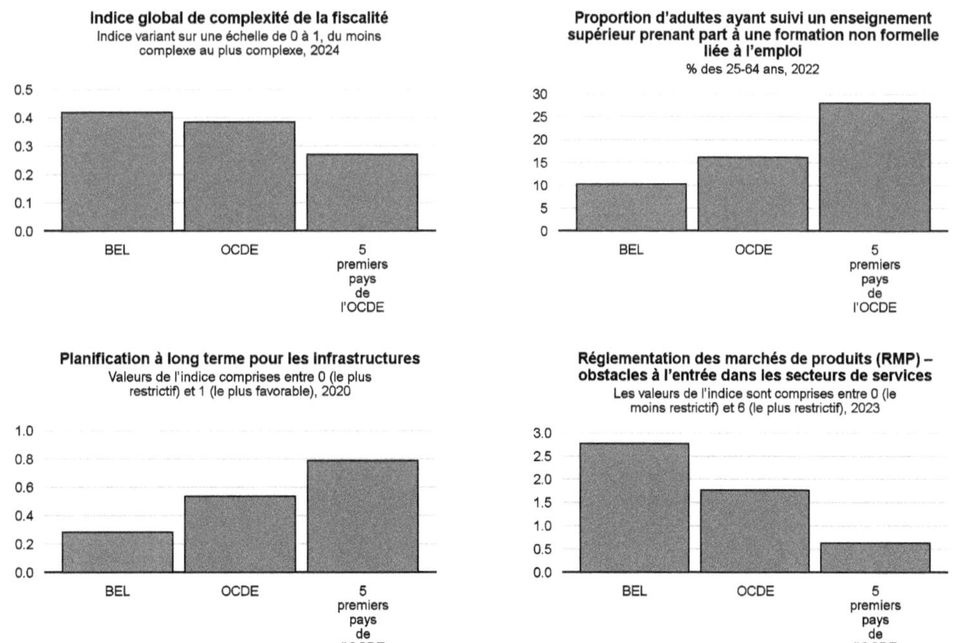

Source : Calculs de l'OCDE effectués à partir de la base de données du rapport *Les fondements de la croissance et de la compétitivité*.

Concurrence : réduire la complexité des procédures liées à la réglementation, aux autorisations et aux permis

Le manque de dynamisme des entreprises, qui se traduit par un nombre relativement faible d'entrées et de sorties d'entreprises et par une croissance atone des nouveaux entrants, freine les gains de productivité. Les contraintes réglementaires excessives, aggravées par les différences réglementaires d'une région à l'autre, imposent des coûts non négligeables aux entreprises. Des règles d'accès trop restrictives, notamment dans les services professionnels, entravent l'intégration internationale et la concurrence. Des procédures de faillite complexes et coûteuses constituent des obstacles de taille à la restructuration des entreprises, à la réaffectation efficace des ressources dans l'économie et à l'entrepreneuriat.

Recommandations

- ✓ Adopter une stratégie à l'échelle de toute l'administration pour réduire les coûts administratifs supportés par les entreprises, prévoyant un suivi régulier des autorisations et des permis.
- ✓ Assouplir et simplifier les règles d'entrée trop restrictives dans les services professionnels en adaptant la réglementation aux risques liés à ces activités.
- ✓ Faciliter les procédures d'insolvabilité, accélérer le lancement des procédures et promouvoir le recours à des solutions extrajudiciaires et des outils d'alerte précoce.

Emploi : renforcer les incitations financières au travail

Le coin fiscal sur le travail demeure l'un des plus élevés de la zone OCDE et pèse sur l'emploi. Les contre-incitations financières au travail sont importantes, surtout pour les travailleurs à faible revenu et les seconds apporteurs de revenu, ce qui réduit l'offre de main-d'œuvre. L'acceptation d'un emploi mieux rémunéré peut se traduire, pour les travailleurs à bas salaire, par un gain financier net faible, voire nul, du fait de la perte de prestations sous condition de ressources et d'avantages fiscaux. Une dégressivité dans le temps relativement lente des allocations chômage, intervenant par petites étapes et sur une longue durée, risque de prolonger les périodes de chômage, tandis que les progrès assez faibles en termes d'allongement de la vie active sont susceptibles de freiner l'emploi des travailleurs âgés.

Recommandations

- ✓ Revaloriser les prestations liées à l'exercice d'un emploi pour les travailleurs faiblement rémunérés avec enfants, abolir le système de quotient conjugal pour les couples et réduire plus progressivement les prestations ciblées sur les travailleurs faiblement rémunérés à mesure que les revenus du travail augmentent.
- ✓ Renforcer les incitations financières à rallonger la vie active tout en levant les obstacles au maintien des travailleurs âgés sur le marché du travail.
- ✓ Réduire les allocations pendant la période de chômage en procédant par étapes moins nombreuses et plus longues.

Fiscalité : améliorer l'efficacité du système fiscal

Le système fiscal est complexe et les dispositions fiscales spéciales sont largement utilisées. Les taux réduits et les mesures de rétrécissement de la base d'imposition ont pour effet d'augmenter les taux normaux d'imposition et les coûts de conformité. Ils peuvent être régressifs et compromettre les objectifs de la politique environnementale. Les indicateurs du respect des obligations fiscales révèlent que les pertes de recettes fiscales sont relativement importantes. En outre, le système fiscal repose fortement sur l'imposition du travail, ce qui pénalise l'emploi. Simplifier le système fiscal, élargir la base d'imposition et améliorer le respect des obligations fiscales pourrait permettre de dégager des ressources pour des usages plus productifs, y compris en allégeant les impôts qui grèvent la croissance.

Recommandations

- ✓ Relancer la dynamique en faveur d'une réforme fiscale globale et neutre sur le plan des recettes visant à réduire la complexité du système et la charge fiscale qui pèse sur les revenus du travail.
- ✓ Élargir la base d'imposition en supprimant les dépenses fiscales inefficaces, y compris les aides aux combustibles fossiles.
- ✓ Lever les obstacles réglementaires aux enquêtes en matière de fraude fiscale, notamment en facilitant l'accès aux informations bancaires.

Éducation : améliorer les résultats de l'enseignement et l'équité dans l'éducation

Les résultats scolaires relativement faibles dans le second cycle de l'enseignement secondaire ont des répercussions négatives sur la situation au regard du marché du travail. L'abandon scolaire précoce est relativement important et les résultats scolaires sont étroitement liés au milieu socioéconomique. La participation à la formation des adultes reste relativement faible, en particulier pour les personnes peu instruites et d'origine étrangère, ce qui réduit d'autant leurs chances de réussir sur le marché du travail.

Recommandations

- ✓ Inciter davantage les enseignants expérimentés à travailler dans les établissements scolaires défavorisés et encourager les établissements scolaires à améliorer les résultats des élèves défavorisés.
- ✓ Fournir des orientations ciblées sur les programmes d'apprentissage tout au long de la vie, élaborer des programmes de formation courts et modulaires comprenant des formations linguistiques professionnelles, et faciliter l'accès à ces programmes, par exemple en proposant des unités de formation mobiles ou des cours en ligne.
- ✓ Soutenir la formation professionnelle sur le lieu de travail, notamment en aidant les petites entreprises à élaborer une stratégie de formation et à remplacer les salariés en formation.

Infrastructures : lever les obstacles tenant à la planification et à la réglementation aux projets d'infrastructures

Les investissements dans les infrastructures restent faibles, notamment dans les installations d'énergies renouvelables qui doivent être développées plus rapidement pour pouvoir répondre à l'accroissement de la demande. La réglementation stricte des permis de construire et des procédures environnementales fait obstacle à leur mise en œuvre. La faible adhésion de la population et les retards dans l'aménagement du territoire sont aussi des facteurs qui ralentissent les investissements. D'après les indicateurs de l'OCDE sur la gouvernance des infrastructures, il existe d'amples possibilités d'améliorer la planification à long terme, le cadre réglementaire et les garanties en matière d'intégrité publique.

Recommandations

- ✓ Accélérer la mise en œuvre des réformes des permis de construire et des autorisations environnementales décrites dans le Plan national pour la reprise et la résilience et faire en sorte que leur efficacité soit régulièrement évaluée.
- ✓ Affiner le cadre réglementaire afin de mieux soutenir le développement des capacités de production d'énergie à partir de sources renouvelables, y compris en prenant des dispositions pour approuver des projets relevant de l'intérêt public supérieur.
- ✓ Renforcer la transparence et la redevabilité dans les projets d'infrastructures, notamment en créant une seule plateforme en ligne accessible contenant des informations complètes sur les projets et en intégrant les risques liés à l'intégrité dans les cadres de gestion des infrastructures.

Progrès récents en matière de réformes structurelles

Les incitations au travail ont été renforcées par le relèvement du salaire minimum, la mise en place d'une prime salariale pour les travailleurs faiblement rémunérés en Flandre (« Jobbonus »), d'une prime pour la formation des chômeurs dans les métiers sous tension en Wallonie, et d'une prime de retraite en faveur de ceux qui choisissent de travailler plus longtemps. Le droit aux allocations de chômage a été plafonné à une durée maximale de 24 mois. D'autres mesures sont prévues pour garantir que le travail procure un gain financier minimum et pour dissuader les départs en retraite anticipée. La création de comptes individuels de formation et d'un droit individuel à cinq jours de formation par an vise à encourager la formation des adultes.

Brésil

Le PIB du Brésil a enregistré une croissance vigoureuse après la pandémie de COVID-19, mais l'écart de PIB par habitant par rapport aux pays de l'OCDE reste important. Le taux d'emploi a également progressé, rattrapant la moyenne de l'OCDE ces dernières années, mais l'informalité et l'écart entre les genres restent importants. Toutefois, l'investissement est faible et la croissance de la productivité stagne, traduisant des difficultés structurelles.

Réduire les obstacles réglementaires faciliterait l'entrée de nouvelles entreprises et renforcerait la concurrence. Conjuguée à l'amélioration des infrastructures, cette action contribuerait à relancer la croissance de la productivité. La levée des restrictions aux échanges pourrait améliorer l'intégration du Brésil dans les chaînes de valeur mondiales et offrir de nouvelles opportunités de croissance. Assurer une plus grande équité dans l'accès à une éducation de qualité contribuerait à remédier aux disparités de connaissances et de compétences entre différentes catégories socioéconomiques et à améliorer les acquis d'apprentissage.

Résultats économiques

Écarts par rapport à la moyenne de la moitié supérieure des pays de l'OCDE

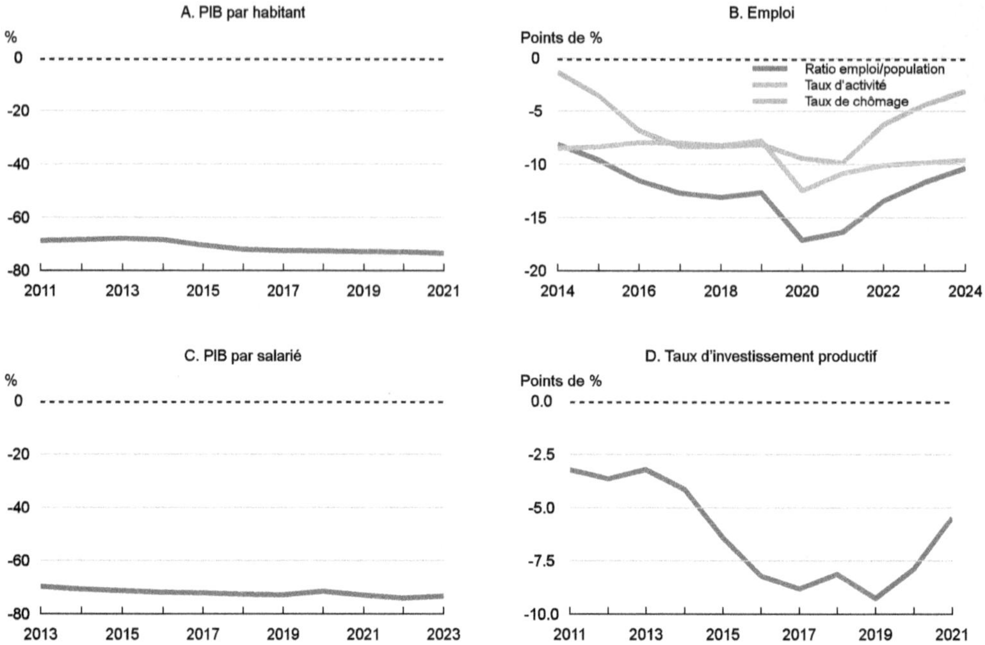

Source : Partie A : OCDE, base de données des Perspectives économiques ; Partie B : OCDE, base de données sur les Statistiques de la population active ; Partie C : OCDE, bases de données des Perspectives économiques de l'OCDE et sur la Productivité ; Partie D : OCDE, bases de données des Perspectives économiques de l'OCDE, des Comptes nationaux annuels et sur la formation brute de capital fixe (FBCF) par actif.

Sélection d'écarts d'indicateur de politique

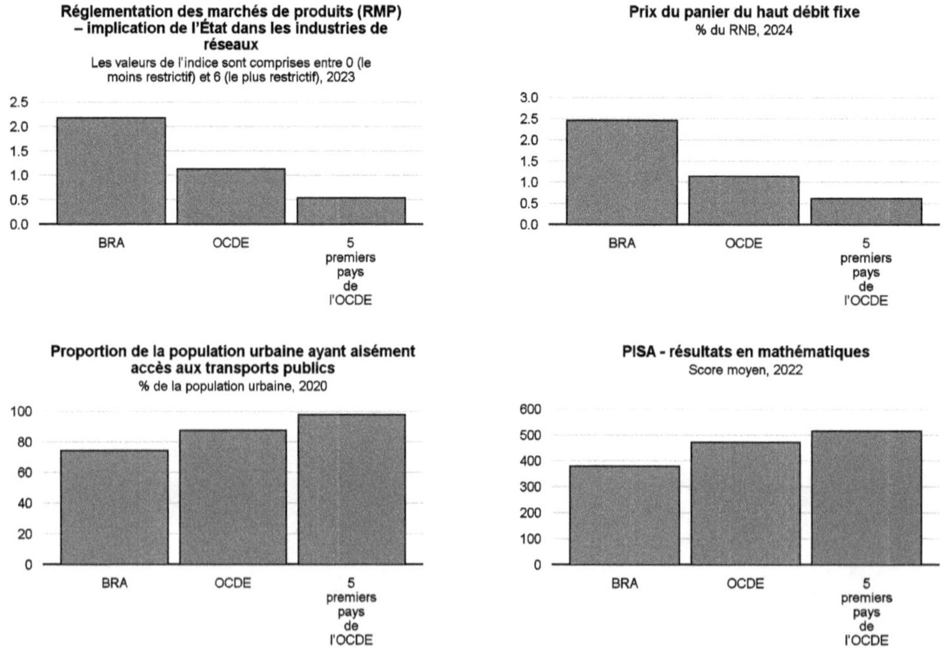

Source : Calculs de l'OCDE effectués à partir de la base de données du rapport *Les fondements de la croissance et de la compétitivité*.

Concurrence : réduire les obstacles réglementaires et renforcer la surveillance de la concurrence

Les contraintes réglementaires sont lourdes au Brésil, ce qui freine la dynamique des entreprises, l'investissement et la productivité. Le Brésil affiche l'un des scores les plus élevés au regard de l'indicateur de l'OCDE relatif à la réglementation des marchés de produits, ce qui révèle l'existence d'importantes distorsions de la concurrence. Il existe des possibilités considérables de réduction des obstacles à l'entrée dans les services professionnels, les industries de réseau et les marchés numériques. En outre, les obstacles à l'intervention de l'État dans les activités des entreprises dans certains secteurs constituent un frein supplémentaire à la concurrence et à l'efficience sur le marché.

Recommandations

- ✓ Réduire les obstacles à l'entrée sur le marché des services professionnels, notamment pour les avocats, les comptables et les agents immobiliers.
- ✓ Mettre en œuvre des réformes ciblées dans les industries de réseau afin de faire baisser les prix et d'intensifier la concurrence.
- ✓ Renforcer les activités de défense de la concurrence et systématiser l'intégration des évaluations d'impact sur la concurrence dans l'examen des politiques publiques existantes et envisagées.

Ouverture aux échanges : réduire les obstacles aux échanges et améliorer la facilitation

Le Brésil a accompli des progrès dans la réduction des obstacles aux échanges et a activement négocié des accords de libre-échange, notamment avec l'Union européenne. Toutefois, l'ouverture aux échanges reste plus faible au Brésil que dans d'autres économies émergentes. Les obstacles tarifaires sont élevés par comparaison internationale, et les obstacles à l'investissement direct étranger et aux services numériques restent importants. Les obstacles non tarifaires aux échanges touchent particulièrement l'agriculture, le textile et le secteur automobile. L'intégration dans les chaînes de valeur mondiales reste concentrée dans les matières premières.

Recommandations

- ✓ Continuer de réduire les obstacles tarifaires et non tarifaires, en coopération avec les partenaires du Mercosur.
- ✓ Simplifier et aligner les mesures non tarifaires sur les normes internationales en vue d'alléger les coûts de conformité et d'améliorer la prévisibilité des coûts pour les entreprises.
- ✓ Faciliter davantage les échanges en automatisant et rationalisant les formalités douanières afin d'accélérer les procédures de dédouanement.

Infrastructures : accroître l'investissement et améliorer l'entretien

Depuis plusieurs décennies, l'investissement dans les infrastructures est faible, ce qui entraîne d'importantes disparités entre les secteurs d'infrastructures. Faute de marge de manœuvre budgétaire, tous les investissements nécessaires n'ont pas été réalisés et la mobilisation des ressources privées est insuffisante. La plupart des investissements publics dans les infrastructures sont le fait d'administrations infranationales ou d'entreprises publiques, dont les capacités de gestion de projets sont souvent limitées.

Le manque d'entretien des routes se traduit par des coûts logistiques élevés et nuit à la compétitivité des exportations. L'offre de solutions de transport public adaptées est souvent déficitaire dans les régions à faible revenu et les zones périurbaines.

Recommandations

- ✓ Donner la priorité aux infrastructures dans le budget public afin d'accroître les investissements dans les transports, l'énergie, les télécommunications, l'eau, l'assainissement et la mobilité urbaine.
- ✓ Développer l'assistance technique offerte aux administrations infranationales par la Banque nationale de développement (BNDES) pour les projets d'infrastructure.
- ✓ Avec l'aide de la BNDES, développer le recours aux instruments financiers structurés, aux financements de projets et à des garanties soigneusement conçues pour attirer un éventail plus large d'investisseurs institutionnels.

Éducation : élargir l'accès à l'éducation et améliorer sa formule de financement

Les résultats du Brésil restent largement inférieurs à la moyenne de l'OCDE en lecture, en mathématiques et en sciences, soulignant les difficultés persistantes dans le système éducatif. Le niveau d'études est étroitement lié au milieu socioéconomique, et il existe d'importantes disparités d'accès et de qualité de l'éducation entre les zones urbaines riches et les communautés rurales plus pauvres ou marginalisées. L'accès à l'éducation des jeunes enfants est limité pour les ménages à faible revenu et sa qualité est variable.

Recommandations

- ✓ Augmenter les financements alloués aux établissements scolaires desservant des communautés défavorisées et améliorer la qualité de l'enseignement en incitant davantage les enseignants à travailler dans des zones mal desservies.
- ✓ Élargir l'accès à des structures d'éducation des jeunes enfants, en donnant la priorité aux enfants issus de milieux socioéconomiques défavorisés et de familles monoparentales.
- ✓ Envisager d'instaurer, dans les universités publiques, des frais de scolarité déterminés en fonction des revenus ainsi que des bourses ciblées pour les étudiants défavorisés et d'autres stratégies visant à améliorer l'accès à l'enseignement supérieur.

Transformation numérique : réduire les obstacles à l'accès aux marchés numériques et renforcer la formation

Le Brésil a accompli des progrès notables dans le déploiement des infrastructures numériques, mais l'accès à l'internet haut débit est inégal d'une région à l'autre. Malgré des simplifications récentes de la réglementation, la concurrence dans le secteur des télécommunications est entravée par des obstacles réglementaires, de sorte que les tarifs du haut débit sont supérieurs à la moyenne de l'OCDE. De nombreux adultes ne possèdent toujours pas les compétences numériques de base, ce qui creuse la fracture numérique au sein de la population.

Recommandations

- ✓ Continuer d'étendre la couverture du haut débit, notamment dans les zones rurales et mal desservies, et assurer un accès équitable à tous.
- ✓ Simplifier et harmoniser les procédures d'octroi de licences, notamment en créant un guichet unique pour l'attribution des licences aux opérateurs de télécommunications, afin de promouvoir un marché numérique plus concurrentiel.
- ✓ Mettre en œuvre des programmes de formation pour améliorer la culture et les compétences numériques au sein de la population.

Progrès récents en matière de réformes structurelles

Le Brésil a récemment mis en œuvre d'ambitieuses réformes structurelles dans plusieurs domaines importants. Après des années de discussions, une grande réforme des impôts sur la consommation a été approuvée début 2025, avec le regroupement de plusieurs impôts à l'échelle des États et du pays en une TVA unique et l'élargissement de la base d'imposition, qui aura pour effet de réduire sensiblement les coûts de conformité pour les entreprises. À la suite de l'approbation de l'ambitieux plan de transformation écologique en 2024, un système brésilien d'échange de quotas d'émission est actuellement mis en place et devrait être opérationnel dans cinq à six ans, ce qui devrait favoriser la transition vers des sources d'énergie moins coûteuses. En outre, un nouveau cadre budgétaire a été instauré en 2023, avec des plafonds de dépenses liés aux recettes et à l'inflation, et des objectifs stricts de déficit budgétaire primaire.

Bulgarie

Le processus de convergence économique de la Bulgarie avec des économies plus avancées s'est accéléré ces dernières années, principalement sous l'effet de la hausse des heures travaillées. Le vieillissement de la population active et l'émigration pèsent cependant sur la croissance globale. Le stock de capital est très bas par rapport à celui des pays de l'OCDE, tant en proportion du PIB que par habitant, ce qui contribue à la faiblesse de la productivité.

L'amélioration de la qualité de l'éducation et une meilleure participation à la formation des adultes permettraient de renforcer les compétences ainsi que leur adéquation avec les besoins des employeurs. La réduction des obstacles réglementaires entravant la concurrence et la lutte contre la corruption, parallèlement à une plus grande efficacité du système judiciaire, dynamiseraient l'investissement et renforceraient la productivité en favorisant une répartition plus efficiente des ressources. L'abandon progressif de la production d'électricité à partir du charbon sans mettre en péril la sécurité énergétique stimulera les investissements dans les énergies renouvelables et les infrastructures sous-jacentes.

Résultats économiques

Écarts par rapport à la moyenne de la moitié supérieure des pays de l'OCDE

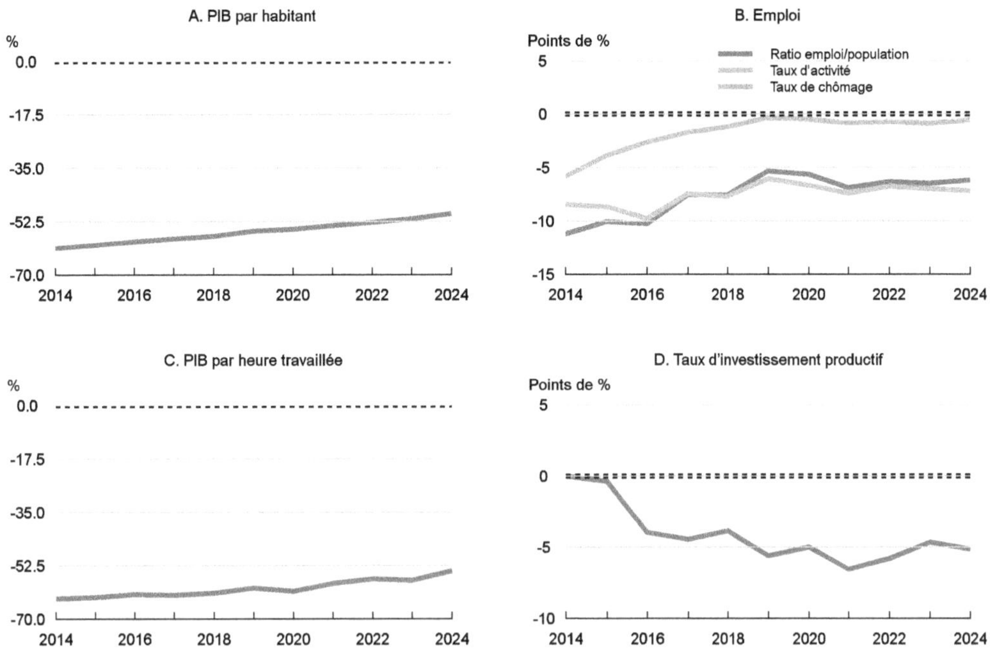

Source : Partie A : OCDE, Perspectives économiques de l'OCDE (base de données) ; partie B : OCDE, Statistiques de la population active (base de données) ; partie C : OCDE, Perspectives économiques et Productivité (bases de données) ; partie D : OCDE, Perspectives économiques, Comptes nationaux annuels et FBCF par actif (bases de données).

Sélection d'écarts d'indicateur de politique

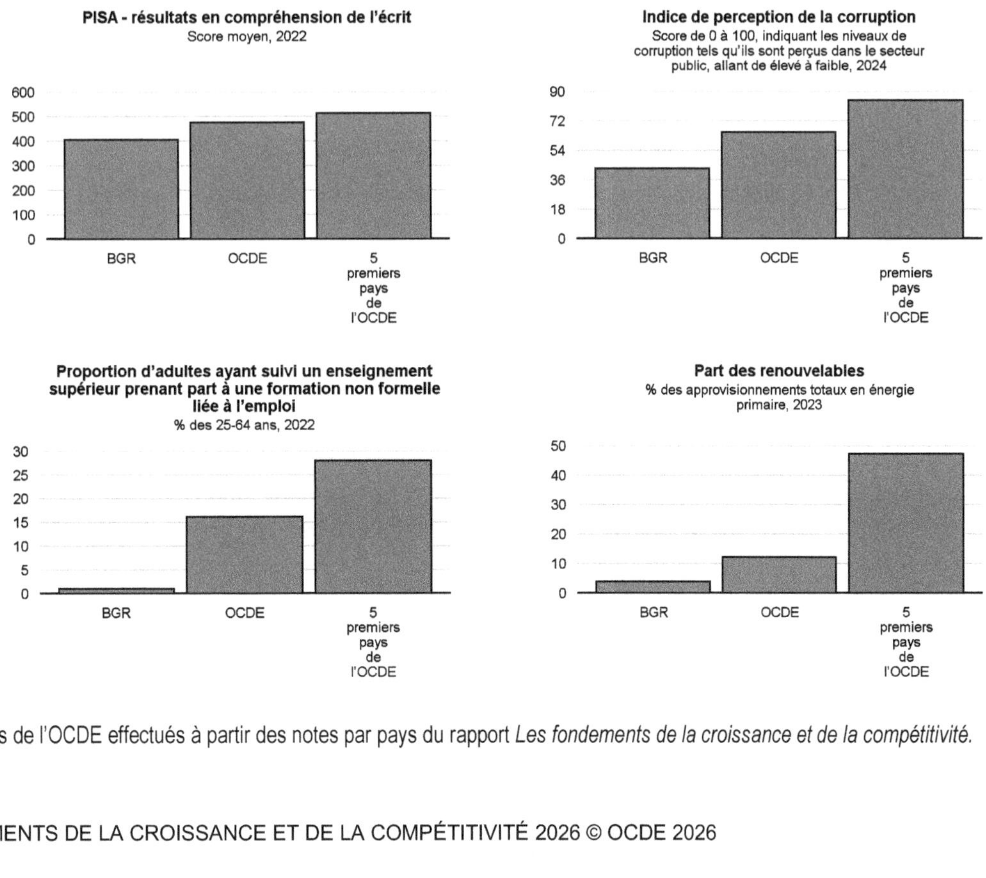

Source : Calculs de l'OCDE effectués à partir des notes par pays du rapport *Les fondements de la croissance et de la compétitivité.*

Éducation : améliorer la qualité du système éducatif

Face au déclin de la population active, relever le niveau d'éducation de la population active permettrait de maintenir la croissance. Le système éducatif formel de la Bulgarie a connu de profonds changements ces dernières années, les taux de scolarisation et les niveaux de formation ayant progressé sans amélioration de la qualité en parallèle. La Bulgarie fait partie des pays de l'OCDE les moins bien classés dans l'évaluation PISA 2022, la part des élèves se situant sous le seuil de compétence (niveau 2) en mathématiques, compréhension de l'écrit et en sciences ayant fortement progressé entre 2012 et 2022.

Recommandations

- ✓ Réévaluer les programmes et le cadre d'évaluation des élèves en mettant l'accent sur la compréhension de l'écrit, les mathématiques et les sciences.
- ✓ Élargir la formation en entreprise à tous les élèves de l'enseignement professionnel.
- ✓ Améliorer les compétences des enseignants en leur offrant des possibilités de formation continue et de développement de carrière.

Compétences : promouvoir l'amélioration des compétences tout au long de la vie

Compte tenu du faible niveau des compétences de nombreux adultes, il est essentiel d'améliorer les qualifications de la population pour accroître la productivité et continuer d'améliorer le niveau de vie. La participation à la formation des adultes est d'ailleurs très faible en Bulgarie puisqu'elle a concerné moins de 2 % des personnes âgées de 25 à 64 ans en 2022. L'offre comme la demande de formation des adultes restent insuffisantes. En effet, seuls 43 % des entreprises prévoient de proposer une formation en cours d'emploi, le manque de motivation des adultes qui ne perçoivent ni l'utilité ni la nécessité de cette formation entravant la participation.

Recommandations

- ✓ Accroître la participation des employeurs à l'élaboration des programmes d'éducation et de formation des adultes.
- ✓ Développer les chèques formation individuels et les programmes de formation de qualité destinés aux adultes, notamment l'apprentissage à distance et/ou les dispositifs reposant sur des crédits.
- ✓ Renforcer le soutien apporté aux employeurs afin d'évaluer leurs compétences et leurs besoins de formation.

Concurrence : réduire les obstacles à l'entrée et les contrôles des prix de détail

Un environnement favorable aux entreprises est essentiel pour donner une impulsion aux investissements et à la productivité. Le cadre réglementaire bulgare s'est amélioré, mais certains domaines de l'économie tireraient avantage d'une diminution supplémentaire des obstacles réglementaires. La Bulgarie continue d'imposer des exigences administratives plus fastidieuses que la plupart des pays de l'OCDE lors de la création d'entreprises. Les contrôles et la réglementation des prix de détail dans le secteur énergétique sont élevés, certains services professionnels étant soumis à des restrictions plus strictes que dans la moyenne de l'OCDE.

Recommandations

- ✓ Réduire les formalités administratives et transférer les démarches de création d'entreprises vers un guichet unique numérique.

- ✓ Poursuivre la libéralisation organisée des marchés de détail de l'électricité et du gaz tout en ciblant les aides sur les ménages en situation de précarité énergétique.
- ✓ Réduire les restrictions relatives aux services professionnels en assouplissant leurs règles de tarification et le système de délivrance des autorisations professionnelles.

Corruption : renforcer les cadres institutionnels et la mise en application effective des sanctions

La transposition de la législation de l'UE dans le système national est rapide, mais sa mise en application laisse à désirer et la perception de la corruption est élevée. La corruption dans les marchés publics et l'inefficacité du système judiciairesapent la confiance des entreprises et nuit à une répartition efficace des ressources. Ces défis de gouvernance limitent l'attrait du pays en tant que destination d'investissements étrangers et nuisent à une hausse de la croissance économique.

Recommandations

- ✓ Renforcer le cadre institutionnel en veillant à ce que toutes les parties prenantes concernées soient représentées au sein du Conseil national des politiques de lutte contre la corruption et définir clairement les dispositions concernant le suivi, l'évaluation et l'établissement de rapports.
- ✓ Réglementer les dépenses des tiers dans les campagnes électorales conformément aux pratiques en vigueur dans d'autres pays de l'OCDE, et mettre en place un cadre formel de mesure des performances en matière de passation des marchés publics axé sur le niveau de concurrence.
- ✓ Envisager de mettre en place des orientations normalisées et une formation spécialisée destinée aux procureurs portant sur les enquêtes préliminaires dans les infractions de corruption afin d'améliorer l'efficacité du système judiciaire dans les affaires de corruption de haut niveau.

Énergie : faciliter le développement des énergies renouvelables pour parvenir à l'abandon progressif du charbon favorisant la croissance

La Bulgarie doit réduire ses émissions afin de s'aligner sur les objectifs de réduction des émissions de l'UE et de ramener ses émissions nettes à zéro d'ici à 2050. Une proportion importante des émissions est générée par les industries de l'énergie, et le remplacement du charbon exigera une refonte en profondeur du mix énergétique. Pour les entreprises et les ménages, l'élimination progressive du charbon sans mettre en péril la sécurité énergétique stimulera les investissements porteurs de croissance dans les énergies renouvelables, le réseau national de transmission et d'interconnexion transfrontalière ainsi que le stockage de l'énergie.

Recommandations

- ✓ Élaborer et mettre en œuvre une stratégie d'abandon du charbon, comprenant une transformation économique et sociale dans les régions concernées en prévision de l'arrêt des centrales à charbon.
- ✓ Continuer de soutenir les nouvelles installations de production d'énergie renouvelable, tout en simplifiant les procédures d'autorisation au moyen d'un guichet unique numérique.
- ✓ Intégrer les capacités de production nouvelles déjà engagées dans les plans de développement du réseau et accélérer les investissements.

Progrès récents en matière de réformes structurelles

La Bulgarie réorganise son système éducatif afin qu'il soit mieux adapté aux besoins de compétences présents sur le marché du travail, qu'il offre les mêmes chances à tous et qu'il rende la carrière des enseignants attrayante. Il n'est cependant pas remédié comme il se doit à plusieurs insuffisances et de nouvelles réformes sont nécessaires, notamment l'amélioration des performances des enseignants, l'acquisition de qualifications professionnelles par la formation et un financement suffisant des établissements scolaires. La Bulgarie a engagé des réformes fondamentales pour modifier le Code pénal et la loi relative au système judiciaire, pour autoriser le réexamen judiciaire des décisions du ministère public et pour instaurer des mécanismes clairs de responsabilité du Procureur général et de ses substituts afin d'accroître l'efficacité du système judiciaire et de lutter plus efficacement contre la corruption.

Canada

Le PIB par habitant du Canada (en PPA) est légèrement supérieur à la moyenne de l'OCDE, mais reste inférieur à celui des pays les plus performants, alors même qu'il pourrait atteindre des niveaux plus élevés grâce à des institutions solides, une main-d'œuvre hautement qualifiée et des ressources naturelles abondantes. Cet écart s'explique en grande partie par un niveau de productivité inférieur à la moyenne, qui a encore baissé par rapport aux économies les plus performantes au cours des dernières années. Le stock de capital par travailleur reste lui aussi inférieur à la moyenne. Bien que l'utilisation de la main-d'œuvre soit globalement élevée, le taux d'activité des femmes reste légèrement inférieur à celui des hommes.

Les autorités devraient s'atteler en priorité à dynamiser la croissance atone de la productivité en renforçant l'investissement dans les infrastructures physiques et numériques et en encourageant un environnement des entreprises plus concurrentiel et plus dynamique. Elles doivent aussi réduire les obstacles au commerce et à la mobilité de la main-d'œuvre entre les provinces, et abaisser les barrières à l'entrée dans les secteurs réglementés, y compris en allégeant les restrictions à l'investissement étranger dans ces secteurs. Il est également possible d'améliorer l'utilisation de la main-d'œuvre parmi les femmes et d'autres groupes sous-représentés, tels que les immigrés.

Résultats économiques

Écarts par rapport à la moyenne de la moitié supérieure des pays de l'OCDE

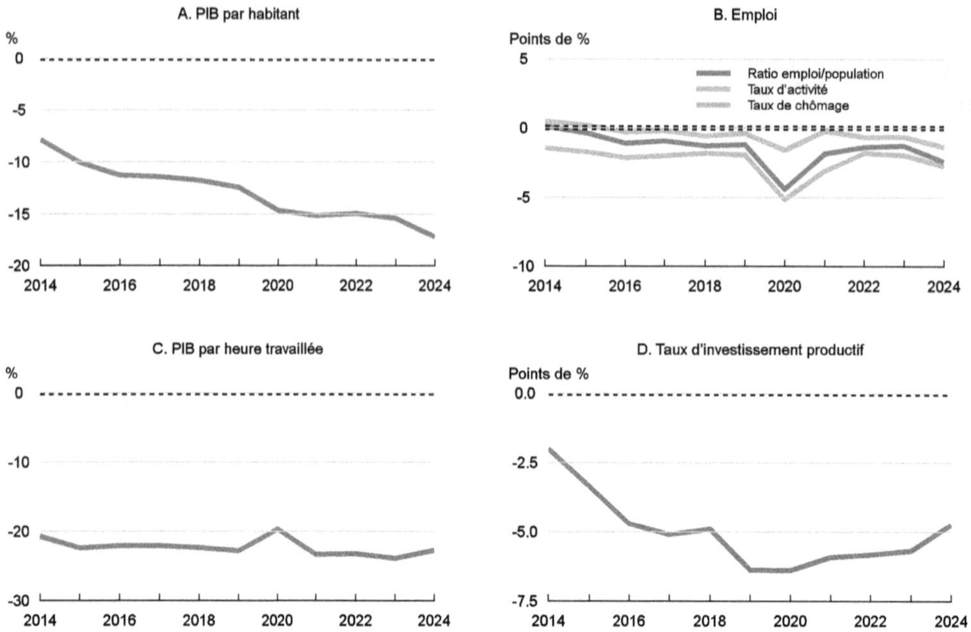

Source : Partie A : OCDE, base de données des Perspectives économiques ; Partie B : OCDE, base de données sur les Statistiques de la population active ; Partie C : OCDE, bases de données des Perspectives économiques de l'OCDE et sur la Productivité ; Partie D : OCDE, bases de données des Perspectives économiques de l'OCDE, des Comptes nationaux annuels et sur la formation brute de capital fixe (FBCF) par actif.

Sélection d'écarts d'indicateur de politique

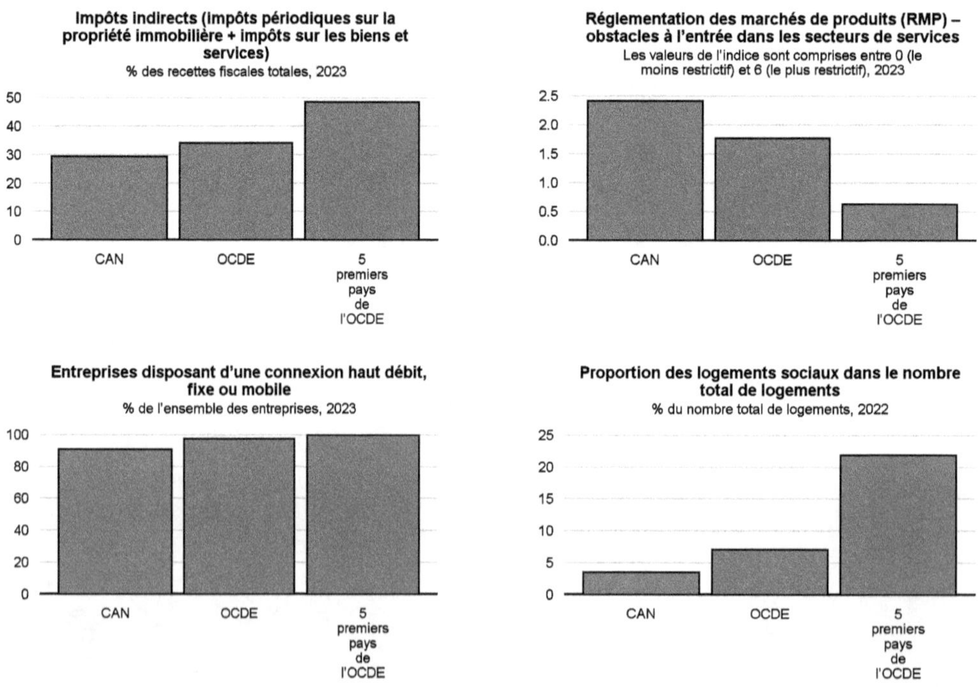

Source : Calculs de l'OCDE effectués à partir de la base de données du rapport *Les fondements de la croissance et de la compétitivité.*

Fiscalité : s'affranchir du recours massif aux impôts sur le revenu des personnes physiques et sur les bénéfices des sociétés

La structure fiscale du Canada tend à privilégier les impôts sur le revenu des personnes physiques et sur les bénéfices des sociétés, alors que la contribution des taxes sur les produits et services reste relativement faible. Transférer une fraction plus élevée de la charge fiscale du revenu vers la consommation pourrait rendre le système fiscal plus propice à la croissance. Par exemple, réduire les impôts sur le revenu à la charge des personnes ayant un lien plus ténu avec le marché du travail pourrait contribuer à accroître le taux d'activité. De même, les PME bénéficient d'un taux de l'impôt sur les sociétés préférentiel, qui peut freiner la croissance des entreprises et peser sur la productivité.

Recommandations

- ✓ Augmenter progressivement le recours à la fiscalité indirecte, par exemple en relevant les taux de la taxe sur les produits et services/taxe de vente harmonisée (TPS/TVH) et en supprimant graduellement les taux zéro pour des articles tels que les produits alimentaires de base, les produits agricoles et les médicaments sur ordonnance de façon à financer une baisse des impôts sur le revenu et les bénéfices.
- ✓ Supprimer le taux préférentiel de l'impôt sur les sociétés pour les PME.

Réglementation des marchés de produits : réduire les obstacles au commerce et à la mobilité de la main-d'œuvre entre les provinces

L'environnement réglementaire du Canada, mesuré par l'indicateur de réglementation des marchés de produits (RMP), est plus restrictif que la moyenne de l'OCDE. Cette situation s'explique en partie par le niveau élevé des obstacles à l'entrée dans les secteurs de services et les industries de réseau (voir la section suivante), et par des contraintes administratives relativement lourdes qui pèsent sur les entreprises en lien avec les procédures d'autorisation et de permis. L'accès aux services professionnels reste quant à lui soumis à une réglementation assez stricte et les exigences varient d'une province à l'autre. L'indicateur de RMP révèle également certaines distorsions liées à l'actionnariat public. Les enquêtes menées auprès des entreprises mettent en évidence la persistance d'obstacles au commerce entre provinces.

Recommandations

- ✓ Accélérer la réduction des obstacles aux échanges entre provinces, notamment en élargissant la portée de l'Accord de libre-échange canadien et en renforçant ses dispositions.
- ✓ Améliorer la reconnaissance des qualifications professionnelles entre provinces, y compris des diplômes acquis à l'étranger, et assouplir les restrictions provinciales à la libre circulation des services professionnels.
- ✓ Réduire le traitement préférentiel dont bénéficient les entreprises publiques, sous la forme d'exigences réglementaires moins contraignantes ou d'avantages fiscaux, par rapport aux entreprises privées.

Infrastructures numériques : renforcer la concurrence dans le secteur des télécommunications et développer l'offre de haut débit

Le Canada affiche des résultats inférieurs à la moyenne de l'OCDE en termes de couverture du réseau haut débit, y compris les infrastructures de fibre optique et l'accessibilité financière du haut débit. Bien que ce retard puisse s'expliquer en partie par les coûts élevés de développement des infrastructures liés à l'étendue du territoire canadien, les conditions d'entrée dans le secteur des télécommunications restent restrictives, surtout pour les entreprises étrangères, ce qui restreint la concurrence.

Recommandations

- ✓ Assouplir les restrictions applicables aux prises de participation étrangères dans le secteur des télécommunications.
- ✓ Faciliter l'utilisation des réseaux de télécommunications des grandes entreprises de télécommunications par les petits concurrents.
- ✓ Continuer d'améliorer l'accès aux réseaux haut débit dans les zones rurales et isolées.

Ouverture à l'investissement direct international : réduire les obstacles à l'investissement étranger dans les industries de réseau

Le Canada offre généralement un environnement accueillant pour les investissements étrangers, ce qui transparaît dans des entrées d'investissements directs internationaux (IDI) relativement élevées par rapport au PIB. Toutefois, il maintient des restrictions strictes aux participations étrangères dans certaines industries de réseau essentielles, telles que les télécommunications, les compagnies aériennes, la banque, l'immobilier résidentiel et l'audiovisuel. Ainsi, les opérateurs de télécommunications étrangers dont la part de marché excède 10 % ne peuvent pas détenir plus de 46.7 % des actions avec droit de vote d'entreprises canadiennes. Cela dit, il est possible d'entrer dans des projets à partir de zéro, d'acquérir une somme de 10 % et un accroissement organique. De même, seules les entités à capitaux canadiens peuvent obtenir une licence de radiodiffusion.

Recommandation

- ✓ Réexaminer les restrictions à l'entrée d'entreprises étrangères dans les principales industries de réseau, en conciliant les considérations relatives à la sécurité nationale et les conséquences potentiellement négatives sur la concurrence et la productivité, dans le but d'assouplir progressivement ces restrictions.

Logement : accroître l'offre de logements, y compris de logements locatifs abordables

L'accessibilité financière du logement a été mise à mal par les fortes hausses des prix et des loyers. Cette évolution s'explique en grande partie par l'insuffisance de l'offre globale et par l'inadéquation entre l'offre et la demande de logements, notamment en raison du manque d'unités locatives abordables situées dans les centres urbains. Le pourcentage de logements sociaux dans de nombreux immeubles est très faible. Ces facteurs entravent la croissance économique en freinant la mobilité de la main-d'œuvre.

Recommandations

- ✓ Continuer de promouvoir et de mettre en œuvre des réformes des plans d'occupation des sols dans les centres urbains afin d'encourager la construction de davantage de logements de moyenne densité.
- ✓ Accélérer la procédure d'octroi de permis de construction en mettant en place des systèmes électroniques et à guichet unique et en améliorant le suivi des approbations.
- ✓ Allouer des fonds supplémentaires au développement et à la protection de logements sociaux locatifs abordables.

Progrès récents en matière de réformes structurelles

S'agissant de l'environnement réglementaire, et notamment des obstacles au commerce entre les provinces, des progrès ont été accomplis. Depuis 2024, les 53 exceptions fédérales prévues par l'Accord de libre-échange canadien (ALEC) ont toutes été supprimées. Le nombre total d'exceptions à l'ALEC appliquées à certaines parties par le gouvernement fédéral et par les quatre plus grandes provinces a diminué de près de moitié depuis 2024. Plusieurs provinces et le gouvernement fédéral ont soumis des projets de loi visant à permettre la libre circulation des biens, des services et de la main-d'œuvre grâce à la reconnaissance des règles, qu'elle soit mutuelle ou unilatérale. Un projet pilote a été lancé en septembre 2024 dans plusieurs provinces afin d'améliorer la reconnaissance mutuelle des exigences réglementaires dans le secteur du camionnage. Le lancement du Carrefour canadien de données et de renseignements sur le commerce intérieur en 2024 marque une avancée vers l'amélioration de la transparence concernant les obstacles au commerce intérieur. Développer l'accès à des services abordables de garde d'enfants est une initiative de première importance pour accroître le taux d'activité des femmes dont le déploiement doit se poursuivre.

Chili

Au cours de la dernière décennie, la convergence du PIB par habitant du pays avec la moitié supérieure des pays de l'OCDE a marqué le pas. L'emploi de la main-d'œuvre demeure faible, avec des taux d'emploi et d'activité inférieurs d'environ 10 points de pourcentage à la moyenne des pays les mieux classés de l'OCDE et un taux de chômage supérieur de 5 points. La productivité et le capital par travailleur se situent très en deçà des moyennes de l'OCDE, mais ils ont observé une tendance à la hausse progressive. En résorbant ces écarts de productivité, l'intensité capitalistique et l'emploi de la main-d'œuvre joueront un rôle important de soutien à la convergence des revenus.

Les principaux défis à relever pour l'action publique comprennent le renforcement des infrastructures numériques et des capacités d'innovation, l'amélioration des résultats dans le domaine de l'éducation et des compétences des adultes et la mise en œuvre effective de la récente réforme sur les réglementations et les permis afin de réduire les obstacles administratifs. Pour soutenir la croissance économique de manière durable, il sera également important de faciliter le développement du réseau de transport d'électricité et le traitement rapide des autorisations relatives aux projets d'infrastructures climato-résilientes.

Résultats économiques

Écarts par rapport à la moyenne de la moitié supérieure des pays de l'OCDE

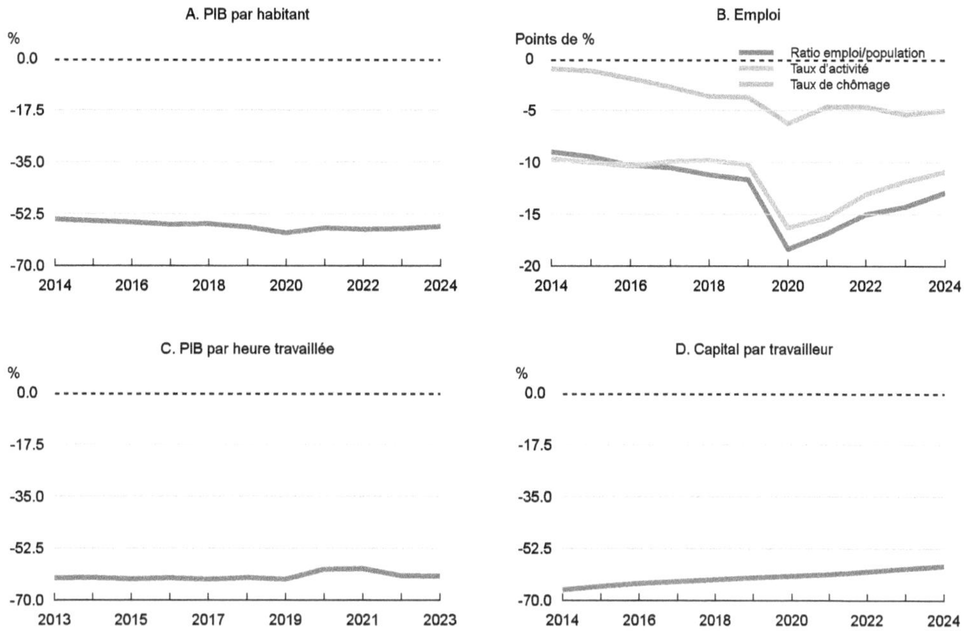

Source : Parties A et D : OCDE, Perspectives économiques de l'OCDE (base de données) ; partie B : OCDE, Statistiques de la population active (base de données) ; partie C : OCDE, Perspectives économiques et Productivité (bases de données).

Sélection d'écarts d'indicateur de politique

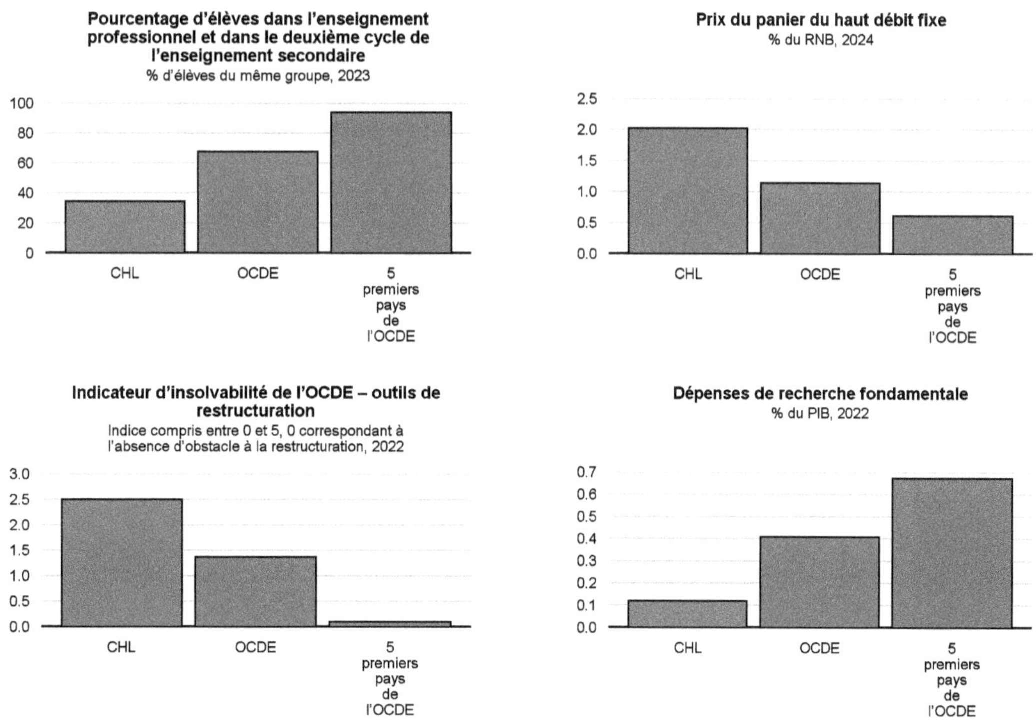

Source : Calculs de l'OCDE effectués à partir des notes par pays du rapport *Les fondements de la croissance et de la compétitivité.*

Infrastructures numériques : accélérer le déploiement du réseau et stimuler l'adoption du numérique

Malgré quelques avancées dans le développement des infrastructures numériques et la modernisation du régime d'octroi de licences dans les télécommunications, le Chili reste à la traîne par rapport aux pays comparables de l'OCDE en matière de développement numérique, en particulier en ce qui concerne le taux de pénétration du haut débit et l'adoption du numérique dans les petites entreprises. Les lacunes en matière de compétences numériques freinent l'adoption et la diffusion des technologies au sein des entreprises.

Recommandations

- ✓ Mettre pleinement en œuvre un régime de licence unique, neutre sur le plan technologique ainsi que des procédures municipales d'autorisation accélérées en utilisant le nouveau système de guichet unique pour accélérer le déploiement de la 5G et de la fibre dans le pays et abaisser les prix.
- ✓ Étoffer l'offre de formations en ligne afin d'y inclure des cours de niveau supérieur sur les TIC et de faire correspondre les programmes d'enseignement professionnel avec les besoins de l'industrie par le biais de chèques-formation cofinancés destinés aux salariés des PME.

Innovation : favoriser l'investissement dans la R-D

L'innovation reste limitée, en particulier dans les petites et moyennes entreprises Les dépenses consacrées par les entreprises à la R-D sont faibles, s'établissant à 0.3 % seulement du PIB et seuls 17 % des entreprises ont déclaré avoir introduit des innovations technologiques – soit moins de la moitié de la moyenne de l'OCDE. Les programmes de soutien public à la R-D sont fragmentés, leurs objectifs se chevauchent, les organismes publics ont une responsabilité limitée à leur égard et les éléments d'appréciation relatifs à l'efficacité avec laquelle ils encouragent l'innovation des entreprises sont peu nombreux. La diffusion des technologies est également insuffisante, ce qui s'explique en partie par la collaboration minime entre les entreprises et les instituts de recherche.

Recommandations

- ✓ Rationaliser les aides publiques en faveur de la R-D, en s'appuyant sur les efforts de coordination entre l'ANID et le Corfo, regrouper les régimes de subventions se chevauchant en un programme unique simplifié et augmenter le crédit d'impôt remboursable relatif à la R-D.
- ✓ Renforcer l'analyse d'impact des subventions publiques en faveur de la R-D.
- ✓ Resserrer les liens entre les entreprises et les universités, favoriser les pépinières à vocation technologique rattachées aux universités et les projets de R-D conjoints afin de stimuler le transfert de connaissances et de développer l'innovation des PME.

Éducation : renforcer les compétences en matière de transition numérique et écologique

Les résultats d'apprentissage des élèves et la formation qualifiante restent inférieurs à la moyenne de l'OCDE. Les indicateurs de performances des élèves sont inférieurs à la moyenne de l'OCDE. Les compétences des adultes en résolution de problèmes dans des environnements à forte composante technologique sont faibles par rapport à la moyenne de l'OCDE (11.7 % vs 32 %) et l'accès à une formation structurée reste limité en particulier parmi les travailleurs à faible revenu. Les filières d'enseignement professionnel du deuxième cycle secondaire et le taux de diplômés de l'enseignement supérieur sont inférieurs à ceux de pays comparables de l'OCDE et sont peu corrélés avec les besoins du marché du travail.

Recommandations

- ✓ Renforcer les compétences fondamentales dans les établissements scolaires. Financer une formation pour les enseignants à l'échelle nationale afin qu'ils améliorent les compétences fondamentales et numériques des élèves dès le plus jeune âge.
- ✓ Moderniser les filières professionnelles et de l'enseignement supérieur. Améliorer la concordance entre les programmes d'enseignement professionnel et universitaire et les besoins des entreprises dans les secteurs des TIC et de la transition écologique, développer la formation en milieu professionnel et intensifier l'orientation professionnelle afin que les qualifications se traduisent par de meilleurs résultats sur le marché du travail.
- ✓ Développer l'apprentissage tout au long de la vie et la reconversion en intégrant des programmes tels que Talento Digital et Reinvéntate dans une plateforme nationale de formation des adultes, proposant des modules de cours en ligne et des chèques formation individuels en adéquation avec les besoins du marché du travail.

Gouvernance et réglementations : mettre en œuvre la réforme sur les autorisations pour les entreprises et renforcer les procédures d'insolvabilité

Le Chili s'est toujours heurté à des obstacles réglementaires et institutionnels dans le domaine de l'investissement et de la productivité. La récente réforme du système d'autorisations pour les entreprises simplifie les autorisations sectorielles, en instaurant un guichet unique numérique assorti d'un suivi en temps réel et de règles selon lesquelles « le silence vaut consentement » afin d'accélérer les procédures d'approbation. Compte tenu de l'ampleur de la réforme, sa mise en œuvre intégrale pourrait prendre du temps, les organismes publics devant s'adapter rapidement aux nouveaux délais fixés, aux plateformes numériques, aux règles selon lesquelles « le silence vaut consentement » et aux processus coordonnés entre les organismes. Le cadre du Chili pour l'insolvabilité prévoit moins de procédures de restructuration que les autres pays comparables de l'OCDE, ce qui peut ralentir le redéploiement et freiner l'investissement.

Recommandations

- ✓ Veiller à ce que la réforme portant sur les autorisations requises par les entreprises soit mise en œuvre efficacement et en temps voulu, tout en informant davantage la population des nouvelles règles, en particulier des implications de celle selon laquelle « le silence vaut consentement ».
- ✓ Rendre pleinement fonctionnel le guichet unique, garantir la coordination entre les organismes publics, publier des indicateurs de performance et procéder à des examens périodiques pour favoriser l'amélioration continue.
- ✓ Améliorer le régime d'insolvabilité en permettant aux créanciers d'engager les procédures de restructuration et mettre en place des procédures extrajudiciaires simplifiées, peu coûteuses pour les PME viables afin d'accélérer la restructuration et la sortie.

Énergie et capital naturel : développer des infrastructures climato-résilientes

Le Chili s'est fixé pour objectif de porter à 80 % la part de sa production d'électricité obtenue à partir de sources d'énergie renouvelables d'ici à 2030. Le manque de lignes de transport d'électricité des zones de production d'énergie renouvelable vers les zones de consommation restreint toutefois l'énergie et entraîne des disparités de tarification nodale sur le marché de l'électricité, affaiblissant le jeu de la concurrence et réduisant l'efficacité des opérations du système ; La planification d'infrastructures résilientes face au changement climatique est fragmentée et sous-financée, ce qui expose les réseaux de transport et de distribution d'eau à des événements hydrométéorologiques extrêmes. Ces lacunes freinent la productivité et découragent l'investissement. Une clarification des projets en réserve et une réglementation simplifiée attireraient l'investissement privé, amélioreraient la qualité des infrastructures et jetteraient des bases plus solides nécessaires à une croissance économique soutenue.

Recommandations

- ✓ Faciliter le développement du réseau de transport d'électricité pour y intégrer les énergies renouvelables.
- ✓ Garantir la mise au point de projets d'infrastructures résilientes, accélérer les procédures d'autorisation et d'évaluation et rendre public un ensemble homogène de projets d'investissements prioritaires afin d'attirer des capitaux privés à long terme.
- ✓ Intégrer un examen obligatoire des risques climatiques ainsi que des normes minimales en matière de résilience dans toutes les lignes directrices relatives aux investissements publics et aux partenariats public-privé afin de préserver les réseaux essentiels de transport et de distribution d'eau.

Progrès récents en matière de réformes structurelles

Ces dernières années, le Chili a mis en œuvre diverses réformes structurelles orientées sur la croissance. Parmi les initiatives récentes figure la loi de 2022 sur les Fintech destinée à renforcer l'inclusion financière et l'innovation. Dans les télécommunications, le dispositif d'octroi de licences a été modernisé pour en faire un régime unique, neutre sur le plan technologique. En juillet 2025, une réforme complète portant sur les autorisations pour les entreprises est entrée en vigueur afin de simplifier et d'accélérer les autorisations sectorielles, notamment par un guichet unique numérique et une plus grande coordination entre les organismes publics. Au début de 2025, le pays a adopté une vaste réforme des retraites qui associe l'épargne personnelle et un pilier fondé sur la solidarité et prévoit une augmentation progressive des cotisations des employeurs afin d'améliorer les taux de remplacement et l'équité tout en approfondissant les marchés intérieurs de capitaux. Les règles en matière de marchés publics et d'intégrité ont également été renforcées.

Chine

Le PIB par habitant de la Chine rattrape rapidement son retard, mais il reste encore du chemin à parcourir pour atteindre le niveau des pays les plus avancés. La population chinoise vieillit. Avec le déclin de la population d'âge actif depuis plus d'une décennie, la croissance est tirée par l'accumulation de capital et, de plus en plus, par la productivité totale des facteurs. Toutefois, malgré des taux d'investissement très élevés, le stock de capital par habitant reste modeste. Le taux de chômage est faible, mais il ne concerne que les zones urbaines, tandis que dans les zones rurales, le sous-emploi reste important.

Les réformes structurelles pourraient rehausser le potentiel de croissance et permettre un ralentissement en douceur de la croissance à mesure que la Chine se rapproche des pays les plus avancés à court et moyen termes, ce qui atténuerait l'impact d'une évolution démographique défavorable. La suppression des monopoles administratifs, l'égalité des chances pour les entreprises privées et la poursuite de la lutte contre la corruption contribueraient à améliorer la répartition des ressources et à stimuler la productivité. Des réformes visant à renforcer le système de protection sociale concourraient à réduire le taux d'épargne et à instaurer un modèle de croissance plus équilibré.

Résultats économiques

Écarts par rapport à la moyenne de la moitié supérieure des pays de l'OCDE

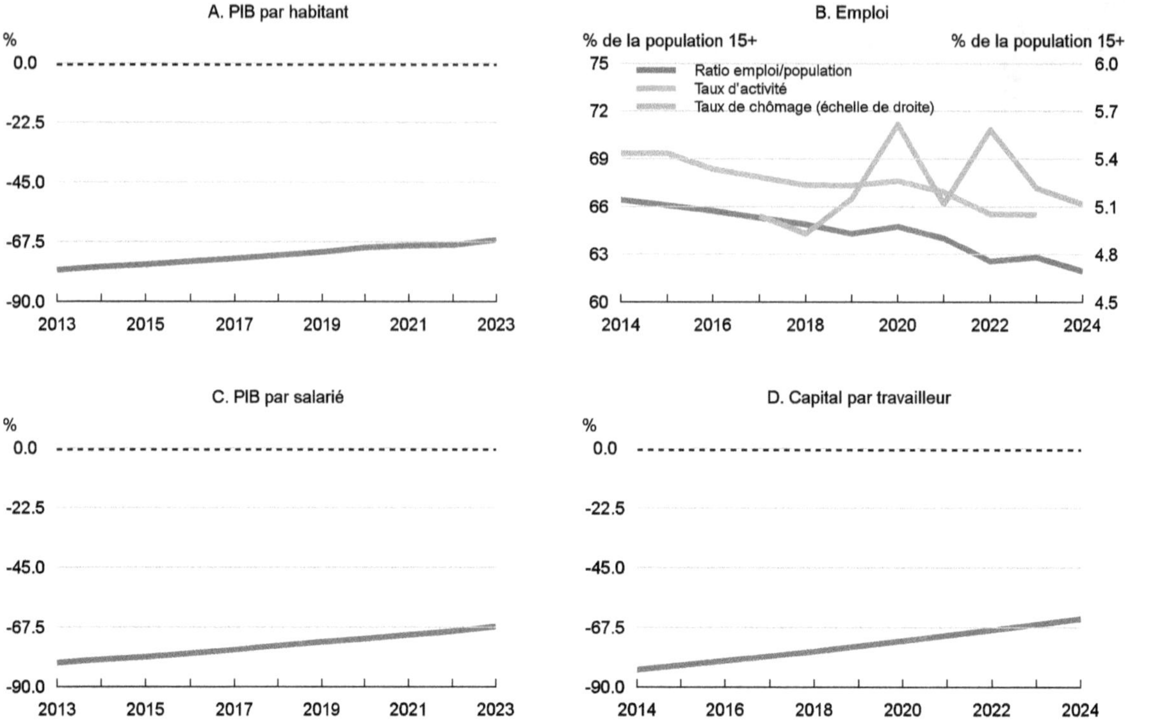

Source : Parties A et D : OCDE, base de données des Perspectives économiques ; Partie B : Bureau national des statistiques (Chine) et calculs de l'OCDE ; Partie C : OCDE, bases de données des Perspectives économiques et sur la productivité.

Sélection d'écarts d'indicateur de politique

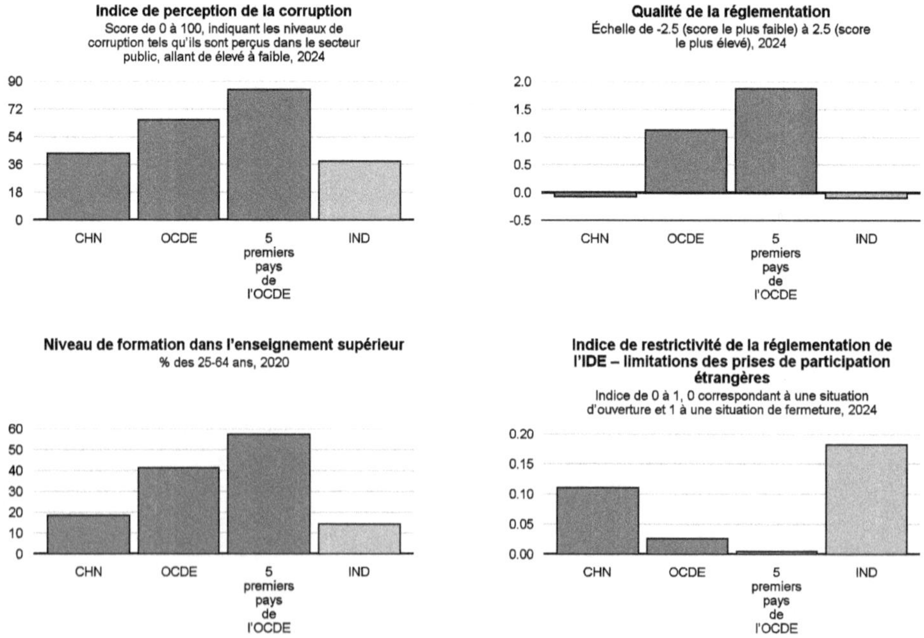

Source : Calculs de l'OCDE effectués à partir de la base de données du rapport *Les fondements de la croissance et de la compétitivité*.

Concurrence : supprimer les monopoles administratifs

Les monopoles administratifs, c'est-à-dire les droits exclusifs octroyés par l'État autorisant des entreprises à fournir certains biens ou services, freinent la concurrence sur les marchés de produits, et notamment dans les secteurs de services. Il s'agit d'une forme courante de protectionnisme local, qui exclut des producteurs ou prestataires de services extérieurs au marché local, ce qui empêche la création d'un marché unique.

Recommandations

- ✓ Supprimer les monopoles administratifs afin de faciliter la création d'un marché intérieur unique.
- ✓ Appliquer rigoureusement le mécanisme d'examen de l'équité de la concurrence et renforcer la formation du personnel à l'échelle nationale afin d'empêcher la constitution de nouveaux monopoles administratifs.
- ✓ Garantir la reconnaissance nationale de l'immatriculation des entreprises et faire appliquer l'interdiction de l'obligation de s'immatriculer localement pour avoir accès aux marchés locaux.

Environnement des entreprises : assurer l'égalité des chances pour les entreprises privées

Créées au cours des quarante dernières années, les entreprises privées représentent aujourd'hui 60 % du PIB de la Chine, deux tiers de l'investissement, 70 % de l'innovation technologique et 80 % de l'emploi. Toutefois, en raison de leur plus petite envergure et de problèmes hérités du passé, le potentiel des entreprises privées n'est pas pleinement exploité. Elles se heurtent souvent à des règles arbitraires et doivent acquitter des frais illicites. Pour survivre, elles se livrent une concurrence acharnée les unes avec les autres, souvent en sacrifiant le respect des normes environnementales et du travail.

Recommandations

- ✓ Garantir un traitement réglementaire équitable des entreprises privées, conformément à la Recommandation de l'OCDE sur la neutralité concurrentielle, et renforcer la gouvernance des entreprises publiques en se conformant aux Lignes directrices de l'OCDE sur la gouvernance des entreprises publiques.
- ✓ Supprimer les frais et commissions illicites et alléger la charge administrative qui pèse sur les entreprises.
- ✓ Prendre des mesures en vue de faciliter l'accès au marché des entreprises privées, dans le cadre des marchés publics par exemple, en imposant la division des contrats en petits lots afin que le secteur privé ait une chance de soumissionner.

Sécurité sociale : renforcer le système de protection sociale

L'épargne de précaution reste élevée en raison d'un régime de protection sociale relativement lacunaire, ce qui amoindrit le potentiel de consommation et la croissance économique. Dans les faits, l'ensemble de la population est couverte par l'assurance maladie et le taux de remboursement est comparable à celui d'autres pays, mais seule une liste limitée de traitements et de médicaments est remboursée. La couverture de retraite est elle aussi élevée, mais le système est segmenté, les retraites rurales ne sont pas suffisantes pour survivre et il faut épargner pour sa retraite. De nombreux médecins préfèrent quitter la profession plutôt que d'accepter un emploi à la campagne.

Recommandations

- ✓ Étoffer la liste des traitements et médicaments remboursés de manière à couvrir toutes les pathologies.
- ✓ Réformer le système de retraite afin de garantir à tous une pension mensuelle minimum en augmentant les cotisations pour que le système soit viable.
- ✓ Assurer une rotation temporaire des médecins afin de freiner l'exode de la profession.

Corruption : renforcer la transparence pour améliorer la détection

La corruption implique des coûts de transaction élevés à l'échelle de l'ensemble de l'économie. Malgré des sanctions sévères, y compris la peine capitale dans certains cas, la corruption est généralisée. Elle prospère à la faveur de l'absence de redevabilité des responsables d'entités et d'entreprises publiques et de l'opacité des transactions. Les lanceurs d'alerte ne sont pas suffisamment protégés, et les enquêtes ne sont pas menées par des enquêteurs indépendants.

Recommandations

- ✓ Renforcer la protection des lanceurs d'alerte afin d'inciter les initiés à signaler des comportements illicites.
- ✓ Améliorer la gouvernance des entités et entreprises publiques en mettant en place un solide système de garde-fous et de surveillance.
- ✓ Accroître la transparence et l'obligation de rendre des comptes et réduire la concentration du pouvoir aux mains des responsables.

Éducation : atteindre un niveau minimum de qualité à l'échelle nationale

La qualité des services publics tels que l'éducation varie considérablement à l'échelle du pays, de même que les fonds disponibles pour l'éducation. Les meilleures ressources sont concentrées dans les plus grandes villes. Les meilleurs enseignants recherchent un emploi dans les meilleures écoles des grandes villes, et bien qu'il existe un système de rotation qui les oblige à enseigner dans les villages voisins, il est limité à la proximité immédiate des villes.

Recommandations

- ✓ Centraliser le financement des services d'enseignement obligatoire rendus à l'échelon local.
- ✓ Garantir un niveau minimum de services dans l'ensemble du pays, y compris en veillant à ce que les salaires des enseignants soient couverts par le budget central.
- ✓ Affecter les enseignants dans les zones plus éloignées au cours de leur carrière et faire de cette mobilité un critère d'avancement.

Progrès récents en matière de réformes structurelles

La Chine a entrepris des réformes dans de nombreux domaines, mais des problèmes importants doivent encore être résolus. Le report de l'âge de la retraite à compter de cette année n'est que de trois mois par an et, même au terme de la période de 15 ans durant laquelle cette réforme sera mise en œuvre, le départ à la retraite se fera beaucoup plus tôt que dans d'autres pays. De nombreux monopoles administratifs sont en cours de suppression, mais de nouveaux voient le jour. Les autorités s'emploient à réduire les frais illicites et les règlements qui pèsent sur le secteur privé. Les services de garde d'enfants sont désormais gratuits et certaines communes versent des allocations familiales.

Colombie

Le potentiel de croissance de la Colombie a reculé, passant de plus de 4 % avant 2010 à environ 2.5 % aujourd'hui. À ce rythme, il n'est pas possible de combler réellement l'écart important entre le PIB par habitant et les économies les plus avancées. Le ralentissement de la croissance s'explique principalement pas la stagnation prolongée de la productivité et par une forte baisse du taux d'investissement. L'emploi de la main-d'œuvre demeure faible, avec un taux d'activité des femmes particulièrement bas. Pour rétablir une convergence des revenus avec les économies les plus avancées, il est nécessaire de relancer l'investissement, de stimuler l'innovation et les compétences et d'augmenter la proportion de femmes dans la population active.

Améliorer l'accès à une éducation de qualité, en particulier dès le plus jeune âge, renforcerait les compétences et relèverait le taux d'activité des femmes. Pour créer un environnement plus propice aux entreprises, il conviendrait d'améliorer la qualité de la réglementation, en particulier dans les secteurs en amont tels que l'électricité. Un cadre stratégique mieux conçu pour la R-D favoriserait l'innovation au niveau des entreprises et la croissance de la productivité. Source : Base de données sur les tarifs, World Integrated Trade Solution (WITS).

Résultats économiques

Écarts par rapport à la moyenne de la moitié supérieure des pays de l'OCDE

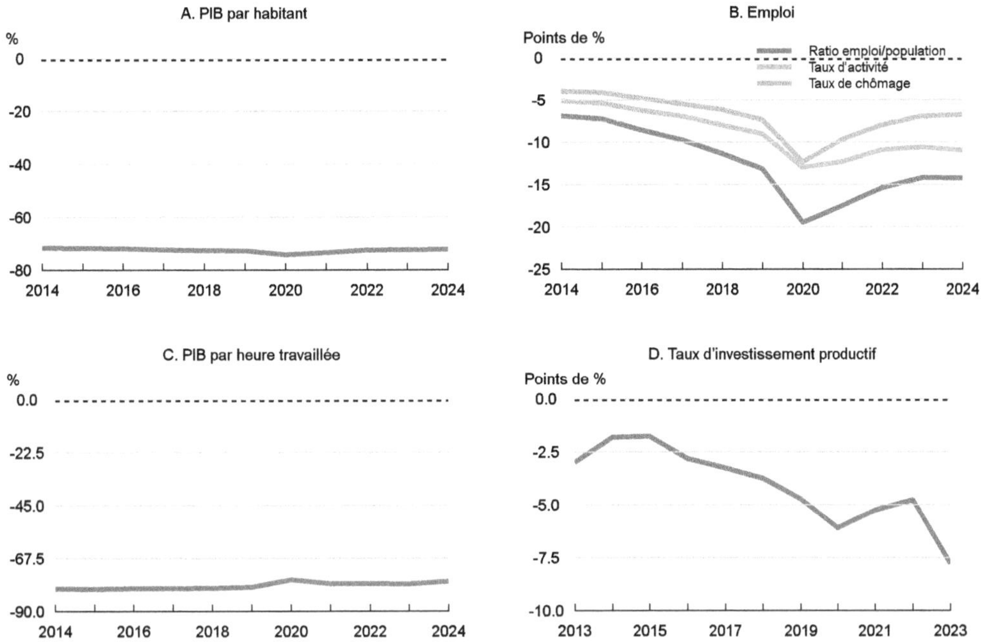

Source : Partie A : OCDE, Perspectives économiques de l'OCDE (base de données) ; Partie B : OCDE, Statistiques de la population active (base de données) ; partie C : OCDE, Perspectives économiques et Productivité (bases de données) ; partie D : OCDE, Perspectives économiques, Comptes nationaux annuels et FBCF par actif (bases de données).

Sélection d'écarts d'indicateur de politique

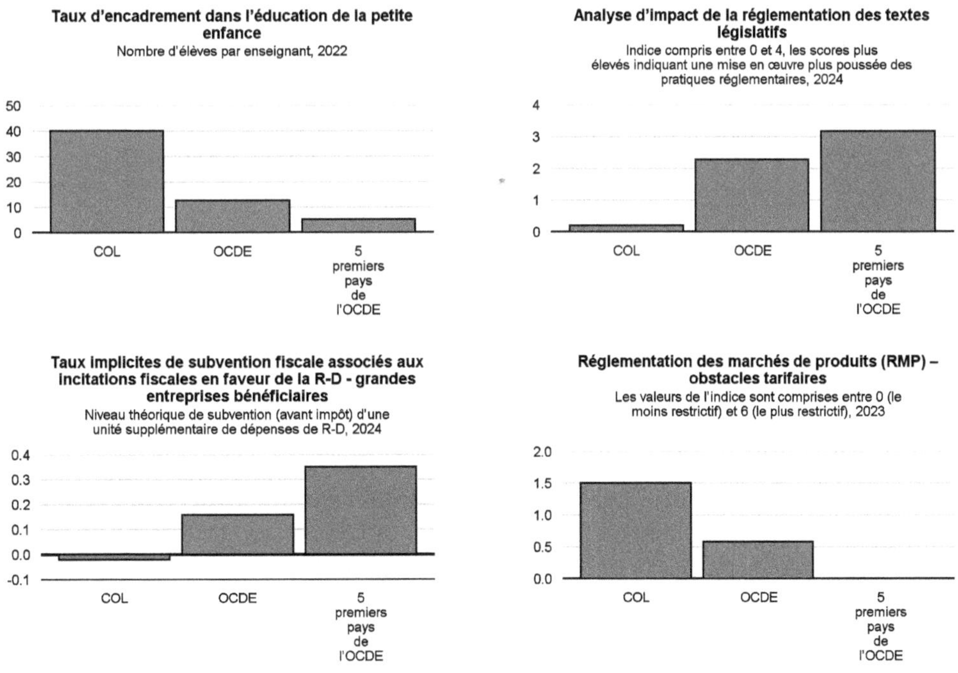

Source : Calculs de l'OCDE effectués à partir des notes par pays du rapport *Les fondements de la croissance et de la compétitivité.*

Capital humain : renforcer l'accès à des formations de qualité dès le plus jeune âge

En Colombie, l'accès à l'éducation a progressé ces dix dernières années, mais les résultats restent faibles et fortement influencés par le milieu socioéconomique, ce qui entrave la croissance de la productivité et l'accès aux emplois formels. Les taux d'inscription, l'équité de l'accès à l'éducation et la qualité des services d'éducation des jeunes enfants sont relativement bas, ce qui se traduit par un développement des compétences insuffisant et de faibles taux d'activité des femmes.

Recommandations

- ✓ Investir pour abaisser le nombre d'enfants par membre du personnel dans les services d'éducation de jeunes enfants afin d'en améliorer la qualité.
- ✓ Améliorer la qualité de l'enseignement à tous les niveaux de l'éducation en offrant aux enseignants des possibilités de formation continue.
- ✓ Prévoir des transferts monétaires ciblés et un accompagnement des élèves appartenant aux groupes à risque et sous-représentés.

Qualité de la réglementation : renforcer l'utilisation des analyses d'impact de la réglementation.

Les trois outils d'amélioration de la qualité de la réglementation, à savoir l'engagement des parties prenantes, les analyses d'impact de la réglementation *ex post* et les évaluations *ex post*, sont utilisés de manière sporadique pour les textes législatifs, puis uniquement pour les lois initiées par l'exécutif, ce qui nuit à la qualité de la réglementation. Les textes réglementaires, notamment à caractère technique comme les réglementations sectorielles, sont plus susceptibles d'être soumis à des contrôles de la qualité de la réglementation.

Recommandations

- ✓ Renforcer l'utilisation des analyses d'impact de la réglementation pour les textes législatifs.
- ✓ Améliorer la communication et l'information relatives aux évaluations publiées et à venir.

Innovation : améliorer la conception des incitations fiscales à la R-D

Les dépenses de R-D sont parmi les plus faibles de la zone OCDE, s'établissant à environ 0.3 % du PIB, ce qui se traduit par des performances médiocres sur le plan de l'innovation et par une stagnation de la productivité. Les dépenses de R-D des entreprises sont particulièrement faibles et très dispersées, plus de 80 % des entreprises ne consacrant aucun investissement à la R-D. Il en résulte une forte concentration et des écarts importants entre les régions en matière d'innovations et d'exportations. Les taux de subvention fiscale au titre des dépenses de R-D sont faibles en comparaison internationale et depuis une réforme engagée en 2022, les dépenses de R-D ouvrant droit à un crédit d'impôt ne sont plus déductibles fiscalement à titre de frais professionnels ce qui se traduit par des taux implicites globaux de subvention fiscale au titre de la R-D négatifs.

Recommandations

- ✓ Améliorer les incitations des entreprises à investir dans la R-D en augmentant les taux de subvention fiscale au titre des dépenses de R-D et en rétablissant les dispositions permettant de combiner les crédits d'impôt pour la R-D avec l'abattement fiscal de base.

Ouverture aux échanges : abaisser les barrières tarifaires et non tarifaires

Malgré de solides performances en matière d'investissement direct étranger, l'ouverture globale aux échanges demeure limitée. Les obstacles tarifaires et non tarifaires sont élevés et particulièrement restrictifs pour certaines lignes tarifaires. Le pays fait face à des défis en matière de facilitation des échanges, les délais nécessaires pour le dédouanement étant nettement plus élevés que dans les autres pays de l'OCDE, notamment en raison des obligations documentaires très fastidieuses.

Recommandations

- ✓ Abaisser les droits de douane, en commençant par les lignes tarifaires soumises aux droits les plus élevés.
- ✓ Renforcer la facilitation des échanges en acceptant plus largement la présentation de copies de documents douaniers en lieu et place des originaux, en accordant la certification à un plus grand nombre d'opérateurs économiques agréés, en développant le recours aux décisions anticipées et en adoptant une approche des contrôles douaniers fondée davantage sur les risques.

Énergie : renforcer la concurrence dans le secteur de l'électricité.

Malgré l'accès quasiment universel à l'électricité, les prix sont élevés, des différences prononcées s'observant d'une région à l'autre. Le développement des sources d'énergies renouvelables est freiné par les capacités du réseau électrique et par son déploiement limité dans les régions éloignées où le potentiel d'énergies renouvelables est important. Les barrières à l'entrée sont élevées en raison de l'absence de séparation entre les activités de production, de distribution et de transport.

Recommandations

- ✓ Accélérer les investissements dans le réseau électrique en simplifiant les procédures de délivrance des permis environnementaux ainsi qu'en mobilisant et en consultant en amont les populations locales.
- ✓ Séparer verticalement les activités de transport d'électricité de celles de la fourniture d'électricité au détail et renforcer la séparation entre les activités de production et de transport.

Progrès récents en matière de réformes structurelles

Ces derniers temps, le pays a mis en œuvre plusieurs réformes structurelles. Les réformes fiscales de 2021 et de 2022 ont accru les recettes budgétaires, mais les tensions sur les dépenses nécessitent de prendre des mesures supplémentaires pour augmenter les recettes. La réforme des retraites conduite en 2024 a réduit les subventions croisées régressives et a permis d'harmoniser des régimes auparavant concurrents. La mise en place d'un ambitieux registre foncier multifonctionnel s'est sensiblement accélérée depuis 2023. Le déploiement des guichets uniques et la diminution des frais de renouvellement d'enregistrement des activités dans le pays a réduit les obstacles à la création d'entreprise et à l'entrée sur le marché. La fragmentation politique bride toutefois une dynamique de réforme plus soutenue.

Corée

Le PIB par habitant de la Corée se rapproche de la moyenne de l'OCDE depuis quelques dizaines d'années, et l'écart par rapport aux économies les plus avancées de l'Organisation a continué de se resserrer jusqu'à récemment. L'accumulation de capital, un investissement conséquent dans l'éducation et l'accroissement de l'offre de main-d'œuvre ont été les principaux moteurs de croissance. La population active s'est toutefois contractée en raison de la baisse du taux de natalité et du vieillissement démographique. Le taux d'activité, faible par rapport aux économies de l'OCDE les mieux classées, suggère également un potentiel inexploité.

Il est essentiel, pour renforcer le potentiel de croissance de la Corée, d'encourager la concurrence et l'innovation technologique tout en réduisant les émissions de carbone. Des mesures continues pour réduire les obstacles à l'investissement direct étranger peuvent accroître l'apport en savoir-faire, en capitaux et en technologie. L'amélioration du système éducatif permettrait de mettre plus efficacement sur le marché du travail des travailleurs qualifiés répondant aux besoins des entreprises.

Résultats économiques

Écarts par rapport à la moyenne de la moitié supérieure des pays de l'OCDE

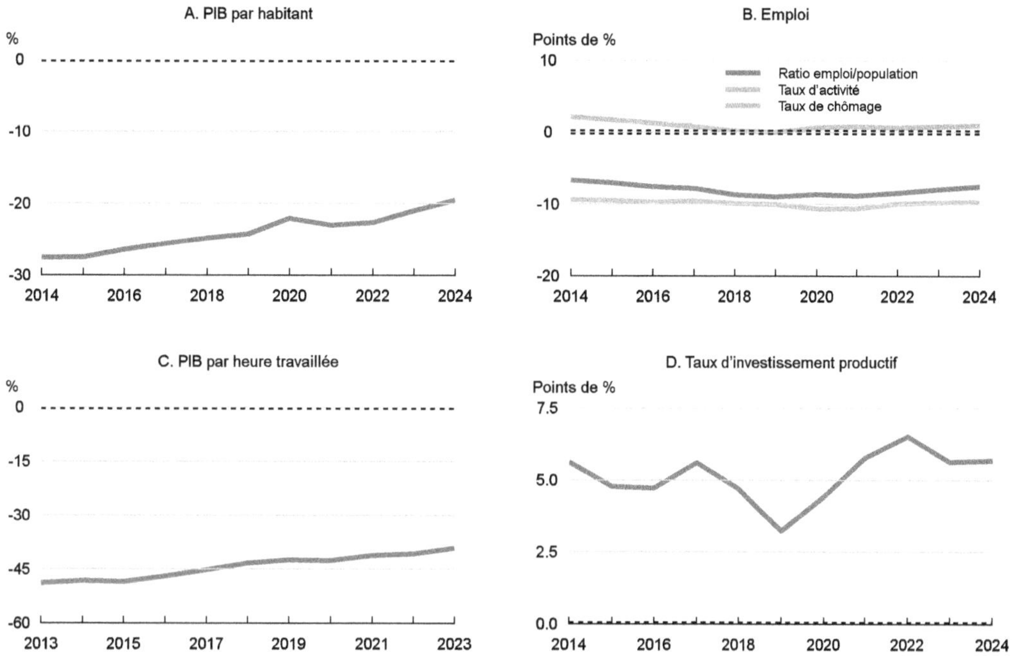

Source : Partie A : OCDE, base de données des Perspectives économiques ; Partie B : OCDE, base de données sur les Statistiques de la population active ; Partie C : OCDE, bases de données des Perspectives économiques de l'OCDE et sur la Productivité ; Partie D : OCDE, bases de données des Perspectives économiques de l'OCDE, des Comptes nationaux annuels et sur la formation brute de capital fixe (FBCF) par actif.

Sélection d'écarts d'indicateur de politique

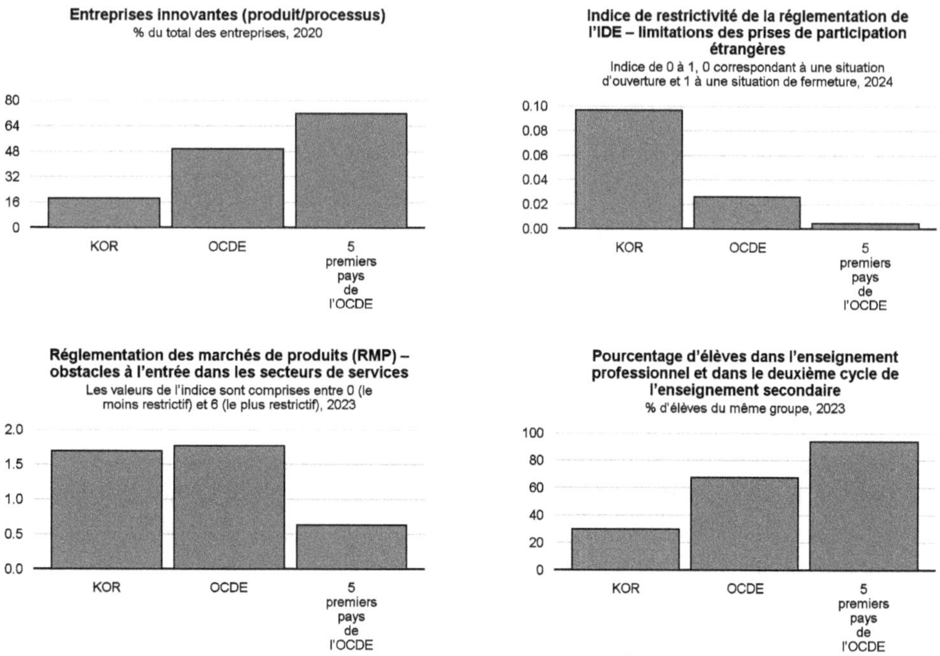

Source : Calculs de l'OCDE effectués à partir de la base de données du rapport *Les fondements de la croissance et de la compétitivité*.

Ouverture : créer un environnement plus propice à l'investissement étranger

La Corée a accompli des progrès considérables en ce qui concerne la réduction des obstacles aux échanges de services et à l'investissement direct étranger (IDE) au cours des dernières décennies. Les obstacles à l'IDE demeurent toutefois élevés par rapport aux pays comparables de l'OCDE. Les restrictions sur l'actionnariat étranger dans les secteurs clés (télécommunications et audiovisuel) et les restrictions d'accès au marché pour des raisons de sécurité découragent l'investissement étranger, ce qui conduit à des entrées d'IDE inférieures à celles des autres pays de l'OCDE.

Recommandations

- ✓ Réévaluer les réglementations qui freinent l'IDE, notamment les limites de participation étrangère, sur le plan de leur efficacité et de leur impact économique, en vue de les assouplir ou de les supprimer.
- ✓ Simplifier les procédures de filtrage et d'approbation appliquées à l'investissement étranger.
- ✓ Simplifier la reconnaissance des qualifications étrangères et faciliter l'échange de professionnels dans les secteurs des services, comme la comptabilité et le droit.

Concurrence : réduire les obstacles à la création d'entreprises et à leur développement

La réglementation des marchés de produits n'est globalement ni plus ni moins rigoureuse que la moyenne de l'OCDE, mais il est tout à fait possible de réduire les obstacles aux échanges et l'intervention de l'État dans le fonctionnement des secteurs des services et des réseaux. Une concurrence accrue favoriserait l'entrée et le développement, à la fois de petites et moyennes entreprises et d'entreprises dans les marchés dominés par des acteurs historiques coréens. Un système bien développé de bacs à sable réglementaires et de « zones hors réglementation » permet la mise à l'essai de nouvelles technologies et de nouveaux modèles d'activité.

Recommandations

- ✓ Évoluer vers un système réglementaire reposant sur le principe de « listes négatives ».
- ✓ Généraliser les réformes mises à l'essai avec succès dans les bacs à sable réglementaires et les zones hors réglementation de manière systématique et en temps voulu.
- ✓ Limiter, par voie législative, les possibilités d'aide publique aux entreprises, définie au sens large, à une liste de causes autorisées en lien avec des imperfections du marché, indépendamment de la taille de l'entreprise.

Innovation : accroître l'efficacité de l'aide publique à la R-D

La contraction de la population active causée par la baisse du taux de natalité pourrait être en partie atténuée par des technologies innovantes porteuses de productivité. Cependant, comparée à la moyenne de l'OCDE, la Corée compte un relativement petit nombre d'entreprises innovantes et une plus faible part de salariés dans ce type d'entreprises. L'aide aux entreprises repose davantage sur des caractéristiques telles que le nombre de salariés et les recettes que sur le niveau d'innovation technologique, ce qui explique le manque relatif d'incitation à innover.

Recommandations

- ✓ Supprimer systématiquement l'aide publique aux PME après un délai prédéfini afin d'encourager la croissance des entreprises innovantes plutôt que la survie de celles qui ne sont pas viables, tout en prévoyant des mesures de soutien pour les travailleurs touchés et en proposant des services de formation et de placement.
- ✓ Favoriser un système de garantie permettant aux start-ups et aux PME de bénéficier de prêts aux entreprises consentis par des établissements financiers en fonction d'une évaluation de leurs technologies propriétaires.

Éducation : réformer l'enseignement professionnel pour équiper les travailleurs des compétences recherchées

Le taux élevé d'inscriptions à l'université et l'investissement conséquent dans l'éducation ont contribué à la croissance économique de la Corée, mais la proportion d'élèves qui reçoivent un enseignement professionnel dans le deuxième cycle de l'enseignement secondaire demeure faible. La participation à la formation professionnelle en entreprise est elle aussi faible par rapport aux pays de l'OCDE les mieux classés.

Recommandations

- ✓ Améliorer la qualité et la disponibilité de l'enseignement professionnel afin de réduire à la fois l'inadéquation de l'offre et de la demande de compétences sur le marché du travail et les pénuries de main-d'œuvre dans les PME.
- ✓ Développer les établissements d'enseignement technique du deuxième cycle (Meister) ainsi que le système de formation en alternance. Revitaliser également les liens entre les établissements scolaires et l'industrie, en développant les programmes commandités par l'industrie pour favoriser l'adéquation entre les talents et les besoins des employeurs.

Environnement : renforcer l'investissement pour accroître l'efficacité énergétique et développer les énergies renouvelables

Les émissions de gaz à effet de serre par unité de PIB sont plus élevées que dans les pays de l'OCDE comparables et le mix énergétique de la Corée reste fortement tributaire des importations de combustibles fossiles. Les sources d'énergie renouvelables représentaient moins de 3 % du total des approvisionnements énergétiques en 2023. Le développement des énergies renouvelables renforcerait la sécurité énergétique s'il n'était pas freiné par la longueur des procédures de délivrance de permis, les retards de raccordement au réseau, le manque de concurrence sur le marché de l'électricité et l'opposition des communautés locales.

Recommandations

- ✓ Simplifier les procédures de délivrance de permis et de raccordement au réseau pour les projets de production d'électricité à partir de sources renouvelables tout en attribuant une part de leurs avantages aux communautés locales.
- ✓ Dans le prolongement des réformes prévues du marché de l'électricité, évoluer vers un système fondé sur le marché selon lequel le coût réel de l'énergie et des émissions est pleinement répercuté sur l'approvisionnement en électricité et sur la consommation.

Progrès récents en matière de réformes structurelles

La Corée a instauré le bac à sable réglementaire en 2019 et n'a cessé d'en élargir le périmètre afin de permettre l'entrée sur le marché d'entreprises qui proposent des technologies et des modèles d'activité innovants. Elle améliore en outre l'enseignement professionnel grâce à la création d'établissements d'enseignement secondaire spécialisés dans les technologies avancées (intelligence artificielle, logiciels). Des entreprises ont également créé des programmes de collaboration avec les universités dans les domaines des semi-conducteurs, des affichages et de l'automobile.

Costa Rica

Le Costa Rica parvient progressivement à réduire l'écart important qui le sépare de la moitié supérieure des pays de l'OCDE en matière de PIB par habitant. Il conserve toutefois des niveaux de productivité relativement bas. La reprise post-COVID a donné de l'élan à l'investissement, principalement porté par l'investissement direct étranger (IDE), ce qui a contribué à la création d'emplois formels à forte productivité. Malgré ces progrès, les effets positifs sur la productivité globale ont été contrebalancés par une baisse du taux d'activité et une stagnation du niveau global de l'emploi. Les taux d'activité comme les taux d'emploi restent nettement inférieurs à ceux de la moitié supérieure des pays de l'OCDE.

Pour stimuler la productivité, il faudrait réduire l'inadéquation entre les compétences recherchées par le secteur privé et celles qui sont disponibles sur le marché du travail. Améliorer l'accès aux services d'éducation et d'accueil des jeunes enfants favoriserait l'activité des femmes en stimulant globalement l'emploi. Des investissements dans les transports et les infrastructures numériques sont indispensables pour soutenir le développement économique, améliorer la connectivité et réduire les disparités entre les régions. L'accélération des efforts déployés actuellement pour faire progresser la transformation numérique dans les services publics améliorerait l'efficience, la transparence et la qualité de la prestation des services. L'expansion et la diversification des capacités de production d'électricité renouvelable seront cruciales pour atteindre les objectifs de décarbonation du Costa Rica.

Résultats économiques

Écarts par rapport à la moyenne de la moitié supérieure des pays de l'OCDE

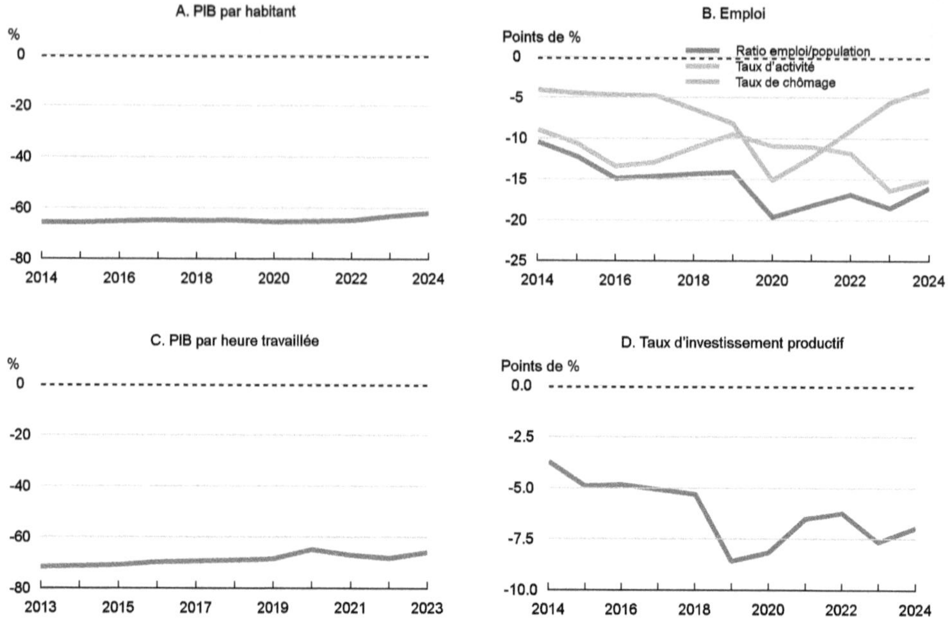

Source : Partie A : OCDE, Perspectives économiques de l'OCDE (base de données) ; partie B : OCDE, Statistiques de la population active (base de données) ; partie C : OCDE, Perspectives économiques et Productivité (bases de données) ; partie D : OCDE, Perspectives économiques, Comptes nationaux annuels et FBCF par actif (bases de données).

Sélection d'écarts d'indicateur de politique

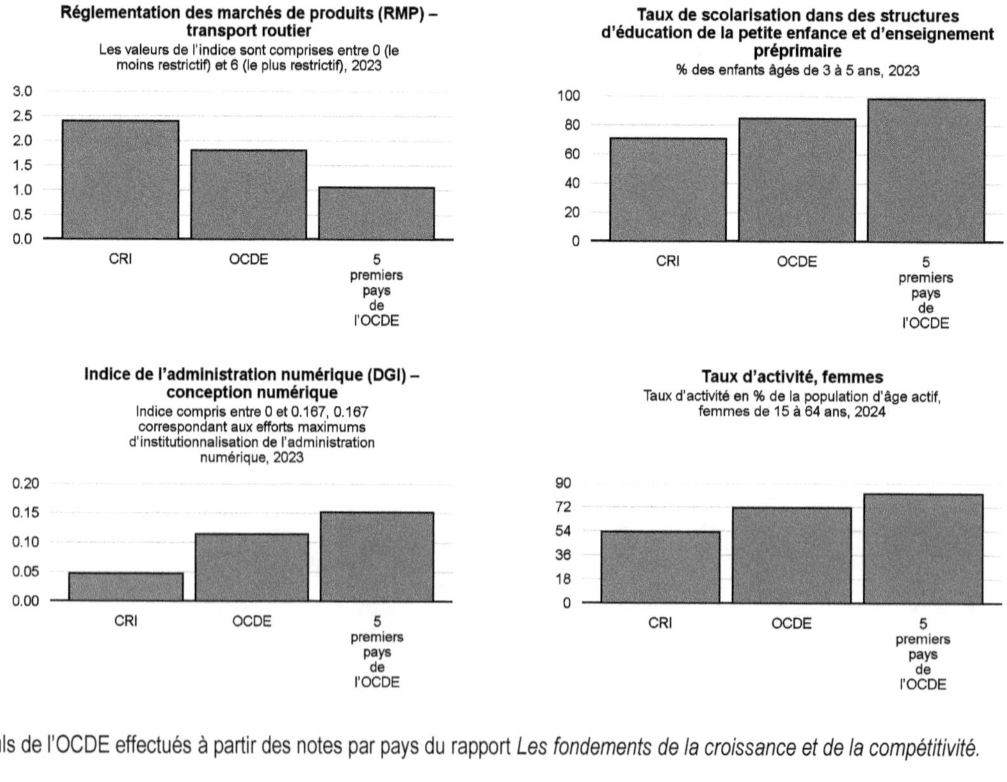

Source : Calculs de l'OCDE effectués à partir des notes par pays du rapport *Les fondements de la croissance et de la compétitivité.*

Infrastructures matérielles : améliorer les infrastructures de transport

Le Costa Rica est confronté à d'importantes lacunes en matière d'infrastructures dans presque tous les modes de transport. Le sous-investissement chronique, la faiblesse de la gouvernance et le manque de capacités institutionnelles ont entraîné de graves lacunes en matière d'infrastructures qui freinent l'activité économique et font obstacle à une croissance durable. Des investissements de taille et une meilleure exécution des projets sont essentiels pour développer les infrastructures de transport et mieux relier les régions et les entreprises aux marchés internationaux, mais les appels d'offres internationaux portant sur des projets d'infrastructures et les partenariats public-privé (PPP) sont rarement utilisés.

Recommandations

- ✓ Renforcer les capacités institutionnelles afin de mieux évaluer les projets d'infrastructures, en confiant également l'évaluation et la gestion des projets d'infrastructures à un organisme public indépendant. Améliorer la gestion budgétaire afin de garantir une répartition et une utilisation plus efficaces des fonds publics.
- ✓ Examiner les possibilités d'investissements privés, notamment dans le cadre de partenariats public-privé (PPP) en vue d'obtenir des financements supplémentaires et de mettre en œuvre des projets stratégiques.
- ✓ Favoriser une plus grande participation des entreprises internationales aux processus de passation de marchés publics afin de renforcer la concurrence et d'apporter des compétences mondiales en augmentant la valeur des projets de marchés publics et en éliminant les dispositions réglementaires qui favorisent exagérément les entreprises locales.

Capital humain : améliorer la qualité et la pertinence de l'éducation et de la formation

L'inadéquation entre les compétences recherchées par le secteur privé et celles qui sont disponibles sur le marché du travail reste un obstacle de taille au développement économique du Costa Rica. Les entreprises déclarent fréquemment rencontrer des difficultés pour trouver des travailleurs qualifiés, notamment des techniciens et des diplômés en sciences, technologies, ingénierie et mathématiques (STIM). Par ailleurs, de nombreux jeunes quittent le système éducatif avant d'avoir achevé le cycle du secondaire, ce qui ajoute à la pénurie de main-d'œuvre qualifiée.

Recommandations

- ✓ Développer et renforcer les programmes d'éducation et de formation professionnelles (EFP) et de recyclage dans les domaines où la demande est forte, comme l'industrie manufacturière de pointe, les TIC et le secteur des semi-conducteurs, en renforçant également l'expérience professionnelle pratique et en approuvant la réforme de l'Institut national de formation professionnelle.
- ✓ Développer les compétences dans le numérique et en anglais afin de former une main-d'œuvre qualifiée en mesure de favoriser l'intégration du pays dans les chaînes de valeur mondiales et d'attirer les investissements.
- ✓ Repérer les élèves du primaire et du secondaire dont les résultats sont insuffisants et leur offrir un soutien précoce et ciblé sous la forme d'un tutorat assuré par des enseignants bien formés, destiné en priorité aux élèves issus de groupes vulnérables.

Marché du travail : accroître le taux d'activité des femmes

Malgré la politique nationale en faveur de l'égalité des genres dans la formation, l'emploi et le droit d'accès aux avantages des sciences, de la technologie et de l'innovation mise en place par le Costa Rica en 2017 ainsi que les solides résultats obtenus dans plusieurs aspects de l'égalité des genres, notamment des écarts salariaux relativement faibles et un niveau élevé de représentation politique, le taux d'activité des femmes reste nettement inférieur à celui des hommes. Les tâches domestiques et familiales reposent principalement sur les épaules des femmes, limitant ainsi leur taux d'activité ou leurs possibilités de travailler à temps plein, notamment en ce qui concerne les ménages de condition modeste. L'un des principaux facteurs à l'origine de cette situation est l'accès limité à des services d'éducation et d'accueil de la petite enfance. Les taux de scolarisation des enfants âgés de 3 à 5 ans ainsi que des jeunes enfants sont parmi les plus faibles relevés dans les pays de l'OCDE. Ils ne concernent que 40 % des ménages vivant dans la pauvreté, ce qui limite encore les possibilités qu'ont les femmes d'occuper un emploi.

Recommandations

- ✓ Élargir l'accès aux structures d'accueil des jeunes enfants aux moins de quatre ans, en donnant la priorité aux familles à faible revenu.
- ✓ Renforcer le système de santé national, notamment en allongeant la durée de la journée scolaire de quatre heures à l'école primaire et en garantissant la sécurité du transport vers les lieux de travail et les centres de soins.
- ✓ Promouvoir le partage des responsabilités dans la prise en charge de la dépendance par le biais de politiques en matière de congé parental et inciter les entreprises à proposer des modalités de télétravail et de travail flexible.

Transformation numérique : renforcer l'administration électronique et pallier les lacunes en matière de connectivité

Le Costa Rica est à la traîne par rapport aux autres pays de l'OCDE et aux pays comparables de la région en matière d'administration numérique. L'accélération de la transformation numérique dans les services publics améliorerait l'efficience, la transparence et la qualité de la prestation des services publics. Les progrès en matière d'administration électronique dépendent également de la capacité à combler les lacunes actuelles des infrastructures numériques. Le développement de la connectivité est actuellement entravé par des réglementations contraignantes, en particulier au niveau des communes, qui ralentissent le déploiement et limitent l'accès.

Recommandations

- ✓ Coordonner et harmoniser les normes des TI et les procédures administratives entre les différents organismes publics et faciliter l'adoption de la signature électronique par les citoyens.
- ✓ Simplifier et harmoniser la réglementation afin de faciliter le déploiement des infrastructures numériques, en créant également un guichet unique numérique pour les processus de déploiement des infrastructures, comme le proposait le Plan d'action pour les infrastructures de télécommunications 2024-2025, en renforçant les réglementations relatives à la mutualisation des fourreaux et en accélérant le règlement des différends relatifs au partage d'infrastructures.

Énergie et environnement : ouvrir le marché de l'électricité à une plus forte concurrence

La quasi-totalité de l'électricité produite au Costa Rica est d'origine renouvelable, la proportion de l'hydraulique pouvant atteindre 70 % de la production totale. Cette dépendance à l'énergie hydraulique est toutefois de plus en plus problématique en raison des conséquences du changement climatique. Les prix de l'électricité demeurent élevés, notamment en raison des obstacles réglementaires élevés qui limitent la concurrence dans un secteur dominé par un opérateur public. L'ouverture du marché de l'électricité à une concurrence accrue permettrait de diversifier les sources d'énergies renouvelables, d'améliorer la sécurité énergétique et de préserver l'attrait du Costa Rica en tant que destination pour l'investissement direct étranger, en particulier dans les secteurs électro-intensifs comme les semi-conducteurs.

Recommandations

- ✓ Développer et diversifier les capacités de production d'électricité renouvelable.
- ✓ Renforcer la concurrence dans le secteur de l'électricité en réduisant les obstacles réglementaires, tels que les restrictions actuelles à la participation du secteur privé et à l'actionnariat étranger, afin d'encourager l'investissement et l'innovation dans le secteur.

Progrès récents en matière de réformes structurelles

Une proposition de loi visant à réformer le marché de l'électricité conformément aux recommandations de l'OCDE a été présentée à l'Assemblée législative, mais elle n'a pas encore été adoptée. La stratégie sur l'employabilité et les talents humains, qui a débuté en 2024 et prévoit la participation de plusieurs institutions publiques, vise à renforcer les compétences des élèves améliorant leur employabilité en alignant les programmes scolaires sur les besoins des entreprises et en améliorant la formation dans les domaines des STIM. En janvier 2025, un appel d'offres ouvert a attribué la bande de fréquences pour la 5G aux opérateurs de télécommunications, ce qui devrait contribuer au développement des réseaux 5 G. En mai 2025, le Costa Rica a publié son Cadre national pour la formation aux compétences en matière de cybersécurité qui vise à former une main-d'œuvre qualifiée capable de répondre aux besoins croissants dans le domaine de la cybersécurité. Lancé en juin 2025, le Code national de la technologie numérique a pour objet d'harmoniser et de normaliser les systèmes informatiques entre les administrations publiques.

Croatie

Le PIB par habitant poursuit sa convergence vers les niveaux de l'OCDE, mais un écart subsiste. Le taux d'emploi reste inférieur à la moyenne de l'OCDE, notamment chez les jeunes et les adultes âgés. La croissance de la productivité du travail est modérée, sous l'effet du lent rattrapage de la productivité totale des facteurs.

Pour accélérer le processus de convergence économique, il est nécessaire d'entreprendre des réformes visant à renforcer les compétences, à stimuler les capacités d'innovation et à améliorer l'environnement des affaires. Pour faire progresser l'emploi, il est essentiel de promouvoir des vies actives en meilleure santé et plus longues. Le renforcement de la tarification carbone et l'intensification du déploiement des énergies renouvelables renforceront la sécurité énergétique et favoriseront une croissance durable.

Résultats économiques

Écarts par rapport à la moyenne de la moitié supérieure des pays de l'OCDE

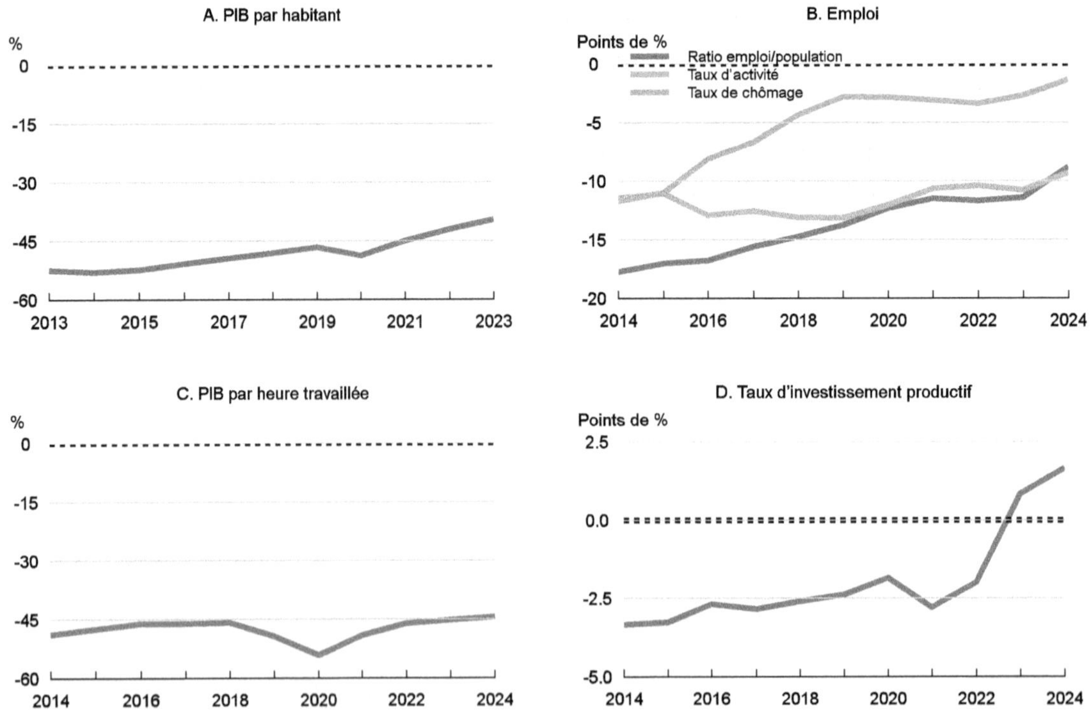

Source : Partie A : OCDE, Perspectives économiques de l'OCDE (base de données) ; partie B : OCDE, Statistiques de la population active (base de données) ; partie C : OCDE, Perspectives économiques et Productivité (bases de données) ; partie D : OCDE, Perspectives économiques, Comptes nationaux annuels et FBCF par actif (bases de données).

Sélection d'écarts d'indicateur de politique

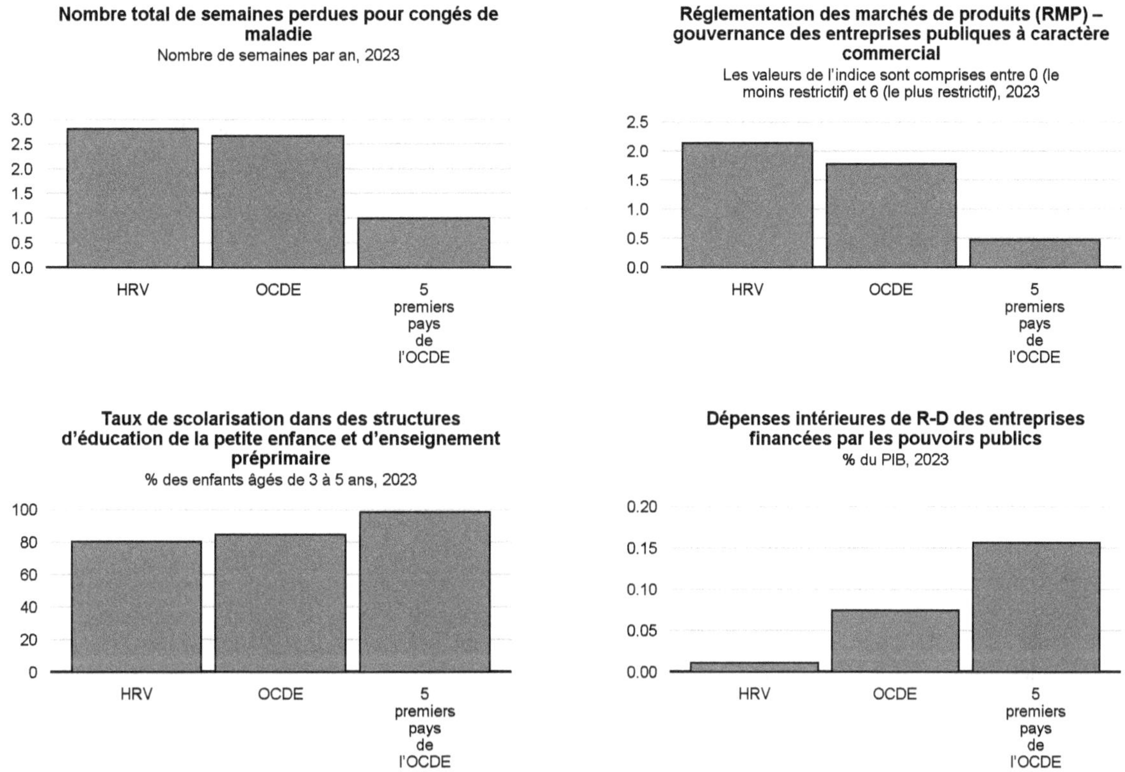

Source : Calculs de l'OCDE effectués à partir des notes par pays du rapport *Les fondements de la croissance et de la compétitivité.*

Compétences : améliorer la qualité de la formation et de l'enseignement professionnels et augmenter la participation des adultes à la formation

L'accès aux compétences est une contrainte de plus en plus lourde pour les employeurs. Les Croates sont nettement à la traîne des pays comparables de l'OCDE en ce qui concerne les compétences essentielles. Près de 70 % des jeunes adultes s'inscrivent à des cours d'éducation et formation professionnelles (EFP), mais une forte proportion de diplômés de l'enseignement professionnel (EFP) ne sont ni en emploi, ni scolarisés, ni en formation, ce qui témoigne de l'inadéquation entre les compétences et le marché du travail. Le taux de diplômés de l'enseignement supérieur est faible et la participation des adultes à la formation tout au long de la vie est limitée, notamment chez les plus âgés et les personnes peu qualifiées.

Recommandations

- ✓ Mettre en œuvre des réformes durables pour moderniser les programmes des établissements d'EFP afin qu'ils concordent mieux avec les besoins actuels et futurs des employeurs ainsi qu'avec les intérêts des élèves et intégrer davantage de formation en milieu professionnel.
- ✓ Mettre en corrélation le soutien financier à la formation des adultes et les compétences des travailleurs et adapter les contenus de la formation aux besoins particuliers des adultes plus âgés.
- ✓ Élargir l'offre de structures d'éducation et d'accueil de jeunes enfants de qualité et abordables.

Santé : renforcer la prévention ainsi que la qualité et l'efficience des soins

Les résultats obtenus en matière de santé sont relativement médiocres et la perception qu'ont les adultes âgés de leur propre santé n'est pas bonne. Le mauvais état sanitaire général a des répercussions sur le marché du travail, le nombre de jours de congés de maladie étant élevé et les vies actives plus courtes. Il est possible de renforcer la prévention et d'améliorer les soins primaires ainsi que la qualité et l'efficience des hôpitaux, qui se caractérisent encore par une surcapacité importante.

Recommandations

- ✓ Augmenter les taxes sur les produits nocifs, tels que l'alcool et le tabac et améliorer le taux de participation au dépistage du cancer, notamment en multipliant les campagnes de sensibilisation ciblées auprès du public.
- ✓ Introduire des exigences minimales en termes de volume pour certaines procédures hospitalières et centraliser les soins complexes dans des établissements spécialisés très performants.

Innovation : mieux cibler le soutien en faveur de la R-D

L'écart de productivité qui sépare la Croatie des autres pays de l'OCDE reste important, appelant à renforcer l'innovation et l'adoption des technologies. Le pourcentage d'entreprises déposant des brevets est faible et l'aide publique à la R-D des entreprises est restreinte. Le coût élevé des demandes de subventions en faveur de la R-D, le manque d'information et l'absence de continuité entre les différents dispositifs sont autant d'obstacles à la participation aux dispositifs de soutien à la R-D.

Recommandations

- ✓ Mieux coordonner les dispositifs de soutien à la R-D, veiller à ce qu'ils bénéficient d'un financement continu et accroître les aides publiques.
- ✓ Évaluer le dispositif d'abattement d'impôt au titre de la R-D et envisager qu'une partie de cet abattement soit remboursable ou allonger la durée de la période pendant laquelle les jeunes entreprises de petite taille peuvent le reporter.

Concurrence : améliorer les réglementations et renforcer l'intégrité du secteur public.

Un climat des affaires qui affaiblit le jeu de la concurrence et rend les investissements plus coûteux et risqués contribue à une faible productivité. Pour renforcer la croissance de la productivité, il sera essentiel de réduire la charge que représentent des procédures réglementaires longues et imprévisibles, notamment en matière de planification de l'occupation des sols et d'améliorer l'intégrité dans le secteur public. Pour tirer parti du potentiel de croissance, il est également essentiel d'améliorer la gouvernance des entreprises publiques.

Recommandations

- ✓ Définir clairement les responsabilités de chaque organisme concerné par l'aménagement du territoire et renforcer la coopération intercommunale en matière de politique d'occupation des sols et les capacités des administrations locales afin de faciliter les projets de construction, notamment en rendant obligatoire la coopération entre les petites communes.
- ✓ Continuer de céder des entreprises publiques et définir clairement les motifs justifiant l'actionnariat public des entreprises, limiter toute influence politique indue et veiller à ce que les rôles que joue

l'État en tant qu'actionnaire des entreprises publiques et régulateur des marchés sur lesquels elles opèrent fassent l'objet d'une séparation claire.

- ✓ Suivre les activités des agents publics occupant des postes à risque après la cessation de leurs fonctions dans le secteur public afin de mieux faire respecter les règles en la matière.

Sécurité énergétique : tirer pleinement parti de l'énergie éolienne et de l'énergie solaire

Les énergies renouvelables (énergies hydroélectrique et nucléaire) dominent le paysage énergétique, mais les combustibles fossiles représentent encore 22 % de la production électrique et la Croatie reste très dépendante des importations de combustibles fossiles. Compte tenu de l'augmentation de la demande d'électricité due à l'électrification des utilisations finales, il est essentiel d'accélérer le déploiement de l'énergie éolienne et de l'énergie solaire pour renforcer la sécurité énergétique et garantir une croissance durable.

Recommandations

- ✓ Accélérer les procédures d'autorisation des énergies renouvelables en renforçant les capacités des administrations, en simplifiant les procédures d'autorisation ou en mettant en place des guichets uniques.
- ✓ Continuer d'investir dans la capacité du réseau pour intégrer les énergies renouvelables et relier les zones riches en ressources aux centres de demande.
- ✓ Supprimer progressivement les subventions aux énergies fossiles

Progrès récents en matière de réformes structurelles

Une réforme visant à moderniser le programme d'EFP est en cours afin de renforcer la formation en milieu professionnel et de la faire mieux coïncider avec les besoins du marché du travail. En 2022, les autorités ont mis en place des chèques-formation destinés à l'apprentissage des adules. Initialement réservés aux compétences numériques et vertes, leur champ d'application et leur montant ont été sensiblement étendus en 2024. Cette même année, les autorités ont renforcé leur programme national d'examens de santé préventifs destinés aux personnes de 40 ans et plus. Elles ont également augmenté les abattements fiscaux en faveur de la R-D et réaffecté les recettes du SEQE-UE à la rénovation des bâtiments et aux énergies renouvelables, même si le plafonnement des prix de l'énergie est maintenu en 2026. En 2024, quatre centres de médiation auprès des tribunaux de commerce ont été créés. De nouveaux indicateurs de référence encadrant l'activité des juges ont été adoptés, et un outil actif de gestion des affaires judiciaires a été mis en place. Le recours à des outils de communication électronique continue sa progression. Une nouvelle loi visant à renforcer la gouvernance des entreprises publiques et à la mettre en adéquation avec les Lignes directrices de l'OCDE sur la gouvernance des entreprises publiques a été adoptée par le parlement en juillet 2025.

Danemark

Le Danemark affiche l'un des PIB par habitant les plus élevés de la zone OCDE, ce qui traduit des niveaux de productivité relativement soutenus. La croissance de la productivité est restée globalement ancrée à des niveaux comparables aux taux les plus élevés de l'OCDE et l'investissement a repris depuis la pandémie. La croissance de la productivité de l'économie intérieure a été toutefois modérée ces dernières années, la forte croissance globale étant principalement tirée par les grandes entreprises internationales exerçant des activités à l'étranger. Malgré la convergence du taux d'activité avec la moyenne de la moitié supérieure des pays de l'OCDE, une marge d'amélioration des taux d'emploi subsiste.

L'emploi des jeunes pourrait progresser en améliorant le système éducatif afin de diminuer les taux d'abandon scolaire, la ségrégation et les écarts de résultats. L'amélioration de la prévention et de l'efficience dans les secteurs des soins de longue durée et de santé permettrait de faire face aux défis démographiques et de faire progresser davantage la productivité. Les capacités d'innovation, l'investissement et, par conséquent, la croissance de la productivité tireraient avantage d'une meilleure coordination des initiatives de recherche et de développement ainsi que de l'amélioration des cadres réglementaires.

Résultats économiques

Écarts par rapport à la moyenne de la moitié supérieure des pays de l'OCDE

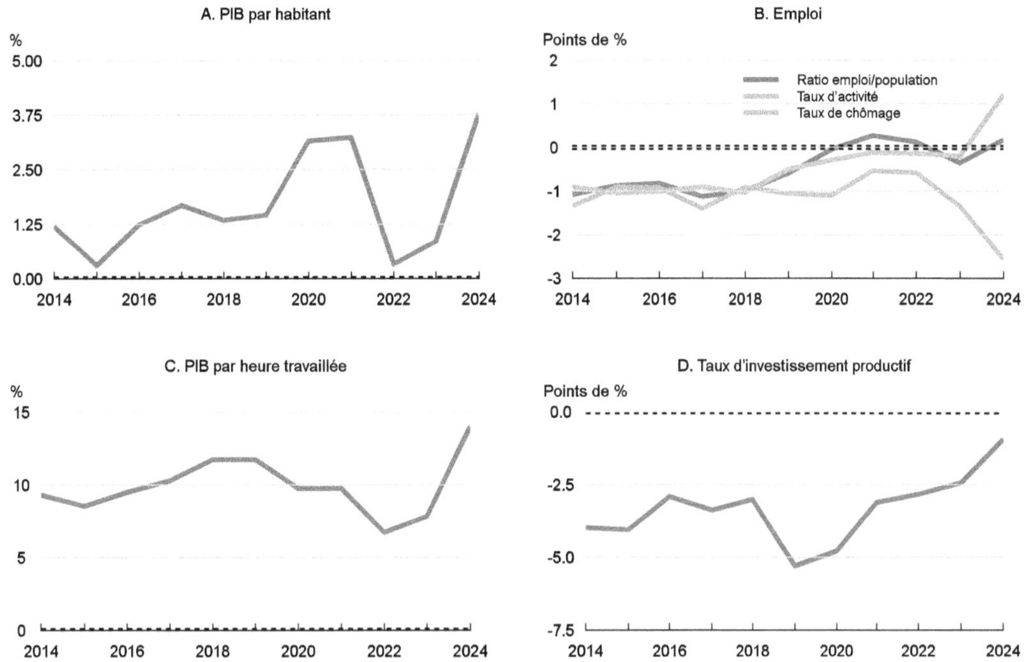

Source : Partie A : OCDE, Perspectives économiques de l'OCDE (base de données) ; partie B : OCDE, Statistiques de la population active (base de données) ; partie C : OCDE, Perspectives économiques et Productivité (bases de données) ; partie D : OCDE, Perspectives économiques, Comptes nationaux annuels et FBCF par actif (bases de données).

Sélection d'écarts d'indicateur de politique

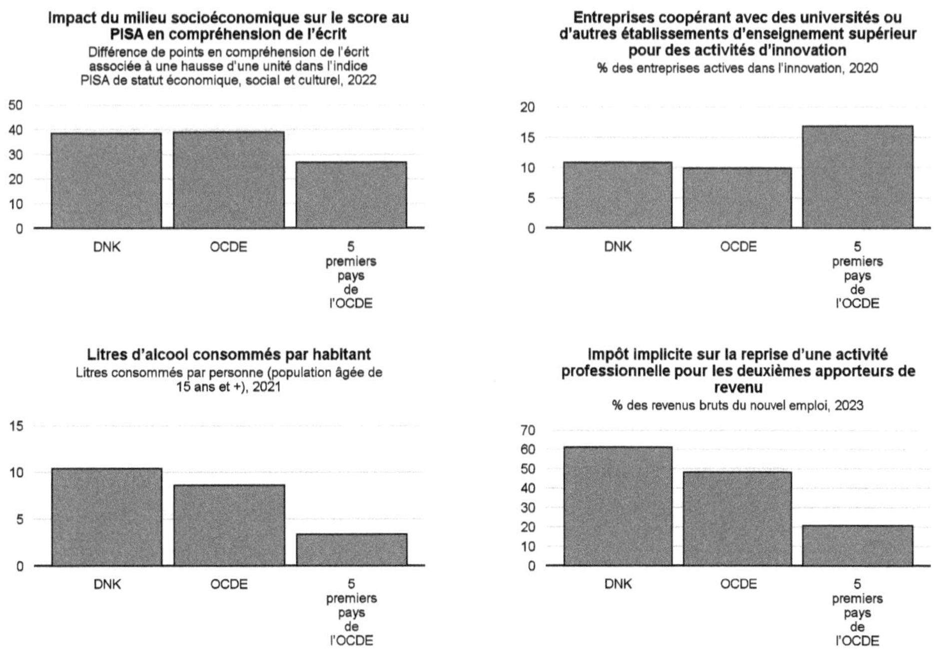

Source : Calculs de l'OCDE effectués à partir des notes par pays du rapport *Les fondements de la croissance et de la compétitivité.*

Éducation : diminuer les taux d'abandon scolaire dans les établissements professionnels

Le Danemark est l'un des pays les plus performants sur le plan de l'éducation, des compétences et du capital humain. Néanmoins, les taux d'abandon relativement élevés dans l'enseignement secondaire, en particulier dans la voie professionnelle, limitent le niveau de formation et les perspectives d'emploi des jeunes. Parmi les causes de l'abandon scolaire précoce figurent l'absence de stages de formation en entreprises adaptés, la pénurie d'enseignants qualifiés, les besoins de modernisation des établissements professionnels et la prévalence croissante des problèmes de santé mentale chez les étudiants. Un nouveau programme de formation professionnelle sera mis en œuvre à partir de 2030 afin de s'attaquer à certains de ces problèmes. En outre, l'influence du milieu socioéconomique des élèves sur leurs résultats est assez prononcée, en particulier pour les élèves issus de l'immigration.

Recommandations

- ✓ Élaborer des programmes de la deuxième chance plus efficaces, en étroite collaboration avec des employeurs régionaux ainsi que des mentors et améliorer l'accès à des services intégrés de santé mentale.
- ✓ Inciter davantage les entreprises à embaucher des apprentis si les mesures actuelles se révèlent insuffisantes et intensifier les efforts visant à recruter des enseignants qualifiés dans les établissements scolaires, y compris en simplifiant l'accès des professionnels.
- ✓ Apporter un soutien supplémentaire ciblé aux établissements scolaires ayant une forte proportion d'élèves défavorisés et remédier à la ségrégation scolaire, notamment en organisant des campagnes d'information sur les possibilités de scolarisation visant à la fois les parents nés dans le pays et issus de l'immigration.

Santé : renforcer la prévention et augmenter les effectifs de santé

Le système de santé danois se porte relativement bien, avec un faible taux de mortalité évitable et une protection financière satisfaisante. Néanmoins, les facteurs de risque pour la santé liés au mode de vie, tels que la consommation d'alcool, l'obésité et le tabagisme, restent relativement répandus, ce qui a un impact sur la qualité de vie et la productivité. Par ailleurs, même si les réformes récentes visent à régler les difficultés de recrutement et de maintien du personnel en fonction, notamment par une hausse des rémunérations, les pénuries de main-d'œuvre persistent et les problèmes de coordination entre les services de soins diminuent l'efficacité des soins de santé et des soins de longue durée.

Recommandations

- ✓ Renforcer les mesures de prévention existantes afin de s'attaquer aux facteurs de risques pour la santé liés au mode de vie, en particulier chez les jeunes.
- ✓ Améliorer encore la rémunération et les conditions de travail du personnel soignant, dans le cadre des négociations collectives, notamment en proposant des contrats de travail classiques.
- ✓ Affiner les incitations en faveur d'une meilleure coordination entre les services de soins parallèlement à la mise en œuvre de la nouvelle réforme des soins de santé.

Innovation : améliorer la coordination des initiatives de recherche-développement

Au Danemark, l'innovation est très présente, mais elle est concentrée au sein d'un nombre restreint de grandes entreprises. Le développement des capacités d'innovation favoriserait la croissance de la productivité à venir. Les subventions fiscales à la recherche-développement (R-D) ont augmenté récemment. La part des entreprises actives sur le plan de l'innovation qui coopèrent avec des universités dans ce domaine est pourtant à peine supérieure à la moyenne de l'OCDE et nettement inférieure aux autres pays nordiques et aux pays de l'OCDE les mieux classés. La faiblesse des liens existants entre les universités et les entreprises entrave la commercialisation de la recherche. Des données récentes indiquent que le pays peut mieux faire en matière de coordination des politiques publiques de R-D et d'amélioration de leur efficacité.

Recommandations

- ✓ Contrôler l'efficacité des subventions fiscales en faveur de la R-D, notamment leur rôle dans la diversification des sources d'innovation.
- ✓ Faciliter la coopération entre les universités et les entreprises par une réforme du régime de propriété intellectuelle et du fonctionnement des offices de transfert de technologies.
- ✓ Renforcer la coordination des politiques publiques en faveur de la R-D en éliminant les chevauchements, en réduisant les coûts administratifs et en améliorant la répartition des ressources.

Gouvernance : améliorer les analyses d'impact de la réglementation

L'amélioration de la qualité de la réglementation permettrait de créer un environnement plus propice aux entreprises et de favoriser l'investissement. Le Danemark examine systématiquement toutes les réglementations en vigueur ayant un impact significatif et le pays a engagé récemment des réformes institutionnelles afin de réformer la politique et la gouvernance réglementaires. Il subsiste toutefois une marge d'amélioration de la transparence et de la supervision des analyses d'impact de la réglementation.

Recommandations

- ✓ Informer systématiquement la population au préalable qu'une consultation publique ou une analyse d'impact de la réglementation doit avoir lieu et intégrer les contributions issues de la consultation dans ces analyses afin de renforcer la transparence et la participation des parties prenantes.
- ✓ Mettre en place un mécanisme permettant de renvoyer les propositions de réglementations dont les analyses d'impact sont jugées insuffisantes.
- ✓ Appliquer des approches axées sur les données afin d'évaluer l'impact des règles et mettre l'accent sur la durabilité environnementale lors de l'examen des réglementations.

Système fiscal : alléger la fiscalité du travail

L'imposition des revenus du travail et du capital représente une part relativement importante des recettes fiscales du pays. Cette situation peut avoir un effet dissuasif sur l'allongement de la durée du travail et l'investissement productif. Les baisses récentes de l'impôt sur le revenu des personnes physiques réduiront modérément les taux marginaux d'imposition de la plupart des contribuables. Par ailleurs, la réforme fiscale a instauré une tranche d'imposition supplémentaire à l'extrémité supérieure de la distribution des revenus. Il est possible de réduire les effets préjudiciables des impôts sur le potentiel économique, y compris en transférant la charge fiscale de l'impôt sur le revenu des personnes physiques vers les impôts indirects et sur le patrimoine.

Recommandations

- ✓ Réduire encore la charge fiscale sur les revenus du travail et du capital.
- ✓ Compenser les effets sur les recettes et la distribution par une hausse des impôts sur la propriété immobilière.
- ✓ Évaluer soigneusement l'impact de l'introduction de la nouvelle tranche supérieure sur les stratégies en matière d'arbitrage fiscal et de bénéfices non distribués.

Progrès récents en matière de réformes structurelles

Diverses mesures ont été mises en œuvre afin d'accroître l'offre de main-d'œuvre et de renforcer les incitations au travail, notamment la suppression d'un jour férié, des baisses de l'impôt sur le revenu des personnes physiques et des critères de revenus revus à la baisse dans le régime public de retraites. Parmi les autres mesures d'action publique figurent la réforme de la fiscalité sur la propriété immobilière, qui assure la corrélation entre les niveaux d'imposition et les valeurs foncières actualisées régulièrement ainsi que la réforme de la fiscalité verte, qui élargit la couverture de la taxe carbone, y compris à la production agricole. La réforme des soins de santé vise à rationaliser la prestation des soins en améliorant l'intégration des services et en renforçant les soins primaires. Un nouveau type d'établissements du deuxième cycle de l'enseignement secondaire professionnel sera mis en place afin d'améliorer l'attractivité des filières professionnelles.

Espagne

L'écart de revenu qui sépare l'Espagne des économies les plus avancées de l'OCDE s'est resserré ces derniers temps, à la faveur d'une croissance soutenue et régulière du PIB. Tout en restant modérée, la croissance de la productivité a progressé et, après avoir faibli pendant une décennie, l'investissement global s'est affermi ces dernières années. Les performances du marché du travail ont aussi nettement progressé, avec un taux de chômage en baisse, mais restant relativement élevé. Les réformes majeures de ces dernières années ont fortement stimulé la création d'emplois, même si les taux d'emploi restent nettement inférieurs à ceux observés dans les pays comparables.

Depuis 2022, l'Espagne obtient des résultats positifs en termes de productivité horaire du travail et de création d'emplois, mais elle conserve un écart significatif par rapport à la zone euro et aux pays les mieux classés de l'OCDE. Pour rehausser la croissance de la productivité et relever les défis du vieillissement de la population, il sera nécessaire d'assouplir le marché du travail et de dynamiser le secteur des affaires. Des investissements supplémentaires dans la recherche-développement permettraient d'accélérer l'innovation et les gains de productivité. La promotion d'un système de formation adaptable et ciblé aiderait les jeunes sortis prématurément du système scolaire à acquérir des compétences et élargirait leurs possibilités d'emploi. Un élargissement de l'assiette de la TVA et une diminution des taux effectifs marginaux d'imposition pour les bas salaires pourraient améliorer l'efficience du système et renforcer les incitations à travailler.

Résultats économiques

Écarts par rapport à la moyenne de la moitié supérieure des pays de l'OCDE

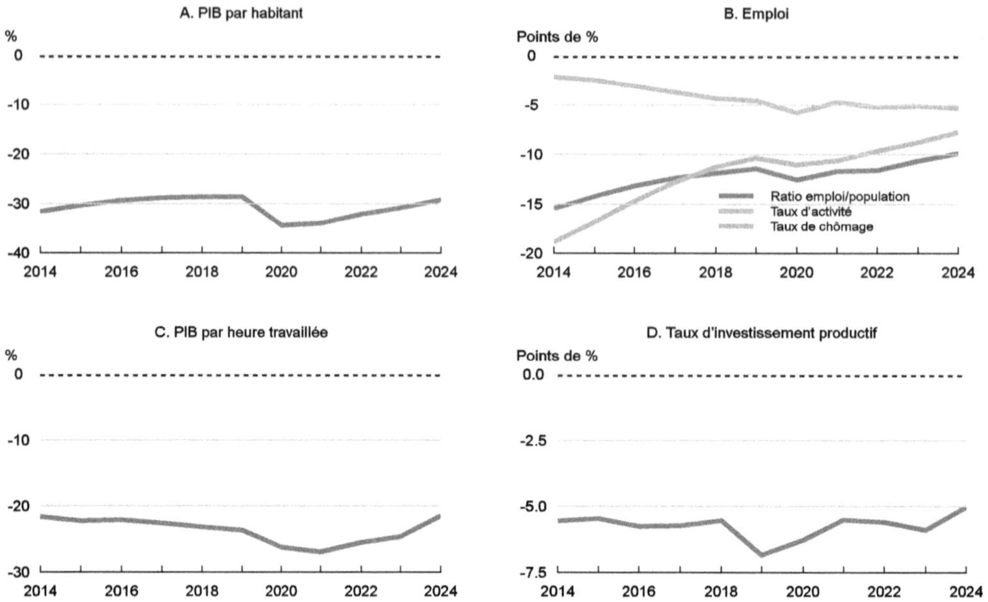

Source : Partie A : OCDE, Perspectives économiques de l'OCDE (base de données) ; Partie B : OCDE, Statistiques de la population active (base de données) ; partie C : OCDE, Perspectives économiques et Productivité (bases de données) ; partie D : OCDE, Perspectives économiques, Comptes nationaux annuels et FBCF par actif (bases de données).

Sélection d'écarts d'indicateur de politique

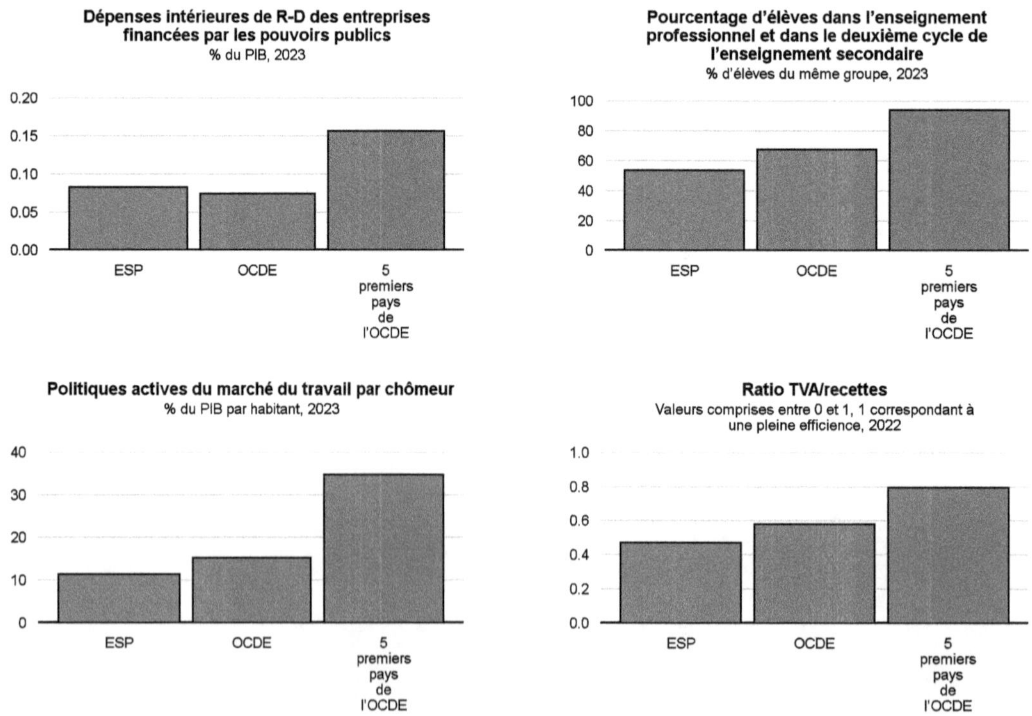

Source : Calculs de l'OCDE effectués à partir des notes par pays du rapport *Les fondements de la croissance et de la compétitivité.*

Fiscalité : améliorer l'efficacité du régime fiscal et les recettes globales

Le régime fiscal de l'Espagne est confronté à plusieurs défis qui entravent la productivité et l'accroissement des recettes. La fiscalité du travail est lourde, ce qui est susceptible d'avoir un effet dissuasif sur l'emploi et la création de postes. Malgré les récentes réformes, les taux effectifs marginaux d'imposition demeurent élevés, en raison de l'interaction entre une fiscalité du travail élevée et la suppression rapide des prestations, ce qui affaiblit les incitations au travail, en particulier pour les travailleurs à faible revenu avec enfants et les seconds apporteurs de revenu. En tendant également à favoriser l'endettement par rapport aux fonds propres, le système a un effet dissuasif sur l'investissement et l'innovation. Plusieurs dépenses fiscales, notamment les exonérations de TVA et les taux réduits amenuisent la neutralité et réduisent l'assiette de l'impôt.

Recommandations

- ✓ Rééquilibrer la charge fiscale en faveur d'impôts générant moins d'effets de distorsion comme la TVA et les taxes environnementales.
- ✓ Supprimer progressivement les avantages afin de renforcer les incitations au travail sans pénaliser les revenus d'activité.

Innovation : renforcer l'aide publique à la R-D et favoriser l'adoption du numérique

L'Espagne fait partie des pays de l'OCDE ayant la plus faible proportion d'entreprises innovantes et les dépenses de R-D des entreprises sont modestes en comparaison des pays les plus performants. Les généreux crédits d'impôt en faveur de la R-D constituent un élément central du système espagnol d'aides à l'innovation, mais leur utilisation reste limitée. Les PME n'ont qu'un accès limité à une main-d'œuvre qualifiée et à des financements externes. L'Espagne a réalisé d'importantes avancées en matière de transformation numérique, mais l'adoption de technologies numériques avancées comme l'analytique de données, l'informatique en nuage (*cloud computing*) et l'automatisation des processus reste limitée parmi les PME, ce qui freine les gains d'efficacité et l'innovation dans tous les secteurs.

Recommandations

- ✓ Simplifier les procédures de demande des aides publiques à la R-D et de remboursement des crédits d'impôt, en mettant en place un « guichet unique » sous forme de plateforme numérique.
- ✓ Promouvoir l'utilisation du financement faisant appel au marché auprès des PME en encourageant la coopération entre le public et le privé et en mettant en relation les PME avec les acteurs du marché des capitaux en vue de faciliter les investissements dans l'innovation.
- ✓ Développer la formation et les services de conseil numérique destinés aux PME, notamment dans le domaine de l'utilisation de l'IA, des infrastructures et services en nuage et de l'analytique des données.

Énergie et capital naturel : développer l'investissement dans les infrastructures de réseau électrique

L'Espagne fait face à des coûts économiques et budgétaires croissants liés aux catastrophes d'origine climatique. La politique d'adaptation de l'Espagne est correctement alignée sur les meilleures pratiques, mais sa mise en œuvre reste peu homogène à l'échelon régional et local, le sous-investissement dans les mesures de prévention accentuant les vulnérabilités. L'Espagne a nettement accru sa production d'électricité renouvelable, qui représentait plus de 50 % du mix électrique en 2023 tout en abaissant les prix de gros de l'électricité. Certaines mesures devraient être mises en œuvre pour faire face aux délestages, à la congestion du réseau et aux retards dans les procédures d'autorisation.

Recommandations

- ✓ Améliorer la coordination aux niveaux national et régional afin d'harmoniser les politiques de prévention et de renforcer les capacités des communes.
- ✓ Accroître les investissements dans les infrastructures résilientes et la préparation aux catastrophes.
- ✓ Continuer de simplifier les procédures d'autorisation et d'accélérer l'investissement dans les infrastructures de réseau électrique, notamment dans les interconnexions, pour remédier aux problèmes de congestion et aux délestages.

Capital humain : soutenir les jeunes sortis prématurément du système scolaire et promouvoir la formation des adultes et le recyclage

Malgré les améliorations récemment enregistrées, les taux de redoublement et l'abandon scolaire précoce demeurent supérieurs à la moyenne de l'OCDE. Les inscriptions dans l'éducation et la formation professionnelle (EFP) ont augmenté sensiblement, mais la proportion d'élèves en EFP et dans l'enseignement secondaire du deuxième cycle reste inférieure à la moyenne de l'OCDE, alors que le système éducatif pourrait être mieux en phase avec le marché du travail. Malgré des taux de participation aux études et à la formation similaires, les compétences des adultes en compréhension de l'écrit, calcul et résolution de problèmes sont médiocres par rapport aux autres pays de l'OCDE.

Recommandations

- ✓ Prévoir des programmes d'enseignement professionnel flexibles accordant une place particulière aux possibilités de formation professionnelle en alternance afin de rendre l'enseignement plus attrayant et pertinent et de donner une seconde chance aux jeunes sortis prématurément du système ou aux adultes qui ont besoin de mettre à niveau leurs compétences.
- ✓ Mieux repérer les élèves à risque à un stade précoce.
- ✓ Promouvoir un système de formation des adultes adaptable et ciblé en établissant des procédures de validation des compétences professionnelles acquises au travail permettant aux adultes de faire reconnaître leurs compétences et mettre en place des parcours d'apprentissage individualisés.

Mobilité de la main-d'œuvre et taux d'activité : renforcer les politiques actives du marché du travail

Le marché du travail espagnol a montré sa vigueur ces dernières années, le chômage et l'emploi temporaire étant retombés à des niveaux historiquement bas. Le taux d'emploi de l'Espagne reste cependant inférieur aux moyennes de l'UE et de l'OCDE, le taux de chômage restant élevé, en particulier chez les jeunes. Malgré les efforts entrepris récemment pour améliorer l'accompagnement des chômeurs et le service public de l'emploi, plusieurs facteurs continuent de peser sur l'emploi, notamment l'inadéquation entre les compétences et les besoins du marché du travail et la faible participation aux programmes de recherche de travail, de formation et d'emploi.

Recommandations

- ✓ Renforcer encore le rôle des services publics de l'emploi régionaux grâce à la transformation numérique, à des effectifs renforcés et à une plus grande collaboration avec le secteur privé.
- ✓ Offrir davantage de solutions d'enseignement à distance et flexibles afin de répondre à la diversité des besoins et emplois du temps et ainsi de faire bénéficier un plus large public de la formation et de l'amélioration des compétences.

Progrès récents en matière de réformes structurelles

L'administration a mis en place plusieurs réformes structurelles bénéficiant du soutien financier de l'UE et alignées sur le plan de relance, de transformation et de résilience. En 2021 et 2022, le pays a adopté des réformes fondamentales afin de renforcer le marché du travail, de moderniser le système d'EFP, de créer un environnement plus propice aux entreprises, notamment aux PME et de stimuler la transformation numérique. D'autres réformes visant à assouplir le système d'immigration en facilitant le développement de l'offre de logements et en soutenant l'investissement dans le logement social se sont accélérées en 2024 et 2025.

Estonie

Les résultats économiques de l'Estonie accusent encore un retard par rapport aux économies les plus avancées de l'OCDE, l'écart du PIB par habitant s'étant creusé depuis 2021. L'offre de main-d'œuvre a progressé sous l'effet de la hausse de l'immigration, principalement imputable à la guerre en Ukraine, et le taux d'activité est élevé. Les activités liées aux TIC sont bien développées, mais les secteurs traditionnels se portent moins bien et la productivité reste très en retrait en raison de la dégradation passée de la compétitivité-coûts. Le vieillissement démographique devrait freiner encore la croissance.

La transformation numérique et les applications d'IA constituent un levier majeur pour relancer la convergence, à condition d'améliorer les infrastructures numériques et de promouvoir leur adoption dans l'ensemble des secteurs traditionnels de l'économie. Pour libérer le potentiel du marché du travail, des programmes ciblés de recyclage professionnel et de relèvement du niveau des compétences sont nécessaires, en parallèle de l'amélioration des résultats en matière de santé soutenue par des financements durables et par la promotion de modes de vie plus sains.

Résultats économiques

Écarts par rapport à la moyenne de la moitié supérieure des pays de l'OCDE

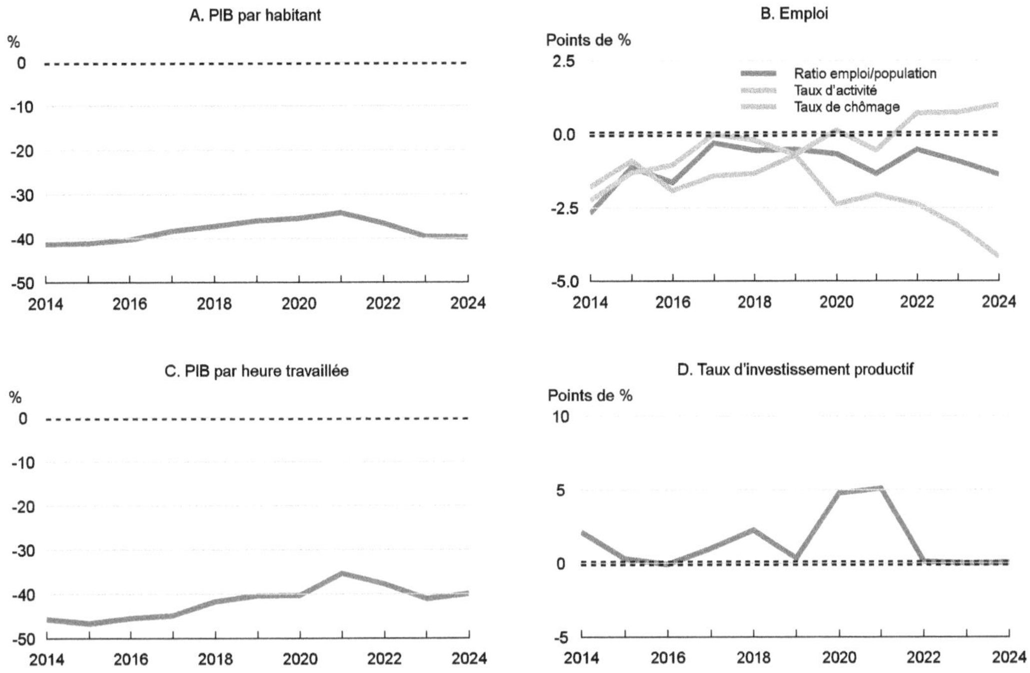

Source : Partie A : OCDE, Perspectives économiques de l'OCDE (base de données) ; partie B : OCDE, Statistiques de la population active (base de données) ; partie C : OCDE, Perspectives économiques et Productivité (bases de données) ; partie D : OCDE, Perspectives économiques, Comptes nationaux annuels et FBCF par actif (bases de données).

Sélection d'écarts d'indicateur de politique

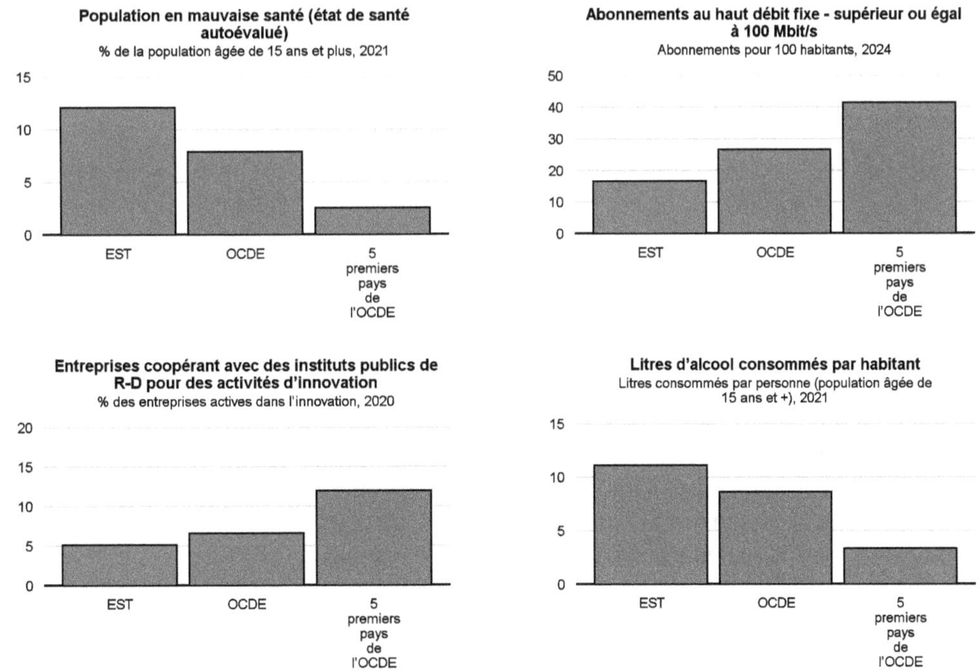

Source : Calculs de l'OCDE effectués à partir des notes par pays du rapport *Les fondements de la croissance et de la compétitivité.*

Capital humain : promouvoir le recyclage professionnel et le renforcement des compétences pour une économie en mutation

La contraction de la population active est source de pénuries de compétences dans les secteurs innovants. La transition vers des technologies vertes aura une incidence sur l'emploi dans certains secteurs de l'économie, et la transformation numérique ainsi que la croissance des TIC nécessitent des programmes de recyclage professionnel et de renforcement des compétences pour remédier à l'inadéquation des compétences. L'amélioration des compétences numériques contribuerait à régler la question de l'inadéquation des compétences et à favoriser une adoption plus large des technologies numériques au sein de l'économie.

Recommandations

- ✓ Augmenter les dépenses consacrées à la formation et aux politiques actives du marché du travail.
- ✓ Élargir l'accès aux programmes de renforcement des compétences axés le numérique et la gestion.
- ✓ Élargir la portée et l'accessibilité des programmes afin de favoriser le développement des compétences numériques dans les secteurs traditionnels.

Santé : améliorer la prévention et le financement durable

Les résultats obtenus par l'Estonie sur le plan de la santé sont relativement médiocres et ses dépenses restent parmi les plus faibles de l'OCDE. Le vieillissement de la population accroît la demande de services de santé, ce qui aggrave la pénurie de personnel médical. L'insuffisance des soins préventifs et les retards de traitement pèsent sur les résultats en matière de santé. Le pays affiche également des taux élevés d'obésité, de consommation d'alcool et de problèmes de santé mentale.

Recommandations

- ✓ Accroître progressivement les recettes de la caisse d'assurance maladie par une hausse des taux de cotisation ou l'utilisation les recettes fiscales générales, en veillant à l'efficience des dépenses.
- ✓ Mettre en œuvre la taxe sur le sucre et, de manière plus générale, introduire des taxes sur les produits alimentaires non sains.
- ✓ Limiter la disponibilité de l'alcool en réduisant les horaires d'ouverture, en diminuant le nombre de points de vente et en encadrant la publicité sur l'alcool, en particulier dans le sport.

Transformation numérique : renforcer les infrastructures et l'adoption du numérique

Malgré la sécurité des infrastructures numériques de l'Estonie, une administration électronique de classe mondiale et un niveau élevé de confiance des utilisateurs dans les services numériques, les entreprises estoniennes, en particulier celles de petite taille, accusent un retard. Pour réaliser des gains de productivité provenant de la transformation numérique et de l'IA, il sera nécessaire d'étendre l'adoption du numérique au-delà du secteur des TI et d'améliorer encore les infrastructures.

Recommandations

- ✓ Accroître les investissements publics en vue d'améliorer la couverture du réseau à très haut débit, y compris en subventionnant le dernier kilomètre pour les entreprises de taille plus restreinte.

- ✓ Alléger les formalités administratives liées au processus de demande de diagnostic numérique (exercice consistant à déterminer les besoins numériques des entreprises) afin d'accroître le taux d'adoption des technologies. Publier les exemples de réussite afin de rendre l'initiative plus attrayante.

Énergie : garantir l'approvisionnement et atténuer les impacts de la transition

La part des énergies renouvelables dans la production d'électricité a fortement progressé, contribuant ainsi à un approvisionnement énergétique plus fluctuant, la hausse de la demande devant permettre de mesurer l'efficacité et la résilience du réseau. L'Estonie renonce progressivement à une économie à forte intensité de carbone, dans laquelle les schistes bitumineux ont toujours occupé une place prédominante dans l'approvisionnement énergétique. L'abandon progressif de cette industrie, qui est fortement concentrée dans la région nord-est de l'Estonie, aura d'importantes répercussions sociales et économiques.

Recommandations

- ✓ Réduire progressivement la production de schistes bitumineux, avec l'appui d'une stratégie globale et à long terme bien dotée en ressources afin de diversifier l'économie régionale et de recycler les travailleurs touchés.
- ✓ Développer un portefeuille d'énergies renouvelables diversifié et un réseau rentable capable de gérer un approvisionnement énergétique plus variable et une hausse de la demande afin de garantir un approvisionnement stable et suffisant.

Innovation : renforcer la collaboration public-privé

Le retard de l'Estonie en matière d'innovation s'explique en grande partie par le nombre peu élevé de demandes de brevets. Si les dépenses de R-D s'établissant à environ 1.8 % du PIB sont similaires aux pays comparables, l'investissement des entreprises dans la R-D reste bien inférieur à la moyenne OCDE.

Recommandations

- ✓ Renforcer la collaboration public-privé dans la R-D, en veillant notamment à ce que le secteur privé participe à la gouvernance du nouveau centre de recherche appliquée.
- ✓ Encourager les partenariats entre les universités, les entreprises et les administrations afin de doter les jeunes entreprises du savoir-faire, des équipements et d'un soutien financier bien ciblé sur le financement initial leur permettant de tester et de développer de nouvelles technologies.

Progrès récents en matière de réformes structurelles

Des réformes structurelles récentes ont prévu une augmentation des dépenses de santé. L'augmentation des frais à la charge des patients pour les soins spécialisés devrait accroître les recettes et favoriser une utilisation plus efficiente des services. L'Estonie a accompli des progrès notables en matière de sécurité énergétique en mettant son réseau électrique aux normes européennes. La part des énergies renouvelables, notamment de l'éolien et du solaire, a également progressé.

États-Unis

Depuis plusieurs années, l'économie des États-Unis affiche des performances nettement supérieures à celles des économies des pays comparables de l'OCDE, en grande partie grâce à une amélioration de la productivité du travail dans le secteur des services. En revanche, la productivité du secteur manufacturier a continué de stagner sur cette même période. Les taux d'emploi et d'investissement, même s'ils ont légèrement rebondi après la pandémie de COVID, restent faibles par rapport aux niveaux observés dans la zone OCDE.

Parmi les réformes propices à la croissance figurent celles qui encouragent les parents, en particulier les deuxièmes apporteurs de revenu, à rester dans la population active, et qui allègent les formalités administratives de façon à stimuler l'investissement dans le logement et les infrastructures. Il est également essentiel de relancer la croissance de la productivité dans le secteur manufacturier, notamment en remédiant aux graves pénuries de main-d'œuvre. Le renforcement notable de la restrictivité des politiques commerciales américaines freinera la croissance en l'absence d'apaisement des tensions commerciales actuelles.

Résultats économiques

Écarts par rapport à la moyenne de la moitié supérieure des pays de l'OCDE

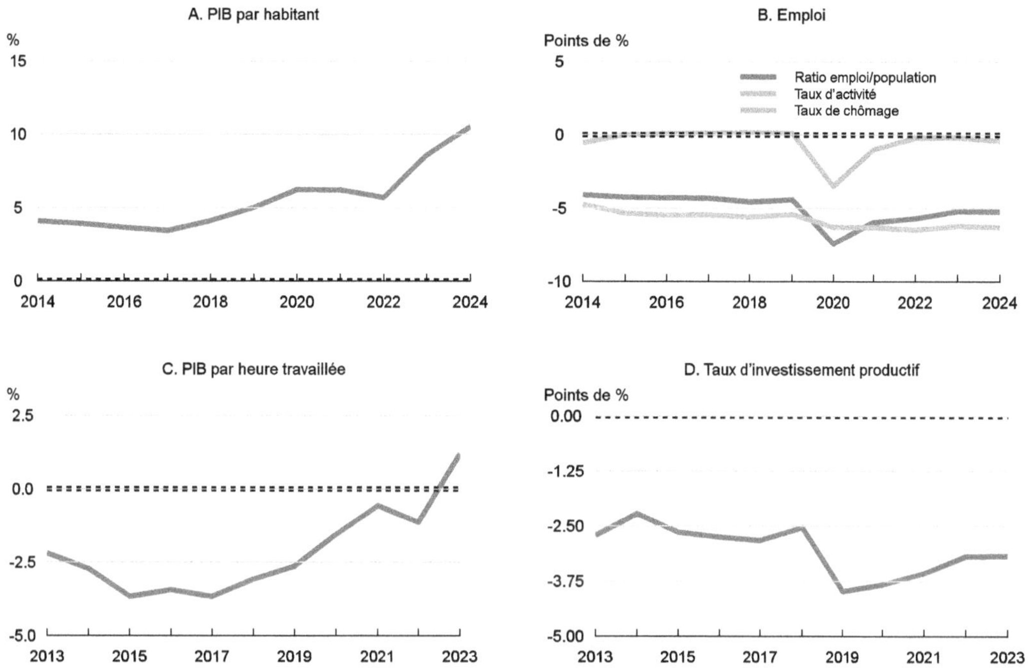

Source : Partie A : OCDE, base de données des *Perspectives économiques de l'OCDE* ; Partie B : OCDE, base de données sur les statistiques de la population active ; Partie C : OCDE, bases de données des *Perspectives économiques de l'OCDE* et sur la productivité ; Partie D : OCDE, bases de données des *Perspectives économiques de l'OCDE* et sur les comptes nationaux annuels et la formation brute de capital fixe (FBCF) par actif.

Sélection d'écarts d'indicateur de politique

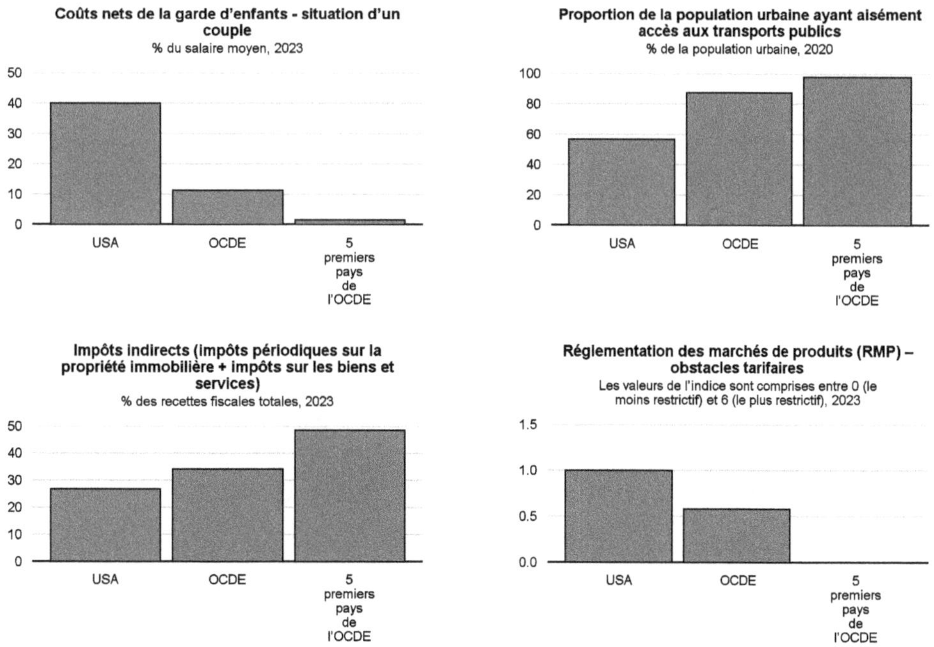

Source : calculs de l'OCDE effectués à partir de la base de données du rapport *Les fondements de la croissance et de la compétitivité*.

Marché du travail : encourager l'activité professionnelle en améliorant les prestations pour garde d'enfants

La progression du taux d'activité, en particulier chez les femmes en âge de travailler, stagne depuis quelques décennies, l'insuffisance des prestations pour garde d'enfants étant citée parmi les principaux facteurs de stagnation. La part des dépenses de garde d'enfants à la charge des parents est élevée par rapport aux niveaux observés dans la zone OCDE, l'offre de services de garde d'enfants est limitée pour de nombreux Américains et une grande partie des familles pouvant prétendre à des aides à la garde d'enfants n'en bénéficient pas. En outre, les États-Unis sont le seul pays de l'OCDE dans lequel il n'existe pas de congé de maternité rémunéré à l'échelle nationale, et l'un des neuf pays de l'OCDE seulement à ne pas disposer d'un congé rémunéré pour les pères.

Recommandations

- ✓ Augmenter les aides publiques à la garde d'enfants, relever les plafonds de revenu applicables aux fins de la détermination du droit d'accès aux programmes publics et veiller à ce que toutes les familles pouvant prétendre à des aides à la garde d'enfants puissent y avoir accès.
- ✓ Instaurer un droit à un congé parental rémunéré au niveau national.

Capital humain : veiller à ce que les secteurs d'importance critique puissent satisfaire leurs besoins en compétences

La productivité future et l'expansion de secteurs clés nécessitent des travailleurs hautement qualifiés dotés de capacités techniques. Toutefois, on s'attend à d'importantes pénuries de main-d'œuvre dans beaucoup de ces domaines, sur fond de baisse des taux d'inscription dans l'enseignement supérieur chez les hommes et de prédominance des cas d'arrêt des études supérieures avant l'obtention d'un diplôme. Les personnes nées à l'étranger peuvent contribuer à combler ces pénuries, mais le système américain de délivrance de visas de travail est mal adapté s'agissant de donner la priorité aux diplômés en sciences, technologies, ingénierie ou mathématiques (STIM), et des mesures récentes prises par les pouvoirs publics pourraient perturber l'exploitation du vivier disponible de travailleurs hautement qualifiés venus au départ aux États-Unis en tant que titulaires d'un visa étudiant.

Recommandations

- ✓ Mettre en place des mesures, comme un élargissement du programme fédéral de bourses Pell à l'intention des étudiants à faible revenu, afin de réduire les coûts de l'enseignement post-secondaire et d'accroître le nombre d'inscriptions.
- ✓ Mettre en œuvre des politiques, sur le modèle des bourses Reconnect, en faveur des établissements d'enseignement post-secondaire qui ramènent vers l'enseignement supérieur les étudiants ayant récemment cessé leurs études.
- ✓ Repenser le système de délivrance de visas d'immigration temporaires et permanents afin de mieux répondre à la demande de main-d'œuvre des professionnels dans les domaines prioritaires.

Réglementation : lever les obstacles au développement urbain et à l'innovation

Les États-Unis sont confrontés à un problème économique structurel d'offre limitée, causé par des obstacles réglementaires et institutionnels qui freinent la croissance dans des secteurs essentiels. Le caractère excessivement contraignant des lois sur l'occupation des sols et des études d'impact sur l'environnement a eu pour effet de limiter la construction de logements, ce qui a contribué à provoquer une crise d'accessibilité dans les grands centres urbains. De même, l'obsolescence des systèmes de passation de marché et de délivrance d'autorisations retarde les projets d'infrastructures publiques, avec pour conséquence une augmentation des coûts et une érosion de la confiance du public. Parallèlement, la rigidité des mécanismes de financement et les contrôles administratifs ont pesé sur l'innovation scientifique.

Recommandations

- ✓ Réformer les lois locales sur l'occupation des sols pour permettre la construction de logements collectifs plus denses dans les zones urbaines, en particulier à proximité des axes de desserte par les transports publics, en vue d'améliorer l'accès à ces transports.
- ✓ Rationaliser les études d'impact sur l'environnement et l'examen des demandes d'autorisations pour les infrastructures publiques en fixant des délais clairs et en évitant les contrôles administratifs superflus.
- ✓ Rendre le financement de la recherche scientifique plus flexible et pérenne en allégeant les contraintes administratives pour encourager la prise de risques et l'innovation de rupture.

Finances publiques : assurer la viabilité budgétaire tout en améliorant l'efficience du système fiscal

Le déficit budgétaire structurel est important, et la dette publique élevée et en augmentation. L'augmentation des emprunts publics peut peser sur l'économie en se traduisant par un évincement de l'investissement privé. De plus, le système fiscal est excessivement complexe, les modifications apportées à la fiscalité au cours des dernières décennies ont réduit la base d'imposition, et les impôts sur la consommation, qui constituent une source de recettes relativement efficiente, représentent une part beaucoup plus faible des prélèvements obligatoires aux États-Unis que dans la plupart des autres pays de l'OCDE. Un système fiscal plus simple et plus efficient serait favorable à la croissance à moyen terme.

Recommandations

- ✓ Adopter un ratio d'endettement à moyen terme simple proposé par le Président et approuvé par le Congrès afin d'améliorer la redevabilité.
- ✓ Appliquer un train de mesures fiscales et un contrôle ciblé des dépenses pour placer le ratio d'endettement sur une trajectoire plus prudente.
- ✓ Mettre en place un vaste programme de réformes fiscales, notamment en prenant des mesures qui visent à réduire les dépenses fiscales, à élargir la base d'imposition, à relever les taux d'imposition et à créer de nouvelles sources de recettes.

Échanges : apaiser les tensions et les incertitudes qui caractérisent les relations avec les partenaires commerciaux

L'économie américaine et la plupart des travailleurs tirent des avantages importants de leur intégration dans les chaînes de valeur mondiales. Cependant, les politiques commerciales des États-Unis sont devenues plus restrictives ces dernières années, et beaucoup plus encore en 2025, le taux effectif moyen des droits de douane sur les importations ayant atteint son plus haut niveau depuis la Seconde Guerre mondiale. Ces restrictions se traduisent par une augmentation des coûts pour les consommateurs et les entreprises, et elles limitent le choix, réduisent la concurrence, dégradent l'efficience allocative et émoussent le potentiel de transfert indirect de connaissances en provenance de l'étranger. En outre, la nature volatile de l'application des droits de douane a entraîné une forte incertitude en matière de politique économique, qui a des répercussions négatives sur l'activité économique, en particulier l'investissement.

Les États-Unis imposent également des obstacles non tarifaires plus importants que les pays comparables de l'OCDE dans le domaine des échanges de services.

Recommandations

- ✓ Réduire les droits de douane et autres obstacles aux échanges, notamment en concluant des accords commerciaux qui allègent les tensions avec les partenaires commerciaux.
- ✓ Procéder à des évaluations économiques des avantages, des coûts et des retombées internationales de toute nouvelle restriction des échanges avant sa mise en place.
- ✓ Continuer d'améliorer la facilitation des échanges et réduire les obstacles réglementaires aux échanges de services.

Progrès récents en matière de réformes structurelles

Les initiatives en matière de congés rémunérés ont marqué le pas au niveau fédéral par le passé, mais quelque peu progressé au niveau des États ces dernières années. De même, aucune politique visant à étendre les programmes de bourses qui ciblent les étudiants à faible revenu ou dont l'objet est de ramener vers l'enseignement supérieur les étudiants qui ont récemment cessé leurs études n'a été adoptée au niveau fédéral, mais des politiques de ce type ont inspiré des modèles semblables au niveau des États. Les efforts déployés pour alléger les formalités administratives et encourager ainsi l'investissement sont devenus un objectif répandu parmi les responsables publics, la Californie ayant annoncé il y a peu qu'elle allait réduire la portée d'une loi environnementale qui avait été accusée d'aggraver la pénurie de logements et la crise du sans-abrisme dans l'État.

Finlande

Au cours de la dernière décennie, les performances économiques de la Finlande ont été inférieures à la moyenne de l'OCDE. La croissance de la productivité a fléchi, creusant l'écart de la production par heure travaillée. Alors que les taux d'emploi demeurent inférieurs à la moyenne de l'OCDE, le taux d'activité a progressé, mais le processus de convergence a marqué le pas ces dernières années.

Pour faire face au ralentissement de la productivité tout en garantissant la viabilité budgétaire à long terme, de vastes réformes structurelles sont nécessaires. L'amélioration du rapport coût-efficacité des investissements dans les infrastructures et la réduction des obstacles entravant encore les échanges et les IDE renforceraient la compétitivité et favoriseraient une croissance durable. En élargissant l'assiette de la fiscalité indirecte et en dynamisant l'investissement dans la R-D et le capital-risque, il serait possible de favoriser l'innovation et la résilience économique.

Résultats économiques

Écarts par rapport à la moyenne de la moitié supérieure des pays de l'OCDE

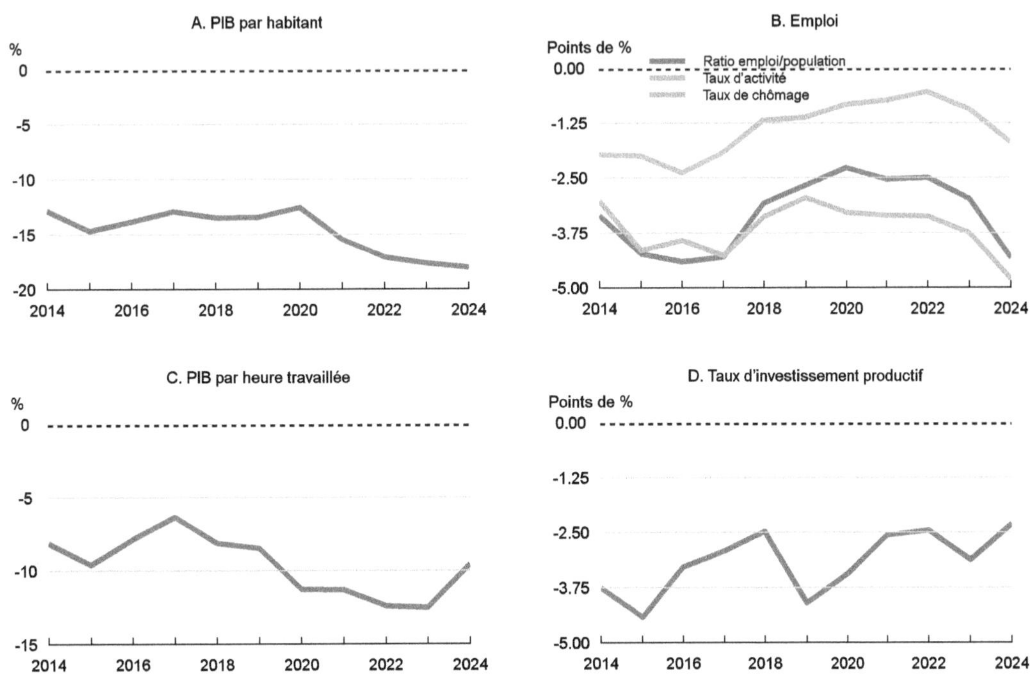

Source : Partie A : OCDE, Perspectives économiques de l'OCDE (base de données) ; partie B : OCDE, Statistiques de la population active (base de données) ; partie C : OCDE, Perspectives économiques et Productivité (bases de données) ; partie D : OCDE, Perspectives économiques, Comptes nationaux annuels et FBCF par actif (bases de données).

Sélection d'écarts d'indicateur de politique

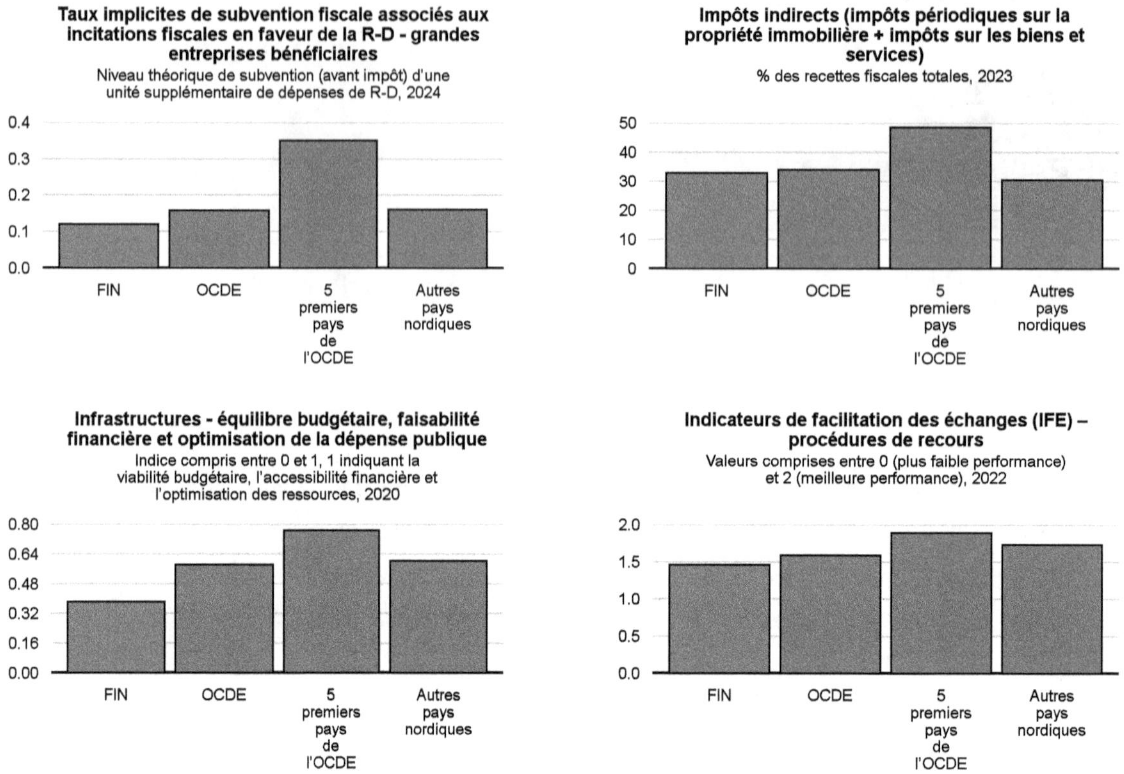

Note : L'agrégat « Autres pays nordiques » correspond à la moyenne simple des données relatives au Danemark, à l'Islande, à la Norvège et à la Suède.
Source : Calculs de l'OCDE effectués à partir des notes par pays du rapport *Les fondements de la croissance et de la compétitivité.*

Infrastructures matérielles : améliorer le rapport coût-efficacité des investissements dans les infrastructures

Même si le processus décisionnel relatif aux infrastructures est en général maîtrisé avec efficacité et transparent, le rapport coût-efficacité des investissements reste relativement médiocre. La concurrence limitée dans les processus de passation de marchés publics a contribué au manque d'efficacité des dépenses. Il est essentiel que la Finlande remédie à ces problèmes afin de tirer le meilleur parti possible des dépenses d'infrastructures et de garantir la viabilité des finances publiques.

Recommandations

- ✓ Mettre en place un mécanisme indépendant d'examen *ex ante* destiné aux projets d'investissement public envisagés afin d'évaluer leur viabilité économique et leur impact à long terme.
- ✓ Accroître la concurrence dans les processus de passation de marchés publics afin d'abaisser les coûts des investissements dans les infrastructures.

Échanges et IDE : simplifier les procédures aux frontières et réduire le nombre de droits

En matière d'échanges et d'investissement étranger, la Finlande se situe au-dessus de la médiane de l'OCDE, mais elle reste en retrait par rapport aux pays les mieux classés dans plusieurs domaines essentiels. Les processus de facilitation des échanges comportent un trop grand nombre de niveaux de droits et de frais et les procédures de recours pourraient être plus efficaces et transparentes. Les contraintes modérées imposées à la participation étrangère et à l'entrée sur le marché empêchent également de tirer pleinement parti du potentiel de l'investissement direct étranger. Remédier à ces problèmes permettrait de renforcer la compétitivité de la Finlande et de soutenir la croissance économique à long terme.

Recommandations

- ✓ La réduction du nombre de droits et de frais prélevés lors des procédures aux frontières simplifierait les échanges et abaisserait les coûts de transaction.
- ✓ Renforcer encore les procédures de recours en améliorant l'équité et la transparence.
- ✓ Examiner et assouplir davantage les restrictions imposées à la participation étrangère et à l'établissement de succursales ainsi que les critères de résidence pour le personnel d'encadrement afin de renforcer la concurrence et la dynamique, en particulier dans les services de distribution.

Fiscalité : améliorer l'efficacité du régime fiscal en misant davantage sur la fiscalité indirecte

Le système d'administration de l'impôt finlandais est efficace, le taux de déclaration électronique dans les délais étant élevé. Les mesures adoptées récemment ont renforcé le dispositif de fiscalité indirecte, en relevant notamment le taux de TVA normal de 24 % à 25.5 % en septembre 2024. Il subsiste toutefois une marge d'amélioration de l'efficience du régime fiscal en élargissant l'assiette des impôts indirects et en réduisant les distorsions liées aux taxes sur les opérations. S'établissant à 1.4 % du PIB, les recettes de l'impôt sur la propriété immobilière étaient inférieures de 1.8 % à la moyenne de l'OCDE en 2022. Veiller à ce que les futures décisions en matière de politique budgétaire s'appuient sur ces réformes récentes permettrait d'étayer la viabilité des finances publiques et de renforcer l'efficacité du régime fiscal dans son ensemble.

Recommandations

- ✓ Élargir l'assiette de la TVA en supprimant progressivement les taux réduits lorsque c'est possible, une fois la reprise économique bien en place, afin d'améliorer encore l'efficacité du régime fiscal et de soutenir l'assainissement budgétaire.
- ✓ Gérer le passage de l'impôt direct sur les mutations et de l'impôt sur les transactions à l'impôt annuel sur la propriété afin de réduire leurs effets préjudiciables sur la mobilité de la main-d'œuvre, en tirant parti du système d'information géographique bien conçu du pays qui permet une couverture complète, une numérisation et des mises à jour quotidiennes.

Innovation : renforcer l'aide publique à la R-D et favoriser l'investissement dans les technologies émergentes

Malgré les progrès accomplis ces dernières années, les dépenses de R-D en pourcentage du PIB restent inférieures à celles des pays de l'OCDE les mieux classés, en particulier dans le secteur des entreprises. Les incitations fiscales en faveur de la R-D sont relativement faibles. Par ailleurs, les investissements en capital-risque dans les secteurs technologiques tels que les TIC et l'industrie verte sont modestes, ce qui exige de prendre d'autres mesures en faveur des jeunes entreprises plus innovantes.

Recommandations

- ✓ Évaluer et renforcer les incitations fiscales en faveur de la R-D afin de garantir qu'elles sont bien ciblées, efficaces pour les entreprises de toutes tailles et de toutes sortes et complémentaires des aides directes.
- ✓ Favoriser l'accroissement des investissements en capital-risque et en capital-investissement dans les TIC, l'industrie verte et dans d'autres secteurs à fort potentiel en recourant à des modèles de cofinancement public-privé et en étoffant les garanties publiques afin de réduire les risques.
- ✓ Aider les entreprises à tirer le meilleur parti des possibilités de financement de l'UE et collaborer avec les autres pays pour attirer les aides financières de l'UE en faveur de la transition écologique et de la transition numérique.

Gouvernance : améliorer l'efficacité réglementaire en donnant plus de poids aux évaluations *ex post*

La gouvernance publique et l'état de droit sont dans l'ensemble bien établis dans le pays et supérieurs à la moyenne des pays de l'OCDE. Cependant, la Finlande ne recourt guère à l'évaluation *ex post* des textes législatifs et des textes réglementaires. Les réglementations ne sont pas systématiquement évaluées par rapport aux résultats attendus et les mécanismes de surveillance et de contrôle de la qualité pourraient être encore améliorés afin de garantir que les réglementations apportent les avantages escomptés et favorisent un climat dynamique et efficace pour les entreprises.

Recommandations

- ✓ Mettre en place des systèmes d'évaluation *ex post*, comportant des mécanismes de contrôle rigoureux afin de faire en sorte que les réglementations apportent les avantages escomptés et de limiter les effets non intentionnels.
- ✓ Favoriser une culture de l'amélioration continue dans l'élaboration de la politique réglementaire en intégrant systématiquement les commentaires des parties prenantes et en actualisant régulièrement les pratiques d'évaluation.

Progrès récents en matière de réformes structurelles

L'administration a récemment confirmé une nouvelle fois l'objectif fixé en 2023 qui consiste à relever les dépenses totales de R-D à 4 % du PIB d'ici à 2030 et a étoffé les incitations fiscales en faveur de la R-D afin de mieux soutenir l'innovation dans le secteur privé. En 2024, la Finlande a mis en place un programme de subventions directes de 400 millions d'euros pour soutenir les investissements visant à décarboner l'industrie. Elle a également rationalisé l'offre publique de capital-risque en fusionnant plusieurs entités détenues par l'État. Cependant, ces initiatives s'inscrivent dans un contexte de pressions budgétaires. En avril 2025, la Finlande a annoncé le Plan budgétaire des administrations publiques pour 2026–29, qui devrait ralentir l'assainissement budgétaire en raison des baisses d'impôts prévues et d'une hausse des dépenses de défense. Pour renforcer la viabilité budgétaire à long terme, il est essentiel d'améliorer l'efficience des dépenses dans les secteurs de la santé et du bien-être social tout en normalisant les taux réduits de TVA.

France

Le PIB par habitant de la France est inférieur à celui des pays de l'OCDE affichant les meilleurs résultats, principalement en raison d'une productivité du travail et de taux d'emploi et d'activité plus faibles. La persistance d'un déficit d'investissement, imputable à un sous-investissement dans les actifs incorporels malgré une hausse des investissements dans les actifs corporels, contribue également à expliquer ces médiocres résultats. L'écart de productivité du travail s'est creusé pendant la pandémie, en grande partie du fait d'une rétention de main-d'œuvre généralisée.

Pour stimuler la productivité et la croissance, une meilleure utilisation des talents s'impose, passant par l'amélioration des compétences fondamentales acquises à l'école, la réduction des inégalités devant l'enseignement, le renforcement des compétences numériques et l'obtention de résultats plus concluants dans les cursus d'enseignement et de formation professionnels. Des aides à l'innovation plus efficaces, l'abaissement des obstacles dans les secteurs de services et un allègement des prélèvements fiscaux sur le travail sont autant de leviers susceptibles d'être actionnés pour favoriser la compétitivité et la création d'emplois.

Résultats économiques

Écarts par rapport à la moyenne de la moitié supérieure des pays de l'OCDE

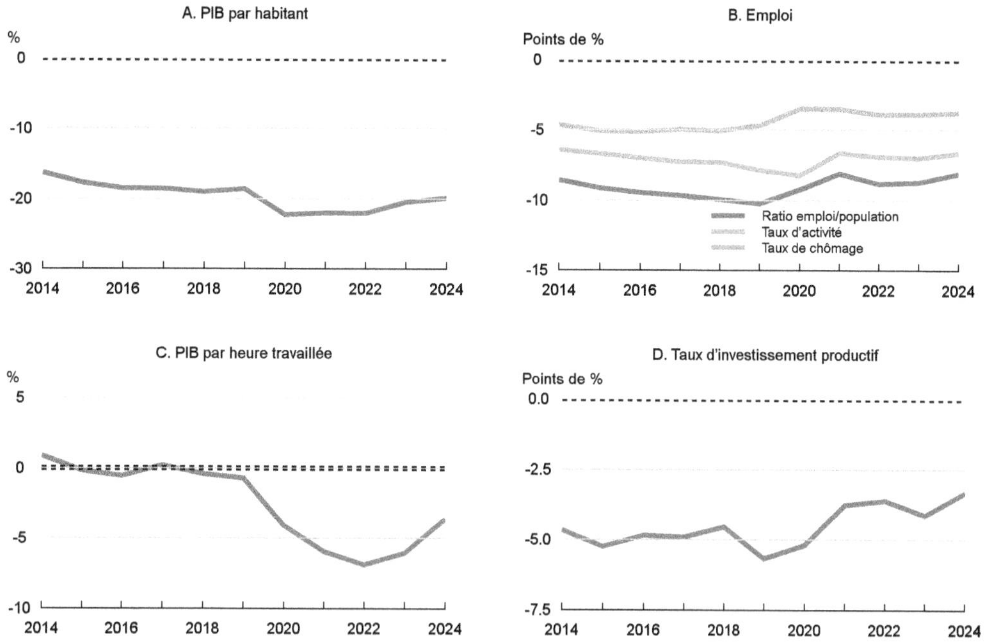

Source : Partie A : OCDE, base de données des *Perspectives économiques de l'OCDE* ; Partie B : OCDE, base de données sur les statistiques de la population active ; Partie C : OCDE, bases de données des *Perspectives économiques de l'OCDE* et sur la productivité ; Partie D : OCDE, bases de données des *Perspectives économiques de l'OCDE* et sur les comptes nationaux annuels et la formation brute de capital fixe (FBCF) par actif.

Sélection d'écarts d'indicateur de politique

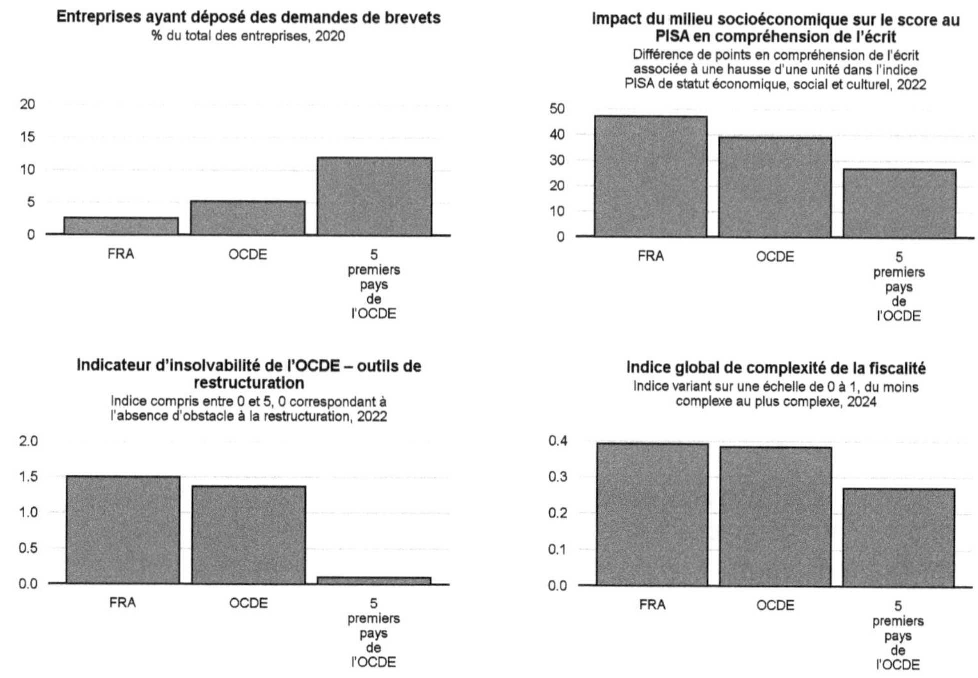

Source : calculs de l'OCDE effectués à partir de la base de données du rapport *Les fondements de la croissance et de la compétitivité*.

Éducation : améliorer la qualité et l'équité de l'enseignement

Le système éducatif de la France est au centre d'enjeux majeurs qui pèsent sur l'emploi et la productivité, à savoir la sous-utilisation des talents et un enseignement qui ne développe pas suffisamment l'esprit critique et l'aptitude à prendre des décisions. Les résultats des élèves se situent aux alentours de la moyenne de l'OCDE, mais pour ce qui est de la compréhension de l'écrit, ils sont tombés en dessous de la moyenne et dénotent des disparités socioéconomiques marquées. Les pénuries d'enseignants restent d'actualité et peuvent avoir une incidence sur la qualité de l'enseignement. À l'inverse de la moyenne de l'OCDE, les diplômés de l'enseignement professionnel obtiennent de moins bons résultats sur le marché du travail que leurs homologues de l'enseignement général.

Recommandations

- ✓ Continuer d'accompagner les élèves défavorisés, notamment en continuant de déployer une répartition plus progressive des ressources entre les établissements et en encourageant une plus grande diversité dans les établissements privés.
- ✓ Renforcer l'attractivité du métier d'enseignant en revoyant les rémunérations, en particulier pour les enseignants du primaire et les enseignants en milieu de carrière, et en promouvant la formation. Favoriser la mobilité géographique, l'ouverture des perspectives de carrière et la formation serait un moyen d'améliorer les conditions de travail des enseignants.
- ✓ Faire en sorte que les jeunes issus des filières professionnelles obtiennent de meilleurs résultats en termes d'emploi en donnant un rôle accru aux conseillers et en redoublant d'efforts pour cibler les élèves défavorisés.

Emploi : améliorer l'emploi des jeunes et l'adéquation entre compétences et perspectives de carrière

Les taux de chômage sont nettement plus élevés parmi les jeunes que parmi les adultes, en particulier parmi les jeunes ayant un faible niveau de qualification, qui sont aussi proportionnellement plus nombreux à avoir des contrats à durée déterminée. La faible participation des adultes diplômés de l'enseignement supérieur à des formations non formelles liées à l'emploi, conjuguée à un niveau de compétences en TIC inférieur à la moyenne pour l'ensemble des adultes, amplifie les problèmes d'inadéquation des compétences et compromet les perspectives d'emploi au fil du temps, en particulier pour les travailleurs âgés qui rencontrent des difficultés sur le marché du travail.

Recommandations

- ✓ Mieux cibler les aides, notamment en faveur de l'apprentissage, sur les jeunes les plus éloignés de l'emploi.
- ✓ Développer un accompagnement soutenu et un meilleur suivi des parcours professionnels des jeunes, notamment en allégeant la charge administrative et en accroissant les ressources allouées aux services publics de l'emploi.
- ✓ Suivre et adapter les mesures en faveur de l'acquisition de compétences numériques tout au long de la vie en encourageant la participation des PME et en optimisant le compte individuel de formation (CPF) afin de privilégier davantage les programmes de formation numérique donnant lieu à la délivrance d'un diplôme.

Innovation : accroître l'impact des politiques de l'innovation et du numérique

Malgré un soutien solide à l'innovation, les résultats sont mitigés. Les entreprises sont moins nombreuses à déposer des brevets ou à innover que dans des pays comparables. La collaboration entre les entreprises privées et les établissements de R-D publics est limitée, et l'investissement dans la R-D de l'enseignement supérieur reste faible. Des règles strictes en matière d'embauche de travailleurs étrangers exacerbent les pénuries de compétences. On observe un retard dans l'adoption du numérique s'expliquant par le faible niveau de compétences en TIC des adultes, une utilisation limitée des services infonuagiques et les coûts élevés du haut débit.

Recommandations

- ✓ Évaluer l'efficacité du soutien à l'innovation et repenser les politiques en conséquence, en accordant une attention particulière à la réforme du crédit d'impôt en faveur de la R-D, et renforcer les incitations à la coopération public-privé en matière de R-D.
- ✓ Alléger les charges administratives liées à l'embauche de travailleurs étrangers hautement qualifiés et améliorer leur intégration sur le marché du travail en facilitant la reconnaissance des qualifications étrangères.
- ✓ Soutenir l'adoption du haut débit par les entreprises en améliorant la clarté des offres, en termes de tarification et de services, et en contrôlant mieux les coûts indirects d'un changement de fournisseur.

Concurrence : abaisser les obstacles à l'entrée et à la restructuration

La France est dotée d'une réglementation des marchés de produits globalement favorable à la concurrence, mais des obstacles à l'entrée dans le secteur des services professionnels, potentiellement préjudiciables à la compétitivité et au dynamisme des entreprises, subsistent. Le régime d'insolvabilité de la France est efficace, même si des entraves à la restructuration demeurent, retardant la sortie d'entreprises non viables et le redressement de celles qui sont viables, mais traversent des difficultés. Les formalités administratives restent relativement lourdes et les obstacles aux échanges de services élevés, ce qui contribue à freiner l'intégration dans les chaînes de valeur mondiales et la croissance de la productivité.

Recommandations

- ✓ Simplifier les conditions d'entrée et assouplir les restrictions à l'exercice des professions d'architecte, de comptable, d'avocat et d'agent immobilier afin de dynamiser la concurrence tout en préservant la qualité de service.
- ✓ Plafonner la durée de suspension des procédures visant des actifs pendant une restructuration et supprimer la priorité donnée aux apporteurs de financements nouveaux par rapport aux créanciers nantis.
- ✓ Abaisser les obstacles aux échanges en promouvant une automatisation plus poussée des formalités administratives et faciliter les transactions électroniques.

Fiscalité : réduire la complexité du système et la dépendance à l'égard de la fiscalité du travail

La fiscalité indirecte (fiscalité du patrimoine et TVA) représente une part relativement faible des recettes, le système reposant en grande partie sur les prélèvements fiscaux sur le travail, qui peuvent avoir un effet dissuasif sur l'emploi et brider la productivité. Le coin fiscal moyen est relativement élevé, amoindrissant les incitations à participer au marché du travail. Des dépenses fiscales importantes amputent le montant global des recettes perçues ; elles pourraient être rationalisées en tenant compte de leur efficacité au service de la croissance et de l'équité. La complexité du système fiscal nuit encore à l'attractivité de la France aux yeux des investisseurs étrangers.

Recommandations

- ✓ Envisager de rééquilibrer la base d'imposition en privilégiant des impôts à large assiette et des taxes environnementales.
- ✓ Simplifier la fiscalité et en améliorer l'efficacité en réduisant encore les dépenses fiscales, notamment les subventions aux combustibles fossiles, le périmètre du traitement fiscal préférentiel appliqué aux plus-values et au patrimoine et les exonérations d'impôts sur le patrimoine.
- ✓ Une fois que les finances publiques seront en meilleure santé que l'équilibre sera rétabli, continuer d'alléger la fiscalité du travail et supprimer les impôts sur les entreprises induisant des distorsions.

Progrès récents en matière de réformes structurelles

Le soutien à l'apprentissage s'est développé, même ce dispositif s'est révélé coûteux et a parfois prospéré au détriment d'autres emplois. La réforme de 2025, qui restreint l'accès à l'apprentissage aux élèves ayant un faible niveau d'études, est porteuse d'une amélioration dont il y a lieu de se féliciter. Depuis 2018, la France a réduit les obstacles administratifs en mettant en place un guichet unique pour l'immatriculation des entreprises et en facilitant l'entrée sur le marché numérique. Le financement de l'enseignement primaire a augmenté de 41 % entre 2012 et 2020. Le rehaussement de la rémunération des enseignants et le resserrement des liens entre les établissements scolaires et les employeurs se poursuivent, à la faveur de la réforme de l'enseignement professionnel conduite en 2023.

Grèce

L'économie de la Grèce a bien résisté au cours des crises récentes et a surpassé la zone euro ces dernières années. L'écart du PIB par habitant avec les économies les plus avancées de l'OCDE a commencé à se resserrer, sous l'effet de l'accroissement de l'intensité capitalistique, de la création d'emplois et des réformes structurelles qui ont soutenu une reprise progressive après une crise durable. Les progrès ont été toutefois freinés par la faiblesse des gains de productivité dans un contexte où le déficit d'investissement, quoiqu'en voie de se combler, reste important et où un grand nombre d'entreprises, généralement de petite taille, peinent encore à adopter des technologies numériques et à innover.

Il sera nécessaire de renforcer la productivité et de soutenir l'accroissement de l'emploi pour parvenir à augmenter les revenus, à préserver la compétitivité et à répondre aux besoins de dépenses élevés tout en maintenant la dette publique sur une trajectoire descendante. Un meilleur accès au financement pourrait être pour un plus grand nombre de PME un levier d'innovation et d'investissement dans les technologies avancées. L'amélioration de la formation et l'augmentation du taux d'activité des femmes atténueraient les pénuries de main-d'œuvre. L'allègement des contraintes administratives et réglementaires permettrait d'activer la concurrence et la dynamique des entreprises.

Résultats économiques

Écarts par rapport à la moyenne de la moitié supérieure des pays de l'OCDE

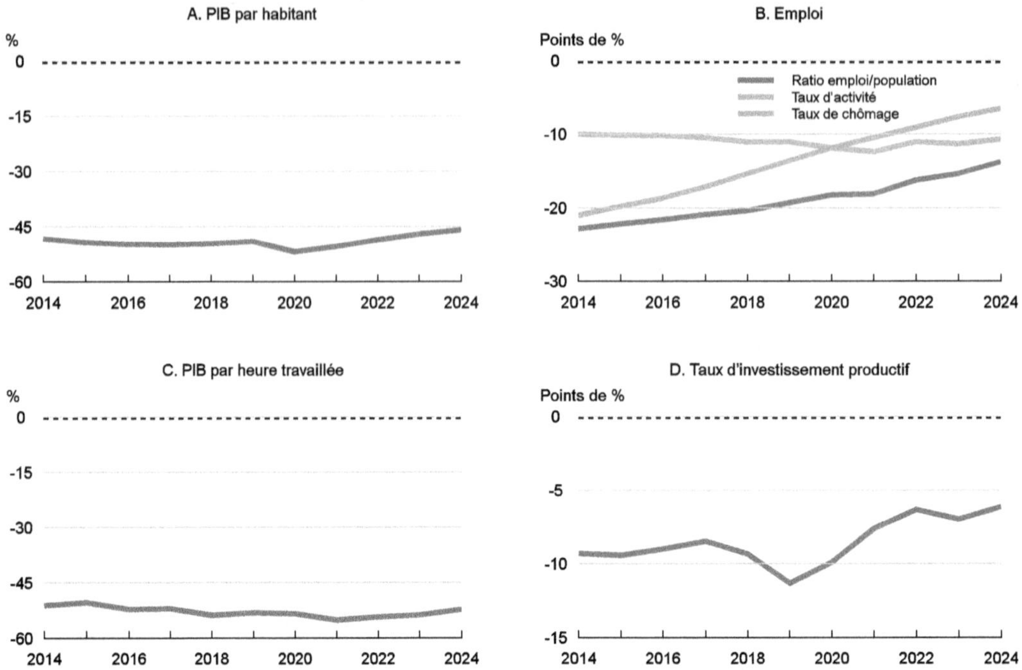

Source : Partie A : OCDE, Perspectives économiques de l'OCDE (base de données) ; partie B : OCDE, Statistiques de la population active (base de données) ; partie C : OCDE, Perspectives économiques et Productivité (bases de données) ; partie D : OCDE, Perspectives économiques, Comptes nationaux annuels et FBCF par actif (bases de données).

Sélection d'écarts d'indicateur de politique

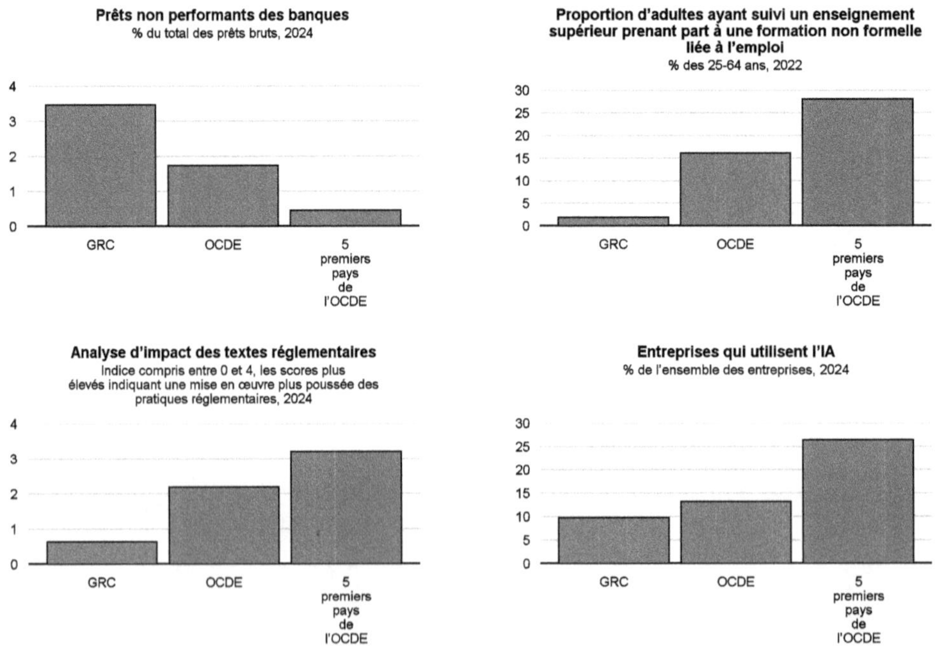

Source : Calculs de l'OCDE effectués à partir des notes par pays du rapport *Les fondements de la croissance et de la compétitivité.*

Finances publiques : continuer de réduire et de restructurer les prêts non performants

Le système bancaire est la principale source de financement externe. La santé du secteur bancaire s'est nettement améliorée, mais la décennie de crise économique a laissé des cicatrices dans le système financier. La part des prêts non performants (PNP) inscrits au bilan des banques reste relativement élevée, malgré une baisse significative, soutenue par le dispositif « Hercule ». Les prestataires de services de gestion de prêts, auxquels les risques ont été transférés, rencontrent des difficultés pour apurer les PNP en raison de la lourdeur de la procédure de liquidation des garanties et des retards enregistrés dans les procédures judiciaires tandis que les débiteurs de PNP non apurés restent insolvables auprès des banques. La réforme du système judiciaire de 2024 vise à accélérer les procédures d'insolvabilité.

Recommandations

- ✓ Raccourcir la durée des procédures judiciaires, en s'appuyant sur la récente loi sur l'insolvabilité et sur la réforme du système judiciaire de 2024.
- ✓ Poursuivre l'achèvement et la numérisation du cadastre et du registre foncier afin de faciliter les procédures d'enchères électroniques des biens saisis.
- ✓ Suivre de près l'évolution des prêts non performants et des créances en difficulté.

Diffusion des technologies numériques : améliorer l'accès aux technologies numériques et la formation au numérique et à la gestion des PME

Les écarts de productivité persistants s'accompagnent d'une faible diffusion des technologies numériques. L'utilisation de ces technologies, notamment le fait d'avoir un site web d'entreprise ou d'utiliser l'informatique en nuage ou l'IA, est en retard sur les autres pays de l'OCDE, en particulier dans les petites entreprises. L'amélioration rapide, mais encore modeste, du déploiement des infrastructures à haut débit, le manque de compétences managériales et les restrictions d'accès à des financements innovants sont les principaux obstacles empêchant la Grèce de tirer profit des avantages de la numérisation.

Recommandations

- ✓ Élargir et subventionner l'accès à une formation à la gestion de qualité pour les dirigeants des petites et moyennes entreprises, y compris pour accompagner la transformation numérique de leurs activités.
- ✓ Déployer des programmes d'amélioration des compétences financières destinés aux microentreprises et aux petites entreprises.
- ✓ Mettre en œuvre rapidement des plans visant à élargir la couverture des réseaux à très haute capacité (gigabits et 5G) à l'ensemble des ménages d'ici à 2030, notamment en assurant un financement suffisant et le suivi des progrès.

Compétences : renforcer l'accès à une formation de qualité

Les pénuries de compétences sont importantes et s'amplifient, ce qui pèse sur la croissance des entreprises ainsi que sur l'innovation. Bien qu'en recul, le chômage reste élevé par rapport à la plupart des pays de l'OCDE. Il s'accompagne de pénuries de compétences résultant de leur inadéquation. Les compétences des adultes mesurées par le Programme pour l'évaluation internationale des compétences des adultes (PIAAC) sont également inférieures aux autres pays de l'OCDE et le taux de participation à la formation est faible. La formation ciblée organisée par le service public de l'emploi à l'intention des chômeurs a progressé, mais l'insuffisance des ressources financières consacrées aux politiques actives du marché du travail (PAMT) entrave la réalisation de nouveaux progrès.

Recommandations

- ✓ Garantir la qualité des prestataires de formation en procédant à des évaluations régulières et en améliorant la certification des cours de formation pour adultes.
- ✓ Développer les chèques-formation ciblés pour permettre aux adultes de participer à des programmes de formation plus longs et prévoir des congés légaux de formation et d'apprentissage.
- ✓ Réduire le poids important des aides à la création directe d'emplois pour renforcer les activités de formation et de conseil destinées aux chômeurs.

Emploi des femmes : investir davantage dans des structures d'accueil de qualité

L'écart entre les taux d'emploi des hommes et des femmes reste important et le taux d'activité des femmes, bien qu'en progression, reste l'un des plus faibles de l'OCDE. Permettre une meilleure conciliation entre vie professionnelle et vie familiale faciliterait l'accès des femmes au marché du travail en augmentant ainsi l'offre de compétences. Les capacités des services d'accueil sont toutefois insuffisantes, car les dépenses sont consacrées aux primes de naissance plutôt qu'à des prestations en nature.

Recommandations

- ✓ Améliorer l'accès à des services d'accueil des jeunes enfants abordables en procédant à un redéploiement des dépenses publiques des primes de naissance vers les structures d'accueil des jeunes enfants.
- ✓ Renforcer encore les campagnes de sensibilisation aux stéréotypes et les labels promouvant l'égalité professionnelle au sein des entreprises.
- ✓ Mettre en place des incitations pour faire en sorte que le nouveau congé paternité soit utilisé, en allongeant par exemple la durée cumulée du congé ou en augmentant les prestations lorsque les pères prennent leur congé.

Concurrence : garantir la qualité de la réglementation et assouplir les restrictions sur les services

A la faible dynamique des entreprises s'ajoutent des contraintes réglementaires considérées comme lourdes. Les taux d'entrée et de sortie des entreprises sont peu élevés, l'économie étant dominée par des petites entreprises à la faible productivité qui peinent à se développer. Même si le cadre réglementaire est devenu dans l'ensemble plus propice à la concurrence, une marge d'amélioration subsiste, notamment en ce qui concerne la qualité de la réglementation et les services professionnels qui fournissent des services intermédiaires essentiels aux entreprises.

Recommandations

- ✓ Veiller à ce que les nouveaux projets de loi et de règlement fassent effectivement l'objet en temps voulu d'une consultation des parties prenantes, notamment en évitant d'adopter des dispositions législatives en urgence.
- ✓ Formaliser et accélérer l'examen des instruments de réglementation en vigueur relatifs aux entreprises, en coopération avec des représentants des entreprises et des syndicats.

- ✓ Réduire les restrictions réglementaires applicables aux services professionnels comme ceux des avocats et des notaires, notamment en termes d'entrée sur le marché, de tarification des services juridiques et de coopération professionnelle entre les avocats et les notaires.

Progrès récents en matière de réformes structurelles

Ces dernières années, la Grèce a mis en œuvre plusieurs réformes structurelles. Les principales réformes prévoient un nouveau régime d'insolvabilité destiné à faciliter l'application des droits de propriété. La réforme du système judiciaire vise à améliorer l'efficience grâce à une meilleure répartition des affaires et des procédures de numérisation. Les mesures créant des incitations aux paiements électroniques et améliorant l'information dans ce domaine luttent contre la fraude fiscale. La transformation numérique et la simplification de nombreux services publics sont en voie de renforcer l'efficience du secteur public, tandis que la codification et plusieurs mesures d'amélioration de la qualité de la législation visent à alléger les contraintes réglementaires.

Hongrie

Malgré un taux d'investissement élevé, bien qu'en recul, le PIB par habitant de la Hongrie est maintenu à un niveau nettement inférieur à la moyenne de l'OCDE par un écart de productivité du travail béant. Les réformes structurelles ont fortement dopé l'emploi au cours des dix dernières années. La diminution de la population d'âge actif va cependant de plus en plus saper la croissance à long terme et des mesures adéquates s'imposent pour renforcer la productivité.

La pleine mise en œuvre des réformes récentes en faveur de l'intégrité et de la lutte contre la corruption, l'assouplissement des restrictions aux échanges de services et la réduction des obstacles à l'entrée dans le secteur des transports amélioreraient l'environnement des entreprises et soutiendraient la croissance de la productivité. Le développement d'interconnexions rail-route et le recours systématique à l'analyse coûts-avantages de l'investissement public sont des priorités pour l'amélioration des infrastructures. Une population en meilleure santé et le développement accéléré de sources d'énergie bas carbone pour réduire la dépendance des importations énergétiques contribueraient également à une croissance plus durable.

Résultats économiques

Écarts par rapport à la moyenne de la moitié supérieure des pays de l'OCDE

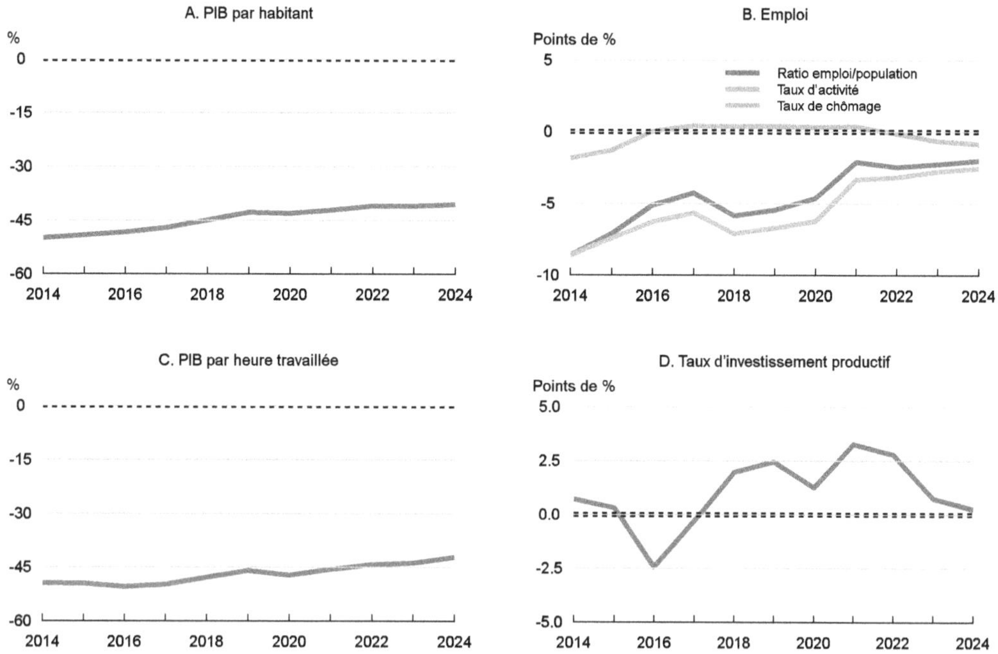

Source : Partie A : OCDE, base de données des Perspectives économiques ; Partie B : OCDE, base de données sur les Statistiques de la population active ; Partie C : OCDE, bases de données des Perspectives économiques de l'OCDE et sur la Productivité ; Partie D : OCDE, bases de données des Perspectives économiques de l'OCDE, des Comptes nationaux annuels et sur la formation brute de capital fixe (FBCF) par actif.

Sélection d'écarts d'indicateur de politique

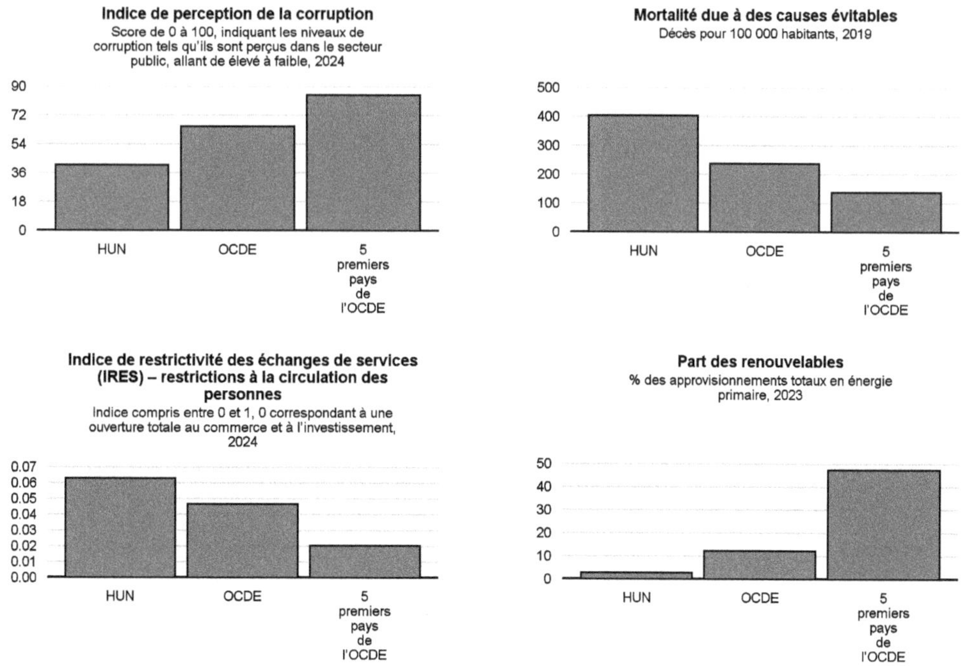

Source : Calculs de l'OCDE effectués à partir de la base de données du rapport *Les fondements de la croissance et de la compétitivité*.

Gouvernance : assurer la pleine mise en œuvre du nouveau cadre de lutte contre la corruption et améliorer la transparence tout au long du cycle de l'action publique

Le niveau de corruption en Hongrie est perçu comme étant plus élevé que dans la plupart des autres pays de l'OCDE. Les réformes récentes sont de nature à améliorer la situation, mais les pouvoirs de vérification de l'Autorité de l'intégrité récemment créée demeurent limités. D'autre part, la façon dont elle devrait interagir avec la nouvelle stratégie de lutte contre la fraude et la corruption dans l'usage des fonds de l'UE est mal définie. Les projets de loi doivent être accessibles au public, avec possibilité d'exprimer des commentaires, mais la concertation n'est pas imposée aux premiers stades du processus législatif et aucun organe de contrôle n'est chargé d'améliorer la qualité des analyses d'impact de la réglementation (AIR) ou des évaluations *ex post.*

Recommandations

- ✓ Veiller à la pleine mise en œuvre du nouveau cadre de lutte contre la corruption et d'intégrité publique, et renforcer la cohérence entre les deux stratégies de lutte anticorruption.
- ✓ Consolider les pouvoirs de la nouvelle Autorité de l'intégrité afin de supprimer les contraintes risquant de l'empêcher de remplir ses fonctions et de mener des enquêtes indépendantes.
- ✓ Améliorer la transparence tout au long du cycle de l'action publique, par la concertation avec les parties prenantes, dès que possible et à tous les stades du cycle, mais aussi par la publication en ligne des documents législatifs pertinents et des AIR.

Santé : promouvoir des modes de vie plus sains, assurer des effectifs suffisants et améliorer l'efficience des dépenses de santé

L'espérance de vie en Hongrie est inférieure à la moyenne de l'OCDE, constat qui s'explique par le taux élevé de mortalité due à des causes évitables, mais aussi par l'insuffisance et l'inefficience des dépenses de santé. Les effectifs infirmiers et aides-soignants sont peu nombreux par rapport à la moyenne de l'OCDE et varient selon les régions. Les dépenses de prévention sont nettement inférieures à la moyenne de l'OCDE et la consommation d'alcool et de tabac est élevée. Le mauvais état de santé de la population risque de gêner la productivité et d'aggraver les difficultés posées par le vieillissement démographique.

Recommandations

- ✓ Promouvoir des modes de vie plus sains au moyen d'un train complet de réformes, notamment en augmentant les ressources destinées à la prévention et, dans le prolongement des réformes récentes, en continuant d'augmenter les taxes sur l'alcool, le tabac, les produits alimentaires et les boissons mauvais pour la santé.
- ✓ Faciliter le recrutement et le maintien en poste des professionnels de santé dans toutes les régions, en veillant à ce que les rémunérations soient suffisamment attrayantes, y compris par rapport aux pays voisins.
- ✓ Accroître l'efficience des dépenses de santé en renforçant le rôle des soins primaires, en tirant pleinement parti du potentiel des médicaments génériques et en rationalisant le réseau hospitalier.

Infrastructures matérielles : développer les interconnexions rail-route et assouplir les réglementations qui limitent la concurrence dans le secteur des transports

Le réseau ferroviaire hongrois est dense, mais il n'est électrifié qu'à moitié. Le train ne représente également qu'une proportion limitée du transport de voyageurs. L'usage accru du train réduirait les problèmes de très forte congestion routière en périphérie des plus grandes villes. Les autorisations requises et l'existence de monopoles régionaux pour le transport longue distance de voyageurs gênent également l'entrée de nouvelles entreprises dans le secteur des transports routiers. Par ailleurs, l'analyse coûts-avantages formelle est insuffisamment utilisée pour l'investissement public dans des projets d'infrastructure.

Recommandations

- ✓ Développer les interconnexions rail-route, notamment les parcs relais, afin de faciliter l'utilisation du réseau de transports en commun autour de Budapest et des autres grandes villes de plus en plus peuplées.
- ✓ Faciliter l'entrée d'entreprises dans le secteur des transports routiers en réduisant les obstacles et en assouplissant les conditions d'autorisation.
- ✓ S'appuyer systématiquement sur l'analyse coûts-avantages pour l'investissement public dans des projets d'infrastructure.

Échanges : supprimer les restrictions inutiles aux échanges de services

L'environnement réglementaire des échanges de services s'est durci depuis quelques années, notamment avec les restrictions à l'entrée de travailleurs non ressortissants de l'UE sous forme, entre autres, de quotas et d'opposabilité de la situation de l'emploi pour la délivrance de permis de travail. Certains obstacles sont propres au secteur de la construction, dont les critères de résidence pour les ingénieurs de la construction non ressortissants de l'UE et les permis d'acquisition de biens immobiliers par des étrangers. Dans les secteurs de la distribution et des services juridiques, les conditions rigoureuses d'entrée sur le marché risquent de nuire à la création de nouvelles entreprises et à l'emploi.

Recommandations

- ✓ Veiller à ce que les restrictions à l'entrée de travailleurs non ressortissants de l'UE tiennent compte des tensions sur le marché du travail, sachant surtout que la population d'âge actif devrait fortement diminuer sous l'effet du vieillissement.
- ✓ Assouplir les conditions imposées aux sociétés qui proposent des services de distribution en Hongrie sans avoir de présence physique dans le pays.
- ✓ Revoir les critères de résidence imposés aux ingénieurs de la construction non ressortissants de l'UE.

Énergie : garantir des financements suffisants pour l'investissement dans le réseau électrique et faciliter le déploiement de sources d'énergie renouvelables

Malgré l'augmentation rapide de la production d'énergie solaire des dernières années, la part globale de renouvelables dans le mix énergétique est faible par comparaison avec la moyenne de l'OCDE. Le potentiel géothermique est largement inexploité et le développement des capacités de production d'énergie éolienne s'est enlisé au cours de la dernière décennie. La Hongrie demeure très dépendante des importations énergétiques, ce qui crée un risque pour la sécurité énergétique et expose l'économie aux fluctuations des prix mondiaux de l'énergie. Des investissements considérables dans le réseau électrique seront nécessaires pour intégrer des sources d'énergie renouvelables supplémentaires, renforcer la sécurité énergétique et fournir aux entreprises et aux ménages une énergie stable à un prix abordable.

Recommandations

- ✓ Autoriser l'opérateur du réseau électrique à augmenter les tarifs pour couvrir les frais d'exploitation et les investissements nécessaires dans le réseau si les financements européens et publics s'avèrent insuffisants.
- ✓ Veiller à ce que l'assouplissement récent de la réglementation relative à l'installation d'éoliennes débouche sur l'accélération des installations. Envisager d'autres ajustements si nécessaire.

Progrès récents en matière de réformes structurelles

La baisse conséquente des cotisations sociales patronales entre 2017 et 2022, ainsi que la réduction de la durée d'indemnisation du chômage, de 9 à 3 mois depuis 2011, ont contribué à relever le taux d'emploi de plus de 10 points de pourcentage au cours de la dernière décennie. Le taux d'emploi de la Hongrie, qui s'établissait à 75 % en 2024, est désormais nettement supérieur à la moyenne de l'OCDE (70 %).

Inde

Au cours des deux dernières décennies, l'Inde a été l'une des grandes économies les plus dynamiques au monde. La solide croissance de son PIB par habitant repose avant tout sur la productivité totale des facteurs et l'accumulation de capital. L'utilisation de la main-d'œuvre a contribué dans une moindre mesure à cet essor en raison de la faiblesse persistante des taux d'activité, notamment des femmes. Dans le même temps, les pénuries de compétences limitent la capacité des entreprises de croître, d'adopter les nouvelles technologies et de créer des emplois.

Des contraintes structurelles continuent de freiner la croissance de la productivité du travail. Des infrastructures inadaptées perturbent les activités des entreprises et limitent leur accès à de nouveaux marchés et aux technologies de pointe. L'ampleur de l'économie informelle et la sous-représentation des femmes dans les emplois qualifiés constituent une occasion manquée d'exploiter pleinement le capital humain du pays. Les obstacles aux échanges et à l'investissement freinent l'intégration de l'Inde dans les chaînes de valeur mondiales.

Résultats économiques

Écarts par rapport à la moyenne de la moitié supérieure des pays de l'OCDE

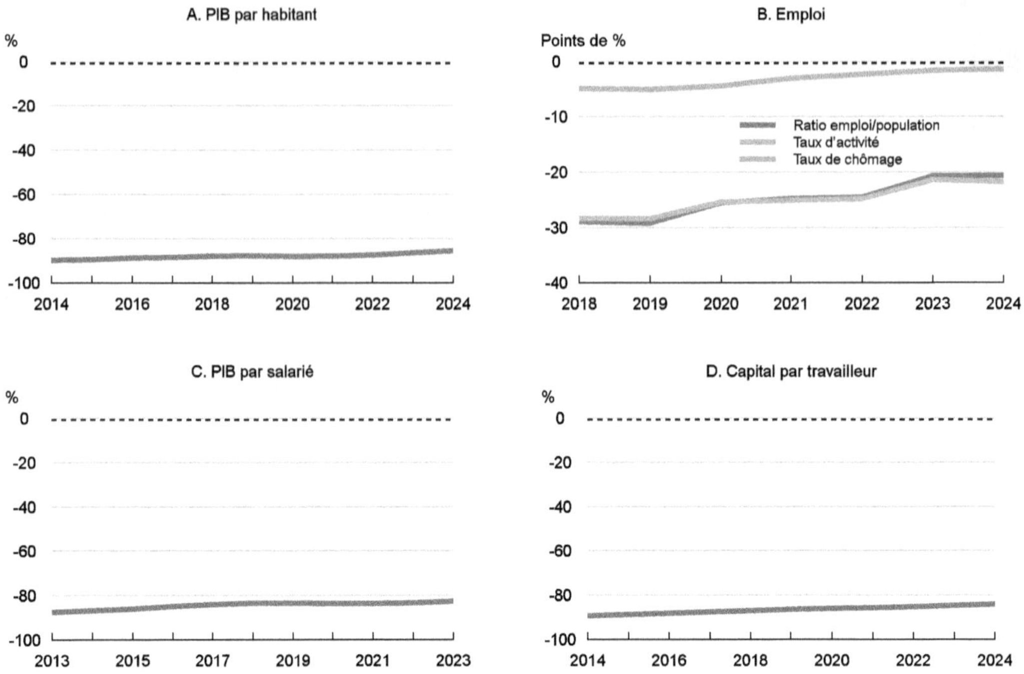

Source : Parties A et D : OCDE, base de données des Perspectives économiques ; Partie B : OCDE, base de données sur les statistiques de la population active ; Partie C : OCDE, bases de données des Perspectives économiques et sur la productivité.

Sélection d'écarts d'indicateur de politique

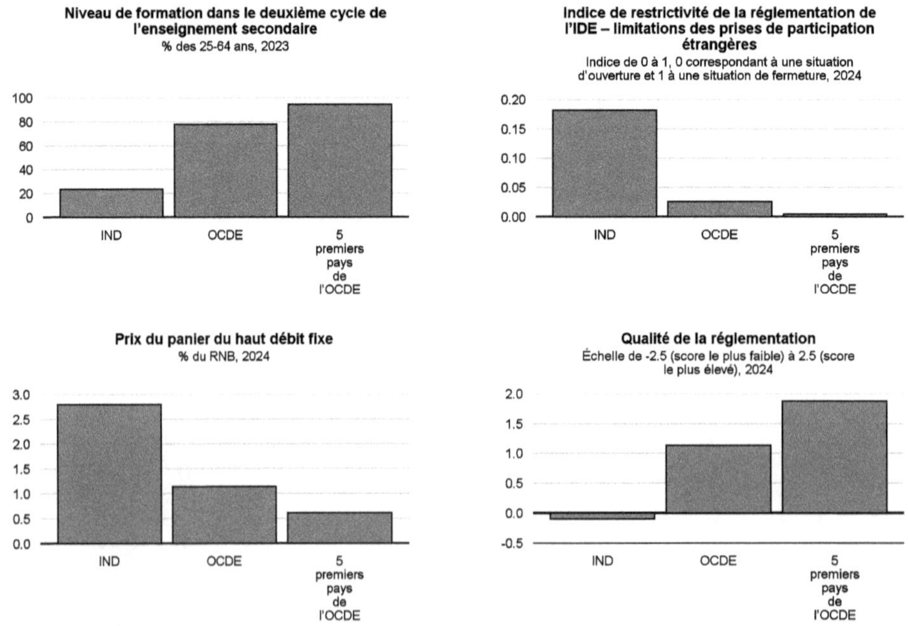

Source : Calculs de l'OCDE effectués à partir de la base de données du rapport *Les fondements de la croissance et de la compétitivité*.

Infrastructures : renforcer les infrastructures grâce à l'investissement public et aux partenariats avec le secteur privé

Des infrastructures de qualité insuffisante et inégale entravent le potentiel économique de l'Inde. Des goulets d'étranglement persistants dans le réseau électrique, avec de fréquentes coupures de courant, perturbent toujours l'activité économique. Les routes, les ports et les voies ferrées sont souvent mal entretenus, ce qui augmente les coûts de transport et génère des retards. Dans les zones rurales et semi-urbaines, le faible taux de pénétration du haut débit et la connectivité médiocre limitent encore davantage l'accès des entreprises aux services et aux marchés en ligne.

Recommandations

- ✓ Continuer d'investir massivement dans les infrastructures, notamment le réseau électrique, les transports et les télécommunications.
- ✓ Soutenir les financements privés, y compris au moyen d'un meilleur partage des risques et d'une plus grande transparence réglementaire concernant les partenariats public-privé.

Éducation : investir dans les compétences et l'innovation pour améliorer la qualité des emplois et retenir les talents

Les déficits de compétences demeurent un problème lancinant en Inde. Malgré une main-d'œuvre abondante et jeune, de nombreux travailleurs n'ont pas la formation technique et professionnelle requise pour répondre aux exigences de secteurs à fort potentiel de croissance tels que l'industrie manufacturière de pointe, les services financiers et les technologies de l'information. La fuite des cerveaux aggrave la situation, car de nombreuses personnes très instruites choisissent de faire carrière à l'étranger.

Recommandations

- ✓ Développer les instituts polytechniques et techniques de pointe qui dispensent une formation dans les domaines de l'industrie manufacturière à haute valeur ajoutée, des services avancés et des technologies de l'information.
- ✓ Renforcer la R-D publique et privée pour offrir des emplois de meilleure qualité et retenir les travailleurs qualifiés.
- ✓ Resserrer les partenariats entre l'industrie et les établissements d'enseignement pour faire en sorte que les programmes d'enseignement cadrent avec les besoins du marché du travail.

Environnement des entreprises : rationaliser le système réglementaire

Les contraintes réglementaires freinent l'investissement, découragent l'adoption des technologies, l'innovation et l'intégration des entreprises dans l'économie formelle. Bien que la transformation numérique ait progressé, les entreprises se heurtent toujours à des procédures complexes pour s'immatriculer, obtenir des autorisations et satisfaire à leurs obligations fiscales. En particulier, la complexité et l'imprévisibilité du système fiscal dissuadent les petites entreprises et les investisseurs étrangers. Dans le secteur des services, les pratiques restrictives concernant la concession de licences, les obstacles liés à la reconnaissance des qualifications professionnelles et le plafonnement des participations étrangères entravent encore davantage l'entrée sur le marché.

Recommandations

- ✓ Rationaliser et dématérialiser les procédures d'immatriculation des entreprises et d'octroi de licence au moyen de guichets uniques.
- ✓ Harmoniser la fiscalité entre les différents échelons de l'administration afin de réduire la fragmentation de la réglementation et d'améliorer la prévisibilité de l'administration fiscale, notamment pour les PME.
- ✓ Accélérer la mise en œuvre des codes du travail et le déploiement d'un système numérique unifié de conformité afin de réduire les contraintes liées au respect des règles.

Ouverture aux échanges : renforcer l'intégration dans les chaînes de valeur mondiales par des mesures de facilitation des échanges et des accords commerciaux

La participation de l'Inde aux chaînes de valeur mondiales demeure faible, ce qui limite sa capacité à tirer pleinement profit de l'évolution des dynamiques commerciales au niveau mondial, y compris à accéder aux technologies de pointe, aux externalités de connaissance et à des marchés d'exportation diversifiés. Le niveau élevé des droits de douane et la complexité des procédures douanières continuent de faire obstacle aux échanges internationaux, tandis que les restrictions imposées aux prestataires de services étrangers, comme le plafonnement des participations des investisseurs étrangers et les conditions de nationalité, brident la concurrence et limitent l'accès de l'Inde à des services et à une expertise internationale de qualité.

Recommandations

- ✓ Réduire les droits de douane sur les importations et simplifier les procédures douanières.
- ✓ Étendre et approfondir les accords commerciaux bilatéraux et régionaux en mettant l'accent sur les services.
- ✓ Assouplir ou supprimer le plafonnement des participations étrangères et les conditions de nationalité lorsqu'aucune considération tenant à l'intérêt général ne les justifie.

Éducation : promouvoir l'égalité des genres en apportant un soutien ciblé à l'éducation, aux compétences et à l'entrée dans la vie active

Les femmes demeurent sous-représentées dans l'enseignement supérieur et l'emploi qualifié, ce qui limite leur autonomisation économique et le potentiel de croissance du pays. Des obstacles structurels - comme les responsabilités familiales, les problèmes de sécurité et les contraintes financières qui limitent leur accès à une éducation et une formation de qualité - empêchent leur pleine participation. Pour remédier à ce problème, l'Inde doit adopter une approche fondée sur le cycle de vie, depuis l'école jusqu'au marché du travail.

Recommandations

- ✓ Élargir l'accès à un enseignement secondaire et supérieur inclusif au moyen de bourses ciblées, de transferts monétaires sous conditions et de transports subventionnés pour les filles issues de milieux défavorisés.

- ✓ Renforcer la formation professionnelle et l'acquisition de compétences numériques chez les jeunes femmes, notamment dans les secteurs à forte croissance comme l'informatique, la santé et les services avancés.
- ✓ Améliorer l'environnement d'apprentissage, y compris en soutenant les foyers d'accueil, l'aménagement de sanitaires séparés et les protocoles de lutte contre le harcèlement.

Progrès récents en matière de réformes structurelles

Ces dernières années, l'Inde a signé d'importants accords commerciaux avec les Émirats arabes unis (2022), l'AELE (2024) et le Royaume-Uni (2025). Elle a étoffé ses programmes d'éducation et d'acquisition de compétences en mettant l'accent sur les filles et les femmes, et a renforcé la formation numérique et professionnelle en amplifiant l'initiative *Skill India Mission* en 2023. La réglementation du travail a été simplifiée dans le cadre du projet de consolidation du Code du travail (2020) afin de réduire les ambiguïtés réglementaires. Ces efforts visent à lever les obstacles à la productivité, bien que leur mise en œuvre effective demeure déterminante.

Indonésie

La convergence économique de l'Indonésie marque le pas depuis quelques années, ce qui s'explique en grande partie par la croissance au ralenti de la productivité du travail. La vigueur de l'investissement a alimenté la croissance rapide du stock de capital, mais la celle de la productivité totale des facteurs place l'Indonésie loin derrière les pays émergents comparables. Le chômage est retombé au niveau d'avant la pandémie, mais le faible taux d'activité des femmes pèse sur l'emploi global.

Réduire les obstacles aux échanges et à l'investissement étranger tout en élargissant et en approfondissant le réseau d'accords commerciaux régionaux contribuerait à renforcer l'intégration dans les chaînes de valeur mondiales et la croissance économique. Les résultats scolaires et la qualité de l'enseignement doivent être améliorés, mais il faut aussi assurer une meilleure adéquation entre les compétences des étudiants et les besoins du marché du travail. L'allégement des formalités administratives et l'égalisation des conditions de concurrence des entreprises publiques et privées donneraient un coup de fouet à l'investissement et à la productivité.

Résultats économiques

Écarts par rapport à la moyenne de la moitié supérieure des pays de l'OCDE

A. PIB par habitant

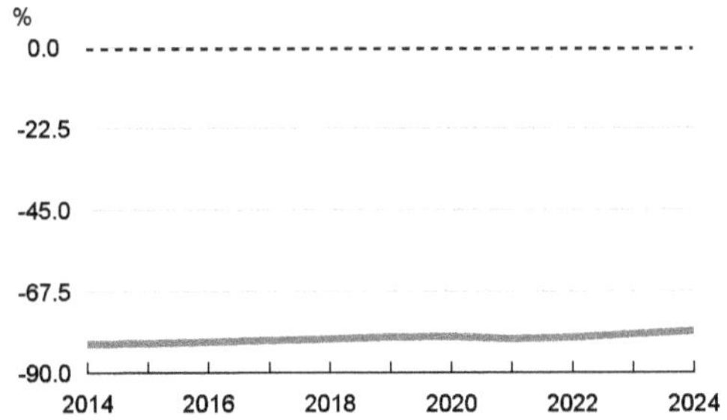

B. Emploi

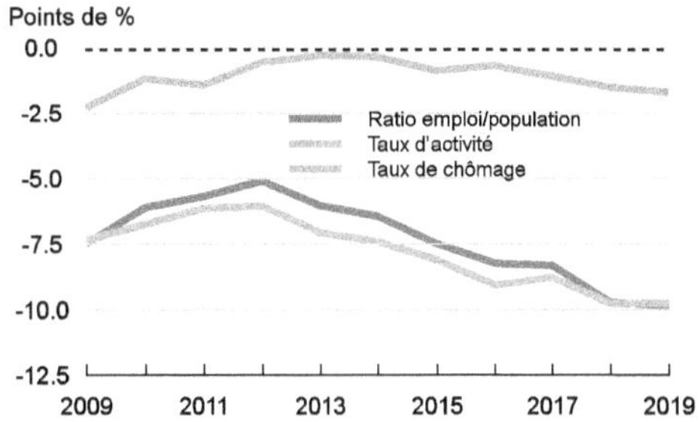

C. PIB par salarié

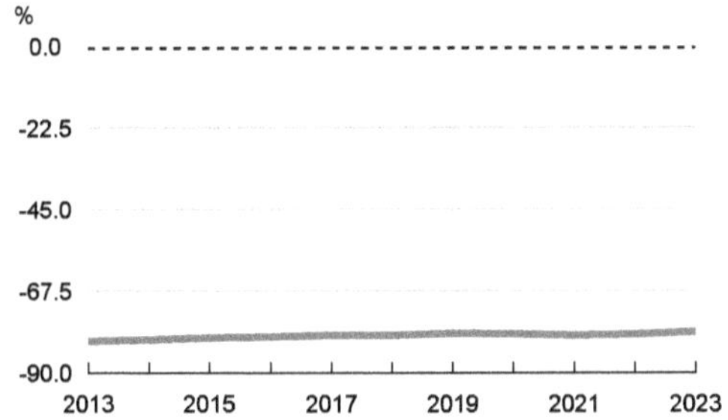

D. Taux d'investissement

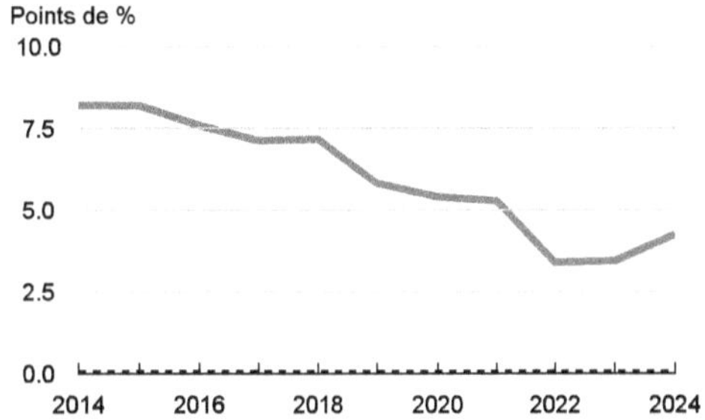

Source : Partie A : OCDE, base de données des Perspectives économiques ; Partie B : OCDE, base de données sur les Statistiques de la population active ; Partie C : OCDE, bases de données des Perspectives économiques de l'OCDE et sur la Productivité ; Partie D : OCDE, bases de données des Perspectives économiques de l'OCDE, des Comptes nationaux annuels et sur la formation brute de capital fixe (FBCF) par actif.

Sélection d'écarts d'indicateur de politique

Indice de restrictivité de la réglementation de l'IDE – limitations des prises de participation étrangères
Indice de 0 à 1, 0 correspondant à une situation d'ouverture et 1 à une situation de fermeture, 2024

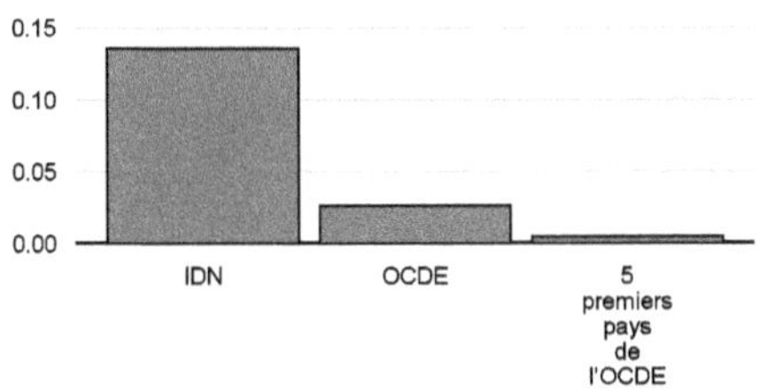

PISA - résultats en sciences
Score moyen, 2022

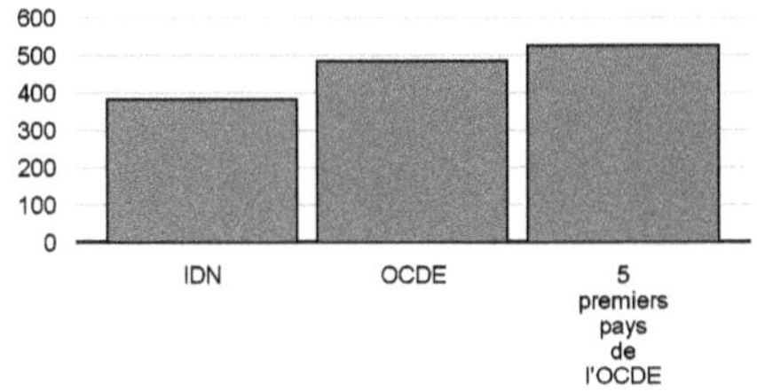

Proportion de la population urbaine ayant aisément accès aux transports publics
% de la population urbaine, 2020

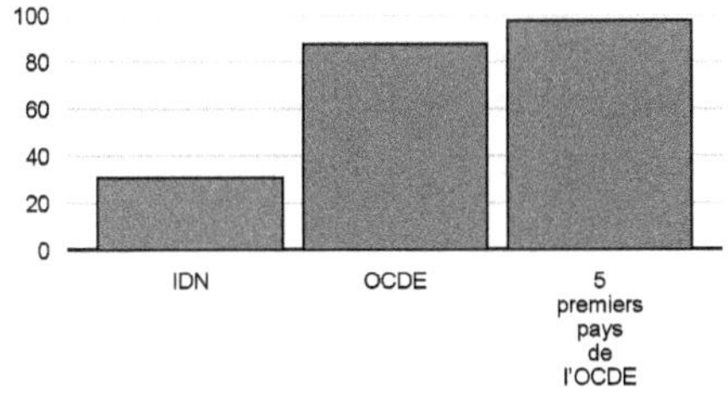

Réglementation des marchés de produits (RMP) – qualité et étendue des participations publiques
Les valeurs de l'indice sont comprises entre 0 (le moins restrictif) et 6 (le plus restrictif), 2023

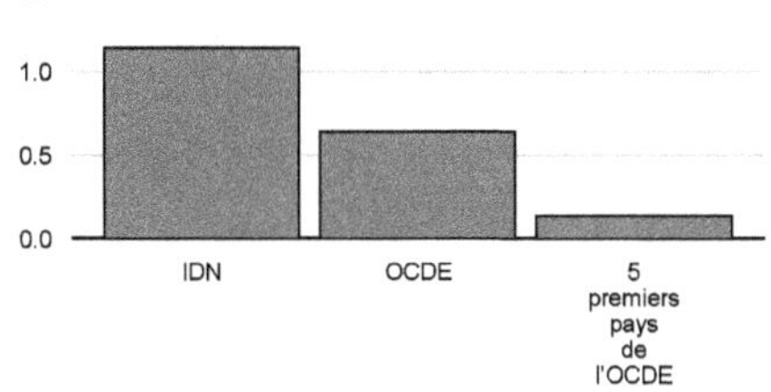

Source : Calculs de l'OCDE effectués à partir de la base de données du rapport *Les fondements de la croissance et de la compétitivité*.

Échanges et investissements : approfondir l'intégration dans les chaînes de valeur mondiales

Les échanges et l'investissement en Indonésie sont entravés par d'importants goulets d'étranglement dus aux nombreux obstacles réglementaires, notamment aux fortes restrictions aux échanges de services et à l'investissement direct étranger. Cette situation est aggravée par des obstacles non tarifaires persistants, dont de nombreuses obligations de contenu local et des barrières discriminatoires indirectes qui favorisent les entreprises indonésiennes et gênent l'intégration des entreprises étrangères et les échanges internationaux.

Recommandations

- ✓ Éliminer ou réduire les obstacles non tarifaires et les critères d'octroi des autorisations d'importation et d'exportation.
- ✓ Accélérer les négociations et la mise en œuvre d'accords commerciaux régionaux et bilatéraux, en incluant de manière explicite des chapitres concernant les services.
- ✓ Égaliser les conditions de concurrence des entreprises étrangères en réduisant les clauses discriminatoires dans la réglementation des marchés publics et des marchés de produits.

Éducation : améliorer la qualité et assurer l'adéquation avec les besoins du marché

Le système éducatif de l'Indonésie est confronté à d'importants déficits de qualité, traduits par la faiblesse persistante des scores au PISA, auxquels s'ajoutent des disparités considérables de niveau de formation entre les régions et, dans l'enseignement secondaire, des frais importants à la charge des étudiants. Les décalages entre les formations et les besoins du marché du travail freinent la productivité et la croissance économique.

Recommandations

- ✓ Investir dans la formation et dans l'évaluation des enseignants pour améliorer la qualité de l'instruction.
- ✓ Réduire les frais à la charge des étudiants dans l'enseignement secondaire pour les familles à faible revenu en augmentant les financements publics.
- ✓ Développer et améliorer la formation professionnelle en faisant intervenir les administrations publiques et les entreprises locales dans la définition des besoins.

Infrastructures : développer et moderniser les réseaux de transport et d'énergie

Des goulets d'étranglement infrastructurels persistants freinent la croissance économique de l'Indonésie, en particulier en dehors de l'île de Java. Le manque de fiabilité de l'électricité, de connectivité routière, de capacité portuaire et de transports urbains réduit l'efficacité logistique, alourdit les coûts et restreint l'accès aux marchés et aux services.

Recommandations

- ✓ Moderniser le réseau électrique et en élargir l'accès en accélérant l'investissement dans le transport et dans la production d'énergie renouvelable.
- ✓ Faire primer l'investissement dans les infrastructures en dehors de l'île de Java, plus particulièrement dans les corridors de transport et les villes secondaires.
- ✓ Renforcer les partenariats public-privé (PPP) en améliorant la sélection de projets, les cadres de partage des risques et la clarté des réglementations.

Environnement des entreprises : réduire les formalités administratives et réformer les entreprises publiques

La complexité des formalités administratives, l'incohérence des réglementations et la place dominante des entreprises publiques dans les secteurs clés limitent l'investissement privé et la productivité. Cette place dominante des entreprises publiques engendre d'importantes distorsions sur les marchés et des conditions de concurrence inégales, défavorables à la croissance du secteur privé. Les entreprises publiques servent d'instruments de politique publique ; elles bénéficient de taux d'intérêt subventionnés, de garanties implicites de l'État et d'exemptions de certaines lois antitrust.

Recommandations

- ✓ Élargir et imposer l'utilisation du guichet unique pour les autorisations professionnelles (OSS-RBA).
- ✓ Élaborer une politique actionnariale claire pour les entreprises publiques, en opérant une distinction entre fonctions commerciales et fonctions stratégiques.
- ✓ Appliquer les principes de neutralité concurrentielle et limiter les privilèges des entreprises publiques.

Transformation numérique : élargir l'accès et favoriser la diffusion

Malgré les progrès réalisés en matière de transformation numérique, l'Indonésie se heurte à des difficultés du fait de la faible pénétration du haut débit fixe et de la lenteur du déploiement de la 5G, en particulier dans les zones rurales. L'adoption d'outils numériques par le secteur des entreprises en général n'a pas été très forte et les entreprises numériques ayant des actifs incorporels ont du mal à accéder aux financements. L'ensemble de la population manque de compétences numériques, y compris les étudiants, les enseignants et les fonctionnaires, ce qui restreint l'utilisation efficace des technologies numériques.

Recommandations

- ✓ Simplifier les procédures d'autorisation pour le haut débit et le déploiement de la 5G, créer une autorité indépendante de régulation des télécommunications et réformer l'attribution des fréquences.
- ✓ Développer les programmes en faveur de l'adoption du numérique et renforcer le financement par capital-risque et autres modèles pour les entreprises numériques.
- ✓ Accorder une plus grande place aux compétences numériques dans les programmes scolaires et mettre à niveau les compétences numériques des enseignants.

Progrès récents en matière de réformes structurelles

Les principales réformes structurelles des dernières années sont la simplification des procédures d'autorisation professionnelle et des cadres de l'emploi ainsi que la libéralisation progressive de l'investissement direct étranger dans les secteurs clés, dont l'énergie, les télécommunications et le commerce électronique. Une réforme fiscale récente a réduit les taux d'imposition des bénéfices des sociétés, élargi la couverture de la TVA et prévoit l'imposition du carbone pour renforcer la viabilité budgétaire et soutenir les objectifs climatiques. Des contestations en justice importantes et l'opposition publique ont néanmoins quelque peu coupé l'élan de la réforme.

Irlande

Les niveaux de vie en Irlande ont considérablement progressé au cours des dix dernières années. Grâce en grande partie aux entreprises multinationales, le revenu par habitant et la productivité du travail comptent aujourd'hui parmi les plus élevés des pays de l'OCDE, bien que les entreprises irlandaises soient restées bien moins productives. Une croissance démographique vigoureuse, soutenue par les flux nets d'immigration, et la hausse du taux d'activité des femmes et des seniors, ont tiré les taux d'emploi vers le haut. Récemment, l'investissement intérieur privé s'est montré instable dans le secteur des multinationales et morose dans l'ensemble.

Il est essentiel, pour accroître encore les taux d'activité et réduire la forte proportion de femmes exerçant un emploi à temps partiel, d'améliorer l'accès aux services d'accueil des jeunes enfants et de réduire les contre-incitations fiscales pour les deuxièmes apporteurs de revenus. Une répartition plus diversifiée des recettes publiques renforcerait la résilience aux chocs tout en assurant un financement plus stable des investissements à long terme générateurs de gains de productivité. Il faudra veiller à ce que la qualité des réseaux d'infrastructures matérielles et numériques réponde aux exigences d'une économie tournée vers l'innovation pour que l'Irlande continue d'attirer les investisseurs étrangers.

Résultats économiques

Écarts par rapport à la moyenne de la moitié supérieure des pays de l'OCDE

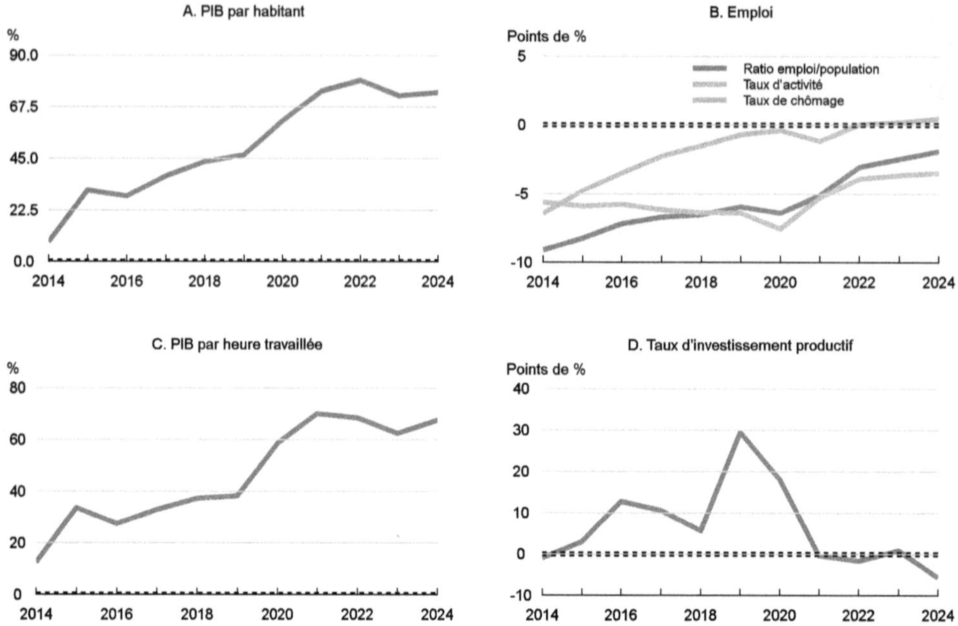

Source : Partie A : OCDE, base de données des Perspectives économiques ; Partie B : OCDE, base de données sur les Statistiques de la population active ; Partie C : OCDE, bases de données des Perspectives économiques de l'OCDE et sur la Productivité ; Partie D : OCDE, bases de données des Perspectives économiques de l'OCDE, des Comptes nationaux annuels et sur la formation brute de capital fixe (FBCF) par actif.

Sélection d'écarts d'indicateur de politique

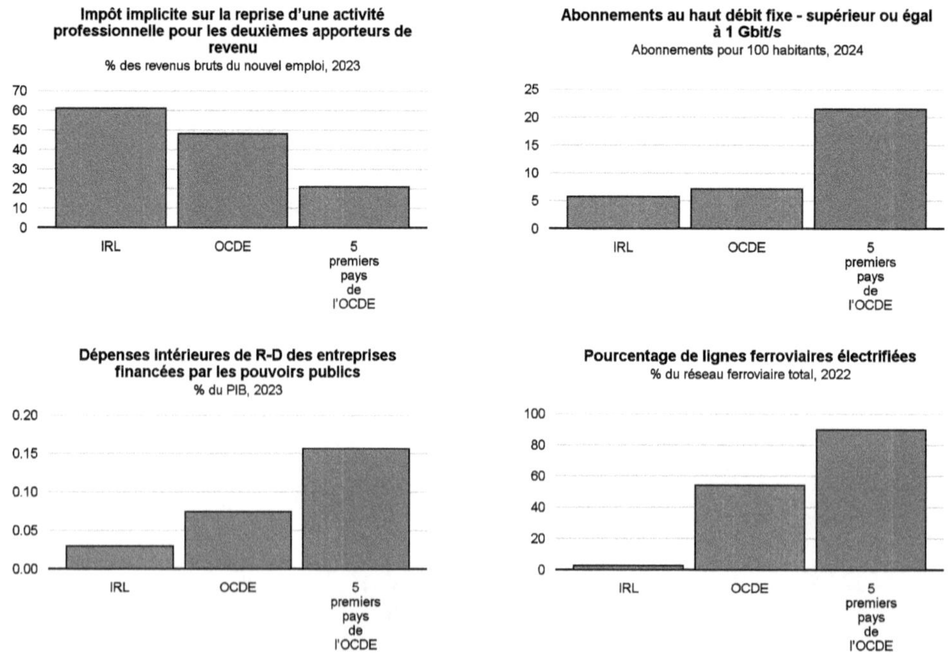

Source : Calculs de l'OCDE effectués à partir de la base de données du rapport *Les fondements de la croissance et de la compétitivité*.

Marché du travail : rendre le coût des services d'accueil des jeunes enfants plus abordable afin de favoriser l'emploi à temps plein des femmes

Le taux d'emploi des femmes de 15 à 64 ans s'est hissé jusqu'aux alentours de 70 %, mais près d'un tiers des femmes occupées travaillent à temps partiel. Le taux de fréquentation de structures d'accueil des jeunes enfants, principalement privées, est faible par rapport aux autres pays de l'OCDE et plus particulièrement dans le cas des ménages à faible revenu. Cette situation tient au coût élevé de la garde d'enfants, qui a rapidement augmenté dans un contexte de manque de capacités et de compétences, et ce malgré de généreuses subventions publiques et des efforts de financement. Le système de prélèvements et de prestations fait également augmenter le coût net de la garde d'enfants, ce qui dissuade les femmes de travailler ou d'allonger leur temps de travail.

Recommandations

- ✓ Continuer de prendre des mesures pour étoffer les capacités d'accueil des jeunes enfants.
- ✓ Faire en sorte que les aides publiques à la garde d'enfants soient davantage soumises à conditions de ressources.
- ✓ Atténuer les contre-incitations à l'emploi des deuxièmes apporteurs de revenu qui découlent de l'effet combiné des frais de garde d'enfants, de la fiscalité et de la perte de prestations.

Transformation numérique : élargir l'accès au haut débit rapide et stimuler la concurrence dans le secteur des télécommunications

Malgré la répartition territoriale inégale de sa population, le déploiement du réseau national ultra haut débit a progressé à grands pas. Le recours aux services numériques peut toutefois être encore amélioré, car le nombre de ménages et d'entreprises qui s'abonnent au haut et ultra-haut débit est quelque peu inférieur à la moyenne de l'OCDE. Cela risque de limiter les gains de productivité potentiels, en particulier dans les zones périphériques. Selon les indicateurs de réglementation des marchés de produits de l'OCDE, la réglementation des communications électroniques fixes et mobiles est légèrement plus stricte.

Recommandations

- ✓ Achever le déploiement du réseau haut débit d'ici à 2026, conformément au Plan national pour le haut débit.
- ✓ Entreprendre une évaluation des obstacles à la concurrence sur les marchés du numérique pour favoriser l'innovation, l'accès équitable au marché et le choix à la consommation.
- ✓ Établir des règles plus claires, exigeant que les opérateurs de télécommunications fixes et mobiles accordent l'accès à leurs infrastructures aux nouveaux prestataires de services en adoptant des accords de partage d'infrastructures pour limiter les comportements anticoncurrentiels.

Innovation : encourager la R-D et la diffusion des innovations parmi les entreprises irlandaises

La R-D d'entreprise est en grande partie assurée par les multinationales étrangères et les financements publics directs n'en représentent qu'une petite partie. Il est donc possible de renforcer la coopération entre les entreprises, universités et établissements publics de recherche et les financements en capital-risque, pour élargir la diffusion des innovations et améliorer la productivité. L'aide fiscale à l'investissement en R-D est conséquente, mais 8 % seulement vont à des entreprises de moins de 50 salariés. Ces dernières représentent environ 65 % des demandeurs, ce qui porte à conclure que les petites start-ups suscitent moins d'intérêt.

Recommandations

- ✓ Continuer de renforcer la coopération entre le secteur public et le secteur privé dans le domaine de la R-D en cherchant plus particulièrement à renforcer la participation des entreprises irlandaises aux réseaux d'innovation des multinationales.
- ✓ Renforcer l'investissement public dans la R-D d'entreprise en privilégiant les projets de recherche appliquée et expérimentale susceptibles d'apporter des solutions aux principaux défis socio-économiques.
- ✓ Améliorer l'accès des PME à la R-D appliquée en mettant en place des structures intermédiaires pour faciliter la création de réseaux et les échanges d'informations entre les universités et les petites entreprises.

Infrastructures : rééquilibrer la mobilité urbaine en faveur de modes de transport plus efficients et plus durables

Le gouvernement irlandais a présenté un plan de modernisation du réseau ferroviaire, lequel est l'un des moins électrifiés des pays de l'OCDE ; il manque en outre de concurrence et joue un rôle marginal dans le transport à la fois de voyageurs et de marchandises. Des mesures faisant en sorte que la voiture particulière occupe une place moins dominante dans le système de mobilité contribueraient à faire baisser le niveau élevé d'émissions liées au transport. Le transport centré sur la voiture aggrave l'étalement urbain ; il nuit ainsi à l'utilisation efficiente des sols et complique l'offre de logements et de services publics dans les grandes zones urbaines. Sur fond de forte croissance économique, la coordination renforcée de la politique du logement, de la politique urbaine et de la politique de transport est essentielle.

Recommandations

- ✓ Réaliser à temps toutes les améliorations prévues du système de transport en commun afin d'encourager à délaisser la voiture.
- ✓ Améliorer la cohérence entre la politique de transport, la politique urbaine et la politique du logement pour promouvoir des établissements compacts avec accès facile aux réseaux de transport.

Fiscalité : élargir la base d'imposition pour réduire les vulnérabilités aux chocs

Une structure des recettes publiques plus résiliente est nécessaire pour financer les priorités de dépense à moyen terme. Les recettes fiscales sont exposées à des risques sectoriels et à des risques propres aux entreprises, en raison d'une forte dépendance des recettes de l'impôt sur les sociétés et sur le revenu des personnes tirées des entreprises multinationales. Une structure fiscale plus stable et moins distorsive est possible en mettant davantage l'accent sur l'imposition des biens et des services. Malgré le niveau élevé de la taxe sur la valeur ajoutée, les taux réduits en diminuent le rendement, et les recettes des impôts périodiques sur la propriété immobilière sont inférieures à la moyenne de l'OCDE.

Recommandations

- ✓ Établir une feuille de route pour diversifier les recettes fiscales à moyen terme, par exemple en élargissant les assiettes de l'impôt sur le revenu des personnes physiques et de la TVA.

- ✓ Rehausser les impôts fonciers locaux et les taux de la taxe sur les terrains à usage d'habitation (RZLT, *Residential Zoned Land Tax*).

Progrès récents en matière de réformes structurelles

En novembre 2025, le gouvernement a publié son nouveau plan (objectif de 300 000 nouvelles habitations d'ici à la fin de 2030) pour accélérer l'offre de logements et améliorer leur accessibilité financière. Le projet de loi sur la planification et le développement de 2024 entend simplifier les procédures de planification des infrastructures et du logement. Six nouvelles « régions sanitaires » sont actuellement mises en place pour décentraliser la gestion de la santé et fournir des services de soins mieux intégrés. Le gouvernement a étoffé l'offre de congé parental rémunéré et élargi l'offre de services d'accueil des jeunes enfants et de prestations à ce titre. L'affiliation automatique aux régimes de pensions professionnels a été instaurée en janvier 2026. Le taux de crédit d'impôt en faveur de la R-D a été porté à 30 % en 2024 et les seuils de remboursement au titre de la première année sont devenus progressivement plus généreux, en particulier pour les plus petits projets de R-D, afin d'encourager les PME à investir dans l'innovation. Deux nouveaux fonds financés par une partie du surplus des recettes d'impôt sur les sociétés, Future Ireland Fund et Infrastructure, Climate and Nature Fund, contribueront au financement de l'investissement à long terme et de la transition. En septembre 2025, le gouvernement a présenté un plan décliné en 85 actions, avec délais de réalisation, pour renforcer la compétitivité et la productivité de l'Irlande.

Islande

L'Islande se classe parmi les pays les plus riches de l'OCDE, avec des taux élevés d'activité et d'emploi auxquels s'ajoute une productivité par travailleur supérieure à la moyenne. La productivité horaire est orientée à la hausse, à la faveur de l'augmentation des investissements. Cependant, la productivité horaire dans le secteur intérieur des biens et services reste à la traîne. D'autre part, la forte dépendance de l'Islande vis-à-vis des ressources naturelles fait ressortir l'importance d'ouvrir et de diversifier l'économie afin d'assurer une croissance durable à long terme.

Il sera essentiel d'améliorer l'environnement des entreprises. Pour encourager l'entrepreneuriat, l'Islande devrait réduire les obstacles à l'entrée sur le marché, pour les entreprises islandaises comme pour les entreprises étrangères, et renforcer la facilitation des échanges internationaux. La simplification des procédures administratives renforcerait la production d'électricité. L'amélioration des cadres d'efficacité publique favoriserait à la fois la productivité et la confiance publique. Une réforme générale de l'éducation pourrait contribuer à rehausser les compétences de base.

Résultats économiques

Écarts par rapport à la moyenne de la moitié supérieure des pays de l'OCDE

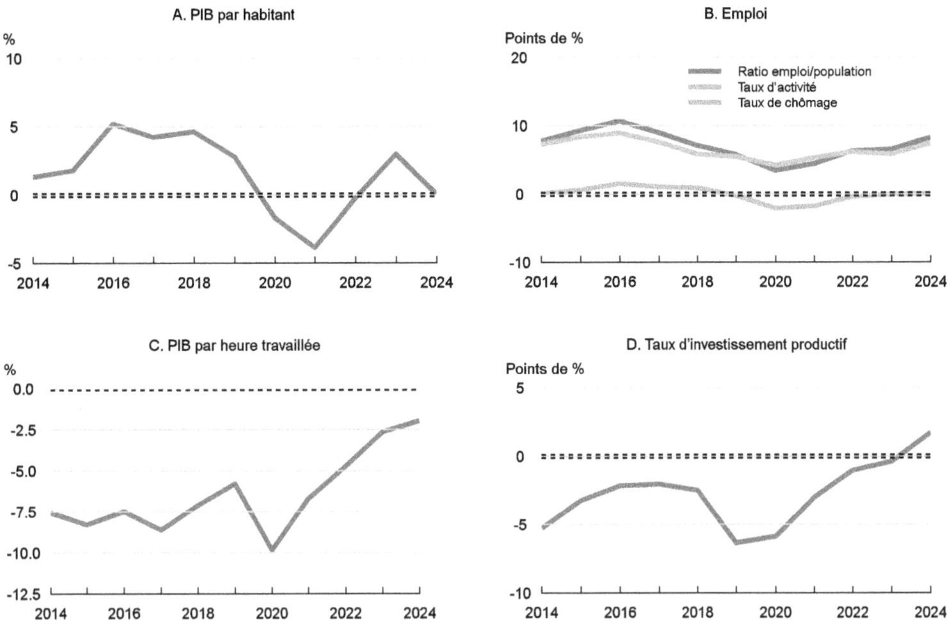

Source : Partie A : OCDE, base de données des Perspectives économiques ; Partie B : OCDE, base de données sur les Statistiques de la population active ; Partie C : OCDE, bases de données des Perspectives économiques de l'OCDE et sur la Productivité ; Partie D : OCDE, bases de données des Perspectives économiques de l'OCDE, des Comptes nationaux annuels et sur la formation brute de capital fixe (FBCF) par actif.

Sélection d'écarts d'indicateur de politique

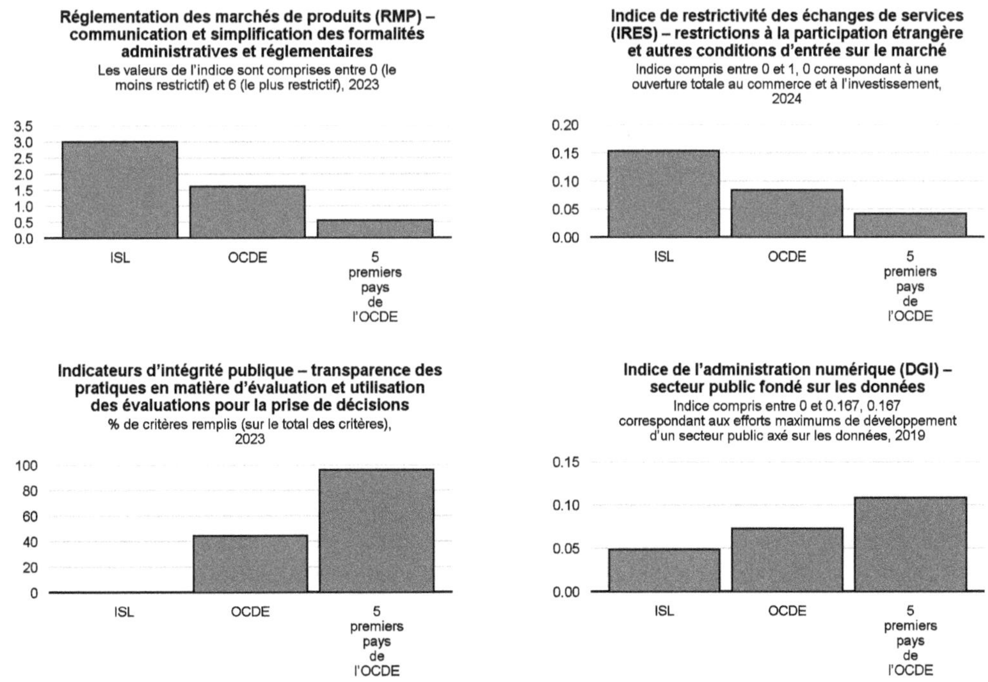

Source : Calculs de l'OCDE effectués à partir de la base de données du rapport *Les fondements de la croissance et de la compétitivité*.

Ouverture : favoriser l'investissement direct étranger et faciliter les échanges

Les réglementations concernant l'investissement direct étranger (IDE) et les échanges de services sont rigoureuses ; elles restreignent l'entrée d'entreprises étrangères sur le marché et ralentissent l'accès à la frontière technologique mondiale. Certains secteurs sont soumis à des restrictions strictes aux prises de participation étrangères. Les autorités disposent également du pouvoir discrétionnaire de filtrer l'IDE pour des raisons d'intérêt économique. Les échanges sont freinés par des procédures administratives relativement complexes et dénuées de transparence.

Recommandations

- ✓ Revoir et supprimer les restrictions à l'investissement direct étranger et aux échanges de services, si nécessaire.
- ✓ Préciser les critères d'évaluation des projets d'IDE et limiter le pouvoir discrétionnaire de filtrage le concernant.
- ✓ Faciliter les échanges commerciaux internationaux en mettant en place un guichet douanier unique, tout en renforçant la coordination entre les organismes concernés.

Concurrence : réduire les obstacles réglementaires à l'entrée d'entreprises sur le marché

Malgré quelques améliorations dans les secteurs du tourisme et de la construction, les obstacles à l'entrée d'entreprises sur le marché demeurent élevés. Les lourdes contraintes administratives et réglementaires qui pèsent sur la création d'entreprise nuisent à l'entrepreneuriat et ralentissent la croissance de la productivité. Les conditions d'accès aux métiers et aux professions sont strictes. Les formalités à remplir pour obtenir une autorisation professionnelle peuvent être pesantes et faire intervenir plusieurs autorités, lesquelles rendent parfois des décisions dépourvues de cohérence. Les procédures d'insolvabilité peuvent être longues et coûteuses pour les petites entreprises.

Recommandations

- ✓ Revoir les objectifs des mesures relatives à l'octroi d'autorisations professionnelles et conserver uniquement celles qui sont nécessaires pour assurer l'intégrité des services et la protection des consommateurs.
- ✓ Simplifier les procédures administratives liées à l'obtention d'autorisations professionnelles, par exemple en créant un guichet unique pour les entrepreneurs.
- ✓ Instaurer des procédures pré-insolvabilité pour les entreprises en difficulté et mettre en place un régime d'insolvabilité simplifié destiné aux petites entreprises.

Énergie : accroître l'approvisionnement en électricité

L'abondante production d'électricité dans le pays constitue depuis longtemps un pilier du développement économique de l'Islande. Or, la demande croissante alimentée par les efforts de décarbonation et par la transition numérique met le système électrique à rude épreuve. Les contraintes affectant l'offre, plus fréquentes, se répercutent sur les recettes d'exportation, et les prix augmentent. Le réseau de transport d'électricité vieillissant atteint ses limites de capacité. La lourdeur des procédures administratives pour la délivrance de licences et de permis, ainsi que la faiblesse des incitations financières aux communes, freinent les nouveaux projets de production et de transport d'électricité.

Recommandations

- ✓ Investir dans des capacités de transport supplémentaires en menant au préalable une analyse coûts-avantages complète et en coordination avec les projets de production.
- ✓ Mettre en place une procédure administrative accélérée pour les projets électriques jugés prioritaires par le parlement.
- ✓ Augmenter la part des recettes de la production d'électricité qui revient aux communes, par exemple en partageant les redevances, les droits et les dividendes.

Gouvernance : favoriser l'efficacité du secteur public

Bien que les institutions islandaises soient de haute qualité, une plus grande efficacité du secteur public pourrait renforcer la productivité. Les pratiques d'évaluation pourraient être rendues plus transparentes, et l'utilisation de l'analyse des problèmes fondée sur des données probantes et des outils diagnostiques pourrait être plus répandue. Les plans d'action devraient inclure des considérations financières, notamment des estimations de coût. Bien qu'une plateforme numérique (Island.is) ait été mise en œuvre, les services d'administration numérique pourraient être encore développés.

Recommandations

- ✓ Renforcer le cadre stratégique pour une plus grande efficacité du secteur public, notamment en améliorant les pratiques d'évaluation et l'analyse des problèmes fondée sur des données probantes.
- ✓ Accélérer les progrès vers l'administration numérique et un secteur public axé sur les données. Simplifier également l'accès aux données publiques.

Éducation : améliorer les compétences de base

La qualité de l'enseignement obligatoire a nettement diminué en vingt ans, ce qui pourrait conduire à une baisse de productivité à long terme. Le système scolaire décentralisé offre de nombreux avantages, mais l'absence de tests normalisés limite la capacité des pouvoirs publics à assurer un suivi efficace des résultats des établissements scolaires et des élèves. L'écart entre les scores PISA des élèves autochtones et ceux des élèves issus de l'immigration est plus important que dans les autres pays de l'OCDE. La qualité de l'enseignement est relativement faible.

Recommandations

- ✓ Poser les bases de tests normalisés afin d'éclairer les résultats des élèves et les pratiques d'enseignement, et renforcer le suivi centralisé des résultats des établissements scolaires.
- ✓ Soutenir les élèves issus de l'immigration, notamment en élargissant l'enseignement systématique et ciblé de la langue.
- ✓ Améliorer et adapter le cadre de compétences des enseignants.

Progrès récents en matière de réformes structurelles

Bien que les progrès aient été relativement limités ces dernières années, quelques réformes ont été mises en œuvre. Les réglementations ont été assouplies dans les secteurs des transports et de la construction. Le secteur de l'électricité a été considérablement modernisé : la production, le transport et la distribution sont entièrement séparés et deux marchés de gros ont été créés. Des actions ont également été menées en vue de renforcer l'intégrité publique, dont la mise en œuvre d'une législation pour protéger es lanceurs d'alerte.

Israël

Israël connaît une croissance économique vigoureuse depuis dix ans, due en grande partie à une forte progression démographique. L'amélioration de la productivité du travail, portée par un secteur des hautes technologies dynamique a elle aussi largement contribué à cette croissance. La part de la population d'âge actif en emploi a également augmenté grâce à la baisse du taux de chômage structurel et à la hausse du taux d'activité des femmes.

Pour que les résultats économiques restent solides, les piliers de croissance actuels devront être renforcés. L'investissement dans les infrastructures est important pour soutenir la croissance future de la productivité. Il est essentiel, pour la croissance à long terme, d'amener à l'emploi une bien plus grande proportion des catégories de population en forte progression démographique et dont les liens avec le marché du travail sont actuellement ténus. La libéralisation des échanges en cours doit se poursuivre tant que la réglementation applicable aux entreprises peut encore être simplifiée.

Résultats économiques

Écarts par rapport à la moyenne de la moitié supérieure des pays de l'OCDE

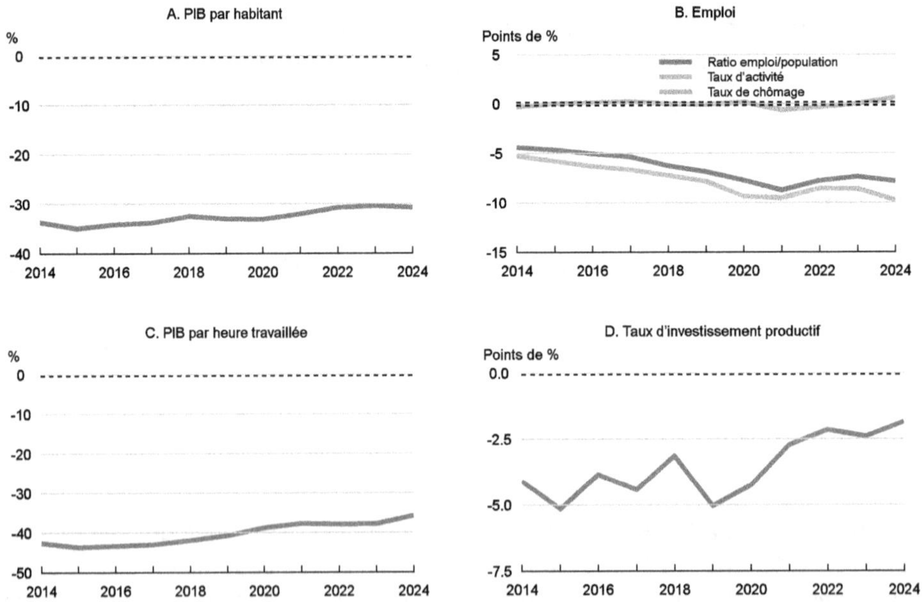

Source : Partie A : OCDE, base de données des Perspectives économiques ; Partie B : OCDE, base de données sur les Statistiques de la population active ; Partie C : OCDE, bases de données des Perspectives économiques de l'OCDE et sur la Productivité ; Partie D : OCDE, bases de données des Perspectives économiques de l'OCDE, des Comptes nationaux annuels et sur la formation brute de capital fixe (FBCF) par actif.

Sélection d'écarts d'indicateur de politique

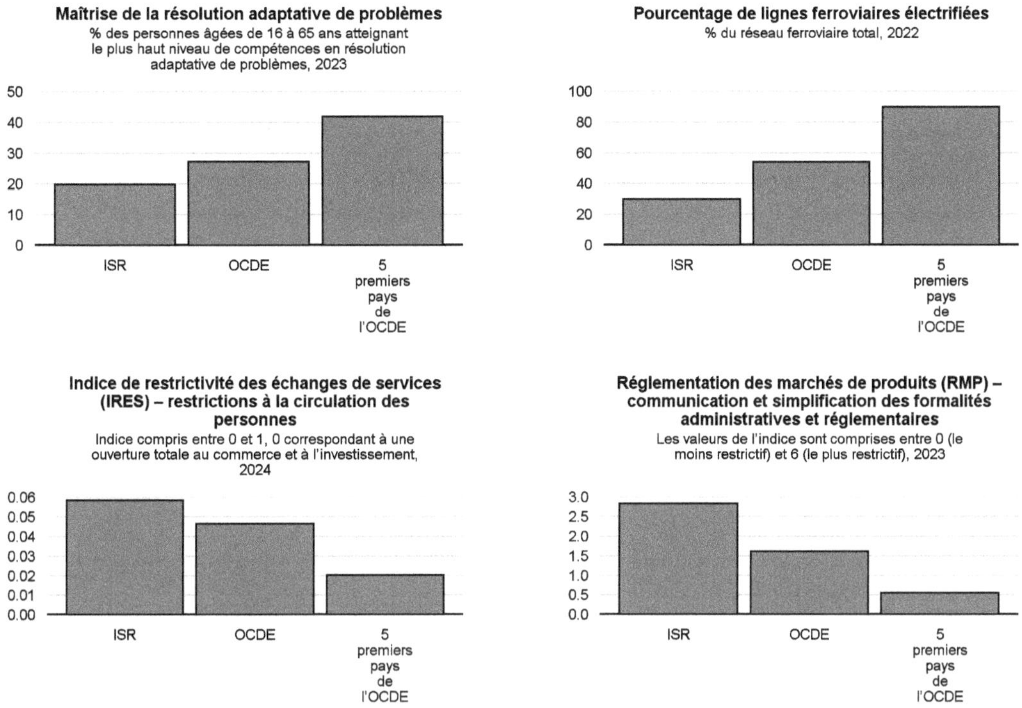

Source : Calculs de l'OCDE effectués à partir de la base de données du rapport *Les fondements de la croissance et de la compétitivité*.

Économie numérique : investir dans les infrastructures et les compétences numériques

Le secteur israélien des hautes technologies est très avancé, porté par des entreprises du numérique dynamiques, notamment dans le domaine de l'intelligence artificielle (IA). Il reste toutefois d'amples possibilités d'approfondir la concurrence sur le marché du haut débit et d'accroître l'adoption des technologies numériques par les secteurs autres que celui des hautes technologies.

Recommandations

- ✓ Poursuivre les actions en faveur de la concurrence sur le marché des services de haut débit à fibre optique.
- ✓ Veiller à ce que les compétences numériques figurent au niveau central dans le Cadre national de qualifications, actuellement en préparation.

Infrastructures de transport : Mettre en place des systèmes de péage et poursuivre la modernisation des transports ferroviaires

Les infrastructures de transport israéliennes sont à la traîne. Les réseaux routiers sont insuffisamment développés et la congestion, surtout dans la zone de la métropole de Tel-Aviv, compte parmi les pires comparée avec les autres pays de l'OCDE. Les transports en commun, en particulier les transports ferroviaires, sont relativement peu développés, et une grande partie du réseau n'est toujours pas électrifiée.

Recommandations

- ✓ Mettre en place des systèmes de péage pour optimiser l'utilisation du réseau routier.
- ✓ Simplifier les procédures administratives et judiciaires pour faciliter et accélérer la construction des infrastructures de transport et élargir l'offre de transport en commun.
- ✓ Instaurer des autorités des transports métropolitains pour améliorer la gouvernance et l'utilisation des transports en commun.
- ✓ Achever sans plus tarder les projets d'électrification des voies ferrées.

Mobilité de la main-d'œuvre et taux d'activité : mieux intégrer les hommes de confession juive ultra-orthodoxe et les femmes arabes dans le marché du travail

D'importants écarts d'emploi persistent. Le faible taux d'emploi des hommes haredim (ultra-orthodoxes) et des femmes arabes tire les résultats du marché du travail global vers le bas. Sachant que l'évolution démographique fait apparaître une forte augmentation de la proportion d'haredim dans la population, l'amélioration de leur taux d'activité est essentielle pour la croissance à long terme. Les hommes haredim bénéficient d'aides et d'exemptions particuliers qui découragent et retardent leur entrée sur le marché du travail. Le manque de services de garde d'enfants à des prix abordables empêche les femmes arabes israéliennes d'avoir une activité professionnelle. En raison de la flambée des prix des logements, les jeunes qui entrent sur le marché du travail ont des difficultés à se loger dans les zones les plus économiquement dynamiques.

Recommandations

- ✓ Supprimer les contre-incitations à l'acquisition de compétences professionnelles et à la recherche d'emploi pour les étudiants en Yéchiva, notamment en réduisant les transferts et en conditionnant à l'emploi des deux parents les aides à la garde d'enfants qui leur sont accordées.
- ✓ Accroître l'offre de services de garde d'enfants dans les municipalités arabes.
- ✓ Construire plus de logements sociaux, en particulier dans les zones économiquement dynamiques, tout en privilégiant les demandes provenant de travailleurs à faible revenu.

Ouverture aux échanges et à l'IDE : Élargir les accords commerciaux, faciliter les importations agricoles et supprimer les obstacles à l'investissement étranger

Relativement au PIB, les échanges sont moins dynamiques que dans la plupart des autres pays avancés de taille comparable. Ces résultats insuffisants tiennent en partie à des relations difficiles avec certains pays voisins au sein de la région. Les politiques menées sont aussi responsables : malgré d'importants progrès ces dernières années, des obstacles aux échanges persistent, sous forme de droits de douane sur les produits fermiers et d'obstacles techniques au commerce relativement élevés par rapport aux moyennes de l'OCDE. Les restrictions à l'emploi d'étrangers à des postes clés peuvent faire obstacle à l'investissement étranger.

Recommandations

- ✓ Négocier de nouveaux accords commerciaux tout en approfondissant les accords existants, réduire les obstacles techniques au commerce pesants et veiller à ce que ceux qui sont conservés soient conformes aux normes internationales. Par ailleurs, simplifier l'attribution des licences d'importation et en allonger la durée de validité.
- ✓ Faciliter les importations de produits fermiers, notamment en réduisant les droits de douane sur les légumes.
- ✓ Assouplir les réglementations applicables à l'emploi d'étrangers à des postes clés.

Environnement des entreprises : alléger les contraintes réglementaires et simplifier les procédures de faillite

Les exigences administratives et réglementaires comptent parmi les plus strictes de la zone OCDE, ce qui entrave l'entrée sur le marché et la croissance des entreprises. Les mesures de contrôle des prix et des quantités concernent un large éventail de produits alimentaires de base, ce qui engendre une distorsion des choix des consommateurs et cause des pénuries. Les nouvelles entreprises de services professionnels en puissance se heurtent à des obstacles plus conséquents que ceux généralement rencontrés dans les pays de l'OCDE. Les coûts personnels d'une faillite pour les entrepreneurs sont plus élevés que la moyenne enregistrée dans la zone OCDE parce que les procédures de liquidation sont moins efficientes.

Recommandations

- ✓ Réduire au minimum la durée, le coût et le nombre d'étapes requises pour créer une entreprise, et mettre en place un guichet unique en ligne.
- ✓ Faciliter la délivrance des autorisations professionnelles, notamment en encourageant le recours aux mécanismes de « consentement tacite ».
- ✓ Réduire les obstacles à l'entrée sur le marché d'entreprises de services professionnels (ex. les sociétés de conseil juridique doivent appartenir à des avocats).
- ✓ Simplifier les régimes de prévention des faillites et de liquidation en simplifiant les procédures applicables aux micro-entreprises et aux petites entreprises tout en menant à bien les actions en cours pour récompenser les négociations de dette précoces entre prêteurs et emprunteurs à risque.

Progrès récents en matière de réformes structurelles

Les attentats terroristes du 7 octobre 2023 et la guerre, couplés avec les amples déficits publics qui en ont résulté, ont compliqué et ralenti les initiatives de réforme structurelle. L'action menée pour faciliter les échanges est restée résolue, et deux accords de libre-échange sont entrés en vigueur en 2024 (avec le Guatemala et le Viet Nam). Une réforme entrée en vigueur en juillet 2024 autorise l'entrée de biens dans le pays, la surveillance du marché étant fondée sur une évaluation des risques, comme dans d'autres marchés développés, sans arrêt systématique pour leur inspection ou leur certification. La réforme de la réglementation dite « Ce qui est bon pour l'Europe est bon pour Israël », entrée en vigueur en 2025, aligne la réglementation israélienne et celle de l'Union européenne pour 90 % des produits de consommation, des produits alimentaires et des cosmétiques.

Italie

Les performances économiques de l'Italie ont progressé depuis une dizaine d'années, passées les crises du début des années 2010, et la production par habitant est en augmentation. La hausse de l'emploi a été le moteur de cette amélioration. Le chômage est tombé à des niveaux historiquement bas et davantage de femmes et de seniors ont été amenés à travailler. L'investissement a augmenté. Si la productivité du travail s'est améliorée à la fin des années 2010, elle s'est affaiblie depuis lors, la forte croissance de l'emploi générée par l'expansion des secteurs de services à forte intensité d'emploi ayant dépassé la croissance globale de la production. Le plan national italien pour la reprise et la résilience (PNRR), qui est en cours de mise en œuvre, est à l'origine d'un ambitieux programme de réformes structurelles et d'investissements publics visant à tirer la productivité vers le haut.

Pour rehausser les taux de croissance économique, il faudra affronter les vents contraires du vieillissement rapide de la population, amplifiés par un taux d'activité des femmes et des jeunes plus faible que dans la plupart des pays comparables, malgré des progrès récents, ainsi que par d'importants déficits de compétences. Stimuler les investissements du secteur privé, en particulier dans la recherche et l'innovation, accélérerait la croissance de la productivité. Veiller à ce que la politique budgétaire contribue à faire baisser durablement et de manière crédible le niveau élevé de la dette publique, conformément au plan budgétaire et structurel à moyen terme, favoriserait les réformes et la croissance plus généralement sur le long terme, dans la mesure où l'assainissement budgétaire en cours et le poids des pensions de retraite et d'autres dépenses nécessaires limitent la marge de manœuvre budgétaire pour investir ou alléger la charge fiscale.

Résultats économiques

Écarts par rapport à la moyenne de la moitié supérieure des pays de l'OCDE

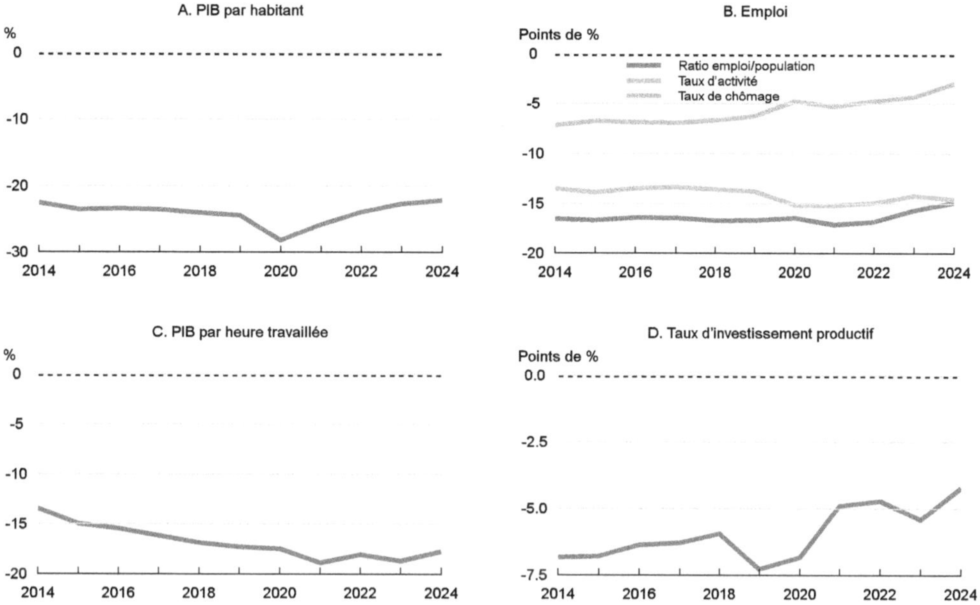

Source : Partie A : OCDE, base de données des *Perspectives économiques de l'OCDE* ; Partie B : OCDE, base de données sur les statistiques de la population active ; Partie C : OCDE, bases de données des *Perspectives économiques de l'OCDE* et sur la productivité ; Partie D : OCDE, bases de données des *Perspectives économiques de l'OCDE* et sur les comptes nationaux annuels et la formation brute de capital fixe (FBCF) par actif.

Sélection d'écarts d'indicateur de politique

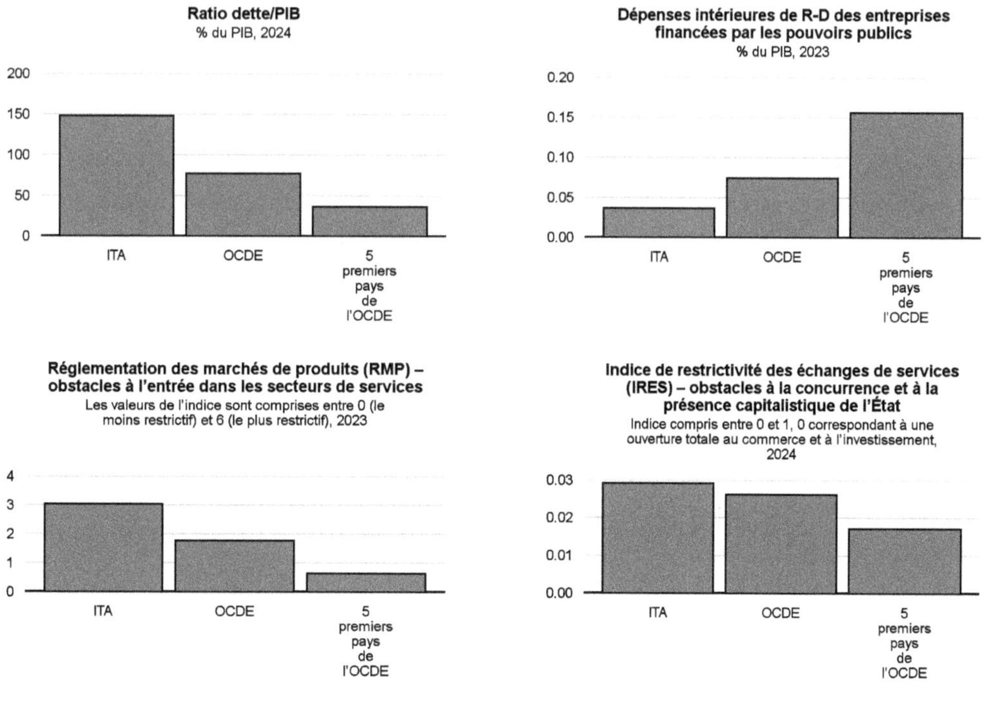

Source : calculs de l'OCDE effectués à partir de la base de données du rapport *Les fondements de la croissance et de la compétitivité*.

Stabilité macroéconomique : poursuivre l'assainissement des finances publiques pour favoriser des coûts de financement bas et stables

Le ratio dette publique/produit intérieur brut (PIB) de l'Italie, qui approche les 150 % (137 % selon les critères de Maastricht), est l'un des plus élevés des pays de l'OCDE. Ce chiffre a eu pour effet de creuser les écarts de taux d'intérêt et de faire augmenter les coûts d'emprunt pour les investisseurs, de mettre le système financier à l'épreuve, et de limiter la marge de manœuvre budgétaire en vue de préserver le capital humain et les infrastructures matérielles tout en investissant dans ces domaines. Ces dernières années, la générosité des crédits d'impôt a entraîné une dégradation des finances publiques, même si le ratio dette publique/PIB devrait commencer à diminuer à mesure que les effets de ces crédits se dissiperont, et que le plan budgétaire et structurel à moyen terme ouvre la voie à une réduction du déficit budgétaire, ce qui contribuera à resserrer les écarts de taux d'intérêt et à améliorer les notations financières. Dans les années à venir, les tensions sur les dépenses liées à la défense, aux retraites et au changement climatique vont s'accentuer, tandis que les besoins d'investissements publics resteront importants, ce qui compliquera cet assainissement budgétaire.

Recommandations

- ✓ Conformément au cadre budgétaire à moyen terme, réduire les dépenses en proportion du PIB et utiliser les recettes exceptionnelles pour réduire le déficit budgétaire et atteindre les objectifs à moyen terme.
- ✓ Renforcer encore le rôle des examens de dépenses, en rendant leur portée et leurs objectifs d'économies plus ambitieux.
- ✓ Accroître l'assiette des recettes en continuant de lutter contre la fraude fiscale, en réduisant les dépenses fiscales et en améliorant l'efficacité de l'administration fiscale, notamment grâce à un recours plus important aux paiements numériques ainsi qu'à l'actualisation des calculs de l'assiette de l'impôt sur la propriété.

Marché du travail : rehausser le taux d'activité, en particulier chez les femmes et les jeunes

Malgré la croissance récente de l'emploi et la baisse des taux de chômage, y compris dans un contexte de ralentissement de la croissance économique, les taux d'emploi restent inférieurs à ceux de la plupart des pays de l'OCDE, principalement en raison du faible taux d'activité des femmes et des jeunes. Cette situation s'explique en partie par les lacunes des politiques familiales et, malgré des progrès récents, par l'insuffisance de l'accès aux volets de formation des politiques actives du marché du travail, sans préjudice des réformes en cours destinées à encourager la parité entre les genres, et par la faiblesse des incitations financières à prendre un emploi qui ciblent les bénéficiaires de prestations sociales, compte tenu des taux élevés des prélèvements fiscaux et sociaux. Un sixième de la population active est soumis à des clauses de non-concurrence, ce qui réduit le dynamisme de cette population, notamment dans les professions où l'accès à des secrets d'affaires ou aux connaissances tacites des entreprises est très peu probable.

Recommandations

- ✓ Étendre la portée de l'éducation des jeunes enfants et accroître le recours par les pères à la prolongation de congé parental dont ceux-ci peuvent bénéficier en sus du quota qui leur est alloué dans le cadre du congé parental partagé entre les deux parents, en mettant en place des incitations plus efficaces, notamment des taux supérieurs de remplacement du salaire, et en informant mieux tous les travailleurs de l'existence de ce supplément de congé.

- ✓ Réexaminer et réformer divers abattements et avantages fiscaux pour s'assurer qu'ils ne se traduisent pas par des taux marginaux d'imposition effectifs élevés à certains niveaux de salaire ou pour certaines structures de ménage.
- ✓ Améliorer le fonctionnement du marché du travail, en particulier pour les travailleurs qui arrivent sur ce marché, en maintenant les investissements dans la qualité de la formation, en continuant de réduire les prélèvements fiscaux et sociaux sur les revenus du travail, en encourageant les partenaires sociaux à réformer les conventions collectives de façon à améliorer les incitations au travail ciblant les jeunes, et en réduisant la portée des clauses de non-concurrence pour réduire les obstacles à la mobilité entre entreprises.

Capital humain : renforcer la qualité et la pertinence de l'éducation

La proportion de jeunes qui ne sont ni en emploi, ni scolarisés, ni en formation est l'une des plus élevées de l'OCDE, et la part des diplômés universitaires dans la population âgée de 25 à 34 ans l'une des plus faibles. Le faible niveau d'instruction et la qualité insuffisante de l'enseignement nuisent aux compétences de la population active, en particulier aux compétences numériques, ce qui amplifie les effets du vieillissement démographique.

Recommandations

- ✓ Continuer d'améliorer la qualité des instituts technologiques supérieurs (ITS) et de développer leur accessibilité, en particulier dans le sud du pays, et renforcer le lien entre le financement, d'une part, et les performances des universités publiques en matière de recherche et d'échange de connaissances.
- ✓ Améliorer le contrôle de la qualité des prestataires de formation en renforçant le système de certification au niveau national.
- ✓ Continuer d'améliorer l'orientation des élèves et de mettre les programmes d'enseignement en adéquation avec les besoins du marché du travail.

Innovation : renforcer le financement et la collaboration entre l'industrie et les centres de recherche

Le ratio entre les dépenses de recherche-développement (R-D) et le PIB est nettement inférieur à la moyenne de l'OCDE, ce qui limite la capacité de l'Italie à exploiter son potentiel d'innovation. La productivité de nombreuses entreprises de taille moyenne soutient avantageusement la comparaison au niveau international, mais la taille de ces entreprises limite les moyens de R-D dont elles disposent, tandis que les grandes entreprises sont moins nombreuses que dans des économies comparables. Le financement privé des activités d'innovation, qui est courant dans d'autres pays de l'OCDE, par exemple sous la forme de sociétés de capital-risque, est moins développé en Italie.

Recommandations

- ✓ Renforcer les liens entre les établissements publics de recherche et le secteur privé, surtout les petites et moyennes entreprises (PME) qui, souvent, n'ont pas l'envergure nécessaire pour mener des activités de R-D avec efficience, en faisant un plus large usage des fonds publics de développement.

- ✓ Soutenir la poursuite du développement du marché du capital-risque afin de financer la fusion et la croissance des entreprises de taille moyenne.
- ✓ Améliorer la sécurité juridique en matière de fiscalité et d'autres incitations pour encourager la croissance et l'investissement des entreprises dans le domaine de la R-D, en s'appuyant sur les examens en cours de l'efficacité des incitations.

Ouverture aux échanges : réduire les obstacles aux échanges de services

Les obstacles aux échanges de services sont importants par rapport à ceux qu'on observe dans d'autres pays de l'OCDE. Si l'activité dans les services affiche ces dernières années des performances meilleures que celles de l'économie dans son ensemble, la croissance de la productivité est particulièrement modeste, en partie du fait de dispositions réglementaires qui paralysent la concurrence, notamment dans les services professionnels.

Recommandations

- ✓ Mettre en œuvre des réformes de la concurrence qui visent à réduire les obstacles à l'entrée dans les secteurs de services, notamment en simplifiant les procédures d'autorisation et en soumettant à un appel d'offres public les concessions qui arrivent à expiration.
- ✓ Réduire le champ d'application des règles de « rémunération équitable » des services professionnels.

Progrès récents en matière de réformes structurelles

Les réformes portant sur un large éventail de questions structurelles se sont accélérées ces dernières années. L'assainissement budgétaire considérable et l'adoption du plan budgétaire et structurel à moyen terme se traduisent par une amélioration de la santé des finances publiques et contribuent à resserrer les écarts de taux d'intérêt et à réduire les coûts d'emprunt pour les Italiens par rapport à ceux constatés dans d'autres économies de la zone euro. La réforme des taux d'imposition des revenus du travail, divers abattements fiscaux et des aides au titre des frais de sécurité sociale réduisent le coin fiscal sur les revenus du travail, tandis que les capacités d'éducation et d'accueil des jeunes enfants et les indemnités de congé parental sont en train d'être étoffées. La loi annuelle sur la concurrence favorise la contestabilité des marchés. L'enseignement professionnel et technique est en train d'être réformé de façon à mieux répondre aux besoins des employeurs. Les incitations et les structures de soutien en faveur des activités de R-D des entreprises ainsi que de leurs relations avec les établissements de recherche ont été réexaminées et réformées, parallèlement au processus plus vaste de réexamen et de rationalisation des incitations axé sur les entreprises. Les efforts de réforme ont été en grande partie déployés pour donner suite aux objectifs à atteindre et aux étapes à accomplir dans le cadre du plan national pour la reprise et la résilience (PNRR), et permettre ainsi l'accès aux fonds du dispositif *NextGenerationEU*, et les autorités italiennes sont allées au-delà de ces exigences en élaborant des processus de suivi des retombées des réformes et des investissements et de remontée d'information sur ces retombées.

Japon

Le revenu par habitant est toujours inférieur d'environ 30 % à la moyenne de la moitié supérieure des pays de l'OCDE, la productivité du travail compte parmi les plus faibles de la zone OCDE et la croissance est atone depuis plusieurs décennies. L'investissement privé en pourcentage du PIB est relativement élevé en comparaison internationale, mais les actifs fixes par travailleur sont quasiment au même niveau depuis deux décennies, malgré la nécessité de compenser la contraction de la population d'âge actif. La hausse du taux d'activité des femmes et des seniors soutient l'emploi, et le taux de chômage est le plus faible de la zone OCDE.

Pour accélérer la croissance de la productivité, le Japon doit impérativement stimuler la dynamique des entreprises en facilitant leur entrée et leur sortie, et attirer davantage de capitaux étrangers. Une collaboration plus étroite entre les entreprises et les universités peut faciliter la diffusion des technologies auprès d'un plus grand nombre d'entreprises et de secteurs. L'évolution des besoins de compétences, notamment en lien avec l'essor des nouvelles technologies et l'allongement de la vie professionnelle, souligne l'importance des efforts de reconversion et d'actualisation des compétences. Le développement de la production d'électricité renouvelable aiderait le Japon à renforcer sa sécurité énergétique et à améliorer l'accessibilité financière de l'énergie, tout en atteignant ses objectifs climatiques ambitieux.

Résultats économiques

Écarts par rapport à la moyenne de la moitié supérieure des pays de l'OCDE

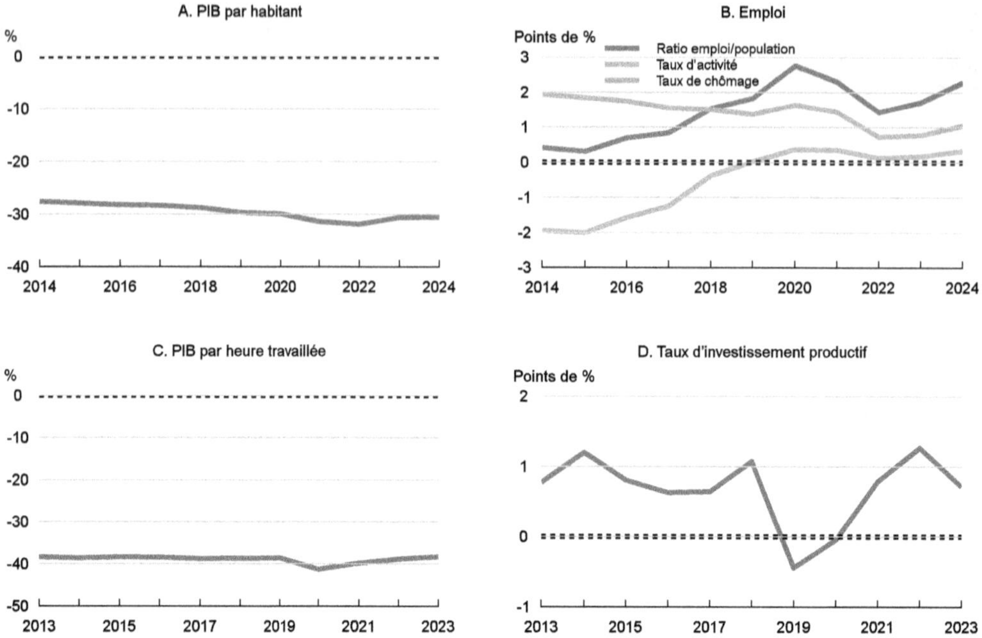

Source : Partie A : OCDE, base de données des Perspectives économiques ; Partie B : OCDE, base de données sur les Statistiques de la population active ; Partie C : OCDE, bases de données des Perspectives économiques de l'OCDE et sur la Productivité ; Partie D : OCDE, bases de données des Perspectives économiques de l'OCDE, des Comptes nationaux annuels et sur la formation brute de capital fixe (FBCF) par actif.

Sélection d'écarts d'indicateur de politique

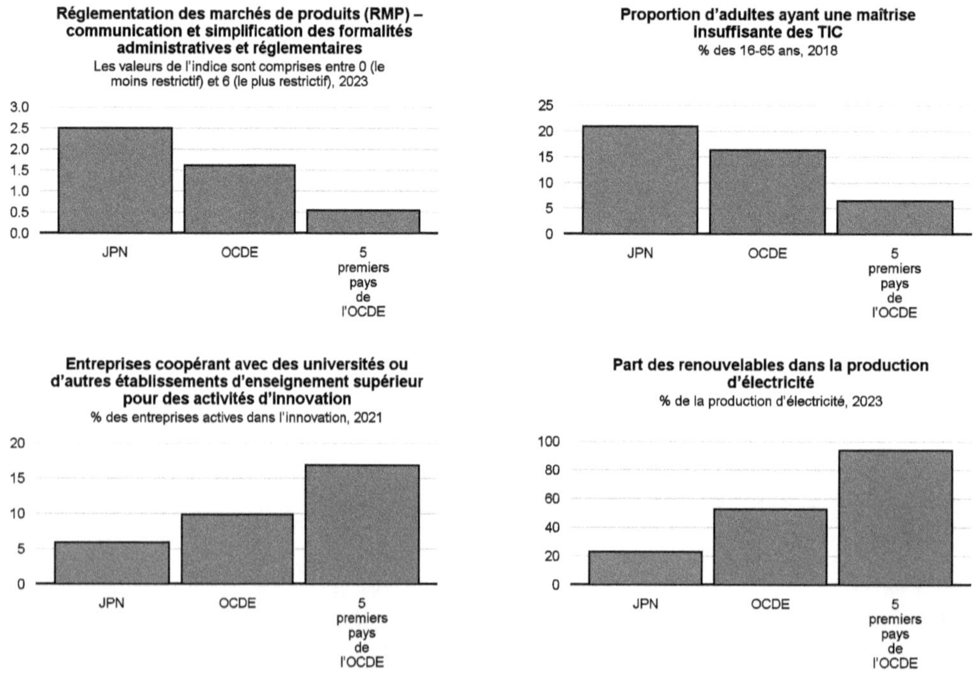

Source : Calculs de l'OCDE effectués à partir de la base de données du rapport *Les fondements de la croissance et de la compétitivité.*

Concurrence : simplifier la réglementation pour réduire les obstacles à l'entrée et à la sortie et remédier aux lacunes dans les procédures de passation de marchés publics

Un cadre réglementaire plus propice à la concurrence stimulerait la dynamique des entreprises et la croissance de la productivité. Selon les indicateurs de réglementation des marchés de produits de l'OCDE, les exigences en matière d'autorisation sont relativement faibles, mais la complexité de la réglementation, notamment le nombre élevé de procédures à suivre pour enregistrer une nouvelle entreprise, pourrait être réduite. L'égalité des conditions de concurrence entre tous les soumissionnaires potentiels n'est pas garantie dans le cadre des marchés publics. La complexité et l'absence de mesures préventives réduisent l'efficacité du régime d'insolvabilité et peuvent constituer un obstacle à la sortie des entreprises.

Recommandations

- ✓ Réduire la complexité de la réglementation en simplifiant les obligations imposées aux entreprises au moyen d'une transformation numérique plus poussée des services publics, notamment pour alléger la charge administrative qui pèse sur les start-ups.
- ✓ Veiller à ce que les frais et les conditions d'accès aux processus d'appels d'offres n'érigent pas d'obstacle pour les petites entreprises.
- ✓ Renforcer les outils d'alerte précoce pour les entreprises en difficulté et continuer de simplifier les procédures d'insolvabilité pour les PME.

Investissement direct international : réduire les contraintes qui continuent de peser sur l'investissement entrant

Au Japon, le stock d'investissement direct international (IDI) en pourcentage du PIB est le plus faible de la zone OCDE. Bien que, dans l'ensemble, les obstacles réglementaires à l'IDI soient proches de la moyenne de l'OCDE, faciliter davantage l'accès des entreprises étrangères aux écosystèmes locaux et leur intégration dans ces écosystèmes, y compris dans le domaine des marchés publics au niveau local, pourrait contribuer à accroître l'IDI entrant. Le Japon possède l'un des environnements réglementaires les plus ouverts pour les échanges de services et de services numériques, mais les importations de services en pourcentage du PIB sont relativement faibles, ce qui s'explique par la persistance de certains obstacles, concernant par exemple les transactions électroniques.

Recommandations

- ✓ Continuer de soutenir l'IDI entrant en assouplissant les procédures d'entrée des entreprises, en renforçant la coopération avec les entreprises nationales et en fournissant une assistance multilingue aux entreprises étrangères à l'échelon local.
- ✓ Encourager les entrées d'IDI en réduisant les restrictions explicites, en mettant l'accent sur celles qui affectent le secteur des services.

Innovation : resserrer les liens entre les entreprises et les universités et refondre les crédits d'impôt en faveur de la R-D

Les entreprises japonaises comptent parmi celles des pays de l'OCDE qui investissent le plus dans la R-D, mais ces investissements se concentrent dans les grandes entreprises du secteur manufacturier. Une diffusion plus large de l'innovation stimulerait la croissance de la productivité. La part des entreprises qui innovent en matière de processus ou de produits, y compris dans le domaine des technologies de l'information et de la communication, est relativement faible. Les interactions limitées entre les entreprises, établissements publics de R-D et universités restreignent le champ de la recherche fondamentale, susceptible de générer d'importantes externalités de connaissances. Les crédits d'impôt en faveur de la R-D sont généreux, mais leur conception pourrait être améliorée afin d'encourager davantage les start-ups et PME innovantes.

Recommandations

- ✓ Veiller à ce que le fonds de dotation universitaire (10 000 milliards JPY) renforce véritablement les capacités de recherche fondamentale en assurant un suivi et une évaluation des projets de recherche menés par les universités sélectionnées.
- ✓ Afin de renforcer les liens entre les entreprises, les universités et les établissements publics de recherche, favoriser la mobilité du personnel en lui donnant la possibilité d'exercer à plusieurs endroits.
- ✓ Promouvoir la R-D des entreprises, notamment des petites entreprises, en rendant les crédits d'impôt en faveur de la R-D remboursables et en autorisant leur report sur les exercices suivants.

Éducation : améliorer les possibilités d'acquisition de compétences, en particulier de celles liées aux TIC

Bien que les compétences à l'écrit et en calcul des élèves et des adultes comptent parmi les plus élevées de la zone OCDE, d'après les résultats des enquêtes du Programme international pour le suivi des acquis des élèves (PISA) et du Programme pour l'évaluation internationale des compétences des adultes (PIAAC), un système performant de recyclage et d'actualisation des compétences est nécessaire pour aider les travailleurs à s'adapter à l'évolution des besoins sur le marché du travail, et notamment aux transformations numérique et écologique. Les formations en cours d'emploi ou hors poste de travail offertes par les entreprises sont orientées à la hausse, mais l'indice de l'apprentissage dans le cadre professionnel reste faible. L'utilisation des compétences en technologies de l'information et de la communication (TIC) dans le cadre professionnel et à la maison est faible, de nombreux adultes ayant une maîtrise insuffisante des TIC.

Recommandations

- ✓ Encourager le renforcement et l'utilisation des compétences sur le lieu de travail, notamment dans les domaines des TIC et de l'intelligence artificielle.
- ✓ Améliorer les dispositifs de formation professionnelle, en particulier pour les personnes peu qualifiées et celles qui ont un accès limité aux formations en entreprise, en faisant appel aux nouvelles écoles professionnelles et aux établissements d'enseignement postsecondaire pour dispenser une formation professionnelle pratique.
- ✓ Fournir aux enseignants la formation et le soutien nécessaires pour qu'ils puissent intégrer les TIC dans leurs cours, et renforcer l'utilisation des technologies numériques par les élèves et leurs compétences en la matière.

Environnement : réduire la dépendance à l'égard des importations d'énergies fossiles en accélérant le développement des technologies vertes et l'utilisation des renouvelables

Compte tenu de la forte dépendance du Japon à l'égard des importations de combustibles fossiles, accélérer le développement de l'utilisation des énergies renouvelables, qui reste inférieure à la moyenne de l'OCDE, peut améliorer la sécurité énergétique et faire baisser les prix. La fragmentation du réseau électrique entrave l'intégration rentable et accrue de sources d'énergie renouvelables. Les activités de recherche et développement visant à réduire les émissions en utilisant l'hydrogène et l'ammoniac, ainsi que le captage, l'utilisation et le stockage du carbone, peuvent avoir des retombées sur l'innovation propice à la croissance dans d'autres domaines.

Recommandations

- ✓ Intensifier la promotion de la recherche et développement dans les technologies vertes, et de leur déploiement, et encourager les gains d'efficacité énergétique.
- ✓ Poursuivre les investissements dans les infrastructures de transmission et de distribution, en se fondant sur des analyses coûts-avantages, et améliorer le réseau électrique.

Progrès récents en matière de réformes structurelles

Le Japon a lancé le Plan quinquennal de développement des start-ups en 2022, et a étendu à deux ans la durée maximale de séjour des entrepreneurs étrangers au titre du programme de visa pour start-ups. Le « programme de promotion de l'investissement direct international au Japon 2025 » poursuit des objectifs ambitieux, y compris celui de parvenir à un stock d'IDI de 120 000 milliards JPY à l'horizon 2030. Le programme de Réforme intégrée du marché du travail en trois volets de 2023 fournit des incitations supplémentaires en faveur du recyclage et de l'amélioration des compétences. L'usage des TIC est encouragé à l'école en mettant à disposition un ordinateur par élève et des réseaux à haut débit dans le cadre du programme sur l'informatique à l'école, et en intégrant de nouveaux cours de programmation dans le programme national. Les écoles pilotes désignées pour diffuser les pratiques efficaces et soutenir la formation aux TIC contribueront à renforcer l'utilisation des TIC par les enseignants. En outre, le gouvernement a créé un fonds de dotation universitaire en 2022, qui a procédé aux premiers décaissements en 2025, pour aider les universités à étoffer leurs capacités de recherche et les possibilités dans ce domaine.

Lettonie

L'accès au marché de l'Union européenne, une réglementation moins restrictive et des incitations fiscales destinées aux entreprises ont stimulé les entrées d'investissement direct étranger (IDE). Cependant, la faiblesse de l'investissement intérieur, la diminution de la population en âge de travailler et la lente adoption du numérique ont ralenti la convergence vers des niveaux de vie plus élevés. La concurrence insuffisante dans le secteur financier et le manque de profondeur des marchés de capitaux restreignent l'accès des entreprises au financement. Parallèlement, l'économie informelle, les obstacles à la concurrence et les déficits de compétences freinent la dynamique des entreprises, l'innovation et la croissance de la productivité.

L'introduction en bourse de participations minoritaires dans des entreprises publiques et l'intensification de la concurrence dans le secteur financier permettraient d'approfondir les marchés de capitaux et d'améliorer l'accès au financement. La réduction du coin fiscal sur le travail pour les personnes à faible revenu, le renforcement de l'application de la législation fiscale et la baisse du coût de l'insolvabilité contribueraient à faire diminuer l'économie informelle et à améliorer l'allocation des ressources pour les orienter vers les entreprises plus productives. Le renforcement du contrôle de l'application du droit de la concurrence et l'atténuation des pénuries de compétences par l'amélioration de l'accessibilité et de la qualité de la formation, mais aussi par la réduction les taux de décrochage dans l'enseignement supérieur, favoriseraient la dynamique des entreprises et l'innovation.

Résultats économiques

Écarts par rapport à la moyenne de la moitié supérieure des pays de l'OCDE

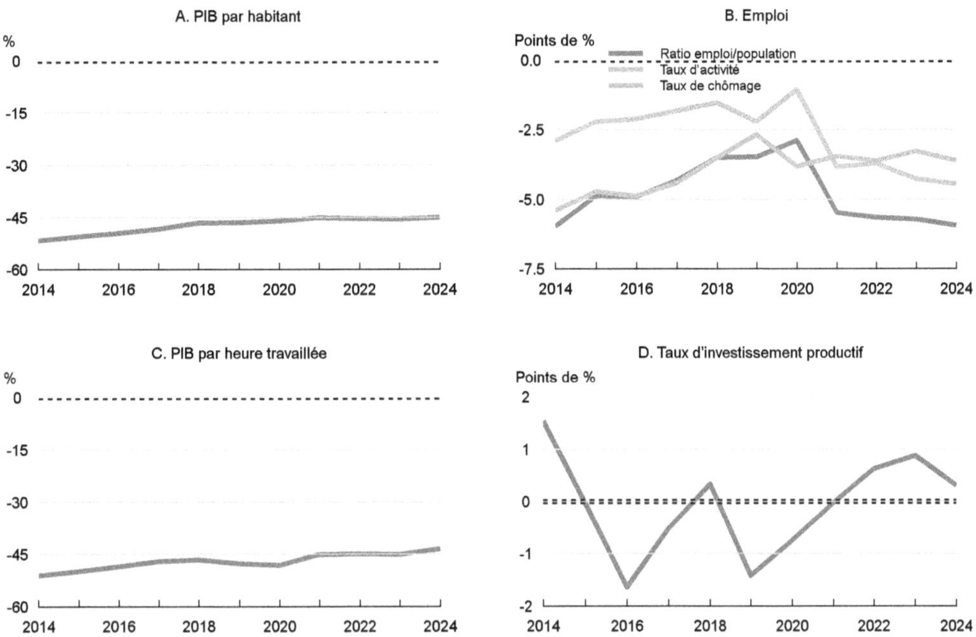

Source : Partie A : OCDE, base de données des Perspectives économiques ; Partie B : OCDE, base de données sur les Statistiques de la population active ; Partie C : OCDE, bases de données des Perspectives économiques de l'OCDE et sur la Productivité ; Partie D : OCDE, bases de données des Perspectives économiques de l'OCDE, des Comptes nationaux annuels et sur la formation brute de capital fixe (FBCF) par actif.

Sélection d'écarts d'indicateur de politique

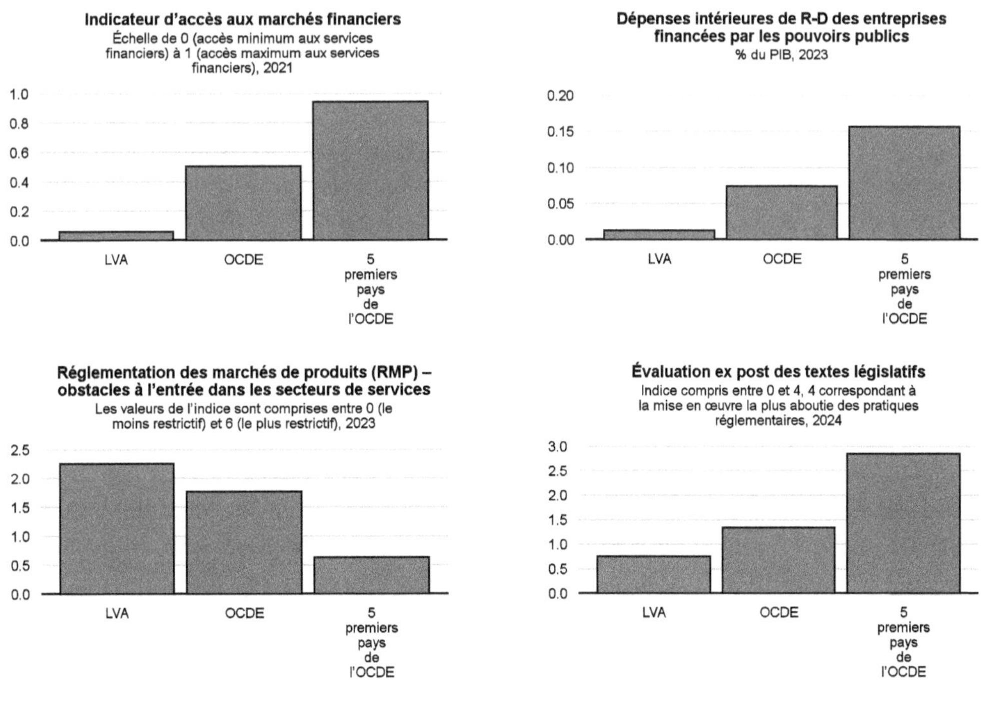

Source : Calculs de l'OCDE effectués à partir de la base de données du rapport *Les fondements de la croissance et de la compétitivité*.

Marchés financiers : renforcer la concurrence et approfondir les marchés de capitaux

Le manque d'accès au financement est un obstacle de taille à l'investissement des entreprises, qui pèse sur la croissance de la productivité. Malgré l'augmentation des dépôts et une forte rentabilité, les banques ont été réticentes à prêter. En raison de la faible mobilité des clients et du manque de concurrence dans le secteur bancaire, le coût de l'emprunt et les garanties exigées sont élevés, ce qui réduit les emprunts des entreprises et plus particulièrement des petites entreprises. Qui plus est, le manque de profondeur des marchés des fonds propres et des obligations d'entreprise, ainsi que le manque d'investisseurs institutionnels, limitent les sources non bancaires de financement des entreprises.

Recommandations

- ✓ Renforcer les pouvoirs ainsi que les instruments juridiques et les instruments d'enquête du Conseil de la concurrence afin de surveiller les comportements anticoncurrentiels sur les marchés financiers.
- ✓ Introduire en bourse les participations minoritaires dans les grandes entreprises publiques pour attirer des investisseurs institutionnels vers les opérations boursières, et continuer d'améliorer la culture financière des petites entreprises pour faire augmenter l'émission d'obligations d'entreprises.
- ✓ Relever les limites d'investissement et de concentration du deuxième pilier du système de retraite pour les actifs émis par un seul émetteur, les organismes de placement immobilier et les fonds de placement privé, tout en assurant des processus appropriés de gestion des risques et de gouvernance.

Dynamique des entreprises : faciliter la réaffectation des ressources en faveur des entreprises plus innovantes et plus productives

Bon nombre d'entreprises en Lettonie restent de petite taille, sont en partie actives dans l'économie informelle et n'ont que peu accès au financement destiné à l'investissement et à l'innovation, notamment à l'adoption des technologies numériques. Parallèlement, l'activité informelle est répandue ; elle fausse les conditions de concurrence et fait obstacle à la réallocation des ressources en faveur d'entreprises plus productives. Les procédures d'insolvabilité, coûteuses et pesantes, dissuadent les propriétaires de petites entreprises à faible revenu de se déclarer insolvables. Par ailleurs, le financement public des activités d'innovation reste faible. Les programmes d'aide à l'innovation sont fragmentés, lourds en formalités administratives et les évaluations d'impact complètes font souvent défaut.

Recommandations

- ✓ Pour lutter contre l'économie informelle, réduire le coin fiscal sur le travail pour les personnes à faible revenu et renforcer l'application de la législation fiscale en améliorant l'infrastructure et l'analyse des données ainsi que les effectifs.
- ✓ Réduire le coût des déclarations d'insolvabilité pour éliminer les obstacles rencontrés en amont par les débiteurs, tout en rémunérant les administrateurs judiciaires.
- ✓ Centraliser plus encore l'aide à l'innovation au moyen d'un organisme unique, évaluer les programmes existants et développer les plus efficaces.

Concurrence : créer des conditions de concurrence plus équitables pour les entreprises

Selon l'Indice de réglementation des marchés de produits de l'OCDE, les obstacles à l'entrée dans les secteurs des services à forte présence d'entreprises publiques sont plus importants que dans le pays moyen de l'OCDE, ce qui réduit les incitations à innover et à rehausser la productivité des acteurs historiques. Cependant, l'évaluation de l'impact des réglementations et de la présence des entreprises publiques sur la concurrence reste faible. Certaines entreprises publiques ont été exclues de l'évaluation régulière des motifs justifiant l'actionnariat public. Par ailleurs, la surveillance des abus de position dominante lorsque des entreprises publiques sont en concurrence avec des entreprises privées est entravée par le manque de transparence des données, en particulier au niveau des communes. La mise en œuvre d'un outil d'enquêtes de marché, à l'exemple du Royaume-Uni, ainsi que le renforcement de l'effectif et des ressources informatiques du Conseil de la concurrence, contribueraient à égaliser les conditions de concurrence.

Recommandations

- ✓ Donner davantage de pouvoir au Conseil de la concurrence pour mener des enquêtes de marché et engager des évaluations des réglementations et de la justification de l'actionnariat public afin de garantir la neutralité concurrentielle.
- ✓ Inclure toutes les entreprises publiques dans les évaluations régulières de la justification de l'actionnariat public, mieux définir les actifs, les biens et les services d'intérêt stratégique, et effectuer une analyse approfondie de la présence de défaillances du marché.
- ✓ Exiger et consacrer les ressources nécessaires au suivi de la mise en œuvre de la séparation comptable des activités visant des objectifs de politique publique et des activités commerciales de toutes les entreprises publiques.

Éducation et compétences : améliorer l'accessibilité et la qualité de la formation professionnelle, et réduire le taux de décrochage dans l'enseignement supérieur

Le faible niveau de compétences numériques et de compétences en gestion fait obstacle à l'adoption des technologies numériques par les entreprises lettonnes. Il nuit en outre à leur productivité et à leur compétitivité. Cela étant dit, les entreprises lettonnes investissent peu dans la formation. Ce constat tient à la multitude de petites entreprises, lesquelles manquent de ressources pour la formation, mais aussi au manque de coordination entre les sociétés. Les formalités administratives à accomplir pour la mise à jour des qualifications professionnelles recherchées sont pesantes, ce qui empêche l'adaptation en temps utile du contenu des formations aux besoins de compétences du marché du travail local. D'autre part, les taux de décrochage dans les filières STIM sont élevés dans l'enseignement supérieur et exacerbent les pénuries de main-d'œuvre qualifiée.

Recommandations

- ✓ Créer un fonds tripartite pour la formation et améliorer la coopération entre les entreprises et les prestataires de formation pour ce qui est de la conception et de la mise en œuvre des formations.
- ✓ Faciliter la mise à jour des qualifications professionnelles rechereréchées et des procédures d'accréditation et donner aux établissements d'EFP davantage de pouvoir de coordination du contenu des formations en EFP avec les employeurs locaux.

- ✓ Encourager l'augmentation du taux d'obtention de diplômes par le biais d'incitations, sous forme de financements alloués aux universités, tout en surveillant les normes de qualité et en développant le dispositif d'aide financière sous conditions de ressources de manière à couvrir le coût de la vie des étudiants.

Gouvernance publique : moderniser l'administration publique pour que les politiques publiques soient plus efficientes et plus efficaces

La transformation numérique des services publics s'est sensiblement améliorée, ce qui a fortement réduit la charge administrative. Cependant, l'échange et l'utilisation des données pour l'évaluation de l'impact des politiques *ex ante* et *ex post* demeurent faibles. La perte d'efficacité et d'efficience des dépenses publiques qui en résulte, par exemple des dépenses en planification et mise en œuvre d'infrastructures ou encore des dépenses consacrées au système de santé, se répercute ensuite sur la qualité des infrastructures et des services publics. Les achats de biens standardisés, par exemple de matériel informatique et de logiciels ou de fournitures et de matériel médicaux, sont souvent décentralisés malgré les importants gains d'efficience que permettrait la centralisation de ces types d'achats.

Recommandations

- ✓ Améliorer l'infrastructure des données ainsi que la maîtrise des méthodologies d'analyse coûts-avantages et d'évaluation d'impact des politiques, et accroître la coopération dans le secteur public.
- ✓ Inciter les communes à harmoniser et à dématérialiser les procédures administratives. Mettre également en place des normes informatiques et des formats de données obligatoires.
- ✓ Regrouper les organismes d'achat existants, améliorer leurs capacités informatiques et leurs effectifs, et réduire les exemptions juridiques qui permettent de s'affranchir de l'obligation d'achats centralisés.

Progrès récents en matière de réformes structurelles

Les réformes récentes, notamment la création d'un Tribunal économique spécialisé, ont sensiblement amélioré les procédures d'insolvabilité et renforcé la lutte contre le blanchiment d'argent et la corruption. La réglementation récemment mise en œuvre a réduit les frais et le temps nécessaires pour refinancer les prêts hypothécaires, dans le but de renforcer la concurrence sur le marché financier. La création d'un organisme spécialisé facilitera les introductions en bourse et contribuera à approfondir les marchés de capitaux. Le budget de la santé a augmenté de 16 % en 2024 (0.4 % du PIB) et prévoit des fonds supplémentaires pour réduire les frais de médicaments à la charge des patients, renforcer le réseau hospitalier et en améliorer les ressources humaines.

Lituanie

En Lituanie, la productivité du travail dans les secteurs marchands s'est hissée de 25 % environ du niveau de l'Allemagne en 2000 à 50 % en 2022, devançant plusieurs pays comparables de la région. La Lituanie rattrape ainsi progressivement l'Europe de l'Ouest sur le plan de la productivité, mais un écart subsiste. Si le taux d'activité a sensiblement augmenté en dix ans, le chômage demeure quant à lui élevé en comparaison internationale, en particulier le chômage des seniors. La population d'âge actif devrait fortement diminuer dans les années à venir en raison du vieillissement démographique. Il sera donc essentiel de stimuler la croissance de la productivité et de mobiliser toutes les ressources de main-d'œuvre disponibles pour continuer d'améliorer les niveaux de vie.

La réglementation des marchés de produits est la moins restrictive des pays de l'OCDE, mais les avantages de la productivité devraient être encore renforcés en développant les marchés de capitaux. Cela permettrait en effet d'atténuer les contraintes financières des entreprises, d'améliorer les conditions sanitaires, d'encourager l'investissement des entreprises en recherche-développement (R-D), d'assurer l'efficacité de la formation des adultes, de renforcer l'enseignement et la formation professionnels dans le secondaire et d'agrandir le réseau ferroviaire.

Résultats économiques

Écarts par rapport à la moyenne de la moitié supérieure des pays de l'OCDE

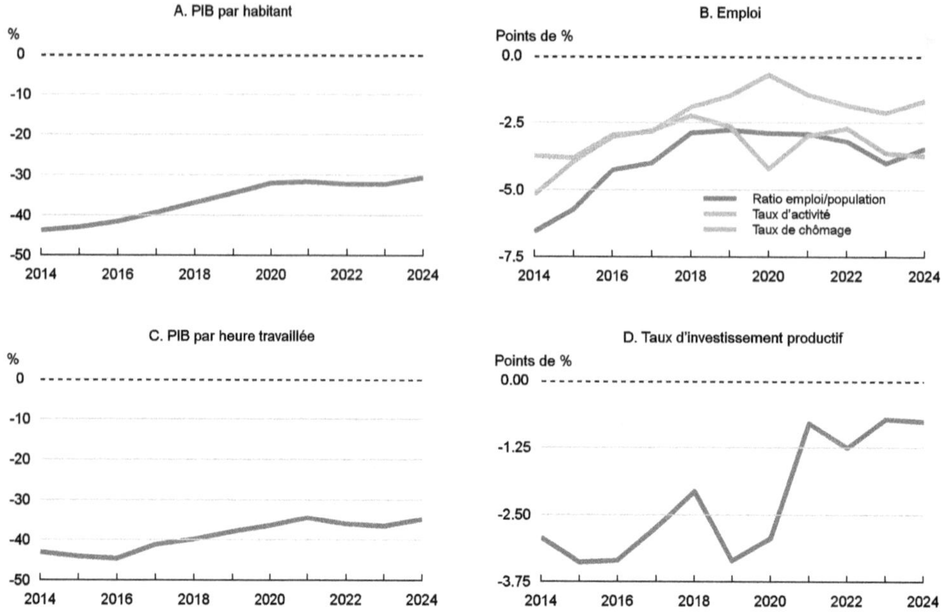

Source : Partie A : OCDE, base de données des Perspectives économiques ; Partie B : OCDE, base de données sur les Statistiques de la population active ; Partie C : OCDE, bases de données des Perspectives économiques de l'OCDE et sur la Productivité ; Partie D : OCDE, bases de données des Perspectives économiques de l'OCDE, des Comptes nationaux annuels et sur la formation brute de capital fixe (FBCF) par actif.

Sélection d'écarts d'indicateur de politique

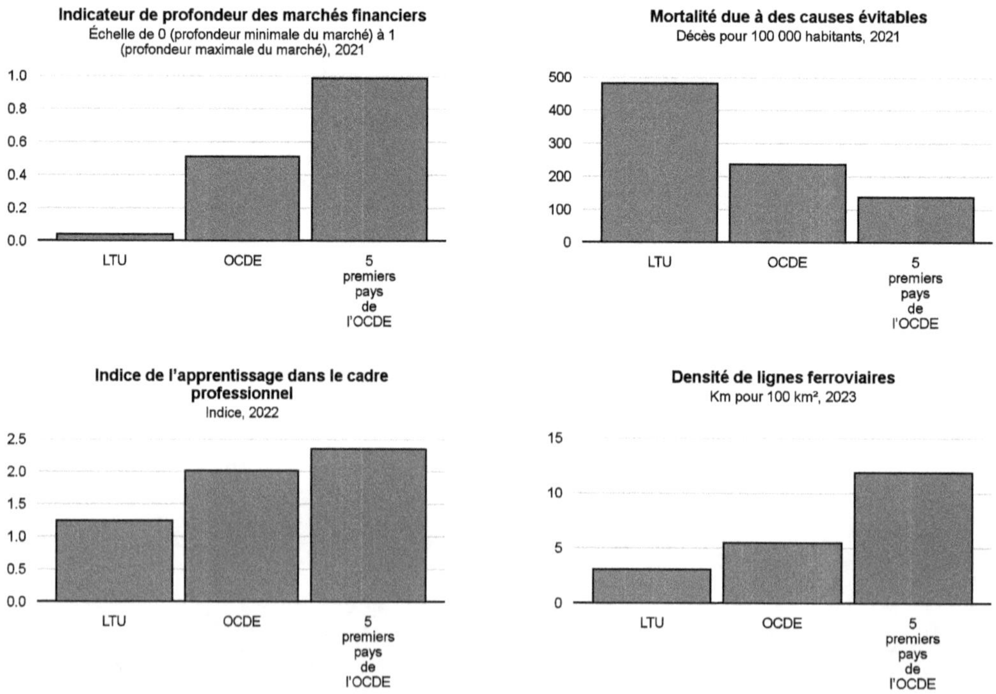

Source : Calculs de l'OCDE effectués à partir de la base de données du rapport *Les fondements de la croissance et de la compétitivité*.

Marchés financiers : développer les marchés de capitaux pour atténuer les contraintes financières des entreprises

Les banques jouent un rôle prédominant dans le financement des entreprises lituaniennes, mais environ 15 % d'entre elles font état de contraintes financières, soit deux fois plus que la moyenne de l'UE. La capitalisation du marché boursier est limitée, même pour une économie de taille modeste comme celle de la Lituanie. Le développement des marchés de capitaux étayerait la croissance de la productivité en facilitant l'investissement dans les actifs incorporels, la R-D et l'innovation technologique.

Recommandations

- ✓ Continuer de développer les organismes de retraite et envisager de leur permettre d'investir dans un plus large éventail d'actifs, notamment dans les entreprises lituaniennes non cotées en bourse.
- ✓ Favoriser le financement par le biais d'entreprises de technologie financière (FinTech) en mettant en place une réglementation adéquate, en encourageant le développement des paiements numériques, et en améliorant la culture financière numérique.
- ✓ Envisager de développer l'introduction en bourse d'entreprises publiques.

Santé : favoriser des modes de vie plus sains et renforcer la prévention

Le relativement mauvais état de santé de la population lituanienne retentit sur l'espérance de vie, celle des hommes plus particulièrement, et a une incidence directe sur la productivité. Le nombre de jours d'absence du travail pour cause de maladie, plus élevé que dans les pays voisins, en est un exemple. Ce mauvais état de santé tient en partie à des maladies évitables et à des facteurs comportementaux, comme la mauvaise alimentation, la forte consommation d'alcool et le manque d'exercice physique.

Recommandations

- ✓ Réduire l'accessibilité financière des substances nocives pour la santé, comme l'alcool et le tabac, en augmentant les taxes correspondantes.
- ✓ Utiliser les recettes fiscales supplémentaires pour financer des campagnes de prévention et la médecine préventive.

Innovation : renforcer l'aide publique à la R-D et encourager les études dans les filières STIM

Les dépenses des entreprises et les dépenses globales en R-D en Lituanie sont nettement inférieures aux moyennes de l'UE et de l'OCDE. Bien que généreuses, les incitations fiscales à la R-D d'entreprise sont peu utilisées et bénéficient principalement aux grandes entreprises. D'importantes collaborations recherche-entreprises existent, mais elles sont largement confinées aux secteurs de la haute technologie. Le nombre limité de chercheurs et d'étudiants doctorants freine l'innovation et l'adoption du numérique.

Recommandations

- ✓ Renforcer l'efficacité des incitations fiscales en faveur des activités de R-D en clarifiant la définition de la R-D et en améliorant la communication d'informations sur le régime d'imposition la concernant.
- ✓ Soutenir la R-D en s'appuyant sur une combinaison plus équilibrée d'incitations fiscales et d'aides directes destinées aux petites entreprises innovantes.
- ✓ Recourir aux incitations financières pour encourager les études doctorales dans les universités lituaniennes, en particulier en science, technologie, ingénierie et mathématiques (filières STIM).

Éducation et compétences : renforcer l'enseignement et la formation professionnels dans le secondaire ainsi que la formation des adultes

Peu d'adultes suivent des formations, surtout parmi les travailleurs peu qualifiés et les seniors. Les comptes individuels de formation et une plateforme en ligne ont été mis en place en 2023-24 pour accompagner la formation des adultes et l'orientation professionnelle. La proportion de personnes faisant des études secondaires de deuxième cycle en Lituanie est l'une des plus fortes dans la zone OCDE, mais ce niveau d'études ne débouche que sur peu de compétences supplémentaires, telles qu'elles sont mesurées par l'enquête PIAAC de l'OCDE, en particulier pour les diplômes de l'enseignement et de la formation professionnels (EFP).

Recommandations

- ✓ Assurer un financement adéquat du système de comptes individuels de formation et envisager de cibler davantage les groupes qui ont le plus besoin de formation si les financements actuels s'avèrent insuffisants.
- ✓ Surveiller la qualité des formations et évaluer leur impact sur les compétences et l'employabilité des élèves.
- ✓ Diviser l'EFP en deux programmes : un programme en milieu professionnel avec matières générales obligatoires pour la préparation au marché du travail, et un autre, à orientation plus technique, conduisant à l'emploi dans les domaines techniques ou à l'enseignement supérieur.

Infrastructures matérielles : densifier le réseau ferroviaire et accélérer son électrification

Le réseau ferroviaire lituanien est l'un des plus émetteurs d'Europe en raison de son faible taux d'électrification. Celle-ci est en cours, l'objectif étant d'électrifier 40 % du réseau à l'horizon 2030. Le chantier comprend la nouvelle liaison *Rail Baltica* qui devrait relier la Lituanie à la Pologne et à la Lettonie à l'horizon 2030, mais qui connaît actuellement des retards et des dépassements de coûts. La densification continue du réseau, l'un des moins développés d'Europe, serait bénéfique pour la croissance et le transport ferroviaire en Lituanie.

Recommandations

- ✓ Développer et électrifier le réseau ferroviaire, et faciliter les interconnexions route-rail.
- ✓ Veiller à ce que les dépenses de co-financement liées au projet *Rail Baltica* soient adéquatement prises en compte dans le budget national et à ce que les retards excessifs n'entraînent pas des réductions du financement par l'UE.

Progrès récents en matière de réformes structurelles

La réglementation des marchés de produits en Lituanie est la moins restrictive de l'OCDE. Les réformes les plus importantes de ces dernières années sont la réglementation des interactions avec les parties prenantes, la gouvernance des entreprises publiques et les formalités administratives de création d'entreprise. Le modèle désormais plus centralisé de coordination de l'actionnariat des entreprises publiques est un moyen efficace de séparer l'exercice des droits de propriété des activités de réglementation et d'exercer une gouvernance cohérente de l'ensemble des entreprises publiques. Les formalités administratives de création d'entreprise sont désormais regroupées sur un seul site, ce qui réduit les obstacles à la création de petites entreprises. Toutes ces réformes sont propices à un environnement des entreprises plus compétitif, dans l'intérêt de la productivité.

Luxembourg

Le PIB par habitant est l'un des plus élevés de la zone OCDE, et le niveau de productivité est élevé. Toutefois, le Luxembourg est l'une des rares économies de l'OCDE à avoir enregistré une baisse de la productivité multifactorielle au cours de la période 2010-22, en grande partie due à une faible croissance de la productivité en dehors du secteur financier. Le taux d'activité des résidents est légèrement inférieur à son équivalent dans la plupart des pays de l'OCDE.

L'accroissement de l'investissement, notamment dans la recherche-développement, pour soutenir l'innovation dans les entreprises, et l'accélération de l'adoption des technologies numériques stimuleraient la croissance de la productivité. Accroître le nombre de travailleurs qualifiés, notamment en élargissant l'accès à la formation des adultes, en augmentant l'offre de logements et en améliorant l'intégration des travailleurs frontaliers, soutiendrait les revenus et la croissance, ainsi que la viabilité du système de protection sociale. Un assouplissement de la réglementation des marchés de produits, en particulier dans les services professionnels, renforcerait la productivité de l'ensemble de l'économie.

Résultats économiques

Écarts par rapport à la moyenne de la moitié supérieure des pays de l'OCDE

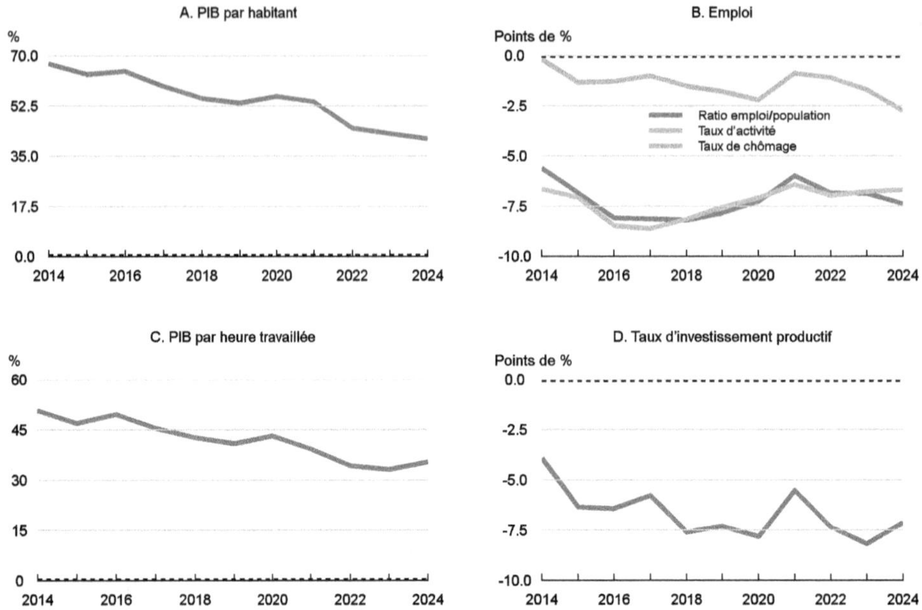

Source : Partie A : OCDE, base de données des *Perspectives économiques de l'OCDE* ; Partie B : OCDE, base de données sur les statistiques de la population active ; Partie C : OCDE, bases de données des *Perspectives économiques de l'OCDE* et sur la productivité ; Partie D : OCDE, bases de données des *Perspectives économiques de l'OCDE* et sur les comptes nationaux annuels et la formation brute de capital fixe (FBCF) par actif.

Sélection d'écarts d'indicateur de politique

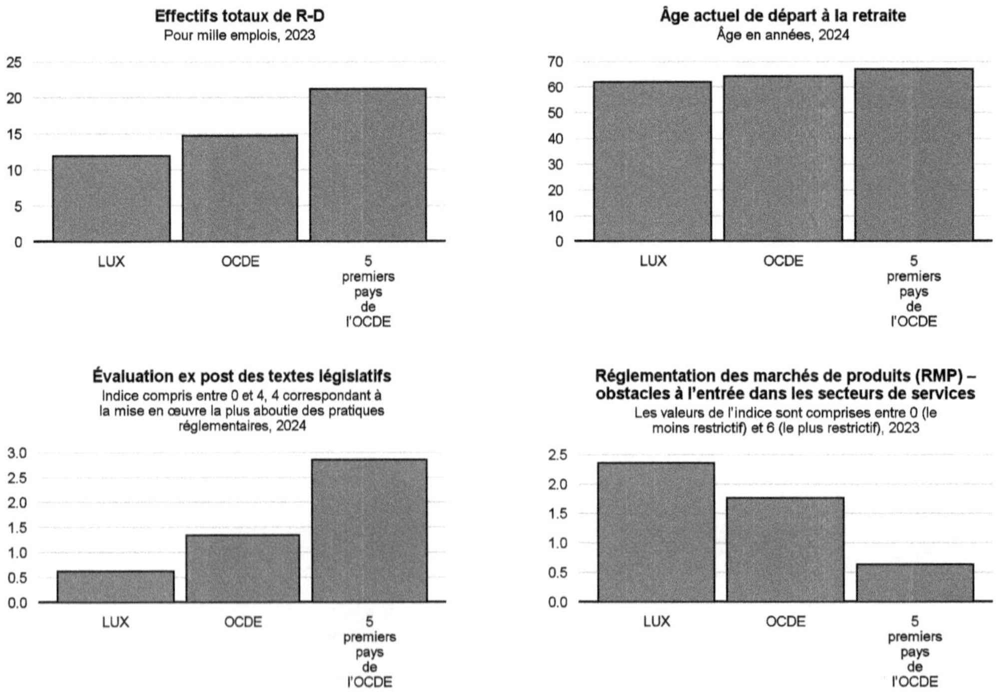

Source : calculs de l'OCDE effectués à partir de la base de données du rapport *Les fondements de la croissance et de la compétitivité*.

Innovation : rationaliser les aides publiques à la R-D

Les dépenses de R-D dans le secteur privé sont très faibles par rapport aux niveaux observés dans les autres pays de l'OCDE, même après prise en compte de la spécialisation dans les services financiers. Si les aides publiques directes à la R-D sont relativement généreuses, la structure fragmentée des subventions nuit à la coordination et à l'efficience, tout en dissuadant les petites entreprises de déposer des demandes.

Recommandations

- ✓ Rationaliser les aides publiques à la R-D et à l'innovation en améliorant la coordination entre les nombreuses institutions qui apportent un soutien direct et en harmonisant les procédures de demande, afin d'améliorer l'efficacité et de mobiliser les investissements dans la R-D.
- ✓ Développer le cofinancement et le soutien par le secteur public des activités de recherche et d'innovation des entreprises privées.

Offre de main-d'œuvre : encourager l'allongement de la vie active et faciliter l'immigration

L'âge effectif de la retraite au Luxembourg est le plus bas de tous les pays de l'OCDE. Dans un contexte de faible croissance démographique et d'augmentation rapide du nombre de retraités dans les années à venir, cette situation remet en question la viabilité du système de retraite, limite l'utilisation de la main-d'œuvre et amplifie les pénuries de compétences. Le taux d'emploi des travailleurs de plus de 55 ans est nettement inférieur à la médiane de l'OCDE. Étant donné que les travailleurs étrangers représentent près de la moitié de la main-d'œuvre, il est essentiel de continuer à attirer des talents de l'étranger et de les retenir pour éviter de nouvelles pénuries de main-d'œuvre, mais les ressortissants de pays non membres de l'UE sont confrontés à de longues procédures de demande de visa. Le coût élevé du logement constitue un obstacle à l'immigration, de nombreux travailleurs effectuant de longs trajets depuis les pays voisins.

Recommandations

- ✓ Relever l'âge effectif de la retraite, notamment en relevant l'âge de la retraite anticipée et l'âge légal de la retraite pour tenir compte de l'allongement de l'espérance de vie, en excluant les années d'études du calcul des années de cotisation.
- ✓ Dématérialiser complètement les différentes étapes du traitement des visas et des permis de travail, augmenter le nombre d'heures de travail que les bénéficiaires de visas étudiants sont autorisés à effectuer parallèlement à leurs études, et mettre en place un visa ad hoc pour attirer les entrepreneurs immigrés à fort potentiel.
- ✓ Remédier aux goulets d'étranglement structurels dans l'offre et la construction de logements afin d'en améliorer l'accessibilité financière, notamment en augmentant les surtaxes sur les terrains inutilisés et en rationalisant les permis de construire.

Éducation et compétences : améliorer les programmes de formation des adultes

La stagnation de la productivité du travail, les transformations numérique et écologique en cours et les difficultés pratiques liées à la congestion des transports et au coût élevé du logement appellent à passer à un modèle de croissance fondé sur l'innovation et reposant sur l'amélioration des compétences et le recyclage de la main-d'œuvre en place.

Recommandations

- ✓ Améliorer l'efficacité et l'utilisation, en particulier par les femmes et les travailleurs peu qualifiés, du congé individuel de formation, notamment en renforçant les normes de qualité pour les prestataires de formation et en mettant en place un système national d'accréditation.
- ✓ Investir dans l'orientation professionnelle et accroître les dépenses de l'enseignement supérieur dans la R-D afin d'accroître le taux d'inscription des jeunes étudiants, et en particulier des jeunes femmes, dans les sciences, les technologies, l'ingénierie et les mathématiques (STIM).

Gouvernance publique : renforcer les audits internes dans le secteur public

Malgré de bons résultats d'ensemble en matière d'intégrité dans le secteur public, il est possible de renforcer le cadre de contrôle interne et d'audit du secteur public. Les activités de lobbying des membres du gouvernement sont réglementées de manière appropriée, mais pas celles des autres parlementaires.

Recommandations

- ✓ Mettre en place un organe central chargé de coordonner et de superviser les activités d'audit interne de tous les services publics.
- ✓ Mettre en place une réglementation relative aux activités de lobbying (portant éventuellement sur les périodes de carence à respecter) pour les parlementaires qui ne font pas partie du gouvernement.
- ✓ Imposer que soit pleinement rendue publique l'identité des lobbyistes et des agents publics ayant des interactions à chaque fois qu'elles ont lieu.

Concurrence : réduire les obstacles à l'entrée dans les secteurs de services

Le Luxembourg se caractérise par des obstacles à l'entrée et à la concurrence relativement élevés dans les professions libérales, en particulier dans les professions d'architecte, de notaire et d'ingénieur, par rapport à d'autres économies de l'OCDE. L'évaluation de l'effet des nouvelles lois sur la concurrence et l'activité entrepreneuriale n'est pas obligatoire et, lorsqu'elle a lieu, ne se fonde pas sur des procédures systématiques et claires. Dans le secteur du commerce de détail, l'entrée sur le marché et la concurrence sont limitées par une réglementation stricte prévoyant, par exemple, une autorisation pour ouvrir de nouveaux magasins ou de nouvelles pharmacies.

Recommandations

- ✓ Revoir l'obligation d'appartenance à une association professionnelle et de réussite d'un examen professionnel, en sus de la détention d'un diplôme officiel, pour pouvoir exercer certaines professions, notamment celles d'ingénieur en génie civil et d'architecte.
- ✓ Mettre en place des évaluations ex ante et ex post de l'impact de la réglementation sur la concurrence et l'activité entrepreneuriale.
- ✓ Réduire les restrictions réglementaires à l'ouverture de nouveaux magasins de vente au détail et de nouvelles pharmacies, afin d'encourager l'entrée sur le marché.

Progrès récents en matière de réformes structurelles

Pour renforcer les compétences de la main-d'œuvre, l'âge de la scolarité obligatoire a été porté de 16 à 18 ans en 2023, et un nouveau programme de formation a été mis en place en 2024 pour améliorer les compétences des adultes dans les domaines de l'intelligence artificielle, de l'analyse des données, de l'infonuagique, des énergies renouvelables et de la durabilité, ainsi que dans d'autres domaines où la demande est forte.

Mexique

Le Mexique n'a accompli aucun progrès en vue de combler l'écart béant de PIB par habitant qui le sépare des économies les plus avancées de l'OCDE. Sa productivité a continué de stagner, marquée par d'importantes disparités entre les États très productifs du nord et les régions du sud. Le taux de chômage a atteint un niveau historiquement bas. Le taux d'activité reste inférieur à celui des économies avancées de l'OCDE, en particulier pour les femmes. L'investissement s'est redressé, de 2021 à 2024, à la faveur de projets d'infrastructures publiques dans le sud du pays.

Il est indispensable d'améliorer le capital humain pour relancer la productivité. L'élargissement de l'accès aux structures d'éducation et d'accueil des jeunes enfants permettrait à un plus grand nombre de femmes d'exercer des emplois rémunérés et améliorerait les résultats scolaires, ce qui soutiendrait à la fois l'emploi et la productivité. La réduction de l'économie informelle renforcerait la productivité, atténuerait les inégalités et consoliderait les finances publiques en augmentant les recettes fiscales. L'investissement pourrait être facilité en remédiant aux déficits infrastructurels et logistiques, ce qui permettrait en outre de réduire les disparités régionales. Le développement de la production d'électricité à partir de sources renouvelables contribuerait à la décarbonation de l'économie tout en rendant le pays plus attrayant pour l'investissement direct étranger.

Résultats économiques

Écarts par rapport à la moyenne de la moitié supérieure des pays de l'OCDE

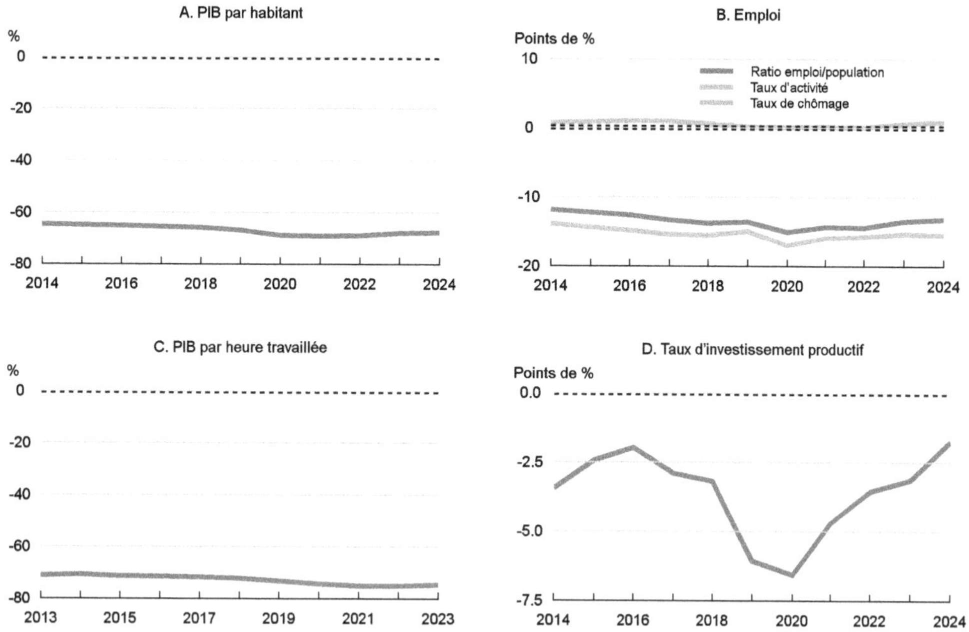

Source : Partie A : OCDE, base de données des Perspectives économiques ; Partie B : OCDE, base de données sur les Statistiques de la population active ; Partie C : OCDE, bases de données des Perspectives économiques de l'OCDE et sur la Productivité ; Partie D : OCDE, bases de données des Perspectives économiques de l'OCDE, des Comptes nationaux annuels et sur la formation brute de capital fixe (FBCF) par actif.

Sélection d'écarts d'indicateur de politique

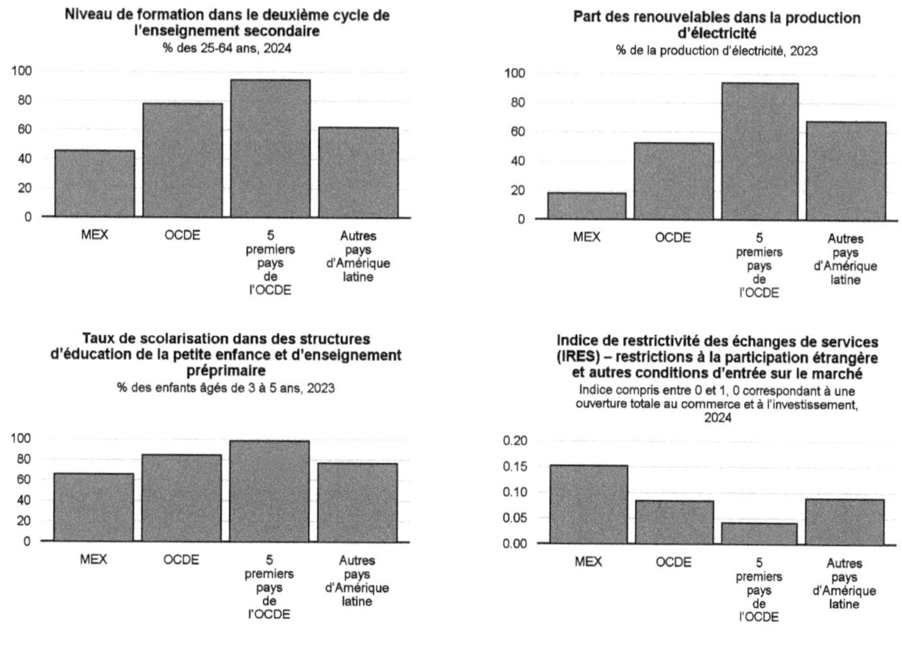

Note : « Autres pays d'Amérique latine » désigne la moyenne simple des données de l'Argentine, du Brésil, du Chili, de la Colombie, du Costa Rica et du Pérou.
Source : Calculs de l'OCDE effectués à partir de la base de données du rapport *Les fondements de la croissance et de la compétitivité*.

Éducation : stimuler l'investissement dans le capital humain

L'accès à l'éducation est quasiment universel, mais beaucoup d'élèves quittent le système éducatif sans avoir achevé leurs études secondaires. La qualité de l'enseignement n'a pas progressé et reste largement inférieure aux moyennes de l'OCDE. D'importantes disparités régionales sont observées. Quelque 75 % des employeurs font état de difficultés à pourvoir les postes vacants en raison du manque de compétences appropriées et cette proportion ne fait qu'augmenter .

Recommandations

- ✓ Repérer les élèves en difficulté, leur fournir un accompagnement ciblé, évaluer les besoins de formation des enseignants et combler les lacunes.
- ✓ Anticiper les besoins de compétences et consulter systématiquement les entreprises, au niveau de l'État, pour assurer l'adéquation entre les formations universitaires et professionnelles et la demande du marché du travail.
- ✓ Cerner les programmes de formation les plus efficaces pour équiper les travailleurs des compétences appropriées, et les perfectionner.

Taux d'activité : faciliter l'emploi rémunéré des femmes

Le taux d'activité des femmes, à 50 %, reste nettement inférieur à celui d'autres pays de l'OCDE et d'Amérique latine. Les responsabilités domestiques et familiales sont en très grande partie assumées par les femmes, si l'on compare le Mexique aux autres pays de l'OCDE, ce qui réduit leurs chances de mener à bien des études ou d'intégrer le marché du travail. La courte durée de la journée scolaire limite également la capacité des femmes à exercer un emploi à temps plein.

Recommandations

- ✓ Établir un réseau fédéral de structures de qualité pour l'éducation et l'accueil des jeunes enfants, ouvertes aux ménages actifs dans l'économie informelle, en donnant la priorité aux ménages à faible revenu.
- ✓ Augmenter le nombre d'établissements d'enseignement primaire accueillant les élèves à temps plein.
- ✓ Étoffer les services de prise en charge professionnelle des personnes âgées, y compris les soins à domicile et les soins de proximité.

Marché du travail : réduire l'économie informelle

Environ 55 % des travailleurs sont actifs dans l'économie informelle, l'un des taux les plus élevés des pays de l'OCDE. Cette situation freine la productivité, affaiblit l'assiette d'imposition et contribue au fait que le Mexique affiche le plus faible ratio impôts/PIB de l'OCDE. L'environnement réglementaire est complexe et lourd, en particulier dans les domaines liés à la création d'entreprises du secteur formel.

Recommandations

- ✓ Adopter une stratégie globale pour réduire l'économie informelle, notamment en fournissant des aides aux ménages modestes par le biais du système d'impôt sur le revenu des personnes ou en simplifiant et en dématérialisant les procédures d'immatriculation et d'autorisation des entreprises au niveau des États et des communes.

- ✓ Déployer des plateformes d'administration électronique, au niveau fédéral et à celui des États et des communes, pour permettre aux entreprises d'accomplir toutes les formalités réglementaires requises et d'en suivre le traitement en ligne.

Infrastructures : améliorer la qualité des infrastructures et de la logistique

Les déficits infrastructurels font augmenter le coût des exportations et des importations, ce qui limite la participation des entreprises, en particulier des PME de régions isolées, aux échanges internationaux. Dans de nombreux cas, les grands projets d'infrastructure engagés ces dernières années n'ont pas fait l'objet d'une analyse coûts-avantages transparente. Il est encore largement possible d'améliorer la qualité des services de logistique, notamment de camionnage, de transit de marchandises et de courtage en douane.

Recommandations

- ✓ Effectuer une analyse coûts-avantages plus rigoureuse et plus transparente des projets d'infrastructure.
- ✓ Lever les restrictions à l'investissement direct étranger dans les services liés à la logistique, comme le courtage en douane, le transport routier, la manutention ou l'entreposage de marchandises.
- ✓ Améliorer la facilitation des échanges en recourant plus largement aux décisions anticipées en matière douanière et en améliorant la disponibilité d'informations, notamment par voie numérique, et les procédures de recours.

Énergie : débloquer l'investissement privé dans les énergies renouvelables

Le Mexique a un potentiel d'énergies renouvelables considérable et bien distribué, qui reste en grande partie inexploité. Le développement de la production d'électricité à partir de sources renouvelables renforcerait la sécurité énergétique et l'accessibilité financière de l'énergie, ce qui améliorerait à son tour la compétitivité du pays et sa capacité à attirer l'investissement étranger, notamment dans le secteur manufacturier. L'incertitude réglementaire a fait obstacle à l'investissement privé dans les énergies renouvelables, ce qui a contribué à une diminution de la part d'électricité issue de sources non polluantes. Les réseaux de transport et de distribution de l'électricité souffrent d'un manque chronique d'investissement, d'où l'aggravation des problèmes de saturation et de congestion dans plusieurs corridors clés.

Recommandations

- ✓ Adopter des réglementations qui encouragent la participation du secteur privé à la production d'énergies renouvelables.
- ✓ Donner la priorité à l'investissement public dans les infrastructures de transport et de distribution d'électricité.

Progrès récents en matière de réformes structurelles

Le Mexique a avancé dans ses réformes de la législation du travail et des retraites au cours des deux dernières années, dans la continuité de réformes législatives antérieures. Les réformes de la législation du travail ont progressivement amélioré les mécanismes de résolution des conflits, la représentation des travailleurs et la négociation collective. De nouveaux tribunaux indépendants et spécialisés, appelés « centres de conciliation et d'enregistrement des travailleurs », ont été progressivement déployés dans l'ensemble du pays pour accélérer la résolution des différends sociaux. Le Mexique a également réformé son régime de pension contributive de manière à en accroître la couverture et à augmenter les taux de remplacement. Afin de ne pas nuire à la création d'emplois dans l'économie formelle pour les travailleurs à bas salaire, la réforme sera financée par une augmentation des cotisations des employeurs, qui sera mise en œuvre par étapes d'ici à 2030 selon un barème progressif.

Norvège

Si le PIB par habitant de la Norvège est l'un des plus élevés de la zone OCDE, c'est en grande partie à la faveur de l'activité pétrolière. Depuis quelques décennies, la croissance tendancielle de l'activité continentale s'est sensiblement affaiblie, principalement en raison d'une baisse prononcée de la croissance de la productivité multifactorielle, freinée par la rigueur de la réglementation dans certains domaines. Bien que le taux d'emploi soit légèrement supérieur à la moyenne de l'OCDE, la croissance tendancielle de l'emploi n'a pas suivi celle d'autres pays nordiques.

Contrairement à d'autres pays de l'OCDE, la Norvège a privilégié les réformes dans des domaines tels que les cadres réglementaires des infrastructures matérielles, la réglementation des marchés de produits et les régimes d'insolvabilité. Il est essentiel de poursuivre les réformes dans ces domaines pour rétablir la croissance de la productivité, favoriser l'investissement, notamment l'investissement étranger, et approfondir l'intégration dans les chaînes de valeur mondiales. Il faudrait alléger l'imposition du travail et réformer le régime d'invalidité pour stimuler l'activité.

Résultats économiques

Écarts par rapport à la moyenne de la moitié supérieure des pays de l'OCDE

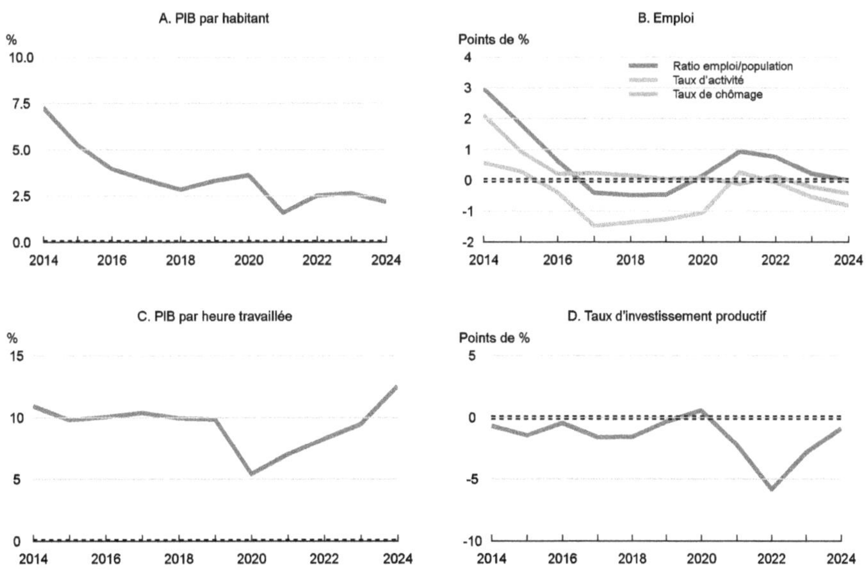

Source : Partie A : OCDE, base de données des Perspectives économiques ; Partie B : OCDE, base de données sur les Statistiques de la population active ; Partie C : OCDE, bases de données des Perspectives économiques de l'OCDE et sur la Productivité ; Partie D : OCDE, bases de données des Perspectives économiques de l'OCDE, des Comptes nationaux annuels et sur la formation brute de capital fixe (FBCF) par actif.

Sélection d'écarts d'indicateur de politique

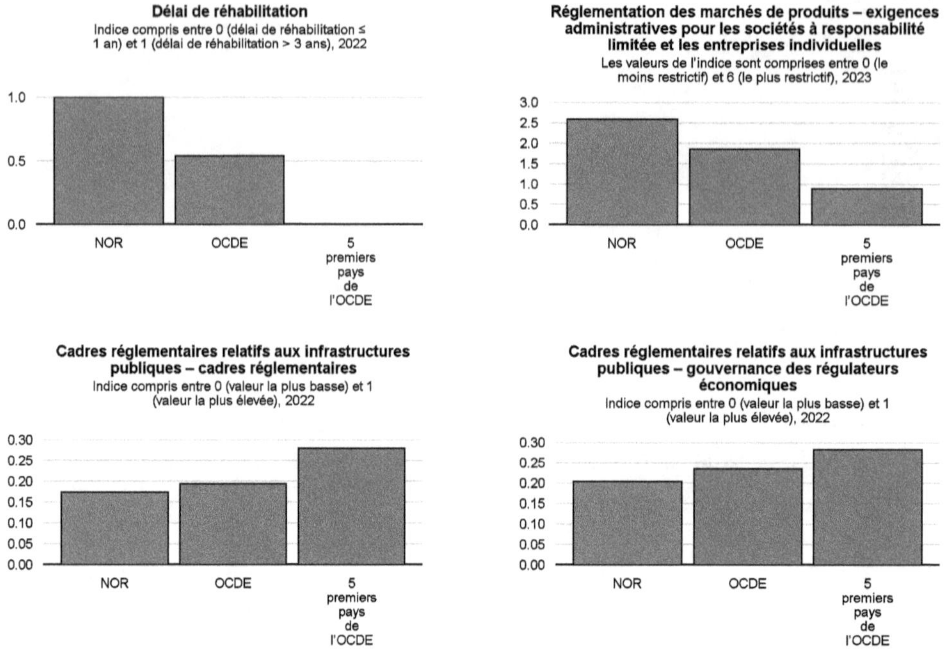

Source : Calculs de l'OCDE effectués à partir de la base de données du rapport *Les fondements de la croissance et de la compétitivité*.

Réglementation : améliorer la réglementation des marchés de produits pour faciliter l'entrée d'entreprises

La réglementation des marchés de produits en Norvège est généralement modérée, mais la charge administrative et réglementaire qui pèse sur les start-ups est plus lourde que dans bon nombre d'autres pays de l'OCDE. La Norvège dispose également d'une plus grande marge de manœuvre qu'un grand nombre d'autres pays de l'OCDE pour améliorer les règles relatives à la participation des parties prenantes à la conception de nouvelles réglementations. Compte tenu de l'avantage comparatif dont jouissent les nouvelles entreprises en ce qui concerne l'adoption de nouvelles technologies, l'assouplissement des règles d'entrée sur le marché aurait pour effet de renforcer la discipline de marché et de stimuler la croissance de la productivité.

Recommandations

- ✓ Rationaliser les procédures administratives applicables aux start-ups en renforçant la coordination entre les organismes de délivrance d'autorisations.
- ✓ Exiger que les nouvelles autorisations délivrées par des organismes publics soient proportionnées aux risques, et revoir périodiquement les autorisations existantes.

Réglementation : renforcer les régimes d'insolvabilité pour soutenir le crédit et les start-ups

Les régimes d'insolvabilité jouent un rôle essentiel en accroissant la possibilité de restructuration réussie d'entreprises viables et en maximisant la valeur de liquidation des entreprises défaillantes. Les régimes de la Norvège sont pour l'essentiel solides, mais les procédures de restructuration pourraient être améliorées. D'autre part, la réduction des sanctions excessives dont sont frappés les entrepreneurs pourrait favoriser un environnement plus dynamique pour les start-ups.

Recommandations

- ✓ Renforcer le mécanisme de vote des plans de restructuration afin de faciliter la prise de décisions, tout en mettant en place des garde-fous pour les créanciers récalcitrants.
- ✓ Raccourcir le délai de réhabilitation pour permettre aux individus en faillite d'exonérer plus rapidement leurs gains futurs des obligations de rembourser les dettes contractées avant la faillite.

Infrastructures : réformer les cadres institutionnels relatifs aux infrastructures publiques

L'investissement public de la Norvège est conséquent, notamment dans les infrastructures de transport. Le stock de capital d'infrastructures publiques est déjà très important, mais le risque de sélectionner des projets peu efficaces au regard de leur coût est comparativement élevé. Des cadres réglementaires solides pour les infrastructures publiques et la gouvernance des organismes de réglementation peuvent contribuer à repérer les projets qui offrent un rendement marginal net élevé de l'investissement public.

Recommandations

- ✓ Faire primer le rapport coûts-avantages dans la sélection des projets d'infrastructure, par exemple en mettant en place un rapport coûts-avantages minimum contraignant pour éliminer les projets relativement peu avantageux.
- ✓ Accroître la fréquence des évaluations *ex post* pour juger des résultats et des retombées de la planification des infrastructures, ce qui facilitera ainsi la prise de décisions.

Efficacité de l'impôt : réduire l'impôt sur le revenu des personnes physiques pour renforcer l'offre de main-d'œuvre

L'impôt sur le revenu des personnes physiques est élevé en Norvège, en particulier pour les bas salaires, ce qui pourrait diminuer les incitations au travail. Les taux légaux d'impôt sur le revenu des personnes physiques, abattements et avantages pris en compte, sont parmi les plus élevés des pays de l'OCDE, à l'exception des pays qui pratiquent des taux de cotisations de sécurité sociale très bas. L'imposition des logements occupés en propriété reste en revanche l'une des plus faibles de l'OCDE et pourrait créer une distorsion de la demande entre marché immobilier et marché locatif.

Recommandations

- ✓ Redoubler d'efforts pour réduire sensiblement l'imposition des revenus des personnes physiques.
- ✓ Supprimer progressivement l'avantage fiscal accordé aux propriétaires de logements en n'autorisant plus la déduction des intérêts de l'emprunt qui a servi au financement de leur acquisition, ou en taxant les loyers fictifs des logements occupés par leurs propriétaires.

Activité : réformer les régimes de maladie et d'invalidité

Les taux de bénéficiaires des prestations de maladie et d'invalidité en Norvège sont parmi les plus élevés de la zone OCDE. La grande générosité des indemnités de congé de maladie et des prestations d'invalidité, mais aussi des conditions d'admissibilité peu contraignantes, permettent à un grand nombre de personnes qui pourraient éventuellement reprendre le travail de continuer de bénéficier de ces aides. Avec le temps, cette dépendance réduit plus encore les chances de réintégrer la vie active. Cela a pour effet non seulement de réduire l'emploi, mais aussi de briser le lien avec la vie professionnelle et d'entraîner des coûts budgétaires élevés.

Recommandations

- ✓ Réduire le taux d'indemnisation des congés de maladie pour le rapprocher de ceux pratiqués dans d'autres pays nordiques.
- ✓ Renforcer l'intervention précoce par le biais de mesures de prévention ou par la réhabilitation, en veillant à ce que les bénéficiaires d'indemnité de congés de maladie ne le restent pas en permanence.
- ✓ Renforcer les critères d'admissibilité aux prestations d'invalidité en mettant en place une évaluation médicale indépendante.

Progrès récents en matière de réformes structurelles

Depuis 2023, la Norvège n'exige plus de titre de séjour dans un pays de l'EEE ou de bureau local pour devenir comptable agréé. Une initiative récente, l'Accord norvégien pour l'inclusivité au travail, a mis en place plusieurs mesures visant à empêcher le passage de la vie active aux prestations d'invalidité, notamment par l'amélioration des formations proposées. La réforme des retraites de 2024 relèvera progressivement l'âge légal du départ à la retraite, en l'indexant en partie sur l'allongement de l'espérance de vie.

Nouvelle-Zélande

La production par habitant de la Nouvelle-Zélande demeure inférieure à celle des pays de l'OCDE les plus avancés et la convergence vers les niveaux de vie de la moitié supérieure a marqué le pas. L'utilisation de la main-d'œuvre est forte, avec des taux élevés d'activité et d'emploi, mais le taux d'investissement, et surtout la productivité du travail, sont faibles.

La poursuite des vastes réformes structurelles s'impose pour renforcer l'investissement et la croissance de la productivité. Il faut notamment encourager davantage d'investissement direct étranger en réduisant les restrictions causées par le filtrage et en accélérant l'adoption des technologies numériques par les entreprises. Des procédures de délivrance de licences et de permis simplifiées contribueraient également à accélérer l'investissement dans les infrastructures. Pour placer l'économie sur une trajectoire de croissance durable, le renforcement de la recherche et de l'investissement sont nécessaires afin de pouvoir réduire les émissions d'origine agricole et industrielle au moyen de solutions technologiques.

Résultats économiques

Écarts par rapport à la moyenne de la moitié supérieure des pays de l'OCDE

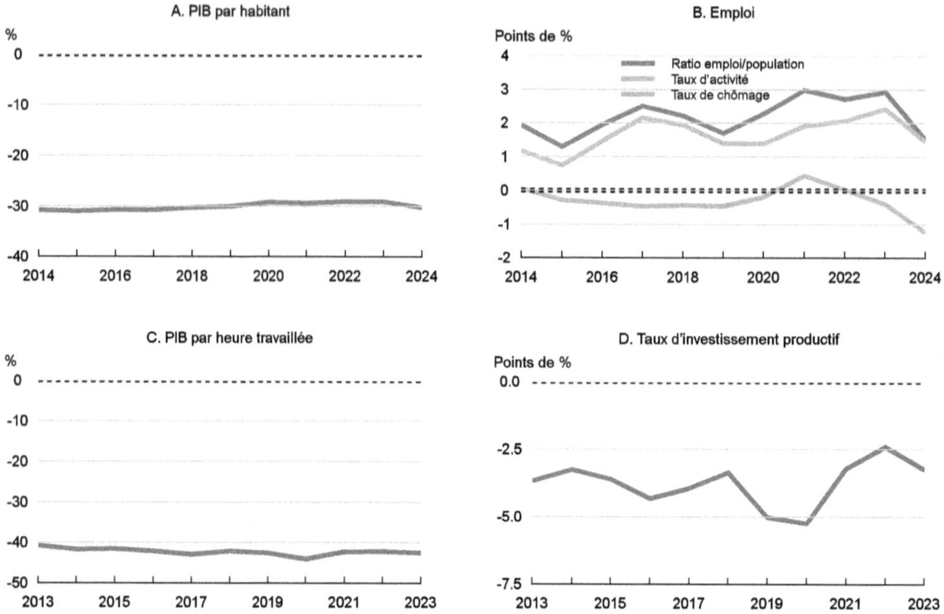

Source : Partie A : OCDE, base de données des Perspectives économiques ; Partie B : OCDE, base de données sur les Statistiques de la population active ; Partie C : OCDE, bases de données des Perspectives économiques de l'OCDE et sur la Productivité ; Partie D : OCDE, bases de données des Perspectives économiques de l'OCDE, des Comptes nationaux annuels et sur la formation brute de capital fixe (FBCF) par actif.

Sélection d'écarts d'indicateur de politique

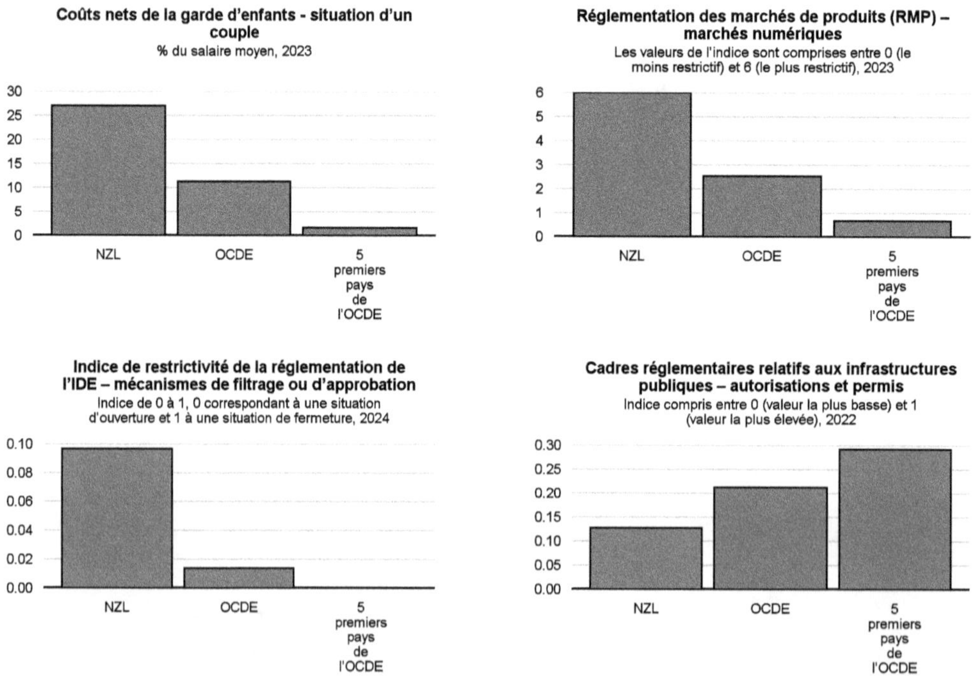

Source : Calculs de l'OCDE effectués à partir de la base de données du rapport *Les fondements de la croissance et de la compétitivité*.

Transformation numérique : améliorer la réglementation pour encourager la diffusion du numérique et stimuler la concurrence

La part d'entreprises néo-zélandaises reliées au haut débit et utilisant l'IA est inférieure à la moyenne de l'OCDE. L'investissement en R-D dans le domaine des technologies numériques et l'investissement en actifs incorporels (concepts, logiciels et données) sont faibles. La lente adaptation de la réglementation à l'innovation numérique risque de freiner l'investissement et de gêner à la fois l'entrée sur le marché et la concurrence, en particulier dans les domaines dominés par de grandes plateformes ou par les acteurs historiques, comme le secteur bancaire.

Recommandations

- ✓ Renforcer les instruments de concurrence numériques, par exemple la réglementation *ex ante* des plateformes dominantes.
- ✓ Favoriser la portabilité des données et l'interopérabilité pour réduire le coût du changement de fournisseur, notamment assurer la pleine mise en œuvre des réformes du système bancaire ouvert.
- ✓ Encourager la transformation numérique en veillant à ce que la législation soit adaptée aux marchés numériques, notamment en s'assurant que la législation en matière de droits d'auteur n'entrave pas indûment l'utilisation de l'IA.

Éducation et accueil des jeunes enfants : améliorer le rapport qualité-prix

Le coût de l'éducation et de l'accueil des jeunes enfants (EAJE) compte parmi les plus élevés de l'OCDE par rapport aux revenus. Peu d'enfants issus de milieux économiques défavorisés fréquentent des structures d'EAJE. Le coût inutilement élevé de la mise en conformité pourrait faire augmenter les prix directement, mais aussi indirectement, en créant des obstacles à l'entrée et en réduisant ainsi la concurrence. Les frais de garde élevés constituent une forte contre-incitation à travailler pour les deuxièmes apporteurs de revenu, en particulier pour les femmes. Les données et informations systémiques au sujet de la qualité et des résultats de l'EAJE sont également insuffisantes.

Recommandations

- ✓ Réduire le coût de la mise en conformité avec la réglementation en simplifiant les procédures de notification, c'est-à-dire en passant à la notification numérique, ainsi qu'en assouplissant les règles relatives aux bâtiments, aux espaces et à la prestation de service plus flexibles et en les adaptant davantage à l'âge des enfants, aux exigences culturelles et à celles du modèle de service (en structure ou à domicile), tout en maintenant un niveau élevé de qualité.
- ✓ Effectuer un bilan du secteur de l'EAJE du point de vue de la qualité de l'enseignement, en commençant par recueillir des données exactes et cohérentes sur la qualité de l'éducation et de l'accueil.

Infrastructures matérielles : améliorer les procédures d'octroi de permis

Les procédures d'octroi des permis et autorisations sont complexes et lentes relativement à la moyenne de l'OCDE ; elles varient en fonction des autorités locales et font l'objet de plus d'appels en justice que dans un grand nombre d'autres pays de l'OCDE, notamment pour les permis de construire, les permis d'occupation des sols et les agréments environnementaux. Cette situation réduit l'entrée d'entreprises et la concurrence en même temps qu'elle ralentit l'investissement dans les infrastructures, ce qui pourrait contribuer à une viabilité environnementale et une résilience climatique des infrastructures inférieures à la moyenne.

Recommandations

- ✓ Dématérialiser les systèmes d'octroi des permis et autorisations pour améliorer l'efficacité et la transparence, et les harmoniser sur l'ensemble des collectivités locales.
- ✓ Mieux accompagner les collectivités locales en leur fournissant des données et des aides à la modélisation afin d'améliorer la cohérence et la qualité de la prise de décisions, notamment en tenant mieux compte des effets environnementaux.

Investissement direct étranger : rationaliser les restrictions à l'IDE

Les restrictions imposées à l'IDE par la Nouvelle-Zélande sont depuis longtemps parmi les plus élevées de la zone OCDE, en particulier dans les secteurs du transport aérien, de l'audiovisuel, de la pêche et de l'acquisition de terrains. Les pratiques de filtrage sont pesantes et constituent un obstacle de taille. Cette situation a contribué à un ratio IDE/PIB nettement inférieur à la moyenne de l'OCDE, ce qui a réduit l'accès aux technologies, au savoir-faire et à la gestion de haute qualité en provenance d'autres pays. Elle explique probablement en partie la faible croissance de la productivité.

Recommandations

- ✓ Rationaliser le régime de filtrage, notamment en clarifiant les critères que les investissements potentiels doivent remplir pour être approuvés, et en accélérant les délais de traitement.
- ✓ Créer un guichet unique pour les investisseurs étrangers.

Agriculture : soutenir les technologies bas carbone pour stimuler les exportations

Les produits alimentaires bas carbone se vendent à un prix sensiblement plus élevé, ce qui offre à la Nouvelle-Zélande une importante possibilité d'accroître la valeur ajoutée de ses exportations de produits de base, notamment de ses produits laitiers et de sa viande. En effet, le vaste secteur agricole représente à peu près la moitié du total des émissions totales de gaz à effet de serre, composés à environ 80 % de méthane biogénique. Or, la R-D dans le domaine des technologies bas carbone est inférieure à la moyenne et le taux effectif global d'imposition du carbone est lui aussi faible en partie, car une grande proportion des émissions de l'agriculture n'est pas du tout imposée.

Recommandations

- ✓ Soutenir activement la recherche et les co-entreprises au service du développement de technologies de réduction des émissions.
- ✓ Améliorer la mesure des émissions au niveau des exploitations en prélude à la mise en place d'une tarification des émissions agricoles.

Progrès récents en matière de réformes structurelles

Les pouvoirs publics ont engagé la mise en œuvre de 15 recommandations pour réduire le coût de la mise en conformité avec la réglementation dans le secteur de l'EAJE, dont la création d'un système de délivrance de permis unique et simplifié. Un nouveau guichet unique pour la promotion de l'IDE, Invest New Zealand, est en service, et une réforme est en cours pour rationaliser le régime de filtrage de l'IDE. De grandes réformes de la planification sont en cours, notamment la mise en place de zones d'utilisation des sols normalisées à l'échelle nationale et un nouveau tribunal consacré aux affaires de planification. L'aide destinée à renforcer les capacités de R-D des entreprises, y compris la transformation numérique, a été accrue au moyen de subventions aux entreprises qui débutent en R-D et d'aides à celles qui embauchent de jeunes diplômés. La réforme de la réglementation des marchés numériques est en phase exploratoire. Le financement public de solutions techniques pour réduire les émissions d'origine agricole et industrielle a doublé entre le budget de 2023 et celui de 2025, passant à 1 milliard NZD, soit 0.2 % du PIB.

Pays-Bas

La croissance modérée du PIB par habitant des dix dernières années tient en grande partie à la hausse du taux d'activité, mais la productivité par heure travaillée est inférieure à celle des pays comparables. L'investissement des entreprises, en demi-teinte, a ralenti l'accroissement de l'intensité capitalistique et la croissance de la productivité totale des facteurs est restée faible. La prospérité à long terme des Pays-Bas est bridée par les pénuries de main-d'œuvre, le manque d'investissement et la croissance atone de la productivité.

Il est essentiel d'accroître l'offre de main-d'œuvre tout en renforçant la croissance de la productivité. Le taux d'activité est élevé, mais le nombre moyen d'heures travaillées est faible par rapport aux pays de l'OCDE comparables, surtout pour les deuxièmes apporteurs de revenus. Une culture favorisant davantage l'apprentissage tout au long de la vie pour remédier aux pénuries persistantes de compétences pourrait contribuer à renforcer le capital humain. La rationalisation du système d'imposition complexe et la réduction des incitations à effets de distorsion pourraient favoriser la croissance de la productivité.

Résultats économiques

Écarts par rapport à la moyenne de la moitié supérieure des pays de l'OCDE

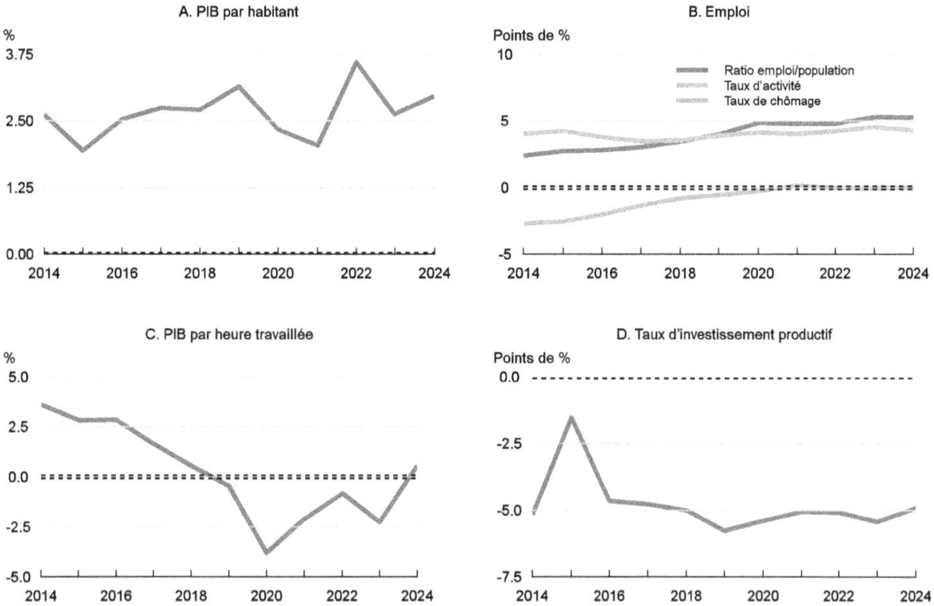

Source : Partie A : OCDE, base de données des Perspectives économiques ; Partie B : OCDE, base de données sur les Statistiques de la population active ; Partie C : OCDE, bases de données des Perspectives économiques de l'OCDE et sur la Productivité ; Partie D : OCDE, bases de données des Perspectives économiques de l'OCDE, des Comptes nationaux annuels et sur la formation brute de capital fixe (FBCF) par actif.

Sélection d'écarts d'indicateur de politique

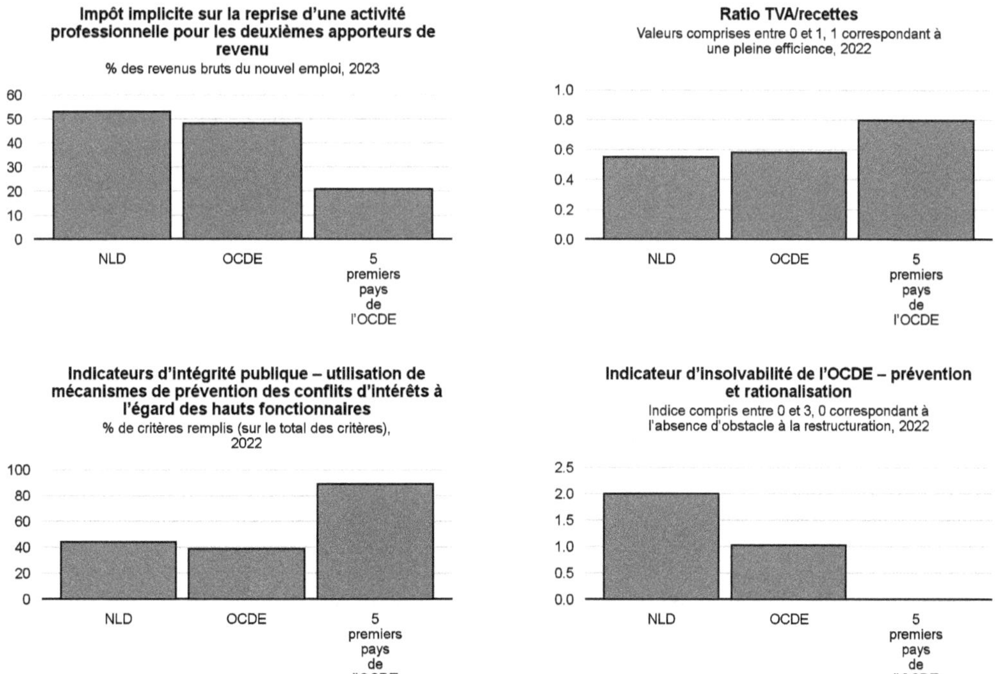

Source : Calculs de l'OCDE effectués à partir de la base de données du rapport *Les fondements de la croissance et de la compétitivité*.

Emploi : renforcer les incitations à l'allongement du temps de travail

Le taux d'activité est élevé, mais le temps de travail moyen reste relativement court. Des différences d'imposition et de réglementation en fonction du type d'emploi contribuent au dualisme du marché du travail et ont un effet de distorsion sur les incitations à travailler. La complexité des régimes de prestations sous conditions de ressources dissuade d'allonger son temps de travail par crainte de perdre ses droits aux prestations. En particulier, le taux d'imposition effectif élevé découlant de l'allongement du temps de travail réduit les incitations au travail pour les mères qui ont un revenu moyen, ce qui vient s'ajouter aux normes culturelles concernant les responsabilités familiales. L'offre de logements a été freinée par le cadre réglementaire complexe qui régit la construction de logements et qui, en plus de peser sur l'accessibilité financière du logement, réduit la mobilité de la main-d'œuvre.

Recommandations

- ✓ Rationaliser les prestations conditionnées au revenu en réduisant le nombre d'allocations et de crédits d'impôt en fonction d'un nombre restreint de caractéristiques des ménages.
- ✓ Continuer de réduire le taux effectif d'imposition du passage d'un emploi à temps partiel à un emploi à temps plein, tout en menant à bien la réforme des services de garde d'enfants.
- ✓ Continuer d'harmoniser l'imposition et la réglementation de toutes les formes d'emploi, notamment en augmentant la flexibilité de l'emploi régulier.
- ✓ Simplifier le processus de planification en développant le recours à la planification parallèle, en permettant aux projets d'infrastructures et de logements d'être menés simultanément.

Capital humain : renforcer la formation des adultes

Les pénuries persistantes de main-d'œuvre brident la croissance économique et sont aggravées par la demande croissante de compétences techniques due aux transitions numérique et écologique. Les dépenses consacrées à l'apprentissage tout au long de la vie sont inférieures aux besoins estimés, compte tenu de la demande massive de compétences liée à ces transitions. Le programme de comptes de formation individuels a été annulé après deux années en 2023, en raison de craintes d'abus et de qualité insuffisante.

Recommandations

- ✓ Réorienter la composition des politiques actives du marché du travail en faveur de la formation, en particulier pour satisfaire la demande croissante de travailleurs à des postes comportant beaucoup de tâches écologiques et numériques.
- ✓ Contrôler la qualité des programmes d'apprentissage tout au long de la vie et inciter davantage les employeurs à les cofinancer.

Imposition : simplifier le système d'imposition

La complexité du système d'imposition crée des failles dans la planification fiscale et fausse les décisions en matière d'investissement et d'offre de main-d'œuvre. Les logements occupés en propriété bénéficient d'un traitement fiscal plus avantageux que celui réservé au logement locatif et à d'autres formes d'investissement. Le système d'imposition comporte également un grand nombre d'exonérations, d'allègements et de taux réduits qui, dans certains cas, sont inefficaces, injustifiés ou excessivement complexes.

Recommandations

- ✓ Harmoniser le traitement fiscal des logements occupés en propriété et des autres types d'investissement.
- ✓ Rationaliser les dépenses fiscales, en commençant par les exonérations, les allègements et les taux réduits inefficients.
- ✓ Supprimer les disparités entre les différents types de revenu du capital pour empêcher l'arbitrage fiscal et réduire les distorsions économiques.
- ✓ Augmenter la part minimale du revenu des entreprises qui doit être versée en salaires pour réduire l'arbitrage fiscal, et abolir le taux réduit de l'impôt sur les sociétés en envisageant une réduction modérée du taux légal.

Gouvernance publique : accroître la transparence des activités de lobbying

Les Pays-Bas ne possèdent pas de registre obligatoire des lobbyistes couvrant l'ensemble des pouvoirs constitutifs de l'État. Un seul registre existe, pour les députés de la Chambre basse, mais il manque d'informations essentielles et le registre des activités de lobbying des députés ne contient pas d'informations détaillées. Il n'existe pas non plus de mécanisme pour suivre les activités post-mandat des responsables dans les secteurs qu'ils réglementaient, même si le code de conduite adopté en 2022 pour les ministres exige la publication des calendriers de réunions. Ce manque de transparence risque de fragiliser la confiance dans les institutions et pourrait décourager l'investissement, ce qui limiterait la compétitivité à long terme des Pays-Bas.

Recommandation

- ✓ Instaurer un registre des activités de lobbying, détaillé et public, pour tous les pouvoirs constitutifs de l'État, et mettre en œuvre les règles recommandées par l'OCDE concernant le passage des agents de l'État au secteur privé.

Dynamique des entreprises : rationaliser plus encore le cadre d'insolvabilité

Malgré une réglementation efficace des marchés de produits, la dynamique des entreprises a décliné depuis la pandémie de COVID-19. Les taux de création d'entreprises sont inférieurs à ceux des autres pays comparables. Parallèlement, bien que le cadre réglementaire des Pays-Bas soit généralement favorable à la concurrence, les formalités administratives relatives à la création d'une nouvelle entreprise restent relativement pesantes. Malgré les améliorations récentes apportées au cadre d'insolvabilité, les taux de sortie demeurent faibles et empêchent une réallocation efficiente des ressources.

Recommandations

- ✓ Renforcer le système d'alerte précoce à l'intention des entreprises en difficulté pour leur permettre d'intervenir et de se restructurer en amont.
- ✓ Réduire la charge administrative liée à la création d'entreprise en prenant en compte les évaluations des coûts réglementaires dans les nouvelles politiques.

- ✓ Simplifier les procédures d'immatriculation des entreprises pour encourager l'entrepreneuriat.

Progrès récents en matière de réformes structurelles

Les Pays-Bas ont pris des mesures pour réduire les différences entre les travailleurs en contrat à durée indéterminée et ceux qui exercent un emploi temporaire ou indépendant. Les réformes menées à la suite du rapport de 2020 de la Commission indépendante sur la réglementation du travail prévoyaient la suppression progressive des avantages fiscaux des travailleurs indépendants (à partir de 2021), l'assurance invalidité obligatoire (prévue pour 2025), le remplacement des contrats zéro heure par des contrats de base garantissant un nombre d'heures (proposé en 2023) et l'allongement du congé parental rémunéré (en 2022). Depuis 2024, les pouvoirs publics s'attellent à la simplification du système de prestations et à l'évaluation des inefficiences du système fiscal.

Pérou

Le PIB par habitant du Pérou progresse beaucoup plus lentement depuis la fin du boom des produits de base en 2014. Sa convergence avec la moyenne de l'OCDE s'est faite au ralenti, tirée par la croissance de l'emploi, les gains d'investissement ayant été modestes et la productivité étant restée au point mort. Ce constat témoigne de faiblesses structurelles plus profondes, notamment le manque d'accumulation de capital humain, la fragilité des institutions et l'état de sous-développement des institutions.

L'informalité de l'emploi et des entreprises, omniprésente, pénalise la productivité et l'égalité ; elle rend nécessaire un programme global visant à réduire les coûts de main-d'œuvre non salariaux pour les travailleurs à faible revenu, à encourager le développement des compétences, à renforcer l'inspection du travail et la mise en application du droit du travail, à simplifier la réglementation de l'emploi et des entreprises, et à améliorer la gouvernance. Bien que l'éducation ait été ouverte à un plus grand nombre, sa qualité demeure insuffisante à tous les niveaux. La fragilité de l'état de droit et la corruption minent la confiance et ont un effet dissuasif sur l'investissement privé, tandis que la lourdeur des réglementations bride la concurrence et la régularisation des entreprises.

Résultats économiques

Écarts par rapport à la moyenne de la moitié supérieure des pays de l'OCDE

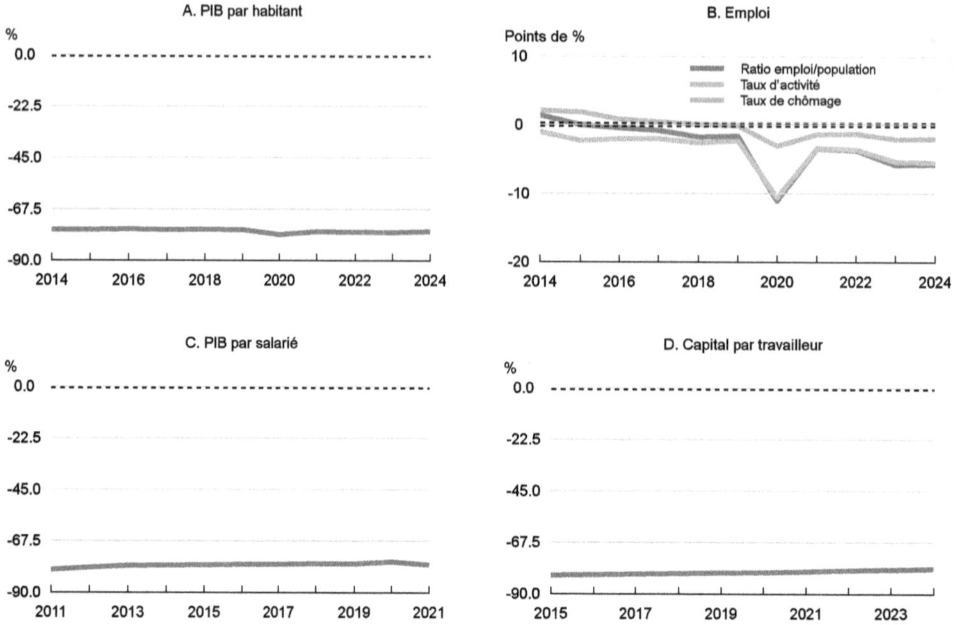

Source : Parties A et D : OCDE, base de données des Perspectives économiques ; Partie B : OCDE, base de données sur les statistiques de la population active ; Partie C : OCDE, bases de données des Perspectives économiques et sur la productivité.

Sélection d'écarts d'indicateur de politique

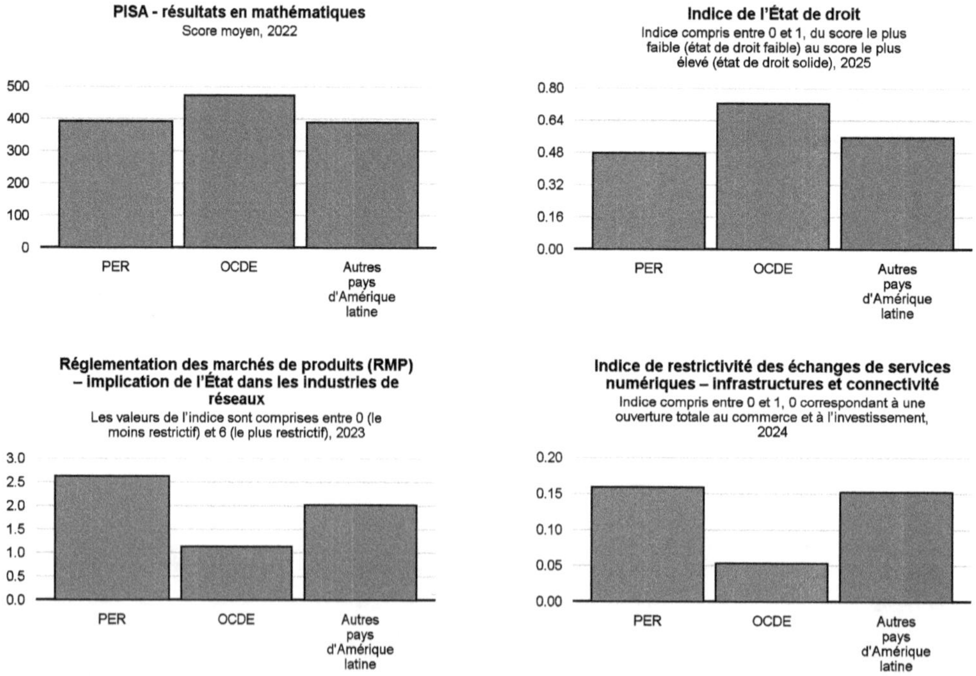

Note : « Autres pays d'Amérique latine » désigne la moyenne simple des données de l'Argentine, du Brésil, du Chili, de la Colombie, du Costa Rica et du Mexique.
Source : Calculs de l'OCDE effectués à partir de la base de données du rapport *Les fondements de la croissance et de la compétitivité*.

Capital humain : améliorer l'accès à une éducation et une formation de qualité

L'accès à une éducation de qualité doit être élargi pour augmenter la productivité et favoriser la régularisation des activités économiques. Les résultats scolaires des élèves de 15 ans demeurent bien inférieurs à la moyenne de l'OCDE et les résultats des élèves défavorisés sont nettement moins bons que ceux de leurs camarades de milieux plus aisés. L'accès à une éducation des jeunes enfants de qualité demeure restreint, en particulier dans les zones rurales et vulnérables, ce qui retentit sur les résultats ultérieurs et réduit l'emploi formel des femmes. Bon nombre d'enseignants des écoles publiques continuent d'enseigner sans respecter les normes professionnelles, compromettant ainsi les efforts d'amélioration de la qualité de l'éducation et des résultats scolaires. L'EFP continue d'être sous-utilisée au Pérou et 2 % seulement des jeunes suivent cette voie. Cette situation tient à la fragmentation du système, caractérisé par le manque de clarté des parcours proposés et l'hétérogénéité de la qualité, deux facteurs qui limitent son rôle dans le développement des compétences et la mobilité ascendante.

Recommandations

- ✓ Mettre en place des services d'éducation des jeunes enfants qui soient accessibles, d'un prix abordable et de qualité, en donnant la priorité aux groupes de population vulnérables, aux zones défavorisées et aux enfants de moins de trois ans.
- ✓ Améliorer la formation initiale des enseignants, leur recrutement et leur sélection, et favoriser les promotions et les gratifications fondées sur le mérite, notamment en mettant en place des incitations à la réaffectation des enseignants dans les établissements défavorisés.
- ✓ Mettre en place un cadre de gouvernance coordonné, cohérent et systématique pour l'EFP, en appliquant des normes de qualité homogènes et en assurant une surveillance réglementaire, et définir des voies d'accès claires à l'enseignement supérieur.

Marché du travail : lutter contre l'emploi informel et mieux intégrer les immigrés

Le marché du travail péruvien demeure très informel : 71 % des travailleurs occupaient un emploi informel en 2024, soit beaucoup plus que la moyenne de 45 % enregistrée pour la région ALC. L'économie informelle limite la productivité et l'accès à la protection sociale, en particulier parmi les travailleurs indépendants, les femmes, les jeunes et les immigrés. Les régimes de cotisations sociales actuels ainsi que le régime fiscal des microentreprises et des petites entreprises, entre autres politiques fondées sur la taille des entreprises, font peser une charge excessive sur les bas salaires et créent des incitations à rester dans l'économie informelle. Les immigrés, qui représentent plus de 5 % de la population et dont la grande majorité sont originaires du Venezuela, se heurtent à des obstacles particuliers dus au manque de permis de séjour conditionnés à des critères de durée des contrats de travail, ou aux quotas d'embauche imposés aux entreprises qui découragent l'embauche formelle.

Recommandations

- ✓ Évoluer vers un régime de cotisations de sécurité sociale progressives fondées sur les revenus d'activité et revoir les autres politiques fondées sur la taille des entreprises, notamment les régimes d'imposition, afin de supprimer les incitations à l'embauche informelle, mais aussi de renforcer l'inspection du travail et l'application du droit du travail.
- ✓ Faciliter la régularisation des immigrés en alignant les critères d'octroi de permis de séjour sur les normes nationales d'embauche, c'est-à-dire réduire la durée minimale des contrats de travail à

3 mois au lieu de 12, et en éliminant les quotas restrictifs, notamment le plafond de 20 % de travailleurs étrangers et le plafond de 30 % de la masse salariale pour les PME.

État de droit : réduire et prévenir la corruption

La fragilité de l'état de droit et la corruption découragent l'investissement et les échanges, affaiblissent l'efficacité de l'administration et minent la confiance dans les institutions et les services publics. La mise en application de mesures de lutte contre la corruption reste insuffisante : la coordination entre les organismes de surveillance fait défaut et des déficits sont présents dans la fonction publique et dans le système judiciaire. L'indépendance de la justice est compromise par l'usage répandu de nominations provisoires et par des procédures de sélection opaques, ce qui réduit la crédibilité et la prévisibilité des décisions de justice.

Recommandations

- ✓ Mettre en place un système national d'intégrité et de transparence et engager des réformes complémentaires dans les domaines de la justice, de la fonction publique et de la surveillance du secteur public afin de renforcer la répression de la corruption à tous les niveaux d'administration.
- ✓ Renforcer l'indépendance de la justice en mettant en œuvre des procédures de sélection des juges fondées sur le mérite et en réduisant le recours aux nominations temporaires.

Concurrence : réduire les obstacles réglementaires pour stimuler la régularisation des entreprises

La lourde charge de réglementation et la fragmentation des procédures municipales de demande d'autorisation ont un effet dissuasif sur la régularisation des entreprises, la concurrence et l'investissement. L'absence d'un guichet unique unifié pour l'immatriculation des entreprises fait augmenter les coûts, en particulier pour les petites entreprises, lesquelles sont les plus nombreuses. Les obstacles réglementaires dans des secteurs comme l'énergie, les communications électroniques et les transports brident la concurrence et la productivité.

Recommandations

- ✓ Simplifier les procédures d'immatriculation et de régularisation fiscale des entreprises, surtout pour les microentreprises et les PME, au moyen de plateformes numériques et de guichets uniques pour réduire le coût de la régularisation.
- ✓ Revoir les réglementations dans les secteurs de réseau afin de réduire les obstacles à l'entrée et de favoriser la concurrence, notamment en supprimant progressivement les avantages indus dont bénéficient les acteurs historiques, en ouvrant l'accès aux infrastructures essentielles (réseaux énergétiques, réseaux de télécommunications), et en veillant à la présence d'organismes de réglementation indépendants qui disposent de ressources adéquates et d'un mandat clair.

Ouverture aux échanges : renforcer les échanges et la connectivité numériques

La facilitation des échanges au Pérou est bridée par le faible niveau d'automatisation, le manque de coopération transfrontalière et les obstacles aux échanges numériques. Des déficits d'infrastructures et de connectivité numériques et le manque de compétences dans ce domaine limitent encore davantage l'accès aux services numériques, en particulier pour les petites entreprises. Ces difficultés nuisent à la productivité, découragent la création d'entreprises, et limitent l'intégration des entreprises péruviennes dans les chaînes de valeur mondiales.

Recommandations

- ✓ Accélérer l'adoption de guichets uniques électroniques et de systèmes numériques interopérables par les organismes de contrôle aux frontières, afin de simplifier les formalités et de réduire les délais de dédouanement.
- ✓ Investir dans le développement du haut débit et des compétences numériques pour améliorer l'accès et l'adoption, en particulier parmi les microentreprises et les PME ainsi que dans les régions laissées à l'écart.

Progrès récents en matière de réformes structurelles

Ces dernières années, le Pérou a engagé d'importantes réformes structurelles, dont la mise en place d'un régime de contrôle des fusions en 2021 pour renforcer la concurrence, une réforme des retraites visant à améliorer la couverture et le niveau des pensions en 2024, et des mesures de déréglementation visant à réduire la charge de formalités administratives qui pèse sur les entreprises, en 2025. Le pays a également entamé sa procédure d'adhésion à l'OCDE en 2022. L'élan de réforme plus général a cependant été coupé par l'instabilité politique causée par des changements fréquents de pouvoir et de priorités et l'éloignement conséquent des priorités structurelles à long terme.

Pologne

Les résultats économiques ont continué de progresser tout au long des dernières décennies et se sont redressés après la pandémie. Le PIB par habitant de la Pologne se situe actuellement 30 % au-dessous de la moyenne de la moitié supérieure des pays de l'OCDE. Bien que la productivité n'atteigne toujours pas les niveaux de l'OCDE, on observe une convergence considérable de l'investissement et de la productivité. Les taux d'emploi et d'activité augmentent depuis quelques années, tandis que le taux de chômage a atteint son plus bas niveau.

Pour maintenir la croissance, la Pologne devra faire face aux difficultés posées par le vieillissement de la population, en améliorant la santé, en rehaussant les compétences de la population d'âge actif et en augmentant l'emploi des femmes. Le renforcement de la concurrence dans le secteur des services, de la gestion des entreprises publiques et du régime d'insolvabilité pourrait donner une impulsion supplémentaire à la croissance des entreprises.

Résultats économiques

Écarts par rapport à la moyenne de la moitié supérieure des pays de l'OCDE

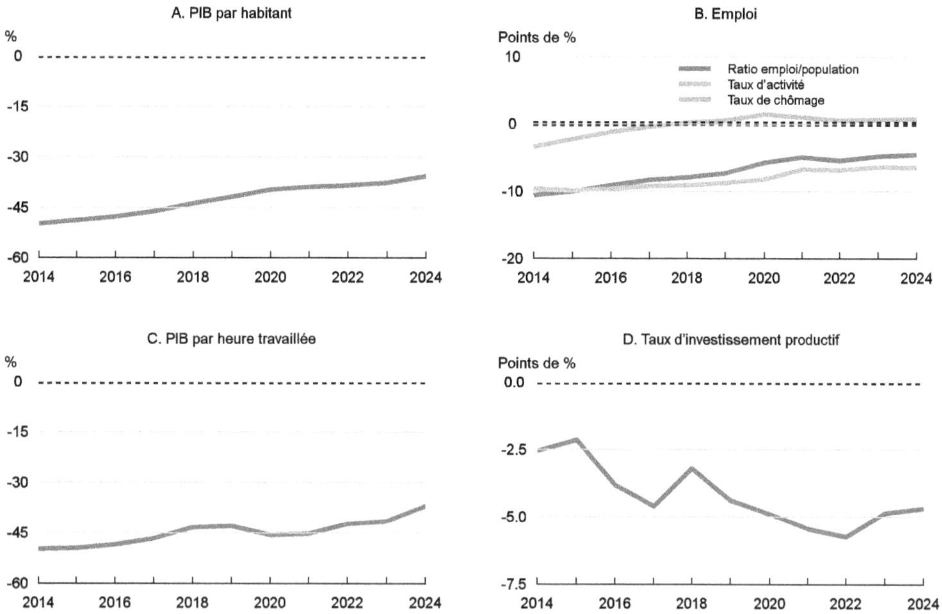

Source : Partie A : OCDE, base de données des Perspectives économiques ; Partie B : OCDE, base de données sur les Statistiques de la population active ; Partie C : OCDE, bases de données des Perspectives économiques de l'OCDE et sur la Productivité ; Partie D : OCDE, bases de données des Perspectives économiques de l'OCDE, des Comptes nationaux annuels et sur la formation brute de capital fixe (FBCF) par actif.

Sélection d'écarts d'indicateur de politique

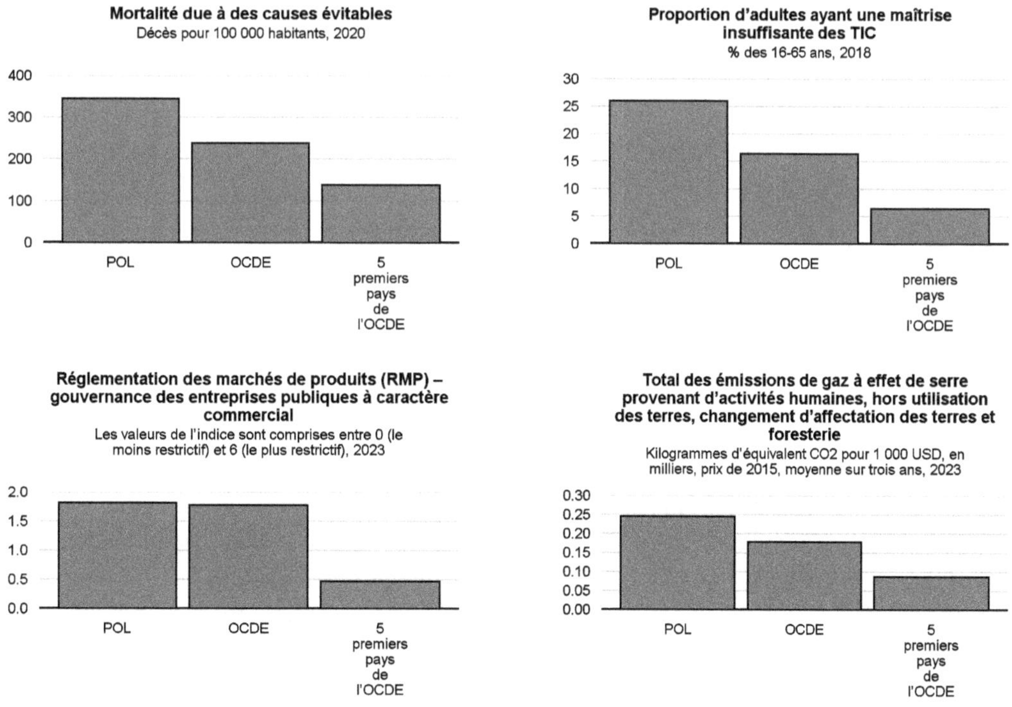

Source : Calculs de l'OCDE effectués à partir de la base de données du rapport *Les fondements de la croissance et de la compétitivité*.

Santé : améliorer l'efficacité et la qualité des services de santé

Malgré les améliorations notables des deux dernières décennies, l'espérance de vie reste parmi les plus faibles de l'OCDE. La population est en relativement mauvaise santé, le manque d'effectifs contribue à de longs délais d'attente et le taux de mortalité évitable est élevé. Les soins de longue durée sont en grande partie pris en charge par les ménages. La Pologne devrait poursuivre sa stratégie de réforme globale du système de santé pour aider la population à adopter des modes de vie plus sains.

Recommandations

- ✓ Recourir davantage aux incitations dans le domaine des soins primaires pour encourager les activités essentielles (prévention et prise en charge coordonnée) et un bon rapport coût-efficacité.
- ✓ Rationaliser plus encore le réseau hospitalier tout en veillant à répondre de manière adéquate aux besoins sanitaires régionaux.
- ✓ Continuer d'augmenter les places de formation en soins infirmiers et arrêter des normes d'effectif pour améliorer les conditions de travail dans le secteur.

Capital humain : assurer le développement continu des compétences

Le niveau de formation a progressé : davantage de jeunes adultes ont fait des études supérieures et la proportion de personnes peu instruites a diminué. La Pologne se situe parmi les pays de l'OCDE les mieux classés aux tests PISA internationaux, mais il n'en est pas de même pour les compétences de la population d'âge actif. La part d'adultes possédant un niveau élevé de compétences numériques et linguistiques est inférieure à celle enregistrée dans les pays comparables de la région. La part de travailleurs peu qualifiés qui suivent des formations est modeste et une part importante de salariés peu instruits travaillent en contrat temporaire. L'âge de la retraite inférieur des femmes et leurs responsabilités familiales limitent leurs taux d'emploi et d'activité.

Recommandations

- ✓ Mener des campagnes de sensibilisation régulières et ciblées pour informer sur les avantages de la formation numérique et linguistique des adultes.
- ✓ Mettre en œuvre la stratégie migratoire adoptée récemment en vue de remédier à la pénurie de compétences.
- ✓ Aligner progressivement l'âge légal de la retraite des femmes sur celui des hommes, et le relever en fonction des gains d'espérance de vie.

Énergie : accélérer la transition énergétique dans l'intérêt de la compétitivité-coûts et de la croissance

La décarbonation de la production d'électricité est en cours. Cependant, dans le contexte de l'augmentation du coût des quotas de CO_2, l'accélération du développement des capacités des infrastructures et le raccourcissement des délais de délivrance de permis pour les renouvelables permettraient une suppression progressive du charbon plus ambitieuse. Le régime actuel de fiscalité des voitures et du carburant ne suit pas les meilleures pratiques de l'OCDE, et l'intensité énergétique du secteur résidentiel n'a que modestement diminué au cours des vingt dernières années, sachant que le chauffage résidentiel est la principale source de pollution aux particules. Des progrès sur tous ces fronts renforceraient la compétitivité-coûts de l'énergie, réduiraient les externalités négatives, amélioreraient l'efficacité énergétique et contribueraient ainsi à la croissance. Les recettes fiscales liées au carbone pourraient être utilisées pour atténuer les effets négatifs sur les ménages à faible revenu.

Recommandations

- ✓ Accroître les capacités des infrastructures et rationaliser la réglementation relative au développement des énergies renouvelables.
- ✓ Mettre en place un régime global de fiscalité des véhicules, fondé sur le principe pollueur-payeur, et augmenter les droits d'accise sur le carburant.
- ✓ Instaurer le recyclage des recettes fiscales liées au carbone en faveur des ménages à faible revenu.

Innovation : renforcer les aides publiques à l'investissement en R-D

Sur fond de convergence, les entreprises polonaises peinent à progresser au sein des chaînes de valeur face au vieillissement et à la contraction de la population active, aux pénuries de compétences et à la transition vers des modes de production moins pollueurs. L'investissement des entreprises est inférieur à la moyenne de l'UE et de certains pays comparables de la région : l'investissement dans les actifs incorporels et le matériel de TIC est relativement faible, et les capacités d'innovation demeurent limitées. Plusieurs programmes d'aide sont toutefois en place.

Recommandations

- ✓ Rationaliser les incitations fiscales à la R-D destinées aux petites et moyennes entreprises et l'accès au soutien technique pour les aides à l'innovation au titre des programmes en place. Mieux informer sur les divers programmes en faveur de l'innovation pour que les petites et moyennes entreprises puissent y accéder plus aisément.
- ✓ Transformer les incitations fiscales en report pour les start-ups et les entreprises qui n'enregistrent pas de bénéfices initialement.

Environnement des entreprises : améliorer la concurrence dans le secteur des services, la gestion des entreprises publiques et le régime d'insolvabilité

La réglementation globale, mesurée par l'indicateur de réglementation des marchés de produits de l'OCDE, est généralement favorable à la concurrence, mais la Pologne ne suit qu'avec retard les meilleures pratiques de l'OCDE en matière de réglementation de certains services, à savoir les notaires, avocats et architectes. Le cadre d'insolvabilité pourrait être rationalisé de manière à ce que les procédures soient moins longues. La surveillance et la gestion des entreprises publiques pourraient également être améliorées.

Recommandations

- ✓ Réexaminer la nécessité de réglementer les honoraires des notaires, des avocats et des architectes, ainsi que les restrictions géographiques imposées aux notaires.
- ✓ Dans le régime d'insolvabilité, réduire le délai de réhabilitation et la durée de suspension des procédures visant les actifs. Permettre aux tribunaux de se spécialiser dans les affaires complexes d'insolvabilité d'entreprises.
- ✓ Instaurer un rapport annuel agrégé sur les entreprises publiques et un nombre minimum obligatoire de membres indépendants siégeant à leurs conseils d'administration. Renforcer le processus de sélection pour les nominations aux conseils d'administration et rendre obligatoire de déclarer la rémunération des membres du conseil d'administration et des principaux dirigeants.

Progrès récents en matière de réformes structurelles

Plusieurs réformes du système de santé sont en cours, dont la mise en œuvre de la prise en charge coordonnée, la réorganisation du réseau hospitalier, l'introduction d'indicateurs sur la qualité des soins et la sécurité des patients, et l'augmentation des places de formation en soins infirmiers. Le salaire des médecins et du personnel infirmier a été revalorisé ces dernières années. Les comptes individuels de formation sont mis à l'essai pour les travailleurs dans l'une des régions. La législation visant la rationalisation des procédures d'autorisation et des limites de construction des parcs éoliens terrestres est actuellement à l'examen au Parlement. Un nouveau « Code de bonnes pratiques » facultatif a été publié pour les entreprises publiques. Le gouvernement a mis en chantier une initiative de « déréglementation », c'est-à-dire d'examen de la législation actuelle en vue de la rationaliser.

Portugal

Sur le plan des résultats économiques, le Portugal continue de se laisser distancer par les pays les plus avancés de l'OCDE. L'écart de taux d'investissement s'est resserré, mais la timide croissance de la productivité à long terme a conduit à une disparité persistante de production par heure travaillée. Le déficit important de PIB par habitant tient également aux résultats insuffisants du marché du travail portugais. Malgré un taux de chômage historiquement bas, le taux d'emploi demeure relativement faible pour les jeunes et ceux des femmes et des seniors peuvent être encore améliorés.

Les évolutions structurelles en cours, une croissance de la productivité au ralenti et une population vieillissante nécessitent une économie adaptable, qui protège la compétitivité et la viabilité budgétaire en favorisant des gains soutenus de productivité et d'emploi. La réduction des obstacles réglementaires à la concurrence faciliterait l'entrée et la croissance de start-ups innovantes. L'amélioration des formations et des services d'accueil des jeunes enfants, ainsi que le renforcement des incitations au travail pour les seniors et les chômeurs de longue durée, permettraient d'allonger la durée de la vie active et d'atténuer les pénuries de compétences.

Résultats économiques

Écarts par rapport à la moyenne de la moitié supérieure des pays de l'OCDE

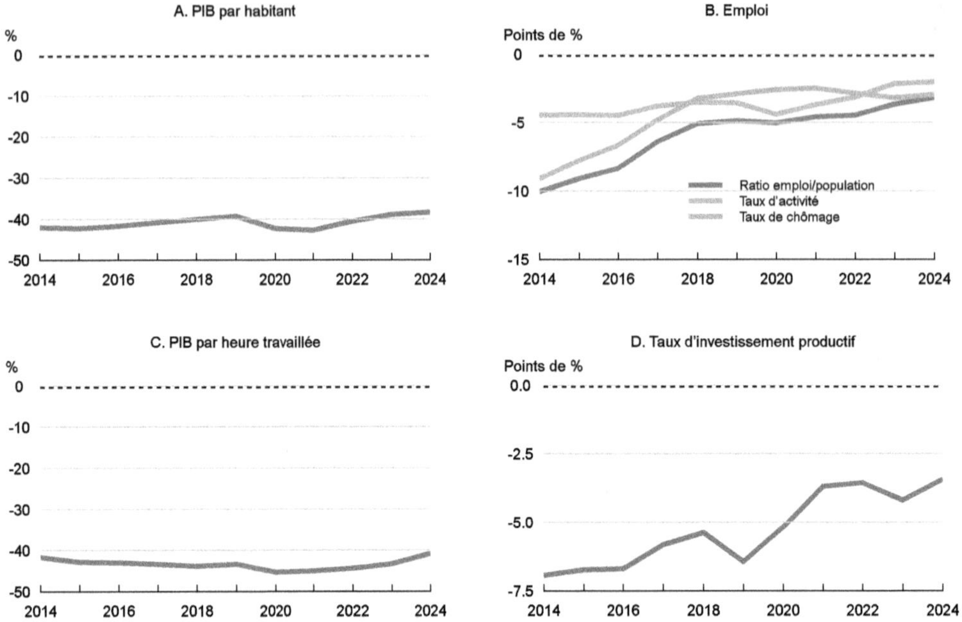

Source : Partie A : OCDE, base de données des Perspectives économiques ; Partie B : OCDE, base de données sur les Statistiques de la population active ; Partie C : OCDE, bases de données des Perspectives économiques de l'OCDE et sur la Productivité ; Partie D : OCDE, bases de données des Perspectives économiques de l'OCDE, des Comptes nationaux annuels et sur la formation brute de capital fixe (FBCF) par actif.

Sélection d'écarts d'indicateur de politique

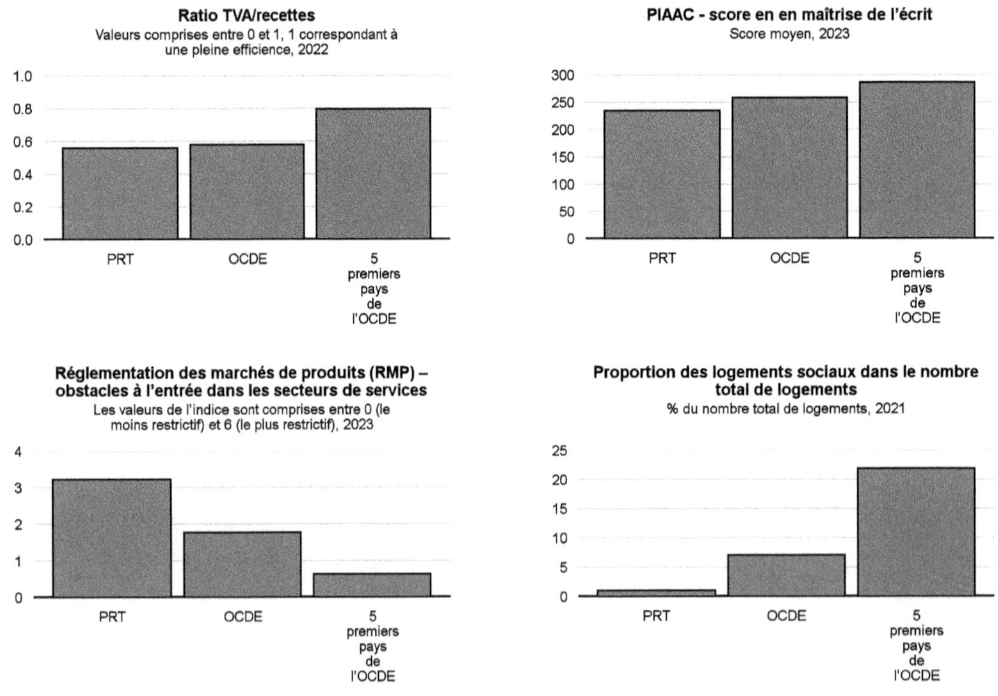

Source : Calculs de l'OCDE effectués à partir de la base de données du rapport *Les fondements de la croissance et de la compétitivité*.

Concurrence : améliorer la qualité des réglementations

Les pressions concurrentielles sont faibles dans certains secteurs. Selon les indicateurs de réglementation des marchés de produits (RMP) de l'OCDE, la réglementation du commerce de détail et de certains services professionnels reste restrictive, malgré la réforme bienvenue, en 2023, des services professionnels réglementés. Le recours aux analyses d'impact de la réglementation *ex ante* pourrait être encore amélioré et l'évaluation *ex post* des règles existantes n'est pas obligatoire. Les activités de lobbying et les conflits d'intérêts potentiels ne sont pas surveillés de manière systématique.

Recommandations

- ✓ Réduire les obstacles à l'entrée et rationaliser la réglementation des services professionnels et du commerce de détail.
- ✓ Développer plus encore l'usage des analyses d'impact de la réglementation (AIR) pour les nouvelles réglementations et procéder à des examens sectoriels des politiques existantes et de leurs effets sur la concurrence.
- ✓ Approuver la législation instaurant un registre permanent des activités de lobbying et des codes de conduite dans les relations entretenues avec les lobbyistes, et veiller à leur mise en application.

Fiscalité : améliorer l'efficacité du système

Le système de fiscalité dépend en grande partie des impôts sur les revenus du travail, qui font augmenter le coût du travail pour les bas salaires, tandis que les impôts sur la propriété immobilière restent comparativement bas. De nombreuses dépenses fiscales conduisent à d'importantes pertes de recettes et font augmenter les coûts liés au respect de la réglementation. En particulier, le système prévoit de nombreuses exemptions à l'impôt sur le revenu des sociétés, auxquelles s'ajoutent une surtaxe nationale et des surtaxes municipales ainsi que des taux réduits pour les petites et moyennes entreprises.

Recommandations

- ✓ Simplifier le système de fiscalité et élargir la base d'imposition en réduisant les dépenses fiscales inefficientes, et envisager d'utiliser cette marge budgétaire pour réduire les taux d'imposition. Envisager la suppression progressive de la surtaxe nationale en éliminant les exonérations d'impôt inefficaces qui ont des effets de distorsion.
- ✓ Réduire le coût du travail pour les bas salaires en faisant basculer la charge d'imposition des revenus du travail vers les impôts récurrents sur la propriété immobilière.

Marché du travail : activer la population et développer les compétences des actifs

Face au vieillissement de la population et aux fortes pénuries de main-d'oeuvre, l'activation et le développement des compétences seront essentiels pour continuer de renforcer les compétences et la productivité des travailleurs. Le taux d'emploi des jeunes est faible, et ceux des femmes et des seniors pourraient être encore améliorés. L'accès aux services d'accueil des jeunes enfants de moins de deux ans et les coûts connexes peuvent poser de grandes difficultés aux ménages à faible revenu et brider l'activité des femmes. Le recours aux contrats de travail temporaires reste élevé et des procédures juridiques coûteuses alourdissent le coût de l'embauche en contrat permanent.

Recommandations

- ✓ Élaborer, pour les programmes d'apprentissage tout au long de la vie, des normes nationales de certification de la qualité des formations définissant des critères clairs en matière de contenu, de qualité de l'enseignement et d'acquis d'apprentissage.
- ✓ Élargir l'accès à des services d'accueil des jeunes enfants à un prix abordable, en donnant la priorité aux ménages modestes et aux zones défavorisées.
- ✓ Mieux équilibrer la protection entre les différents types de contrats en continuant d'encourager le recours aux contrats permanents et en réduisant le coût des licenciements.

Logement : renforcer l'accessibilité financière et la mobilité

Les difficultés tenaces du marché du logement portugais, alourdies par une résurgence de la demande, ont entraîné la flambée des prix des logements et des loyers. De nombreux ménages, les jeunes en particulier, peinent pour acheter, louer, rembourser leur emprunt hypothécaire, ou déménagent pour trouver un logement adapté ou un meilleur emploi. L'offre de logements est restée au point mort et la mobilité résidentielle est faible. Le parc de logements locatifs sociaux reste modeste et les délais d'attente sont longs pour les personnes dans le besoin d'un tel logement ; ils peuvent excéder plusieurs années, en particulier en zone urbaine.

Recommandations

- ✓ Simplifier et harmoniser les procédures d'octroi des permis de construire entre les communes, comme prévu, en étoffant les plateformes numériques et en simplifiant les règles d'approbation tout en les assortissant de délais maximums clairs.
- ✓ Effectuer progressivement un transfert de charge fiscale en réduisant les taxes sur les transactions pour augmenter les impôts périodiques sur la propriété immobilière, notamment en actualisant régulièrement la valeur imposable des biens immobiliers pour qu'elle corresponde à leur valeur vénale.
- ✓ Étoffer le parc de logements locatifs sociaux en augmentant l'investissement, en assurant un financement adéquat pour la construction et l'exploitation, et en fixant des objectifs qui correspondent aux besoins locaux de logements.

Énergie : augmenter l'investissement dans l'adaptation au réchauffement climatique

Le Portugal a réduit ses émissions totales de gaz à effet de serre au cours des vingt dernières années, notamment en passant du gaz naturel aux sources renouvelables pour la production d'énergie. L'investissement public n'atteint cependant pas la moyenne de l'OCDE et d'autres progrès sont nécessaires. Le système de transport dépend lourdement des voitures et le parc immobilier est en mauvais état, mais la production d'énergie à partir de sources renouvelables devrait être encore développée. L'adaptation sera également essentielle, car le Portugal est de plus en plus menacé par les incendies incontrôlés, les sécheresses et l'élévation du niveau de la mer.

Recommandations

- ✓ Investir davantage dans le développement et l'entretien des infrastructures de transport en commun en s'appuyant sur des analyses coûts-avantages, et en accordant la priorité aux investissements dans les corridors ferroviaires où la demande est forte.

- ✓ Continuer de développer et de diversifier la production d'énergie à partir de sources renouvelables en rassurant les investisseurs au moyen de calendriers de vente aux enchères clairs. Améliorer les capacités d'équilibrage par une planification coordonnée avec l'Espagne afin de renforcer le réseau et le système de stockage d'électricité, d'harmoniser les capacités de réserve et d'assurer la résilience générale du système.
- ✓ Mettre en place un mécanisme formel de mutualisation des risques associant les secteurs public et privé, par exemple en rendant obligatoire pour tous les bâtiments l'assurance contre les catastrophes naturelles et en faisant correspondre les primes à l'exposition aux risques.

Progrès récents en matière de réformes structurelles

Le Portugal a connu d'importantes réformes structurelles ces dernières années. Parmi elles, le nouveau cadre applicable aux professions réglementées (2023), les restrictions sur le recours aux contrats à durée déterminée (2023), et la réforme du service national de santé en faveur de soins de santé de meilleure qualité et d'une prise en charge plus intégrée. Le cadre budgétaire a lui aussi été renforcé avec l'intégration progressive d'examens des dépenses dans le processus budgétaire annuel et l'évaluation prévue de toutes les dépenses fiscales par une cellule fiscale spéciale (U-Tax), instaurée en 2024.

République slovaque

La dynamique de convergence économique s'est essoufflée. Le ralentissement de la croissance de la productivité s'explique principalement par une diminution de l'investissement direct étranger, la réduction des avantages liés à l'intégration dans les chaînes de valeur mondiales et un niveau d'innovation durablement faible. L'investissement fixe reste en berne, freinant le renforcement de l'intensité capitalistique par rapport aux économies plus avancées. Par ailleurs, l'utilisation de la main-d'œuvre est à la traîne. Les taux d'emploi et d'activité continuent d'être inférieurs à ceux observés dans les pays comparables, notamment chez les mères avec de jeunes enfants, contribuant ainsi à un écart persistant du PIB par habitant.

Afin de stimuler la croissance, l'action publique devrait privilégier la valorisation de l'écosystème d'innovation, la promotion d'un environnement économique plus propice à l'investissement dans les nouvelles technologies et le capital intellectuel, ainsi que l'amélioration des résultats dans le domaine de la santé. Il conviendra également de rehausser la qualité et l'adéquation des dispositifs d'enseignement et de formation, d'intégrer les jeunes mères dans la population active et de renforcer les politiques d'activation afin d'offrir de nouvelles formations aux personnes peu qualifiées et menacées par une suppression d'emploi dans le but de pallier les pénuries de compétences et d'accroître le taux d'activité.

Résultats économiques

Écarts par rapport à la moyenne de la moitié supérieure des pays de l'OCDE

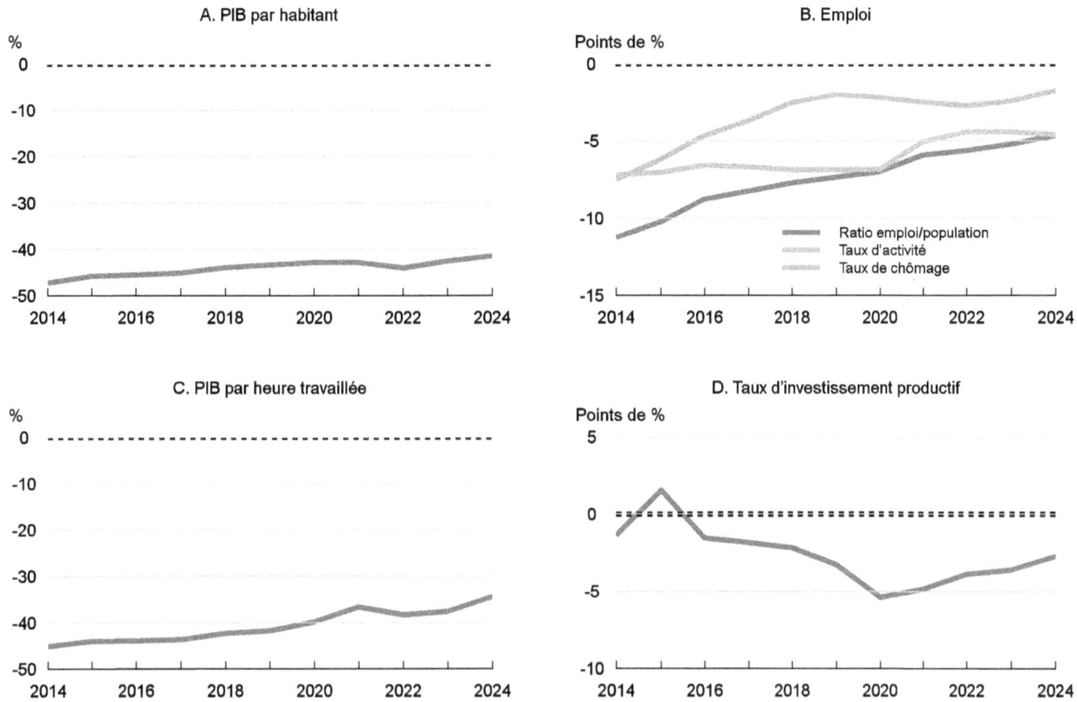

Source : Partie A : OCDE, base de données des *Perspectives économiques de l'OCDE* ; Partie B : OCDE, base de données sur les statistiques de la population active ; Partie C : OCDE, bases de données des *Perspectives économiques de l'OCDE* et sur la productivité ; Partie D : OCDE, bases de données des *Perspectives économiques de l'OCDE* et sur les comptes nationaux annuels et la formation brute de capital fixe (FBCF) par actif.

Sélection d'écarts d'indicateur de politique

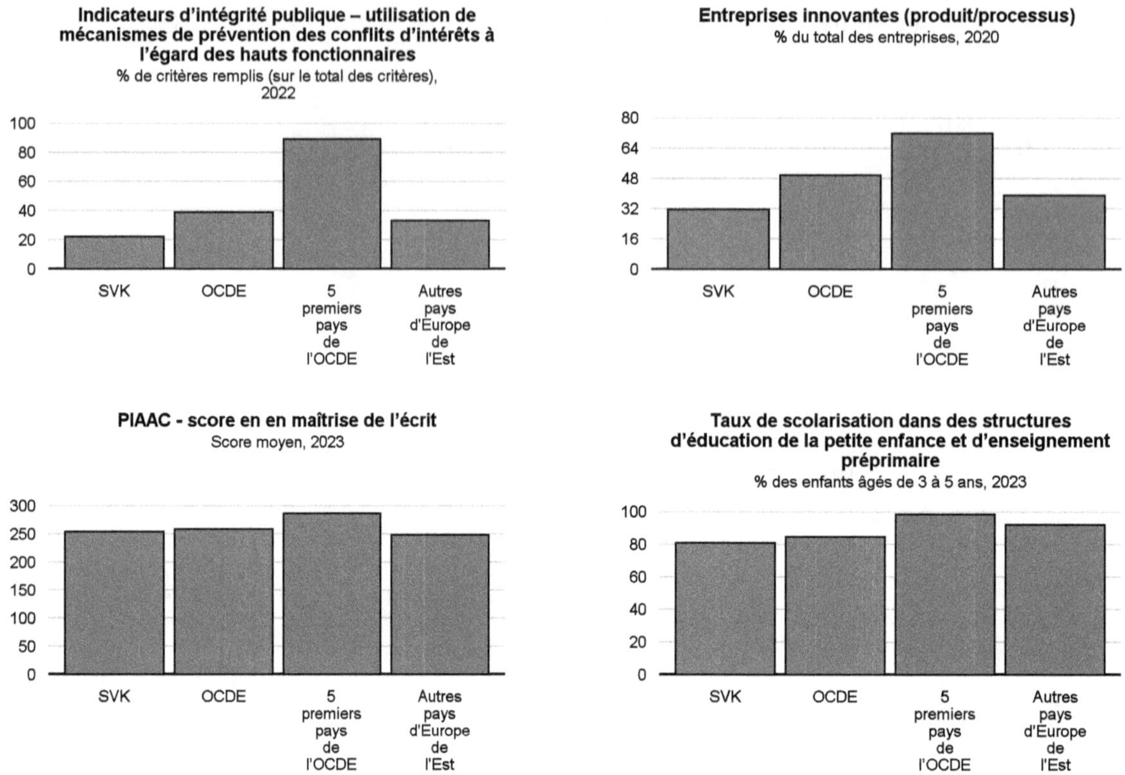

Note : l'agrégat « Autres pays d'Europe orientale » correspond à la moyenne simple des données relatives à la Hongrie, à la Pologne et à la Tchéquie.
Source : calculs de l'OCDE effectués à partir de la base de données du rapport *Les fondements de la croissance et de la compétitivité*.

Gouvernance publique : renforcer la réglementation relative à la lutte contre la corruption et aux activités de lobbying

Les niveaux élevés de corruption perçue et la faible confiance dans l'indépendance du système judiciaire représentent toujours des obstacles significatifs à la croissance. En 2022, 84 % des entreprises slovaques considéraient que la corruption était largement répandue, un taux nettement supérieur à la moyenne de l'UE (63 %). Malgré les avancées réalisées dans l'instauration d'une approche stratégique en faveur de l'intégrité publique, d'importantes lacunes subsistent, notamment l'absence d'un cadre spécifique relatif aux activités de lobbying. Il n'existe aucune définition juridique des activités de lobbying ou des lobbyistes, ni aucune sanction applicable en cas de pratiques de lobbying abusives. La législation fait fréquemment l'objet de modifications, ce qui compromet la stabilité et augmente l'incertitude.

Recommandations

- ✓ Mettre en œuvre la stratégie de lutte contre la corruption pour les années 2024-28.
- ✓ Introduire un cadre juridique réglementant les activités de lobbying et renforcer la législation en matière de conflits d'intérêts et de déclarations de patrimoine.
- ✓ Promouvoir des mécanismes alternatifs de règlement des litiges afin d'améliorer l'efficacité judiciaire.

Compétences : améliorer la flexibilité de l'enseignement et de la gestion des talents

La Slovaquie est confrontée à des décalages persistants entre l'offre et la demande de compétences, qui pèsent sur les résultats en termes de productivité et d'emploi. Les établissements d'enseignement supérieur sont mal classés au niveau international, avec des résultats médiocres en matière de recherche et une pertinence limitée vis-à-vis du marché du travail. Une part importante des diplômés de l'enseignement secondaire poursuit ses études à l'étranger, ce qui témoigne d'un manque de confiance dans les établissements nationaux d'enseignement supérieur. La participation des adultes à l'apprentissage formel et informel est faible, tandis que la formation professionnelle sur le lieu de travail pourrait être améliorée.

Recommandations

- ✓ Accroître le financement basé sur les résultats dans l'enseignement supérieur afin de récompenser l'excellence en matière d'enseignement et de recherche.
- ✓ Créer un portail unique donnant accès à des informations sur le marché du travail et les besoins en compétences, ainsi que sur les possibilités d'études, et fournir systématiquement aux étudiants de l'EFP des informations sur les salaires des diplômés.
- ✓ Renforcer les politiques actives du marché du travail, en mettant l'accent sur les mesures relatives aux nouvelles formations données aux personnes peu qualifiées et menacées de perdre leur emploi en raison de la transition écologique et numérique.

Santé : renforcer le système de santé et promouvoir les soins préventifs

En République slovaque, les résultats dans le domaine de la santé demeurent inférieurs à la moyenne observée dans les pays de l'OCDE, notamment avec une espérance de vie parmi les plus faibles dans la zone. De profondes disparités subsistent entre les groupes socio-économiques, et la Slovaquie enregistre l'un des écarts d'espérance de vie les plus importants au sein de l'Union européenne selon le niveau d'instruction. La pénurie chronique de professionnels de santé continue de limiter l'accès aux soins de qualité. Un renforcement du système de santé, conjugué à des investissements dans le secteur de la prévention, contribueraient à améliorer l'état de santé de la population, à réduire la demande de services de soins curatifs et de longue durée, ainsi qu'à favoriser l'allongement de la vie active en bonne santé.

Recommandations

- ✓ Veiller à une mise en œuvre intégrale de la réforme du réseau hospitalier de 2024, en définissant clairement les domaines d'expertise et de spécialisation des hôpitaux.
- ✓ Déployer des programmes de promotion de la santé davantage ciblés et envisager d'allouer une plus grande part des dépenses de santé aux soins préventifs.
- ✓ Mettre en place des régimes de rémunération en fonction des résultats qui s'appliqueraient aux médecins généralistes afin d'améliorer la qualité et l'efficacité des soins.

Marché du travail : augmenter le taux d'emploi des mères avec de jeunes enfants

Les taux d'emploi des mères avec de jeunes enfants sont faibles, tandis que l'écart salarial entre les genres demeure important. L'accès limité aux services d'accueil pour les enfants, en particulier dans le cas des enfants de moins de trois ans, ainsi que la durée particulièrement longue du congé parental, quatre fois supérieure à la moyenne de l'OCDE, contribuent à restreindre le taux d'activité des femmes et à retarder leur retour au travail.

Recommandations

- ✓ Accroître l'offre de structures d'accueil des jeunes enfants à moindre coût et de qualité, en particulier dans les régions mal desservies.
- ✓ Raccourcir la durée du congé parental et subordonner une partie de celui-ci à son utilisation par le deuxième parent.
- ✓ Promouvoir des modalités de travail flexibles pour les parents.

Innovation : stimuler les dépenses de R-D et l'intégration du numérique

La Slovaquie accuse un retard en matière d'innovation, avec un faible niveau d'activités de dépôt de brevets et de dépenses de R-D. L'investissement dans les TIC et l'intégration des technologies numériques avancées telles que l'informatique en nuage, l'intelligence artificielle ou les données massives, en particulier par les PME, restent limités. Malgré des améliorations des infrastructures numériques, des efforts additionnels sont nécessaires pour atteindre les objectifs nationaux de couverture. Si les subventions fiscales marginales accordées à la R-D sont relativement généreuses, leur utilisation par les entreprises reste inférieure à celle observée dans les autres pays et bénéficie aux grandes entreprises multinationales.

Recommandations

- ✓ Instaurer des crédits d'impôt remboursables en faveur de la R-D destinés aux entreprises de petite taille et nouvellement créées afin d'améliorer leur accessibilité.
- ✓ Élargir les dispositifs d'aide publique directe à l'innovation, notamment par le biais de subventions concurrentielles à la R-D.
- ✓ Veiller à la mise en œuvre intégrale du Plan national pour le haut débit afin d'assurer un accès internet ultra-rapide à tous les foyers d'ici 2030.

Progrès récents en matière de réformes structurelles

Des progrès se sont poursuivies dans le renforcement du cadre de lutte contre la corruption, avec l'entrée en fonction du Bureau de protection des lanceurs d'alerte en 2021. La mise à jour du Programme national de lutte contre la corruption de 2019 est toujours en cours, bien qu'un projet comprenne des dispositions visant à renforcer l'intégrité et à gérer les conflits d'intérêts parmi les hauts responsables de l'administration centrale. La nouvelle Stratégie nationale pour la recherche, le développement et l'innovation prévoit d'augmenter les dépenses publiques et privées en matière de R-D financées à partir du budget national d'ici 2030. En parallèle, le Plan pour la reprise et la résilience de la Slovaquie consacre environ 20 % des subventions à la transformation numérique. Un nouveau dispositif d'aide a été lancé afin de promouvoir la mise au point et l'application de technologies numériques avancées par les entreprises, y compris les PME, ainsi que par les établissements de recherche et d'autres parties prenantes.

Roumanie

La Roumanie poursuit sa convergence vers le niveau de revenu des pays de l'OCDE, portée pour une large part par une amélioration de la productivité du travail. Toutefois, le taux d'activité demeure inférieur à la moyenne observée dans la zone OCDE. La baisse de la population en âge de travailler devrait logiquement peser progressivement sur la croissance à long terme. Le renforcement de l'intensité capitalistique a sensiblement contribué à l'augmentation de la productivité, notamment grâce aux financements issus de l'UE.

Accroître le taux d'activité des femmes, des jeunes et des personnes âgées au sein du marché du travail officiel permettrait de renforcer l'utilisation globale de la main-d'œuvre. La poursuite de l'amélioration du niveau d'instruction et des résultats scolaires, ainsi que la mise en œuvre de mesures visant à réduire la fracture entre les zones urbaines et rurales, favoriseraient la croissance de la productivité. Par ailleurs, il demeure essentiel de poursuivre la lutte contre la corruption et d'améliorer l'environnement économique général, notamment en corrigeant les distorsions fiscales et en activant le développement des compétences numériques.

Résultats économiques

Écarts par rapport à la moyenne de la moitié supérieure des pays de l'OCDE

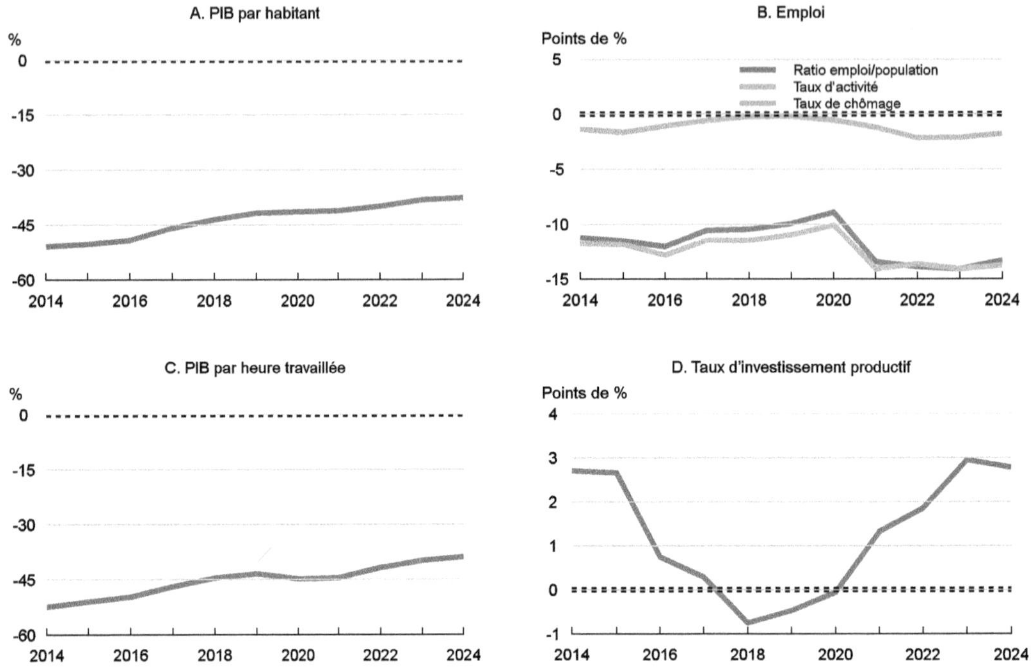

Source : Partie A : OCDE, base de données des *Perspectives économiques de l'OCDE* ; Partie B : OCDE, base de données sur les statistiques de la population active ; Partie C : OCDE, bases de données des *Perspectives économiques de l'OCDE* et sur la productivité ; Partie D : OCDE, bases de données des *Perspectives économiques de l'OCDE* et sur les comptes nationaux annuels et la formation brute de capital fixe (FBCF) par actif.

Sélection d'écarts d'indicateur de politique

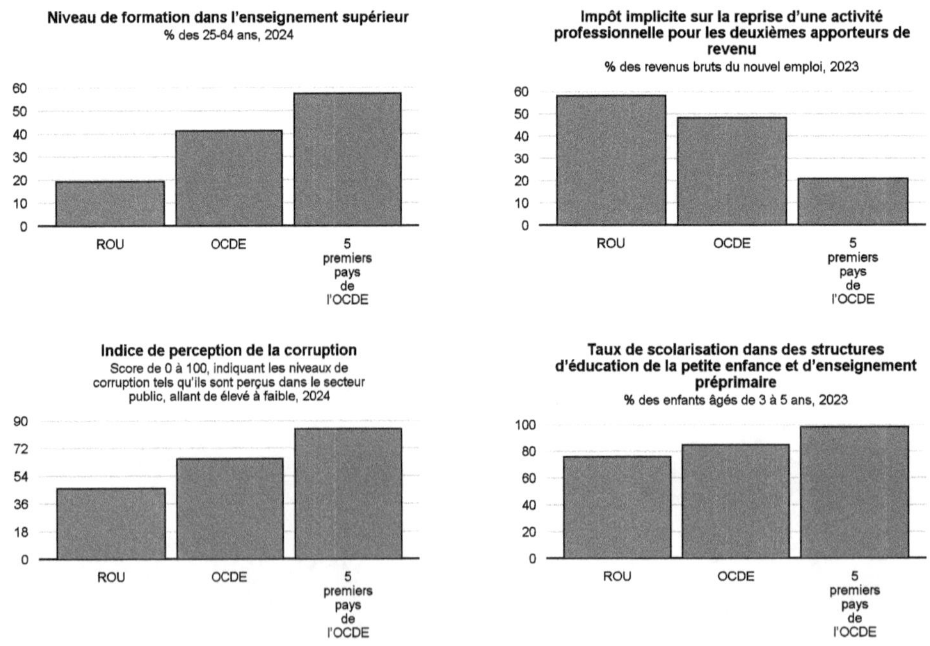

Source : calculs de l'OCDE effectués à partir de la base de données du rapport *Les fondements de la croissance et de la compétitivité*.

Marché du travail : renforcer l'intégration des femmes, des jeunes et des groupes vulnérables

Le taux d'activité en Roumanie reste l'un des plus bas de l'OCDE, malgré une certaine amélioration ces dernières années. Cette situation s'explique notamment par des taux d'activité faibles au sein du marché du travail officiel chez les jeunes, les femmes, les personnes âgées et les communautés roms. De plus, la proportion de jeunes qui ne sont ni en emploi, ni scolarisés, ni en formation demeure élevée.

Recommandations

- ✓ Réduire les charges fiscales et sociales relativement élevées qui pèsent sur les travailleurs à faible revenu/peu qualifiés et sur les deuxièmes apporteurs de revenu, afin de renforcer leur lien avec le marché du travail.
- ✓ Élargir l'accès à des services institutionnalisés de qualité pour l'éducation et l'accueil des jeunes enfants.
- ✓ Améliorer la qualité et la pertinence des programmes d'EFP, en veillant à ce qu'ils soient adaptés aux besoins du marché du travail, et accélérer la mise en œuvre de mesures d'aide aux élèves présentant un risque d'abandon scolaire.

Enseignement : combler les écarts en matière de réussite scolaire et d'équité

Bien que la Roumanie ait enregistré une hausse notable de son taux d'obtention de diplômes dans l'enseignement supérieur, celui-ci demeure le plus faible parmi les pays de l'OCDE. Les performances scolaires, telles que mesurées par les scores PISA, se situent en dessous de la moyenne de l'OCDE. Par ailleurs, des inégalités importantes subsistent en matière de réussite scolaire, notamment entre les zones urbaines et rurales. L'accès à un enseignement de qualité varie considérablement sur le territoire national, contribuant à accentuer d'importants écarts régionaux en matière de réussite scolaire et de résultats des élèves.

Recommandations

- ✓ Allouer davantage de financements publics aux établissements scolaires situés dans les zones rurales et défavorisées, en révisant les mécanismes généraux de financement.
- ✓ Poursuivre le renforcement de la formation des enseignants, en accordant une attention accrue aux programmes d'apprentissage en cours d'emploi.
- ✓ Procéder à l'analyse et à l'amélioration du programme scolaire, ainsi que du cadre d'évaluation des élèves, en mettant l'accent sur le renforcement des compétences en lecture, mathématiques et sciences.

Gouvernance : poursuivre la lutte contre la corruption

Au cours des dernières années, la Roumanie a accompli des progrès notables et soutenus dans la lutte contre la corruption, toutefois des défis restent à relever. Une mise en œuvre insuffisante et l'exécution partielle des mesures de lutte contre la corruption ont contribué au maintien de risques de corruption relativement élevés par rapport à la moyenne dans la zone OCDE. Des problématiques telles que la corruption dans les marchés publics et les retards dans le traitement des procédures judiciaires continuent d'influencer négativement la confiance des entreprises.

Recommandations

- ✓ Accroître la transparence et la surveillance dans le secteur de la passation des marchés publics en renforçant le contrôle interne de gestion et la vigilance de la société civile, et consolider la gestion des conflits d'intérêts.
- ✓ Veiller à la mise en œuvre effective des cadres réformés relatifs au contrôle des emplois antérieurs et postérieurs à l'exercice d'une charge publique et aux activités de lobbying.
- ✓ Réviser le système des audiences préliminaires dans les affaires de corruption et remédier à la pénurie de magistrats.

Fiscalité : augmenter les recettes tout en réduisant les distorsions fiscales

Un coin fiscal élevé sur les bas salaires constitue un frein à l'emploi formel et limite la redistribution. D'autre part, la fiscalité sur le capital, y compris le patrimoine, demeure relativement faible, tandis que la baisse des taux de TVA réduit la base imposable de la consommation. Une conformité fiscale limitée et une économie informelle sont responsables du plus important écart de TVA au sein de l'UE. L'application d'un taux d'imposition faible aux micro-entreprises permet à celles-ci d'éviter le régime standard de l'impôt sur les bénéfices des sociétés. En outre, le ratio des recettes publiques par rapport au PIB demeure inférieur à la moyenne observée dans les pays de l'OCDE.

Recommandations

- ✓ Réduire le coin fiscal élevé sur les bas salaires en augmentant la progressivité de l'impôt sur le revenu.
- ✓ Élargir l'assiette de la taxe sur la valeur ajoutée en appliquant le taux normal de manière plus généralisée.
- ✓ Renforcer le recouvrement de l'impôt afin d'améliorer le respect des obligations en matière de TVA.

Transformation numérique : améliorer les compétences numériques

Un niveau insuffisant de compétences numériques freine la capacité de la Roumanie à exploiter pleinement le potentiel des technologies numériques. Même si les services à haut débit sont largement accessibles, une proportion importante de la population ne possède pas les compétences numériques de base et n'utilise pas les outils associés. Malgré des avancées récentes, de nombreuses entreprises accusent un retard dans l'intégration des technologies numériques, notamment l'intelligence artificielle.

Recommandations

- ✓ Favoriser les compétences numériques dans les programmes scolaires institutionnalisés en poursuivant les efforts de formation des enseignants et de canalisation des ressources vers des investissements dans des équipements informatiques pour les salles de classe.
- ✓ Améliorer l'accès des adultes à la formation aux compétences numériques en augmentant la mise à disposition de programmes polyvalents et en offrant des incitations pour encourager la participation des groupes vulnérables.
- ✓ Faciliter une intégration plus large des services numériques par les entreprises en améliorant la sensibilisation et l'accès aux programmes de soutien numérique.

Progrès récents en matière de réformes structurelles

En 2024 et 2025, plusieurs réformes bienvenues ont été adoptées, notamment la suppression des exonérations d'impôt sur le revenu des personnes physiques et des régimes fiscaux préférentiels, ainsi que la réduction du champ d'application du régime fiscal spécial applicable aux micro-entreprises. Par ailleurs, la Roumanie a procédé à une modification importante de son système de retraite, révisé le cadre relatif au salaire minimum et augmenté l'aide octroyée au titre du régime de revenu d'inclusion minimum. Des initiatives visant à rationaliser les procédures de passation des marchés publics et à renforcer les capacités institutionnelles sont en cours, parallèlement à la mise en œuvre d'une réforme majeure du système éducatif.

Royaume-Uni

Au Royaume-Uni, la croissance du PIB par habitant a été atone ces dernières années, essentiellement en raison de la faiblesse des gains de productivité. Le renforcement de l'intensité capitalistique a été modeste et l'investissement des entreprises reste inférieur à son niveau antérieur au Brexit, ce qui a limité la croissance du capital par travailleur. La croissance de la productivité totale des facteurs (PTF) a également été modérée. L'utilisation de la main-d'œuvre, en particulier le nombre d'heures travaillées par habitant, stagne sur fond de hausse du taux d'inactivité.

La mobilité de la main-d'œuvre et le taux d'activité doivent être améliorés. Bien que le taux d'activité des femmes soit supérieur à la moyenne de l'OCDE, il reste nettement inférieur à celui des hommes et correspond en grande partie à des emplois à temps partiel. Il est essentiel de renforcer les compétences et le capital humain, en particulier pour faciliter le passage de l'école à la vie active. Il serait en outre possible de rendre le système fiscal plus efficient en réduisant les complexités inutiles.

Résultats économiques

Écarts par rapport à la moyenne de la moitié supérieure des pays de l'OCDE

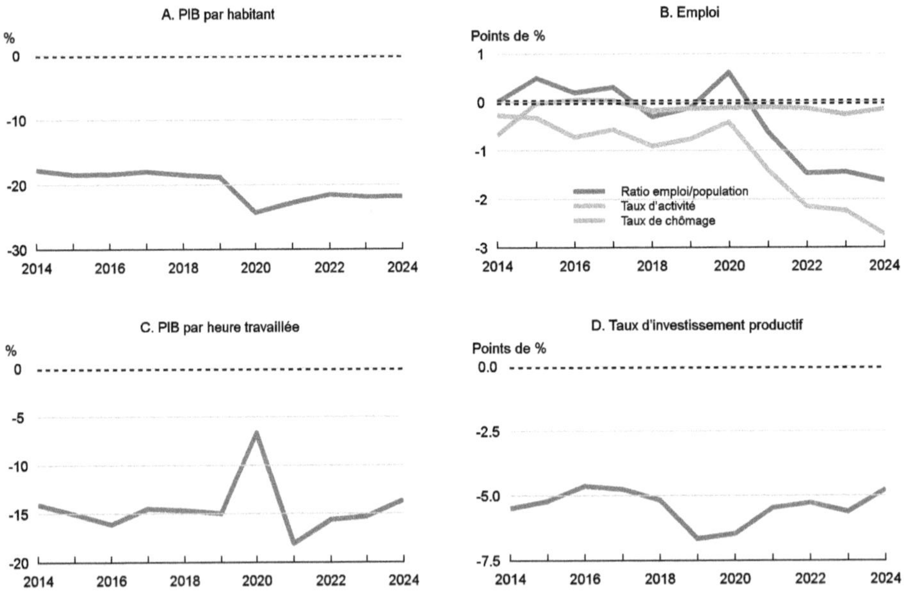

Source : Partie A : OCDE, base de données des *Perspectives économiques de l'OCDE* ; partie B : OCDE, base de données sur les statistiques de la population active ; partie C : OCDE, bases de données des *Perspectives économiques de l'OCDE* et sur la productivité ; partie D : OCDE, bases de données des *Perspectives économiques de l'OCDE* et sur les comptes nationaux annuels et la formation brute de capital fixe (FBCF) par actif.

Sélection d'écarts d'indicateur de politique

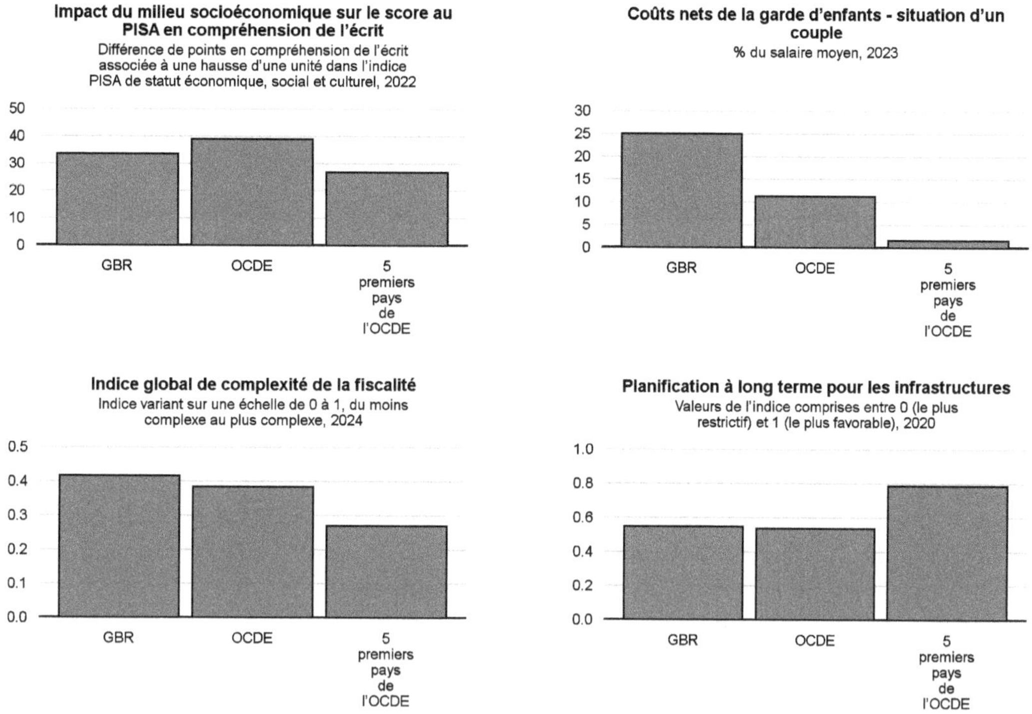

Source : Calculs de l'OCDE effectués à partir de la base de données du rapport *Les fondements de la croissance et de la compétitivité*.

Capital humain : renforcer l'aide à l'amélioration des compétences des jeunes

Au Royaume-Uni, un nombre trop important de jeunes quittent le système scolaire avec des compétences de base insuffisantes, d'où la nécessité de faciliter le passage de l'école à la vie active. Les employeurs ont souvent recours à l'apprentissage subventionné pour améliorer les compétences du personnel en place plutôt que pour former des jeunes peu qualifiés ou sortis prématurément du système scolaire. Par ailleurs, les résultats des élèves de 15 ans se dégradent, et on constate des disparités importantes selon les établissements scolaires et les catégories socioéconomiques.

Recommandations

- ✓ Réduire les taux de subvention pour leurs salariés en poste dont bénéficient les employeurs grâce à la taxe d'apprentissage et orienter les aides vers les jeunes.
- ✓ Utiliser les ressources de manière ciblée pour promouvoir la plus haute qualité d'enseignement dans les établissements scolaires des zones les plus défavorisées.

Marché du travail : améliorer le taux d'activité des femmes

Les femmes représentent une part disproportionnée de la population inactive, essentiellement du fait de leurs responsabilités familiales. L'accès limité à des services de garde d'enfants abordables augmente le coût d'opportunité de l'emploi, ce qui restreint la participation des femmes au marché du travail. Bien qu'une réforme des services de garde d'enfants ait été engagée, les pénuries de personnel et la planification insuffisante des aléas pourraient mettre à mal sa bonne mise en œuvre.

Recommandations

- ✓ Définir des jalons intermédiaires dans le cadre de l'élargissement en cours des aides à la garde d'enfant accordées aux parents qui travaillent et assurer le suivi de leur mise en œuvre, donner la priorité aux ménages modestes lorsque l'offre de services de garde d'enfants est inférieure à la demande, et fournir aux demandeurs d'emploi actifs une aide assurant la prise en charge totale de leurs frais de garde.
- ✓ Revoir régulièrement les taux de financement des services de garde d'enfants afin de trouver un juste équilibre entre la limitation des coûts budgétaires et la garantie d'un accès à des services de qualité.

Fiscalité : réduire les effets de distorsion et combler les failles

Il est possible d'améliorer l'efficience et l'équité du système fiscal du Royaume-Uni. Certains aspects du système fiscal sont complexes, ce qui entraîne des coûts de conformité élevés. La discipline fiscale a donc régressé, en particulier de la part des petites entreprises qui sont moins aptes à s'orienter dans le système. Les allégements de TVA sont pour l'essentiel inefficients et ont un effet régressif, tandis que l'impôt sur le patrimoine repose sur des valeurs trop anciennes. En outre, des effets de distorsion, induits notamment par des discontinuités dans le barème de l'impôt sur le revenu, affaiblissent les incitations à travailler, et la déductibilité des charges d'intérêts nettes du revenu imposable des sociétés assure la survie d'investissements non rentables.

Recommandations

- ✓ Réaliser un examen en profondeur du système fiscal afin de rendre celui-ci plus efficient et propice à la croissance en réduisant les distorsions, en comblant les failles et en éliminant les allègements et exonérations qui ne servent aucun objectif économique ou social.
- ✓ Élargir l'assiette de la TVA en supprimant progressivement les exonérations et compenser les effets de cette mesure sur les ménages à faible revenu par des transferts ciblés.
- ✓ Procéder régulièrement à des examens des dépenses fiscales.

Infrastructures matérielles : améliorer la gouvernance des infrastructures

Le système de gouvernance des infrastructures est robuste sur le plan de la mise en œuvre et de l'exploitation, mais le Royaume-Uni aurait intérêt à renforcer la planification à plus long terme et à améliorer la cohérence entre tous les domaines de la gouvernance. En particulier, la mise en place d'un contrôle et d'une supervision externes dans le cadre d'une approche à l'échelle de l'ensemble de l'administration pourrait aider à mieux gérer les menaces pour l'intégrité dans les projets d'infrastructure.

Recommandation

- ✓ Mettre en place un cadre de supervision externe complet assorti de mandats clairs pour l'évaluation indépendante et le contrôle parlementaire des projets d'infrastructure.

Gouvernance publique : améliorer la législation relative aux conflits d'intérêts

Les garde-fous réglementaires du Royaume-Uni en matière de prévention des conflits d'intérêts pourraient être renforcés. La loi n'oblige pas les ministres à respecter les règles énoncées dans le code ministériel qui s'appliquent aux ministres et haut fonctionnaires exerçant des activités dans le secteur privé après la cessation de leurs fonctions publiques (*Business Appointment Rules*). Le système de transparence est bien développé et comprend un registre en ligne des activités de lobbying, mais les outils numériques pourraient être utilisés de manière plus efficace.

Recommandations

- ✓ Élargir la portée des engagements juridiquement contraignants pris par les ministres afin qu'ils aient à répondre de toute violation des règles relatives aux conflits d'intérêts non seulement dans le cadre des activités exercées après la cessation de leurs fonctions publiques, mais aussi pendant la durée de leur mandat.
- ✓ Améliorer la transparence des activités de lobbying et faciliter la recherche dans le registre en ligne des activités de lobbying.

Progrès récents en matière de réformes structurelles

Les réformes récentes du système d'apprentissage visent à mieux cibler les jeunes, notamment en offrant une prise en charge intégrale des coûts supportés par les PME lorsque les apprentis ont de moins de 25 ans, et en prévoyant un co-investissement public de 75 % pour les entreprises soumises à la taxe lorsque les apprentis ont moins de 22 ans. D'autres mesures de soutien ciblées en faveur des jeunes sont également envisagées. Des efforts supplémentaires de réforme structurelle ont été consacrés à l'assouplissement des règles d'urbanisme afin d'accélérer la mise en place d'infrastructures matérielles, mais également à la réduction de la dépendance à l'égard des prestations sociales en vue de renforcer le taux d'activité, et à la modernisation des infrastructures numériques afin d'accroître la diffusion des technologies et la productivité. Plus précisément, le gouvernement a entrepris une refonte du Cadre national de la politique de planification (*National Planning Policy Framework*) afin de débloquer des projets d'infrastructure et la construction de logements ; il a en outre prévu des réformes du système d'évaluation de la capacité de travail dans le cadre de la modernisation en cours des prestations d'invalidité et de maladie, et a accéléré le déploiement des réseaux 5G et des réseaux à haut débit reposant intégralement sur la fibre.

Slovénie

La convergence économique avec les économies les plus avancées de l'OCDE s'est poursuivie au cours des dernières années. Toutefois, la croissance s'est appuyée sur les gains en matière d'emploi ; depuis la crise financière mondiale, la croissance de la productivité s'est montrée faible, et la Slovénie continue d'afficher un déficit de productivité important par rapport à la moitié supérieure des pays de l'OCDE. L'investissement fixe brut s'est amélioré, mais principalement dans le logement. Alors que la population vieillit et que celle en âge de travailler s'amenuise, des améliorations plus notables de la productivité et de la participation au marché du travail seront nécessaires pour soutenir la croissance.

Des réformes structurelles visant à approfondir les marchés de capitaux et à simplifier les procédures d'octroi de permis seraient bénéfiques pour la productivité et l'investissement. Afin de stimuler l'offre de main-d'œuvre, il apparaît également nécessaire de supprimer les facteurs qui dissuadent les deuxièmes apporteurs de revenu et les parents isolés de travailler à temps plein. En outre, il conviendrait de mener des réformes fiscales propices à la croissance qui allégeraient la fiscalité du travail et seraient financées par une majoration des taxes sur la consommation, des taxes environnementales et des impôts périodiques sur la propriété immobilière.

Résultats économiques

Écarts par rapport à la moyenne de la moitié supérieure des pays de l'OCDE

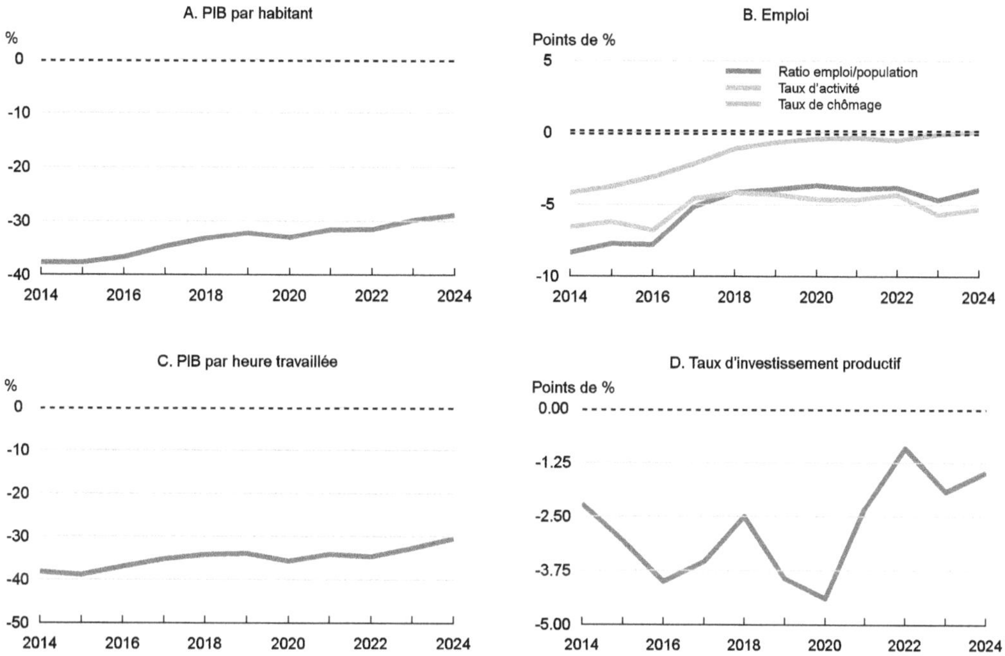

Source : Partie A : OCDE, base de données des Perspectives économiques ; Partie B : OCDE, base de données sur les Statistiques de la population active ; Partie C : OCDE, bases de données des Perspectives économiques de l'OCDE et sur la Productivité ; Partie D : OCDE, bases de données des Perspectives économiques de l'OCDE, des Comptes nationaux annuels et sur la formation brute de capital fixe (FBCF) par actif.

Sélection d'écarts d'indicateur de politique

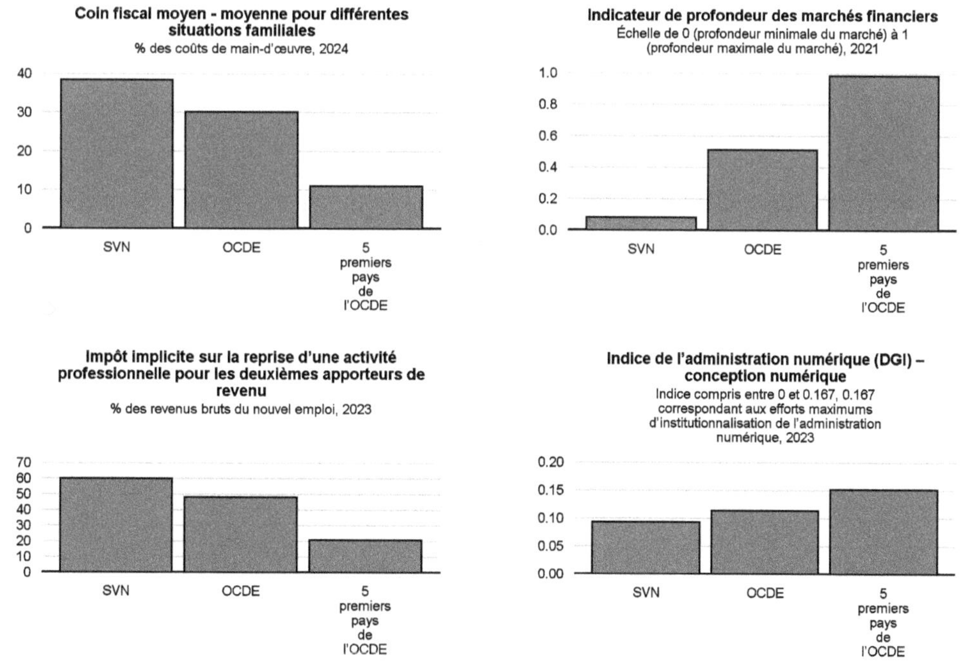

Source : Calculs de l'OCDE effectués à partir de la base de données du rapport *Les fondements de la croissance et de la compétitivité*.

Marché du travail : réduire les contre-incitations au travail à temps plein

Une fiscalité du travail lourde, notamment pour les bas salaires, décourage la participation au marché du travail. Des taux d'imposition marginaux effectifs élevés dissuadent les parents isolés et les deuxièmes apporteurs de revenus, souvent des femmes, d'entrer sur le marché du travail ou de travailler à temps plein. Des niveaux élevés de cotisations de sécurité sociale et faibles de crédits d'impôt et d'allégements fiscaux au niveau des ménages accentuent les contre-incitations au travail. En outre, les coûts élevés de garde d'enfants dissuadent les deuxièmes apporteurs de revenus d'entrer sur le marché du travail ou d'y accroître leur participation.

Recommandations

- ✓ Réduire, d'une part, les taux marginaux d'imposition effectifs des bas salaires et des deuxièmes apporteurs de revenus en supprimant de manière plus progressive et plus ciblée les prestations sociales et les transferts sociaux et, d'autre part, la fiscalité du travail pour l'ensemble des actifs occupés.
- ✓ Rendre le système d'imposition plus favorable à la croissance en réduisant davantage la fiscalité du travail et en majorant les taxes sur la consommation et les impôts périodiques sur la propriété immobilière, et ce en élargissant la base d'imposition lorsque cela est possible.

Marchés financiers : approfondir les marchés des capitaux

La croissance de la productivité est limitée par un investissement faible dans les actifs corporels et incorporels et des marchés de capitaux peu profonds. Les nouveaux fournisseurs de FinTech sont rares, avec un capital-risque et une participation des investisseurs institutionnels limités. La faible liquidité de la bourse restreint l'accès aux financements par fonds propres pour les entreprises innovantes pour lesquelles les prêts bancaires sont moins adaptés. Contrairement à la plupart des pays de l'OCDE, le secteur de l'assurance est dominé par des entreprises publiques qui sont moins actives dans leur rôle d'investisseurs institutionnels que leurs pairs du secteur privé.

Recommandations

- ✓ Améliorer l'accès des petites et moyennes entreprises au financement par fonds propres et accroître l'offre de produits financiers.
- ✓ Envisager des introductions partielles en bourse pour les entreprises publiques afin de stimuler les marchés des capitaux et poursuivre les efforts de privatisation, en particulier dans les secteurs intrinsèquement concurrentiels comme le tourisme.
- ✓ Promouvoir la transformation numérique dans le secteur financier en évaluant la charge réglementaire et en rapprochant les réglementations de la FinTech de celles des autres pays européens.

Logement : accroître l'offre et l'accessibilité financière

Le marché du logement fait face à des tensions liées à la conjugaison d'une demande forte et d'une hausse de l'offre faible qui entravent la mobilité géographique de la main-d'œuvre. La construction résidentielle est freinée par l'inefficience de l'aménagement de l'espace ainsi que par la lenteur des procédures de délivrance des permis. La propriété du logement est élevée tandis que le secteur locatif privé est insuffisamment développé. La réglementation rigoureuse des loyers est souvent contournée. La sous-déclaration et l'informalité créent des vulnérabilités côté locataires et de l'insécurité côté bailleurs. En outre, le système fiscal favorise la location de courte durée par rapport à la location de longue durée, ce qui exacerbe les difficultés liées à l'accessibilité financière.

Recommandations

- ✓ Établir un guichet unique centralisé pour la soumission et le suivi des demandes de permis de construire.
- ✓ Instaurer des contrats de location standardisés. Prévoir des clauses obligatoires pour garantir la conformité des contrats à la législation nationale et protéger à la fois les bailleurs et les locataires.
- ✓ Harmoniser les règles de la location de courte et de longue durée en uniformisant la fiscalité des revenus locatifs. Soumettre les résidences secondaires et les locations de courte durée à des taux d'imposition foncière plus élevés que les résidences principales.

Infrastructures matérielles : améliorer l'investissement public et rationaliser l'octroi de permis

L'efficience des dépenses d'investissement dans les infrastructures d'énergie et de transport est limitée par l'absence de cadre d'analyse unifié des coûts et des avantages, ce qui nuit à l'efficacité en matière de sélection des projets. L'inefficience de l'aménagement de l'espace et la lenteur des procédures de délivrance des permis contribuent également à limiter la construction. Malgré une accélération des délivrances de permis ces derniers temps, les progrès restent trop lents pour répondre à la hausse de la demande de projets d'investissement.

Recommandations

- ✓ Accélérer la mise en œuvre de plans régionaux d'aménagement et encourager la coopération entre municipalités dans la conception des plans locaux d'aménagement.
- ✓ Établir un guichet unique centralisé pour la soumission et le suivi des demandes de permis de construire.
- ✓ Instaurer un cadre d'analyse des coûts et des avantages unifié afin d'identifier les investissements les plus judicieux d'un point de vue économique.

Gouvernance : vers des services publics numériques

La numérisation des procédures administratives peut améliorer l'efficience, réduire les coûts de mise en conformité et faciliter l'entrée de nouvelles entreprises. Les pouvoirs publics peuvent promouvoir la numérisation, mais l'utilisation des services administratifs numériques est faible, notamment parmi les personnes âgées et celles disposant d'un faible niveau d'instruction. La plupart des services numériques sont tributaires d'une acceptation expresse, ce qui limite la propension à leur adoption et renchérit le coût de leur fourniture. Le passage d'un système d'acceptation expresse à un système de consentement implicite pour les services administratifs électroniques stimulerait leur utilisation et devrait s'accompagner de formations à destination des personnes dont les compétences numériques sont limitées. D'autres mesures, telles que le remplissage automatique des déclarations fiscales et des délais de soumission étendus, pourraient renforcer l'incitation à recourir aux services d'administration électronique.

Recommandations

- ✓ Passer d'un système d'acceptation expresse (adhésion active) à un système de consentement implicite (adhésion sauf refus) dans les services d'administration électronique pour accroître leur utilisation par les foyers.
- ✓ Garantir une transition inclusive vers les services numériques en renforçant leur accessibilité dans l'ensemble du pays.
- ✓ Mettre en place des mesures d'incitation pour les personnes physiques, comme des délais de soumission étendus ou des formulaires préremplis, pour favoriser l'adoption de solutions numériques en matière de services.

Progrès récents en matière de réformes structurelles

Plusieurs réformes structurelles ont été mises en place récemment, dont une réforme des salaires dans le secteur public ainsi qu'une réforme dans le domaine des soins de longue durée ; cette dernière, adoptée en 2025, vise à augmenter les dépenses publiques de prise en charge des personnes âgées grâce à une hausse de 2 % des cotisations de sécurité sociale. En 2025, les partenaires sociaux se sont accordés sur des réformes des retraites qui prévoient de relever progressivement l'âge de la retraite de 65 à 67 ans à compter de 2028, d'allonger la période sur laquelle les retraites sont calculées, de 24 années de cotisation les plus favorables actuellement à 40 années moins les cinq meilleures, et d'accroître le poids de l'inflation dans l'indexation des retraites plutôt que dans la hausse des salaires.

Suède

Malgré une croissance rapide de la population, portée en grande partie par l'immigration, le PIB par habitant a augmenté plus rapidement que dans la plupart des autres pays de l'OCDE au cours de la dernière décennie. Parmi les pays de l'OCDE, la Suède figure au dixième rang pour ce qui est du taux d'emploi, qui a considérablement augmenté parmi les travailleurs seniors et les groupes vulnérables tels que les femmes immigrées. La hausse du stock de capital correspond globalement à la moyenne de la zone OCDE pour la même période.

Les fondamentaux économiques de la Suède et ses institutions sont solides, mais des difficultés subsistent. Les mesures d'encadrement des loyers, qui sont les plus strictes de la zone OCDE, limitent la construction et la mobilité de la main d'œuvre, et contribuent de ce fait au surpeuplement des logements et à la ségrégation résidentielle. Les procédures d'aménagement ralentissent les investissements nécessaires dans les infrastructures. Il subsiste une marge de manœuvre pour encore réduire le coin fiscal sur le travail en réorientant la charge fiscale vers la fiscalité du patrimoine et les taxes environnementales. Enfin, la poursuite du renforcement des compétences pourrait contribuer à stimuler davantage l'emploi et l'innovation.

Résultats économiques

Écarts par rapport à la moyenne de la moitié supérieure des pays de l'OCDE

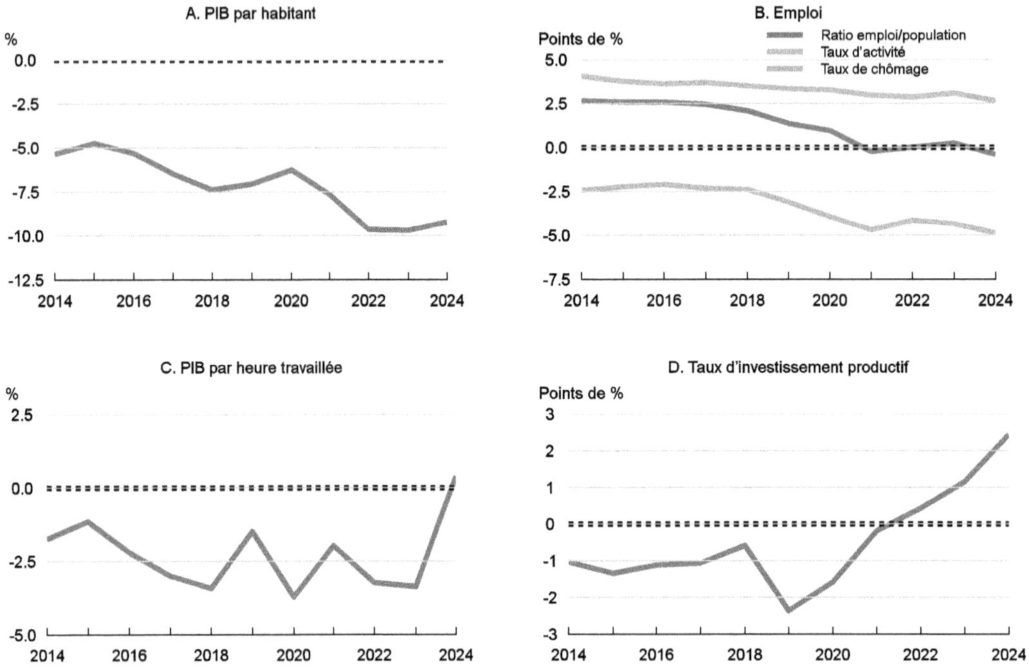

Source : Partie A : OCDE, base de données des *Perspectives économiques de l'OCDE* ; Partie B : OCDE, base de données sur les statistiques de la population active ; Partie C : OCDE, bases de données des *Perspectives économiques de l'OCDE* et sur la productivité ; Partie D : OCDE, bases de données des *Perspectives économiques de l'OCDE* et sur les comptes nationaux annuels et la formation brute de capital fixe (FBCF) par actif.

Sélection d'écarts d'indicateur de politique

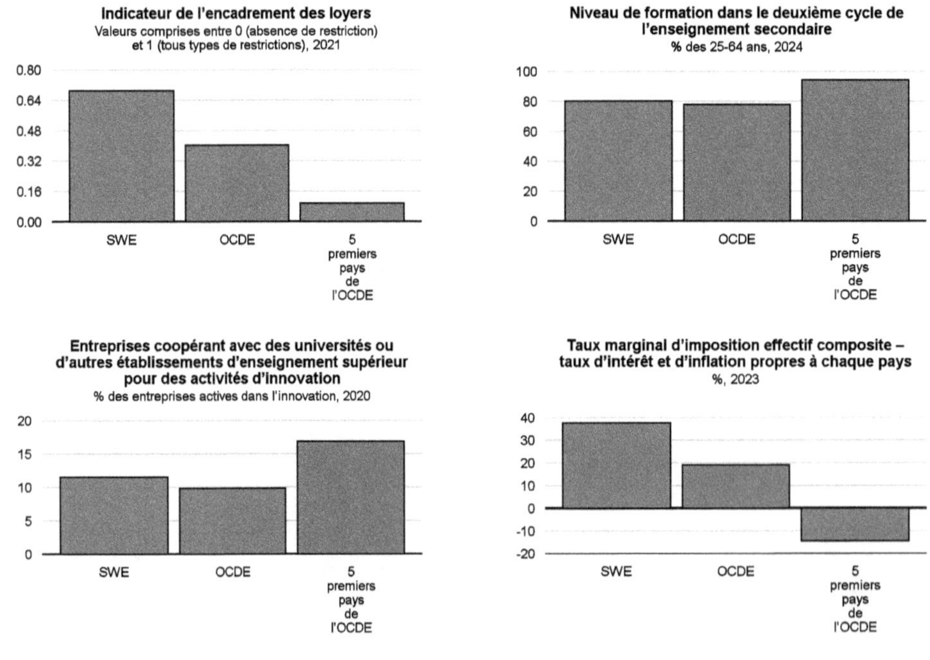

Source : calculs de l'OCDE effectués à partir de la base de données du rapport *Les fondements de la croissance et de la compétitivité.*

Logement : supprimer progressivement les mesures d'encadrement des loyers

Les mesures d'encadrement des loyers sont les plus strictes de la zone OCDE et entravent la mobilité de la main-d'œuvre en restreignant l'offre de logements locatifs. Dans la plupart des cas, les loyers sont fixés dans le cadre de négociations entre les bailleurs et les syndicats de locataires. En conséquence, aucun des logements anciens caractérisés par des loyers relativement modérés n'est disponible dans un délai raisonnable dans les grandes villes, tandis que les logements neufs sont trop chers pour les ménages à faible revenu. Il n'existe pas de système de logement social. Supprimer progressivement l'encadrement des loyers permettrait de réduire la ségrégation résidentielle, ainsi que de faire diminuer les taux de sans-abrisme et de surpeuplement des logements, qui sont plus élevés que dans les autres pays nordiques.

Recommandations

- ✓ Mettre fin à l'encadrement des loyers pour les unités de logements neufs.
- ✓ Supprimer progressivement les mesures d'encadrement des loyers dans le stock de logements existants sur une période prédéfinie pour laisser aux propriétaires actuels le temps de s'adapter.
- ✓ Faciliter cette transition en mettant en place un système de logements sociaux attribués en fonction des besoins.

Infrastructures matérielles : améliorer la coordination de l'aménagement et du zonage au-delà des limites territoriales des communes

Sur leur territoire, le zonage et l'octroi des permis relèvent de la compétence exclusive des communes. La faible coordination entre les municipalités face aux défis qui se posent aux échelons régional et national, la résistance des propriétaires immobiliers actuels et la lourdeur de la procédure d'octroi des permis environnementaux compliquent les investissements dans le logement, l'industrie, les infrastructures et le développement régional.

Recommandations

- ✓ Alléger les procédures de délivrance des permis environnementaux pour accélérer les projets d'infrastructure.
- ✓ Envisager de limiter le droit de veto des communes pour les projets revêtant une grande importance sociétale qui concernent plusieurs communes.

Capital humain : assurer l'égalité des chances dans l'enseignement primaire et secondaire

Dans l'enseignement primaire et secondaire, le système de notation accorde trop de poids aux notes éliminatoires tandis que les élèves en difficulté ne bénéficient pas toujours du soutien dont ils ont besoin et auquel ils ont droit. Le choix de l'établissement et l'admission dans les établissements privés financés sur fonds publics tendent à favoriser les familles au statut socioéconomique élevé. Une part relativement importante des élèves peinent à satisfaire aux exigences académiques requises par les programmes d'enseignement secondaire de deuxième cycle classiques. Beaucoup n'obtiennent pas leur diplôme de deuxième cycle, mais ils ont droit à une seconde chance dans la formation pour adulte.

Recommandations

- ✓ Mettre en place un système de notation externe concernant les tests nationaux afin de créer une norme objective d'évaluation des résultats des établissements d'enseignement, comme prévu, En profiter pour accroître la concurrence sur le plan de la qualité ainsi que pour remédier au problème des établissements scolaires peu performants.
- ✓ Pondérer de manière symétrique les notes hautes et basses et supprimer l'obligation de valider certaines matières pour que la moyenne générale et l'admission au deuxième cycle de l'enseignement secondaire reflètent mieux l'ensemble de compétences de l'étudiant.
- ✓ Dans les établissements privés recevant plus de demandes qu'ils n'ont de places, affecter les élèves par tirage au sort ou en réservant des quotas aux élèves issus de milieux socioéconomiques défavorisés.

Fiscalité : rendre la fiscalité plus propice à la croissance et réduire les incitations à requalifier certains revenus pour les transférer d'une base d'imposition à une autre

Des taux marginaux d'imposition élevés sur le travail et un écart important avec la fiscalité des revenus du capital affaiblissent les incitations à travailler et entraînent la requalification de certains revenus. Le faible niveau des impôts prélevés sur les comptes d'épargne-placement (ISK, *Investeringssparkonto*) produit un effet dissuasif sur la consommation courante et bénéficie essentiellement aux personnes relativement aisées. Le niveau bas et la nature régressive de l'imposition périodique de la propriété immobilière, la déductibilité généreuse des intérêts d'emprunt hypothécaire et la déduction fiscale pour les réparations, l'entretien et l'amélioration du logement subventionnent la propriété du domicile. Les taxes sur les carburants ont été sensiblement réduites ces dernières années.

Recommandations

- ✓ Déléguer aux communes le pouvoir de prélever des impôts sur la valeur vénale des biens immobiliers et d'en fixer le taux tout en supprimant la déduction fiscale pour les réparations, l'entretien et l'amélioration du logement.
- ✓ Réduire les possibilités de requalification des revenus en taxant plus lourdement les dividendes, en alignant la fiscalité des comptes d'épargne-placement sur celle d'autres formes de revenus du capital et en réduisant le taux marginal supérieur d'imposition des revenus du travail.
- ✓ Revenir aux taux de 2022 en ce qui concerne les taxes sur les carburants.

Innovation : investir dans la recherche fondamentale et l'enseignement supérieur

Les universités jouent un rôle majeur dans la recherche ainsi que dans l'assimilation des innovations à la pointe du progrès scientifique mondial. Elles contribuent également au développement régional en favorisant l'innovation et en aidant à retenir les talents au niveau local. La baisse du taux d'encadrement crée également un conflit de temps entre les activités de recherche et les activités d'enseignement, ce qui a probablement pour effet de réduire la valeur ajoutée des diplôme universitaires et la quantité des produits de la recherche. Les universités ne sont pas autorisées à percevoir des frais de scolarité des citoyens suédois ou ressortissants de l'UE/EEE.

Recommandations

- ✓ Investir dans la recherche fondamentale et la recherche appliquée en collaboration avec les entreprises.
- ✓ Envisager d'autoriser les universités à percevoir des frais de scolarité des citoyens suédois ou ressortissants de l'UE/EEE et compenser cette mesure par une hausse des prêts publics aux étudiants et, éventuellement, des bourses sous condition de ressources.

Progrès récents en matière de réformes structurelles

Le taux marginal d'imposition des revenus du travail a récemment été réduit en supprimant la dégressivité du crédit d'impôt sur les revenus d'activité pour les titulaires de hauts revenus. Le recours aux contrats de travail atypiques a été limité, et il est désormais plus facile de déroger au principe « premier entré, premier sorti » en cas de licenciement. Des efforts sont en cours pour réformer le système de notation des établissements d'enseignement primaire et secondaire, dans le sillage des réformes visant à améliorer la qualité et l'équité de l'instruction.

Suisse

La Suisse figure parmi les pays de l'OCDE les plus performants du point de vue du PIB par habitant. Cette situation repose sur une économie très ouverte, une main-d'œuvre qualifiée et des politiques macroéconomiques prudentes, qui se traduisent par des niveaux de productivité élevés. Le taux d'emploi est relativement élevé et le chômage reste faible même en période de crise. L'investissement a marqué le pas ces dernières années, mais reste supérieur à celui observé dans les pays de l'OCDE les plus performants.

Plusieurs facteurs continuent toutefois de peser sur la création d'entreprises et sur le taux d'activité en Suisse. Des obstacles à la concurrence subsistent dans les industries de réseau comme les transports et l'énergie, ainsi que sur les marchés numériques. Les nouvelles entreprises se heurtent souvent à des contraintes réglementaires plus lourdes que dans la plupart des autres pays de l'OCDE. Les procédures d'insolvabilité durent plus longtemps que dans la majorité des pays de l'OCDE et le taux de recouvrement des créances est faible, ce qui conduit à un redéploiement inefficace du capital. Le coût élevé des services de garde d'enfants constitue un frein à la participation des femmes au marché du travail.

Résultats économiques

Écarts par rapport à la moyenne de la moitié supérieure des pays de l'OCDE

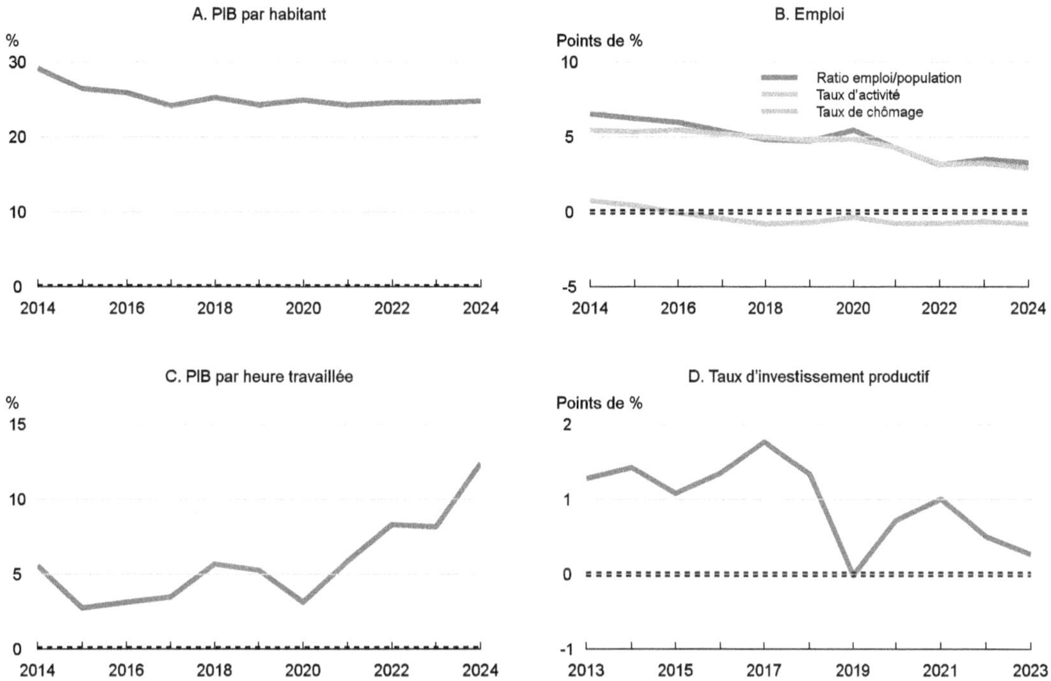

Source : Partie A : OCDE, base de données des Perspectives économiques de l'OCDE ; Partie B : OCDE, base de données sur les statistiques de la population active ; Partie C : OCDE, bases de données des Perspectives économiques de l'OCDE et sur la productivité ; Partie D : OCDE, bases de données des Perspectives économiques de l'OCDE et sur les comptes nationaux annuels et la formation brute de capital fixe (FBCF) par actif.

Sélection d'écarts d'indicateur de politique

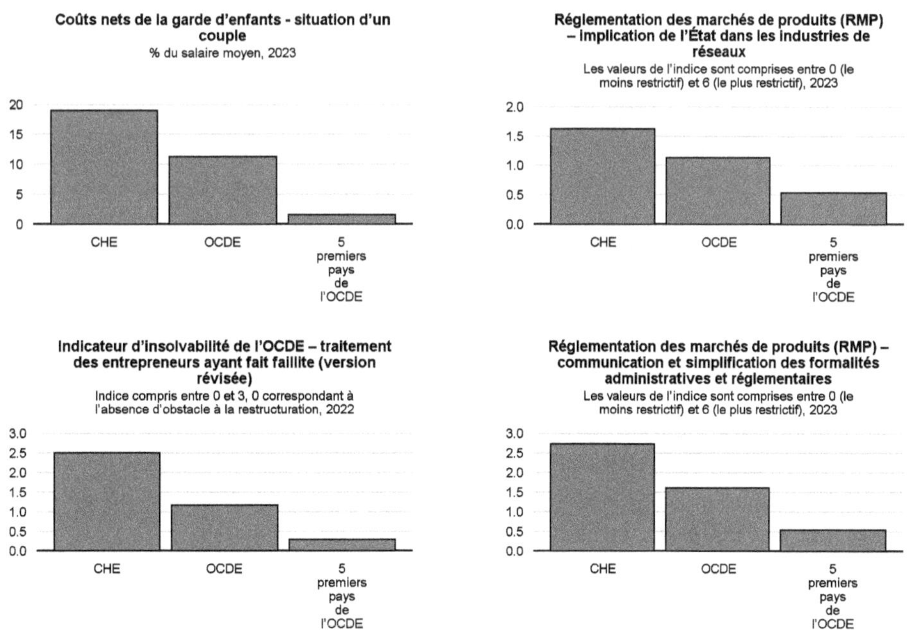

Source : calculs de l'OCDE effectués à partir de la base de données du rapport *Les fondements de la croissance et de la compétitivité*.

Concurrence : renforcer la concurrence dans les industries de réseau

Des barrières à l'entrée et des obstacles à la concurrence subsistent dans plusieurs industries de réseau, ce qui entrave la création d'entreprises. Les compagnies de gaz naturel constituent souvent des monopoles locaux détenus par les municipalités et seuls les gros clients peuvent choisir librement leur fournisseur. L'octroi de licences de transport par autocar n'est autorisé que lorsqu'aucun service existant n'est déjà exploité en concession, tandis que les services de transport financés sur fonds publics bénéficient d'une protection contre la concurrence. L'État continue par ailleurs de jouer un rôle majeur dans le secteur des communications, qu'il s'agisse du mobile ou du fixe.

Recommandations

- ✓ Réduire la présence capitalistique de l'État dans les industries de réseau et harmoniser les normes de gouvernance des entreprises publiques cantonales avec celles des entreprises publiques fédérales afin de limiter davantage les distorsions portant atteinte à la neutralité concurrentielle.
- ✓ Supprimer les restrictions relatives à l'octroi de licences de transport routier.
- ✓ Améliorer la transparence du marché en renforçant la visibilité des prix du gaz et en veillant au respect de pratiques de marché équitables.

Concurrence : mettre à jour la réglementation pour lutter contre les pratiques anticoncurrentielles sur les marchés numériques

Une évolution de la législation est nécessaire pour limiter les pratiques anticoncurrentielles sur les marchés numériques. L'autorité de la concurrence n'a pas encore conduit d'études de marché dans ce domaine et le droit des ententes doit être adapté afin de permettre l'évaluation des opérations de fusion sur ces marchés.

Recommandations

- ✓ Conduire des études de marché dans le domaine du numérique, notamment les places de marché en ligne, la publicité en ligne, l'informatique en nuage et les appareils intelligents.
- ✓ Veiller à ce que la version révisée de la loi sur les ententes, actuellement examinée au Parlement, intègre le contrôle des fusions sur les marchés numériques lors de son adoption.

Réglementation des entreprises : alléger les charges administratives pesant sur les nouvelles entreprises

Selon les indicateurs de réglementation des marchés de produits de l'OCDE, la Suisse dispose d'une marge d'amélioration en ce qui concerne les obligations administratives et réglementaires applicables aux créateurs d'entreprise. Les coûts de constitution d'une société à responsabilité limitée et le niveau minimal de capital social exigé sont relativement élevés, tandis que l'harmonisation des réglementations au niveau infranational laisse à désirer. L'obtention de licences et de permis se heurte également à des obstacles plus importants que dans la plupart des pays de l'OCDE.

Recommandations

- ✓ Lors de l'élaboration de nouvelles réglementations, évaluer les coûts financiers et administratifs supplémentaires qu'elles imposeraient aux entreprises afin d'éviter de créer des charges excessives, en particulier pour les PME.
- ✓ Poursuivre la réalisation d'études sectorielles en vue de simplifier les réglementations existantes.
- ✓ Intégrer les services de l'administration cantonale au sein du guichet unique de l'administration.

Dynamique des entreprises : renforcer le cadre de l'insolvabilité

Des régimes d'insolvabilité efficaces contribuent à améliorer la productivité en facilitant le redéploiement rapide et rentable des capitaux issus des entreprises en faillite. En Suisse, les procédures d'insolvabilité prennent plus de temps que dans la plupart des pays de l'OCDE et le taux de recouvrement des créances est relativement faible. Le pays ne dispose ni de mécanismes d'alerte précoce destinés aux débiteurs, tels que des outils d'auto-diagnostic en ligne, ni de procédures d'insolvabilité simplifiées et à moindre coût adaptées aux besoins des PME.

Recommandations

- ✓ Faciliter l'accès précoce des débiteurs et des créanciers à des procédures d'insolvabilité rapides et à moindre coût, notamment en instaurant des procédures allégées pour les PME.
- ✓ Veiller à allouer des ressources suffisantes à l'application du droit relatif à l'insolvabilité, notamment pour le recrutement et la formation du personnel chargé de son exécution.

Emploi des femmes : améliorer l'accès à des services de garde d'enfants abordables

Le montant brut des frais de garde d'enfants et le reste à charge pour les parents après déduction des prestations figurent parmi les plus élevés de l'OCDE. Le congé parental réservé aux pères est par ailleurs relativement court. Ces facteurs dissuadent l'emploi, des femmes notamment. La proportion de femmes travaillant à temps partiel est particulièrement élevée, plaçant le pays parmi ceux de l'OCDE qui présentent les écarts les plus importants entre femmes et hommes en matière d'emploi en équivalent temps plein, ainsi qu'un écart significatif pour ce qui est de la rémunération médiane.

Recommandations

- ✓ Élargir encore l'offre de services de garde d'enfants et en améliorer l'accessibilité financière par des mesures ciblées, telles qu'une baisse des frais de garde sous condition de ressources, des prestations pour garde d'enfants ou des crédits d'impôt.
- ✓ Allonger la durée du congé de paternité en instaurant un congé parental officiel dont une partie doit être prise par le père.

Progrès récents en matière de réformes structurelles

La loi de 2023 sur la réduction des charges réglementaires pour les entreprises vise à rendre les nouvelles réglementations plus efficaces et moins contraignantes, en particulier pour les PME. Les coûts que les nouvelles réglementations font peser sur les entreprises doivent désormais être pris en compte par les législateurs et les études sectorielles devraient contribuer à une simplification des réglementations existantes. La loi impose également aux autorités fédérales et cantonales de proposer leurs services aux entreprises *via* le guichet unique EasyGov. La révision de la Loi sur les ententes, actuellement débattue au Parlement, prévoit d'adapter le régime de contrôle des fusions afin qu'il s'applique aussi aux marchés numériques. Une nouvelle allocation de garde d'enfants jusqu'à l'âge de huit ans a été approuvée début 2025 et le Parlement débat actuellement de l'extension de l'offre de services de garde d'enfants et de mesures visant à en améliorer l'accessibilité financière.

Tchéquie

Le processus de convergence économique du pays avec les économies les plus avancées a ralenti depuis la pandémie. La Tchéquie se distingue par l'un des taux de chômage les faibles de l'OCDE, mais le taux d'emploi des mères de jeunes enfants est très faible. En outre, la croissance de la productivité a nettement ralenti depuis la crise financière mondiale et marque le pas depuis la pandémie, ce qui se traduit par la persistance d'un ample écart de productivité par rapport à la moitié supérieure des pays de l'OCDE.

Pour relancer la croissance de la productivité, il sera nécessaire de tirer vers le haut les résultats scolaires de tous les élèves, de réduire les pénuries et l'inadéquation des compétences, d'améliorer les capacités d'innovation en développant les marchés de capitaux, de mieux cibler l'aide publique à la R-D des entreprises et de favoriser la mobilité de la main-d'œuvre. Il est également possible de rendre le système fiscal plus propice à la croissance.

Résultats économiques

Écarts par rapport à la moyenne de la moitié supérieure des pays de l'OCDE

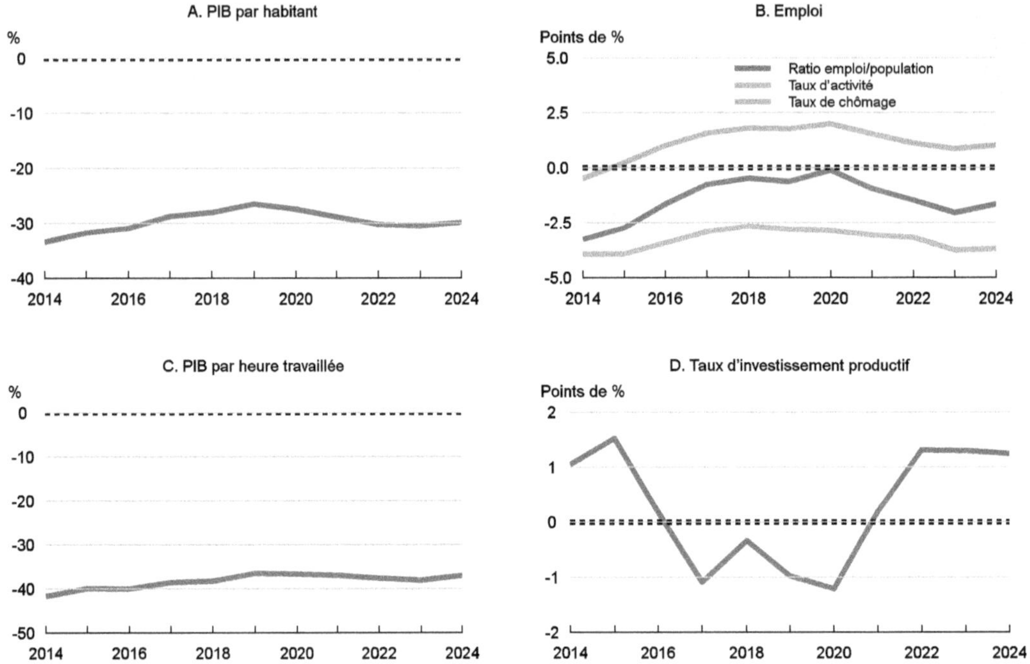

Source : Partie A : OCDE, Perspectives économiques de l'OCDE (base de données) ; partie B : OCDE, Statistiques de la population active (base de données) ; partie C : OCDE, Perspectives économiques et Productivité (bases de données) ; partie D : OCDE, Perspectives économiques, Comptes nationaux annuels et FBCF par actif (bases de données).

Sélection d'écarts d'indicateur de politique

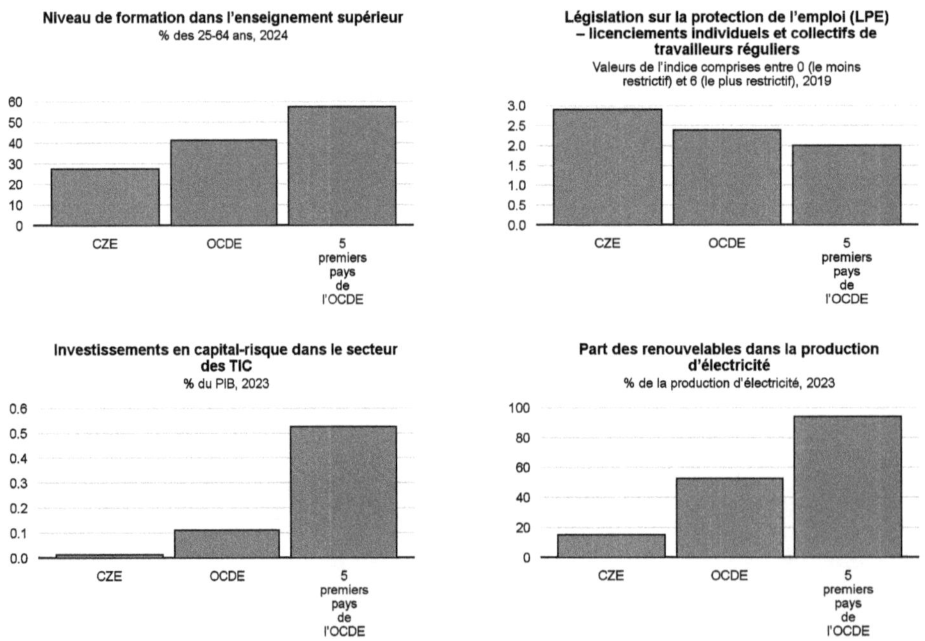

Source : Calculs de l'OCDE effectués à partir des notes par pays du rapport *Les fondements de la croissance et de la compétitivité.*

Compétences : augmenter le pourcentage de diplômés du supérieur et réduire les inégalités dans l'éducation

Les graves pénuries de compétences et leur inadéquation menacent la croissance de la productivité. Le taux de diplômés de l'enseignement supérieur est faible, en particulier parmi les étudiants en situation de vulnérabilité, qui rencontrent d'importantes difficultés financières malgré l'absence de droits de scolarité dans les universités publiques et qui se battent pour concilier les études et le travail ce qui se traduit par des taux d'abandon élevés. Accroître le taux de diplômés du supérieur et favoriser la participation des adultes faiblement qualifiés à la formation permettrait une meilleure adéquation entre les compétences et les besoins du marché du travail. Les performances du système d'enseignement sont solides, mais les résultats des élèves se sont dégradés pour les groupes de population les plus vulnérables. Accroître les capacités et l'accès à des services d'éducation et d'accueil des jeunes enfants abordables et de qualité, en particulier pour les enfants défavorisés, permettrait d'améliorer les résultats scolaires de tous.

Recommandations

- ✓ Mettre en place des bourses destinées aux étudiants vulnérables et des prêts remboursables en fonction des revenus futurs, en particulier pour les groupes les plus vulnérables.
- ✓ Étoffer l'offre de formations modulaires et intégrer des microcertifications de qualité dans le registre national des qualifications afin de favoriser la participation à la formation des adultes.
- ✓ Élargir l'offre de structures d'éducation et d'accueil de jeunes enfants de qualité et abordables

Marchés financiers : réduire les obstacles financiers afin de stimuler l'innovation

Malgré des progrès non négligeables, l'accès au capital-risque demeure un défi pour les jeunes entreprises ou celles qui démarrent. Les PME disposent du crédit bancaire, mais les marchés des capitaux sont insuffisamment développés. Le financement au moyen du capital-risque est indispensable aux jeunes PME qui ne peuvent pas fournir de garantie, n'ont pas d'antécédents de crédit ni d'ancienneté. Les fonds de pension qui jouent un rôle important dans le développement du marché des capitaux et le financement par capital-risque dans certains pays de l'OCDE pourraient être mieux exploités en Tchéquie. Les remboursements en espèces de la R-D peuvent être plus avantageux pour de jeunes entreprises, dont l'impôt exigible risque d'être insuffisant pendant plusieurs années et qui ont besoin d'aides financières très en amont dans le processus d'innovation.

Recommandations

- ✓ Imposer aux organismes de retraite de proposer des stratégies d'investissement par défaut suivant une approche basée sur le cycle de vie.
- ✓ Envisager de mettre en place des incitations fiscales afin d'encourager les investissements privés en capital-risque, notamment par des investisseurs étrangers expérimentés et soutenir la création d'un réseau formel et structuré d'investisseurs providentiels.
- ✓ Modifier l'abattement d'impôt en faveur de la R-D pour qu'il soit remboursable ou allonger la durée de la période pendant laquelle les jeunes entreprises de petite taille peuvent le reporter.

Marché du travail : favoriser la mobilité de la main-d'œuvre et l'emploi des mères de jeunes enfants

La mobilité de la main-d'œuvre en termes de transition entre les emplois est parmi les plus faibles de l'OCDE. La législation de protection de l'emploi pour les travailleurs réguliers est la plus solide de l'OCDE et l'écart existant entre les travailleurs réguliers et les travailleurs temporaires en termes de protection est large. Le taux d'emploi des mères de jeunes enfants est très faible, ce qui s'explique en partie par le droit à un congé parental de longue durée.

Recommandations

- ✓ Améliorer la flexibilité des contrats d'emploi permanents et réduire l'écart existant entre les travailleurs réguliers et les contrats temporaires en termes de protection de l'emploi.
- ✓ Étoffer les politiques actives du marché du travail, en particulier les programmes ciblés de formation et de recyclage professionnels, et renforcer la capacité du service public de l'emploi d'effectuer un profilage efficace des demandeurs d'emploi.
- ✓ Réduire la durée maximale du congé parental, et subordonner l'octroi d'une partie de ce congé au fait qu'elle soit prise par le second parent.

Environnement : accélérer le déploiement des énergies renouvelables afin de garantir la sécurité énergétique

Il est crucial d'accélérer le déploiement des énergies renouvelables afin de garantir la sécurité énergétique et la croissance durable dans un contexte de hausse de la demande et la Tchéquie prévoit de supprimer progressivement le charbon de son bouquet énergétique d'ici à 2033. Les nouvelles capacités de production nucléaire ne seront mises en service qu'au milieu des années 2030. Les écarts importants de prix du carbone observés entre les différents secteurs et activités signifient que les coûts marginaux de réduction des émissions de GES ne sont pas égaux, ce qui peut alourdir le coût global de la réduction de ces émissions.

Recommandations

- ✓ Simplifier encore les procédures d'autorisation en matière d'énergie renouvelable, notamment en mettant en place des guichets uniques administratifs et en créant dans des lieux qui s'y prêtent des zones d'accélération des énergies renouvelables.
- ✓ Accélérer les investissements dans les capacités du réseau électrique, la flexibilité du système et le stockage de l'électricité.
- ✓ Supprimer progressivement les subventions aux combustibles fossiles et relever les prix effectifs du carbone dans les secteurs non couverts par le SEQE-UE. Atténuer l'impact de ces mesures sur les ménages vulnérables au moyen de transferts ciblés.

Fiscalité : rendre le système fiscal plus propice à la croissance

Les recettes de la Tchéquie reposent beaucoup plus sur les cotisations de sécurité sociale et beaucoup moins sur les taxes environnementales et l'impôt sur le patrimoine que dans les autres pays de l'OCDE. Abaisser la dépendance à l'égard des cotisations de sécurité sociale et accroître les recettes tirées de la fiscalité du patrimoine et de la fiscalité indirecte, y compris des taxes environnementales, serait un moyen de rendre le système fiscal plus propice à la croissance et les finances publiques moins sensibles au vieillissement de la population.

Recommandations

- ✓ Mettre en place des impôts périodiques sur la propriété immobilière, des impôts sur la consommation et des écotaxes, et réduire les cotisations de sécurité sociale.

- ✓ Modifier l'assiette des impôts périodiques sur la propriété immobilière, en remplaçant la superficie des biens par leur valeur vénale régulièrement actualisée. Mettre en place des solutions pour protéger les propriétaires en situation de vulnérabilité, comme des reports ou des échelonnements de paiement.
- ✓ Élargir davantage l'assiette de la TVA, en réduisant notamment le nombre de produits soumis à des taux réduits de TVA.

Progrès récents en matière de réformes structurelles

En 2023, le pays a mis en place un système de comptes formation individuels assortis de chèques formation, principalement axé sur les compétences numériques. Des efforts sont actuellement entrepris pour dynamiser les marchés du capital-risque, en lançant, par exemple, des financements ciblés sur les fonds propres pour les jeunes entreprises en phase de démarrage et en autorisant les fonds de pension à investir dans une gamme d'actifs plus large. Depuis 2023, le découplage du processus d'obtention des autorisations et permis et la possibilité de créer une société à responsabilité limitée entièrement par voie électronique facilitent la création d'entreprise. En 2024, la durée maximale pendant laquelle l'allocation parentale peut être perçue a été ramenée aux trois ans de l'enfant et non quatre comme auparavant, ce qui est toujours nettement plus long que dans les autres pays de l'OCDE.

Türkiye

La Türkiye a la capacité d'atteindre plus rapidement un niveau de convergence économique avec les économies les plus avancées. L'investissement fixe privilégie le logement, même si la contribution des actifs en faveur de la productivité a augmenté ces dernières années. La population en âge de travailler continue de s'accroître, mais le dividende démographique est en passe de diminuer et le taux d'activité des femmes est faible. La productivité a certes progressé relativement vite ces dernières années, mais en partant de niveaux peu élevés.

Réduire les obstacles à la création d'emplois et accroître les incitations à travailler faciliteraient la participation des femmes au marché du travail et permettraient, de façon plus générale, de soutenir la croissance économique. La Türkiye devrait également s'efforcer de mieux faire correspondre les compétences des nouveaux actifs avec les besoins des employeurs, ainsi que de promouvoir le développement des compétences tout au long de la vie professionnelle. L'allègement des contraintes réglementaires pour les entreprises et la mise en place de règles du jeu équitables entre les entreprises publiques et privées favoriseraient l'augmentation de la productivité et une meilleure répartition des ressources.

Résultats économiques

Écarts par rapport à la moyenne de la moitié supérieure des pays de l'OCDE

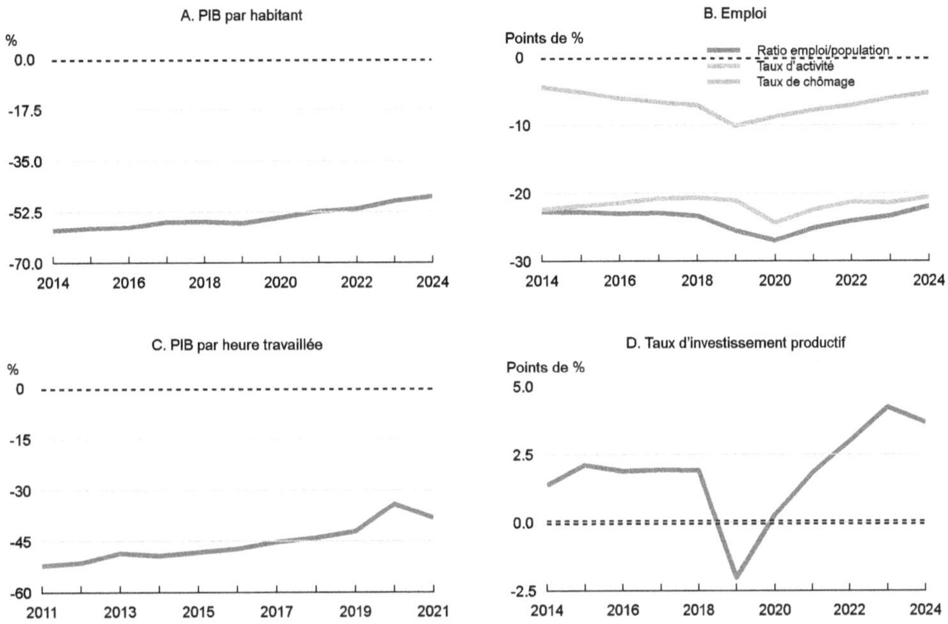

Source : Partie A : OCDE, base de données des *Perspectives économiques de l'OCDE* ; Partie B : OCDE, base de données sur les statistiques de la population active ; Partie C : OCDE, bases de données des *Perspectives économiques de l'OCDE* et sur la productivité ; Partie D : OCDE, bases de données des *Perspectives économiques de l'OCDE* et sur les comptes nationaux annuels et la formation brute de capital fixe (FBCF) par actif.

Sélection d'écarts d'indicateur de politique

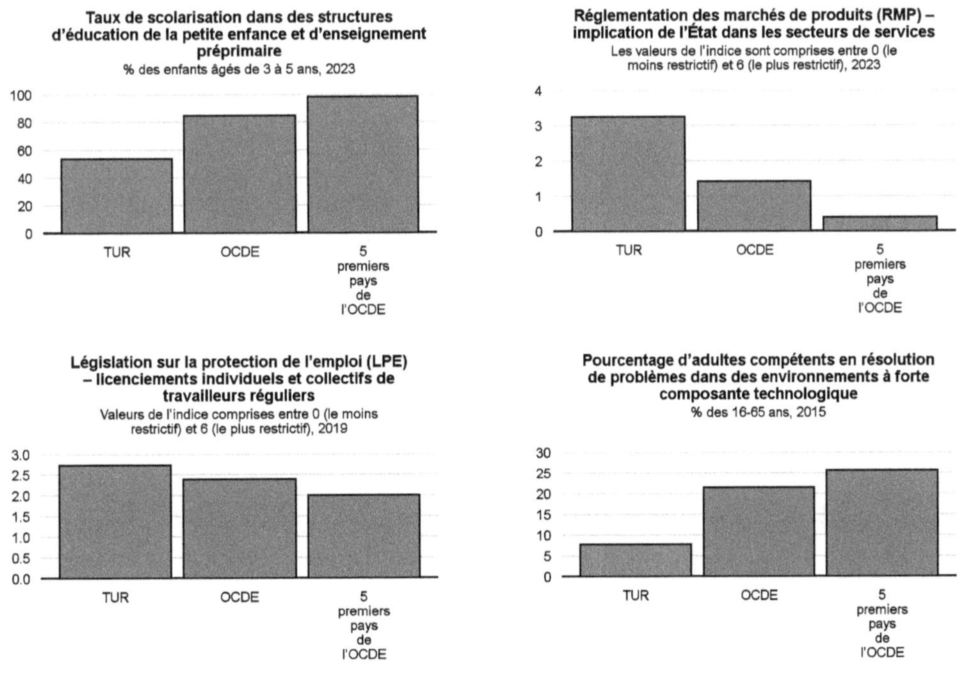

Source : Calculs de l'OCDE effectués à partir de la base de données du rapport *Les fondements de la croissance et de la compétitivité*.

Marché du travail : réduire les contre-incitations au travail

En Türkiye, le régime des pensions est relativement généreux en termes d'âge de départ à la retraite et de prestations, mais son financement repose sur des cotisations élevées qui découragent la participation des actifs. La création d'emplois est, quant à elle, freinée par une législation stricte en matière de protection de l'emploi. En particulier, les possibilités de contrats de travail temporaires et à durée déterminée sont rares.

Recommandations

- ✓ Accroître davantage la durée de la vie active en reliant l'âge de départ à la retraite à l'espérance de vie et en versant des primes en cas de départ différé.
- ✓ Réduire le coin fiscal en diminuant les cotisations de retraite dans le cadre du rééquilibrage général du régime correspondant.
- ✓ Assouplir les contrats de travail à durée indéterminée et élargir les possibilités de contrats temporaires et à durée déterminée.

Taux d'activité des femmes : améliorer les politiques familiales

Le taux d'activité des femmes est inférieur de 26 points de pourcentage à la moyenne de l'OCDE, ce qui signifie qu'il existe une importante réserve de ressources humaines et de talents inexploitée. La rigidité des conditions d'emploi et le niveau élevé du salaire minimum touchent plus particulièrement les femmes, auxquels s'ajoutent d'autres obstacles structurels. Les femmes sont moins nombreuses que les hommes à avoir suivi un enseignement secondaire du deuxième cycle et un enseignement supérieur. Une forte proportion de jeunes ne sont ni en emploi, ni scolarisés, ni en formation, et la plupart sont des femmes. Le niveau élevé des cotisations sociales, combiné à la faiblesse des allocations familiales, génère un important coin fiscal pour les familles avec enfants.

Recommandations

- ✓ Continuer d'accroître les dépenses publiques consacrées au système d'accueil des jeunes enfants, tout en contrôlant son efficience.
- ✓ Mettre en place un congé parental rémunéré pouvant être partagé, et faire en sorte que les congés parentaux soient partagés de manière plus équitable entre les pères et les mères.
- ✓ Augmenter les prestations directes en espèces destinées aux enfants, en les ciblant sur les familles à faible revenu.

Compétences : continuer d'accroître la qualité et la pertinence de l'enseignement et de la formation

L'amélioration des compétences et la répartition des talents peuvent aider la Türkiye à réorienter son avantage concurrentiel des secteurs utilisant une main-d'œuvre à bas coût vers les secteurs à forte valeur ajoutée, donc à accroître sa productivité. Bien qu'en hausse régulière, le nombre de diplômés de l'enseignement secondaire du deuxième cycle et de l'enseignement supérieur demeure relativement faible. Les compétences des candidats à l'emploi pourraient être plus en adéquation avec celles recherchées par les employeurs. On note en particulier une forte proportion d'adultes ayant une maîtrise insuffisante des TIC.

Recommandations

- ✓ Inciter davantage les établissements d'enseignement supérieur à faire correspondre le contenu des cours avec les besoins du marché du travail.
- ✓ Développer les programmes de formation pour adultes de qualité supérieure, notamment l'apprentissage à distance ainsi que les formats modulables et/ou reposant sur des unités de valeur.
- ✓ Envisager la création de mécanismes de comptes personnels permettant aux individus de consacrer un certain temps, au cours d'une année de travail, à suivre des formations.

Concurrence : réduire les barrières commerciales et améliorer la gouvernance des entreprises publiques

La Türkiye applique des droits d'importation dont les taux sont similaires aux moyennes mondiales mais elle leur ajoute des droits supplémentaires, ce qui nuit au commerce et aux investissements. Les obstacles non tarifaires ont en outre augmenté au cours des dix dernières années. En 2023, la Türkiye était le pays du monde utilisant le plus de garanties pour protéger le secteur privé contre les augmentations imprévues des droits d'importation. Les entreprises publiques sont relativement nombreuses et leur gouvernance reste un domaine nécessitant de plus amples réformes pour garantir des règles du jeu équitables.

Recommandations

- ✓ Favoriser l'élargissement de l'union douanière entre l'UE et la Türkiye à l'agriculture, aux services et aux marchés publics.
- ✓ Élaborer un argumentaire clair en faveur de la gouvernance publique des entreprises dans un document librement accessible afin d'encourager un examen approfondi des cas, en particulier ceux où la participation de l'État n'est pas clairement justifiée.
- ✓ Améliorer la gouvernance des entreprises publiques en exigeant l'indépendance des membres des conseils d'administration et la définition d'objectifs formels en matière de taux de rendement, et en limitant l'accès préférentiel au financement des établissements financiers publics.

Environnement des entreprises : alléger et améliorer la réglementation de l'activité économique

Les réglementations applicables aux activités économiques sont nombreuses et constituent des freins au dynamisme, à l'investissement et à la productivité des entreprises. Certaines contrôlent les prix de détail, d'autres restreignent de façon stricte les activités des entreprises dans les secteurs des services. De manière générale, les contraintes administratives et réglementaires imposées aux entreprises sont lourdes. De plus, la qualité des réglementations laisse souvent à désirer et il conviendrait de renforcer les analyses d'impact de ces instruments sur les entreprises.

Recommandations

- ✓ Réduire les obstacles à l'exercice d'activités professionnelles en allégeant les règles de tarification, les restrictions relatives à la publicité et à la commercialisation, les dispositions régissant la forme juridique des entreprises et le système de délivrance des autorisations professionnelles.

- ✓ Améliorer le dispositif d'analyse d'impact des textes réglementaires, par exemple en instaurant des examens formels des réglementations existantes.
- ✓ Abandonner le contrôle des prix de détail lorsque l'inflation devient la norme, mais répondre aux besoins de protection sociale en utilisant le système des prélèvements et des prestations.

Progrès récents en matière de réformes structurelles

La Türkiye a accompli des progrès notables dans le domaine de l'éducation et l'accueil des jeunes enfants (EAJE), et le nombre d'inscriptions a sensiblement augmenté ces dernières années. De même, le nombre de diplômés de l'enseignement supérieur progresse de façon régulière et des efforts sont actuellement déployés pour remédier au problème de l'inadéquation des compétences en actualisant les programmes et en mettant l'accent sur la formation professionnelle. Le pays a en outre assoupli les règles applicables pour l'immigration des travailleurs qualifiés étrangers et encourage actuellement le retour de ses ressortissants émigrés qualifiés. S'agissant de la réglementation applicable aux entreprises, les progrès accomplis ces dernières années incluent la réduction du nombre d'organismes à contacter pour créer une société à responsabilité limitée, ainsi que des mises à jour régulières du Guide simplifié des procédures d'investissement afin d'améliorer la communication sur les procédures à suivre.

www.ingramcontent.com/pod-product-compliance
Lightning Source LLC
LaVergne TN
LVHW082026051026
849532LV00011B/3277